中文社会科学引文索引（CSSCI）来源集刊

人文论丛

2022年
第2辑（总第38卷）

陈　锋　主编

教育部人文社会科学重点研究基地
武汉大学中国传统文化研究中心

WUHAN UNIVERSITY PRESS
武汉大学出版社

KEY RESEARCH INSTITUTE IN UNIVERSITY

图书在版编目(CIP)数据

人文论丛.2022年.第2辑:总第38卷/教育部人文社会科学重点研究基地,武汉大学中国传统文化研究中心.—武汉:武汉大学出版社,2022.11
ISBN 978-7-307-23479-6

Ⅰ.人… Ⅱ.①教… ②武… Ⅲ.社会科学—2022—丛刊 Ⅳ.C55

中国版本图书馆 CIP 数据核字(2022)第 226494 号

责任编辑:李 程   责任校对:李孟潇   版式设计:马 佳

出版发行:**武汉大学出版社** (430072 武昌 珞珈山)
(电子邮箱:cbs22@whu.edu.cn 网址:www.wdp.com.cn)
印刷:武汉中科兴业印务有限公司
开本:787×1092 1/16 印张:27 字数:654 千字 插页:2
版次:2022 年 11 月第 1 版 2022 年 11 月第 1 次印刷
ISBN 978-7-307-23479-6 定价:96.00 元

《人文论丛》2022年第2辑（总第38卷）

学术顾问（以姓氏笔画为序）

卜松山　艾　兰　冯天瑜　池田知久

杜维明　宗福邦　裘锡圭

编委会成员（以姓氏笔画为序）

刘礼堂　李维武　陈文新　陈　伟

陈　锋　吴根友　沈壮海　余来明

张建民　杨　华　杨逢彬　罗国祥

尚永亮　郭齐勇　储昭华

主　编　陈　锋

副主编　郭齐勇　陈文新　杨　华

本卷执行主编　余来明

本卷执行编辑　朱明数

本 卷 编 务　王　迪　李小花

目　录

人 文 探 寻

文 史 考 证

哲 学 与 思 想

经 济 社 会 与 文 化

概念史研究

文体与文论

学术综述

人 文 探 寻

经典诠释与制度塑造：汉代《春秋》学与孔氏殷后的证成*

□ 覃力维

【摘要】 西汉在论证自身政权合法性的过程中，逐渐将经典中的"二王之后"落实到现实制度中，不仅完成了"通三统"观念的制度实践，也确立了此后王朝政治的制度传统。其中，因时势变迁，殷人之后殊难定断。儒臣遂有以孔子之后继殷统之论，但其证成过程颇费周折。从汉元帝时的匡衡到汉成帝时的梅福，再至成帝末年"推迹古文"，孔氏殷后之说不仅需要论证孔子之后承继殷统的合理性，而且需要探赜索隐经典中有关孔氏殷后的世谱证据。其间，《春秋》三传为此提供了基本理论与基础证据，并显示出《公羊》学的核心地位以及古文经典渗入王朝制度塑造的兴起过程。但儒者在援经为用的过程中，并不注重经传解释之间的差异，充分显示出儒家"经世致用"的实用色彩。
【关键词】 通三统；二王之后；《春秋》三传；孔氏谱系

　　汉武帝治政，从建元元年（前140）诏举贤良方正、议立明堂开始，儒术日隆。① 至元鼎四年（前113）封周后为周子南君以奉周祀，"通三统"的制度实践（即"二王三

---

　　* 本文是国家社会科学基金重大项目"中国传统礼仪文化通史研究"（18ZDA021）阶段性成果。
　　① 汉代儒学与政治研究，可参阎步克：《士大夫政治演生史稿》，北京：北京大学出版社，2015年。陈苏镇：《〈春秋〉与"汉道"：两汉政治与政治文化研究》，北京：中华书局，2011年。林存光：《儒教中国的形成：早期儒学与中国政治文化的演进》，济南：齐鲁书社，2003年。朱腾：《渗入皇帝政治的经典之学：汉代儒家法思想的形态与实践》，北京：中国政法大学出版社，2013年。林聪舜：《儒学与汉帝国意识形态》，上海：上海人民出版社，2017年。李若晖：《久旷大仪：汉代儒学政制研究》，北京：商务印书馆，2018年。蔡亮：《巫蛊之祸与儒生帝国的兴起》，北京：北京师范大学出版社，2020年。日本学界素有"儒教"研究的传统，如福井重雅、渡边义浩等，此不备举，参阅 ［日］工藤卓司：《报道近十年日本儒学研究概况：1998—2007年之回顾与展望》，张晓生主编：《儒学研究论丛》第2辑，台北：台北大学人文艺术学院儒学中心，2009年，第47~64页。陈玮芬：《近代日本汉学的"关键词"研究：儒学及相关概念的嬗变》，台北：台湾大学出版中心，2005年。吴震：《当"中国儒学"遭遇日本》，上海：华东师范大学出版社，2015年。

恪") 正式启动。① 但直至汉元帝初元五年（前44），汉廷才有"使诸大夫博士求殷后"之举。其时殷后虽有所闻，但谱系上难以定断真伪。儒臣遂转变策略，有以孔子世为殷后之议，但其证成过程颇费周折，时人接受该说也需要一定的时间过渡。汉成帝绥和元年（前8），孔子之后的一支终被封为殷绍嘉侯，继而进爵为公，与周承休侯（公）共同组成"二王之后"而为"汉宾"。虽从"求殷后"到殷绍嘉侯之封时间并不长，但其转变过程颇能考见经典诠释与制度塑造的关系。

一、《春秋》之义："通三统"与"诸侯不能守其社稷者绝"

汉元帝初元五年（前44）正月，以周后周子南君为周承休侯，位次诸侯王，并求殷后于天下。钱穆先生言此举"亦追复古礼一见端也"②。但因时远势迁，求殷后的结果却是"郡国往往得其大家，推求子孙，绝不能纪"，颜师古解为"不自知其昭穆之数"。③因此，匡衡首发孔氏汤后之说，特以"通三统"立论，又引《春秋》之义证宋国当绝侯，以《礼记》夫子之言证孔氏世系渊源所自：

> 王者存二王后，所以尊其先王而**通三统**也。其犯诛绝之罪者绝，而更封他亲为始封君，上承其王者之始祖。《春秋》之义，**诸侯不能守其社稷者绝**。今宋国已不守其统而失国矣，则宜更立殷后为始封君，而上承汤统，非当继宋之绝侯也，宜明得殷后而已。今之故宋，推求其嫡，久远不可得；虽得其嫡，嫡之先已绝，不当得立。《礼记》孔子曰："丘，殷人也。"先师所共传，宜以孔子世为汤后。④

匡衡受业于后苍，后苍则受《齐诗》于夏侯始昌（夏侯始昌又通《尚书》，为伏生三传弟子）、受《礼》于孟卿（孟卿又通《公羊》，为董仲舒再传弟子，但其子孟喜受《易》于田王孙）。匡衡元帝初年出任经学博士，据《汉书·儒林传》所述，当是《齐诗》博士。后于初元三年（前46）迁太子少傅，建昭元年（前38）迁光禄勋，建昭三年（前36）又接替韦玄成为丞相，至成帝建始三年（前30）免职。是奏即上于其担任太子

---

① 余治平：《"存王者之后"以"通二统"——公羊家建构王权合法性的一个特殊视角》，《衡水学院学报》2021年第2期，第28~37页。[日]佐川蕗子：《西汉における「二王之後」について：二正說の展開と秦の位置づけ》，《二松学舍大学论集》2007年第50辑，第147~168页。后世二王三恪制度的研究，多集中于隋唐，可参谢元鲁：《隋唐五代的特殊贵族——二王三恪》，《中国史研究》1994年第2期，第41~49页。吕博：《唐代德运之争与正统问题——以"二王三恪"为线索》，《中国史研究》2012年第4期，第115~141页。孙正军：《二王三恪所见周唐革命》，《中国史研究》2012年第4期，第97~113页。夏婧：《柳怀素墓志所见武周改立"二王三恪"史事考》，《中国史研究》2017年第1期，第73~89页。另参朱溢：《中古中国宾礼的构造及其演进——从〈政和五礼新仪〉的宾礼制定谈起》，《中华文史论丛》2015年第2期，第99~137页。田成浩：《先代帝王祭祀研究》，武汉大学历史学院博士学位论文，2020年。

② 钱穆：《刘向歆父子年谱》，《两汉经学今古文平议》，北京：商务印书馆，2001年，第33页。

③ 《汉书》卷67《梅福传》，北京：中华书局，1962年，第2926页。

④ 《汉书》卷67《梅福传》，北京：中华书局，1962年，第2926页。

少傅之职期间。

匡衡所论，"通三统"之说自董仲舒以降，早已成为儒林共识。"通三统"观念的确立，使得汉代正统论发生了较大变化（尤其是对秦朝的定位），① 同时也展现了"《春秋》为汉制法"理念对汉代政治的深刻影响。学界对此解读较多，不再赘述。而所谓"《春秋》之义"，也多指《公羊》说，宋儒胡安国言"下逮武宣之世，时君信重其书，学士大夫诵说，用以断狱决事"，清儒凌曙亦言"两汉君臣皆以经义发为文章，观其诏诰奏议，凡决疑定策，悉本之于《公羊》"。② 凌氏又备举文献所见汉人引《公羊》之义，皮锡瑞《经学通论》"论《春秋》为后世立法，惟《公羊》能发明斯义，惟汉人能实行斯义"条承其说，并有增补。③

此奏所引《春秋》之义，并非《公羊传》原文，乃是推导而出。凌曙、皮锡瑞以之应《公羊传》"定无正月者，即位后也"之文。鲁定公元年（前509），《春秋经》首书"元年，春，王"，而无"正月"。事件起因源于鲁昭公出奔。鲁昭公二十五年（前517），昭公被三桓（时主政者为季平子）驱逐，逃亡有年，至三十二年（前510）病逝时仍不得返国。而鲁定公实际上即位于次年六月，殊不合礼，也就是《公羊传》"即位后也"、《穀梁传》"定无正始"之义。匡衡所论"诸侯不能守其社稷者绝"，应是西汉今文博士之说。东汉何休注言"昭公出奔，国当绝，定公不得继体奉正，故讳为微辞"④，即本自今文博士经说。再如《公羊》学有诸侯无去国之义，似亦可论证其说。⑤

只不过匡衡是为了证明宋国当绝侯，应该另寻殷统。杞、宋在西周时即为夏、殷之

① 有关汉朝正统观念的演变，可参顾颉刚：《五德终始说下的政治和历史》，《顾颉刚古史论文集》卷二，北京：中华书局，2011年，第249~446页。钱穆：《评顾颉刚五德终始说下的政治和历史》，《顾颉刚古史论文集》卷二，北京：中华书局，2011年，第446~457页。饶宗颐：《国史上之正统论》，《饶宗颐二十世纪学术文集》卷六，北京：中国人民大学出版社，2009年，第19~34页。杨权：《新五德理论与两汉政治："尧后火德"说考论》，北京：中华书局，2006年。张书豪：《秦汉时期的终始论及其意义》，《汉学研究集刊》2007年第4期，第65~86页；《西汉"尧后火德"说的成立》，《汉学研究》2011年第3期，第1~27页。

② 胡安国：《春秋传》，长沙：岳麓书社，2011年，第8页。凌曙：《春秋公羊问答》，上海：上海古籍出版社，2015年，第264~268页。

③ 皮锡瑞：《经学通论》，吴仰湘编：《皮锡瑞全集》第6册，北京：中华书局，2015年，第509~511页。凌氏较为全面总结了传世文献中汉人所引《公羊》之义，皮氏又增补了不少见于汉碑的材料。如"大一统"（路温舒）、"立子以贵不以长"（光武诏）、"子以母贵"（公孙瓒罪状缘绍）、"大居正"（袁益）、"天子尝娶于纪，故封之百里"（《恩泽侯表》应劭注）、"子尊不加于父母"（郑玄《伏后议》）、"昏礼不称主人，不称母，母不通也"（杜邺）、"褒仪父，贬无骇"（李固）、"三公之职号，尊名也"（翟方进）、"昭公出奔，国当绝"（匡衡）、"善善及子孙"（成帝诏）、"臣有大丧，则君三年不呼其门"（陈忠）、"出竟有可以安社稷、利国家者，专之可也"（徐偃）、"讥世卿"（乐恢）、"原情定罪"（霍谞）、"人臣无将"（胶西王）、"三年一袷，五年一禘"（张纯）、"未逾年君不书葬"（周举）、"讥逆祀"（质帝诏）、"不书闰"（班固）、"怀藏以养微，是月不杀"（章帝诏）、"通三统"（刘向，前此皆见于两《汉书》）、"五始"（《张纳碑》），等等。

④ 阮元校刻：《阮刻春秋公羊传注疏》卷25，杭州：浙江大学出版社，2020年，第1225~1230页。

⑤ 皮锡瑞：《驳五经异义疏证》卷7，《皮锡瑞全集》第4册，北京：中华书局，2015年，第222~224页。

后，宋国直至周赧王二十九年（前286）方被齐国消灭。当时诸大夫博士求殷后的首选，也当是在宋国后裔之中。宋人后裔汉时虽有"大家"，但经过二百余年的变迁，其家世谱系已不可明。这为孔氏承殷的论证创造了机会，同时也说明完整的世谱流传在相关制度的定位与审查当中，拥有不小的作用。匡衡的世系证据出自《礼记》，"丘，殷人也"见于今本《檀弓上》。然此"礼记"是否即为传世《小戴礼记》，尚有疑问。① 汉宣帝甘露三年（前51）石渠阁会议中，传《礼经》的戴圣以博士、闻人通汉以太子舍人列席。至匡衡此时，当然可见流传之"礼记"（或是单篇流传），但是否即已有类似《小戴礼记》的专书，还需深考。② 不过夫子此言，确实是经典中有关孔子及孔氏身份认知与来源的直接证据之一。

匡衡迈出了以孔子之后继殷统的第一步，不仅以"通三统"论证"存二王后"的合理性，还以宋国当绝侯指示可另择血统，进而以孔子"殷人"自道之言表明孔氏渊源所自。但"好儒术文辞，颇改宣帝之政"的汉元帝并未接受，理由是"其语不经"。颜师古解"不经"为"不合于经"，又解以"非经典所说"。③ 宋国绝侯而孔氏承殷之说，确显怪异。黄侃先生则以此语专为《礼记》而发，所谓"《记》有明文，而曰不经，即明《记》非经之比矣"④。汉代《礼经》即今之《仪礼》，多记仪文度数，无世史实记载。因而，在"记"之外而求诸"经"以证世系渊源，显然不可能指《礼经》，此后孔氏殷后论证的证据表明，《春秋》学不仅提供了理论支撑（《公羊传》），还进一步完善了孔氏世系的证据链（《穀梁传》与《左传》）。

更重要的是，初元元年（前48）元帝封其师孔霸为关内侯，号褒成君，徙户籍于长安；又准许孔霸"奉孔子祭祀"的请求，最终得以"所食邑八百户祀孔子"（孔霸特以长子孔福户籍还鲁奉祀）。⑤ 此一举措，直接促成后世所谓"袭封世系""世爵"的形成，造就了"褒成侯—衍圣公"一系千年传继的文化奇观，并影响了当代儒学政治理论的引申与发挥。匡衡同时及稍后，孔氏显赫于朝者莫过于孔霸、孔光父子。匡衡转迁光禄勋后，还曾举荐孔光为方正。匡衡上奏之时，孔霸尚在世。同年十二月、次年七月，在御史大夫贡禹去世、薛广德因病免职后，元帝两次欲让孔霸接任御史大夫之职，进而登丞相位，但都被孔霸拒绝。因此，匡衡所奏不仅因元帝评价"不经"而罢，孔氏后裔在此时也十分冷静，更不论其他朝臣支持或辩驳与否。

匡衡首发孔氏殷统之说，奠定了此后论证该话题的基本模式，即理论上的合理性与世

---

① 孔颖达等：《礼记正义》卷9，《儒藏（精华编）》第49册，北京：北京大学出版社，2016年，第199页。有关二戴记成书的讨论，可参洪业：《礼记引得序——两汉礼学源流考》，《洪业论学集》，北京：中华书局，1981年，第197~220页。钱玄：《三礼通论》，南京：南京师范大学出版社，1996年，第34~52页。王锷：《〈礼记〉成书考》，北京：中华书局，2007年，第283~337页。

② 今传二戴《记》中不乏出自古文"礼记"的篇目，如郑玄即以《奔丧》《投壶》出自《逸礼》。古文出现虽早，河间献王、孔安国时即已现世且加以利用（包括司马迁），但并未受到更多的重视。古文真正进入普遍视野始于刘向校书，而刘向校书始于成帝河平三年（前26）。

③ 《汉书》卷62《司马迁传》、卷67《梅福传》，北京：中华书局，1962年，第2738、2927页。

④ 黄侃：《礼学略说》，刘梦溪主编：《中国现代学术经典·黄侃卷》，石家庄：河北教育出版社，1996年，第358页。

⑤ 《汉书》卷81《孔光传》，北京：中华书局，1962年，第3364~3365页。

系上的准确性。总体而言，出于"齐学"系统的匡衡，最倚赖的理论资源还是《公羊》学。这不仅彰显出《春秋》学对汉代儒林与政制的影响，也与当时儒学复古改制的思想、实践历程相合。

二、《穀梁》之说：所谓"祖位"

匡衡以《公羊传》"通三统""诸侯不能守其社稷者绝"之义，为孔氏殷后提供了源自《公羊》学的理论基础，并引证《礼记》以成谱系之证，力争使孔氏无"推求子孙，绝不能纪"之虞。此后论证孔氏殷后者，皆不出匡衡所奠定的模式，以求理论、世系皆有根柢，只是所依据的核心经典有别。三十余年之后，又有儒臣借助《穀梁》之说重申孔氏应奉汤祀。成帝时，梅福再次上书请封孔子子孙为殷后，给出了来自《穀梁传》的文本与观念支持。与匡衡一样，梅福也是首先论述三统之义，但加入了新的警示含义（成帝继嗣问题），进而论证孔氏殷后之说：

> 今成汤不祀，殷人亡后。陛下继嗣久微，殆为此也。《春秋》经曰："宋杀其大夫。"《穀梁传》曰："其不称名姓，以其在祖位，尊之也。"此言孔子故殷后也，虽不正统，封其子孙以为殷后，礼亦宜之。何者？诸侯夺宗，圣庶夺適。传曰"贤者子孙宜有土"，而况圣人，又殷之后哉！昔成王以诸侯礼葬周公，而皇天动威，雷风著灾。今仲尼之庙不出阙里，孔氏子孙不免编户，以圣人而歆匹夫之祀，非皇天之意也。今陛下诚能据仲尼之素功，以封其子孙，则国家必获其福，又陛下之名与天亡极。何者？追圣人素功，封其子孙，未有法也，后圣必以为则。不灭之名，可不勉哉！①

首先要说明，"贤者子孙宜有土"出自《公羊传》，见于《公羊传》昭公三十一年（前511）"贤者子孙，宜有地也"②。该传《春秋经》书"冬，黑弓（或作肱）以滥来奔"，据《公羊传》说，此为表彰邾娄国叔术有让国之贤。而孔子祖上弗父何相传亦曾让国，可见梅福并非泛泛而引。只是"明《尚书》《穀梁春秋》"的梅福，在这里并未关心《穀梁传》对同一事的说法。《穀梁传》亦言经文不称"邾娄"义，但态度与《公羊传》有别。《公羊传》在此备陈西周末期鲁孝公年幼时故事，特别表彰叔术之贤而封国于滥，并推演"绝之则为叔术不欲绝，不绝则世大夫也"之说。《穀梁传》则带有贬义，说以"来奔，内不言叛也"，杨士勋疏言"解书黑肱不系邾，嫌其专地，不责叛，罪轻，故言来奔。不言叛，罪自显也"。③ 梅福显然不关注《公羊传》《穀梁传》之间的差异，只是在匡衡所论《公羊》之义外，又找到一种支持孔氏殷后封爵的《公羊》义理。

---

① 《汉书》卷67《梅福传》，北京：中华书局，1962年，第2925页。
② 阮元校刻：《阮刻春秋公羊传注疏》卷24，杭州：浙江大学出版社，2020年，第1200～1207页。
③ 阮元校刻：《阮刻春秋穀梁传注疏》卷18，杭州：浙江大学出版社，2020年，第701～702页。

汉代《穀梁》学的兴起，与汉宣帝的支持有关。宣帝元康（前65—前62）中即选郎十人习受《穀梁》学，至甘露元年（前53）又召五经名儒、太子太傅萧望之等平《公》《穀》同异（时《公羊》学者有博士严彭祖、侍郎申挽、伊推、宋显，《穀梁》学者有议郎尹更始、待诏刘向、周庆、丁姓），《穀梁》之学始盛。继而甘露三年（前51），诏诸儒讲论五经异同于石渠阁，会后增立梁丘《易》、大小夏侯《尚书》与《穀梁》博士。梅福从学长安受《穀梁传》，当在《穀梁》立博士之后。陈苏镇先生认为宣元之际的《穀》《公》兴替，实际上代表了当时儒学士大夫群体主导思想的变迁，即《穀梁》学的"以礼为治"取代《公羊》学的"以德化民"，并开启了西汉后期的礼制改革运动。① 具体到梅福此奏，事实上梅福并不关心经义差异，也表明即使在《穀梁》兴起之后，《公羊》学仍居于《春秋》学的核心地位。或者说，基于《公羊》学的"《春秋》为汉制法""通三统"理念，在儒林思潮之中有更基础的作用。同时又说明儒臣在具体制度实践上的实用色彩，即经义构成理据，但并非不可调和，甚至在有矛盾处可以各行其是、各用其理，从而为目的服务。梅福引证《穀梁传》"祖位尊之"之说，也显示了这样的特点。

《穀梁传》此论见于鲁僖公二十五年（前635）。经文书"宋杀其大夫"，不称名，三传所解各不相同。《左传》于此无传，不知何事。《公羊传》则说以"宋三世无大夫，三世内娶也"，所谓"三世"指三代宋国国君——宋襄公、宋成公、宋昭公，何休言"宋以内娶，故公族以弱，妃党益强，威权下流，政分三门，卒生篡弑，亲亲出奔"。② 这明显带有贬义，且与孔氏无关，主旨是批评数代宋公行为导致的恶果。《穀梁传》却解以"其不称名姓，以其在祖之位，尊之也"，即颜师古所谓"今宋所杀者亦孔父之后留在宋者，于孔子为祖列，故尊而不名也"之义。③ 褒贬之间，意义立时完成了转换。同样的差异又见于《春秋》成公十五年（前576）经载"宋杀其大夫山"条，《穀梁传》无说，《公》《左》皆寓贬义。

《穀梁传》此说遭到何休反对，继而又被郑玄维护：

> 《废疾》："曹杀其大夫"，亦不称名姓，岂可复以为祖乎？
>
> 释：宋之大夫尽名姓。礼，公族有罪，刑于甸师氏，不与国人虑兄弟也，所以尊异之。孔子之祖孔父累于宋殇公而死，今骨肉在其位而见杀，故尊之，隐而不忍称名氏。若罪大者，名之而已，使若异姓然，此乃祖之疏也。"曹杀其大夫"，自以无大夫，不称名氏耳。《春秋》辞同事异者甚多，隐去"即位"以见让，庄去"即位"为继弑，是复可以比例非之乎？④

---

① 陈苏镇：《〈春秋〉与"汉道"：两汉政治与政治文化研究》，北京：中华书局，2011年，第314~328页。

② 阮元校刻：《阮刻春秋公羊传注疏》卷12，杭州：浙江大学出版社，2020年，第582~583页。

③ 《汉书》卷67《梅福传》，北京：中华书局，1962年，第2925页。

④ 皮锡瑞：《发墨守箴膏肓释废疾疏证》，《皮锡瑞全集》第4册，北京：中华书局，2015年，第476页。

何休所言"曹杀其大夫"见于鲁庄公二十六年（前668），经书亦不称名。《穀梁传》于此解以无命大夫而贤之，《公羊传》则言不死于曹君而贬之。但郑玄反对何休，也只是提供一种解释的可能性，用意更在于反对何休墨守《公羊》的态度。皮锡瑞言"郑君兼取三传，以何君排《左》《穀》太甚，恐二传因此遂废，其为书驳何君以扶二传也，亦以明道也"①，可谓知言。经学解释与史实之间，有明显差异。经学常断以义理、义例，而史实往往充满某种偶然性。如果《穀梁传》此说有据，则鲁桓公二年（前710）孔父嘉被华督杀死后，其后裔除木金父、孔防叔一支奔鲁外（奔鲁人物与时间有争论），还有一支留在了宋国，且在宋国华氏长期执政的情况下，还重回大夫阶层。按常理推断，《穀梁传》该说恐难可信。相较而言，《左传》最得孔子"阙疑"之义。

"宋杀其大夫"，《公》《穀》一贬一褒；"黑弓以滥来奔"，《公》《穀》一褒一贬。梅福引证之间全凭己意，可见经义差别并不足以形成矛盾。不论如何，梅福提供了一条内在于《穀梁传》经说的孔氏世系证据，较之匡衡引证《礼记》，《春秋》学可能更有说服力。

梅福虽通过转换经义而引证二传，但也认识到孔氏殷后并不"正统"。除了举证"贤者子孙宜有土"外，梅氏还概论"仲尼之素功"。颜师古以"素功"即"素王之功"，并引《穀梁传》"孔子素王"之言。但查今本《穀梁传》，并无颜氏引证之文，实际上三传皆无，亦无"素王"文字。且《春秋》素王之义传统上亦多认为源自《公羊传》（尤其是对"西狩获麟"的解释），董仲舒《春秋繁露》已较为明显，颜注可能有误。梅福"素功"之论与匡衡"通三统"之论，实为一体，只是梅福所处的时间是西汉末期改制运动的深入期；"贤者子孙宜有土"与"诸侯不能守其社稷者绝"功能相近，并进一步阐述了孔氏继统封爵的必要性；"以其在祖位，尊之也"与"丘，殷人也"效果相同，但《春秋》学内部的证据更有说服力。可见，从匡衡到梅福的三十年间，时势发生了较大变化，儒林对相关问题的思考也更为深入。

梅福此奏的结果，相比元帝对匡衡"不经"的评价，当时未能得到成帝的回应。梅福少年时求学长安，如前所述，当在甘露三年（前51）立《穀梁》博士之后，终官南昌县县尉，从未进入中枢；平帝元始（1—5）中王莽专政，遂离家远游，后世传为仙人。且梅氏在辞官后才"数因县道上言变事，求假轺传，诣行在所条对急政"，结果往往是"辄报罢"。梅福此奏，《资治通鉴》系于绥和元年（前8），并言"匡衡、梅福皆以为宜封孔子世为汤后，上从之"。②但据《汉书》可知，梅福因势单力孤，且曾上书弹劾王氏外戚擅权，此奏"终不见纳"。事实上，至成帝绥和元年二月，立定陶王刘欣为嗣，继而下诏封孔子后裔孔吉为殷绍嘉侯时，梅福早已辞官居家，"常以读书养性为事"。

《汉书》将梅福此奏列于正言王氏外戚书后。其论外戚权臣之祸，有阳朔元年（前

———————

① 皮锡瑞：《发墨守箴膏肓释废疾疏证》，《皮锡瑞全集》第4册，北京：中华书局，2015年，第345页。

② 司马光编著，胡三省音注：《资治通鉴》卷32《汉纪·孝成皇帝》中，北京：中华书局，2013年，第868页。钱穆先生至以"梅福明称推迹古文"，亦是误读《汉书》之文。钱穆：《刘向歆父子年谱》，《两汉经学今古文平议》，北京：商务印书馆，2001年，第60~61页。

22）冬大将军王凤处死京兆尹王章（阳朔三年八月王凤去世），鸿嘉三年至四年（前18—前17）郑躬、永始三年（前14）十二月苏令为乱等事。以"诣行在所"论，汉成帝永始四年（前13）以后，多次因祠祭事行幸雍地与河东，但都与梅福家乡寿春相隔较远。又考西汉后期外戚王氏专权之迹，王凤、王音、王商、王根、王莽先后进职大司马。王凤卒于阳朔三年（前22）八月，王音卒于永始二年（前15）正月，王商卒于元延元年（前12）十二月；王根于元延元年出任大司马骠骑将军，至绥和元年四月进为大司马。梅福曾"讥切王氏"，但所论诸事恐多在诸王氏故去之后。因此梅福上书时间似在元延（前12—前9）间，即王根专权期间，非是《资治通鉴》所言绥和元年。梅氏人微言轻，与绥和元年孔氏封爵事并无直接关联。但在整个事件链条之中，尤其在史书回溯因缘时，其说便会显现意义。

三、"推迹古文"：《左传》"圣人之后"说

匡衡之说被元帝许为"不经"，梅福之说又"终不见纳"，但成帝绥和元年（前8）二月，在下诏以定陶王刘欣为皇太子后，旋即又下诏封爵孔氏：

> 盖闻王者必存二王之后，所以通三统也。昔成汤受命，列为三代，而祭祀废绝。考求其后，莫正孔吉。其封吉为殷绍嘉侯。①

此举之促成，实是"推迹古文，以《左氏》《穀梁》《世本》《礼记》相明"的结果。② 钱穆先生以为"此皆汉儒自元、成以下追古礼、薄秦制之征"③。如前所述，梅福上奏时间与绥和元年相近，但当时并未得到成帝回应。成帝从"不见纳"而"遂下诏"，前后至多四年，因此肯定有较为特殊的理由才会出现如此变化。班固在论述梅福上奏的动机时，言"成帝久亡继嗣，福以为宜建三统，封孔子之世以为殷后"④。梅福因成帝无嗣，建议成帝封孔子后以"建三统"，从而求得福报，并以秦朝"绝三统，灭天道，是以身危子杀，厥孙不嗣"的历史因果示警；并认为成帝此举可为万世法，从而获得"不灭之名"而不朽。成帝无嗣，在当时引起很多议论，刘向、孔光等皆有上言。成帝最后数年，继嗣问题越来越迫切，故而在封皇太子后，立时以孔氏承殷统而封爵。因此，梅福之奏虽然当时未得到反馈和反响，却一一言中了成帝的心理轨迹。

值得注意，与匡衡引证《礼记》、梅福引证《穀梁传》证明孔氏世系不同，孔氏殷后最关键的世系证据是出自《左传》《世本》等古文典籍。据《汉书》语意，似言《左传》《穀梁传》《世本》《礼记》皆是古文；但从匡衡、梅福奏疏已引证《礼记》《穀梁传》来看，用《左传》《世本》与之"相明"才是重点。这说明到孔氏殷后证成的前夜，其合理性已不再需要论证，而是亟待挖掘更准确的世系信息。匡衡、梅福以及成帝诏皆言

---

① 《汉书》卷10《成帝纪》，北京：中华书局，1962年，第328页。
② 《汉书》卷67《梅福传》，北京：中华书局，1962年，第2927页。
③ 钱穆：《刘向歆父子年谱》，《两汉经学今古文平议》，北京：商务印书馆，2001年，第60页。
④ 《汉书》卷67《梅福传》，北京：中华书局，1962年，第2924页。

"通三统"义，匡衡、梅福又都从《公羊》学角度证明孔氏血统承爵的合理性，即一说宋国当绝，一说孔氏有贤。但在世系证据方面，《礼记》"殷人"、《榖梁》"祖位"之说颇为薄弱，只是初步超越了初元五年（前44）求殷后时各家"推求子孙，绝不能纪"的状况。此时经过刘向等人校书之后，大量古文典籍的重新现世与广泛关注，为此提供了新线索。

刘向校书始于成帝河平三年（前26），直至绥和元年（前8）去世，前后长达近二十年。其子刘歆也全程参与，并在刘向去世后"卒父业"。刘歆在此过程中，还完善了《左传》义法。诸古文经至平帝元始四年（4）才得以立于学官，再往前推，绥和二年（前7）四月哀帝即位后不久，刘歆即移书太常博士，备言"三学"（《古文尚书》《逸礼》《左传》）之优势，受到当时名儒龚胜、师丹等怨恨。但以成帝下诏前"推迹古文"而言，古文典籍的传布至少在刘向等人校书的末期，已有了很大改观。至于康有为等人以今古文之争论刘歆伪造诸古文经典，则是另一个思想史的话题，此不赘述。

钱穆先生以"汉廷据《左氏》立制"即始于绥和元年成帝诏。《左传》对孔氏世系最关键的论说，一是鲁隐公、鲁桓公时期孔父嘉的事迹，一是对孔子"圣人之后"的论定，尤以后说最为重要。"圣人之后"说见于《左传》鲁昭公七年（前535），但事件发生的实际时间是昭公二十四年（前518）：

> 九月，公至自楚。孟僖子病不能相礼，乃讲学之，苟能礼者从之。及其将死也，召其大夫，曰："礼，人之干也。无礼，无以立。吾闻将有达者，曰孔丘，**圣人之后也**。而灭于宋。**其祖弗父何**，以有宋而授厉公。及**正考父**佐戴、武、宣，三命兹益共。故其鼎铭云：'一命而偻，再命而伛，三命而俯。循墙而走，亦莫余敢侮。饘于是，鬻于是，以糊余口。'其共也如是。臧孙纥有言曰：'圣人有明德者，若不当世，**其后必有达人**。'今其将在孔丘乎？我若获没，必属说与何忌于夫子，使事之而学礼焉，以定其位。"故孟懿子与南宫敬叔师事仲尼。①

《春秋》鲁昭公七年"九月，公至自楚"条，《公》《榖》皆无说，唯有《左传》记载孟僖子事迹。孟僖子卒于昭公二十四年，《春秋》书"丙戌，仲孙貜卒"，仲孙貜即孟僖子，三传皆无说。孟僖子临终之言，称"达者"孔丘为"圣人之后"，并嘱咐南宫敬叔、孟懿子随孔子学礼（时孔子三十余岁）。服虔、王肃、杜预等基于秦汉时期已定型的圣人观念与圣人统系，特别是经学史观的确立（以《汉书·古今人表》为标志），认为孟僖子所言"圣人"指商汤。王引之、杨伯峻则根据文本前后的叙事逻辑，认为指弗父何与正考父，更合乎当时的思想观念。②且弗父何让国，正考父辅佐三公，皆有贤名。"圣

---

① 阮元校刻：《阮刻春秋左传注疏》卷44，杭州：浙江大学出版社，2015年，第3017~3020页。《史记》卷47《孔子世家》，第2300页。陈士珂辑：《孔子家语疏证》卷3《观周》，上海：上海书店，1987年，第71页。

② 王引之：《经义述闻》卷19，朱维铮主编：《中国经学史基本丛书》第6册，上海：上海书店出版社，2012年，第23页。杨伯峻：《春秋左传注》，北京：中华书局，2009年，第1295页。

人"在先秦具有多种意涵，后世也经历了复杂变化。① 朱骏声言"春秋以前所谓圣人者，通人也"，而"战国以后所谓圣人，则尊崇之虚名也"，② 将弗父何、正考父视作"圣人"，比较接近其原初意义。数十年后，卫人柳若也称子思为"圣人之后"。③ 此"圣人"显然指孔子。如此，孔子前后世系，在特定群体认知中，都有特殊性。

《左传》孟僖子之言，应是传世文献中论孔子先世最早者，却只述及弗父何与正考父。孔父嘉、叔梁纥事迹亦见于《左传》，但孔子先世谱系仍是不完备的。此时，《世本》承担起了完善孔氏世系的作用。《世本》早无全帙传世，但今存若干佚文，仍可考见孔氏世系。其孔氏世系佚文完整者，实际上仅见于《毛诗注疏》，其中缺"世子胜"一代。另《左传》《穀梁传》二疏（桓公元年、二年）所引，都只上溯至孔父嘉。《史记》溯至孔防叔，《汉书》则少"睪夷"一代，且孔父嘉、木金父二代位置颠倒。④ 另《潜夫论》《家语》亦有记载，皆当本自《世本》。左右采获，诸书所记孔子先世世系可复原如下：

> 弗父何—宋父周（《世本》《汉书》《潜夫论》作"宋父"）—世子胜（《世本》
> 无，《汉书》作"世子士"，《潜夫论》作"世子"，后世又作"世父胜"）—正考
> 父—孔父嘉—木金父（《汉书》作"大金"）—睪夷或作"皋夷父"（《世本》《潜
> 夫论》作"祁父"，《汉书》无）—孔防叔（《汉书》作"方叔"）—伯夏—叔梁
> 纥—孟皮、孔子

与世系相关，颜师古曾注意到《汉书》在记述孔氏世系时的文本特征。《汉书》言"孔子生伯鱼鲤，鲤生子思伋"云云（《史记》记载形式不同，如"孔子生鲤，字伯鱼""伯鱼生伋，字子思"等），颜氏以"先言其字者，孔氏自为谱谍，示尊其先也"。⑤ 这表明孔氏家族自身可能也有谱牒传述。至此，孔氏殷后的世系证据已全部完备。其证成过程中，由《公羊传》而《穀梁传》，再至《左传》的证据链条，展现了汉代《春秋》学对王朝政制的影响。其中，《公羊》学始终具有核心地位，《穀梁》《左传》之学的兴起只

———————————————

① 刘泽华：《论由崇圣向平等、自由观念的转变》，《天津社会科学》1993 年第 4 期，第 37~44 页。姜广辉：《思想的权威与权威的思想——先秦的圣人崇拜与经学发生》，《传统文化与现代化》1996 年第 3 期，第 26~35 页。王中江：《儒家"圣人"观念的早期形态及其变异》，《中国哲学史》1999 年第 4 期，第 27~34 页。晁昌贵：《郭店儒家简中的"圣"与"圣人"的观念》，《江汉考古》2000 年第 3 期，第 86~91 页。姜广辉、程晓峰：《先秦的"圣人崇拜"与诸子之称"经"——兼论中国文化主流为人文信仰》，《湖南大学学报》（社会科学版）2012 年第 4 期，第 5~13 页。吴震：《中国思想史上的"圣人"概念》，《杭州师范大学学报》（社会科学版）2013 年第 4 期，第 13~25 页。

② 朱骏声：《说文通训定声·鼎部第十七》，北京：中华书局，1984 年，第 880 页。

③ 孔颖达等：《礼记正义》卷 11，《儒藏（精华编）》第 49 册，北京：北京大学出版社，2016 年，第 224 页。《孔丛子》中陈庄伯及卫公子称子思、平原君称子高、魏王称子顺、陈王涉称子鲋也是"圣人之后"。傅亚庶：《孔丛子校释》卷 3《巡狩》《抗志》、卷 4《公孙龙》、卷 5《陈士义》、卷 6《答问》，北京：中华书局，2011 年，第 151、179、281、328、433 页。

④ 《汉书》卷 20《古今人表》，北京：中华书局，1962 年，第 898、899、900、903、904、905、915、920、924、941、948、951 页。王利器、王贞珉：《汉书古今人表疏证》，济南：齐鲁书社，1988 年，第 36、37、133、173、188、224、271、340、366、368、371、472、537 页。

⑤ 《汉书》卷 81《孔光传》，北京：中华书局，1962 年，第 3352 页。

是推进了"二王之后"的制度实践，与陈苏镇先生所论西汉末期复古改制运动的轨迹有相合，亦有不合。更重要的是，儒臣在经世致用的过程中，经义需要为目的服务。

成帝诏中以孔吉为殷绍嘉侯，又涉及孔氏支裔的选择。传统认知，孔氏在汉初分为三支，即长子之后、中子之后与小子之后。中子之后的代表人物是孔安国与孔霸父子，孔安国后裔及孔霸后裔中返鲁奉祀的一支，终汉世而有传。小子之后汉初因军功封爵，武帝以后即家世衰微。长子之后承殷统而封爵（殷绍嘉侯—殷绍嘉公—宋公），与周后共成"汉宾"，完成了"通三统"的制度实践，并一直传续至西晋，还在地理上留下了痕迹（宋县）。至于梅福奏中所言"仲尼之庙不出阙里""以圣人而歆匹夫之祀"，孔氏殷后的证成并未改变这种局面。梅氏企图以殷后之封而歆圣人之祀，最终只是南辕北辙。在礼法上讲，若孔子后承继殷统，实际上更符合《公羊传》成公十五年（前576）"为人后者为之子"的说法。① 如此，继殷统之孔氏不仅不能承担使仲尼之庙走出阙里的责任，更要在血脉联系上淡化与孔子的联系。从现有记载看，汉代殷绍嘉公、宋公世代也确实与孔子祭祀关联较小。

总体来说，殷绍嘉侯、宋公之封，标志着二王三恪经学政治理论的实践与定型，是一种封建时代理想制度在帝国、皇权时代的重光，也意味着帝制中国初期仍带有此前时代的投影。这一制度一直持续至宋代，而相同的功能则让渡于先代帝王祭祀。从武帝至成帝，历百余年，"通三统"才正式在制度实践中实现圆满，最终得以将汉祚与殷、周"二王之后"联系在一起。其间最重要的工程，是论证孔子作为殷人之后而受封的合理性与孔氏世系的准确性。孔氏承殷的理论来源，以《公羊》"通三统"（包括"素王"之说）、"诸侯不能守其社稷者绝"、"贤者子孙宜有土"诸义为主。而孔氏殷后的谱系证据，则广见于《穀梁传》《左传》《礼记》《世本》等典籍。其间，《春秋》三传递兴之迹比较明显，与西汉后期礼制复古运动有一定相关性，但《公羊》学始终具有核心地位。而经典诠释对政治、制度的推动，以及政治实用思维对经典诠释的选择与制约，这种互动特征也十分鲜明。

（作者单位：武汉大学文学院）

---

① 阮元校刻：《阮刻春秋公羊传注疏》卷18，杭州：浙江大学出版社，2020年，第897页。《公羊传》这一说法影响深远，宋濮议、明大礼议等皆与此有关。虽然有学者指出《公羊传》实为误读《春秋》，但从宗法制言，"为人后者"因为承重，确实比较特殊，恐亦非"误读""错误"所能概括。李衡眉、张世响：《从一条错误的礼学理论所引起的混乱说起——"礼，为人后者为之子"缘起剖析》，《史学集刊》2000年第4期，第78~82页。

"汉三百五十年之厄"观念与东汉后期的中兴论

□ 王 尔

【摘要】东汉顺、桓时代流行一种认为王朝遭遇"汉三百五十年之厄"的思潮。西汉元年迄今三百五十年,这一年数被赋予灾厄降临之义涵。士人借此呼吁改革以消厄,祈求重振衰微之汉运。"汉三百五十年之厄"以纬书之孔子预言"三百年斗历改宪"为本推演而来。其演算根据未必是宋均注纬之所谓"五七弱",更可能是诗纬中的"五际"和"亥为革命"之说。为规避此厄,士人诠释"三百年一蠲法",呼吁变更法度。不同"蠲法"方案基于对三百年前"文帝废肉刑"的不同解读,最终落实在对法令之"综核名实"上,以匡正汉兴三百余年所致"雕薄风俗"和"巧伪人情"。这一问题显示了"年岁遭厄"之观念话语、谶纬数理原理和"变法"之政治应对相互交织的复杂图景,流露出东汉后期士人从思想到实践谋求中兴的种种尝试。

【关键词】"汉三百五十年之厄";"三百年斗历改宪";东汉后期;诗纬;中兴论

谶纬之学与汉代政治变迁之关系,是近年汉代政治文化、思想史学界较为关注,又颇为语焉不详的话题。① 东汉王朝在政治上重视谶纬,而谶纬又往往被定位为"非理性"

---

① 历来认为东汉政治上运用谶纬思想主要集中于:光武帝根据谶纬决定官员任用及主持封禅;明帝、章帝根据纬书制礼;皇帝畏惧灾异而罪己等事(参考赵翼著,王树民校正:《廿二史札记校正》卷4《光武信谶书》,北京:中华书局,1984年,第87~89页;钟肇鹏:《谶纬论略》,沈阳:辽宁教育出版社,1991年,第150~156页)。近年,学者对这一问题的研究大大深入。张学谦指出,东汉之谶纬文本实现了从术数到儒学的身份变化,谶纬获得了类似于经的地位(张学谦:《东汉图谶的成立及其观念史变迁》,《文史》2019年第4期)。冯渝杰指出谶纬与"汉家"之"公"属性建构之关系;西汉中后期以来基于灾异与谶纬学说而逐渐形成的"汉家神学"是东汉末年"党议"及士人抵抗运动兴起的深层原因(冯渝杰:《祁望"太平":理想国家追求与汉末社会运动》,山东大学博士学位论文,2014年,第114页)。徐兴无从建构天道圣统、宗法伦理等角度分析谶纬与汉朝政治意识形态的关系(徐兴无:《谶纬文献与汉代文化构建》第四、五章,北京:中华书局,2003年)。汉学家张磊夫(Rade de Crespigny)在《作为政治抗议的灾异征兆:襄楷对汉桓帝的奏议》(*Portents of Protest in the Later Han Dynasty: The Memorials of Hsiang K'ai to Emperor Huan*, Canberra: The Australian National University Press, 1976)一书中通过对襄楷的讨论,探讨了以灾异作为政治抗议的东汉政治文化模式。目前学界对谶纬学术与汉代具体政务运作之关系暂缺乏深入研究。

的学术。这两个判断之间有着一定的矛盾。一个王朝的政治演进模式涉及制度安排、权力分配、政策制定等内容，具有社会科学意义上的 "理性" 性格。带有 "非理性" 性质的谶纬之学与这种政治理性格格不入，颇相抵牾。① 由谶纬之 "非理性" 定性，又常常推导出两种论述：东汉 "理性" 的政治家及思想家多持批判谶纬的立场；谶纬学术无法为东汉政治的革新、转化或振作提供有益的思想资源。② 实际上，在东汉后期的顺帝、桓帝时代，谶纬为士人的政治改革诉求提供了丰富的思想资源和正当性话语支持，形成了谶纬学术与政策制定相互促成、水乳交融的局面。作为一种特殊的东汉政治文化模式，值得深究。本文以顺、桓时代的 "汉三百五十年之厄" 舆论为例，梳理其内容结构、思想渊源、演算原理及应对措施，考察这种起源于谶纬之学的观念如何转化为对政治衰微的反思和匡正，士人如何运用 "圣人" 预言、数理演算和制度 "故事" 来构建变法策略，推动改革。进而探讨顺、桓 "中兴论" 的生成过程及其历史意义。

一、从 "三百年斗历改宪" 到 "三百五十年之厄"：年差改革论的构造

本文将 "汉高祖元年（前206）距今" 的年数称为 "年差"，揭示东汉中后期政论中一种借 "年差" 以呼吁改革的风气。汉代士人相信 "年差" 之变化与汉朝国运兴衰有关。"汉三百五十年之厄" 源自这种思路的推演，意指年差为350年之时，汉朝将遭遇灾厄。

《后汉书·杨厚传》载："永建二年（127），顺帝特征，诏告郡县督促发遣。厚不得已，行到长安，以病自上，因陈汉<u>三百五十年之厄</u>，宜蠲汉改宪之道，及消伏灾异，凡五事。"③ 章怀注："《春秋命历序》曰：'四百年之间，闭四门，听外难，群异并贼，官有孽臣，州有兵乱，五七弱，暴渐之效也。' 宋均注云：'五七三百五十岁，当顺帝渐微，四方多逆贼也。'"④ 此时年差为333年。杨厚警告皇帝，汉朝建立至今的年数趋近350年，这一时间点将有灾厄发生，需实施 "改宪之道"，才能 "消伏灾异"。广汉郡杨氏家族明习图谶之学，杨厚祖父春卿、父统皆明习谶纬、消灾方术。⑤ 可见杨厚所陈 "汉三百

---

① 对谶纬的非理性性质，姜广辉主编《中国经学思想史》第二卷（北京：中国社会科学出版社，2003年，第337~338页）称："纬书以天人感应思想为主体观念来诠释儒家的经书，无疑发展了中国传统文化中崇拜天命的非理性思想，这样实际上等于在原始儒家以尊崇德性为特征的理性传统的大树上嫁接了一株怪枝。"阎步克认为谶纬对东汉政治的影响是表面化的，东汉政治的特质是与谶纬 "非理性" 对立的理性主义："（东汉时）意识形态上儒术得到了王朝的更大尊崇，甚至谶纬之学也依然盛行于时；但是它们对行政领域的非理性影响，则已得到了相当的抑制。谶纬神学已被限定于某些特定于某些特定层面之内，而大大缩小了对国务行政的直接干扰。"（阎步克：《士大夫政治演生史稿》，北京大学出版社，1996年，第422页）
② 这两种论述在日本学界也比较流行，以板野长八《儒教成立史の研究》（东京：岩波书店，1995年）、渡边义浩《後漢國家の支配と儒教》（东京：雄山阁，1995年）为代表。对这种研究思路的质疑、对谶纬之 "合理主义" 的论述，参考小林春树：《国教化实施以后儒教的神秘主义特征和合理主义特征——从历史学角度作新的探讨》，曹峰译，《山东大学学报》2008年第2期。
③ 《后汉书》卷30上《杨厚传》，北京：中华书局，2014年，第1048~1049页。
④ 《后汉书》卷30上《杨厚传》，北京：中华书局，2014年，第1049页。
⑤ 《后汉书》卷30上《杨厚传》，北京：中华书局，2014年，第1047页。

五十年之厄"理论来自谶纬术数的推演。宋均、章怀认为"汉三百五十年之厄"所根据的是《春秋命历序》"五七弱",但语焉不详。

《后汉书·郎颛传》载阳嘉二年（133）"灾异屡见",郎颛上书："臣伏惟汉兴以来三百三十九岁。……陛下乃者潜龙养德,幽隐屈厄,即位之元,紫宫惊动,历运之会,时气已应。然犹恐妖祥未尽,君子思患而豫防之。"[1] 警醒顺帝,"年差"昭示某种困厄的到来,今时灾变与之有关,需以改革扭转"困乏"之局面。郎颛将此问题视作若干年循环的历运周期。北海安丘郎氏是东汉最富盛名的图谶之家。郎颛之父郎宗"学《京氏易》,善风角、星算、六日七分,能望气占候吉凶"[2]。"（青州）遣宗诣公车,对策陈灾异,而为诸儒之表。"[3] 郎颛"少传父业,兼明经典,隐居海畔,延致学徒常数百人。昼研精义,夜占象度,勤心锐思,朝夕无倦"。郎颛曾拒绝州郡察举征辟,直到顺帝时"灾异屡见",他才初次应征,足见他对"汉三百五十年之厄"的重视和担忧。

到了桓帝初年（建和元年左右,147 年,年差为 353）,崔寔云："自汉兴以来,三百五十余岁矣。政令垢玩,上下怠懈,风俗凋敝,人庶巧伪,百姓嚣然,咸复思中兴之救矣。且济时拯世之术,岂必体尧蹈舜然后乃理哉？期于补绽决坏,枝柱邪倾,随形裁割,要措斯世于安宁之域已。"[4] 同文称"方今承百王之敝,值厄运之会"[5],可见崔寔所谓"三百五十余岁"并非空泛的时间状语,当与"汉三百五十年之厄"有关。崔寔不以之为神秘的循环,而是声称汉朝立国有"三百五十年"之久,已然老朽,产生了"政令垢玩,上下怠懈,风俗凋敝,人庶巧伪"等问题。"凋敝"指凋零疲敝,与"立国已久"相关。

《后汉书·李云传》载桓帝延熹二年（159）,"是时地数震裂,众灾频降",李云"素刚,忧国将危,心不能忍,乃露布上书,移副三府,曰:'……高祖受命,至今三百六十四岁,君期一周,当有黄精代见,姓陈、项、虞、田、许氏,不可令此人居太尉、太傅典兵之官。举厝至重,不可不慎。班功行赏,宜应其实。……今官位错乱,小人谄进,财货公行,政化日损,尺一拜用不经御省。是帝欲不谛乎？'"[6] "善阴阳"的李云指出三百六十四岁的年差是若干年循环的节纪,其论证类似于"汉三百五十年之厄"。他提出"黄精"象征的土德政权将取代火德的汉家。李贤注曰:"黄精谓魏氏将兴也。"重视"年差"并对困厄降临有所认知,是李云批评现政、提出改革建议的话语前提。

无论被视作"节纪",还是某种日久渐衰的根据,"年差"像是一种显示汉朝命运之衰落的讯号。早在西汉后期,路温舒、谷永、王莽曾用"三七之厄"指代汉兴二百一十年,以二百一十年为一"节纪",力陈汉朝将面临"改运"之弊。[7] 进入东汉,以年差论

---

① 《后汉书》卷 30 下《郎颛传》,北京:中华书局,2014 年,第 1065 页。

② 《后汉书》卷 30 下《郎颛传》,北京:中华书局,2014 年,第 1053 页。

③ 《后汉书》卷 82 上《方术樊英传》注引谢承《后汉书》,北京:中华书局,2014 年,第 2722 页。

④ 《后汉书》卷 52《崔寔传》,北京:中华书局,2014 年,第 1726 页。

⑤ 《后汉书》卷 52《崔寔传》,北京:中华书局,2014 年,第 1728 页。

⑥ 《后汉书》卷 57《李云传》,北京:中华书局,2014 年,第 1852 页。

⑦ 参考《汉书》卷 51《路温舒传》"以为汉厄三七之间"、卷 85《谷永传》"涉三七之节纪"及注引孟康说"至平帝乃三七二百一十岁之厄"、卷 99 上《王莽传上》"遇汉十二世三七之厄"。参考孙少华:《"三七之厄"与两汉之际经学思想之关系》,《岭南学报》第九辑,2018 年。

政的兴起，带来某种有关 "改宪" "变法" 的强烈呼声。杨厚 "因陈汉三百五十年之厄，宜蠲汉改宪之道"，其中的 "宪" 在各方看来有不同的含义。所谓 "改宪之道"，最早见于章帝元和年间的历法改革中。其借孔子之预言 "三百年斗历改宪"：

> 至元和二年 (85)，《太初》失天益远，日、月宿度相觉浸多……帝知其谬错，以问史官，虽知不合，而不能易。故召治历编䜣、李梵等综校其状。二月甲寅，遂下诏曰："……祖尧岱宗，同律度量，考在玑衡，以正历象，庶乎有益。《春秋保乾图》曰：'三百年斗历改宪。'……今改行《四分》，以遵于尧，以顺孔圣奉天之文。"①

在历法问题上，章帝放弃旧历《太初历》、启用《四分历》，将 "三百年" 视作改革历法的周期，其背后有纬书《春秋保乾图》"三百年斗历改宪" 的影响。②《春秋保乾图》被认为是孔子所作，改历之举 "顺孔圣奉天之文"，是 "为汉制法" 的孔子要求汉兴三百年时的作为。《春秋保乾图》这类当时被称为 "七经谶" 的纬书是光武帝建武年间校订、颁布的，被时人视作齐同经书的一种儒典。③ 贾逵也称："《太初历》不能下通于今，新历不能上得汉元。一家历法必在三百年之间。故谶文曰 '三百年斗历改宪'。汉兴，常用《太初》而不改，下至太初元年百二岁乃改……"④ 章帝、贾逵皆引 "三百年斗历改宪" 作为依据，建立了 "孔子获麟—汉兴元年—章帝元和改宪"⑤ 的时间图示，其间皆三百年。时人有 "《四分历》本起图谶"⑥ 的评价。元和二年距汉元年291年，可见时人对年差心中有数，预感此际需 "改宪"，应验孔子预言。除了历法变更，"三百年改宪" 还被践行于刑律改革。和帝永元八年 (96) 廷尉陈宠上书曰：

> 臣闻礼经三百，威仪三千，故《甫刑》大辟二百，五刑之属三千。礼之所去，刑之所取，失礼则入刑，相为表里者也。今律令死刑六百一十，耐罪千六百九十八，赎罪以下二千六百八十一，溢于《甫刑》者千九百八十九，其四百一十大辟，千五百耐罪，七十九赎罪。《春秋保乾图》曰："王者三百年一蠲法。" 汉兴以来，三百二年，宪令稍增，科条无限……⑦

陈宠同样关心岁差 (302 年)，并以《春秋保乾图》"王者三百年一蠲法" 呼吁约省刑法。

---

① 《后汉书》志第二《律历志中》，北京：中华书局，2014 年，第 3026 页。

② 元和改历起因于近一百年内《太初》旧历法精确度的下降。陈遵妫指出章帝改历、贾逵论理是汉代实际观测所得的结果。参考陈遵妫：《中国天文学史》第一册，上海：上海人民出版社，1990 年，第 219 页；第三册，上海：上海人民出版社，1990 年，第 1433~1436 页。

③ 参考张学谦：《东汉图谶的成立及其观念史变迁》，《文史》2019 年第 4 期。

④ 《后汉书》志第二《律历志中》，北京：中华书局，2014 年，第 3028 页。

⑤ 《后汉书》志第二《律历志中》载顺帝安汉二年边韶论历："《四分历》仲纪之元，起于孝文皇帝后元三年，岁在庚辰。上四十五岁，岁在乙未，则汉兴元年也。又上二百七十五岁，岁在庚申，则孔子获麟。"（北京：中华书局，2014 年，第 3034 页）

⑥ 《后汉书》志第二《律历志中》，北京：中华书局，2014 年，第 3034 页。

⑦ 《后汉书》卷 46《陈宠传》，北京：中华书局，2014 年，第 1554 页。

"改宪"和"蠲法"可以互训。孔子这句含糊的预言给东汉士人留下了诠释空间,在"三百年"的当下成为推动某种变革的动力。无论"改宪"或"蠲法",《春秋保乾图》都为时人实施改革提供了"年差"的依据。

和帝时陈宠尚身处汉兴三百年左右。再往后的时代,士人就没法借"三百年"言事了。"三百五十年之厄"是此后兴起的、蕴含新内涵的说法。顺帝永建二年(127)杨厚所持"三百五十年之厄"的观念,是过了"三百年"后士人的新发明,因"三百年斗历改宪"已不适用。相较而言,"三百年斗历改宪"相关说法没有抨击现实、高呼改革的急迫感,其态度较温和平稳,针对历法或刑法等某些具体问题;"三百五十年之厄"舆论则强调了某种厄运即将或已经降临,士人对现实各方面弊病已普遍不满,对现实实施改革已迫在眉睫——汉朝已经病入膏肓。从呼吁"改宪",到"汉厄"的形成,随着年差逐渐扩大,浮现出士人政治心态的变化轨迹。

顺帝永建、阳嘉年间,处于三百与三百五十年之间,士人议论呈现出从"三百年斗历改宪"向"三百五十年之厄"演变的过渡。尚书令左雄上疏:"汉初至今,三百余载,俗浸雕敝,巧伪滋萌,下饰其诈,上肆其残。曲城百里,转动无常,各怀一切,莫虑长久。谓杀害不辜为威风,聚敛整辨为贤能,以理已安民为劣弱,以奉法循理为不化。"[1]善于"推较灾异"的左雄指出某特殊灾厄,社会由此承蒙衰弊。永建二年顺帝欲封侯梁冀,左雄谏曰:"梁冀之封,事非机急,宜过灾厄之运,然后平议可否"[2],他对此时"遭厄"确有认识。又如"阳嘉二年(133),有地动、山崩、火灾之异,公卿举固对策,诏又特问当世之敝,为政所宜。(李)固对曰:'……古之进者,有德有命;今之进者,唯才与力。伏闻诏书务求宽博,疾恶严暴。而今长吏多杀伐致声名者,必加迁赏。其存宽和无党援者,辄见斥逐。是以淳厚之风不宣,雕薄之俗未革。……实以汉兴以来,三百余年,贤圣相继,十有八主。岂无阿乳之恩?岂忘贵爵之宠?'"[3] "好方术"[4] 的李固提及三百年的岁差,与"淳厚之风不宣,雕薄之俗未革"的衰微之局有关。将左雄、李固的议论置于"三百五十年之厄"的观念背景下,二人所谓"汉兴以来,三百余年"实有特指,他们都把社会积病归因于"三百余年"。如今的年差已超过了孔子所预言的"三百年",积病愈多,国运更加危险,解决问题的需求日渐紧迫。顺帝初年还出现一种"汉四百年之难"的说法:

> 时诏问酺阴阳失序,水旱隔并,其设销复兴济之本。酺上奏陈图书之意曰:"汉四百年将有弱主闭门听难之祸,数在三百年之间。斗历改宪,宜行先王至德要道,奉率时禁,抑损奢侈,宣明质朴,以延四百年之难。"[5]

---

① 《后汉书》卷61《左雄传》,北京:中华书局,2014年,第2017页。
② 《后汉书》卷61《左雄传》,北京:中华书局,2014年,第2022页。
③ 《后汉书》卷63《李固传》,北京:中华书局,2014年,第2074页。
④ 《后汉书》卷82上《方术李郃传》,北京:中华书局,2014年,第2719页。
⑤ 《后汉书》卷48《翟酺传》注引《益部耆旧传》,北京:中华书局,2014年,第1605页。

《春秋命历序》："四百年之间，闭四门，听外难。"① 翟酺上图谶，指出汉四百年将发生弱君遭遇 "闭门听难" 之祸。"斗历改宪" 是为了拖延这 "四百年之难" 的到来，灾难的预兆发生于 "三百年之间"。这是 "三百五十年之厄" 成立的另一种逻辑。到了桓帝朝，崔寔、李云之议处于 "年差" 大于三百五十年之时。郎顗诸士人沿用 "三百年斗历改宪" 的逻辑，通过不断递增 "年" 数，赋予它类似的义涵。这样 "年差改革论" 便能持续匡谏当下政治，使改革延续正当性。持此政论逻辑者，是一个精通谶纬术数之学的士人群体。

二、诗纬的时间观：郎顗论 "三百五十年之厄" 的数理结构

杨厚 "陈汉三百五十年之厄"，李贤注《后汉书·杨厚传》引《春秋命历序》作解："四百年之间，闭四门，听外难，群异并贼，官有孽臣，州有兵乱，五七弱，暴渐之效也。" 引宋均注："五七三百五十岁，当顺帝渐微，四方多逆贼也。" 宋均、李贤认为 "三百五十年之厄" 的原理是纬书《春秋命历序》的 "五七弱"。这种用数字相乘表示与汉开国相关之年岁的说法，前已有之。西汉后期的路温舒、谷永、王莽等人提及 "三七之厄" "三七之间" "涉三七之节季"，表示汉朝已过二百一十余年；东汉光武帝开国前夕，亦有 "四七之际火为主" 之谶言，被人认为预示从高祖至光武共历二百二十八年。② 东汉结束后还出现了 "汉有六七之厄……六七四十二，代汉者当涂高也" 之说。③ 这些说法都以 "七" 为乘数，形成 "某七之际" "某七之厄" 的用法，构成以谶纬数理推论政权命运的模式。曾师事郑玄，距顺、桓时代不远的宋均，用 "五七弱" 解释 "汉三百五十年之厄"，有一定的说服力。然而，并无证据表明顺、桓士人就用 "五七弱" 来解读当时之厄。视 "五七弱" 为稍晚时代才形成的、比附 "某七" 说法而来的一种通俗性解释，一种泛泛而论，可能更合乎事实。④ 我们发现，郎顗对此提出了一种更复杂精致的理论。阳嘉二年（133），郎顗上书顺帝：

> 臣伏惟汉兴以来三百三十九岁。于《诗三基》，高祖起亥仲二年，今在戌仲十年。《诗汜历枢》曰："卯酉为革政，午亥为革命，神在天门，出入候听。" 言神在戌亥，司候帝王兴衰得失，厥善则昌，厥恶则亡。于《易雄雌秘历》，今值困之。凡九二困者，众小人欲共困害君子也。《经》曰："困而不失其所，其唯君子乎！" 唯独贤圣之君，遭困遇险，能致命遂志，不去其道。陛下乃者潜龙养德，幽隐屈厄，即位之元，紫宫惊动，历运之会，时气已应。然犹恐妖祥未尽，君子思患而豫防之。臣以为

① 《纬书集成》中，安居香山、中村璋八辑，石家庄：河北人民出版社，1994 年，第 884 页。

② 李贤注："四七，二十八也。自高祖至光武初起，合二百二十八年，即四七之际。"（《后汉书》卷 1《光武帝纪》，北京：中华书局，2014 年，第 21 页）"四七" 主要指光武起兵时是二十八岁。

③ 《太平御览》卷 88《皇王部·孝武皇帝》引《汉武故事》，北京：中华书局，1960 年，第 421 页上栏。

④ 从知识的论证和接受之过程来说，论证越简洁、越常识性的知识，相对而言越容易被后人接受、记忆和传播，取代复杂者成为集体记忆。论证越复杂者反而越容易被遗忘。"五七弱" 之解释能够流行，与这种现象有关，却不一定是这一观念产生时依照的原理。

戌仲已竟，来年入季，文帝改法，除肉刑之罪，至今适三百载……

郎颛讲解了为什么"汉兴以来三百三十九岁"将有厄降。首先，他引用了一段"诗纬"说法。其次，引用了一部现已不可考的纬书《易雄雌秘历》，以及《易困卦》的九二爻辞，为了说明君主"今值困乏"。最后，结合顺帝即位之前曾受小人迫害的境况，提醒他如今虽然渡过难关，但仍在经历"妖祥"，还需谨慎小心，为郎氏提出改革主张做足铺垫。

这段话在前四句中阐述了"汉三百五十年之厄"的演算过程。郎颛借助的是"诗纬"的时间观和"五际"学说。"诗纬"指对《诗经》进行阐发的纬书。从起源上看，"诗纬"与西汉"三家《诗》学"的齐诗之学尤其是翼奉之学有密切关系，可能产生于西汉后期①。其文本定型大概在光武帝建武年间。其时校订、颁行图谶八十一篇，分为"河图谶"和"七经谶"，"诗纬"名列后者，其篇名有《推灾度》《氾历枢》《含神雾》三种。② 后有郑玄注三卷、宋均注十八卷。需说明的是，东汉大部分时代似乎不存在"某经纬"这一说法，"诗纬"一词在当时不多见，其词兴起当在魏晋之后。③ 本文为行文方便，仍以"诗纬"代称。以下郎颛论证"汉三百五十年之厄"的成立。

"臣伏惟汉兴以来三百三十九岁。于《诗三基》，高祖起亥仲二年，今在戌仲十年。"理解的关键点是"亥仲二年"和"戌仲十年"。"《易》有阴阳，《诗》有五际，《春秋》有灾异，皆列终始，推得失，考天心，以言王道之安危。"④ 齐诗、诗纬以"五际"学说为其核心内容。《汉书·翼奉传》颜师古注引孟康说："《诗内传》曰：'五际，卯、酉、午、戌、亥也。阴阳始终际会之岁，于此则有变政之政也。"⑤ 在这一学派看来，"五际"指十二地支中的卯、午、酉、戌、亥，这是阴气阳气的始终、交际之时。李贤注《郎颛传》"诗三基"："基当作期，谓以三期之法推之也。"诗纬的三期之法，指每位地支分为孟、仲、季"三期"，每一期又分成十年。《诗氾历枢》载："凡推其数，皆从亥之仲起，此天地所定位。阴阳气周而复始，万物死而复苏，大统之始，故王命一节，为之十岁。"⑥ 这里的"节"就是期。《易纬乾凿度》"雌生戌仲，号曰太始，雄雌俱行三节"，宋均注曰："俱行，起自戌仲至亥。"⑦ 据此推算，戌仲至亥仲时历"三节"（"三期"），孟、

---

① 清代陈乔枞说："汉儒如翼奉、郎颛之说诗，多出于纬，盖齐学所本也。"（陈乔枞：《诗纬集证自叙》，道光丙午年小嫏嬛馆印，《续修四库全书》，第 761 页）参考任蜜林：《〈诗纬〉新论》，《儒家典籍与思想研究》第六辑，北京：北京大学出版社，2014 年。

② 关于光武帝颁布图谶中的"七经谶"三十五篇篇目，包括诗纬篇目，见《后汉书》卷 82 上《方术樊英传》，北京：中华书局，2014 年，第 2721 页。

③ 张学谦：《东汉图谶的成立及其观念史变迁》，《文史》2019 年第 4 期。

④ 《汉书》卷 75《翼奉传》，北京：中华书局，2014 年，第 3172 页。

⑤ 案《诗内传》相传为西汉初年辕固所作，是为齐诗学派的鼻祖。《汉书》卷 75《翼奉传》，北京：中华书局，2014 年，第 3173 页。

⑥ 《纬书集成》上，安居香山、中村璋八辑，石家庄：河北人民出版社，1994 年，第 480 页。

⑦ 《纬书集成》上，安居香山、中村璋八辑，石家庄：河北人民出版社，1994 年，第 60 页。"亥"即"亥仲"，可参陈乔枞《诗纬集证》的分析（道光丙午年小嫏嬛馆印，《续修四库全书》，第 766 页）。

仲、季三节每节十年，从"亥仲"起始算起。因此郎顗讲的"高祖起亥仲二年，今在戌仲十年"，指高祖起于"亥"第二个十年的第二年，这几近于诗纬汉朝纪年的起始之年。今年是"戌"第二个十年的第十年。

郎顗所说"高祖起亥仲二年"的"高祖起"指什么时刻？若以西汉建朝的高祖元年（前206）为亥仲二年，则亥仲元年为前207年，推至戌仲元年为127年，阳嘉二年为戌仲七年，并非郎顗所言戌仲十年①。《郎顗传》"戌仲十年"有没可能是"戌仲七年"之误呢？郎顗称"戌仲已竟，来年入季，仲终季始，历运变改"，戌仲即将变成戌季，可见并无"十"讹"七"之误。据此推断，"高祖起亥仲二年"应指刘邦即皇帝位、"天下大定"的高祖五年（前202）②。以刘邦即位来解释"高祖起"，也似更为妥帖。高祖五年为亥仲二年，则亥仲元年为前203年，推至戌仲元年为123年，阳嘉二年（133）为戌仲十年。"孟仲季三节"（30年）经历十二地支，自"亥仲二年"算起，共360年。阳嘉二年接近360年周期之末尾，至下一"天地所定位"的"亥仲"只有20年，这个即将来临的时刻让郎顗感到急迫。③

何以如此？郎顗继续说："《诗汜历枢》曰：'卯酉为革政，午亥为革命，神在天门，出入候听。'言神在戌亥，司候帝王兴衰得失，厥善则昌，厥恶则亡。"案《诗汜历枢》载："亥为革命，一际也。亥又为天门，出入候听，二际也。卯为阴阳交际，三际也。午为阳谢阴兴，四际也。酉为阴盛阳微，五际也。"④ 这一"五际"说与孟康引《诗内传》的说法稍有出入，如亥同时是一际、二际，"五际"不包括戌；但两者的思路原理是一致的，即"五际"是阴阳变化、互相交替的五个时间节点。根据《汜历枢》的说法，从亥位起始，阳气上升。至卯位，阴阳交际。至午位，阳气凋零、阴气渐兴。至酉位，阴盛阳衰。至亥位，阴气达到极致，将要推翻象征君权的阳气。所以此时会发生"革命"。这一阴阳往复的周期是三百六十年。前引孟康说："《诗内传》曰：'五际，卯、酉、午、戌、亥也。'阴阳始终际会之岁，于此则有变政之政也。"⑤ 指出阴阳交际之时，是"变政"、

---

① 孔广森对此事也作了运算，见《经学卮言·十月之交塑日辛卯》："（郎顗）其法以卅年管一辰。凡甲子甲午旬首者为仲，甲戌甲辰旬首者为季，甲申甲寅旬首者为孟。率十年一移，故谓之'三期'。今据阳嘉二年（133）癸酉上推，延光三年（124）甲子为戌仲之始，前卅年而永元六年（94）入酉仲，又前卅年而永平七年（64）入申仲，又前卅年而建武十年（34）入未仲，又前卅年而元始四年（4）入午仲，是王莽革命之际也。又前二百九年，得高祖元年（前206）乙未入亥仲二年矣。"笔者按这种算法验算，亥仲元年为前204年，则亥仲二年实为前203年，并非高祖元年。曹建国《〈诗〉纬三基、四始、五际、六情说探微》[《武汉大学学报》（人文科学版）2006年第4期] 一文对此事也有疏解，但并无验查郎顗的数字。

② 《史记》卷8《高祖本纪》："（高祖）五年，高祖与诸侯兵共击楚军，与项羽决胜垓下。……正月，诸侯及将相相与共请尊汉王为皇帝。……甲午，乃即皇帝位汜水之阳。……天下大定。"（北京：中华书局，2011年，第379~380页）

③ 钱大昕已注意到郎顗此事，简洁地指出："其法盖以三百六十岁为一周，十二辰各三十年，一辰又别为孟、仲、季各十年。"《廿二史考异》卷11《后汉书二·郎顗传条》，北京：商务印书馆，1958年，第233~234页。

④ 《纬书集成》上，安居香山、中村璋八辑，石家庄：河北人民出版社，1994年，第481页。

⑤ 《汉书》卷75《翼奉传》，北京：中华书局，2014年，第3173页。

改革之时。① 有"神"处于"天门"，即戌亥之间。按诗纬之说"亥为革命，一际也。亥又为天门，出入候听，二际也"，亥同时是"革命"和"天门"。"天门"可理解为即将进入"革命"的前夕状态，故郎顗说"神在戌亥"，神在天门"候听"，掌管帝王的得失与兴衰，决定王朝或昌或亡的命运。亥的回归复位意味着自高祖建朝以来三百六十年周期的结束，会带来五际变化中最为严重的"革命"，故须在此时变政，以求抑制"革命"。这样，他得以顺理成章推出一系列政治改革主张。还值得注意的是，"卯酉为革政"和"午亥为革命"两阶段之说，正对应着从亥至酉为三百年、复归至亥为三百六十年这两个过程的后期阶段（这种对应关系详见图1）；这样，从"革政"到"革命"，分别与"三百年斗历改宪"和"三百五十年之厄"两个递进阶段相对应。包括郎顗在内的谶纬学者都认为，随着年差从三百年扩大至三百五十年，温和的政治改良将转化为激进的政治革命。郎顗论证"汉三百五十年之厄"的过程，如图1所示：

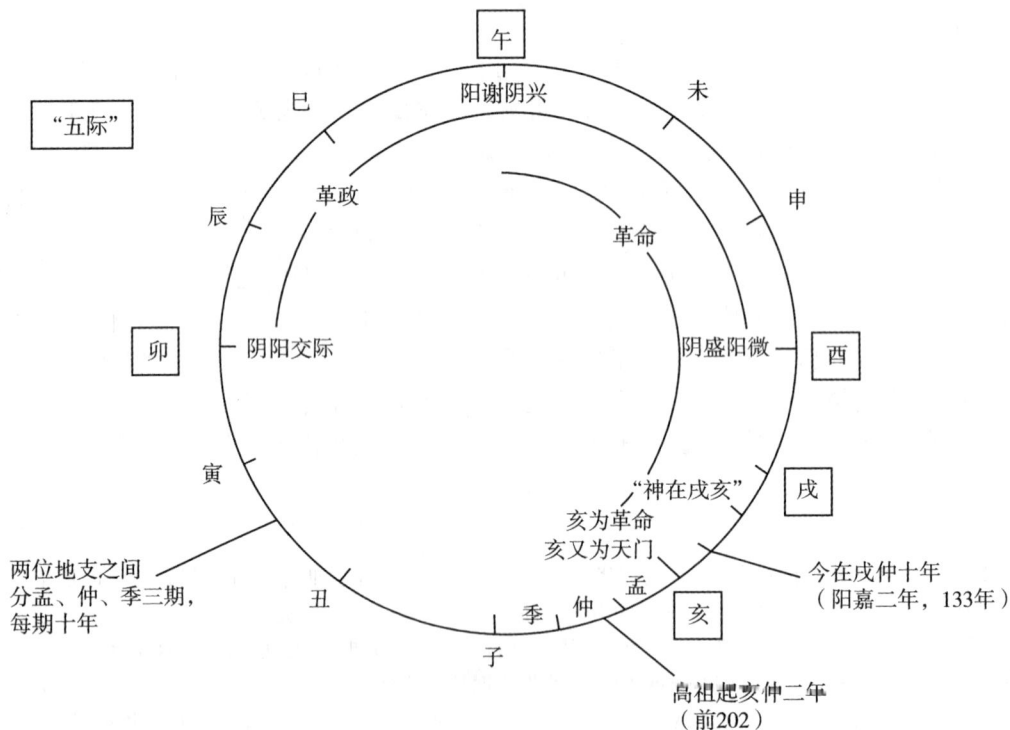

图1　郎顗以诗纬论"汉三百五十年之厄"图示

郎顗论证阳嘉二年即将遭厄的论据，主要是诗纬"三期""五际"思想中的"汉三百

---

① 这一从阳转阴的渐变过程可参考陈乔枞对《氾历枢》的说解："未者，昧也。阴气已长，万物稍衰，体暧昧也。""申者，伸也。……衰老引长。""酉者，老也……万物老极而成熟也。""戌者，灭也，杀也。""亥者，核也，阂也。十月闭藏万物，皆入核阂。"陈乔枞：《诗纬集证》，道光丙午年小娜嬛馆印，《续修四库全书》，第771~772页。又参考姜广辉、邱梦艳：《齐诗"四始五际"说的政治哲学揭秘》，《哲学研究》2013年第12期。

六十年一周"和"亥为革命"观念。当三百六十年的周期结束、亥位复归时,将产生"革命",汉朝天命不保。郎顗之学被《后汉书》评价为"咎征最密"①。其语作为当时灾厄观念成立的直接证据,比较客观地展现了精通谶纬学说的东汉士人在这一问题上的推算逻辑。

三、"三百年一蠲法"与"文帝废肉刑":应厄对策的中兴论

顺、桓士人多称"中兴"。"中兴"指对衰落之王朝的重新振作。顺、桓时期的中兴论并非泛泛空谈,有其内在推演逻辑和具体方案措施。中兴论与"汉三百五十年之厄"问题关系紧密。"三百五十年之厄"被认为是日积月累的政治社会弊病,蕴含汉朝发生易代的危险;中兴实践是遭厄的应对方案。

汉朝的百年积弊被指责为"俗浸雕敝"和"巧伪滋萌"。永建初年,左雄劝顺帝多用"循理之吏",提道:

> 降及宣帝,兴于仄陋,综核名实,知时所病,刺史守相,辄亲引见,考察言行,信赏必罚。帝乃叹曰:"民所以安而无怨者,政平吏良也。与我共此者,其唯良二千石乎!"……汉世良吏,于兹为盛,故能降来仪之端,建中兴之功。汉初至今,三百余载,俗浸雕敝,巧伪滋萌,下饰其诈,上肆其残。……谓杀害不辜为威风,聚敛整办为贤能,以理己安民为劣弱,以奉法循理为不化。……循理之吏,得成其化;率土之民,各宁其所。追配文、宣中兴之轨,流光垂祚,永世不刊。②

左雄称赞汉宣帝"综核名实""信赏必罚"是其"中兴"的基石。当今时值汉兴三百余年,社会凋零疲惫,巧伪多发,少有官吏能奉法循理。希望顺帝效法宣帝用吏之道,实现中兴之业。阳嘉二年,李固称"是以淳厚之风不宣,雕薄之俗未革。……积敝之后,易致中兴"③,郎顗也称"今陛下圣德中兴,宜遵前典,惟节惟约"④。桓帝时刘陶论用贤:"实中兴之良佐,国家之柱臣也"⑤。崔寔明确将"年差"与"中兴"相联系作论证:

> 自尧、舜之帝,汤、武之王,皆赖明哲之佐,博物之臣。……及继体之君,欲立中兴之功者,曷尝不赖贤哲之谋乎!凡天下所以不理者,常由人主承平日久,俗渐敝而不悟,政浸衰而不改,习乱安危,怢不自睹。或荒耽嗜欲,不恤万机;或耳蔽箴诲,厌伪忽真……是以王纲纵弛于上,智士郁伊于下。悲夫!自汉兴以来,三百五十

① 《后汉书》卷82上《方术列传》,北京:中华书局,2014年,第2706页。
② 《后汉书》卷61《左雄传》,北京:中华书局,2014年,第2016~2017页。
③ 《后汉书》卷63《李固传》,北京:中华书局,2014年,第2074页。
④ 《后汉书》卷30下《郎顗传》,北京:中华书局,2014年,第1060页。
⑤ 《后汉书》卷57《刘陶传》,北京:中华书局,2014年,第1844页。

余岁矣。政令垢玩，上下怠懈，风俗凋敝，人庶巧伪，百姓嚚然，咸复思中兴之救矣。①

他指出桓帝承平日久，不思改革振作，导致上下懈怠，风俗巧伪的局面，故需"中兴之救"、革除积弊。"风俗凋敝"和"人情巧伪"是左雄、崔寔共同强调的状况，是汉兴三百余年累积而成的社会问题。杨厚、郎𫖮的主张，皆可纳入士人备感社会陷溺积弊，意在说服皇帝革新振作的"中兴论"范畴之中。

"三百五十年之厄"引发士人关于具体政治路线的热议。这一修辞直接指向了法令改革问题。杨厚"陈汉三百五十年之厄，宜蠲汉改宪之道"。宪，法也，文献多二字互用。陈宠呼吁法令改革，引《春秋保乾图》"王者三百年一蠲法"，郎𫖮据"汉兴以来三百三十九岁"提出"当大蠲法令，革易官号"，皆显示士人认为"改宪"即是一种"蠲法"。在"王者三百年一蠲法"的影响下，东汉士人相信法令改革是"中兴"的途径。以下，从"蠲法"之不同理解、"文帝废肉刑"的诠释和法令改革之综名核实三个方面，探讨东汉后期中兴论的观念与实践。

士人对"三百年一蠲法"的"蠲"字有不同诠释，由此发挥出不同的改革思路。蠲，本义为"洁"。《书·吕刑》"上帝不蠲"，孔传注"天不洁其所为"。② 由"洁"之义，"蠲"可引申出"清除"和"显明"二义。对此二义的引申，士人提出内容不同的法令改革，皆是对三百年前"文帝废肉刑"借题发挥。

第一，蠲取"清除"义。蠲法指减除法令。"蠲除刑律"是常见于汉代史书的说法。陈宠将"王者三百年一蠲法"视作其推行法制改革的依据，将律令删繁就简："钩校律令条法，溢于《甫刑》者除之"；"《春秋保乾图》曰：'王者三百年一蠲法。'汉兴以来，三百二年，宪令稍增，科条无限……可使大辟二百，而耐罪、赎罪二千八百，并为三千，悉删除其余令，与礼相应"。③ 陈宠轻法改革施行于章帝、和帝朝，时称"人俗和平，屡有嘉瑞"。蔡邕作《和熹后谥议》纪念和帝邓皇后，称其主政时有这样的功绩：

蠲正宪法六千余事，以顺汉氏三百之期。④

此处"蠲"作清理义，盖指陈宠精简法令之事。蔡邕以"宪""法"同称，强调"汉氏三百之期"，足见"改宪蠲法"观念对当时法令改革的直接推力。"三百年减轻刑法"的模式被郎𫖮采用，将之与"三百年前"汉文帝废肉刑相联系：

臣以为戌仲已竟，来年入季，文帝改法，除肉刑之罪，至今适三百载。宜因斯

① 《后汉书》卷52《崔寔传》，北京：中华书局，2014年，第1726页。

② 孔安国传，孔颖达疏：《尚书正义》卷19，阮元校刻：《十三经注疏》，北京：中华书局，1980年，第249页。"明神不蠲"的说法常见于《左传》《国语》等先秦文献。

③ 《后汉书》卷46《陈宠传》，北京：中华书局，2014年，第1554页。

④ 蔡邕：《和熹后谥议》，严可均校辑：《全后汉文》卷72，《全上古三代秦汉三国六朝文》第一册，北京：中华书局，第866页下栏。

际，大蠲法令，官名称号，舆服器械，事有所更，变大为小，去奢就俭，机衡之政，除烦为简。①

> 孔子曰："汉三百载，斗历改宪。"三百四岁为一德，五德千五百二十岁，五行更用。王者随天，譬犹自春徂夏，改青服绛者也。自文帝省刑，适三百年，而轻微之禁，渐已殷积。王者之法，譬犹江河，当使易避而难犯也。故《易》曰："易则易知，简则易从。"易简而天下之理得矣。②

汉文帝前元十三年（前167）废除肉刑③，到阳嘉二年正好过了三百年。郎颛想说，自文帝主张轻刑以来已过了三百年，在此期间，对轻微过失的罚责禁令逐渐积累，当今的法律已不符合"王者之法"宽厚、难犯的标准。他主张效法文帝"大蠲法令"。三百年是积累社会问题的一个周期，今日应该恢复三百年之前的政策，才能缓和积弊。

第二，"蠲"取"显明"义。"蠲法"被解释为申明法令。《左传》襄公十四年有"惠公蠲其大德"，杜预注："蠲，明也。"④《晋书·刑法志》载程咸曰"男不得罪于他族，而女独婴戮于二门，非所以哀矜女弱，蠲明法制之本分也"⑤，法律亦可被蠲明。杨厚声称"宜蠲汉改宪之道"，此处"蠲"即"明"义。"蠲明法宪"的代表人物是崔寔。他提出：

> 量力度德，春秋之义。今既不能纯法八代，故宜参以霸政，则宜重赏深罚以御之，明著法术以检之。自非上德，严之则理，宽之则乱。何以明其然也？近孝宣皇帝明于君人之道，审于为政之理，故严刑峻法，破奸轨之胆，海内清肃，天下密如。嘉瑞并集。屡获丰年，荐勋祖庙，享号中宗。算计见效，优于孝文。及元帝即位，多行宽政，卒以堕损，威权始夺，遂为汉室基祸之主。治国之道，得失之理，于斯可以鉴矣！⑥

崔寔强调"明著法术"，使法纪明了，执法者得以严格执行、臣民严格遵守。所"明"者不仅"法令"，更延伸至限制民欲的"礼法"："是故先王之御世也，必明法度以闭民欲，崇堤防以御水害。法度替而民散乱，堤防堕而水泛溢。"⑦崔寔以"明法度"为其中兴论的基本主张，认为"严刑峻法"的宣帝在治理上优于文帝；宣帝之后的元帝"多行宽政"，开启了汉朝的衰弱。有意思的是，崔寔同样赞誉文帝：

---

① 《后汉书》卷30下《郎颛传》，北京：中华书局，2014年，第1065页。
② 《后汉书》卷30下《郎颛传》，北京：中华书局，2014年，第1067页。
③ 文帝前元十三年五月，诏曰："今人有过，教未施而刑加焉？或欲改行为善而道毋由也。朕甚怜之。夫刑至断支体，刻肌肤，终身不息，何其楚痛而不德也，岂称为民父母之意哉！其除肉刑。"《史记》卷10《孝文本纪》，北京：中华书局，1959年，第428页。
④ 《十三经注疏·春秋左传正义》卷32，北京：中华书局，1980年，第1956页。
⑤ 《晋书》卷30《刑法志》，北京：中华书局，1974年，第926页。
⑥ 《后汉书》卷52《崔寔传》，北京：中华书局，2014年，第1727页。
⑦ 孙启治：《政论校注》，北京：中华书局，2012年，第78页。

夫刑罚者，治乱之药石也；德教者，兴平之粱肉也。夫以德教除残，是以粱肉理疾也；以刑罚理平，是以药石供养也。方今承百王之敝，值厄运之会。自数世以来，政多恩贷，驭委其辔，马骀其衔，四牡横奔，皇路险倾。方将柑勒鞿鞴以救之，岂暇鸣和鸾，清节奏哉？……文帝虽除肉刑，当劓者笞三百，当斩左趾者笞五百，当斩右趾者弃市。右趾者既殒其命，笞挞者往往至死，虽有轻刑之名，其实杀也。……以此言之，文帝乃重刑，非轻之也；以严致平，非以宽致平也。①

崔寔认为文帝以笞刑代替肉刑，又将死刑的标准降低（原斩右趾，今弃市），因此文帝的政策是"重刑""严法"。其良好治理靠"重刑"对臣民的震慑。之后的三百年内，日久承平，文帝"重刑"为人淡忘，社会逐渐宽纵，这是积弊的原因。汉代已近乎"病"，需回归文帝之重法。崔寔的结论是"以严致平，非以宽致平"。崔寔改训"蠲"为"明"，将纬书孔子之语服务于"明著法术"的主张。

郎顗和崔寔对"文帝废肉刑"的重视乃是基于三百年年差的考虑，假借"三百年一蠲法"，呼吁复归三百年前的法令，为的是推出自己的改革主张。"文帝废肉刑"在东汉后期的语境中被讨论，从肉刑的量刑功能出发，形成了某种追求"综核名实""名实有正"的政治理念。仲长统曰：

肉刑之废，轻重无品，下死则得髡钳，下髡钳则得鞭笞。死者不可复生，而髡者无伤于人。髡笞不足以惩中罪，安得不至于死哉！夫鸡狗之攘窃，男女之淫奔，酒醴之赂遗，谬误之伤害，皆非值于死者也。杀之则甚重，髡之则甚轻。不制中刑以称其罪，则法令安得不参差，杀生安得不过谬乎？今患刑轻之不足以惩恶，则假臧货以成罪，托疾病以讳杀。科条无所准，名实不相应，恐非帝王之通法，圣人之良制也。……今令五刑有品，轻重有数，科条有序，名实有正，非杀人逆乱鸟兽之行甚重者皆勿杀。②

仲长统认为文帝废肉刑之蔽在于"轻重无品"，髡笞太轻，死刑又太重，无法量刑定罪。案文帝以前，刑罚有墨、劓、膑、宫、大辟"五刑"，前三者属于肉刑，后两者属于生命刑。③ 文帝废肉刑后，前三者改为髡钳、城旦舂及笞刑，相对较轻。而宫刑、大辟又太重，中间没有过渡刑。轻则易犯，重则伤民，罪与罚之间难以匹对。惩罚轻重的两极分化，量刑的模糊，刑等幅度的跳跃，带来另一问题：司法过程中容易出现法令之外的因素，左右裁决的结果。权贵往往能避开重罚，获得轻判。这样，呼吁法令之"名"与对象之"实"相符，就有了更深远的内涵。仲长统主张法令改革应"制中刑"，使之"名实有正""名实相应"。东汉后期对法令"名实"的讨论屡见不鲜。士人关注的不仅是行为是否犯法，更重要的是判处何种刑种和刑度。他们并非呼吁增添法令、加重

---

① 《后汉书》卷 52《崔寔传》，北京：中华书局，2014 年，第 1729 页。

② 《后汉书》卷 49《仲长统传》，北京：中华书局，2014 年，第 1652 页。

③ 学者指出文帝改革之前的"五刑"有广义、狭义两个系统，笔者采其广义。参考宋洁：《"具五刑"考——兼证汉文帝易刑之前存在两个"五刑"系统》，《中国史研究》2014 年第 2 期。

惩罚，而是深入思考法令名目与罪行之对应关系后，追求法令之"中刑"，建立客观真实之标准，排除司法过程中诸如权贵贿赂、私幸开恩、因功特赦等因素的影响，保持裁决之公正性。

"名实有正"不仅在于量刑的精确，更在于建立一种不为人情所左右的纲纪法度，作为对"汉兴三百余年"之社会积弊的补救。左雄和崔寔都认为汉代日久承平，导致了社会风俗之"巧伪"，虚浮不实。东汉士人提出以法令的"综核名实"作为匡正补救。左雄强调效法"信赏必罚"、用"奉法循理之吏"的宣帝，官吏"不从法禁，不式王命，锢之终身，虽会赦令，不得齿列"。① 李固上书："本朝号令，岂可蹉跌？间隙一开，则邪人动心；利竞暂启，则仁义道塞。刑罚不能复禁，化导以之浸坏。此天下之纪纲，当今之急务。"② 仲长统亦指出"诚令方来之作，礼简而易用，仪省而易行，法明而易知，教约而易从。……任循吏于大乱之会，必有恃仁恩之败"③。左、李、仲皆告诫法令在执行过程中不应为"赦令""仁恩""邪心""利竞"一切外于法制本身的因素所左右，须知行合一，使法之名、实相符。值得一提的是，仲长统说"至于革命之运期……非严刑峻法则不能破其党"，崔寔说"以刑罚理平，是以药石供养也。方今承百王之弊，值厄运之会"，二人申明法度之前提，是如今国运遭遇灾厄；若是安定之世，则当行德政。④ 荀悦指出"善恶要于功罪，毁誉效于准验，听言责事，举名察实。无或诈伪，以荡众心"⑤。"功必核其真，然后授其赏；罪必核其真，然后授其刑；行必核其真，然后贵之。"⑥ 徐幹希望严惩将法"乱名""言伪"者："先王之法，析言破律，乱名改作者，杀之；行僻而坚，言伪而辩，记丑而博，顺非而泽者，亦杀之。"⑦ 汉献帝时，应劭"删定律令，以为《汉仪》"，申论了相似看法："夫国之大事，莫尚载籍。载籍也者，决嫌疑，明是非，赏刑之宜，允执厥中，俾后之人永有鉴焉。"⑧ 东汉晚期士人重视探讨名、实关系⑨，强调明辨是非、建立标准，申明纲纪之实。"明法度"是对汉兴三百余年"风俗雕薄"和"人情巧伪"的一种补救，是规避三百余年之厄的重要举措。法令的名实问题，最终引申出汉末曹魏时循名责实、追求人位相称的"名理学"之形成，此为探讨"无名"之玄

————————————

① 《后汉书》卷 61《左雄传》，北京：中华书局，2014 年，第 2018 页。

② 《后汉书》卷 63《李固传》，北京：中华书局，2014 年，第 2077 页。

③ 孙启治注：《昌言校注·阙题一》，北京：中华书局，2012 年，第 321 页。

④ 孙启治注：《政论校注》，北京：中华书局，2012 年，第 321 页；《昌言校注》，北京：中华书局，2012 年，第 66 页。

⑤ 《申鉴·政体》，孙启治：《申鉴校注补》，北京：中华书局，2012 年，第 15 页。

⑥ 《汉纪》卷 22《孝元皇帝纪中》，北京：中华书局，2002 年，第 387 页。

⑦ 《中论·覈辩》，孙启治校注：《中论解诂》，北京：中华书局，2014 年，第 139 页。

⑧ 《晋书》卷 30《刑法志》，北京：中华书局，1974 年，第 920 页。

⑨ 从概念上讨论"名""实"关系的是徐幹《中论·考伪》："问者曰：仲尼恶殁世而名不称，又疾伪名，然则将何执？曰：是安足怪哉？名者，所以名实也，实立而名从之，非名立而实从之也。故长形立而名之曰长，短形立而名之曰短，非长短之名先立，而长短之形从之也。仲尼之所贵者，名实之名也，贵名乃所以贵实也。"（孙启治校注：《中论解诂》，北京：中华书局，2014 年，第 205~206 页）表达了先实后名，名随于实之意。

学的先声。①

光武帝颁布图谶八十一篇，立之为官方学术，地位堪比儒典。伴随这一经典化的过程，篇名与经书连缀的纬书诸如《春秋保乾图》《诗纬氾历枢》，成为皇帝和众多士人信仰的经典文献。其中出现对汉朝国家命运的警告性言辞，由之为人们所重视。他们视这些文本为圣人孔子"为汉制法"遗留的教训。东汉"三百五十年之厄"之预言及一系列相关的实践主张，即来自这种政治文化背景。"三百五十年之厄"呈现由"年差"论改革的劝政策略、谶纬数理的演算原理和法令改革实践之间层层递进的互动关系，显示了精英知识分子改造深陷泥潭之社会政治的努力。顺、桓士人将当下诸多社会政治问题的源头归于汉朝立国时间已久，日久承平带来"上下怠懈，风俗凋敝，人庶巧伪"的积弊。士人祁望中兴，根据孔子"汉三百年一蠲法"预言，建构了"轻法"和"重法"两种法令改革路径；对三百年前文帝废肉刑一事借题发挥：郎颉希望效法文帝删减多余之法令，以宽抚民生为应厄之策；而在崔寔看来，文帝以严致平，故他主张申明法令，以理乱世。两种观念都以"明法之实"为目标，"综核名实"成为大多数士人最终的治理方案，以匡正汉兴三百余年带来凋敝之风俗和巧伪之人情。士人构造出各自的叙事路径和理乱思路，以应对"三百五十年之厄"，形成东汉后期谋求中兴的思想实践。

（作者单位：中国人民大学历史学院）

---

① "名理学"起源于汉末之刑名之学的影响。关于"名理学"及其向玄学的演变，参考汤用彤：《读〈人物志〉》，《魏晋玄学论稿及其他》，北京：北京大学出版社，2010年，第5~19页；唐长孺：《魏晋玄学之形成及其发展》，《魏晋南北朝史论丛》，北京：商务印书馆，2010年，第306~344页。

小心思与大格局*
——论纪昀的个人关切与社会关怀

□ 陈 庆

【摘要】 小说家纪昀一方面以写作《阅微草堂笔记》来"消闲",来体验谈狐说鬼的乐趣,来表达他对《聊斋志异》的挂怀和介意,这些小心思透露了他的个人关切;另一方面又在作品中表彰仁慈、正义,传达丰富有益的人生经验,诙谐幽默地讨论学术问题,这种大格局对应的是其社会关怀。有意味的是,纪昀的小心思与大格局,并非泾渭分明,而是共有一片模糊地带,即中国传统的世俗儒家伦理。放下身段,面对芸芸众生谈论因果报应、狐鬼百态,无论是小心思,还是大格局,都能带给读者愉悦和亲切感。

【关键词】 纪昀;《阅微草堂笔记》;个人关切;社会关怀

纪昀的《阅微草堂笔记》①,记录了至少 450 位与之有过交往的人物,其中,官员有大学士伍弥泰、内阁大学士刘统勋、文华殿大学士蔡新、阁学汪晓园、左都御史窦光鼐、御史胡绍鼎、编修蒋士铨、编修程晋芳、司农曹丈垣、制府袁愚谷、同知朱文震、教授林清标、御史叶旅亭、副宪汪承霈、太常寺卿吕含晖、少司寇杜凝台、少司马景介兹、四川藩司张宝南、副都统刘鉴、舍人刘约斋、中书宋瑞、乌鲁木齐提督巴彦弼、乌鲁木齐千总柴有伦等,宗室成员有努尔哈赤第十二子阿济格之五世孙爱新觉罗·敦诚、诚谋英勇公章佳·阿桂之子章佳·阿必达、蒙古王孙沁公丹、贝勒春晖等,老师有宗人府主事何琇、吏部尚书汪由敦、礼部侍郎介福、孙端人、吕闇斋、及孺爱等,此外,还有藏书家钱曾、书法家朱岷、画家张赐宁、篆刻家聂际茂、诗人陈景元等。《阅微草堂笔记》提到的人物,除去无法查询的外,计有进士 60 余名、举人 20 余名。进士中包括同年进士胡绍鼎、范家相、王昶、庄培因、戈源、柯瑾、曹学闵等 8 人,还包括同时代的进士董元度、钱维城、刘跃云、顾德懋、蒋麟昌、吴鸿、戴震、裴曰修、朱嵇、裴麟、诸重光、沈初、任大椿、蒋士铨、吴鸿、宋鉴、李翙、汪辉祖、李文藻、蔡新、窦光鼐、侍朝、汪孟鋗、贾霖、赵

* 本文是国家社科基金青年项目"人文经济学视野下的清代小说研究"(19CZW027)阶段性成果。
① 纪昀:《阅微草堂笔记》,上海:上海古籍出版社,1980 年。本文所引《阅微草堂笔记》均据此版本,为避繁琐,仅随文注明页码。

佑、孟邵等，举人中包括朱孝纯、李若龙、申兆定、程振甲、梁奇通、袁愚谷、吴钟侨、李基塙、刘善谟、王金英、朱生焕、金可亭等。从以上罗列可以看出，纪昀大量接触达官显贵、名流巨子，其生活优裕且风雅。《阅微草堂笔记》中的几处叙述尤能反映这一特点。一处是"张桂岩自扬州还，携一琴砚见赠。斑驳剥落，古色黝然。右侧近下，镌'西涯'二篆字，盖怀麓堂故物也"（第 341 页）。纪昀友人赠予他的礼物不是日常生活用品，而是古砚，明后期茶陵诗派核心人物、官至礼部右侍郎的李东阳收藏过的古砚。另一处是"余虎坊桥宅，为威信公故第，厅事东偏，一石高七八尺，云是雍正中初造宅时所赐，亦移自兔儿山者。南城所有太湖石，此为第一"（第 370 页）。纪昀名下的一处宅邸原为岳飞第二十一代孙、雍正时期四川提督威信公岳钟琪的府邸，府中的那块太湖石是雍正皇帝御赐的。这些情形，有助于读者了解纪昀的人生状态。

一般说来，个人关切与社会关怀是泾渭分明的，但在有些情况下，两者之间也可能没有明确的界限，它们的区别，就像春夏之交一样：暮春的某一天，感觉更像夏初；或夏初的某一天，感觉更像暮春。它们之间的区别，只是大体而言。纪昀写作《阅微草堂笔记》，其情形与此有些相近。纪昀以写作《阅微草堂笔记》来"消闲"，来体验谈狐说鬼的乐趣，来表达他对《聊斋志异》的挂怀和介意，这些小心思，无疑偏于个人关切；而以写作《阅微草堂笔记》来书写淑世情怀、人生经验和学术情趣，格局宏大，则显然偏于社会关怀。在纪昀的一己关切和社会关怀之间划出大体的界限并不困难，但要将两者截然分开却不大可能。这给研究带来了困难，却也增加了几分乐趣。

一、纪昀的小心思与《阅微草堂笔记》所承载的个人关切

《阅微草堂笔记》是纪昀晚年的作品，凡二十四卷，依次为《滦阳消夏录》六卷、《如是我闻》四卷、《槐西杂志》四卷、《姑妄听之》四卷、《滦阳续录》六卷。始于乾隆五十四年（1789），这一年纪昀 66 岁；迄于嘉庆三年（1798），这一年纪昀 75 岁。嘉庆五年（1800），其门人盛时彦将上述五种合刊印行，名为"阅微草堂笔记"。

纪昀在 66 岁高龄时开始《阅微草堂笔记》的写作，十年之间，平均两年一种。这个进度不算快，也不算慢，难得的是纪昀持续不已地保持了良好的写作状态。其背后的动力何在？他何以津津有味地做这桩事情？从个人关切的角度看，写作《阅微草堂笔记》，是纪昀安顿生命和情感的一种方式。

纪昀的小心思之一：用一种个人喜欢的方式"消闲"娱老。

66 岁那年夏天，纪昀开始了《阅微草堂笔记》第一种《滦阳消夏录》的写作。《滦阳消夏录》小序说："乾隆己酉夏，以编排秘籍，于役滦阳。时校理久竟，特督视官吏题签庋架而已。昼长无事，追录见闻，忆及即书，都无体例。小说稗官，知无关于著述；街谈巷议，或有益于劝惩。聊付抄胥存之，命曰《滦阳消夏录》云尔。"（第 1 页）古人习惯于把人生分为三个大的阶段：少年（青年）、中年和老年，有少年游侠、中年游宦和晚年游仙的说法。所谓少年游侠，是说年轻时生活可以奔放一些、热烈一些；所谓中年游宦，是说中年人以事业为主；所谓晚年游仙，是说年事已高的人，首务是颐养天年。颐养天年的方式，不限于一种，各人可以根据自己的情形作出选择。从唐宋以来的普遍情形看，晚年从事笔记写作在文化人中较为常见。如北宋欧阳修的《归田录》，作于晚年辞官

归田之后，故名"归田录"。同为北宋人的王辟之，其《渑水燕谈录》自序说得更为明白："闲接贤士大夫谈议，有可取者，辄记之，久而得三百六十余事，私编之为十卷，蓄之中橐，以为南亩北窗、倚杖鼓腹之资，且用消阻志、遣余年耳。"① 欧阳修、王辟之都着眼于笔记写作的"消闲"娱老功能。

乾隆癸丑（1793）七月二十五日，《阅微草堂笔记》第四种《姑妄听之》写定，纪昀自题小序一则："余性耽孤寂，而不能自闲。卷轴笔砚，自束发至今，无数十日相离也。三十以前，讲考证之学，所坐之处，典籍环绕如獭祭。三十以后，以文章与天下相驰骤，抽黄对白，恒彻夜构思。五十以后，领修秘籍，复折而讲考证。今老矣，无复当年之意兴，惟时拈纸墨，追录旧闻，姑以消遣岁月而已。"（第359页）纪昀指出，不同类型的写作，劳心费神的程度是不一样的。"考证之学"要求博览群籍，而"抽黄对白"的朝廷"制作"不仅需要知识的积累，还需要苦心经营文辞，总之，都是刻意为之，以满足朝廷或学术共同体的要求。只有精力充沛的中青年时代，才适合领受这样极为劳心费神的职责。所谓"今老矣，无复当年之意兴"，其实是说，人到老年，已经受不了那些因职守需要而苦心经营的写作方式。对于纪昀来说，在晚年从事笔记写作，无疑是"最优选项"，既与自己的身体状况吻合，又与自己的个人性情吻合，可以达到"个人利益的最大化"或"效用最大化"。

在纪昀的同时代学者中，论经学，他也许不如戴震等人专精；论史学，他也许比不过钱大昕、赵翼等人；集部之学也不是他的专长；纪昀之所以为并世学者所推重，一是无人可以匹敌的博通，一是对子部之学的专精，尤其是子部小说家类，没有人可以与他相提并论。《阅微草堂笔记》卷十三"族叔楘庵言"一则，据《博异传》《列异传》等子部小说考证飞天夜叉的来历；卷十九"嘉庆戊午五月"一则论揣骨书至唐乃盛行，所依据的《太平广记》《定命录》《嘉话录》《剧谈录》，除《太平广记》是宋初李昉等人编纂的文言小说总集外，其他三种子部小说均出于唐人之手。读过这些书也许不算什么，但熟悉到可以信手拈来，把其中的材料用于考证，就不是等闲功夫可以做到的了。纪昀有了那么多积累，在晚年闲暇之时写成趣味盎然的笔记，当然是一件惬意的事。

纪昀的小心思之二：他自幼喜欢谈狐说鬼，那些有趣的故事萦绕于心，真有一种不写不快的感觉。

纪昀《滦阳消夏录》自序有云："夫正言庄论，人每倦闻；神怪仙诡之说，好之者必众。然五岁受书，今已垂老，不能考证经史，阐圣贤之义训，乃以小说数卷，剞劂枣梨，余负愧则多矣。观者谅其非所自为可也。"② 所谓"非所自为"，即不由自主，忍不住要写。纪昀说的确属实情。

纪昀生于雍正二年甲辰（1724），在他的记忆中，儿时曾经历过许多神奇的事情。如：

> 余两三岁时，尝见四五小儿，彩衣金钏，随余嬉戏，皆呼余为弟，意似甚相爱。

① 丁锡根编著：《中国历代小说序跋集》，北京：人民文学出版社，1996年，第358页。
② 纪晓岚著，吴波等辑校：《阅微草堂笔记会校会注会评》，南京：凤凰出版社，2012年，第1105页。

稍长时，乃皆不见。后以告先姚安公。公沉思久之，爽然曰："汝前母恨无子，每令尼媪以彩丝系神庙泥孩归，置于卧内，各命以乳名，日饲果饵，与哺子无异。殁后，吾命人塞楼后空院中，必是物也。恐后来为妖，拟掘出之，然岁久已迷其处矣。"前母即张太夫人姊。一岁忌辰，家祭后，张太夫人昼寝，梦前母以手推之曰："三妹太不经事，利刃岂可付儿戏？"愕然惊醒，则余方坐身旁，掣姚安公革带佩刀出鞘矣。始知魂归受祭，确有其事。古人所以事死如生也。（《阅微草堂笔记》卷五《滦阳消夏录》五，第94页）

纪昀说过，年幼的时候，他在黑夜中看东西，跟白天看得一样清楚；也能够看到鬼、怪。上一则所记，就是他亲眼所见泥孩成精的事。在他的感觉中，这种情形并不可怕，因为这几乎就像日出日落一样寻常，当这种事情和长辈的关切连在一起时，尤其让人感到生活的温馨。

乾隆十三年戊辰（1748），纪昀25岁，家中发生了一件有趣的"狐事"，见《阅微草堂笔记》卷三（《滦阳消夏录》三）：

> 余家假山上有小楼，狐居之五十余年矣。人不上，狐亦不下。但时见窗扉无风自启闭耳。楼之北曰绿意轩，老树阴森，是夏日纳凉处。戊辰七月，忽夜中闻琴声棋声。奴子奔告姚安公。公知狐所为，了不介意，但顾奴子曰："固胜于汝辈饮博。"次日，告昀曰："海客无心，则白鸥可狎。相安已久，惟宜以不闻不见处之。"至今亦绝无他异。（第41页）

"姚安公"即纪昀的父亲纪容舒，康熙五十二年举人，曾任姚安府知府。在姚安公看来，与鬼狐相处，以相安无事为宜，不要互相滋扰，更不要互相为敌。纪昀在《阅微草堂笔记》中经常引述姚安公的话，既是因为父子情深，也是因为服膺于姚安公的见解。

乾隆二十八年癸未（1763），纪昀40岁，出任福建学政，留下了一段意味隽永的掌故。事见《阅微草堂笔记》卷一（《滦阳消夏录》一）：

> 福建汀州试院，堂前二古柏，唐物也，云有神。余按临日，吏曰当诣树拜。余谓木魅不为害，听之可也，非祀典所有，使者不当拜。树柯叶森耸，隔屋数重可见。是夕月明，余步阶上，仰见树杪两红衣人，向余磬折拱揖，冉冉渐没。呼幕友出视，尚见之。余次日诣树，各答以揖。为镌一联于祠门曰："参天黛色常如此，点首朱衣或是君。"此事亦颇异。袁子才尝载此事于《新齐谐》，所记稍异，盖传闻之误也。（第13页）

这件掌故，足以见出纪昀的文采风流。翁心存和王伯恭的评语，亦从不同侧面赞赏了其睿智与才情："江西南康试院前老桂二，相传为朱子手植，未必然也。然要是古物，余癸巳岁试时尚见之，甲午科试再往，则以添盖号舍伐去矣，深为惋惜。""余摄鹤峰厅时，署有柏树，百年物也。前官佞神者建小祠祀之，并塑男女两木偶为神像，朔望祭之。余到任废其礼。仆从有窃议者，余复碎而焚之。后某生问以何说，余笑诵坡诗，答之云：'我是丹霞烧佛手。'"① 翁评赞赏纪昀的"木魅不为害，听之可也"，王评则赞赏纪昀的"非祀典所有，使者不当拜"，无过无不及，有分寸又有风度。

与上述例子类似的记载，在《阅微草堂笔记》中不下二十则，可见纪昀不是一般意义上的喜欢狐鬼故事，他相信，狐鬼就是人类生活的组成部分。怀有这样一种信念的纪昀，他热心于写作《阅微草堂笔记》，与通常所说的"以文为戏"有所不同，而是其一己关切的直接表达。

纪昀的小心思之三：他试图以《阅微草堂笔记》廓清蒲松龄《聊斋志异》对其子弟门生的负面影响。

说到纪昀对《聊斋志异》的介意和不满，有必要提到两个人，他的儿子纪汝佶和他的门生朱子颖。

纪昀的《阅微草堂笔记》之末附有其长子纪汝佶的六则笔记，纪昀的按语说："亡儿汝佶以乾隆甲子生。幼颇聪慧，读书未多，即能作八比。乙酉举于乡，始稍稍治诗古文，尚未识门径也。会余从军西域，乃自从诗社才士游，遂误从公安、竟陵两派入。后依朱子颖于泰安，见《聊斋志异》抄本，（时是书尚未刻。）又误堕其窠臼，竟沉沦不返，以讫于亡。故其遗诗遗文，仅付孙树庭等存乃父手泽，余未一为编次也。惟所作杂记，尚未成书，其间琐事，时或可采。因为简择数条，附此录之末，以不没其篝灯呵冻之劳。又惜其一归彼法，百事无成，徒以此无关著述之词，存其名字也。"（第562~563页）纪昀对"幼颇聪慧"的儿子纪汝佶是寄予厚望的，而纪汝佶最终的成就，与纪昀的期待距离甚大。其间的一个重要原因，在纪昀看来，是由于入门不正，走了公安、竟陵和《聊斋志异》的路子。

按语中提到的朱子颖，是纪昀的门生。《阅微草堂笔记》卷二十二（《滦阳续录》四）记下了他们的翰墨因缘：乾隆二十一年丙子（1756），纪昀33岁，以辑修志书，扈从热河，在古北口读到"一水涨喧人语外，万山青到马蹄前"（第525页），赏爱不已，后来才知道是朱子颖的作品。乾隆壬午即乾隆二十七年（1762），纪昀39岁，充顺天乡试同考官，朱子颖出于他的门下。

朱孝纯（1729—约1784）字子颖，号思堂，一号海愚，人呼戟髯。隶奉天汉军正红旗，东海（今山东郯城西）人。乾隆二十七年举人，任四川叙永县令。官至两淮盐运使。工诗善画。乾隆三十九年（1774）前后任泰安知府，纪汝佶"依朱子颖于泰安"就在这段时间。其时《聊斋志异》的初刻本青柯亭本问世已有七八年之久，纪昀说"时是书尚未刻"，当属误记。纪汝佶所读的《聊斋志异》，也许是刻本，也许是抄本。如果是刻本，说明《聊斋志异》流传已广。如果是抄本，也许还得到了朱子颖的帮助，因为抄本不是寻常人可以得到的。一个翰林院侍读学士的儿子，读了《聊斋志异》之后，竟然成了蒲松龄的追随者。纪昀由此痛切地意识到，《聊斋志异》和公安、竟陵的诗文一样，在年轻一辈中效法者甚众。这是纪昀所深感遗憾的事。以他的眼光来看，《聊斋志异》和公安、竟陵的诗文，都不属于正途。

纪昀曾任四库全书总纂官，而四库全书未收蒲松龄的《聊斋志异》。之所以拒收《聊

---

① 纪晓岚著，吴波等辑校：《阅微草堂笔记会校会注会评》，南京：凤凰出版社，2012年，第35页。

斋志异》，纪昀并未专文说明理由，也许在他看来，《聊斋志异》还不够资格由他撰写专文加以否定。不过，在《阅微草堂笔记》中，他会偶尔就此透漏一二，也会在跟弟子聊天时仿佛不经意地说出相关想法。综合他的这些言论，大体说来，他以为《聊斋志异》的缺陷主要在三个方面。其一，《聊斋志异》有大量"诲淫导欲"的内容。《阅微草堂笔记》卷十三（《槐西杂志》三）有这样一则：

> 董秋原言：东昌一书生，夜行郊外。忽见甲第甚宏壮，私念此某氏墓，安有是宅，殆狐魅所化欤？稔闻《聊斋志异》青凤、水仙诸事，冀有所遇，踯躅不行。俄有车马从西来，服饰甚华，一中年妇女揭帏指生曰："此郎即大佳，可延入。"生视车后一幼女，妙丽如神仙，大喜过望。既入门，即有二婢出邀。生既审为狐，不问氏族，随之入。亦不见主人出，但供张甚盛，饮馔丰美而已。生候合卺，心摇摇如悬旌。至夕，箫鼓喧阗，一老翁褰帘揖曰："新婚入赘已到门，先生文士，定习婚仪，敢屈为傧相，三党有光。"生大失望，然原未议婚，无可复语；又饫其酒食，难以遽辞。草草为成礼，不别而归。家人以失生一昼夜，方四出觅访。生愤愤道所遇，闻者莫不拊掌曰："非狐戏君，乃君自戏也。"（第 303 页）

"《聊斋志异》青凤、水仙诸事"，讲的是书生与花妖狐魅的艳遇。那些有情有义的花妖狐魅，不仅为穷困潦倒的书生带来了命运的转机，而且让他们的感情生活丰富多彩①。蒲松龄写这种故事，也许是为了抚平现实挫折所留下的创伤，自有其充足理由；但这一类故事的反复出现，照纪昀的看法，是会误导读者的。"东昌一书生"就是被误导的读者之一。自然，他只是被狐捉弄了一番，后果并不可怕，但后果可怕的也所在多有，《阅微草堂笔记》就一再加以举例说明。对纪晓岚的这一看法，他的门人盛时彦心领神会，所以在《阅微草堂笔记·序》中写了这样一段："河间先生以学问文章负天下重望，而天性孤直，不喜以心性空谈，标榜门户；亦不喜才人放诞，诗社酒社，夸名士风流。是以退食之余，惟耽怀典籍；老而懒于考索，乃采掇异闻，时作笔记，以寄所欲言。《滦阳消夏录》等五书，俶诡奇谲，无所不载；洸洋恣肆，无所不言。而大旨要归于醇正，欲使人知所劝惩，故诲淫导欲之书，以佳人才子相矜者，虽纸贵一时，终渐归湮没。而先生之书，则梨枣屡镌，久而不厌，是则华实不同之明验矣。"（第 567～568 页）所谓"诲淫导欲之书，以佳人才子相矜者，虽纸贵一时，终渐归湮没"，当然指的是《聊斋志异》一路作品。其二，《聊斋志异》体例不严，一部分作品像史部的传记，与《飞燕外传》《会真记》相近，一部分作品又像子部小说，与刘敬叔《异苑》、陶潜《续搜神记》相近，名为"志异"而又逾越了传统志怪的规矩，不符合著述惯例。其三，《聊斋志异》不是自叙，却又经常描写细腻的私生活，他是怎么知道那些事情的？这个看法，纪昀曾与门人盛时彦交流过，后来盛时彦写《姑妄听之·跋》，直接引用了纪昀的原话："小说既述见闻，即属叙事，不比戏场关目，随意装点。……今燕昵之词、媟狎之态，细微曲折，摹绘如生。使出自言，似无此理；使出作者代言，则何从而闻见之？又所未解也。"（第 472 页）基于上面三个理由，四库全书没有收录《聊斋志异》；也是基于同样的理由，纪昀要写一部为子部小说

---

① 参见陈文新：《明清小说名著导读（第三版）》，北京：商务印书馆，2018 年，第 167 页。

确立标准的"笔记"①。

纪昀不满于《聊斋志异》，源于其子纪汝佶的"误堕其窠臼，竟沉沦不返，以迄于亡"（第563页）。纪汝佶生于乾隆七年（1742），时纪晓岚19岁；去世于乾隆四十一年，时纪晓岚53岁，在翰林院侍读学士任上。以纪晓岚这样显赫的身份，却有一个痴迷于《聊斋志异》"沉沦不返"的儿子，这种挫折感无疑是极为强烈的。可以说，他与《聊斋志异》之间，有着解不开的"个人恩怨"。他的《阅微草堂笔记》，即致力于廓清《聊斋志异》的负面影响。

二、纪昀的大格局与《阅微草堂笔记》所体现的社会关怀

在纪昀的社会关怀中，淑世情怀、人生经验和学术情趣是三个不能忽略的关键词。

第一个关键词：淑世情怀。

在《阅微草堂笔记》的最后一篇，纪昀写下了这样一段话："惟不失忠厚之意，稍存劝惩之旨，不颠倒是非如《碧云騢》，不怀挟恩怨如《周秦行记》，不描摹才子佳人如《会真记》，不绘画横陈如《秘辛》，冀不见摈于君子云尔。"（第562页）《碧云騢》是北宋魏泰托名梅尧臣所作的一部笔记，于宋代公卿，多所诋毁，虽范仲淹亦未能幸免。《周秦行纪》是唐代李德裕门人托名牛僧孺所作的一篇传奇小说，旨在栽赃陷害牛僧孺。《会真记》即唐人元稹的《莺莺传》，记张生与崔莺莺不合礼法的恋情。《杂事秘辛》是明代杨慎托名汉人所作的一篇小说，叙汉代梁后被选及册立事，含有色情描写。纪昀引上述作品为戒，意在表达他的淑世情怀：他的《阅微草堂笔记》是一部于风化有补的作品。如徐珝《纪氏嘉言序》所说："可异者，劝善惩恶之书，人所乐读，而或得一搜神、志怪等编，则舍此读彼者有之矣。将何法以挽之，使不移其所好乎？则莫妙于河间相国纪晓岚先生所著《消夏录》等书，能寓劝善惩恶之意于搜神、志怪之中，使人读之不厌，感之易深也。"②

纪昀所劝的善，以仁慈最为突出；纪昀所惩的恶，包括了所有违背人类正义的行为。倡导仁慈和正义，是纪昀淑世情怀的两个主要侧面。

仁慈是社会生活中最让人感动的一种品格。没有谁可以强制别人做仁慈的事，所以，仁慈总是自发的、自愿的。惟其如此，一个仁慈的人，尤其应该得到奖赏或喝彩。纪昀的《阅微草堂笔记》，就常常发挥了这种奖赏或喝彩的作用。如《阅微草堂笔记》卷三（《滦阳消夏录》三）：

> 齐大，献县剧盗也。尝与众行劫，一盗见其妇善，逼污之。刃胁不从，反接其手，缚于凳，已褫下衣，呼两盗左右挟其足矣。齐大方看庄，（盗语谓屋上了望以防救者为看庄。）闻妇呼号，自屋脊跃下，挺刃突入曰："谁敢如是，吾不与俱生。"汹

---

① 这一段论述，参考了陈文新《纪晓岚对〈聊斋志异〉的批评与调侃》一文（《蒲松龄研究》2000年第1期）。

② 纪晓岚著，吴波等辑校：《阅微草堂笔记会校会注会评》，南京：凤凰出版社，2012年，第1110页。

汹欲斗，目光如饿虎。间不容发之顷，竟赖以免。后群盗并就捕骈诛，惟齐大终不能弋获。群盗云："官来捕时，齐大实伏马槽下。"兵役皆云："往来搜数过，惟见槽下朽竹一束，约十余竿，积尘污秽，似弃置多年者。"（第54页）

一个"剧盗"，何以一定要让他躲过追捕？是因为他做了一件仁慈的事。并不是有人逼着他这样做，恰恰相反，他这样做还面临着被同伙斗杀的危险。齐大因而显得尤其难能可贵。在人类伦理中，仁慈应该回敬给仁慈的人，也只应该回敬给仁慈的人，即孔子所谓"以德报德，以直报怨"①。齐大的仁慈超乎寻常且出乎意料，他理所当然应得到相应的回报。如果纪昀不在《阅微草堂笔记》中给予他相应的回报，那就不符合道德的标准。情节的逻辑其实也是道德的逻辑。

又如《阅微草堂笔记》卷四（《滦阳消夏录》四）：

> 献县史某，佚其名。为人不拘小节，而落落有直气，视龌龊者蔑如也。偶从博场归，见村民夫妇子母相抱泣。其邻人曰："为欠豪家债，鬻妇以偿。夫妇故相得，子又未离乳，当弃之去，故悲耳。"史问："所欠几何？"曰："三十金。""所鬻几何？"曰："五十金，与人为妾。"问："可赎乎？"曰："券甫成，金尚未付，何不可赎！"即出博场所得七十金授之，曰："三十金偿债，四十金持以谋生，勿再鬻也。"夫妇德史甚，烹鸡留饮。酒酣，夫抱儿出，以目示妇，意令荐枕以报。妇颔之，语稍狎。史正色曰："史某半世为盗，半世为捕役，杀人曾不眨眼。若危急中污人妇女，则实不能为。"饮啖讫，掉臂径去，不更一言。半月后，所居村夜火。时秋获方毕，家家屋上屋下，柴草皆满，茅檐秫篱，斯须四面皆烈焰，度不能出，与妻子瞑坐待死。恍惚闻屋上遥呼曰："东岳有急牒，史某一家并除名。"刲然有声，后壁半圮。乃左挈妻，右抱子，一跃而出，若有翼之者。火熄后，计一村之中，蒸死者九。邻里皆合掌曰："昨尚窃笑汝痴，不意七十金乃赎三命。"余谓此事佑于司命，捐金之功十之四，拒色之功十之六。（第63页）

仁慈是不能强求的，即使是兄弟之间、朋友之间，也不能强求。村民夫妇与史某之间，素无交情，当然不会指望他提供格外的帮助。而史某不光赠送了七十两银子，还能"见可欲而心不乱"。这样难得的仁慈，如果不让他得到现实的回报，良好的道德风尚就难以为继。这样看来，让好人得到好报，这样的因果逻辑是有助于社会风气之改善的。佛家常以因果报应之说劝化世人，其合理性在此。《阅微草堂笔记》采用这一逻辑，也是基于同样的动机。《阅微草堂笔记》卷十三（《槐西杂志》三）"王符九言"一则，某妇因行善而得到了神的护佑，而神一定要让其周围的人看到这一事实，目的就是证明"善有善报"。行善的人明明白白地得到好报，在纪昀看来，这就是生活应该有的逻辑。《阅微草堂笔记》的故事，常常就是这一逻辑的演绎。

比起仁慈来，正义对社会更加重要。一个社会缺少了仁慈，只是不那么美好，不那么令人喜欢。但一个社会如果缺少正义，就有可能土崩瓦解。所以，任何一个人，无论是平

---

① 朱熹：《四书章句集注》，北京：中华书局，2012年，第158页。

民，还是官员，都应该主持正义；而官员由于所处的位置更为重要，也更应发挥主持正义的作用。《阅微草堂笔记》卷一（《滦阳消夏录》一）就强调了这个意思：

> 献县令明晟，应山人。尝欲申雪一冤狱，而虑上官不允，疑惑未决。儒学门斗有王半仙者，与一狐友，言小休咎多有验，遣往问之。狐正色曰："明公为民父母，但当论其冤不冤，不当问其允不允。独不记制府李公之言乎？"门斗返报，明为惘然。因言制府李公卫未达时，尝同一道士渡江。适有与舟子争诟者，道士太息曰："命在须臾，尚较计数文钱耶！"俄其人为帆脚所扫，堕江死。李公心异之。中流风作，舟欲覆。道士禹步诵咒，风止得济。李公再拜谢更生。道士曰："适堕江者，命也，吾不能救。公贵人也，遇厄得济，亦命也，吾不能不救，何谢焉。"李公又拜曰："领师此训，吾终身安命矣。"道士曰："是不尽然。一身之穷达，当安命，不安命则奔竞排轧，无所不至。不知李林甫、秦桧，即不倾陷善类，亦作宰相，徒自增罪案耳。至国计民生之利害，则不可言命。天地之生才，朝廷之设官，所以补救气数也。身握事权，束手而委命，天地何必生此才，朝廷何必设此官乎？晨门曰：'是知其不可而为之。'诸葛武侯曰：'鞠躬尽瘁，死而后已。成败利钝，非所逆睹。'此圣贤立命之学，公其识之。"李公谨受教，拜问姓名。道士曰："言之恐公骇。"下舟行数十步，翳然灭迹。昔在会城，李公曾话是事。不识此狐何以得知也。（第4～5页）

所谓"圣贤立命之学"，就是在应该主持正义的时候，绝不后退或畏缩。而主持正义的特征，就是让作恶者无可逃避地受到惩罚。如果作恶者可以漏网，由此产生的侥幸心理可能导致更多的恶果。英国的亚当·斯密（Adam Smith）在《道德情操论》一书中就此作了切实的说明："违背正义的行为所以应该在今生就受到惩罚，纯粹是因为若非如此，社会秩序将无法维持；以致自然女神教我们希望，而宗教信仰——我们认为——也授权我们期待，违背正义的行为将受到惩罚，即使是在来世。"①《阅微草堂笔记》卷十八（《姑妄听之》四）让"四救先生"处于"四不救"的境地（第458页），就是要惩戒这些未能主持正义的人；卷五（《滦阳消夏录》五）"星士虞春潭"一则也强调对非正义行为必须严惩。

胥吏以及与胥吏相近的长随，是中国传统社会的毒瘤之一。钱穆《中国历代政治得失》第四讲论"明清两代之胥吏"，有云："明清两代的地方行政官，大都是管官的，不是管事的，事都交给师爷，由吏胥去办。这种师爷，各衙门都有，上下相混，四面八方相勾结。而管官的官却从科举出身，哪里懂得这些事？一个真想做事的官，一到衙门，至少须三四个月或一年半载，才把衙门里详细情形弄懂了，而一辈吏胥就不免起来反对他，暗中作梗。这种情形，从明代起，以前是没有的。而直到清代，这种趋势，日甚一日。"②大体说来，传统社会的舞弊作恶，以胥吏最为怵目惊心，《阅微草堂笔记》写到胥吏，也总是带有必欲除之而后快的意味，如卷六这样写道："其最为民害者，一曰吏，一曰役，一曰官之亲属，一曰官之仆隶。是四种人，无官之责，有官之权。官或自顾考成，彼则惟

---

① ［英］亚当·斯密：《道德情操论》，谢宗林译，北京：中央编译出版社，2008年，第110页。
② 钱穆：《中国历代政治得失》，北京：生活·读书·新知三联书店，2012年，第128～129页。

知牟利，依草附木，怙势作威，足使人敲髓洒膏，吞声泣血。四大洲内，惟此四种恶业至多。是以清我泥犁，供其汤鼎。以白皙者、柔脆者、膏腴者充魔王食，以粗材充众魔食。故先为差别，然后发遣。其间业稍轻者，一经脔割烹炮，即化为乌有。业重者，抛余残骨，吹以业风，还其本形，再供刀俎；自二三度至千百度不一。业最重者，乃至一日化形数度，刏剔燔炙，无已时也。"（第103~104页）这里遵循的乃是正义原则。

长随与家人容易混淆，而实有不同。家人是严格意义上的家中奴仆，与外界联系较少；长随是随主人赴任的跟班，负责差役和官员之间的沟通，常常伙同差役上下其手。差役可恶，长随也一样可恶。《阅微草堂笔记》卷七（《如是我闻》一）"州县官长随"写一个长随得了一种奇怪的病。这种病，据徐时栋评语所说，煞是令人感到恐怖："妹夫慈溪葛崧生言：其乡一富家妪曾患此疾，初发时，足拇指疼痛，视之，并不肿烂。医视之，无识者。后来一城中医惊曰：'不意尊府乃有此疾？疾当自下而上，寸寸烂断，强壮者必烂至心方死，年高者气血已衰，则不及心可死矣！'后此妪果烂至两腿即死。当时，崧生尝言此疾之名，今忘之矣。"[1] 之所以让长随得这样一种极其痛苦而又无法治愈的病，是因为常随带给其他人的痛苦太多太剧烈，不如此不足以彰显社会正义。

中国传统的世俗儒家伦理，源远流长，其特征是把劝善跟因果报应结合在一起。精英儒家伦理和世俗儒家伦理本属于两个不同的文化层面，而在《阅微草堂笔记》中，作为知识精英的纪昀，却成了世俗儒家伦理的倡导者。"它们所显示的意义就是：当时精英士大夫阶层非但与市民共同拥有一个伦理世界，他们甚且更是这套伦理观的主要推动者，自觉地担负着推广它的责任"，"所写的那些书遂都像是善书"，"可发挥'教化'之功"。[2] 放下身段，以教化芸芸众生为己任，纪昀的狐鬼故事承载着他对世道人心的关注。

第二个关键词：人生经验。

向读者传达人生经验也是纪昀写作《阅微草堂笔记》的重要关切。其书名曰"阅微"，是说他的那些人生经验，多得自具体而微的日常生活；而见微可以知著，足供不同社会阶层的人参考。

《阅微草堂笔记》卷八（《如是我闻》二）载：

> 余在乌鲁木齐，因牛少价昂，农者颇病。遂严禁屠者，价果减。然贩牛者闻牛贱，皆不肯来。次岁牛价乃倍贵。弛其禁，始渐平。（第174页）

纪昀本人也许没有意识到，他所观察到的牛价变化，包含着重要的经济学原理。"价格不只是关系到大众生活负担的一个问题，更是一个资源配置的问题。如果看成大众的生活负担，那么价格越低越好，这样大家的经济负担轻一点。如果看成资源配置问题，价格就不是越低越好，而是恰当才好。"[3] "懂得价格起了资源配置的信号作用，就懂得为什么东

① 纪晓岚著，吴波等辑校：《阅微草堂笔记会校会注会评》，南京：凤凰出版社，2012年，第327页。
② 龚鹏程：《中国文学史（下）》，台北：里仁书局，2010年，第435页。
③ 茅于轼、岑科：《人文经济学：不用数学的经济学》，广州：暨南大学出版社，2013年，第68页。

西少了就该涨价。东西少，就是有钱也买不到。这会造成生活中的极大不便。如果允许市场自己运作，价格自然会上涨。涨价以后需求会减少，供给会增加，供不应求的情况就能扭转。所以当市场是自由的时候，我们总能够买到任何一种商品。"① 纪昀记叙牛肉价格随资源配置而变化一事，表现出敏锐的观察力和对生活实例的尊重。尊重生活实例，而不依赖似是而非的常识，这是纪昀的忠告。

《阅微草堂笔记》卷四（《滦阳消夏录》四）讲述了一个奇特的案例：

> 王兰泉少司寇言：胡中丞文伯之弟妇，死一日复苏，与家人皆不相识，亦不容其夫近前。细询其故，则陈氏女之魂，借尸回生。问所居，相去仅数十里，呼其亲属至，皆历历相认。女不肯留胡氏。胡氏持镜使自照，见形容皆非，乃无奈而与胡为夫妇。此与《明史·五行志》司牡丹事相同。当时官为断案，从形不从魂。盖形为有据，魂则无凭。使从魂之所归，必有诡托售奸者，故防其渐焉。（第67页）

按照王兰泉的叙述，确实是"陈氏女之魂"借"胡中丞文伯之弟妇"之尸而"回生"，而官府依然判她"与胡为夫妇"。官府判决的依据，并非不相信"陈氏女之魂"，而是因为"魂"没有凭据，而"形"是有凭据的。假如根据"陈氏女之魂"的陈述做出判决，虽然可能是正确的，却会贻害无穷，因为其他别有用心的人会假托魂灵来达到不可告人的目的。所以，宁可委屈"陈氏女之魂"，也不能开据魂灵所述判案的先例。纪昀对这一判案方式的认可，基于他的生活经验和法律素养。

《阅微草堂笔记》卷十四（《槐西杂志》四）讨论了官员微服私访的得失：

> 明公恕斋，尝为献县令，良吏也。官太平府时，有疑狱，易服自察访之，偶憩小庵。僧年八十八余矣，见公合掌肃立，呼其徒具茶。徒遥应曰："太守且至，可引客权坐别室。"僧应曰："太守已至，可速来献。"公大骇曰："尔何以知我来？"曰："公一郡之主也，一举一动通国皆知之，宁独老僧！"又问："尔何以识我？"曰："太守不能识一郡之人，一郡之人，则孰不识太守。"问："尔知我何事出？"曰："某案之事，两造皆遣其党，布散道路间久矣，彼皆阳不识公耳。"公怃然自失，因问："尔何独不阳不识？"僧投地膜拜曰："死罪死罪，欲得公此问也。公为郡不减龚、黄，然微不慊于众心者，曰好访。此不特神奸巨蠹，能预为盅惑计也；即乡里小民，孰无亲党，孰无恩怨乎？访甲之党则甲直而乙曲；访乙之党，则甲曲而乙直；访其有仇者，则有仇者必曲；访其有恩者，则有恩者必直。至于妇人孺子，闻见不真；病媪衰翁，语言昏愦，又可据为信谳乎？公亲访犹如此，再寄耳目于他人，庸有幸乎？且夫访之为害，非仅听讼为然也，闾阎利病，访亦为害，而河渠堤堰为尤甚。小民各私其身家，水有利则遏以自肥，水有患则邻国为壑，是其胜算矣。孰肯揆地形之大局，为永远安澜之计哉？老僧方外人也，本不应预世间事，况官家事耶。第佛法慈悲，舍身济众，苟利于物，固应冒死言之耳。惟公俯察焉。"公沉思其语，竟不访而

---

① 茅于轼、岑科：《人文经济学：不用数学的经济学》，广州：暨南大学出版社，2013年，第69~70页。

归。次日，遣役送钱米。归报曰："公返之后，僧谓其徒曰：'吾心事已毕。'竟泊然逝矣。"此事杨丈汶川尝言之，姚安公曰："凡狱情虚心研察，情伪乃明，信人信己皆非也。信人之弊，僧言是也；信己之弊，亦有不可胜言者。安得再一老僧，亦为说法乎！"（第 335~336 页）

官员微服私访，就主观动机而言，是为了弄清事情真相，这当然是好的。但动辄私访，反而予奸人以可乘之机，其弊害不可胜言。故徐时栋评曰："私访偶一为之，亦无不可。今如僧言，是此公遇事无不访者。则诸弊丛生，理之必然。"① 纪昀借僧人之口所说的，就是这个道理。而事情还有另一面，那就是不去研察，而仅凭主观推断，其弊害也同样不可胜言。篇末引用其父亲姚安公的话，旨在提醒读者注意到事情的另一面。在讨论问题时注意从不同角度加以考察，表明了纪昀人生经验的健全。揭示生活的复杂和人心的隐微，正是《阅微草堂笔记》之所长。

第三个关键词：学术情趣。

与那些总是正襟危坐的学者不同，纪昀虽有正襟危坐的时候，例如在为《四库全书》撰写提要时，但他也经常怡然自得地以读书取乐，尤其是以读子部小说取乐。其门人盛时彦作《姑妄听之·跋》，提醒读者留意《阅微草堂笔记》的"学问"和"文章"，而不要仅视为"笔墨游戏"（第 472 页）。盛时彦的话无疑有他的道理，但注重学术趣味，或者说，有趣地谈论学术，却也是纪昀所热心的事情。尤其是那些"测狐鬼之情状"② 的篇目，尤富趣味。

《阅微草堂笔记》卷七（《如是我闻》一）"外叔祖张公紫衡"一则，讨论这样一个话题：哪些妖精有写诗的能耐？

> 外叔祖张公紫衡，家有小圃，中筑假山，有洞曰"泄云"。洞前为艺菊地，山后养数鹤。有王昊庐先生集欧阳永叔、唐彦谦句题联曰："秋花不比春花落，尘梦那如鹤梦长。"颇为工切。一日，洞中笔砚移动，满壁皆摹仿此十四字，拗捩欹斜，不成点画；用笔或自下而上，自右而左，或应连者断，应断者连，似不识字人所书。疑为童稚游戏，重垩而镝其户。越数日，启视复然，乃知为魅。一夕闻格格磨墨声，持刃突入掩之，一者猴跃起冲人去。自是不复见矣。不知其学书何意也。余尝谓小说载异物能文翰者，惟鬼与狐差可信，鬼本人，狐近于人也。其他草木禽兽，何自知声病。至于浑家门客并苍蝇草帚亦俱能诗，即属寓言，亦不应荒诞至此。此猴岁久通灵，学人涂抹，正其顽劣之本色，固不必有所取义耳。（第 149 页）

在纪昀看来，妖精分为三类：动物精、植物精和器物精。植物精和器物精通常智商不高，当然不会写诗。即使是动物精，其智商也不一定高到写诗的程度，只有狐精的智商跟人不

---

① 纪晓岚著，吴波等辑校：《阅微草堂笔记会校会注会评》，南京：凤凰出版社，2012 年，第 702页。

② 鲁迅撰，郭豫适导读：《中国小说史略》，上海：上海古籍出版社，2019 年，第 169 页。

相上下①。这样的话题和谈论话题的方式，都是轻松有趣的。世上留意狐鬼故事的不止纪昀一人，但像纪昀这样，能从故事中不时发现一些有趣的想象逻辑，却不多见。他常常忍俊不禁地把这些体悟记录下来，自己别有会心，也希望读者会心一笑。

《阅微草堂笔记》卷七（《如是我闻》一）提出了一个疑问：如果人死了成鬼，不死成仙，何以冥司和仙界，从未见过洋鬼和洋仙？"人死者，魂隶冥籍矣。然地球圆九万里，径三万里，国土不可以数计，其人当百倍中土，鬼亦当百倍中土，何游冥司者，所见皆中土之鬼，无一徼外之鬼耶？其在在各有阎罗王耶？顾郎中德懋，摄阴官者也，尝以问之，弗能答。人不死者，名列仙籍矣。然赤松、广成，闻于上古；何后代所遇之仙，皆出近世？刘向以下之所记，悉无闻耶？岂终归于尽，如朱子之论魏伯阳耶？娄真人近垣，领道教者也，尝以问之，亦弗能答。"（第125~126页）所谓顾德懋、娄近垣不能回答，其实是纪昀留给读者的一个悬念。后来徐时栋读到这一则，忍俊不禁地加了一段评语："但游中土之冥司，自然但见中土之鬼，譬人周历幅员之中，其所见自皆衣冠之伦，而遂谓徼外更无人焉，可乎？大抵地有人民，国家即于其地设有官长。人民繁远，立官即亦众多。深山穷谷，人迹不到之地设官分职，将焉用此？冥司有无，度亦不过如是，是则徼外焉得无冥司耶？荒外冥司之有无，吾不能知。然近年西夷错处四明，其死也闻有被宁波城隍司所拘唤者，此正如流民所到之地，即为其地官长所管辖耳。阴阳无二理，此可类推。"②徐时栋之所以故作严肃地回答，是因为纪昀的问题饶有趣味。

《阅微草堂笔记》卷十四（《槐西杂志》四）一则比较鬼狐的异同：

> 相传康熙中，瓜子店火，（在正阳门之南而偏东。）有少年病瘵不能出，并屋焚焉。火熄，掘之，尸已焦，而有一狐与俱死，知其病为狐媚也。然不知狐何以亦死。或曰："狐情重，救之不出，守之不去也。"或曰："狐媚人至死，神所殛也。"是皆不然。狐鬼皆能变幻，而鬼能穿屋透壁出。（罗两峰云尔。）鬼有形无质，纯乎气也；气无所不达，故莫能碍。狐能大能小，与龙等，然有形有质，质能缩而小，不能化而无。故有隙即遁，而无隙则碍不能出。虽至灵之狐，往来亦必由户牖。此少年未死间，狐尚来媚，猝遇火发，户牖俱焰，故并为烬焉耳。（第348~349页）

在传统中国的民俗想象中，伴随着人类的生命存在，至少还有仙、鬼和妖怪。仙是长生不老的人，鬼是离开了身体的人，妖精则是获得了神通的动物、植物或者器物。所以，仙和妖精都是实体，可以变大变小，但是不可能成为空无。鬼不是实体，所以任何空间的阻隔都不存在。纪昀的结论是："鬼能穿屋透壁出"；妖精则"有隙即遁，而无隙则碍不能出。虽至灵之狐，往来亦必由户牖"。《阅微草堂笔记》卷二十二（《滦阳续录》四）"刘香畹言"一则以"面上"是否有"墨污"作为区别鬼和妖精的依据，也是因为妖精是"有质之物"，而鬼则是气体（第519页）。纪昀对狐鬼情状的推测，基于民俗想象，而又不囿于民俗想象，洋溢着一种学术情趣。

---

① 参见陈文新：《四大名著应该这样读》，北京：中华书局，2019年，第157~158页。
② 纪晓岚著，吴波等辑校：《阅微草堂笔记会校会注会评》，南京：凤凰出版社，2012年，第280页。

《阅微草堂笔记》卷十八（《姑妄听之》四）"汪主事厚石言"一则记苏小小之鬼能做七律，旨在测鬼之情状。苏小小是南朝齐人，而律诗直到唐初才告成立，作为人的苏小小是不知道所谓律诗的，作为鬼的苏小小何以能做律诗？其回答是："阅历岁时，幽明一理。性灵不昧，即与世推移。宣圣惟识大篆，祝词何写以隶书？释迦不解华言，疏文何行以骈体？是知千载前人，其性识至今犹在，即能解今之语，通今之文。江文通、谢玄晖（按：谢玄晖当系谢希逸之误。爱妾换马事见《纂异记》。）能作爱妾换马八韵律赋，沈休文子青箱能作《金陵怀古》五言律诗，古有其事，又何疑于今乎？"（第451~452页）意思是说，鬼也和人一样，是有学习能力的。这真是一个有趣而又有理的答案。

三、结　语

约翰·托什（John Tosh）《史学导论》第四章《资料的运用》有云："偏见本身有可能具有历史重要性。就社会名人而言，它也许说明了某些人群或职位所犯的共同性错误。"[1] 纪昀的《阅微草堂笔记》，就有它这个群体的一些共有偏见：如对于宋明理学的嬉笑怒骂，对于《聊斋志异》的耿耿于怀。

不过，与其偏见相伴随的，也有许多内容足以令读者击节喝彩。纪昀的学术高度和社会地位足够显赫，而他依然能够放下身段，写一部趣味盎然的志怪小说。他的才情、学识与他的风趣相辅相成，铸就了《阅微草堂笔记》这样一部纪念碑似的作品，那么幽默，又那么庄重；那么深厚，又那么轻盈。一个能用小说与芸芸众生做朋友的大人物，他的大格局是令人敬重的，他的小心思也别有风味：它们并不是泾渭分明的两个极端，而是相互关联的两个层次。大人物的小心思，或者小说中的大格局，都能带给读者愉悦和亲切感。

（作者单位：海南大学海南省东坡文化研究与传播中心、韩国庆熙大学东亚书籍文献研究所）

---

[1]　[英] 约翰·托什：《史学导论》，吴英译，北京：北京大学出版社，2007年，第85页。

馆森鸿《似而非笔》解题与译注

□ 邓　红　宗昊南

一、缘　　起

章太炎（1869—1936，字枚叔，后改为炳麟）先生曾三次亲履日本。第一次为 1899 年 6 月 14 日至 1899 年 8 月 18 日。第二次为 1902 年 2 月至 1902 年 7 月。第三次为 1906 年 6 月至 1911 年 11 月。三次访日，为章太炎人生最重要的履历，给他的思想打下了深刻的"日本烙印"。同样，作为中国近代史上的重要人物，他的每一次访日都受到日本各界的瞩目，他的一举一动都在日本留下了独特的痕迹。日本汉学家、章太炎早年的莫逆之交馆森鸿氏所撰《似而非笔》一文，是章太炎第一次访问日本时的原始记录，其中多达近百条他和日本汉学界人士的"笔谈"手稿，都没有收入《章太炎全集》，也没有人将《似而非笔》全文翻译成中文，堪称宝贵的东瀛遗珠。

为此，我们尝试将《似而非笔》全文翻译成了中文，并作如下解题。

二、《似而非笔》解题

（一）关于作者馆森鸿

作者馆森鸿是章太炎研究中经常出现的人物。汤志钧著有《章太炎和馆森鸿》① 一文，详细地叙述了二人的关系。关于馆森鸿本人的研究，大山昌道、林俊宏合著有《日据时期汉学家馆森鸿学问养成之探讨》② 一文，介绍了馆森鸿的师长、青少年时期在家乡的学习经历，在东京的研修过程、在日据台湾时期的工作情况和发表过的作品，分析了其学问的养成之道和作品的内涵基础。关于馆森鸿的《似而非笔》，大山昌道、林俊宏合著

---

① 汤志钧：《章太炎和馆森鸿》，《乘桴新获》，北京：北京师范大学出版社，2018 年。
② 大山昌道、林俊宏：《日据时期汉学家馆森鸿学问养成之探讨》，《修平人文社会学报》第 20 期，2013 年。

有《十九世纪末中日学术交流的一幕——以馆森鸿〈似而非笔〉为中心》①，该文以《似而非笔》为中心，讲解了章氏第一次访问日本的意义、过程和笔谈经纬，概述了笔谈的内容和学术价值。近年来，一些中国近代史研究者，也对《似而非笔》有所谈及，并在他们的论文中各取所需地利用了《似而非笔》章太炎"笔谈"的一些片段。综合上述论著，馆森鸿的生平大致如下：

馆森鸿（1862—1942），本名万平，字子渐，号袖海，故《似而非笔》以"袖海生"为笔名。日本陆前本吉郡松岩村（现宫城县气仙沼市）人。幼年时接受祖父馆森通光、父亲馆森古道的庭教，学习了汉文及和歌的基本知识。1873 年大概是馆森鸿十一二岁时，其在家乡上私塾和小学，老师有铃木春山、竹田东滂、永泽公效、佐藤岩根等。日本在明治五年（1872）公布学制，开始构建近代学制，1874 年馆森鸿的家乡也建立起了月立小学校，他曾入学该校，不过当时已经 12 岁，应该是小学六年级了吧。也许是庭教功底扎实，又受过私塾教育，于是在 1878 年到 1881 年的三年间，馆森鸿在母校月立小学校当了三年小学教师。

由于他家乡的启蒙教师们都是一些乡儒或小学教师，只能教给他最基本的人生知识。家乡还没有建立起初中和高中，于是他大约在 1885 年时，毅然前往日本的政治、经济和文化中心东京研修，希望学到更高级且新颖的知识。

1885 年 8 月，馆森鸿在东京进入了明治时代著名汉学家冈鹿门②办的私塾绥猷堂，主要学习诗文。不久担任"塾头"一职（即管生徒的小老师）达六年，为师从鹿门最长的学生。在鹿门学习的同时，他又于 1888 年进入另一个著名汉学家重野成斋③办的私塾成达书院，主要学习历史和经学。

1891 年馆森鸿结束在东京的学习，回到家乡气仙沼开办私塾，但是由于地势偏僻，加之维新后新学兴起，他办的私塾人气不旺，生活没有着落。日据台湾时期，其朋友之弟，时任台湾总督府文书课长的木村匡邀请他去台湾总督府就职。于是他在 1895 年 11 月赴台湾，担任起台湾总督府民政局文书科职员来。

在台湾期间，馆森开始展露出自己的文才，在《台湾新报》《台湾日日新报》等报纸的文艺栏发表了许多汉文和汉诗，结交了一大帮文坛友人。

1898 年戊戌维新失败后，章太炎因为参加了强学会、写过许多批判清政府的文章，被看作维新派分子而遭到清朝政府的通缉。经过《亚东时报》日本职员山根虎臣和安藤阳洲的介绍，章太炎于 1898 年 12 月 4 日避难逃亡到了被日本殖民统治的台湾台北，担任

---

① 大山昌道、林俊宏：《十九世纪末中日学术交流的一幕——以馆森鸿〈似而非笔〉为中心》，《鹅湖月刊》第 426 期，2010 年。

② 冈鹿门（1833—1914）幕末期的仙台藩士、明治时期的汉学者。名千仞、字振衣、号鹿门。早年入江户昌平黉，和重野成斋同窗。毕业后在大坂开私塾双松冈塾，提倡攘夷尊王论。维新后曾任职太政官修史局、东京府等。辞任后在东京开设私塾绥猷堂，1885 年馆森鸿入绥猷堂拜冈鹿门为师。

③ 重野安绎（1827—1910）鹿儿岛人，号成斋。著名汉学家、历史学家。幕末曾学于蕃校造士馆及江户昌平坂学问所。后任藩校助教。明治维新后参加太政官正院修史局的修史事业。1879 年（明治十一年）成为帝国学士院会员。1881 年（明治十四年）参加编撰《大日本编年史》。1888 年（明治二十一年）任东京大学文学部教授，史学会初代会长。重野于 1888 年 4 月在东京骏河台下设立成达书院，10 月馆森鸿进入书院学习，成为重野的学生。故《似而非笔》中馆森鸿经常提到重野。

《台湾日日新报》记者。在台湾期间章太炎写了很多汉文文章，也时常为馆森鸿修改文字，因而和馆森的关系密切起来。章太炎也很看重馆森的文才，曾在给汪康年写的信中说道："文士在此者，以法院长水尾晚翠、报馆主笔籾山逸、督府小吏馆森某为最。馆森者，冈鹿门之弟子，又事重野安绎。"① 并称赞馆森的为人，说他"为人稳而轻利"。

在台湾期间，章太炎和馆森鸿过从甚密，乃至馆森鸿曾想正式拜章太炎为师，但被章拒绝而改行兄弟礼。也是在台湾时期，章太炎为馆森鸿的文集《拙存园丛稿》作了《拙存园丛稿后序》，以后还为馆森鸿所崇敬的照井全都作了《照井氏遗书序》。1899 年 6 月访问日本也由馆森鸿发案、带路并全程陪同。根据《似而非笔》的记载，章氏访日的历程应该是 6 月 10 日从基隆出发，6 月 14 日抵达神户，8 月 17 日和馆森告别于横滨回国。二人并相约他日在中国再见。（以上均为阳历）

馆森鸿回到台湾后，将他自己陪同章太炎访问日本的经历以及章氏和日本各界人士的笔谈记录，整理成了一篇题为"似而非笔"的长达 6 万余字的长文，在《台湾日日新报》的文艺栏《落叶笼》栏目从 1899 年 10 月 1 日开始连载，到 11 月 10 日连载完毕，连载共 19 回，每回大约三千字。也是在同一时期，章氏将旅日过程中游览京都的片段，写成《旅西京记》一文，刊登在了光绪二十五年（1899）10 月 18 日的《亚东时报》第十七号上，署名"菿汉阁主"。其中的一些细节和馆森鸿《似而非笔》的记载非常吻合。

翌年 1900 年和 1901 年，馆森鸿先后访问中国大陆，和章太炎见面，重续旧谊。此后太炎经常向日本友人打听馆森鸿的情况，但馆森鸿一直任职于台湾，二人遂未能再见面。

1917 年，馆森鸿因身体原因辞去台湾的职务，回到东京，于 1919 年正式出版了《拙存园丛稿》，后担任过日本大学教授。1942 年去世。

（二）关于《似而非笔》和《台湾日日新报》

《似而非笔》全文日文有 6 万余字，翻译成中文有 3 万 7 千多字，以半文半白的日语"平假名汉字参杂"体写成，且没有标点符号。这在当时已经是最通俗易懂的形式，但现在读起来还是有些诘屈聱牙、晦涩艰深，这可能是该文到现在为止还没有全文翻译成中文的最大原因。不过章太炎的"笔谈部分"是汉文照录，且打了圆点断句。"似而非"出自中文"似是而非"，"似而非笔"意为"这篇文章虽然是我写的纪行文，但里面有很多章太炎的笔谈纪录"。具体情况可参见《似而非笔（一）》的开头部分。

由于整个文章很长，《似而非笔》全文在《台湾日日新报》日文版面的文艺栏《落叶笼》以连载的形式分 19 次才刊登完毕。《落叶笼》也不是每天都有，有也不只是登载《似而非笔》，故《似而非笔》的连载断断续续从 1899 年（明治三十二年）10 月 1 日开始，到 11 月 10 日登载完毕。具体情况为：

1899 年（明治三十二年）10 月 1 日《似而非笔（一）》
1899 年（明治三十二年）10 月 3 日《似而非笔（二）》
1899 年（明治三十二年）10 月 4 日《似而非笔（三）》
1899 年（明治三十二年）10 月 5 日《似而非笔（四）》

① 章太炎：《1899 年 1 月 4 日给汪康年的信》，《章太炎全集》第 12 卷《书信集上》，上海：上海人民出版社，2014 年，第 18 页。

1899 年（明治三十二年）10 月 6 日《似而非笔（五）》

1899 年（明治三十二年）10 月 7 日《似而非笔（六）》

1899 年（明治三十二年）10 月 8 日《似而非笔（七）》

1899 年（明治三十二年）10 月 10 日《似而非笔（八）》

1899 年（明治三十二年）10 月 11 日《似而非笔（八）》①

1899 年（明治三十二年）10 月 12 日《似而非笔（九）》②

1899 年（明治三十二年）10 月 13 日《似而非笔（十一）》③

1899 年（明治三十二年）10 月 14 日《似而非笔（十二）》

1899 年（明治三十二年）11 月 1 日《似而非笔（十三）》

1899 年（明治三十二年）11 月 2 日《似而非笔（十四）》

1899 年（明治三十二年）11 月 5 日《似而非笔（十五）》

1899 年（明治三十二年）11 月 7 日《似而非笔（十六）》

1899 年（明治三十二年）11 月 8 日《似而非笔（十七）》

1899 年（明治三十二年）11 月 9 日《似而非笔（十八）》

1899 年（明治三十二年）11 月 10 日《似而非笔（十九）》（刊登完毕）

下面谈一下《台湾日日新报》。

1895 年 4 月 17 日签订的《中日讲和条约》（日本叫《日清讲和条约》，俗称《马关条约》），规定清朝将台湾割让日本，台湾成了日本的殖民地。日本在台湾设立总督府，作为殖民台湾的最高权力机构。第一任台湾总督为出身萨摩藩（今鹿儿岛县）的桦山资纪，他于 1896 年创立了由政府资助、萨摩人为主体的、后来成为总督府官报的《台湾新报》。1896 年 6 月第二任台湾总督长州（今山口县）人桂太郎上任后，于 1897 年办起了长州人为主体的《台湾日报》，也得到了政府的赞助。两家报纸经常互相撕咬，矛盾重重，于是第四任台湾总督儿玉源太郎、民政长官后藤新平上任后，于 1898 年由财阀守屋善兵卫出面收购了这两家报纸，新开办了《台湾日日新报》作为政府的唯一官报，也是日据时期台湾最大的报纸。《台湾日日新报》开办时为 6 个版面，汉文占两个版面。《似而非笔》刊登在日文第一版下方的文艺栏《落叶笼》栏里。在《落叶笼》之前或之后还有一个《文苑》，主要刊登一些汉诗、汉文、和歌等。如 1899 年 6 月 11 日的《文苑》在第二版，刊登了章太炎唱和加藤雪窗等人的《淡水馆小集》诗。

章太炎在《台湾日日新报》先后发表了 30 多篇论文以及一些诗作和诗作评论，其中重要的有《祭维新六贤文》（《清议报》先载）、《客帝论》（初载、后《清议报》重载）、《清廷侦获逋臣论》（初载）等④。这些都收入了《章太炎全集》。

---

① 这个（八）为出报纸时印刷错了，应该是《似而非笔（九）》。

② 这个（九）应该是（十），此时还没有发现印刷错误。

③ 至此才发现前面的印刷错误，于是加以纠正，一下子跳到了（十一），恢复正常。所以原文没有（十）。

④ 阿川修三：《〈资料绍介〉『台湾日日新報』所载章炳麟论文について》，《中国文化：研究と教育：漢文学会会報》第 40 期，1982 年。

（三）关于《似而非笔》的价值

关于《似而非笔》的价值，我们认为怎样评价都不过分。对此本文不想多说，敬请读者诸君读完以后自己判断。本文想强调的有以下几点：

（1）收录章太炎和日本各界人士"笔谈"汉文原始记录 85 条（一条中有两段的算一条），间接语录 14 条（即馆森鸿用日语记录下来的），诗歌 6 首。这些语录和诗歌，大多没有收入《章太炎全集》。之所以说"大多"，是因为有一条收入了《全集》，但不是来自《似而非笔》，而是来自别的途径。这一条为：

> 太史列传孟荀并称，汉人亦多言之。自唐以来，兰陵之学渐尔坠地。虽有程朱陆王之争，汉学宋学之辨，终不能出孟氏范围。先生生二千年后，独能抗希大儒，仔肩绝学，信秦汉后一人哉！《封建》《礼乐》等篇，力与唐儒相角，其旨似近迂阔而精彻独到，迥非韩柳所能言。明季王船山始创崇重藩镇之议，与先生说若合符节。《汤武论》一篇，全取《荀子·正论》之意而与梨州《原君篇》亦彼此神契。论庄子犹能超出俗见，且"论德非论道"一语，郭子玄、成玄英皆不能发，蒙吏有知，其当张目于九原矣。

本段以"题《封建》、《礼乐》等四论之后"为题，详细标点之后收入《章太炎全集》第 10 卷。① 其中"力与唐儒相角"的"角"字《全集》作"争"；"九原"之"原"字《全集》作"泉"。按："角"意同"争"。"九原"意同"九泉"，都指死后的世界，苏轼《遗直坊并叙》就有："岁月曾几何，客主皆九原。"

《章太炎全集》收入的这一条语录来自汤志钧先生著《乘桴新获——从戊戌到辛亥》附录《章太炎佚文三篇》，是汤先生从"关仪一郎编：《日本儒林丛书》第六卷所收照井一宅《庄子解》卷首，昭和四年出版"一书摘录而来的。

（2）可以澄清一些史事。譬如章太炎第一次去日本时何时启程、何时从日本回中国，目前没有定说。从《似而非笔（一）》来看，应为 1899 年 6 月 14 日踏上日本本土，从《似而非笔（十七）》来看，应为 1899 年 8 月 18 日离开日本，头天晚上馆森鸿和章太炎告别于横滨，夜宿《清议报》宿舍，次日乘船返回中国。

又如章太炎为照井全都写《照井氏遗书序》的经纬，可以在《似而非笔（七）》中找到答案。《照井氏遗书序》中提到照井弟子太田代（《章太炎全集》误作"大田代"）的《荀子论》，也是在日期间馆森鸿推荐给章太炎的。

再就是章太炎和井上哲次郎的关系。我们知道，章太炎对"王学"的评价有一个从低到高的变化，这个变化中不乏"日本阳明学"的痕迹。《似而非笔》中有三次提到"日本阳明学"的开创者井上哲次郎，且从内容来看二人交往甚密。《似而非笔（六）》有"井上哲次郎住在近邻，时常和枚叔叙谈"的记载。只可惜没有留下更详细的记录。

（3）根据文中记载，章太炎在日本期间见到的日本汉学家有近十位，基本上囊括了

---

① 章太炎：《题〈封建〉、〈礼乐〉等四论之后》，《章太炎全集》第 10 卷《太炎文录补编上》，上海：上海人民出版社，2014 年，第 212 页。

当时日本汉学界的半壁江山。最著名的有重野成斋、副岛苍海、国分青厓、太田代恒德、井上哲次郎等，年轻一点的根本通明、桂湖村、石田东陵等，还有刚刚从东京大学毕业、即将崭露头角的久保田天随、冈百世（冈鹿门之子）等。《似而非笔》详细地记载了章太炎和汉学家们交往的场面、谈论的问题、章太炎的观点等。谈话中还涉及了十多位老一辈的汉学家，章太炎对他们评论有加，展示了未深度卷入政治之前章太炎的学术兴趣所在。

（4）章太炎的"笔谈"语录都是用极为简练的汉文写成的，有的近似于白话，一点也没有他在自己的著作中爱好使用古字异体字、拗口的词汇和晦涩的典故那样的风格。当然这是从读者为外国人而考虑的，但也可以看到章太炎在新文化运动之前还是能写通俗易懂文章的另一个侧面——行文风格可以因人而异。

三、《似而非笔》译注

我们在将《似而非笔》翻译成中文时，注重以下几点，以作为译文的"凡例"：

（1）尽量保持原文半白半文的风格，这样作容易表达文章的内容。譬如谈经部分，翻译成现代口语可能会使文章轻佻而不达意。

（2）对文中出现的日本人名大多作了注解，而对中国人名则基本上没有加以注释。只是对一些古人的字号，如果不加以注解文章也许会读不通的地方，才略加注释。

（3）按照《章太炎全集》的标准，将文章收录的章太炎"笔谈"原文加以标点。

（4）为了保持原载文章的连载风格，按原样保留了原文的 19 个小部分。读者可将《似而非笔》看作一篇有十九节的长文。

全文由日本北九州市立大学文学部教授邓红和北九州市立大学研究生院文化语言专攻硕士二年生宗昊南共同翻译。邓红翻译了前半部分，宗昊南翻译了后半部分。最后由邓红加以校正，并增加了全部注释。由邓红负责全部文责。译文注释制作仓促，笔者水平有限，文中不免存在各种谬误，还望海内外专家学者海涵并予以批评指正。

（一）①

有人突然要求我加盟《落叶笼》。余乃一介半仙半俗的乡间书生，自揣难于写出能够满足人们所需要的稿件。不过我这里保存有章炳麟枚叔的笔谈记录，如抄其概要，再加上一点纪行文的话，兴许能得到方家的指正。得到允许后，特撰写此文，敬请大方君子不吝赐教。

◎枚叔之诗

在船上的端午节〔注一〕前日，枚叔写下一绝示余和雪窗。诗曰：

鸿飞溟渚双丸白，蜃气微芒大地青。
我亦卜居哀郢客，明朝渤海吊湘灵。

① 原载《台湾日日新报》1899 年（明治三十二年）10 月 1 日《似而非笔（一）》。

枚叔又有哭刘制府诗，还有抵达神户时赠余之诗。

哭刘岘庄制府〔注二〕

九州未易九天沦，挽日虞渊倚鲁文。
自有夷吾在江左，元规何事太污人。

入定苗刘外女真，魏公志节未全伸。
不须神道空谀墓，坠泪碑曲是党人。

神户赠馆森袖海

尘世悼飘蓬，何如七首□〔注三〕。
□车危季布。复壁感孙嵩。
尊攘传遗事，文章脱旧封。
沪滨怀两铗，回首一忡忡。

（去岁党祸亟时，余在沪滨。赖山根虎臣〔注四〕、安藤阳州〔注五〕之援，得至台北东国。患难之交，二子与君三人而已。）

◎游西京

在神户和雪窗分手，飘然前往西京游玩，逗留三日。首先去了北野天满宫，后造访了鹿苑寺。到达金阁寺时，枚叔甚感空气宜人，感叹"真出万国之上"，观耳冢而吊韩鬼〔注六〕，还参观了博物馆。傍晚由旧友石川香桂带领前往东山的酒楼喝酒。枚叔看见舞妓的舞姿，非常高兴，连忙取笔写字。说是郑玄的《周礼注》有"袖手而舞"，久存疑问，今日看到舞蹈，始得解也。于是写下两首绝句相赠。香桂笑曰：这个学者看见舞妓和艺者，便联想起《周礼》郑玄来，没有一句风流戏语，其迂腐可和东涯〔注七〕先生受赐三弦琴匣却用来作书箱相比。枚叔的可贵之处就在于此，十分罕见。枚叔赋诗一首赠与香桂。诗曰：

石川老兄招饮西山

恸哭宋皋羽，名家继谢安。
东山今日饮，掩泪复相看。
不折淮淝屐，空观厓岛澜。
何郊一樽酒，卧榻共君鼾。

是晚饮至半夜。次日寄了一封书函到上海。函中诗曰：

西京旅馆怀山根臣安藤阳州

落日下横滨，南冠念旧恩。
投金濑阳女，返璧国池君。
天壤存豪士，东西一转轮。

客中买丝耳，绣作虎头痕。

（山根君字虎臣，安藤君名虎男）

加茂贞次郎[注八]从大津来。枚叔写道：

> 昨游菅公祠及金阁鹿苑二寺，又至耳冢吊韩鬼，观博物馆，晚饮于东山，胜景真
> 出万国上。恨不能生八足以行，增十目以览耳。

真是感慨如斯。

次日拜访铁眼禅师[注九]。余从基隆出发时，伊藤狮山曾托余带一株兰花给铁眼，于是
吾等三人带着这盆兰花前往清水寺后面的愚庵拜访了铁眼禅师，半日清谈。枚叔看见副岛
苍海[注十]先生赠给铁眼的诗文，感触很深，遂赋诗一首相赠。后参观知恩院归还。枚叔对
铁眼的为人称奇，写道：

> 相貌不凡，吐说亦绝俗，今世罕见之名僧。
> 并约束要为其诗文作序，但最终未果，十分遗憾。

◎拜访青厓

在大津的加茂氏家里住了一宿，造访了圆澄寺、三井寺，然后登上观月堂眺望琵琶
湖，赋诗一首。又送了加茂氏两首诗，随后抵达东京。

到东京后，首先拜访了梁卓如[注十一]。次日拜访国分青厓[注十二]，谈话终日，不知疲
倦。青厓展示了万卷藏书，枚叔大悦，提出了许多问题，从一首诗文到世事，无所不及。
还谈到了古书的真赝和经义，最后论及古韵。枚叔把笔，写下了亭林之说，并附上自己的
意见。关于亭林的二百多字为亭林的原文，博闻强记可见一斑。归来后，我说今人槐
南[注十三]、青厓并称，然其品学迥然不同。枚叔说：

> 墙评也。梅村、渔阳岂可与亭林并论乎？仆亦嘉青厓之雅驯渊懿。

又读青厓诗二三首，赞赏不已。

注释

〔注一〕1899 年农历五月初五为阳历 6 月 12 日。

〔注二〕刘坤一（1830—1902），字岘庄，湖南新宁人。清朝后期政治家、军事将领，
时任两江总督。

〔注三〕此处为印刷空白，大概是因为当时印刷条件差印漏了。以下凡印刷错误或字
迹不清处皆以方框代替。

〔注四〕山根虎臣（1861—1911）又名虎之助，字炳侯，号立庵、晴猎雨读居士等，
山口县长门人。少年失聪，独学汉文，后参加自由民权运动，创刊《长州日报》。明治三
十一年（1898）赴上海，创刊《亚东时报》，为发刊人兼主笔。后被袁世凯聘任为保定军

官学校教习，辛亥革命前因病归国，1911 年在故乡山口县萩市去世。《亚东时报》为东亚同文会的机关报，主要赞助人为大东汽船会社老板白岩龙平（1870—1942）。

〔注五〕安藤阳州又名安藤虎男，生卒出生地不详。先为译书公会（存在于 1897—1898 年）的雇员，后任职于《亚东时报》。

〔注六〕耳冢为京都市东山区丰国神社门前的一座坟墓，埋葬的是在 1592 年丰臣秀吉侵略朝鲜、明朝万历帝发兵支援朝鲜的战争也即"万历朝鲜战争"中战死的朝鲜军和明军的耳朵和鼻子。日军将朝鲜和明朝阵亡的将领首级献给主将请功，这就是所谓"首实检"，对于阵亡的朝鲜和明朝普通士兵则将耳朵或鼻子割了下来，用盐腌制后献给主将请功。战后日本人将这些耳朵和鼻子收集在一起在京都建立了"耳冢"而加以供养。

〔注七〕东涯指伊藤东涯（1670—1736），江户时代中期的儒学者，伊藤仁斋长男。东涯先生将受赐三弦琴匣用来作书箱一事，见《日本逸话大事典》第 2 卷。

〔注八〕石川香桂和加茂贞次郎为章太炎的旧交，但二人生平不详，暂且存疑。

〔注九〕铁眼禅师本名天田五郎（1854—1904），号愚庵。磐城国（今福岛县东部）武士后裔。曾为山冈铁州的门客，后就职于大阪内外新报社，擅长汉诗和和歌，和正冈子规有交往。1887 年剃度后称铁眼，在京都清水产宁坂建愚庵，世称铁眼禅师。

〔注十〕副岛种臣（1828—1905），日本明治时代的政治家和外交官、伯爵曾任外务卿、枢密院顾问官、内务大臣等。号苍海。佐贺县人。擅长诗文和书法。

〔注十一〕梁卓如即梁启超（1873—1929），字卓如，一字任甫，号任公，又号饮冰室主人、饮冰子、哀时客、中国之新民、自由斋主人。

〔注十二〕国分青崖（1857—1944），明治、大正、昭和时期的汉诗人。本名高胤，号青崖，也写作青厓。仙台人。1890 年和森槐南、本田种竹结成诗社"星"，被称为"三诗人"。

〔注十三〕槐南指森槐南（1863—1911），汉诗人、官僚，曾任太政官。名古屋人。通称森泰二郎，号槐南，别号秋波禅侣、菊如澹人等。号称明治汉诗坛第一人。

（二）①

◎扬雄

余深感枚叔学问之精博，佩服得五体投地，唯独对他关于扬雄和《左传》方面的学说有些不能信服之处。枚叔笃信《左传》，乃至不知其妄说之处（对此已写入拙著《亲镫余稿》，这里不再赘述）。我说，子云以一首《剧秦美新》，为千载之笑骂，独昌黎极口赞叹，乃因其文字不眩故。枚叔答曰：

> 盖《法言》持正，《太玄》深奥。若子云无《美新》事，虽非昌黎，孰以大贤许之？

余曰："侯芭出自子云之门，以为《太玄》胜《周易》，然终不能胜《周易》。甚哉，

---

① 原载《台湾日日新报》1899 年（明治三十二年）10 月 3 日《似而非笔（二）》。

知其人难矣。子云若有大节，不一定会去事王莽。昭明太子已经将《美新》收入《文选》，李善不言其为伪作。班固《典引》有'扬雄《美新》典而亡实'。今为何说《美新》无其事？"

枚叔曰：

> 《汉书·扬雄传》于雄所作赋及《解嘲》等，篇篇尽录，独不录《剧秦美新》一首。且云献符命事，乃刘棻所为，雄实不知。故近人有谓《美新》一首以刘棻伪托雄名者。二千年旧案至今不明，若果非雄作，则雄之负冤深矣。

然余仍不信，曾就此说询问过重野[注一]先生。先生曰：此乃清儒考证家之说。昌黎经常学《法言》，如"弱之肉强之食"之类的话，便是从子云那里学来的。于是他拿出《法言》，指出其所在。重野先生和枚叔论说子云之语甚多，在此打住。

◎拜访重野先生

我带着枚叔多次拜访重野先生。先生称赞枚叔学问渊博，尤其精于考据训诂，说："迄今为止还没有见过章君这样的学者，颇为感服。"有一天，植松果堂[注二]、河田柳庄[注三]等人一起来拜访先生，先生拿出《本朝文粹正读》和《日本诗史》《访古志怀凤藻》等书籍给枚叔看，又拿出三十多本大学生的毕业论文。枚叔看见论文有论述老子、荀子、杨子的，写道：

> 弟实觉其可喜，以子家合西学，是弟素志也。

又看了冈本保孝[注四]的《说文解疏》，说学力优于安井息轩[注五]。还谈及了王高邮、戴东原、惠定宇诸家的考证，可惜余未能记下来。

先生向枚叔出示了《新学伪经考》的《驳说》。《驳说》为庄原和[注六]的遗著，其经学颇有渊源。余十多年前在先生处经常听庄原讲经说，轮读过《书经》《周礼》二书。听说他四五年前已经去世，不甚悲哀。枚叔认为《驳说》颇得要领，也为其早逝惋惜。

◎复辟

枚叔和余逗留了十五六天。有一天他问我成斋先生的经学如何，我出示了"复辟"之说，并说：吾师和根本通明[注七]等人一起讲经，讲到《诗》的"复于明辟"时，说周公称王为大政，此和伊尹放大甲自为王施政相仿，在此可见周公之所以伟大之处。云云。根本听之大怒，立刻反驳说，魏源有《周公不称王辨》，而《三国志》松之的注里有周公称王之说。对此枚叔对此写道：

> 根本于革命等说，疾之如仇，未免太拘。即周公称王之说，汉儒古义如此，弟亦深然之。然欲服根本之心，亦自有说。夫兄终弟及，殷制本然。周承殷后，取其旧法，此何足疑？若夫传子之法，则自周公所特制。斯其所以复于明辟也。若周公不自创法而唯取殷制，则终周世皆兄终弟及矣。今取周又后定之制，以破定制以前之旧法

可乎？如是根本何词以辨？（未完）

注释

〔注一〕重野安绎（1827—1910）鹿儿岛人，号成斋。著名汉学家、历史学家。幕末曾学于蕃校造士馆及江户昌平坂学问所。后任藩校助教。明治维新后参加太政官正院修史局的修史事业。1879 年（明治十一年）成为帝国学士院会员。1881 年（明治十四年）参加编撰《大日本编年史》。1888 年（明治二十一年）任东京大学文学部教授，史学会初代会长。重野于 1888 年 4 月在东京骏河台下设立成达书院，10 月馆森鸿进入书院学习，成为重野的学生。章太炎在给汪康年的信中称："馆森者，冈鹿门之弟子，又事重野安绎。安绎官宫内侍读，与黎纯斋最善。故文亦专学桐城，有《成斋文集》盖与吴南屏相似，而风韵尚不逮，馆森亦以此衡量人材。"（《章太炎全集》第 12 卷《书信集》，第 18 页）故文中馆森鸿经常提到"重野师"。

〔注二〕植松果堂（1847—1909），明治时代的汉学者。名彰，原为下总佐仓藩士（今千叶县）。从学于川田甕江。东京师范学校毕业，任教于仙台师范等。后参加重野的"国史综览"编撰事业。

〔注三〕河田羆（1842—1920），号柳庄，日本的地理学家。江户（现东京）人。曾任昌平坂学问所教授，维新后为明治政府的地图编纂事业尽力，编纂《日本地志提要》等书。1896 年和重野成斋一起出版了《支那疆域沿革图》和《支那疆域沿革略说》。

〔注四〕冈本保孝（1797—1878），江户后期到明治时代的国学家。江户（今东京）人。清水浜臣的门人，从学于狩谷棭斋。著作甚多。

〔注五〕安井息轩（1799—1876），本名衡，字仲平，号息轩。日向（今宫崎县）人，考证学派儒学者。初学于昌平坂学堂，后学于松崎慊堂，任昌平坂学堂教官。代表作品为《管子篡诂》。

〔注六〕庄原和（1853—1898），本名庄原谦吉，生平不详。著有《汉语字类》〔青山清吉，明治二年（1869）版〕。

〔注七〕根本通明（1822—1906），号健斋。幕末·明治时期的汉学者。出羽国（秋田县）人。曾任藩校明德馆教授、学长。东京帝国大学教授，帝国学士院会员。著述甚丰，犹擅长经学。

（三）①

◎复辟（承前）

枚叔又继续说《康诰》：

> 王若曰："孟侯，朕其弟，小子封。"此万不能不以周公为王也。周公称王之说，至宋儒乃大哗而群攻之。然至《康诰》称弟之文，既不能以王为成王，于是不得不以王为武王。而武王之时，武庚尚在，康叔何得封卫？转辗纠葛，终不能通。根本岂未知此乎？

---

① 原载《台湾日日新报》1899 年（明治三十二年）10 月 4 日《似而非笔（三）》。

重野师没有详细听完如此热心的说词，但还是认为其大意合符节，颇为感服。

◎根本健斋

根本健斋先生的经说颇为精深，说《易》最妙，但余有一不敢相信之处。其曰：易之震为东方，也即指日本；又说《史记》"武王木主"之语，为后人窜入。等等说法，皆不能从。枚叔在井上哲次郎[注一]处见到了健斋的《读易私记》，评曰：

> 根本《读易私记》大破革命之说，于共和民主无论矣。此公盖经□[注二]之夷斋也。

又说，根本的渊源或在安井仲平。余举出根本所说"载木主"之语，说："根本先生之说近似于《新学伪经考》。"枚叔曰：

> "载木主"之说，更不能驳。古者行师，以社主及祧庙之主行。行赏则于祧庙之主前，行罚则于社主前。见于《甘誓》，非独武王也。但文王非祧主，此似未切。然必以祧主行者，亦《周礼》既立之法。以前则亲主祧主，固在所不计也。

余想直接询问根本先生，但听说他在团子坂养病，遂未能前往。病愈后又去了秋田。余当书生时曾屡屡聆听先生之教，这次未能见面，很是遗憾。

◎归舰不可

枚叔拜访副岛苍海公见到其诗，赞曰"魁奇卓绝，独步百世"。又说如今的诗人不诵副岛公的诗，而推重槐南之辈，不知何意。听说当时有"战舰归还之议"，便上书副岛公陈述自己的意见。书曰：

> 以敝国军政之不修，归之亦徒锈蚀耳。在贵国则失一舰之用，而在敝国仍未得一舰之用。然则归舰之策，犹委美锦于学制之童也。若存之贵国，有事相救，则犹垂棘之璧，寄于外府，不犹愈乎？且不独锈蚀而已。今贼臣既以亲俄为得计，恐此舰归于俄，是则为虎传翼也。故为我东亚计，莫如存舰于贵国海军。如必欲规之，则当遣一知兵大臣为我整顿海军。庶几贼臣北虏，无以扰我之权。然贵国昔尝与英密约，不得为我办海军事务。今欲与英相商，密毁斯约，固自不易，则终不如不归之为愈也。

且曾对余说，归舰之议，仆以为爱我国所至，但不免姑息。此说还是有见地的。余说，他日在西京拜见愚庵铁眼法师时，曾谈论此事，师谓章先生非寻常之学者，颇为感服。

◎不解玄

有一书生问枚叔说："伊川、晦庵似乎不解玄，何如？"答曰："其实这是门户之见。

然晦庵也说自己不解春秋，但于孔子也不敢讥讽。于扬子云则借不解而报宿怨。"可见枚叔对子云也有不满足之处。枚叔又说：

> 昔魏文篡汉，曰舜禹之事，吾知之矣。此言可谓道破古人诈谋。舜禹诚不过魏文之传耳。但上古民朴而易欺，后世民智而难驭，此王莽所以不成，而舜禹独得圣人之名也。此亦为大经师扼腕者矣。近人亦云，王莽为孔子后第一大经师，此语亦不诬。云云。

余对枚叔戏言道："终于接近《新学伪经考》之说了。舐西哲之痔的轻薄才子，必喜此等话语。"二人不禁哑然大笑。枚叔说："盖其脑里印有'革命'二字，故往往有惊人奇语，不得不分别见之。"

注释

〔注一〕井上哲次郎（1855—1944），号巽轩。日本近代著名哲学史家，日本阳明学的奠基人。筑前国太宰府（今福冈县太宰府市）出生。时任东京帝国大学文学部教授，著有《日本阳明学派之哲学》等著作。

〔注二〕此处原文为一空白。可能遗漏一字。存疑。

（四）①

◎神器

余尝读过《保建大记》〔注一〕，深爱其文，但对其所说以神器所在为皇统所在的理论不甚信服。安积澹泊〔注二〕、赖山阳〔注三〕等先生已经对此提出过批评，所以在此不再赘述。于是拿出一篇拙文《神器考》给枚叔看。枚叔评曰：

> 以神器所在为皇统所在，此王莽所以劫传国玺，袁术所以称帝也。

这和安积、赖之说相符，诚为确论也。

◎莽大夫

枚叔屡屡称赞扬雄，余多次问道："晦翁春秋笔法写莽大夫扬雄死。扬雄坐刘（棻）事及诛，恐受累及而从天禄阁上投身自杀。雄在《法言》的最后一章盛赞王莽的功德，比拟为伊尹周公。又作《新美》之文颂莽，对此加以诟病者不独晦翁。何如？"枚叔曰：

> 《汉书》但言"投阁"，并不言投阁即死。朱子于此亦似未深究，要之子云为人，但论《剧秦》一篇是其所作否耳。若不作此篇，虽为莽大夫亦不足深责。东汉中兴诸将，孰不先为莽大夫者？唯桓谭在西汉已仕，至莽时复仕，及光武时又仕。此则三朝元老，殊觉可嗤矣。云云。

---

① 原载《台湾日日新报》1899 年（明治三十二年）10 月 5 日《似而非笔（四）》。

余曰："我朝可与文若、桓谭相比之贤者如大江广元[注四]之类，实为文若之亚流。主张王道者皆鄙之，然优于莽大夫吧。"枚叔曰：

> 古人有难论定者，如子云则佐证不明，案尚未结。如文若佐证已明矣。然或谓其人专以救民为念，而不以汉魏之社稷芥蒂其胸，宛然伊尹五就。如此则又是圣人矣。

余曰：伊尹五就桀之事，柳河东辨之已尽。殊不知东坡以文若比之颜子，已失比伦。没有伊尹的大精神，仅以其五就之故智，以救民为口实之桀黠之流，吾兄引用某种说法，不免千载之訾议。余以为，依从先民之说，不得不诛伐莽、操、卓、懿之辈，不得不鄙视扬雄、桓谭他们。即使是文若亦不得不罪。枚叔不服从清政府，心怀掀起革命之志气，所以其言往往越出常轨。然中国是易姓革命之国体，以王莽为大经师无不可。今日若有王莽，枚叔欲为其子云乎？

◎《古事记序》

这篇序文无疑为古今第一名文。枚叔问起此文时，示之以《皇典文汇》。枚叔说：

> 与初唐逼近矣。宋元后人，岂能下笔？

往年杨守敬[注五]来东京，见到《本朝文粹》，说此远胜韩、柳、欧、苏。日本诸家不读《文萃》一书，唯尚韩、柳、欧、苏，偏见也。《古事记序》之类如韩、柳再生，虽一字一句不能比拟。这都和枚叔之言相符合。川田瓮江[注六]曾说《本朝文粹》不成文，遭到杨守敬的讥笑。然余不知其是非。

◎骈体文

枚叔在所见到的《本朝文粹》书后写道：

> 唐以前骈体所以可要者，以其虽用词藻，而仍能达理也。近世骈体，唯以藻绘为工。虽有名家，亦只能论史事之得失。若欲作一奏议则不能也。

注释

〔注一〕《保建大记》为江户时代中期的儒者栗山潜锋的历史著作，尊王论的重要论著。1689 年完成，全 2 卷。栗山潜锋（1671—1706），江户时代中期的儒学者。名愿，字伯立、成信。京都人。山崎暗斋门下桑名松云的弟子。

〔注二〕安积澹泊（1656—1738），江户时代中期的儒学者。水户（今茨城县）人。名觉，字子先，号澹泊、澹泊斋。朱舜水门人。著有《澹泊史论》、《烈祖成绩》、朱舜水的传记《朱文恭遗事》等。

〔注三〕赖山阳（1781—1832），幼名久太郎，名襄，字子成，号山阳。大坂出生，江户时代后期的历史学家、思想家、汉诗人。著有《日本外史》《日本政记》，对幕末尊王攘夷志士有很大影响。

〔注四〕大江广元（1148—1225），平安时代后期的贵族，镰仓前期的政治家、学者。

〔注五〕杨守敬（1839—1915），原名开科，后更名守敬，字惺吾，号邻苏老人。湖北省宜都人。清末历史地理学家、金石文字学家、目录版本学家、书法家。1880 年出使日本，在驻日钦使黎庶昌手下充任随员。在日本期间收购了上万本珍贵中国古籍，1884年将其贵重者以《古逸丛书》之名在日本以东京使署（公使馆）的名义出版。

〔注六〕川田刚（1830—1896），别名毅卿，幼名竹次郎。号瓮江。备中（今冈山县）人。汉文学者，和重野成斋、三岛中洲共称明治三大文人。曾担任过东宫侍读，著有《近世名家文评》《文海指针》等。

（五）①

◎论诗

余不会诗，也不懂得论诗。然最近毕业的文学士们，懂一点英、法、拉丁语，言必称弥儿顿、席勒的诗，视中国诗如粪土，特别认为我国的诗人毫无价值。他们夸夸其谈，虽话语风趣，但也十分可笑。碰巧枚叔来了，我给他出示了一张纸条。大意是说，敝国的诗人，大多不讲音学、韵学、字学，只是根据古来的习惯作诗。其诗节奏有相称者，也有不相称者。故西学之徒评之曰，虽诸家之诗，恐不成体。偶尔得到中国人的称赞，也只是侥幸而已，并非原本会作诗。余认为，大凡作诗者，并不一定要懂吴音。以和音反复吟咏，亦能得自然之声调。诚能臻其妙境，于理不可的说法，只是强辩和妄说而已。英国诗人弥儿顿先学拉丁诗，遂无所获。以弥儿顿之才，亦不能作他国之诗。唯独说日本人能作中国之诗，孰能信之？此说何如？

枚叔曰：

观贵国诗家作律诗，音韵亦合。夫诗非被之管弦者，但令平仄调和，即已合律。宫商角羽无所论焉。然则按支那韵谱而得其平仄，以此作诗，即已谐矣。所谓节奏，亦不过如此，岂犹有深眇幽秘之音，不可以书传者乎？弥儿顿不能作腊丁诗者，或腊丁诗非可专以一定之声求之，别有自然之节奏，不可以言语形容者。若支那诗固无藉此也。而贵国人作诗，亦偶有失律者，此实一时粗心，韵谱未熟耳。固不可以概论也。然支那词曲则贵国人无作之者，此因分别角微，其律较诗为细耳。盖贵国人之不能作支那词曲犹弥儿顿之不能作腊丁诗。若作支那律诗，则与此异论也。贵国人治经者亦多名家，然不讲古韵，此实遗憾。安井息轩辄以敝国王引之说经为穿凿，盖以其好改字也。夫不讲古韵，而但观其以漫不相同之字，改易旧经，则诚宜以为谬矣。然不知今韵异而古韵同者。古人辄以声近相借，苟明其韵，斯嚣然无疑耳。国分青厓欲治顾亭林古韵之学，此实卓识。然此事亦唯用以治经。于治经中亦不过一端，况在今日，并治经亦觉迂疏乎？

关于治经古韵之事暂且打住，请再讲一下诗。西学者曰：诗应该吟诵，和文章判然相

异。且各国有自然之音，若不解其自然之音，而作其国之诗，我们只能叹其大胆而已。如果今日中国人作日本诗歌也即和歌的话，肯定不如日本人。法国人作英国诗，亦不能像英国人那样。只因为不能通达其国之自然之音。日本人作中国诗时，不通中国音，只能模仿古人的形式，作到平仄相谐而已。假令平仄相谐也不知音节相称。中国人称赞日本人的诗不错，恐怕只是虚誉而已。况日本人的吟诵杂用音调，又何能得知音节调和不调和。何如？

枚叔曰：

> 各国之诗，皆与乐为一。支那周秦以上亦然。乃自汉以来则诗与乐府，遂分为二。乐府可被之管弦，而诗不能被之管弦。魏晋六朝之诗，所以不用于琴瑟也。隋唐以来始有律诗，亦唯分别平仄。若被之管弦则同一平仄相谐之诗，而音调大异矣。至于唐人拟作之乐府，其音律亦不同于古人。特自造新音耳。唐末始有长短句（即今之词曲），以被管弦而诗则不用于此，但平仄相调，可以随口吟诵，不至有诘屈聱牙耳。支那诗乐之分，于今为烈。诗无所谓自然之音也。评诗者间有浮声切响等语，此特就其气之盛衰言之。气盛则为切响，气弱则为浮声，并不在声音之高下。贵国人于汉音之抗坠迟速，虽难细辨，然词气之刚柔则固人人能辨也。诗有盛气，自不失自然之音。若夫必以抗坠迟速相较者，此被之管弦之词曲而非诗也。和歌想必有自然节奏，此汉人为之，所以不能谐和也。

> 贵国人作支那诗者，前人且勿论，今观副岛伯之诗，实完璧矣。槐南虽有香奁之诮，然音韵亦无不合也。其他浪作者，诚有不合，然其病不在不知自然之音，乃在未熟一定之平仄也。

敝邦诗之名家，近时则有梁川星岩[注一]、赖杏坪[注二]、菅茶山[注三]、广濑淡窗父子[注四]等，皆为巨擘。王漆园[注五]独推星岩为大家，其他都不及。请问读过《星岩集》吗？

枚叔曰：

> 星岩诗览过数首，未见其全集。所见者乃沪上东友此所携之选本。其中大约各家皆有数首，今不能记也。（未完）

注释

〔注一〕梁川星岩（1789—1858），名孟纬，字公图或伯兔，通称新十郎。号星岩。美浓国（今岐阜县）人。1807年游学江户，就学于山本北山的奚疑塾，喜欢唐诗，组织白鸥诗社。有《西征集》（4卷），被誉为"日本的李白"。

〔注二〕赖杏坪（1756—1834），名万四郎惟柔，字千祺，又字季立，号杏坪、春草。江户时期广岛藩儒臣，赖春山之弟，赖山阳之叔。擅长七言诗。

〔注三〕菅茶山（1748—1827），江户后期的儒学者、汉诗人。名晋帅、字礼卿。通称太仲、太中，号茶山。备后国安那郡（现广岛县福山市）人。

〔注四〕广濑淡窗（1782—1856），丰后日田（今大分县日田市）人，折中学派儒者，诗人、教育者。著有《约言》《迂言》《谈窗诗话》。广濑旭庄（1807—1863）为江户时代后期的儒学者，汉诗人。淡窗之弟而非其子，馆森搞混了。

〔注五〕王漆园，名治本（1836—1908），字维能，号漆园，慈溪黄山村（今属浙江宁波江北慈城镇）人，精通诗文，尤擅骈文。

（六）①

◎论诗（接前）

令师曲园先生《东瀛诗选》[注一]，对菊池海庄[注二]、鹫津毅堂[注三]二人的诗称赞不已。这些诗集读过没有？

枚叔曰：

亦未见之。然曲园师选成后，有《东瀛诗录》一卷，每人皆略记其事迹，及摘其名句。其中佳者实有媲美唐人。贵国诗不多用故实，此尚有唐人遗风。近闻槐南辈主张清诗，然清诗实远不如明诗矣。况其所主者，系梅村、简斋辈。梅村虽有事实而气体已不甚雅驯，简斋则真所谓轻清魔耳。要论清诗，终以阮亭为正宗。然比明人，则终不及也。自主张清诗者出而诗潮俗矣。

北越有一个叫长尾秋水[注四]的，其有一首松前竹枝脍炙人口。诗曰：

> 海城寒柝月生潮，波际连樯影动摇。
> 从是二千三百里，北辰星下建铜标。

时人称之为"关东三绝"之一。其声调如何？

枚叔曰：

此即所谓切响也。固不必知支那之自然之音而后能之。

今试书一语曰："吾必杀汝。"又试书一语曰："汝幸全我性命。"向不必问其声音之高下，而自可得其气之高下矣。岂在计较音节乎？即如《离骚》和魏武帝《短歌行》，今支那人读之，亦不能知其自然之音。而气体之间，自可得其沉郁悲凉之概。

又示之以有"三绝"之一之称的松井梅屋[注五]的诗《勿来国》：

> 病骑瘦马胆犹寒，碧浪湍蹄去复还。
> 落日平沙无限思、行人独度鬼门关。

此可称为绝唱乎？

枚叔曰：

---

① 原载《台湾日日新报》1899年（明治三十二年）10月7日《似而非笔（六）》。

此诗悲壮而兼哀戚，谓之绝唱非虚誉。弟有数语曰，自明亡以来至今二百五十年，以支那日本文辞相较，诗词支那不如日本，古文则支那日本相伯仲，骈体则日本不如支那。

真可谓真知灼见。

枚叔曰，有一个叫西一的人，所作《丁将军歌》甚佳。诗曰：

> 鱼在釜，雉在罗，
> 丁将军今可如何。
> 为项王耶徒杀士，
> 为李陵耶信可耻，
> 不如代三军身触死。
> 夜深帐里烛光青，
> 半盏之鸩血吹腥，
> 日东猛士闻坠泪。
> 给舶送榭吊英灵，
> 归帆一片威海陵。
> 风萧萧水杳杳。

不知西一何许人也。但听说井上哲次郎住在近邻，时常和枚叔叙谈。

◎文学士之陋

有三四个文学士皆曰，日本人作中国诗，总会被中国人说三道四，终不成诗。不如作如今时髦的新体诗。有个叫土井晚翠[注六]的文学士，出了一本新体诗的小册子。余曾取出来看了一下，觉得还是所谓长歌体裁，不成其为诗。如果这样的东西可称为诗的话，风俗文选、《迷踏落花雪》、俳谐发句、长歌短调都可以称为诗了。本来词曲、诗、文章有着严格的区分。将诗词混杂是轻薄书生的不德所致。是何等文盲创造出了"新体诗"那样的名称，使得文化轻薄，文学者堕落，实为文学界之罪人。一时议论纷纷，众说不一。关于新体诗暂且不论。文学士们抓住枚叔的短处，为了将其压服而采取的手段甚为卑劣，对不懂西洋文字的枚叔作文理晦涩的笔谈，罗列出达尔文、弥儿顿之说，很无聊，只能说是愚陋之至。如果真有求知之心的话，应对其长处反复诘问，以求有得。若只是抓住其短处而欲屈之，恐非长者所为。在京都时，有个《日出新闻》的记者黑田某，和枚叔相见，立即谈论起性质善恶论来，笔谈纸张十余张。此人十分傲慢，颇有一决胜负之气象。天下这样的人太多了！

◎景教

来聚的文学士中有一个叫久保[注七]的，擅长作汉诗，在同学中评价甚高。但看过他写的一篇汉文，惨不忍睹。他说，一直有一件事情想问，很早听说基督教传入中国很早，唐代的景教即是。不知现在中国的基督教的流传如何？

枚叔说曰：

　　小人则信，君子则否。而彼教人知其说之不足动人，于是牵引政治格致之学以自衒。此其志诚毁陋而士人籍以知中外大事。始而未尝不赖其力也，今则亦知其粗浅，而更思求欧西专门之学矣。

久保曰，纪晓岚将景教和妖教混同，其愚可笑。君知其说否？

枚叔说：

　　景教实是波斯火教，非基督之说也。

久保曰，余认为不然。景教为基督教一派，名为涅士得理安。同样是途径波斯进入支那的，故学者混同之。

枚叔曰：

　　然观碑中之旨，似于耶稣之说，亦不甚合。

久保曰，"祆"字始见于顾野王的《玉篇》。然祆教流传于梁代以前，景教在唐太宗时传来，二教完全不一样。

枚叔曰：

　　若有据则可以祆为火教，景为基督也。若以意想则宁以祆为基督，景为火教。盖顾名思义，尚相近也。

久保曰，唐人混同两教。然未料西洋的学者加以考证，如我前面所述那样。

枚叔曰：

　　利玛窦辈入中国时，诚以景教为基督而今日教士又摈之。

久保曰，西历五百年有一商人来中国，将蚕卵带到了罗马。然可知基督教大概很早就进入了中国。

枚叔曰：

　　此真妖僧矣。非井上圆了[注八]之比也！

　　我想，景教碑在德川政府时代见于禁制之书目，孤陋寡闻的吾辈还未见过其文。如果将从先辈那里听来的话再深究一下，久保之说大概是对的，所以才敢去询问雅博君子。

注释

〔注一〕《东瀛诗选》是章太炎的老师、晚清学者俞樾（1821—1907）在日本学者协助下编成的，正编四十卷，补遗四卷，共选了 500 多位诗人的 5200 首诗。

〔注二〕菊池海庄（1799—1881），江户后期到明治时代的汉诗人。本姓垣内。名保定，号溪琴、海庄。有诗集《海庄集》，著作《国政论》。纪州（现和歌山县）人。

〔注三〕鹫津毅堂（1825—1882），江户后期到明治时代的汉诗人、官僚。尾张国丹羽郡丹羽村（现爱知县一宫市丹羽）人。名文郁，字重光，号毅堂、苏州等。有著书《毅堂丙集》《薄游吟草》等。

〔注四〕长尾秋水（1779—1863），名景翰，字文卿，号秋水，别号卧牛山樵、青樵老人等，江户后期的汉诗人。越后（现新泻县）人，曾在水户学习汉文。

〔注五〕松井梅屋（1784—1826），名元辅，字长民、号梅屋、梅花道人。仙台人。仙台藩医、诗人。

〔注六〕土井晚翠（1871—1952），日本诗人、英国文学研究者。本名林吉。1897 年东京帝国大学文学部英文科毕业。1899 年出版第一部诗集《天地有情》。

〔注七〕这里的久保没有记下名字。从内容看，似乎是久保天随（1875—1934），存疑。久保天随为著名汉学家，诗人，本名得二。1899 年东京帝国大学汉学科毕业。

〔注八〕井上圆了（1858—1919，佛教哲学家、教育家。1885 年东京大学文学部哲学科毕业。东洋大学的创始人。僧侣。著书有《妖怪学讲义》，故章太炎如是说。

（七）①

◎照井谦斋

谦斋先生名全都，出生于盛冈[注一]，为杰出的经学大家。余虽风尘之吏，但一直仰慕先生，曾花五十元钱，购买了其《遗书》四册，其中收有《大学》《中庸》《论语》和《庄子》的注解，以及《封建》《礼乐》《汤武》《庄子》等论文。将之出示枚叔。枚叔读后写道：

> 太史列传孟荀并称，汉人亦多言之。自唐以来，兰陵之学渐尔坠地。虽有程朱陆王之争，汉学宋学之辨，终不能出孟氏范围。先生生二千年后，独能抗希大儒，仔肩绝学，信秦汉后一人哉！《封建》《礼乐》等篇，力与唐儒相角[注二]，其旨似近迂阔而精彻独到，迥非韩柳所能言。明季王船山始创崇重藩镇之议，与先生说若合符节。《汤武论》一篇，全取《荀子·正论》之意而与梨州《原君篇》亦彼此神契。论庄子犹能超出俗见，且"论德非论道"一语，郭子玄、成玄英皆不能发，蒙吏有知，其当张目于九原[注三]矣。

又作《遗书序》放在卷首。余见《遗书》有发古人未发之说，也有不能感服之处，他日想揭其一二。

唯照井之学以荀子为宗旨。据说，照井花费许多精力注释《孟》《荀》《庄》及《论

---

① 原载《台湾日日新报》1899 年（明治三十二年）10 月 8 日《似而非笔（七）》。

语》，其学说也融合这四部书而自立一家之言。据知情的东次郎^{〔注四〕}说，照井先生开始作五经之注后不久就病逝了，东君曾受照井之教。可惜世间不知还有如此经术大家，十分可惜。

◎不知庵

不知庵先生太田代恒德^{〔注五〕}继承照井氏衣钵，为一代硕儒。先生不求名声退居林下，专事撰述。先生最初跟随照井氏学习，然后从海保渔村^{〔注六〕}学习考证和训诂，但其说有和先生不合之处。余曾经常出入其门下，得其教诲。有一天拉着枚叔去拜见了他，受到热情接待。先生说最近在注释《易经》和《书经》。枚叔读了他的易经注，疾书二百余字驳斥之。先生感叹曰，不管说得正不正确，立言皆有根据，作为年轻学者难能可贵。盖先生之易学，多取自干宝，取自虞、郑之说较少。根本通明的易学，主要根据郝氏之说。枚叔对此也不认可而加以了驳斥。先生的文章中说，禹时代的洪水涉及了葱岭以外的土耳其斯坦一带。枚叔带有戏谑的口气说，如果是这样的话，《山海经》中有君子国，禹为了治水来过日本吧。枚叔说，关于禹治水一事，均见于《禹贡》。《山海经》《水经》等和《禹贡》的不合之处，皆不可信。《禹贡》曰："昆仑、析支、渠搜，西戎即叙。"这里所谓析支、渠搜，即是所谓土耳其斯坦。这是郦道元、蔡沈之辈未能道破之处。即使不然也值得参考。

归来后，枚叔说："太田代君有尊攘诸公遗风。"余将过去手抄的先生的《原道》和《荀子论》给枚叔看。枚叔评论《原道》曰：

> 文章迥不及昌黎，识则迈昌黎。如"先圣人而后天"一语，固非唐宋诸儒所能言。

又说，《荀子论》有千古卓见。余写道，他日定抄写赠之。枚叔大悦，说：

> 弟殊深服太田代先生。贵国先儒徂徕^{〔注七〕}、春台^{〔注八〕}诸公不及照井、太田代二公，云云。

枚叔说那天在太田代处写的那个易说的驳论，其实就是一篇文章。我说如果只凭记忆的话，则不得要领。于是他写道：

> 若主张清淡元理，则王辅嗣以下之学，与汉儒绝异，固宜不取郑氏也。若主张汉学，则郑氏亦未为甚佳。盖虞氏最优，荀次之，郑则专以爻口说易。即阳爻在初，则为子。在二为寅，在三为辰。以下可类推。阴爻在初为未，在二为酉，在三为亥。以下可类推。而就其爻所值之口合之天星十二宫，如牵牛鹑首等是也。又以星之命名及其形象说爻词，其说太板，亦太穿凿。然以《礼》合《易》，则汉儒未有及之者。虽以星象为见端而实主人事，非京房辈比也。

枚叔虽对太田代的易说不感服，却敬佩其学识深邃。读完《原道》在其后写道：

《原道》中篇与上篇相伯仲，皆可传之作。夫如文中子辈，后世或以圣人拟之，亦不过因其文耳。假使太田代先生在千年以上，今日安知无以先生为圣人者哉？贵古贱今，人之常病。大儒硕学，不得志于当世，亦由此故。如先生者诚可悲矣。

太田代的《原道》有三篇，可惜余没有抄写下篇。枚叔读了两遍，写下了此跋语。尽管天气不好，再次去造访，可惜先生已经去了千叶的海滨，怅然而归。枚叔是多么的佩服他呀，即使他日拜访桂湖村[注九]时，还在说"独服太田代君"。又对余说，虽没有见到照井先生，见到其弟子太田代君，东游不谓无益。先生可谓有海外知己也。

注释

〔注一〕照井全都（1819—1881），本名照井一宅，又名全都，通称小作，号谦斋，别号螳螂斋。江户后期到明治时期的儒者。盛冈人。著有《论语解》《庄子解》等。章太炎曾为其作《照井氏遗书序》，收入《章太炎全集》第十集。

〔注二〕本段以"题《封建》、《礼乐》等四论之后"为题，收入《章太炎全集》第10卷。"角"字《全集》误作"争"。见《章太炎全集》第10卷（上海：上海人民出版社，2014年，第212页）。

〔注三〕"原"字《全集》作"泉"。按："九原"意同"九泉"，都指死后的世界。苏轼《遗直坊并叙》有："岁月曾几何，客主皆九原。"

〔注四〕东次郎本名东政图，后恢复南部姓，通称南部次郎（1835—1911），盛冈藩士。明治维新后进入外务省，先任职天津，后任日本驻芝罘（烟台）初代领事。兴亚会会员。

〔注五〕太田代恒德（1834—1901），幕末至明治时代的儒者。名恒德，通称熊太郎，别号不知庵。陆奥盛冈藩士。早年进藩校明义堂学习，去江户师从海保渔村，入昌平黉。曾任藩校助教、侍讲。明治维新后在东京开私塾。著作有《南部四世事迹考》等。章太炎《照井氏遗书序》（1899年，《章太炎全集》第10卷，上海：上海人民出版社，2014年，第211页）作"大田代"。

〔注六〕海保渔村，本名海保元备（1798—1866）。字纯卿、春农。号渔村，别号传经庐。江户后期经学家。上总国（今千叶县）人。大田锦城的学生，后在江户开私塾"扫叶轩"。门人甚多。著名者有学者岛田篁村、信夫恕轩，政治家鸠山和夫，财界有涩泽荣一等。著有《周易汉考》《尚书汉注考》《毛郑诗义》《传经庐丛钞》等。

〔注七〕徂来指荻生徂徕（1666—1728），名双松，字茂卿，号徂徕，又号萱园。日本古学家萱园学派的创立者。江户人。

〔注八〕春台指太宰春台（1680—1747），名纯、字德夫，号春台，别号紫芝园。江户中期著名儒学者，蘐园古学派代表人物。信州（今长野县）人。

〔注九〕桂湖村（1868—1938），中国文学研究家。新泻县人。本名五十郎，别号雷庵。东京专门学校（现早稻田大学）英文学专业毕业。先后任东洋大学、早稻田大学教授。

（八）①

◎谈经一

曾文正公在《读书录》里说《吕刑篇》是天地之巨观，只恨通读起来太难。其实通读起来难的不止《吕刑篇》，《中庸》《论语》等通读起来也难。如此说来，六经就成了无法解读的书了。然而钻研不可解读的书，难道并不是学者应该做的工作吗？因此我想提出两三条疑问，向您请教，请不吝赐教。

费而隐。毛西河[注一]曰："道原有此显著者，即谓之费。"然费者，光明也。照井谦斋说，郑玄以"费"通"曊"，训为"明"，意思相近。太田代不知庵则说，费者悖也，指拂戾之意。在《墨子》等书中都可以见到这个字的含义，但皆与朱注不同。何如？

枚叔曰：

太田代说已有人言之。《墨子》借费为悖，悖即拂戾之义。说者谓君子道拂于时而身隐，本是汉儒之说也。

今朱子章句，分章划界。以"君子之道费而隐"一句领章首。注疏本本不分章，以此句承"素隐行怪中道而行半途而废"之下。盖素（隐康成读"素"为"傃"，训为"向"）谓志所趋向，唯在隐遁。中道而行，半途而废，谓有志用世，才力不足而退。二者皆非君子之行。若君子则道拂而身始隐，不专向隐遁，亦不肯因才力不足而退。古义如此。

蒲卢。左春谷[注二]在《三余偶笔》中说浦卢有五义。朱熹的《章句》中取沈存中之说以浦卢为蒲苇。伊藤仁斋[注三]曰："不如蒲苇易生之明切，与地道敏树亦相照应。"太田代不知庵曰："朱注是也。古注非也。"照井曰："浦芦者逆旅也。"《庄子》里作"蘧庐"，说"仁义，先王之蘧庐也，止可以一宿，而不可久处"。推测浦卢、蘧庐都是"逆旅"转声而来的。按照春谷的意思，就要在五义外再加一义了。

枚叔曰：

此却是照井公新义。照井公以古义发明哉经旨，而时参以诸子之语，故无胶滞不通之病。唯如"蘧庐"等则太新耳。

此种新说，弟往时亦好之，尝说《尚书》西旅献獒之义。马注以獒为豪，训为酋豪。弟则曰不必改字也。《后汉书》云盘瓠之后，为滇南雄长。是即以犬种而为王者，则獒自可读本字，何待改为豪乎？闻者大笑。

如前所述，太田代先生的学识师承照井氏。特别值得一提的是他写的《皇极篇序文》的确得到了照井先生的真传。只可惜书里的说法缺少让人信服的观点，导致没能传播天下。请问对此书有何看法？

枚叔曰：

凡学问为人所宗与否，固视资望之高下，若取一说以示人，则不患其不服也。经学如法律，有成案，有证据，乃得为定说。苟有驳诘者，直据古义反复辨之，何患人之不屈乎？

此文极高雅，识见亦卓。但儒者之道，有学无术，此最为患。太田代君或恐太泥古而不适时乎？即其言今世治法皆出于秦，然至欧洲之政，则不出于秦矣。贵国维新之政，亦不出于秦矣。此则太田代君以为是耶非耶。

易说。刚才提到驳斥太田代先生易注之说，讲得太简略了，能否详细说来详闻？
枚叔曰：

干宝易说为京氏学，盖当王韩清言之后。锐思复古，而间以谶纬杂之。今所存者，止二十八卦，而言周家革命者至十七事。张鼏文曰，如是则《易》为周家符命之书，文武所以自旌其伐也。虽然，太田代君喜干氏说，而又以革命为非，则并失干氏之宗旨矣。

京氏易亦孟氏之支流。然《火珠林》乃筮书，纳甲亦不过取象如是尔。京氏大义，今未有所见焉。干之较京，理致犭深，兼及礼乐制度，则又取于康成。名为京学，实自成一家，较邵雍辈之作伪，则灵光岿然，犹不屑伍唫也。

易纬是类谋等书，预测未来，稍近妖妄。干氏又不纯与此等同，盖止言已往耳。然就词传会，何所不可？王莽时说易者曰，伏戎于莽莽，上名也，升其高陵。升谓刘伯升，高陵谓高陵侯翟义也。苟如是说之，认句句可比传往事。

《易》有"自我西郊""王用享于岐山""东邻杀牛，不如西邻之瀹祭"等语，故说者多谓文王自道。要之西郊西邻，皆属眇芒，唯岐山，可作证耳。然帝乙归妹，则亦未尝不言汤，苟必以《易》为文王造周之宗旨，则不可通者多矣。

箕子之明夷，赵宾谓阴阳气无箕子。箕子者万物方荄孳也，故刘向、荀爽皆作其子，此可知《易》不专为一代鼎革而作也。

根本通明说，卦爻之字为文王所作，经为是周公所作。太田代氏曰，经承史佚文功之旨而作之，十翼为仲尼师弟作之。何如？
枚叔曰：

瞽史皆掌天道，即谓经系史佚所作，未尝不可。唯未有其证据耳。
凡书在汉以前者，虽伪亦不得不以为真。盖事迹无效，孰为之左证？

注释

〔注一〕毛西河，名奇龄（1623—1716），号秋晴、初晴、晚晴等，浙江绍兴人。人称"西河先生"。清初著名经学家、文学家。

〔注二〕左暄，生卒不详。清代安徽泾县人，字春谷。拔贡生，官蒙城教谕。博通经史，勤于著述。著有《三余偶笔》《续笔》。

〔注三〕伊藤仁斋（1627—1705），名维桢，字源佐、源吉、源七，号仁斋、古义堂、棠阴。幕府前期儒学者，古学派的古义学派（又称堀川学派）的创立者。京都人。伊藤东涯之父。

（九）①

◎谈经二

伊藤仁斋曾怀疑《大学》不是孔子的遗书。大田锦城怀疑《大学》《中庸》两本书出自一人之手。窃以为两本书的文风截然不同，锦城的话不足为信。吾师成斋说，中庸者，以中为用，以庸为用，这样的注释都是错的。何如？

枚叔曰：

> 《中庸》作于子思，《史记》有明文。《大学》则本不知何人所作。且《礼记》四十九篇，《王制》《月令》，即秦汉人作，其他出于秦汉者，亦当不少。则谓《大学》出于后人，非无据也。唯谓两书为一人所作则诬耳。有引秦皇诏书"吾权天下书不中用者"以解《中庸》之义云，君子中庸，中用也，小人反中庸不中用也。然如此则中亦读去声，弟谓此说颇可通。（君子之中庸也，君子而时中。小人之中庸也，小人而无忌惮也。）明谓君子之中用，因时制宜也。小人本不中用，然亦有中用时，则非无忌惮不可。盖狡诈贪暴，足以成事也。又曰择乎中用，却于文不顺，中用不可能甚当。

《论语》。《论语》到底是谁编的，自古就没有定论。班固说是孔子门生一起编纂的。康成说是仲弓、子游、子夏等一起编纂的。安井息轩引用皇侃说，认为是孔子七十弟子共同编撰而成，认为皇侃的说法最接近真相的。大田锦城说，上论是琴张所成，下论为原思所成，故二子独称其名，于是可以明确不会出于其他人之手。如何？

枚叔曰：

> 仲弓等撰定之说出于康成，是为最古。按荀子以仲尼、子弓并称，子弓即仲弓，孔子称其可使南面。而《说苑》谓南面即天子，然则邻几殆庶之材，自颜氏之子而外，独有仲弓而已。先圣微言，经论宙合，囊括巨细，非斯人谁与修之？至今本《论语》杂糅三家，非专鲁论，则锦城之言独确矣。

仁斋尊崇《论语》，以为宇宙第一书。他写了一本《论语古义》，驳斥了宋儒的学说，认为宋儒讲论语，讲仁义时专讲"理"而不知"德"为何物；讲忠信时专讲"用"而对重要的"功"却不提及。进而以《论语》为未定而求之于别书，或借用佛老的学说。这样的说法不得罪于孔门者鲜矣！仁斋先生的《古义》一书，成于顾亭林、毛西河诸儒之书未成之前。仁斋承战国之余，风气未开之前，独自发愤钻研，发挥古义，所以对宋儒学

---

① 原载《台湾日日新报》1899 年（明治三十二年）10 月 11 日《似而非笔（八）》。（八）原文如此，应为《似而非笔（九）》，系当时出报纸时的印刷错误。

说的驳斥，不免有些矫激之处。

枚叔曰：

　　戴东原立意在以古训明义理，以廓清宋儒之杂释老者，仁斋之见亦同此。仆尝谓二程之学本于濂溪，而濂溪之师乃鹤林寺僧寿涯。然则所谓道统者可知也。然宋儒虽鄙倍驳杂，而其说足以康顽立懦，其术足以经世致用。汉儒虽奥博醇雅，深得圣意，而自东汉节义沦陷党狱以后，世守其学者，乃鲜有志行可传。窃以郑服说经，使词义制度粲然明了而止。其推迹治乱曲畅微旨，则在口说而不在书。蜀先生谓从康成游，闻其言治乱甚备，今康成经注，曷尝有此？即江都、中垒[注一]，稍为闳深，然亦浑沦不切。中垒《封事》诸篇，可为当世法戒。此乃在官言官，使其终身蓬革，则褒阁之戒，山陵之痛，亦未必著于其书矣。故知汉世大儒，说经简质，而微言不轻见诸简牍。贾孔诸儒及近世汉学家，只能衍其签注，而不能得其微意。故说经诚优于宋人，而立身致用则反不逮远甚。汉宣帝谓"汉家本以王霸杂用，岂得如周人专任王道？"元帝反之，遂致陵夷。然则宋儒虽杂于二氏，而足以致用，犹杂用王霸也。后世之讲汉学者，虽矩矱绳度，不敢与孔子本意差池，而不足以致用。犹元帝之欲专任王道也。古者儒家本非一术，儒行十五种别，皆不合中行，则宋儒虽不合孔子，而自成一家，亦未为不可。墨守宋学者，以程朱为孔孟之世适不可也，谓程朱为孔子后之圣人，则未尝不可也。宗仰汉学者，力诋程朱，以为虚悁诬妄，不可也。谓其与孔子殊途，则未尝不可也。夫孟荀朱陆之争，或以异己者为洪水猛兽，则虽谓宋儒得罪孔门，庸何伤？然桓文非不得罪于周室，而春秋特录其尊辅之功。霍光非不得罪于许后，而汉史极褒其翊赞之美。则亦宁为桓文、霍光而毋为无罪之鲁僖公、田千秋也已。

注释

　　〔注一〕江都、中垒指汉代的著名经学家董仲舒和刘向。董仲舒曾任江都相和胶西王相，故此处称"江都"。刘向曾任谏大夫、中垒校尉等职，故称"中垒"。下面的《封事篇》见《刘中垒集》。

（一）①

◎谈经三

　　枚叔谈论起经书来从不感到疲惫，他特别想寻得一本《服注左传》。在见到重野、太田代几位老师的时候，枚叔提起这件事。重野老师吩咐河田罴去找，幸而在东京找到了。枚叔对余曰：

　　河田君允访为求《服注左传》，若果得是书，实不啻王莽得传国玺矣。假使弟为富人也，则当以万金易之。今弟为贫人也，亦当以全史易之。

---

　　① 原载《台湾日日新报》1899年（明治三十二年）10月12日《似而非笔（九）》。（九）原文如此，应为《似而非笔（十）》，系当时出报纸时的印刷错误。

　　枚叔随身带着两三千卷经史百家之书，一有闲暇就取来阅读，读完后立刻取来毛笔记下心得，不可不谓之勤勉。我们在住处谈论最多的是经义，最常读的是照井谦斋的《遗书》。我说，松崎慊堂[注一]的经术深邃，安井、盐谷等门生皆出自其门，可谓渊源大家。只可惜其经说还没有出版，无从得见，不能与照井先生的学说作比较得出个优劣。

　　枚叔曰：

　　　　弟虽未尽见贵国经说，然据所见者，以为莫优于照井全都矣。专以训诂考订言，徂来、锦城、息轩诸君实美矣。然大义微言，必照井一人专之。其人虽非圣人，其言则圣矣。拟之古人，必在孟、荀、贾、董之间。汉之马、郑，宋之程、朱未有及之者也。然亦有一病焉，于事实多不考，如云蘧、伯玉盖孔子之旧相识也，而竟不指其名与官位，盖意欲扫空一切然无谓也。

　　之前我从东次郎君那里得知，照井先生并不多读书，也不务考证，只是驱使诸子来发挥经典之大义。枚叔说他不做考据也并没有错。关于照井的《遗书》，枚叔这样写道：

　　　　媚于奥。"与其媚于奥，宁媚于灶。"
　　　　晦庵以祭为说，而古实无奥祭。照井谓奥者主人之所居，灶者迷饮食之所当矣。而下句未晰，当改曰"奥者主人之所居，灶者中馈之所出"。谓媚主人不如媚妇人也。
　　　　为人之本。"孝悌者也为人之本欤。"

　　朱注曰，为者施为也。照井曰，为者经营也。是为同义。犹如仁斋曰，义犹为仁之本孝悌也。仆于是等说独取仁斋。

　　枚叔曰：

　　　　宋儒谓性中有仁无孝悌，故不得不训"为为施为"，此实大谬。并良知爱亲之义亦忘之矣。照井不言性中无孝悌而犹以"为为施为"是其失也。曲园师说亦同仁斋，仆意亦然。盖谓性中无孝悌，直是空桑之徒耳。若令奉天父者说此经则从朱子矣。

　　启予足。枚叔曰，此解"启予足启予手"谓非开衾而视，乃开放其手足也。按：古《论语》作"诊予足，诊予手"。忆《说文》"诊"字是"张肆"之义，与照井合，惜其未引。

　　陈兰甫在《东塾读书记》中说，《论语》为六经之关键。太田代说，论语为六经之评论也。两者辞气相契。精通《论语》，六经或可自解。然宋儒们只讲《论语》《孟子》，却从不求于《六经》，盖亦知其不能解矣。假令尽通训诂，亦不能通其义。如对《尚书》"禋于六宗"一语，诸说纷纭，却未能决。

　　枚叔曰：

　　　　此等更觉纷纭，触处窒碍。然鄙意谓礼制尚属解可。盖古之禋祀，亦仿佛匈奴之祭天，或一祭，或再祭，或以为一天，或以为有无数天，固不能以理断之也。

近人或言邵雍所绘之河图洛书，乃出于中亚细亚巴比伦，其说更为张皇幽渺矣。然窃意古人所为之事，亦有紊乱无条理者，唯《周髀经》言勾三股四弦五，则至今算家不能改，此盖古人之独见也。又如《易》言太极生两仪，两仪生四象，四象生八卦。邵雍又推之，自八而十六，而三十二而六十四。粗观之，不过加一倍之数，了无精义。乃近人言植物学者其论细胞分裂，亦谓自一而二而四而八而十六而三十二而六十四，则安知古人不已见及此也？

适莫。无适也无莫也。徂徕曰，适者亲也。莫者疏也。亦与朱注别矣。何如？
枚叔曰：

> 莫训为疏，借莫为漠，犹云漠然可也。适训为亲，此却难通，盖古训所无也。然窃谓如徂徕解则与义之与比相贯串，如朱注则上下相隔。且训莫为不肯，亦出臆撰，两家皆臆撰，则宁取其贯串者。范宁说，即徂徕所本，然其训亦未见之《苍》《雅》各书。

> 贵国说经之儒先后踵接，而治小学者独稀，唯见冈本保孝耳。兄若能治此学，在贵国必出人头地。且贵国《一切经音义》，较我邦先辈所见为完备，此书大有益于小学，则治之较我邦更易也，如安井息轩注《左氏》，每以王引之为穿凿，亦由于小学未谛耳。

敏政敏树。《中庸》中关于"敏政敏树"一段十分难解。照井先生把"蒲卢"解释为"蘆庐"，此说应如何解释？
枚叔曰：

> 忆郑注读"敏"为"谋"，亦不甚可解。若以"蒲卢"为"蘆庐"，则敏字甚切。敏者速也，人之于政治速治速乱，地之于树速长速凋。彼其成败与兴衰之亟，正与过蘆庐者相似耳。

注释

〔注一〕松崎慊堂（1771—1844），江户后期的儒学者。名密，又名复。字退藏、明复，号谦堂，别号益城、松下人。肥后（今熊本县）人。早年进昌平黉从学佐藤一斋。挂川藩校教授，后开私塾。门下生著名者有塩谷宕阴、安井息轩等。

（十一）①

◎ 谈经四

李白在《嘲鲁叟》诗中这样写道：

---

① 原载《台湾日日新报》1899年（明治三十二年）10月13日《似而非笔（十一）》。

> 鲁叟谈五经，白发死章句。
> 问以经济策，茫若坠烟雾。

　　治经之士人大多为鲁叟那样的迂阔之辈。即使那些稍微出众的儒生，虽知贵仁义道德，却不知贵之所以然。不，他们困于无术，所以把精力倾注在了自己的著述事业上，以寻求千年知己。然而千年的名誉飘渺不可求，著述事业也是非常困难的。元遗山[注一]有诗云："千载身名后，不如即时一杯酒。"遗山居穷感物，故才作此诗以自调。而现在的年轻书生们谈论千载之前的扬子云，真可谓迂也。

　　枚叔曰：

> 　　子云没身之后，人尚知重其书。若处今日则生时书或可传，十年则渐微矣，百年则如水之涸矣，千年则如火之熄矣。若欲待之，如入深谷步步愈近暗处，此所以可慨也。然而亦有以文学自命，不营仕官者，则非如井上哲次郎之学不可也。

　　然豪杰之士们期千载之子云，亦不为迂。于是继续前日之问曰："先儒中井履轩[注二]在《彫题》说：'注以思无邪为诗之效，则思字指学诗听诗者之情性也。恐非夫子之旨。夫子盖只言诗之为物，直写出其心思而无邪出者云尔。'何如？"

　　枚叔曰：

> 　　履轩之说极是，可扫空晦庵以郑风为淫奔之说。

　　四海困穷。对此也有许多说法，这又作何解呢？

　　枚叔曰：

> 　　或谓德化所及，穷天际地。说虽可通然魏晋间禅让之说，多不如此。盖以为尧德已衰，故四海困穷，尧运已极，故天禄永终，非指舜言也。鄙意允执其中，非中庸中和之中。《周礼》多以中为计薄，盖谓国家政治之册籍，付舜执之也。

　　若果真是如此，其原意不免狭隘也。鄙意以为"厥中"乃中心之中，以承上句"唯精唯一"。

　　枚叔曰：

> 　　诚哉！唯精唯一允执厥中，乃东晋伪古文尚书语，而后人多以此说《论语》，故弟欲易之耳。

　　是执先传。"是执先传焉，执后倦焉"这两句也颇为难解。何如？

　　枚叔曰：

> 　　固难解，未知照井何解？

于是我去查了照井的解说，却又没有弄明白。

子见南子。这一章也很难解。

枚叔曰：

> 照井并没卫夫人南子之说，而云不知何国人，盖亦有见于此。然所难解者，不在南子为何人，而在誓词耳。夫誓必明指效验。盖云天厌弃之，则无实据、非誓词也。故汉人有读"厌"为"压"者，谓天压杀之。而《论衡·问孔篇》驳之曰"天必无压杀人之事"，则此誓，乃设无验之言以欺子路其谁信之。要之此章终不可解。

匏瓜。张和仲曰，星名也。这个说法如何？

枚叔曰：

> 总之莫谬于朱注，谓匏瓜不能饮食。夫草木皆不能饮食，何独匏？其他或以《庄子》五石之匏为训，或以匏瓜星为训，似皆优于朱注。然《洛神赋》言"叹匏瓜之无匹"，则古以匏瓜星为无匹偶。不言其不食，似尚隔一层。鄙意终取五石之匏为注。

史之阙文[注三]。徂徕曰，古本史之下有阙文，传者把阙文两个字写得很小，转写时被误记入正文而已。此说如何？

枚叔曰：

> 盖"史阙文""马借人"[注四]二项不相连附，故徂徕疑之。然借人乘之，非谓他人无马而我贷与之也。言有马而不能调习，则借他人能御者，便乘而调习之耳。史阙文不敢擅增，有马不能御，不敢擅驾，皆谓勿任私智也。六艺之中，书御居其二，史属书，马属御，解此即二事相连附矣。

武成。邹旸曰："吾于《武成》，取二三策而已矣。仁人无敌于天下。以至仁伐至不仁，而何其血之流杵也？"这是讲武王伐纣。然在这两三策之外也还有疑问，荀子曰："盖杀者非周人，因殷人也。"与邹旸之说正相反，而与今者定武成相合。有先儒认为《武成》是后人伪作，何如？

枚叔曰：

> 今之《武成》，本东晋枚颐伪撰。伪古文之说，阎百诗早为论定，无足深考。汉《律历志》所载，即《逸书》十六篇之一。刘歆《移书让太常博士》所欲建立者，孔冲远《正义》以枚颐伪孔传为本，故诬《律历志》所载为张霸伪造。然《逸书》十六篇，东汉尚存，唯《武成》则建武之际已亡。《律历志》据刘歆为本，歆时《武成》固尚在也，此与今伪古文截然各异。至《荀子》所说，或以斡旋漂橹之义。然《荀子》又言"曹触龙断于军"，则亦明谓周人杀之也。《逸周书·世俘》所载俘馘

至数亿，则牧野之师无异黄帝之御蚩尤。岂尝敛兵观壁上哉？又曰纣之淫虐不过秦二世，而先世德泽则异乎秦矣。沛公之攻武关，秦民犹抗行拒战，况殷人乎？《尚书大传》云："武王与纣战于牧之野，纣之卒幅分，纣之车瓦裂，纣之甲鱼鳞。"此战之证也。然溃卒奔北，岂无自相踩践者？此又荀子之说所由来也。虽然传称"桀纣之民比屋可诛"则顽民之称，实与后世妄加胜国遗黎以此名者有异。同甫当南渡时，有激言之不可以为典要也。

注释

〔注一〕元遗山，名好问（1190—1257），字裕之，号遗山，世称遗山先生。太原秀容（今山西忻州）人。金朝末年至元朝时期的文学家、历史学家。此诗见《元好问集·九月七日梦中作诗，续以末后一句》，原文应为"千载名，不及即时一杯酒"。

〔注二〕中井履轩（1732—1817），江户中后期的儒者，属于折中学派的怀德堂学派。名积德，字处叔，号履轩、幽人。生于大阪。幼时和兄中井竹山一起在大阪怀德堂，跟五井兰洲学儒学。担任怀德堂第五代堂主，后开私塾水哉馆。著书有《中庸雕题》《诗雕题》《论语雕题》等，收入《七经逢原》三十三卷中。

〔注三〕史书上阙而不书或已脱漏的文字。语出《论语·卫灵公》："吾犹及史之阙文也。"何晏集解引包咸曰："古之良史于书字有疑则阙之以待能者。"

〔注四〕《论语·卫灵公》："子曰：'吾犹及史之阙文也。有马者借人乘之，今亡矣夫。'"

（十二）①

◎谈经五

明朝人的著书中有一本叫《尚书讲义》〔注一〕的，有可取之处吗？

枚叔曰：

> 弟自愧未读。明人经说佳者绝少。盖宋儒不用古义，而于训诂尚不敢十分臆造，明人则臆造者多，故经说以明为最下。明人说易之书最多，喜其可以架空。贵国经说仿佛乾嘉以前诸儒，说理密而证据疏，敝国乾嘉以后诸儒，证据多而说理浅，合此两派庶乎其可。

王高邮的集子有没有单行本？

枚叔曰：

> 高邮未见其文集。唯《经义述闻》《读书杂志》《经传释词》三种，皆考证之书也。

戴东原何如？

———————————

① 原载《台湾日日新报》1899 年（明治三十二年）10 月 14 日《似而非笔（十二）》。

枚叔曰：

> 东原遗书，字字若宝，治经必当观之。如无戴集，取《皇清经解》所存数种观
> 之亦可。
> 东原初以一举人入京，穷困无聊，授徒糊口。适钱竹汀往与谈，称为天下奇才，
> 遂上疏荐之。时适编《四库全书提要》，特授翰林院检讨，自此声气始广，皆竹汀力
> 也。然东原语人曰："并世学者，吾以竹汀为第二人。"盖东原固自谓第一人也。

清儒的考证之书，最早流传开来的是顾亭林、毛西河的书。诸如戴东原、王高邮的书
则是维新之后才渐渐多了起来，但研究者还是很少。只有庄原和不顾流俗非议，讲此二人
之书。吾师重野先生深喜爱之。请问在经说这方面，戴东原和顾亭林谁比较优秀呢？

枚叔曰：

> 若通论学问，则亭林自过东原。若专论经说，则东原亦过亭林。

高邮、竹汀这两人可否相提并论？

枚叔曰：

> 竹汀兼通经史，于经亦气体广大。高邮专治经，旁及秦汉子史，不说大义唯研训
> 诂，然训诂之精纯无过高邮者。

如集此四公之力合为一人，可否称清朝第一贤圣？

枚叔曰：

> 恐亦未然。四君中唯亭林有经世才，亦兼理学气节。然于理学，固未尝反复辨论
> 也，所差此一关。耳余三君学问虽优，奈蒲实用何？
> 二百年来说经者必以乾嘉学派为最优，即戴、钱、王诸君是也。乾隆以前亭林、
> 百诗诸公小学未深，多有强解。至惠定宇出，乃一变。戴氏继之，遂风行于世。至道
> 光之初，刘申受龚定庵等主张公羊，渐为默深等所喜，至今日而康氏拾其唾余，此又
> 一变也。康以惠、戴诸公专讲考订为大诟，其说流传于贵国，前在专门学校见一册
> 书，专论哲学，并列东西诸人，皆言经学无用。诚然。然今新学岂必皆有用？如哲学
> 即最无用者，天文动植诸学虽有小用，深求之亦无用也。而西人孜孜于此，彼亦岂人
> 人求有用乎？大抵世治则才智之士得有余闻，必将冥心孤索于此。今贵国亦略近升平
> 矣，治经何不可？弟则处于乱国，不能不旁求新学耳。然□见事之必不可为，则仍将
> 修吾故服也。

我小时候曾学习英文书籍，但是不到半岁便放弃了。之后在治经之余，从事翻译却不
得要领，错漏甚多。于是又回头跟随一位英文学者，听他讲卡莱尔的英雄崇拜论。他们的
学说与《中庸》不相通。至于说理，东西诸家的学说相差不大。遗憾的是，当初无钱糊

口，如今当了一名薄官，在世间风尘中跟跄，几乎没有读书的时间。待他日世间太平了，若能有闲暇，请予以勉之。

枚叔曰：

> 薄官足以自给，公余可以读书，未始非乐学问一事。必认定一路，乃可收效。如西说，兄虽涉猎及之，然观兄所好，终在彼不在此，则退而治经，岂非兄之始愿乎？近闻德人讲哲学者，颇寻求周易，则旧学之在他日，安知不更为新学乎？

听说明治七年（1874）时，大久保公去天津，井上毅[注二]随行。当时有人告诉他们，西方抄译六经者已有一万人以上了，然却从没听到过从西方来听六经的人。也许是因为儒者凋敝迂腐，其学问在当今社会无用武之地。井上先生听到西方人抄译之事时说，现在日本和中国的典籍，几乎没有不经过西文翻译的。

枚叔曰：

> 大抵天资高者，必能知西学经学之互相为用。若天资中等者，宁使讲西学而为有用，勿使讲经学而为无用也。若天资最下者，讲西学则炫耀新奇而不知实体，讲经学则株守陈腐而不能旁通，是无一而可也。

惠定宇。说来惭愧，从没听说过惠氏，他的经学与戴东原相比如何？

枚叔曰：

> 名栋，苏州吴县人，著有《九经古义》《周易述》。假令师重野先生以周易之学，惠栋、张惠言孰优为问即是也。条理明晰不如东原，然力主汉学，不□①私见唯惠氏耳。

副岛公说，《春秋》与《万国公法》异文同义。所以他在当外务卿时，都根据春秋之义来处置。兄以为如何？

枚叔曰：

> 以春秋为万国公法，美人丁韪良亦言之，特其所著乃粗疏耳。去年贵国户水宽人[注三]著《法理论丛》一书，中有春秋时楚国相继法一种，其全书收入帝国图书馆，书肆中有其目而或无其书，弟搜求之未得。归后以此书属君寻访也。（这本书我后来也找过，但没有找到。）
>
> 今日之新说，他日观之，当以为陈腐，于是更求旧说而新之，此循环之理也。今言欧洲政学者，必溯源于罗马、希腊，斯非其验乎？凡学有古今，而古不必旧，今不必新。盖新旧只视人心之好尚与否耳。古碑残石，得之者或以为甚新奇之物，此又其验也。

---

① 此处为空白，疑缺1字。

学问之事，不必趋时尚。苟衣食裁足，以此为空谷幽人之乐趣，不亦可乎？君于新学，大抵不欲学之矣，则趣此可也。

孔子不言乎？"鸟兽不可群。"我固未有过享乐山林的念头，又何愿空谷幽人之乐趣乎？（下略）

注释

〔注一〕《尚书讲义》应为北宋人史浩撰，收入《四库全书》。馆森搞错了。

〔注二〕大久保应为大久保利通（1830—1878），萨摩藩武士，和西乡隆盛、木户孝允并称维新三杰。维新后历任大藏卿、内政卿。1874年日本入侵台湾。大久保作为全权办理大臣赴北京善后谈判，井上随行。井上毅（1844—1895），幼名多久马，号独独斋、梧阴。明治时代的官僚、政治家。熊本藩士。幼年进时修馆学习，明治维新后任法务省官员。曾任法制局长官、文部大臣。著有《梧阴存稿》和司法方面的著作。

〔注三〕户水宽人（1861—1935），日本的法律学家、政治家。加贺（今石川县）人。东京大学法学部毕业，后任东京大学教授，众议院议员。

（十三）①

◎东陵

石田羊一郎〔注一〕君是我十几年来的知己，不仅在英文方面有所建树，也能作诗，受世人尊重。近来闲暇时读英译本的《诗经》，颇有心得，于是我和枚叔一起前往浅嘉町的寓所去拜访他。东陵特别高兴，设酒席款待，与我们聊起了文学。座上放有《蕉坚稿》〔注二〕《寂室语录》〔注三〕等书，《蕉坚稿》在松下见林〔注四〕和谷川士清〔注五〕的论考中出现过，但确是第一次见到实物，如唱和明太祖的诗，却比明太祖的诗优秀。枚叔特别赞赏《金陵怀古》的几篇，认为堪比槐南的《浩荡诗程》。枚叔曰："金陵一首甚佳。"东陵平生寡言少语，也从不对人物做出评价，这时候却问我道："兄可认识山田天籁？"我回答道："在台湾时听闻过，但是从未深交，你为何这么问？"东陵笑着说："我之前从没听说过天籁这一号人物，两三天前看《日本新闻》的时候看到了他写的文章《与槐南论诗书》，虽然他论诗的观点与我有些相左，但是文章确实有趣，槐南若能写一篇回应的文章也一定很有意思。"余因而读了一下该文，枚叔也读了。记得是明治二十九年（1896）六月槐南作为（伊藤）春亩〔注六〕相公的陪同一同前往台湾，这时天籁前去拜访并与他们交谈。我当时也在场，看见槐南笑他十分世俗，骂他为人处世十分阴险。时过境迁，看见他与人讨论诗的文章，觉得其还是有可取之处的。我过去认为槐南年轻气盛，作诗有些巧妙。凭借春亩公的欢心，作些献媚的诗，毫无大家风范。所以我说，槐南是力图为春亩公增添光彩，却又在背地里窃光的人，不知欣赏槐南的人以为如何？

枚叔看了东陵的诗后评价道，"悲壮而沈郁"。东陵于诗，贵晋唐而不取宋元，最鄙视清诗。

其诗既没有酬应之作，也无席上之作，故数量极少。常说"酬应席上"之诗作多了

---

① 原载《台湾日日新报》1899年（明治三十二年）11月1日《似而非笔（十三）》。

是诗衰败的根源，所以他的诗可谓惜诗如金。然而那些把诗看作产业，并以此谋取名利的人在模仿东陵的时候会感觉有大的障碍。因此诗的兴衰不在一时，如果认为只要让作诗形成一个产业就足够了的话，那便是从根本上大错特错了。

枚叔读过东陵的诗后深感佩服，我也说我有一首诗，于是提笔写了一首五古，是当年伊藤春亩公前往上海时，我呈交的那一首，此诗次日附上湖村的评论，刊登在了《日本新闻》上。这一天在东陵家我们受到热情款待，饮酒畅谈，不觉时间如同白驹过隙。当初，东陵作为东道主时，约定了要拜访桂湖村的，于是当晚我们一醉方休。第二天与枚叔一起用过午餐后，在东道主的引导下，我们驱车前往日暮里的雷庵拜访了湖村。

◎湖村

久闻湖村的大名，觉得他一定是个高爽瑰奇的伟男子，但见到他真人时有些失望。然他没有那种市井气，反而更为让人敬重。他那满屋子的藏书，还有许多天下奇书。开始笔谈时，牧野藻洲[注七]也正好来拜访，我们五人相互执笔谈天，佳肴美酒，不被世俗侵扰乐趣十足，看了《停云集》[注八]《济北集》[注九]《甘雨亭丛书》[注十]《足利本论语抄》[注十一]等书。湖村的笔谈简略而有要领，可惜他不善辞令。藻洲的笔谈多议论而带笑虐之语。枚叔看不懂其中的趣味所在，便躺下开始读诗集，恍惚间竟然入了梦乡，他那毫不拘礼节的呼噜声，倒让人觉得有些可爱了。我第一次见到《济北集》，这本书被收录进了《元亨释书》，文笔优秀而且作为历史材料十分珍贵。如果阅读《宁一山传》[注十二]就会发现书中还是有许多缺漏，也没有讲述心术的部分，这大概也是因为写这本书的时候，《元史》还没有成书，也不能太苛责作者。

按《元史》记载："成宗大德二年，速答儿乞用兵日本，帝曰今非其时，朕徐思之。三年遣僧宁一山者，附商舶往使。"据此，有人说一山为细作，后来蒙古袭扰我国博多，也风传是这个僧人透露了我国的情报。

一山作为京都南禅寺的开创者德高望重，他的书画至今也受到世人的重视。而他是细作一事在《济北传》中找不到相关的记载，倒像是不断流传被加以修饰的民间传说。

我对湖村说："枚叔从台北出发抵达东京，其间写了不少游记和诗，那些草稿都寄给了陆羯南[注十三]。在那之后还没能拜访陆羯南，不知道你是否听闻过此事。"湖村说："在陆羯南那确实看过"。

"诗做得如何？"

"气魄似乎不足"。

枚叔睡了三五十分钟，我便叫醒了他，已经到了傍晚，我们应该告辞了。湖村十分殷勤留我们用晚餐，餐后我们又开始笔谈直到入夜。我对附近并不熟悉，又已经到了深夜，于是麻烦东陵向导。我们经过谷中，途经上野归还。途中东陵对我说："枚叔论诗，颇得要领，也十分有趣。改日叫上湖村、青崖，大家都到寓所一聚，再畅谈一番。"但是后来东陵因为别的事去了水户，我们最终没等到机会再见面。

注释

〔注一〕石田羊一郎（1865—1934）明治到昭和时期的汉学者、汉诗人。宫城县人。本名羊一郎，字士刚、号东陵。从学过国分青厓。共立学校英语专业毕业，历任共立学校教员、大东文化学院教授。著有《大学说》《老子说》《楚辞集注》《东陵遗稿》等。

〔注二〕《蕉坚稿》为日本室町时代五山文学大家绝海中津（1336—1405）的汉诗集。绝海曾去明朝留学 10 年，诗集中有许多唱和明太祖的诗。

〔注三〕《寂室语录》全名为《永源寂室和尚语录》，日本临济宗僧寂室元光（1290—1367）撰。

〔注四〕松下见林（1637—1704）江户前期的国学者、儒学者。名秀明，字诸诸生，别号西峰山人（散人）。摄津（今大阪府）人。著有《异称日本传》《三代实录》。

〔注五〕谷川士清（1709—1776），江户中期的国学者。名升，公介。号淡斋，讳士清。伊势（今三重县）人。著书有《日本书纪通证》《和训刊》《读大日本史私记》《勾玉考》等。

〔注六〕春亩相公指曾任日本首相的伊藤博文（1841—1909），春亩为伊藤的号。

〔注七〕牧野谦次郎（1863—1937），日本的汉学者，早稻田大学教授，东洋文化学会理事、斯文会常议员。字君益，号藻洲、宁静斋、爱古田舍主人。香川县人。

〔注八〕《停云集》为清代翰林院仕诏方嶟的诗集。方嶟字谦山，生平不详。

〔注九〕《济北集》为五山禅僧虎关师炼（1285—1346）的汉诗文集。

〔注十〕《甘雨亭丛书》为日本安中藩藩主板仓胜明（1809—1857）的汉文集，刊于嘉永、安政年间，为《丛书集成续编》之一种。

〔注十一〕《足利本论语抄》为日本栃木县古时候（据说起源于平安时代）办的足利学校编的、供儿童们素读的教材，选择《论语》499 条语录中简单易懂的 63 条编辑而成。

〔注十二〕宁一山又称一山一宁、一山国师（1247—1317），俗姓胡，出生浙江台州，临济和尚。作为元朝的使者赴日，受到镰仓幕府的怀疑而被监禁，后来历任建长寺、圆觉寺、南禅寺住持，开创了五山文学。

〔注十三〕陆羯南（1857—1907），明治时代的新闻记者，当时任《日本新闻社》社长。

（十四）①

◎东陵的诗

枚叔拜访了东陵、湖村等人后的第二天，同我在居所谈论了很久。他评价东陵的诗道："石田诗卓然成立，迈槐南万万矣。"我说道："未免过誉了吧？"枚叔摇了摇头道："以弟观之，品最高，他鼓公不能及"。我笑道："兄每每评价敝国诸人士的诗时都提起槐南，槐南之流不足言哉。"枚叔道："只因此公声名远扬，暂且作为评判标准罢了。"因我还不能领悟诗的风雅，遂将话题转向了别处。

◎桐城文派

说到桐城文派的话，虽然主要推崇的是姬传先生^{〔注一〕}，但之前桐城文派渊源自六一居士，至震川先生、望溪先生而传播开来。正因如此，在很久之前震川先生、望溪先生的文集就已经传播开来，姬传先生的文集则是最后流入的。据说在维新之前有《惜抱轩》的

---

① 原载《台湾日日新报》1899 年（明治三十二年）11 月 2 日《似而非笔（十四）》。

文人相当的少。森田节斋[注二]在好友处翻开《惜抱轩集》，读到了《登泰山记》后赞叹道："天下之文，皆在此处。"遂向友人借了此集，几经催促才将其归还，可知此集甚少。近来以重野成斋先生为首，川田瓮江、四谷穗峰[注三]等皆学桐城文派。我虽不是此文派的喜好者，也试着提了一些问题。

枚叔曰：

> 桐城派自姬传而后有管异之、梅伯言诸公，曾文正公亦私淑桐城者也。然其气息已稍殊矣。薛叔耘、黎莼斋皆曾公弟子，文以桐城为圭臬。二公没后，桐城绝响矣。然鄙意桐城派专法欧曾，其规矩诚正矣。而才气未肆，格调未古，是亦一病也。与桐城并峙者，有阳湖派，为恽子居[注四]、张皋文[注五]所开。张深于经术，而文专取法昌黎。恽则驰骋百家，其文颇与老臬相似。故说者谓恽子居可于八家之外成第九家也。阳湖宗派，虽亦自桐城分支，而文气似较桐城为优，今则此亦渐绝矣。此外如侯朝宗、袁简斋诸公，才气虽肆而不能免俗，无足论也。唯汪容甫特树帜于桐城阳湖之外，其文不法八家，而特宗东汉六朝，盖雅而未肆者也。魏默深、龚定庵之文，近颇风行。然魏多粗率，龚模拟诸子，未免太似，而仆亦自蹈其病焉。近世能文者，以湖南王闿运[注六]为第一，较默深为纯矣。

◎经史论存

一览关义臣[注七]所编著的《经史论存》后，有何高见？

枚叔曰：

> 在上海时。黄公度以此书寄其友，从旁一览之。然公度于文章事不及黎莼斋，故观其评定，颇有所难解。曾涤生云古文之事，无施不可，唯难于言理耳。此最为见道之言。方望溪、姚姬传所不肯说，弟念如论鬼神，即不能不举西书佛经以相辩驳。而如"演若达多"等语。若入古文，便为不雅。故不得不作含混语。然则由今思之，古文似应变体矣。

◎三家之文

我将重野成斋、冈鹿门[注八]、川田瓮江三先生之文与枚叔览之，枚叔读其各三五首，评价道：

> 川田《斯文学会记》可谓独得雄直之气，然与成斋又各有长短。盖成斋之洁，又胜于川田也。川田之雄直则过于成斋。

又曰：

> 此虽雄直而体势仍拘于方幅，有东莱左氏传议之病。如《海晏寺观枫记》，成斋所不屑为，诞而俗矣。鹿门气息必在宋元以上，体势又非帖括家修饰边幅者比，如长房缩地等语，则桐城派不肯用，大抵近于侯魏矣。

又评价《请藩公入朝书》道：

> 此文真可勒之金石矣。

◎谷公[注九]

枚叔问起谷公，余曰："谷公出自安井先生之门，学力深厚，其说经虽是专门名家也有不及之处。"以《计介碑文》示之，枚叔曰：

> 谷公文亦精悍老成。其学其言，皆不似武臣。贵国能文知学者，往往于介胄见之。诚异矣。

◎元田侍讲

又问起元田东野[注十]。我道："虽熟知谷公，但元田侍讲可望不可即。我认为此人经术醇粹。曾读过他的《尚书·咸有一德》讲义，于'国光'处看深有品味。可惜文章甚少不得见。"以《明治孝节录序》及《小楠遗稿序》示之。

枚叔曰：

> 大抵经生多不长于文，然贵国尚兼之。支那二百年来汉学之士，愈出愈高，而或不能作信札，此前专门名家之一弊也。君观李善之注《文选》，其精博至矣。而词气之拙，实生民以来所未有。陆士衡《叹逝赋》知此路之良难，李注云："此路即死路也。"其拙如此。

◎井上梧阴[注十一]

枚叔曰："前文部大臣井上之文如何？"遂以《梧阴存稿》以示之。

枚叔曰：

> 梧阴议论，盖同甫、水心之流亚也。特语语说尽，不如同甫之猾。

◎名字

枚叔戏称余曰：

> 君与竹添井井[注十二]名字皆相近。曾记一事。明时有诸生与试官同名。试官恶之，因出一题令对。曰："蔺相如司马相如，名相如，实不相如。"其人应声曰："魏无忌长孙无忌，此无忌，彼亦无忌。"试官大屈服。

余曰："贱名虽然确实与竹添同出一处，与竹添相比却不足挂齿。问到名字，我也想起一事。我家乡有个姓横尾的人，举起长男，回头对妻子说道：'以前的名字有带王字的，即樱丸王、遮那王之类，但却没有名字里带帝字的。我欲将此子取名为帝力。名中带帝这一事，我是开创者。' 闻者皆为此好奇。"

枚叔曰：

> 当应之日，帝力于我何有哉？古人不耻以犬马名，今则无之亦是可惜也。然欧洲诸国花木船舶，多以维多利亚名者。前在上海，西人有两马马。一曰李鸿章，一曰左宗棠，尚不足怪。或云德人爱犬者，以威廉第一名之，真绝倒。

注释

〔注一〕姬传为桐城学派之首姚鼐（1731—1815）的号，著有《惜抱轩文集》16 卷、《惜抱轩诗集》10 卷。六一居士指欧阳修，震川先生指归有光（号震川），望溪先生指方苞（号望溪）。

〔注二〕森田节斋（1811—1868），江户末期勤王派儒学家。大和（今奈良县）人，在京都从学于猪饲敬所和赖山阳，入江户昌平黉结识安井息轩。后在京都开私塾。著有《节斋遗稿》。

〔注三〕四谷穗峰（1831—1906），幕末至明治时代的汉学者。日向（今宫崎县）人。名恒之，字子固、号穗峰。早年学于江户昌平黉，从学于塩谷宕阴、森田节斋。明治维新后曾任太政官历史课编修官、元老院书记官等。

〔注四〕恽敬（1757—1817），字子居，号简堂，江苏阳湖（今常州）人，清乾隆四十八年（1783）举人，阳湖文派创始人之一。

〔注五〕张惠言（1761—1802），清代词人、散文家。原名一鸣，字皋文，一作皋闻，号茗柯，武进（今江苏常州）人。少为词赋，深于易学，与惠栋、焦循一同被后世称为"乾嘉易学三大家"。又尝辑《词选》，为常州词派之开山，著有《茗柯文编》。

〔注六〕王闿运（1833—1916），榜名开运，派名世求，字壬秋、壬父。湖南湘潭人，出生于长沙府。晚清的经学家、文学家。著述甚多，后收为《湘绮楼全书》。

〔注七〕关义臣（1839—1918），政治家。别名山本龙二郎、关龙二。号湘云。福井县人。曾学于昌平坂学习所，后任福井藩士，维新后任职明治政府，贵族院议员。

〔注八〕冈鹿门（1833—1914），幕末期的仙台藩士、明治时期的汉学者。名千仞、字振衣、号鹿门。早年入江户昌平黉，和重野成斋同窗。毕业后在大坂开私塾双松冈塾，提倡攘夷尊王论。维新后曾任职太政官修史局、东京府等。辞任后在东京开设私塾绥猷堂，1885 年馆森鸿入绥猷堂拜冈鹿门为师。

〔注九〕这里所谓"谷公"没有指名道姓，但从后面评论《计介碑文》来看，所指的是谷干城。谷干城（1837—1911），号隈山，土佐（今高知县）人。日本的武士（土佐藩士）、军人（陆军中将）。幼年在江户曾从学于安井息轩、安积艮斋。明治维新时作为勤王派参加倒幕运动。维新后曾任兵部省少丞，熊本镇台司令长官等，在镇压西乡隆盛掀起的西南叛乱之役中立下大功。《计介碑文》全称《陆军步兵伍长谷村计介碑》文，收入《谷干城遗稿》，是谷干城为纪念在西南之役中立功而牺牲的谷村伍长写的碑文，用汉文写成。

〔注十〕元田东野（1818—1891），名永孚，号东野、字子中。幕府后期到明治时期的儒学者，熊本藩士出身。幼年学于藩校时修馆。维新后由大久保利通推荐任宫内省出仕侍读。明治天皇《教育敕语》的起草者和主要推动者。

〔注十一〕井上梧阴即井上毅，号梧阴。

〔注十二〕竹添井井（1842—1917），明治时期的汉学者、外交官。名光鸿。字渐卿。通称进一郎。熊本人。历任日本驻天津总领事，朝鲜公使，东京帝国大学教授。曾游览中国，拜访过俞曲园、沈曾植、王先谦等，从陕西经栈道进入四川穿三峡入湖北，写出《栈云峡雨日记》，一时脍炙人口。

（十五）①

◎百世来访

冈百世〔注一〕来访。百世是恩师鹿门先生的公子，时年二十六。回忆起我在恩师的私塾里学习时，百世年仅十四五岁之翩翩美少年。弹指之间，已成为一名杰出的学士了。我自成年以来，浪走风尘，无所作为，难报师恩，实乃可惭可愧。枚叔听闻百世是鹿门之子，乃以重礼相迎，后二人笔谈。百世回以相见之礼后问道："贵国近日之事与敝国维新前后的时候相似，阁下可读过家父的《尊攘纪事》？"

枚叔曰：

> 尊大人著作，在上海早读之。近日我辈之志，亦唯欲慕松阴、东湖、象山〔注二〕诸公。然有一难者。贵国昔日志士甚多，而敝国士气不振，有志者无几。且贵国所戴之君，乃二千五百年之故主，恩如父子。敝国所戴之君，乃"异域之君"，□□□□〔注三〕，则人心不能激发，亦势所必至。又且尊攘诸贤，本在国中。而我辈则已遁逃海外。倒行反张，其势又难。此所以徒慕之而未有效之之术也。

百世道："兄台为何对学习敝国或西洋的语言文字一事如此感兴趣？"

枚叔曰：

> 年已三十二矣。欲学西语，舌强不人。仅在庄岳之间，犹可学贵国语耳。
> 人生不幸则遁于禅寂，而月照师〔注四〕乃自浮屠而谋王室。我辈完发者深可愧矣。

百世在大学时专修哲学，今研究社会学，于是将此事告诉枚叔，枚叔听后大悦，提出种种问题。百世说道："听兄台谈起国事慷慨激愤，试问东亚之近事当如何？"

枚叔曰：

> 慷慨何敢言？东亚近事，亦非蠡测管窥所能了。但谈社会之理耳，须边撒〔注五〕、达尔文辈以生存竞争之学提倡全欧。而欧逐欲淘汰黄种以至于尽，今东亚之人，实二公笔墨所杀也。

百世道："兄台也以东亚人为劣种吗？"

---

① 原载《台湾日日新报》1899 年（明治三十二年）11 月 5 日《似而非笔（十五）》。

枚叔曰：

虽不欲自谓劣种，然如敝国之昏惰怠废，则将终为劣种矣。虽仅存贵国之优种，何救于黄人全局乎？

夫印度昔日有如许哲学之士，不可谓非最优之种也。而今为白人所噬，则固势力屈尔。一屈之后。白人以愚黔首之法愚印度，则自是为劣种矣。我东亚之人，亦非劣种也。而如印度则可畏矣。

百世道："想来印度人受佛教之弊，追求空远而不讲实学，以至于日渐颓败，遂被西方人蚕食殆尽。而今如果不成排斥空想而主张实学之势是不行的，此为我研究社会学得到的一点见解。"

枚叔曰：

窃观《华严》《楞严》《阿含》等经，佛经亦未尝不凿凿有实撼也。如言世界种，及欲界、色界、无色界等天，固星炬知皆日，其旁皆有地球也。言世界如有白云者，则固知星团星气为世界也。言痴颠倒生金石，则固知金石虽极顽而未尝不少具至微之识也。言如来藏不生不灭，则固知光热电未尝有增减也。并排上帝而空之，则固知上帝造人之为妄，而知生物皆以竞争而渐化也。何言其空乎？空者只禅定一派耳。净土之求福，禅宗之谈空，实可鄙弃。然未必是释迦本旨。如华严原人论一派，此固知生物学矣。

百世道："佛教、回教、耶稣教皆有弊害，若取其精华去其糟粕成立一大宗教如何？阁下难道不想当此大任吗？"

枚叔曰：

弟意须达因等说一出，各宗教皆不攻自破，而其精者亦不能弃也。其空者又无可捉摸，难以破之也。即如儒书之言乾元，佛书之言性海，此果为何物乎？搏之不得，验之不能，则亦无以破之也。如德国哲学，已多凭理想，而少实验矣，恐穷极必归于佛耳。

讲各种哲学而遗社会者，其国必弱。如向所举佛经诸说未始无实验，而终不切于人事。印度之衰其以此耶。儒书所言，大旨亦多在社会，但未穷极精妙耳。吾兄以为何说较胜？

百世道："一时之间很难言说，但听到儒学是以社会为主之说，我非常欢喜。"

枚叔曰：

讲求社会之学，必原于生存竞争，乃不得不探原于动物所自始而就求其原点，则往往与佛学相关系。然其理亦有甚相背驰者，欲平之而无其术也。

生存竞争之既极，劣者亡，优者存。夫自脊骨之鱼以至于人，其相化相搏相噬不知其更几何世矣。岂化至于人，遂截然止乎？他日人又必化高一等之物。而此圆顶方趾者，又将为其牺牲。鄙意则然。吾兄不哂其？

百世道："我的观点亦是如此，在充斥着生存竞争的今日，排除空理讲求实验之学，乃第一要务。"

枚叔曰：

> 空理征之于天，实事为之在人。故必排上帝而后可办事。庄周有言，人之君子，天之小人。天之君子，人之小人。盖今日则宁为天之小人，必不愿天之君子也。

此二公笔谈甚多，以上其实只是大半部分，而我并未将枚叔与百世有关哲学社会学的问答全部登载。鹿门师当时正在山形一代游历，枚叔十分想见他却未能遂愿，感到十分遗憾。这也是我最遗憾之处。

注释

〔注一〕冈百世（1874—1945）为冈千仞之子。1898 年（明治三十一年）东京帝国大学文科大学毕业，后任三井文库主任。

〔注二〕象山即佐久间象山（1811—1864），江户末期的学者。信浓松代藩士，名启。先修朱子学，后修兰学，主张吸取欧美的科学技术强国，后被攘夷派暗杀。胜海舟、吉田松阴皆为其学生。

〔注三〕此处空白 4 字，疑为章氏非难清廷之语，印刷时为避嫌而打方框。

〔注四〕月照（1813—1858），为幕末萨摩藩尊皇攘夷派的僧侣。名宗久、忍介、忍铠、久丸。安政五年（1858）8 月安政大狱时，西乡隆盛和月照共同逃出京都回故乡萨摩藩，不被萨摩藩容纳。于是月照和西乡一起在锦江湾投水自杀。月照不幸溺死，西乡被人救起，后成大业。

〔注五〕"须边撒"是英国哲学家、社会达尔文主义者赫伯特·斯宾塞（Herbert Spencer，1820—1903）的日文汉字译名。也译作斯边撒、斯边琐、斯边锁。

（十六）①

◎鸟不欲白

枚叔曰：

> 读石川千代松〔注一〕所著书，论鸟黑色不能自变为白之故。其言曰："鸟无他物害之，其色不妨为他物所见，故不愿变白也。"一笑。生物学家动称万物之形体色泽，皆由自己想成，乃其说遂至可笑如此。昔秦皇誓燕太子丹曰："当今马生角鸟头白而后得归。"固以为绝无此事也。今如彼说则马欲生角即可生，鸟欲头白即可白矣！

---

① 原载《台湾日日新报》1899 年（明治三十二年）11 月 7 日《似而非笔（十六）》。

余曰：千代松之说真可笑。然也有类似的。往年吾师冈鹿门去贵国旅行时，在宁波受到领事东次郎西餐款待。席间一名叫根贝尔的英国人谈论起莫尔的动物变生论来。他说：从前有一个动物学士，在澳大利亚曾在当地的猴群中生活过，其变得毛发耸然，看起来像一个真猴子；再就是他在非洲的那答腊多养育了两只小猴，和儿童们群居，饮食语言和儿童一样之后，又教给小猴学术技巧，其知觉举动丝毫与人无异，唯面貌稍异。这两件事可以证明莫尔的学说。这样的话唯独不能让宗教家听见为好。

◎耶稣

德川幕府的时候，经常将"莫里森"这个人名和船名搞错，引起骚动。儒者不知音译和义译，误解事理的例子甚多。如今中国湖南有一个著名儒者王闿运，为学界泰斗。他选编了一本《八代诗选》，在东京各地流传。

枚叔曰：

王氏尝说耶稣之义曰：耶者父也，所谓天父也。稣者，死而复生也，谓彼钉死七日而后活也。是等皆不知译音译义之别，强相附会则仅亦诮之。

我想这比刚才所说搞混"莫里森"更加好笑，不像是泰斗所为。

◎俄国人的远谋

枚叔喜好谈时事，对俄国人占领满洲犹为义愤填膺。余对他说，吾师鹿门游览贵国时，榎本〔注二〕担任全权公使驻北京。榎本嘉永五年（1852）年方15岁时入昌平黉学习，鹿门先生年长5岁为学长，所以隔了三十年再见面，还是殷勤接待。有一天谈到俄国人在满洲沿海蚕食，榎本曾在俄国驻扎过，熟悉俄国的情况。他说，西伯利亚原来在偏西北处而属于俄国，为犯人流放之地。犯人们没有粮食，不得不在深山老林打猎，因而贪婪无厌。遂沿着黑龙江来到东方的海边，建立港口。至此其边境才和中国、朝鲜接壤，属于偏僻地区。文化年间发使者来日本，并开始侵寇虾夷。其派遣布恬廷出使我国，任命比罗牟雍为满洲沿海巡检，上下黑龙江三次，遂得北塞之要领，逼迫清朝谈判"正疆之议"。俄国向北京派出使者，在顺治十八年（1661）和清国建交。北京事变时，英法北侵，皇帝北逃。俄国乃派使者迎接恭亲王前往俄使馆，和英法两将军相见，商定赔偿，签定条约，才收拾了乱局。清朝不知道满洲沿海的要地的重要性，且俄国使节有再造之功，遂答应其请求，致使黑龙江两岸到朝鲜北部的土地全部落入俄国人之手。按《一统志》有：盛京东北濒海之诸部皆隶属宁古塔黑龙江将军，地虽极边，其民属内，固未列外藩。魏默深论述此事，说，既不列外蕃，则东三省之边城，皆版图内之地也。而此数部之疆域，户口之多寡，一字未及。今人动辄称国初的声教犬不及鹿之地。而其地在何方，其民如何，则茫然如绝域。国初平定东北边陲，规定满洲诸部，如今却不知何地。云云。以本朝人谈本朝掌故尚如此，何言自古以来，更何论荒外？满洲之海岸既无记载，俄人侵略进来不足为异。然俄人觊觎满洲久矣。仆曾闻俄帝彼得微服游英国为工匠。及其登顶大位以后，专为远略之事。如黑龙江沿岸早已测量完毕，康熙和彼得生逢同时，远不能及。俄人占据满洲的野心自彼得起，没有能防备的康熙，缺乏深谋远虑。然彼得虽卓绝豪杰之主，不及秦皇汉武。如今只有从地下唤起秦皇汉武，方能谈此事。

◎文中子

《文中子》是否王通之作？

枚叔曰：

> 究其真伪不可知，然姑以真论之。弟读《文中子》，中有与巨公显宦来往踪迹。及多举未来之事以为验，此殆后人所增。然其人似非伪。王无功《白牛溪赋》云："昔吾兄之所止"，则王通必有其人也。

曾闻房、杜、魏、薛诸公皆出自文中子之门。果真如此吗？

枚叔曰：

> 此等语，盖后人所增。不然彼何独不言其师耶？或竟疑为阮逸所造，则似太过。然即使出于阮逸，逸之学亦自不可及。即以阮逸当文中子可也。

◎五溪诗

安江五溪[注三]为十五六年来的旧友，交谊不渝。从台南寄来《台澎日报》。五溪著有《随辕杂诗》十首。看见来自远方友人的诗作，感到非常高兴，便给枚叔看，以求评论。

枚叔曰：

> 作诗如作画。疏淡者易工，妍丽者难雅。唯写景能入豪芒，而用笔不杂藻绘，斯为神技。综览大箸，盖深得此意者。如"新蒲江上两联神似摩诘，固有目共知"。鄙意尤喜"数家村落过黄牛"一语。用意遣词，脱尽前人范围。彼句摹字拟者亦可以愧矣。己亥七月枚叔书。

注释

〔注一〕石川千代松（1860—1935），日本的动物学家。1878 年东京帝国大学理学部毕业，留校任教，在日本首先开设进化论课。后留学德国。著述甚丰。

〔注二〕榎本武扬（1836—1908），江户末期（幕末）的武士、幕臣，明治时期的政治家。曾担任过外务大臣、海军卿、驻中国公使等。

〔注三〕安江五溪（1875—1934），名正直，号五溪，日本的汉诗人。日据时代为台湾总督府土木部门的官员，受命在台湾调查台湾的建筑，著有《台湾建筑史》。

（十七）①

◎柳下惠

枚叔愤激时事，有悲壮慷慨之作。即使有所讳忌，也不回避。枚叔曾有《上李伯相

---

① 原载《台湾日日新报》1899 年（明治三十二年）11 月 8 日《似而非笔（十七）》。

论时事书》那样的堂堂万言大文章。自言吾文章有不让人之处，可见其傲。现抄两段杂谈之语如下。

枚叔曰：

> 柳下惠为士师三黜，夫三黜亦必再起矣。直道而事人，何以能得此乎？公试思其义。弟以为，士师则主刑法捕盗贼者也，而下惠之弟则盗跖也。庄子云："盗跖所过，小国守城，大国入保。"然则鲁之畏盗妒也甚矣。唯用其兄，则其弟或不入境行劫，是所以虽黜而不能不复用之也。而下惠之不去父母之邦者，无他，亦以已在，则盗跖不至入鲁而已。

◎周礼

枚叔有读太田代《政体论》后书，曰：

> 子夏云：义利之心，交战于中，故身癯矣。弟近日一念为旧学，一念为新学，亦仿佛义利之交战也。然新学亦于旧学有益。使太田代不生今日，《政体论》亦未能如此详备也。今人喜以泰西制度说《周官》，是亦一益。不然徒觉《周官》之琐碎迂拙也。弟见贵国图书馆目录，《周礼》不列于经类，而列于政书类。此事可法。

◎惜别

枚叔学问之精博，从来日本的笔谈中略窥一斑。他曾在张之洞麾下，鹤立于二三千人中，可见不同凡响。余与之交谊后，日有所进，枚叔亦夸吾之笃志，答辩甚为恳切，能尽底蕴，对他人亦一视同仁。枚叔曾说，明末的事迹在贵国诸家笔下犹为精辟。曾造访过文渊堂琳琅阁，没有得到奇书。求重野先生找的《朱舜水文集》，也未得到。张非文的《莽苍园集》[注一]我有手抄本。还购得有五六十本关于动物、植物、政治、法律、社会进化论、族制进化论、地球发育史等方面的书，并随身带着。枚叔认为，舜水、非文乃遁逃之臣。然在台北和东京都没有义公那样的贤者。即使有，也如王维诗所说"人情反复似波澜"那样的贤者而已。枚叔不幸和顽固刻薄之徒相遇，反复遭到背叛，未能得到知己。在东京时，重野老师如没有生病的话，定能受到热情接待。天妒枚叔之英才，多次失去机会，十分可惜。枚叔归国之心已决，余赠送一支翡翠玉尺作为留别。这支玉价值二三十金，乃海外知己所赠，于是他十分高兴而勉受之。

8月17日夜，送枚叔至横滨，在《清议报》馆楼上，临别时对他说："弟明年春希望再来游贵国。"枚叔说："弟如来，吾当作东道。杭州有一个叫林启[注二]的人，一定要前往拜访啊！"呜呼，枚叔将要启程了。曾忆枚叔设酒拜母和我定交，可谓古谊。枚叔曾鼓励我建功立业。但我一事无成，有愧甚多。而今和老友相别，不由黯然。何况杜甫曾云"文章有神交有道"。终于挥泪分手，枚叔亦闷闷不乐累日吧。

◎重野先生诗

重野先生曾两度发疽，久治不愈。再见面时已经痊愈了。重野先生手把手教我文章，又赐给我两本载有他在学士会馆有关常用汉字之说的演讲的杂志，说："这是我最近的演讲。"余敬而受之，并恳求梦寐以求的题字。先生说今晚挥毫，送到你的住所。我说晚上送来，先生真是太为人着想了。受此宠爱，感谢不尽。

题画（扇面）

孤筇琴鹤步秋晴，厓树可观泉可听。

一路山村归到晚，夕阳闲却小茆亭。

小松内府像赞（幅）

一生匡救奉君亲，忠孝唯公得两全。

何人谬拟范文子，祈死事终青史传。

还赐给我"居德善俗"的额字，这也是《易传》之语。我拜受此赐后就出发了。

是日先生出示了准备给枚叔看的从友人那里借来的《舜水集》，共有十六本，甚为巨观。余曰：其已经归国了。先生说痛之惜哉，你转话给他，受托之《服注左传》及《舜水集》一定找来送去。枚叔抽空曾去拜访过，而先生去温泉疗养了，枚叔也深感遗憾。真是英雄知英雄，好汉爱好汉，此话真不欺人也！

注释

〔注一〕张斐（1635—1687），字非文，浙江余姚人。明末遗民，明之后绝意仕进，图反清复明，曾两度赴日乞师，与日本人讲学论道，诗文唱和，广结友谊，其人其文在日本影响深远，然国内甚少为人所知。著有《莽苍园集》（刘玉才编，南宁：广西金凤凰音像出版社，2010年）。

〔注二〕林启（1839—1900），字迪臣。福州人。曾任杭州知府。在职期间兴办学校，提倡农桑，创办求是书院（浙江大学前身）、蚕学馆等。章太炎为求是书院首届学生。

（十八）①

◎离京

我八月二十七日乘从东京出发的夜间列车，于第二天下午三点左右时抵达大津，拜访了加茂先生，并小住了两日。加茂尊公是一位儒学家，他谈论的话多出自经史而且有根有据，令人钦佩、信服。加茂先生送我沿琵琶湖运河南下到达京都，在这里我谢过他的好意，与他告别。之后动身前往拜访石川香桂。在那里住了四天后，从神户回程。

◎愚庵十二胜

我住在香桂那时，有一日去拜访了愚庵的铁眼禅师，与他一直交谈到了晚上。前些日子伊藤狮山送来的兰花，虽抽了三四寸长的新芽，还没有开花，但还是能感受到得其主人的欣喜。有诗描写当时的胜景：

---

① 原载《台湾日日新报》1899年（明治三十二年）11月9日《似而非笔（十八）》。

愚庵十二胜

归云岩

上无攀缘人，下无高卧士。但见白云还，不见青云起。

灵石洞

绝壁象开路，幽龛龙献灯。香烟时出洞，中有坐禅僧。

梅花溪

梅花三十里，一白雪埋溪。只有黄昏月，空山路欲迷。

红杏林

杏林唯爱花，花发邃禅界。累累千万株，可笑倩虎卖。

清风关

琅玕竹千个，应有鸾凤巢。孤关尽尚掩，一任清风敲。

碧梧井

昔日沈丹砂，清泉玉□□①。山僧汲井华，炊得胡麻饭。

枣子径

古径夕阳深，山禽鸣不聒。枣红大似瓜，仙客来医渴。

采菊篱

昨夜风霜肃，祇林秋色残。一枝篱下菊，喂许老僧餐。

锦枫崖

神斧削山骨，崖高飞鸟通。天边霞绮散，秋色照丹枫。

啸月坛

天高秋在地，云月共徘徊。仰首一长啸，蹁跹仙鹤回。

烂柯石

石径入森林，云深棋响散。樵夫晚不归，恐有斧柯烂。

古松鸟

幽契唯兰竹，风霜不改容，唯他君子节，曾受大夫封。

这些诗出版后，很快在世间流传开来，副岛公等人为之作了许多次韵和诗，已经集成了一本小册子。在台湾的巨匠大家们也纷纷赠与和诗，这已经不仅仅是铁眼禅师之幸事，更是整个文坛的一大幸事。

◎棲霞和荒木

余对铁眼禅师的谈吐感到敬佩，其中有许多值得纪念的话语。禅师问我，你真的不认识后藤长官吗？我回答道，我从未求见过高官。在台北的政府内事奉过桦山、桂、乃木、儿玉四任总督，但从来没有拜谒过。后藤长官来后我从没去过他的官邸，虽然最近有官员联系到我，做了一些工作，但还不是特别熟识。禅师说："后藤君过去有一个身为医学博士的叫荒木的兄长，后藤认为其兄长的著书工作看似渺小实则伟大，而自己的民政工作看似伟大实则渺小。荒木问其所以然。后藤这样说道：兄长多年的著书事业会流传天下后

————————————

① 此处缺2字。

世，为自己带来不朽的名声。而我的政事在我身没之后，其功名会灰飞烟灭。故曰我还是不及兄长。此非慰藉之语，而是事实。"我说，即使他这么说，但如果带着这么清醒的认识来从事行政工作，即使是朽木也一定可以成就自己的名声。禅师答道，即使如此，要小聪明假装有大智慧来惊吓愚者，欺软怕硬之人只能成为一个俗吏。

◎建兰

铁眼禅师乐于搜集各个种类的兰花，他指着一株说道，这是中岛真雄君〔注一〕从遥远的福州给我送来的建兰，因为产于福建所以得此名。然而在爱兰家往往戏称它为"Tateran"。想想我国的普通人也有着这样的念法，青崖过去曾将某士人戏称为韩愈再拜，或称柳宗元。近来台北也有人将圆山用日式的念法称呼为"Maruyama"，对于这一点也许没有必要大肆批判，然而上流人士间将建兰称呼为"Tateran"，就不免有些太过了。

注释

〔注一〕中岛真雄（1859—1943），《盛京时报》的创办者。

（十九）①

◎归航夜路

九月三日我坐上了从神户出发的横滨丸，在船上偶然遇见了户水万顷〔注一〕君。万顷君潇洒利落，与他的谈话也十分有趣。他向我展示了他的老师山田新川〔注二〕先生的诗集，躺在船舱内看完一遍以后，万顷问我道："你不认识大野云潭吗？"我说，我久闻其名但从未见过。于是他便向我介绍引荐起来，等到云潭君来后，我们三人一起交谈直到五更天。

云潭君自称以朱子学为主。我说我向来不喜欢宋学，汉学我也觉得有需要取舍的地方，最不相信魏晋隋唐的学问。然而对于汉学宋学，都没有深究，固还不能明白其中的奥妙。对朱子学的性命道体、太极无极之类的学说虽然都有涉猎，但是还没有达到深入探讨能够问难的地步。

我接着提问，"宋儒的学说经常引用佛老的话。锦城认为'虚灵不昧'出自《大智度论》，'冲漠无朕'出自《庄子》，'明镜止水'出自《圆觉经》，'事理对言'出自《华严法界观》，'体用一言显微无间'出自《华严大疏》，'虚静无欲'出自《老子》，而其他诸如人欲之私，天理之公等话都出自孔门诸子的语录，所以不能把宋儒单看作独立的一派，也难以认同他们是孔孟的嫡传。对于这个说法你怎么看呢？"

云潭君说，兄台这个说法古已有之，至于为何要借用佛老的话，如果仔细审视当时的情势便不言自明了。我现在正以《朱子学》为题材发行杂志，改日便送你一本，你读了以后，再听取你的意见。云云。

云潭只重义理而且多强调考证的弊端，国分青崖也多次谈及此事。虽然我的说法也偏重考证，但是我过去曾认为，考证就犹如医学的解剖学，不懂解剖学的医生做出的诊断不免让人感到不安，没有考证就宣扬的学说也会让人难以相信，但是今天话也就只能说到此了。

① 原载《台湾日日新报》1899年（明治三十二年）11月10日《似而非笔（十九）》。

大野君说，之前有本杂志刊载了一篇文章，驳斥岛田重礼[注三]的学说，岛田一点也不高兴。我毫不犹豫地脱口而出，为了得到真理而起的争论，应当跳出立法之外，即使是君王、父亲、老师、友人也不该受其左右，这才是讨论历史时该有的样子。我的老师鹿门是艮斋的门生，艮斋著有《驳今诸侯非王臣辨》，关东儒生以为大义。这是以正义之名不行私情之实。《左传》有"大义灭亲"，故我赞成老师的说法。岛田先生认为，公然接受朋友的驳斥，这就是把私交上的礼仪与讨论历史的意义混为一谈了。我在台湾住了三五年，诸君中也有把探讨历史与道德经混为一谈的，在驳斥重野的学说时也顺带着抨击我，拿《道德经》来驳斥史论是本末倒置。大野说，兄台的说法深得我意。

大野称赞重野的文集，认为它不逊色于息轩和宕阴。我说，在文集的第一集里没有收录说理的文章，第二集或第三集应该收录。如果能收入《奉旨撰文》三首话，可谓"近古巨观"集了。我把第一集送给了台南的罗蔚村，请他给第二集作序。蔚村序曰"体格谨严有太史公风"。重野老师想给他回信，但是因为生病无法握笔，由我代笔写信传达了感谢之情。

根本通明解说庄子，以鲲鹏配合卦，讲《庄子》是说明易理之书，恐怕是邪说。重野老师则有取《庄子雪》之处。《庄子雪》糅合儒家，说王闿运也注释《庄子》，说庄子为孔子之正传。章炳麟也曾说过庄孔可以合二为一。早年晋人这样的说法就初现端倪，然而那是还没有以庄子说孔子，以六经解说庄子的。

又问，对宋朝以后人们以六经解读《庄子》你有什么高见？大野君说，这样的说法古已有之，《庄子雪》有俗解之处，根本之说不足为取。我曾把《庄子》翻译成英语，给外山正一[注四]看，说能读此书不？外山没有理睬。我戏称，你是洋学博士。我虽不精通洋学，但通读这本书的能力还是有的。如果连你也无法通读的话，其他的文学博士恐怕更不行了，我时常听欧洲人说，即使是文学博士也有学识上薄弱的环节。

"如果船上还意犹未尽的话，便等到了台北再谈吧！"我们如此相约，可最终没能再相会。我想大野君以朱子学为基础，再融会东西的学问的话，一定会有所收获。真是有识之士呀。

◎围棋

我从去年以来寄宿在大东学人那里，闲暇时便去听围棋讲义，现在已经成了大东门下的一名"刚手"。在船上与大野君对弈，一战再战都大获全胜。一同坐船的石本兄来向我挑战，我也取得了胜利。胜者继续再战的三战四战也被我拿下，石本兄大笑说到，我们是运气太差了才输的，不是你有多厉害，不要骄傲。有游戏也有雅谈，这场旅行并不无趣。

◎收笔

我与枚叔的笔谈已积攒了百张有余。其中谈经的部分加了一些注，有些是凭借记忆写的，如果是对照原文的话肯定会有许多错漏。我回答枚叔的关于日本的掌故和史实，在这里也就省略了。剩下的都是些一时兴起而不是深思熟虑写下的文字。如今看来有许多地方可以加以修饰，但是我又害怕会失去原本的意思，所以斗胆不加修饰地把这一部分翻译出来。但如果是那些专门给人挑错的阴险之辈故意找茬的话，我也在所不辞。

到现在为止的连载，除去纪行文之外，大多是枚叔所写的答辞，我想从中窥知清国儒学之一斑。对于也想踏上这条道路的人来说，仔细读来一定会有所收获。我把这些笔谈都藏在盒子的底部，等他日能再见到枚叔时，便可继续与他交谈了。

注释

〔注一〕户水汪（万顷）（1860—1917），加贺（今石川县）人，《台湾商报》《台报》的发行人。

〔注二〕山田新川（1827—1905），名长宣，字子昭。号新川，别号太刀山人。越中（今富山县）人。江户后期到明治时代的汉诗人。著有《太刀山房绝句钞》。

〔注三〕岛田篁村（1838—1898），明治时代的汉学家。名重礼、字敬甫。号篁村。江户（今东京）人。幕末从学于海保渔村、安积艮斋，在昌平黉受到盐谷宕阴的影响。明治十年（1877）任东京帝国大学文科大学教授，文学博士。

〔注四〕外山正一（1848—1900），明治时代日本的社会学者、教育者。文学博士。江户（今东京）人。曾任东京帝国大学文科大学长、东京帝国大学校长、贵族院议员、文部大臣。曾在密歇根大学留学，擅长英语。

（全文完）

2022 年 9 月吉日定稿于日本九州

（作者单位：日本北九州市立大学文学部、武汉大学中国传统文化研究中心）

马克思主义基本原理与中华优秀传统文化的内在契合与相互结合

□　孙劲松　王　军

【摘要】本文从黄坤明、陶德麟等提出的中华优秀传统文化与马克思主义具有内在契合性这一观点出发，指出两者的内在契合是马克思主义可以和中华优秀传统文化相结合的前提条件，也是马克思主义能被中国人民接受的重要原因。毛泽东、邓小平、习近平等领导同志在语言表达上注重引用中国传统概念、传统经典，通过寻找马克思主义基本原理与中华优秀传统文化内在契合之处，推动两者相结合。作为当代中国的马克思主义，习近平新时代中国特色社会主义思想是坚持马克思主义基本原理与中国实际、中华优秀传统文化的"两个结合"，勇于推进理论创新的产物。

【关键词】马克思主义基本原理；中华优秀传统文化；契合；结合

习近平同志《在庆祝中国共产党成立 100 周年大会上的讲话》中指出："坚持把马克思主义基本原理同中国具体实际相结合、同中华优秀传统文化相结合，用马克思主义观察时代、把握时代、引领时代，继续发展当代中国马克思主义、21 世纪马克思主义！"① 明确提出了马克思主义基本原理与中华优秀传统文化相结合的理念。党的十九届六中全会通过的《中共中央关于党的百年奋斗重大成就和历史经验的决议》提出："以习近平同志为主要代表的中国共产党人，坚持把马克思主义基本原理同中国具体实际相结合、同中华优秀传统文化相结合，坚持毛泽东思想、邓小平理论、'三个代表'重要思想、科学发展观，深刻总结并充分运用党成立以来的历史经验，从新的实际出发，创立了习近平新时代中国特色社会主义思想。"②《决议》将马克思主义基本原理同中国具体实际和中华优秀传统文化的"两个结合"作为习近平新时代中国特色社会主义思想的重要来源。而马克思主义基本原理与中华优秀传统文化之所以能够结合，是因为两者本来就有相契合之处。

---

① 习近平：《在庆祝中国共产党成立 100 周年大会上的讲话》，《人民日报》，2021 年 7 月 2 日，第 2 版。

② 《中共中央关于党的百年奋斗重大成就和历史经验的决议》，《人民日报》，2021 年 11 月 17 日，第 1 版。

一、马克思主义与中华优秀传统文化的内在契合

黄坤明同志指出："中华优秀传统文化是中华民族的根和魂，与马克思主义的许多重大观点具有天然的、内在的契合性，是中国人民接受并信仰马克思主义的深厚文化基础和心理基础。"① 诚如斯言，这种内在的契合性是两者可以结合的前提与基础。马克思主义哲学家、武大前校长陶德麟教授在论述马克思主义中国化的问题时也曾指出："作为民族精神的精华，哲学是渗入民族灵魂和血肉的东西，是不能以引进自然科学和技术那样的方式从外国'引进'的。它必须与本民族固有的哲学传统相嫁接、相同化、相融合，才可能为本民族所接受，在本民族的土壤里存活。而某种外来的哲学思想要能与本民族的哲学传统嫁接、同化、融合，又有赖于两者之间有契合之处。"② 在马克思主义思想的传入期，中国本土文化中起到重要契合、对接作用的主要有革命思想、大同理想、仁爱精神等。

1. 儒家革命思想与 20 世纪中国革命思潮的契合

2019 年 5 月，习近平同志在"亚洲文明对话大会开幕式"上指出："革故鼎新、与时俱进是中华文明永恒的精神气质。"③ 传统儒家既重视伦理与秩序，也重视变革与革命。儒家典籍《周易》讴歌了商汤、周武王推翻暴政的革命行动，"汤武革命，顺乎天而应乎人，革之事大矣哉"（《周易·革卦》）。孟子、荀子也对商汤、周武王改朝换代的"革命"进行不遗余力的褒扬。齐宣王曾问孟子，商汤流放夏桀、武王讨伐商纣算不算犯上作乱？孟子答："贼仁者谓之贼，贼义者谓之残，残贼之人谓之一夫。闻诛一夫纣矣，未闻弑君也。"（《孟子·梁惠王下》）夏桀、商纣已经失去君王的基本德行，是毁仁害义的独夫民贼，诛杀流放这些人，不属于犯上弑君。荀子则指出："争然后善，戾然后功，生死无私，致忠而公，夫是之谓通忠之顺，信陵君似之矣。夺然后义，杀然后仁，上下易位然后贞，功参天地，泽被生民，夫是之谓权险之平，汤武是也。"（《荀子·臣道》）做下属不是愚忠愚孝，劝谏君王改正错误然后才有好的施政举措，违背君王错误的命令然后才能为国家建功立业，这是忠于国家而非顺从君王个人，魏国的信陵君就是这样的人。夺取荒淫无道的政权然后才能实现社会正义，杀掉昏庸的君主然后才能仁政爱民，君臣变换地位然后才能守持正道，功绩大如天地，人民普遍受益，这是通过革命行为获得天下平安，商汤、周武王就是榜样，这是荀子站在儒家立场提出的革命说。儒家的这些革命思想，在太平时期，对于君权起到限制和规劝作用，而在主政者昏聩、社会动荡时期，又为革命行为提供理论支撑。现代大儒熊十力在《原儒》中进一步指出："孟、荀虽立言革命，而只谓暴君可革，却不言君主制度可废，非真正革命论也。唯《礼运》天下为公，选贤与能，

① 黄坤明：《习近平新时代中国特色社会主义思想实现了马克思主义中国化新的飞跃》，《人民日报》，2021 年 11 月 22 日，第 6 版。

② 陶德麟：《中国当代哲学回顾与展望》，《武汉大学学报》（哲学社会科学版）1994 年第 5 期，第 5 页。

③ 习近平：《深化文明交流互鉴 共建亚洲命运共同体——在亚洲文明对话大会开幕式上的主旨演讲》，《人民日报》，2019 年 5 月 16 日，第 2 版。

而深嫉夫当时之大人世及以为礼。此乃革命真义。孟荀识短，犹不敢承受也。"① 熊十力认为，孟子、荀子在君主制下歌颂改朝换代只是小革命，在《礼运》"大同"篇中，孔子贬低"家天下"的世袭制度，推崇选贤与能、"天下为公"才是真正的革命论。熊十力的这一思想，在 20 世纪初的传统知识分子中有着一定的普遍性，这一思想激励着那些传统文化的拥护者同时成为传统社会的革命者，逐渐接受马克思主义的革命学说，先后投身旧民主主义革命与新民主主义革命运动之中。

2. 大同世界与共产主义的契合

熊十力所讲《礼运》就是"大同"思想的主要来源，其指出："大道之行也，天下为公。选贤与能，讲信修睦……盗窃乱贼而不作，故外户而不闭，是谓大同。今大道既隐，天下为家，各亲其亲，各子其子，货力为己，大人及世以为礼，城郭沟池以为固，礼义以为纪。"（《礼记·礼运》）"大同"是一种相传在尧舜禹三代时期存在过的大道流行、天下为公、没有世袭、无有私产、热爱劳动、尽善尽美的社会制度。而大道不行之后，才有天下为家、父子相传的私有社会，并以维护家天下为核心构建一套礼仪制度。所以，传统儒家既有维护帝制的礼仪形态，也有反思帝制、制衡专制的思想资源，这两种力量都在中国历史上发挥过作用。康有为曾将儒家大同思想与近代西方政治理论结合，编写《大同书》以构建他心中的理想社会。孙中山则是在考察西方资产阶级政治制度、共产主义思想体系之后，结合儒家文化提出了自己的大同观念。"我们将来要治国平天下，便先要恢复民族主义和民族地位。用固有的道德和平做基础，去统一世界，成一个大同之治。"②1924 年 8 月，孙中山在演讲中说："我现在就是用民生二字，来讲外国近百十年来所生的一个最大问题，这个问题就是社会问题，故民生主义就是社会主义，又名共产主义，即是大同主义。"③ 他也将共产主义与天下为公的大同主义作为同义词来理解。中国共产党的早期领导人也是在儒家大同与西方政治文明对话的大氛围中接受和阐释马克思主义思想的。毛泽东同志经常用中国化的"大同"来表达与共产主义相关的概念。瞿秋白认为大同思想是与共产主义天然相契的理念，他在 1923 年发表于《新青年》的《赤潮曲》中说"从今后，福音遍被，天下文明，只待共产大同"④，将"共产"与"大同"作为同义词并提。毛泽东习惯用"大同思想"来指代"共产主义"，1917 年，青年毛泽东在"致黎锦熙的信"中说，"大同者，吾人之鹄也"⑤。1937 年 3 月，毛泽东在与美国记者史沫特莱的谈话中强调："中国共产党人是国际主义者，他们主张世界大同运动；但同时又是保卫祖国的爱国主义者，为了保卫祖国，愿意抵抗日本到最后一滴血。十五年来共产党领导的民族解放斗争，是人人皆知的事实。这种爱国主义与国际主义并不冲突，因为只有中国

① 熊十力：《原儒》，《熊十力全集》第 6 卷，武汉：湖北教育出版社，2001 年，第 449 页。
② 孟庆鹏编：《孙中山文集》（上），北京：团结出版社，2016 年，第 78 页。
③ 孟庆鹏编：《孙中山文集》（上），北京：团结出版社，2016 年，第 147 页。
④ 瞿秋白：《赤潮曲》，陈独秀、李大钊、瞿秋白主编：《新青年》第 10 卷，北京：中国书店出版社，2011 年，第 10 页。
⑤ 《毛泽东早期文稿（1912.6—1920.11）》，长沙：湖南出版社，1990 年，第 89 页。

的独立解放，才有可能去参加世界的大同运动。"① 1949 年 6 月，毛泽东在《论人民民主专政》中指出："资产阶级的民主主义让位给工人阶级领导的人民民主主义，资产阶级共和国让位给人民共和国。这样就造成了一种可能性：经过人民共和国到达社会主义和共产主义，到达阶级的消灭和世界的大同。康有为写了《大同书》，他没有也不可能找到一条到达大同的路。"② 在新中国成立之际，毛泽东还是将共产主义与世界大同作为同一概念来论述，并认为这是一个超越康有为空想理念的真正的"大同"。陶德麟教授指出："中国传统哲学与马克思主义哲学之间就有许多共同点或相似点。例如，两者都自觉而公开地把实现政治理想作为使命。中国哲学的使命是'治国平天下'，是'为万世开太平'，是实现'大同'。马克思主义哲学的使命是'解放全人类'。"③ 陶先生也注意到大同思想与共产主义思想、解放全人类理念的相契之处。

3. 仁爱精神与解放全人类理念的契合

仁爱是儒家学说的重要内容，《论语》记载："樊迟问仁。子曰：爱人。"（《论语·颜渊》）《中庸》又指出："仁者人也，亲亲为人。"（《礼记·中庸》）《黄帝内经》等医书上将"手足痿痹"称为不仁，宋明理学代表人物程颢说："医书言手足痿痹为不仁，此言最善名状。仁者以天地万物为一体，莫非己也。认得为己，何所不至？若不有诸己，自不与己相干。如手足不仁，气已不贯，皆不属己。故'博施济众'，乃圣之功用。"④梁启超深服此论，他在《先秦政治思想史》中说："手足麻痹，称为不仁，为其同在一体之中而彼我痛痒不相省也。二人以上相偶，始能形成人格之统一体，同在此统一体之中而彼我痛痒不相省，斯谓之不仁；反是斯谓仁。是故仁、不仁之概念，可得而言也，曰不仁者，同类意识麻木而已矣；仁者，同类意识觉醒而已矣……仁之极，则感觉锐敏，而全人类情义利患之于我躬，若电之相震也。"⑤ 仁爱之道的极致是对全人类的情义利患感同身受，许多早期共产党人正是受到传统文化的仁爱思想与马克思主义解放全人类理念的双重激励而投身革命事业的。著名教育家匡亚明曾回忆邓中夏同志对于孔子仁爱学说的态度，"1932 年和邓中夏同志一道在上海中共沪东区委工作，朝夕相处，无所不谈……他内心对孔子很尊敬，认为生在两千多年前，能做到那样博学、多闻，那样思想深、品德高，甚为不易，他认为特别是孔子提出仁的思想，在当时封建阶级社会中自然带有封建阶级社会的局限性，但一旦进入没有阶级的共产主义社会时，仁就会放射出更灿烂的哲学思想的光辉"⑥。恽代英 1919 年 7 月 8 日在日记中所言："我平日不菲薄孔子，而且有些地方很敬

① 埃德加·斯诺等：《前西行漫记》，王福时、郭达、李放译，北京：解放军文艺出版社，2006年，第 230 页。
② 毛泽东：《论人民民主专政》，《毛泽东选集（第四卷）》，北京：人民出版社，1991 年，第1471 页。
③ 陶德麟：《中国当代哲学回顾与展望》，《武汉大学学报》（哲学社会科学版）1994 年第 5 期，第 5~6 页。
④ 程颐、程颢：《二程集》，北京：中华书局，1981 年，第 15 页。
⑤ 梁启超：《先秦政治思想史》，北京：商务印书馆，2014 年，第 84 页。
⑥ 匡亚明：《求索集》，北京：人民出版社，1995 年，第 85 页。

重他。但是，我很菲薄孔教徒，自然程、朱、陆、王等在外。"① 表达马克思主义者尊重儒家思想、将孔子、程朱陆王这些思想家与对于维护专制的孔教徒加以区隔对待的态度。在马克思主义的传入期，正是这种文化基因的内在契合，才使得中国人选择了马克思主义思想和社会主义道路。

二、马克思主义与中华优秀传统文化的相互结合

习近平同志指出："一个国家的治理体系和治理能力是与这个国家的历史传承和文化传统密切相关的。解决中国的问题只能在中国大地上探寻适合自己的道路和办法。数千年来，中华民族走着一条不同于其他国家和民族的文明发展道路。我们开辟了中国特色社会主义道路不是偶然的，是我国历史传承和文化传统决定的。"② 只有看到了马克思主义与中华优秀传统文化的内在契合，才能看清楚中国特色社会主义道路与历史传承、文化传统的密切关系。马克思主义与中华优秀传统文化的内在契合是一个本然的状态，而相互结合这是主动的需求。所以，《党的十九大报告》指出："中国共产党从成立之日起，既是中国先进文化的积极引领者和践行者，又是中华优秀传统文化的忠实传承者和弘扬者。"传承和弘扬中华优秀传统文化的过程，就是马克思主义基本原理与中华优秀传统文化相结合的过程。

1. 毛泽东注重文化遗产继承

美国记者埃德加·斯诺说毛泽东"是一个精通中国旧学的有成就的学者，他博览群书，对哲学和历史有深入的研究"③。在 1939 年，毛泽东同志指出："我们这个民族有数千年的历史，有它的特点，有它的许多珍贵品。对于这些，我们还是小学生。今天的中国是历史的中国的一个发展；我们是马克思主义的历史主义者，我们不应当割断历史。从孔夫子到孙中山，我们应当给以总结，承继这一份珍贵的遗产。"④ 陶德麟教授认为，毛泽东非常熟练地运用"实事求是、一分为二、物极必反"等中国哲学核心概念，将之与马克思主义的基本原理相结合，使得马克思主义"讲中国话"，他指出："无视传统，企图原封不动地'搬'进某种外国哲学，必不能植根于民族的土壤而存活生长。于是他们致力于把马克思主义哲学与中国传统哲学相嫁接、相融合的工作，并逐步取得了成功。在这一工作中，毛泽东起的作用最大。……他本人就熟悉孔孟老庄、程朱陆王，在他的哲学著作或讲演中常常引用中国传统哲学的话，在整个形态上也是中国化的。在当代中国占主导地位的哲学，是一种有浓烈的中国传统色彩的马克思主义哲学，许多范畴或命题已经成了

---

① 恽代英：《恽代英日记》，北京：中共中央党校出版社，1981 年，第 584 页。

② 习近平：《中华优秀传统文化是中国特色社会主义植根的文化沃土》，《论党的宣传思想工作》，北京：中央文献出版社，2020 年，第 90 页。

③ 埃德加·斯诺：《红星照耀中国》，《斯诺文集》第 2 册，董乐山译，北京：新华出版社，1984 年，第 66 页。

④ 毛泽东：《中国共产党在民族战争中的地位（一九三八年十月十四日）》，《毛泽东选集（第二卷）》，北京：人民出版社，1991 年，第 533~534 页。

大众日常生活的语言，如'实事求是'，'一分为二'，'物极必反'，'祸兮福所倚，福兮祸所伏'，等等。"① 由此可见，毛泽东同志非常注重将马克思主义理念与中国传统文化概念加以会通与表达，成为马克思主义中国化的关键一环。马克思主义中国化当中必然包含着与中国实践相结合、与中华优秀传统文化相结合这两个方面。

2. 邓小平提出小康社会构想

据《邓小平的读书学习生涯》一文记载："邓小平的妻子卓琳回忆邓小平有'三爱'，其中之一就是爱看中国历史经典书籍。他最喜欢读的是《资治通鉴》，邓小平家人说：《资治通鉴》不知道看过多少遍了。他还通读《二十四史》，最爱《三国志》，《后汉书》《新唐书》也爱不释手。"② 可见其对于传统文化的热爱与熟悉。而邓小平同志在马克思主义基本原理与中华优秀传统文化相结合方面，最为人所熟知的还是确立建设"小康社会"的目标。

"小康"是《礼记》中与"大同"相对应的概念，指在大道既隐、天下为家的情况下，社会秩序相对和谐有序的状态。代表性的有夏禹、商汤、周文王、周武王、周成王、周公管理天下的时代。具体标准有"以著其义，以考其信，著有过，刑仁讲让，示民有常。如有不由此者，在执者去，众以为殃"（《礼记·礼运》）。可以概括为国家管理当中贯彻了讲仁爱、守信用、崇正义、守礼制、辨是非、严执法等标准，人民安居乐业，这就是"小康"。1979 年 12 月 6 日，邓小平在会见日本首相大平正芳时，对 20 世纪末实现四个现代化这个概念进行解释，第一次提出"小康"的概念，以及在 20 世纪末我国达到"小康社会"的构想。1984 年 3 月、6 月，1985 年 3 月又多次提出"小康、小康社会"的构想，到党的十二大报告正式以党的文件形式提出，到 20 世纪末，人民的物质文化生活可以达到小康水平。综合看来，"小康社会"的概念主要是从社会主义社会的经济发展标准来说的，与《礼运》讲的帝王世袭形态下的和谐有序的小康形态有差异。但邓小平同志提出社会主义初级阶段的概念以后，用"小康"这个名词明显是针对过去"共产、大同"目标的调整和对应，是对于"小康"概念的创造性转换与借用。20 世纪末，人民生活总体达到"小康水平"，其后党的十六大又提出 21 世纪头二十年建设更高水平的小康社会，从整体小康走向全面小康新目标。从十六大到十九大，每一次党的全国代表大会的报告题目都有"小康社会"，十六大提法是"全面建设小康社会"，十七大的提法是"夺取全面建设小康社会新胜利"，十八大提出"全面建成小康社会"，十九大又进一步提出"决胜全面建成小康社会"。2015 年 10 月 29 日，习近平同志在党的十八届五中全会第二次全体会议上的讲话指出："改革开放之初，邓小平同志首先用小康来诠释中国式现代化，明确提出到 20 世纪末'在中国建立一个小康社会'的奋斗目标。在全党全国各族人民共同努力下，这个目标在上世纪末如期实现，人民生活总体上达到小康水平。在这个基础上，党的十六大提出本世纪头 20 年全面建设惠及十几亿人口的更高水平的小康社会的

① 陶德麟：《中国当代哲学回顾与展望》，《武汉大学学报》（哲学社会科学版）1994 年第 5 期，第 6 页。

② 王达阳：《邓小平的读书学习生涯》，《学习时报》，2021 年 8 月 30 日，第 5 版。

奋斗目标。党的十六大以来，我们党扭住这个奋斗目标，一茬接着一茬干，一棒接着一棒跑，全面建设小康社会取得了显著成绩。"① 2020 年我国取得了全面建成小康社会的历史性成就。

综上所述，从"共产大同"到"小康社会"，都是共产主义、社会主义的奋斗目标与中国与中国传统理念、传统文化结合的产物，这让政治理念表达更接地气，更容易为中国老百姓所接受。

3. 习近平凝练"两个结合"理念

十九届六中全会通过的《中共中央关于党的百年奋斗重大成就和历史经验的决议》提出："党中央强调，中华优秀传统文化是中华民族的突出优势，是我们在世界文化激荡中站稳脚跟的根基，必须结合新的时代条件传承和弘扬好。"② 改革开放特别是党的十八大以来，习近平总书记高度重视弘扬中华优秀传统文化工作，在国家治理的各个层面都注重借鉴传统智慧。他指出："在漫长的历史进程中，中华民族创造了独树一帜的灿烂文化，积累了丰富的治国理政经验，其中既包括升平之世社会发展进步的成功经验，也有衰乱之世社会动荡的深刻教训。我国古代主张民惟邦本、政得其民，礼法合治、德主刑辅，为政之要莫先于得人、治国先治吏，为政以德、正己修身，居安思危、改易更化，等等，这些都能给人们以重要启示。治理国家和社会，今天遇到的很多事情都可以在历史上找到影子，历史上发生过的很多事情也都可以作为今天的镜鉴。中国的今天是从中国的昨天和前天发展而来的。要治理好今天的中国，需要对我国历史和传统文化有深入了解，也需要对我国古代治国理政的探索和智慧进行积极总结。"③ 此处提及的"民惟邦本、政得其民"就是传统民本思想的核心命题，习近平总书记指出："惠民利民、安民富民是中华文明鲜明的价值导向。"④ "江山就是人民、人民就是江山，打江山、守江山，守的是人民的心。中国共产党根基在人民、血脉在人民、力量在人民。"⑤ 正是基于这些认识，党的十八大以来，提出"坚持以人民为中心"的理念，并作为习近平新时代中国特色社会主义思想的重要内容之一，而传统民本思想、马克思主义的人民学说都是"以人民为中心"理念的文化源头。2021 年 10 月 25 日，习近平总书记《在中华人民共和国恢复联合国合法席位 50 周年纪念会议上的讲话》中指出："中国古人说：'为治之本，务在于安民；安民之本，在于足用。'推动发展、安居乐业是各国人民共同愿望。为了人民而发展，发展

① 习近平：《在党的十八届五中全会第二次全体会议上的讲话（节选）》，《求是》2016 年第 1 期，第 1 页。

② 《中共中央关于党的百年奋斗重大成就和历史经验的决议》，北京：人民出版社，2021 年，第 46 页。

③ 习近平：《中华优秀传统文化是中国特色社会主义植根的文化沃土》，《论党的宣传思想工作》，北京：中央文献出版社，2020 年，第 88~89 页。

④ 习近平：《深化文明交流互鉴 共建亚洲命运共同体——在亚洲文明对话大会开幕式上的主旨演讲》，《人民日报》，2019 年 5 月 16 日，第 2 版。

⑤ 习近平：《在庆祝中国共产党成立 100 周年大会上的讲话》，《人民日报》，2021 年 7 月 2 日，第 2 版。

才有意义；依靠人民而发展，发展才有动力。世界各国应该坚持以人民为中心，努力实现更高质量、更有效率、更加公平、更可持续、更为安全的发展。"① 此处引用《淮南子》的"民本思想"阐述"以人民为中心的理念"不仅仅是适用于我国的国家治理，对于世界各国治国理政都有借鉴的意义。"以人民为中心"的理念的形成与实践，正是对马克思主义基本原理与中华传统文化相结合的生动诠释。

党的十八大提出"要倡导人类命运共同体意识"，十九大报告又提出"推动构建人类命运共同体"，这一理念提出以后，"天下为公、大同世界"等传统文化概念又成为阐释"人类命运共同体"理念的本土文化渊源。2015 年 9 月 28 日，习近平同志在美国纽约联合国总部举行的第七十届联合国大会一般性辩论时的讲话中指出："'大道之行也，天下为公。'和平、发展、公平、正义、民主、自由，是全人类的共同价值，也是联合国的崇高目标。目标远未完成，我们仍须努力。当今世界，各国相互依存、休戚与共。我们要继承和弘扬联合国宪章的宗旨和原则，构建以合作共赢为核心的新型国际关系，打造人类命运共同体。"② 2019 年 11 月，习近平主席在第二届中国国际进口博览会开幕式上指出："中华文明历来主张天下大同、协和万邦。希望大家共同努力，不断为推动建设开放型世界经济、构建人类命运共同体作出贡献！"③ "构建人类命运共同体"是习近平新时代中国特色社会主义思想的重要组成部分，这一思想的形成也有其传统文化源头。

习近平总书记对于中华优秀传统文化的弘扬、对于马克思主义与中华优秀传统文化的结合是多方位、多角度的，内容非常丰富，上述仅从传统民本与大同思想两个角度举例说明，由此可以体会出马克思主义基本原理与中国实际、与中华优秀传统文化"两个结合"的重大意义，表现出中华优秀传统文化的永恒魅力与时代价值。

三、结　　语

习近平新时代中国特色社会主义思想是坚持马克思主义基本原理与中国实际、中华优秀传统文化的"两个结合"、勇于推进理论创新的产物，是当代中国的马克思主义、21 世纪的马克思主义。黄坤明同志指出："习近平新时代中国特色社会主义思想既立足于现实的中国，又植根于历史的中国，它以中华文明为源头活水，从 5000 多年璀璨文明中承继人文精神、道德价值、历史智慧的精华养分，把马克思主义的思想精髓与中华优秀传统文化的精神特质融会贯通起来，成为中华优秀传统文化创造性转化、创新性发展的生动典

---

① 习近平：《在中华人民共和国恢复联合国合法席位 50 周年纪念会议上的讲话（2021 年 10 月 25 日）》，北京：人民出版社，2021 年，第 6~7 页。

② 习近平：《携手构建合作共赢新伙伴 同心打造人类命运共同体——在第七十届联合国大会一般性辩论时的讲话》，《人民日报》，2015 年 9 月 29 日，第 2 版。

③ 习近平：《开放合作　命运与共——在第二届中国国际进口博览会开幕式上的主旨演讲（2019 年 11 月 5 日）》，北京：人民出版社，2019 年，第 9 页。

范。"① 毛泽东、邓小平、习近平等领导同志在语言表达上注重引用中国传统概念、传统经典，通过寻找马克思主义基本原理与中华优秀传统文化内在契合之处，推动两者相结合，通过"让马克思主义讲中国话"实现马克思主义中国化，这是党和国家的事业得以持续发展的关键因素之一。

（作者单位：武汉大学哲学学院）

---

① 黄坤明：《习近平新时代中国特色社会主义思想实现了马克思主义中国化新的飞跃》，《人民日报》，2021 年 11 月 22 日，第 6 版。

中国精神导引：意义·定位·方法

□　周叶中

【摘要】武汉大学在"人文社科经典导引""自然科学经典导引"两课基础上继而推出"中国精神导引"，其根源在于中国教育的"育人三问"即培养什么人、为谁培养人和怎样培养人。大学教育应致力于培养既有知识文化又有人文情怀，即真正对民族和国家发展能发挥积极作用的人。通过厘清"中国精神导引"与"两大导引"、5门思政课等相邻课程的联系和区别，明确该课程的定位是引导学生如何做一个有志气、骨气和底气的中国人。讲好该课程的主要方法是明确其视角、主题主线及其具体内容。

【关键词】中国精神；意义；定位；方法；通识教育

2021年春季学期，武汉大学在"两大导引"（"人文社科经典导引"和"自然科学经典导引"）基础上，新开设"中国精神导引"。作为一门以"中国精神"命名的课程，并非只是一个单纯的学术命题，而是与中国优秀传统文化在新时代的传承、弘扬密切相关，是一场在当代道德、文化建设背景下的重要实践。围绕课程而展开的定位、目标、意义、宗旨、方法等方面的思考，体现了现时代如何将中华优秀传统文化与当代教育实践相结合，如何在把握中华文明的经脉、根柢基础上实现民族文化、精神的自省、自觉和自强。现结合这些年教学管理工作的体会，拟就这个问题略抒浅见，以就教于教育界同行以及关心大学教育的各界人士。

一、何以开设"中国精神导引"

何以开设"中国精神导引"？在笔者看来，这个问题的核心还是中国教育的"育人三问"：培养什么人、为谁培养人和怎样培养人。党的十八大以来，习近平总书记就此问题多次讲、反复讲，教育部的相关文件也一直在强调。毫无疑问，这个问题是中国教育的根本问题，也是中国教育的首要问题。尽管过去大家对此多有讨论，但大多是从它的重要性和必要性入手，而从教育本身、教育全局角度进行系统深入尤其是可操作性的思考尚比较少见。

在笔者看来，就高等教育来说，若要立足于可操作性，那么这个问题还应该从教育本身去琢磨，从大学的根本任务和大学的工作内涵去把握。在大学教育过程中，我们对专业学科知识的学习与掌握，毫无疑问是完成大学根本任务的重要一环。然而，仅有专业知识是远远不够的，也不足以真正解决这个问题。我们常说，有的人有知识但没文化。就是说，这个人只有学科性专业知识，却不能够基于学科知识的基础，成长为一个有文化的人。

什么是文化？这是一个十分复杂的问题。尽管关于文化的定义有数百种之多，但从狭义上讲，文化就是一种精神。一个民族的精神是这个民族在长期生产和生活中逐渐积淀而成的行为方式在思想文化领域中的反映。中华传统文化源远流长，孕育了中华民族的宝贵精神品格，滋润了中国人民最深沉的精神追求，其中包含的许多优秀文化精神今天依然是我们推进改革开放和社会主义现代化建设的强大精神力量。正如习近平总书记指出，"中华文化强调'民惟邦本'、'天人合一'、'和而不同'，强调'天行健，君子以自强不息'、'大道之行也，天下为公'；强调'天下兴亡，匹夫有责'，主张以德治国、以文化人；强调'君子喻于义'、'君子坦荡荡'、'君子义以为质'；强调'言必信，行必果'、'人而无信，不知其可也'；强调'德不孤，必有邻'、'仁者爱人'、'与人为善'、'己所不欲，勿施于人'、'出入相友，守望相助'、'老吾老以及人之老，幼吾幼以及人之幼'、'扶贫济困'、'不患寡而患不均'，等等。像这样的思想和理念，不论过去还是现在，都有其鲜明的民族特色，都有其永不褪色的时代价值"[①]。再如，儒家创始人孔子所提出的"仁以为己任"的担当、"死而后已"的执着、"知其不可而为之"的勇猛、"从心所欲不逾矩"的自由，等等，都是具有鲜明民族特色和跨越时空、超越国度、富有永恒魅力、具有当代价值的文化精神。

我们的大学教育，固然需要学习专业知识，但更应该首先以培育、传承和发展自己民族的文化精神为职志。换言之，我们的大学教育，不应该培养有知识没文化的人，而应致力于培养既有知识又有文化的人。具体到中国的高等教育，就是要培养真正对中华民族、中国人民与中国自身发展能够发挥积极推动作用的人。

中华民族五千多年来，尽管也曾屡遭挫折，但一直绵延不绝，其根本原因到底在哪里呢？若从文化的角度、精神的层面来看，实际上还是得益于中国精神。伟大事业孕育伟大精神，伟大精神引领伟大事业。这是中华民族得以生生不息、自立自强的根本原因和精神底色。人如果没有精神，就没有灵魂，就会得"软骨病"；国家和民族没有精神，就没有凝聚力，就没有发展的动力和持久力。精神至关重要，不可或缺。无论是"革命理想高于天"，还是我们坚韧不拔的意志力，又或是为了伟大目标的不懈奋斗，归根结底，就在于中国精神。

职是之故，武汉大学开设"中国精神导引"，从积极的层面而言，就是希望学生能够继承并发扬我们民族得以"站起来"和"强起来"的"中国精神"之"根"与"魂"。而从反面来看，现在我们大学培养的人才尽管总体情况不错，但也有一些现象不容乐观。比如，长着"中国脸"，不是"中国心"，没有"中国情"，这样的人有没有？不仅有，而且还不是极个别；言必称西方，没有自信，没有自强，缺乏精神支撑的人，不仅有，而

① 《习近平谈治国理政》，北京：外文出版社，2014年，第170~171页。

且还不少；纯粹追求个人功名，没有应有的德行，没有应有的情操，而只是精致的利己主义者，等等。这些状况令人担忧。所以，2015 年武汉大学本科教育改革大讨论时，笔者曾强调，武汉大学本科生的培养目标应该是国家脊梁和领袖人才。假如像武汉大学这样的学校，培养的都不是国家脊梁，都不能成为各行各业的领袖人才，那我们这个国家、这个民族的未来前景就值得忧虑了。而中国精神，就是决定一个人能否成为国家脊梁、领袖人才的关键环节。因此，是否真正让学生领会中国精神、践行中国精神，这是我们学校作为育人单位需要认真思考的。

因此，"中国精神导引"的意义主要体现在两个方面：一是从正面积极引导培育学生的爱国情怀和君子人格；二是对学生中存在的负面、消极观念予以预防和纠正。如果说"人文社科经典导引"和"自然科学经典导引"的意义是如何做"人"，那么"中国精神导引"的意义就是如何做"中国人"。这也就是说，如何做既有人文情怀又有科学精神的"中国人"，从全球的视域看，就是做"世界的中国人"。由此，这三大导引课程就形成了从理念设计到课堂教学的完整体系，即从"做人"到"做中国人"，从"做有人文情怀和科学精神的中国人"到"做世界的中国人"。这就是武汉大学开设"中国精神导引"的初衷、信念与目标。

二、"中国精神导引"的定位

在构建"中国精神导引"的过程中，我们讨论最多是这门课程应该如何定位的问题。比如有的学者说，"中国精神导引"不是"中国传统文化概论"，不是"中国近代史"。在笔者看来，要明确"中国精神导引"的定位，还应从这门课与现有的"两大导引"、与5 门思政课之间的相互关系加以说明。首先必须明确，"中国精神导引"与"两大导引"、5 门思政课这三者之间关系密切。它们不仅在内容方面存在着相互交织，而且都是从"成人"的角度为学生们的成长发挥重要作用。但三者之间的视角和侧重仍然存在着一定的差异。

"人文社科经典导引"是从具有普遍意义的"人"的角度出发，通过学习和理解中外经典，学会成为合格公民、博雅君子的基本道理。这些道理，无论对中国人还是西方人，只要是作为人，都应该具备的最基本的品性，或者称作人性、人情和人格。"人文社科经典导引"教材的序中说道，该书所选取的 12 部经典，中学的 6 部经典既融通儒道释，又覆盖文史哲，其核心问题是人的仁爱、感悟与超越；西学的 6 部经典，则覆盖从古希腊、古罗马到文艺复兴、启蒙运动等，其核心问题是人的自由、理性与审美。①将中学与西学汇聚在一起，其共同之处就在于引导学生"做人""成人"，其目标就是培养学生成为合格公民、博雅君子。因此可以说，"人文社科经典导引"课程的意义更具有普世性，是围绕"人"的基本问题展开的。做"人"当然重要，但落到实处则是如何做一个"中国人"。"自然科学经典导引"目前侧重的主要是科学方法、科学思维与科学精神。这对于培育现代公民当然非常重要。但笔者认为，还应深入探讨如何在课程讲授中更多地引入科学家精神。科学无国界，但科学家有祖国。目前"自然科学经典导引"选的都是国外的

---

① 李建中主编：《人文社科经典导引》（第二版），武汉：武汉大学出版社，2019 年，第 3 页。

经典，课程团队正在研读中国科学技术史，拟从中遴选出具有科学精神和科学家精神的中国经典，这乃是题中的应有之义。因此，如何将"两大导引"课程真正落脚到中国和中国精神，这既是这两门课程今后应持续改进的重要内容，同时也说明"两大导引"与"中国精神导引"的内在关联。

思想政治理论课，就是从思想政治的角度，通过对学生正确政治方向、政治立场、政治追求的塑造，形成正确的世界观、人生观、价值观。思政课的目标非常明确，其首要强调的就是政治立场，思政课的目标首先即应该着眼于此。与之相联系的则是价值判断、价值取向与价值追求。要通过讲深、讲透、讲活正确价值观，让学生们从思想深处真正认同并践行。无疑，"中国精神导引"也要讲政治，也要坚持这些正确的政治观和价值观。因此，"中国精神导引"与思想政治理论课程息息相关，它们之间具有内在的贯通性。

但"中国精神导引"作为一门基础通识课程，除了讲政治和坚持正确的政治观之外，还要探讨作为民族精神和时代精神之统一的中国精神的历史源流、本质内涵、传承发展、时代意蕴等基本内容。一般来说，中国精神，就是中华文明延绵不绝的精神品格。中华文明是人类几大古文明中唯一没有断裂过，并一直绵延至今的文明。中国精神不仅是中华文明延绵不绝的精神品格，是中华民族生生不息的精神基因，而且是中国人民不懈奋斗的精神动力。中国精神，就是中华文化、华夏文明的菁华，是中华民族、中国人民的"根"和"魂"。因此，"中国精神导引"课程的核心目的就在于：为增强做中国人的志气、骨气与底气奠定根基、提供源泉。

习近平总书记一直强调，要增强做中国人的志气、骨气和底气。那么，志气、骨气、底气从何而来？就是从中国精神而来。如果能让大学生通过学习这门课，不仅长着中国脸，而且有中国心，充满中国情，洋溢着中国人的志气、骨气与底气，那么我们就不会在面对其他国家、民族、文明的时候，腰杆子直不起来。挺直中国人的腰杆，增强民族自信，乃是当务之急、当代之需。以上就是笔者对"两大导引"、5门思政课和"中国精神导引"之关系的理解。它们各有侧重，但在根本上是相互贯通的：不会做人，肯定做不好中国人；生为中国人而做不好中国人，那是做人的失败。

三、讲好"中国精神导引"的方法

怎样讲好"中国精神导引"？首先是课程的视角与内容。中国精神的视角应该从文化和文明的角度切入。这个文化、文明，不仅应该包括中华优秀传统文化，还应该包括革命文化与社会主义先进文化。这是习近平总书记在谈及文化自信与文化建设时所反复强调的。在党的十九大报告中，习近平总书记指出："中国特色社会主义文化，源自于中华民族五千多年文明历史所孕育的中华优秀传统文化，熔铸于党领导人民在革命、建设、改革中创造的革命文化和社会主义先进文化，植根于中国特色社会主义伟大实践。"[①]中华优秀传统文化、革命文化和先进文化并非三种不同性质的文化，在本质上它们是统一的。实际上，革命文化和社会主义先进文化在其精神实质上，就是优秀传统文化在新的历史条件下一种新的表现形式和发展形态，因此，不宜把三者割裂开来，而要从融通、传承的视角看

① 《党的十九大报告辅导读本》，北京：人民出版社，2017年，第40页。

待它们之间的关系。

其次是课程主题和主线。经过与一些学者的反复切磋和研讨，笔者认为，"厚德载物，自强不息"应该作为这门课程的主题和主线。此语出自《易·象传》："天行健，君子以自强不息；地势坤，君子以厚德载物。"其意是说，天道刚健强壮，主宰万物，君子遵循天道，就要奋发图强，永不歇息；大地形理柔和，养孕万物，君子取法于地，就要厚养德性，包载万物。在经典文本中，逻辑顺序是先提"自强不息"，后讲"厚德载物"。但我觉得二者的顺序可以根据人才成长和教育的规律进行调换。从人的成长和培养来看，一个人只有在厚德载物方面做到一定层次，他才能真正地实现自强不息。换句话说，人只有修炼到相当程度，他的自强不息才能真正迸发出来，才能真正有灵魂、有魄力。当然，这只是笔者的一种理解。

具体说来，中国人讲"仁义"，就是厚德最核心的元素之一。这也是中华民族最鲜明的特点。另外，中华民族从来没有侵略的基因，始终以和为贵。这都是"仁义"的表现。我们中国共产党人坚持的"全心全意为人民服务"宗旨，其实就是仁义精神的现代表达。可见革命文化、社会主义先进文化与传统文化在很多方面都是一脉相承的。

而当代中国精神最重要的内容包括两个方面，一是民族精神，一是时代精神。民族精神以爱国主义为核心，而爱国就是最大的德，最根本的德，爱国主义同样是厚德载物的具体表现。如果我们培养出来的学生能做到厚德载物，那么就一定能做到自强不息。而修身齐家、治国平天下，以及止于至善，则都是自强不息的表现。在一定程度上，马克思主义中国化、中国特色社会主义，也都是自强不息的表现。我们把马克思主义基本原理同中国具体实际、同中华优秀传统文化相结合，最后形成中国化的马克思主义，并成功探索出中国特色社会主义道路，等等，都可理解为是自强不息的具体表现。因此，以爱国主义为核心的民族精神与厚德载物紧密相连，以改革创新为核心的时代精神则与自强不息紧密相联。如此，我们就能建构起"中国精神"之"厚德载物，自强不息"的主题与主线。

最后是课程的具体内容。在讲授过程中，怎样把握好古与今、传统与现代之间的关系，是对我们每个老师提出的必然要求。这就要求本课程的所有老师，既要熟悉中华优秀传统文化，更要将其与现代、特别是新时代中国特色社会主义实践结合起来。如果"中国精神导引"只停留于传统文化，那么与"人文社科经典导引"就差别不大了。所以要打通古今、打通传统和现代。实际上，我们的学生从小阅读各种书籍，接受各种教育，身边的很多事情，都能从文化角度感到似曾相识，所以只要老师们稍加点拨，学生们其实就能够知道应该为什么感到自豪和骄傲，以及应该坚守什么品质与精神，摒弃什么不良行为。通过这些课程的学与教，广大师生一定能在立德树人、家国情怀、修身律己等方面有所提升。

（作者单位：武汉大学法学院）

文史考证

"书写"与"口头"之争视角下中国早期文本的流传与使用

□ 梁睿成

【摘要】 西方汉学界近年展开了一场关于早期中国文本"书写性"与"口头性"的争论。从《诗经》战国写本的出土、"焚书令"等文献记载以及楚地写本的非楚地因素等方面可以看出,早期中国文本包括《诗经》在内主要以书写的方式流传。与此相对,早期文本中并不存在大量的语音性异文,故不能据此论证早期文本中"口头性"的存在。而连读音变用字则可视作声音参与文本生成的证据。若将"口头性"仅视作使用场景,而不视作传播的媒介,"口头性"与"书写性"之争就自然消解了,"书写性"的文本完全可以在口语化的环境中使用,"训"类文本就是很好的例子。

【关键词】 书写;口头;文本;《诗经》;《周驯》

随着近年典籍类简帛的大量出土,西方汉学开始利用这些新材料讨论早期中国文本,特别是《诗经》的生成与流传方式。[①] 形成了"书写性"与"口头性"的争论。这一话题的旨意并不仅限于解答一个文献学的问题,而是将早期文本当做切入点,透过它探讨当时知识、文化的传播方式及其与社会的关系。中国学界亦有一些学者参与讨论,[②] 但能充分利用出土文献相关成果的很少。西方学术理路下产生的话题虽不必成为本土研究的主线,但对我们既有的研究亦能有所启发。

一、早期文本"书写性"补证与"口头性"纠谬

口头学说较有代表性的论证者是柯马丁,他基于郭店简、上博简、马王堆帛书、双

---

① 相关学术史可参看张万民:《〈诗经〉早期书写与口头传播——近期欧美汉学界的论争及其背景》,《北京大学学报》(哲学社会科学版)2017年第6期;夏含夷:《〈诗经〉口传起源说的兴起与发展》,《饶宗颐国学院院刊》(增刊),2018年。

② 黄卓越:《消失的声音:〈公羊传〉的前书写状态》,《清华大学学报》(哲学社会科学版)2020年第3期;徐建委:《早期〈诗经〉的记诵、书写和阅读》,《北京大学学报》(哲学社会科学版)2022年第3期。

古堆汉简数篇文献中引《诗》的异文绝大多数为语音性异文，从而推断早期文本流传并不存在一个抄写复制的文本族谱。口头、记忆的流传方式可能在当时是非常普遍的。①

同样运用出土文献，夏含夷却持不同观点。他虽不否认口传的存在与作用，但认为书写在早期文献中扮演十分重要的角色，且有直接的证据。战国时期《诗经》已书于简牍，如清华简《耆夜》中的《蟋蟀》，《周公之琴舞》中的《敬之》；而《都士人》首章的错简则侧面证明了《诗经》已写在简上并被编连；《皇矣》《维天之命》中的"比""惠"二字是"从""𢜩"之误，这两例误认只会在战国之前的文字形体中出现，说明战国之前《诗经》就形成文字了。② 除去《诗经》，夏氏还在整理者的基础上，进一步论证了清华简《郑文公问太伯》甲、乙本分别抄自两个不同的底本，且抄手在抄写时如实保留了各自底本的面貌。此外，上博简《天子建州》甲、乙本也存在"抄本—底本"的关系。这些都是早期依靠底本进行抄写、复制的证据，相反，柯马丁所说的无底本、依靠记忆或他人唱诵的文献生成方式虽并非完全不可能，但缺乏硬性的证据。③

夏含夷偏向实证与"直接证据"的观点是有说服力的，但也存在些许瑕疵。例如他引用于省吾先生的观点，认为"比""惠"二字分别是"从""𢜩"之误。现在看来，于先生的观点是有问题的。商周金文中有大量从"辵"的"从"，其出现频率远超不从"辵"的"从"，"从"大概率不会与"比"发生混淆；金文中"惠"与"𢜩"其实也不形似，该句"骏惠我文王"不通，问题并不出在"惠"字上，而是未将"骏"读为"允"。④

另外，夏氏在脚注中提到方善柱先生的观点，《十月之交》中"十月"的"十"当为"七"之讹，古文"七"的字形与隶书的"十"相同。夏氏进而推断汉代《诗经》编纂者可能直接依样转录战国古文而将这个错误带入了《诗经》。其实，秦汉简中所见"七"与"十"仍大量保留战国的书写习惯，前者横长竖短，后者横短竖长。⑤ 虽然个别字形横竖长度相当，可能会造成误认，但此类字形亦见于楚简，如清华简《系年》中不少"十"都写作"✚"形。因此难以断定是汉代抄错了战国的文本。这种错讹可能在战国就已发生；亦可能错讹并未发生，汉人仍如实过录了战国的文本，但字形本身不易辨识，导致了汉人的误认。但无论如何，"七""十"之误，一定与书写性、视觉性相关。再者，"十"（禅母缉部）、"七"（清母质部）的语音差异十分明显。若《诗经》在当时

① 柯马丁：《方法论反思：早期中国文本异文之分析和写本文献之产生模式》，李芳、杨治宜译，陈致编：《当代西方汉学研究集萃：上古史卷》，上海：上海古籍出版社，2012 年，第 349~386 页。

② 夏含夷：《出土文献与〈诗经〉口头和书写性质问题的争议》，孙夏夏译，蒋文校，《文史哲》2020 年第 2 期。

③ 夏含夷：《〈郑文公问太伯〉与中国古代文献抄写的问题》，《简帛》第 14 辑，上海：上海古籍出版社，2017 年，第 11~16 页。

④ 蒋文：《先秦秦汉出土文献与〈诗经〉文本的校勘和解读》，上海：中西书局，2019 年，第 30~44 页。

⑤ 陈松长、李洪财、刘欣欣等编：《岳麓书院藏秦简（壹—叁）文字编》，上海：上海辞书出版社，2017 年，第 96~104、530~533 页；张守中编撰：《张家山汉简文字编》，北京：文物出版社，2012 年，第 56、382 页；骈宇骞编：《银雀山汉简文字编》，北京：文物出版社，2001 年，第 74~76、459 页。

主要依靠口传，到汉代时才落实到书面上，那大概率不会造成这种失误。可以说先秦时期已经存在书写下来的《诗经》文本，当时的读者可以依赖纯文本阅读的方式获得关于《诗经》的知识。除去"七""十"，《诗经》还存在其他早期抄写讹误的例子，如《采菽》"玄衮及黼"中的"及"字，当为金文"屯"字的形讹，金文多见"黼屯""屯黼"的用法。①

顺着夏含夷的思路，还能找到更多"书写性"的证据。

首先，是《诗经》的实物证据。夏文中提到了清华简两篇文章中所附带的《诗经》，但毕竟这些并非独立的文本，与其他篇章的引《诗》性质类似，只是更完整而已，因此要证明《诗经》确实书于竹帛，仍旧隔了一层。幸而目前战国楚简中确实存在三种独立文本的《诗经》：

第一种是2014—2015年在荆州夏家台M106出土的《邶风》十四篇。② 目前这批资料未有新的信息公布，具体情况还不得而知。第二种是2019年出版的安大楚简《诗经》，现存93简，涉及六国国风，共五十七篇。③ 每简末都有简号，且每国国风的诗均连续书写，诗之间用墨块隔开，最后一首写毕，会有国风名加篇数的题记（如简20的"周南十又一"、简83的"侯六"等），下一国风则换简书写。第三种是2021年在荆州王家咀M798出土的《诗经》，其内容可与今本十五国风的部分篇章对读，篇内除首章外，皆有分章提示，篇末作有篇名和章数统计（如"《汉广》二章成篇"），后有墨块与下一首诗相隔。④ 从安大简和王家咀简所公布的情况看，战国时期的《诗经》已经存在有意识的编辑和整理，从分章、分篇、篇名以及各类统计的运用中可以看到《诗经》文本的书面规范性，这些视觉因素较为成熟的文本很可能已经成为部分读者学习《诗经》的主要途径。

再者，一些战国秦汉时期的文献记载亦不经意流露出"书写性"相关的证据。兹举数例。

一是经学史上较为著名的孔子删诗说，《史记》对此有详细的论述：

> 古者《诗》三千余篇，及至孔子，去其重，取可施于礼义，上采契后稷，中述殷周之盛，至幽厉之缺，始于衽席，故曰"《关雎》之乱以为《风》始，《鹿鸣》为《小雅》始，《文王》为《大雅》始，《清庙》为《颂》始"。三百五篇孔子皆弦歌之，以求合《韶》《武》《雅》《颂》之音。礼乐自此可得而述，以备王道，成六艺。（《史记·孔子世家》）

---

① 蒋文：《先秦秦汉出土文献与〈诗经〉文本的校勘和解读》，上海：中西书局，2019年，第69~73页。

② 田勇、王明钦：《湖北荆州刘家台与夏家台墓地发现大批战国墓葬》，《中国文物报》，2016年4月8日，第8版。

③ 黄德宽、徐在国主编：《安徽大学藏战国竹简（一）》，上海：中西书局，2019年，"前言"第1页。

④ 《湖北"六大"终评项目——荆州王家咀798号战国楚墓》，https：//mp.weixin.qq.com/s/6E9Er8MxbK_QFfxoLHwekg，2022年5月10日。

这里的"诗三千余篇""去其重""三百五篇"无疑当按照写本而非口传的状态来理解，很难想象去重的工作是通过脑海或口头的方式进行。我们还可以对照刘向校《战国策》的情况：

> 护左都水使者光禄大夫臣向言：所校中《战国策》书。中书余卷，错乱相糅苣。又有国别者八篇，少不足。臣向因国别者，略以时次之。分别不以序者以相补，除复重，得三十三篇。①

"中书余卷，错乱相糅苣"正是"除复重"的原因。孔子面临"古诗"的情况，与刘向类似。当然"删诗说"的真实性自孔颖达以来就不断受到质疑，② 这点学界多有讨论，无需赘述。尽管孔子删诗未必真有其事，但它反映了汉代人一种潜在认识，即《诗经》很早就形成了文字。而这种潜在认识并非虚妄，是渊源有自的，这点从商鞅、秦朝焚烧《诗》《书》的政令上就可以得到说明：

> 商君教秦孝公以连什伍，设告坐之过，燔诗书而明法令，塞私门之请而遂公家之劳，禁游宦之民而显耕战之士。（《韩非子·和氏》）
> 臣请史官非秦记皆烧之。非博士官所职，天下敢有藏《诗》、《书》、百家语者，悉诣守、尉杂烧之。有敢偶语《诗》《书》者弃市，以古非今者族。（《史记·秦始皇本纪》）

如果先秦时期（至少是战国时期）《诗经》未大规模形成文字且广为流传，那焚的对象、藏的对象是什么呢？无疑这些政令的提出都需要以写本《诗经》的大量存世为基础。当然引文也提到了"语《诗》《书》"，即口传的情况，正如夏含夷所言，诗歌的口头唱诵从古到今都是普遍存在的，但不能就此否认早期中国书写的重要性。

除去《诗经》，为证明当时的文本更大程度依赖抄写的方式流传，夏氏主要选取楚简中存在甲、乙本的篇章来互校，从而发现底本的存在。其实，古文字学界还有一种研究，不依赖于甲、乙本，即可论证底本的存在，即楚简篇章中非典型楚文字的字形。

周凤五先生首先注意到郭店楚简的《语丛》《唐虞之道》《忠信之道》中存在齐鲁、三晋的文字特征。③ 继而冯胜君先生发现郭店简《五行》④ 以及上博简《缁衣》等也存

---

① 刘向、刘歆撰，姚振宗辑录，邓骏捷校补：《七略别录佚文 七略佚文》，上海：上海古籍出版社，2008 年，第 32 页。

② "案书传所引之诗，见在者多，亡逸者少，则孔子所录，不容十分去九。司马迁言古诗三千余篇，未可信也。"阮元校刻：《十三经注疏·毛诗正义》，北京：中华书局，1980 年，第 263 页。

③ 周凤五：《郭店楚简的形式特征及其分类意义》，《郭店楚简国际学术研讨会论文集》，武汉：湖北人民出版社，2000 年，第 58~59 页。

④ 冯胜君：《谈谈郭店简〈五行〉篇中的非楚文字因素》，《简帛》第 1 辑，上海：上海古籍出版社，2006 年，第 45~52 页。

在类似的情况。① 后来公布的清华简《良臣》②《子产》③《系年》④《厚父》⑤《越公其事》⑥《邦家之政》⑦ 等均存在三晋文字的特征，而《保训》《成人》则存在齐鲁文字特征⑧。尽管以上所列的这些写本大部分已经用楚文字书写，但残留的一些其他地域特征的文字，却反映出这些写本可能转抄自楚以外的地区。甚至一些抄本如前面所提的《厚父》《封许之命》《摄命》还出现了更古老的文字写法⑨，透露出该篇的书写、创作也可能较为古老。

综上，从《诗经》写本的出土、"焚书令"等文献记载以及楚地写本的非楚地因素等方面不难看出，战国时期包括但不限于《诗经》的文本流传其实很大程度上都离不开书写文化的背景。

虽然书写的重要性已不容否认，那柯马丁关于"口头性"的论证又该如何去认识呢？正如柯氏在其文末所引，朱熹已经认为"如孟子所引《诗》《书》亦多错，以其无本，但记得耳"⑩。李学勤先生其实 20 世纪研究马王堆帛书《系辞》时也有类似观点，他认为帛书大量使用通假字和古代的口传有密切的关系。⑪ 因此，柯马丁基于出土文献中的异文以语音性为主，进而推断当时文本大量依赖口传，这种观点并非"舶来品"。而且柯氏早就注意到西方学者诸如易彻理、余宝琳的研究已非常有力地否定了 20 世纪 70 年代以来套用西方理论研究《诗经》的方法，他认为目前基于出土文献而兴起的关于中国早期文本文化的讨论与 70 年代那次是不可混同的。⑫

除去大力论证"书写性"，夏含夷对柯马丁的正面论述也有所批判，他提道："在《诗经》的例子中，尽管许多异字确实是假借字，因此可能是各家用不同的字来写同一个

---

① 冯胜君：《郭店简与上博简对比研究》，北京：线装书局，2007 年，第 299~320 页。

② 李学勤主编：《清华大学藏战国竹简（三）》，上海：中西书局，2012 年，第 156 页。

③ 李学勤主编：《清华大学藏战国竹简（六）》，上海：中西书局，2016 年，第 136 页。

④ 李守奎：《楚文献中的教育与清华简〈系年〉性质初探》，《出土文献与古文字研究》第 6 辑，上海：上海古籍出版社，2015 年，第 291~302 页。

⑤ 赵平安：《谈谈战国文字中值得注意的一些现象——以清华简〈厚父〉为例》，《出土文献与古文字研究》第 6 辑，上海：上海古籍出版社，2015 年，第 303~309 页。

⑥ 程燕：《清华七札记三则》，简帛网（http：//www.bsm.org.cn/? chujian/7528.html），2017 年 4 月 26 日。

⑦ 复旦大学出土文献与古文字研究中心读书会：《〈邦家之政〉集释》，复旦大学出土文献与古文字研究中心网站（http：//www.fdgwz.org.cn/Web/Show/4407），2019 年 3 月 24 日。

⑧ 冯胜君：《试论清华简〈保训〉篇书法风格与三体石经的关系》，《清华简研究》第 1 辑，上海：中西书局，2012 年，第 92~98 页。赵平安：《〈成人〉篇"市"字的释读及其相关问题》，《清华大学学报》（哲学社会科学版）2020 年第 1 期。

⑨ 赵平安：《谈谈战国文字中值得注意的一些现象——以清华简〈厚父〉为例》，《出土文献与古文字研究》第 6 辑，上海：上海古籍出版社，2015 年，第 303~309 页。程浩：《〈封许之命〉与册命"书"》，《中国典籍与文化》2016 年第 1 期。石小力：《清华简〈摄命〉与西周金文合证》，《中国文字》2020 年冬季号。

⑩ 朱熹撰，郑明等点校，庄辉明审读：《朱子语类》卷 10，朱杰人等主编：《朱子全书》第 18 册，上海：上海古籍出版社、合肥：安徽教育出版社，2002 年，第 324 页。

⑪ 李学勤：《周易溯源》，成都：巴蜀书社，2005 年，第 359 页。

⑫ 柯马丁：《学术领域的界定——北美中国早期文学（先秦两汉）研究概况》，张海惠主编：《北美中国学：研究概述与文献资源》，北京：中华书局，2010 年，第 573~374、584 页。

声音。但也有许多是字形之讹，而字形之讹只可能发生于抄写底本的过程中。"[1] 此外，通过对比清华简《祭公之顾命》与《逸周书·顾命》，夏含夷发现很多异文可以定性为"抄写性"异文。[2] 柯马丁在文中强调了异文绝大多数为语音性的，也承认存在书写性的异文，但他选择性地忽略了后者。然而，如果一个写本确实出现了抄写性异文，那眼下的这个写本确实可能存在一个供誊抄的底本。但不是每一个"书写性"异文都可以等同于"抄写性"异文。张俊新就提出错字的主要原因有三：底本既有的错字；文字国别不同，在传抄中造成错写；文字类化造成的错字。[3] 其中第三种错字，就未必依赖底本才会发生。另外，书手的偶然失误，或者书手本身书写水平有限都会造成书写性异文，正如李孟涛所指出的：

> 书手的识字能力不一定很完善。有的书手（尤其是撰写者）非常了解文本的内容和正字标准，但他们的用笔技巧却不一定很好。反过来，专门抄写大量的不同来源的文献那种抄写人可能并不完全理解所有的他所抄写的文献的正字标准，也有可能不太懂得文本的内容，但他的书法水平也有可能很高，可以把文字写得非常标准和清楚……我们探索书手对文本的影响时，首先需要考虑我们研究的写本到底是抄写的、听写的、还是凭借记忆写的。当然，我们往往是无法确定一份写本到底在哪一种情况下书写成的。[4]

对此，可举一例。楚简中常见"天"与"而"的形讹。郭店简《老子甲》简19："民莫之命天自均安。"此处必读为"而"，然同篇简6-7的"不欲以兵强于天下者"一处必读为"天"，然前后两处的字形并没有什么区别。楚文字中"天"字最下面两笔多向外敞开，"而"字多向内收拢，照大的规律，简19处当为讹字。若存在一个可对照的《老子甲》版本写作天，我们是否能说此处的异文为"抄写性"的？实际上楚简存在一定量、成组的、有规律的讹书，[5] 这些讹书往往很难判断到底是否因"抄写"而造成的。

通过书写性异文判断写本的性质确实存在一定的模糊空间，但语音性异文就可以指向写本的"口头性"吗？按照上文所引夏含夷的说法："可能是各家用不同的字来写同一个声音"。但这个表述是存在歧义的，这里的"各家"是指先秦时期的"各家"？还是针对柯马丁语音性异文而言的"各家"？先秦时期一音义对应多个字形情况比较常见，[6] 但夏

① 夏含夷：《重写中国古代文献》，周博群译，上海：上海古籍出版社，2012年，第214页。

② 夏含夷：《先秦时代"书"之传授——以清华简〈祭公之顾命〉为例》，《清华简研究》第1辑，上海：中西书局，2012年，第217~227页。

③ 张俊新：《上博楚简文字研究》，吉林大学博士学位论文，2005年，第47~55页。

④ 李孟涛：《试探书写者的识字能力及其对流传文本的影响》，《简帛》第4辑，上海：上海古籍出版社，2009年，第396页。李松儒也持类似的看法，见氏著《战国简帛字迹研究——以上博简为中心》，上海：上海古籍出版社，2015年，第159~160页。

⑤ 参见张峰：《楚文字讹书研究》，上海：上海古籍出版社，2016年，第41~57页。

⑥ 参见陈斯鹏：《楚系简帛中的字形与音义关系研究》，北京：中国社会科学出版社，2011年，第120~201页。

含夷的意思其实还是偏向后一种,则问题就出现了:出土本之"家"与传世本之"家"时代相隔甚远,怎么能放在一个平面上比较呢?当然问题还是出在柯马丁的比较方法上,夏含夷只是顺着他的思路来批判,可惜并没有碰到症结。来国龙对这种方法有最深刻的批判,这里不妨较为完整地引用他的观点:

> 现在流行的出土文献通假字研究的基本套路,就是把出土文本与今本(或通行本)相对照,然后分析本字(或正字、通行字、传世文献的习用字,也即出土文字研究和古文献整理"破读括注法"中括注里的字)与假借字(被括注的字)之间的关系,从字形、字音等关系的角度进行分类。如果所谓的今本(或通行本)是汉代或以后的版本,那么这里假借字(被括注的字)与本字(括注里的字)的语音关系,必然就是历时的关系……这里我们不得不引进一个新的概念来概括这类现象,即"历时通假字"。"历时通假字"是一个自相矛盾的(oxymoronic)概念。因为按照本文开头讨论的通假字概念,其中隐含的一层意思是通假字应该是共时的。也就是本字(或正字、通行字、习用字)与假借字之间、通用字之间是在同一个历史平面上的。①

概括说来,来国龙指出"通假"是一种"共时"才可能发生的行为,"历时通假"或通俗说跨时代的通假行为,从逻辑上讲是不能成立的。若要证明异文大量是语音类通假,必须限制在同时代的文献内进行比较。而同时代对于"本字""假借字"的界定自有其规范,这个规范与今天的规范并不一致。苏建洲在前人基础上指出"本字"的认定与出土材料的地域性及其时代性密切相关,不能一律以秦汉古书所传承下来的用字观念为主。② 例如其文中提到楚文字中通用"酓"字代表楚国的姓氏"熊",因此"酓"是楚人当时自己文字系统中的本字,不能因楚简中使用"酓",而今本用"熊",就认为楚人在使用通假。包括柯马丁在内的一些学者,认为先秦秦汉文献大量使用通假,就是犯了这个错误。

来国龙比较了7对可相互参照的出土文献,③ 平行单字凡2730对,谐声通假字有200对,非谐声通假字只有20对。所有通假字加起来的比例是8.1%。如果除去由于文字系统的性质而造成的谐声通假字,那么真正意义上的通假字,即两个不同字符(非谐声)因音同或音近而可以互相替代的字只有0.7%。相比之真正的音近通假,书风(饰笔增减、部件移位、书写风格)异文则有268对,用词(形、音完全不同,词义可能不同,或为同义换读)异文则有31对。

---

① 来国龙:《通假字、新语文学和出土战国秦汉简帛的研究》,贾晋华等编:《新语文学与早期中国研究》,上海:上海人民出版社,2018年,第104~105页。

② 苏建洲:《论古文字材料对"本字"概念的补充》,《彰化师大国文学志》2006年第13期。

③ 这7对文本是:郭店简《老子》甲丙本、郭店简《缁衣》与上博简《缁衣》、郭店简《性情论》与上博简《性自命出》、上博简《天子建州》甲乙本、上博简《君人者何必安哉》甲乙本、上博简《郑子家丧》甲乙本、上博简《凡物流形》甲乙本。

这 7 对文本中也有不能证明存在"底本—抄本"关系的例子，但它们也未出现大面积的通假现象，说明了口头并未在其中扮演主要作用。而这些为数不多的通假也主要是同谐声部位的通假，同谐声部位的异文其实已经把释读的范围限定在这组谐声字中，根据上下文语境，还是较容易判断出应该采用哪个字。而音近或音同的非谐声通假，会导致解释空间过大。早期写本的通假大量被限制在同谐声部位内，恰恰说明了文本流传中文字性、书写性的要求。

若以这样的通假比例对照柯马丁统计各出土文献引诗异文比例在 20% ~ 40%（语音性异文占绝大多数，可暂时将总异文比例当作语音异文比例），可谓相差甚远。虽然来国龙本意并不是要批判口头性。但利用其统计结果，正好能说明柯马丁的问题，比起文字性的书风和词汇差异，语音性异文反而在战国写本中的比例是微不足道的。然而，来国龙所对照的文本中缺少柯马丁所重点论述的《诗经》文本，二人的结论可能会不在一个平面上。而近年出版的安大简恰有《蟋蟀》一诗，可与清华简《耆夜》所附《蟋蟀》相对照。因两版本章序不一致，我们暂统一章序来对比，画线处为平行单字：

安大简	清华简
蟋蟀才堂，戜喬亓遴。	蟋蟀才舒，戜喬［员］□，
今者不乐，日月亓驚。	□□□□，□□□□□
毋已内麊，猒思亓外。	□，□□□□。母已大康，则夂以
好乐毋无，良士戜。。	愳。康葯而母忘，是佳良士之愳。。（第三章）
蟋蟀才堂，戜喬亓蓁。	蟋蟀才箁，戜喬员苦；
今者不乐，日月亓鈤。	今夫君子，不憙不葯；
毋已大麊，猒思亓膃。	日月亓穡，从朝返（及）夕；
好乐毋无，良士臞。。	母已大康，则夂以复。
	康葯而母［忘］，是佳良士之愳。。（第二章）
蟋蟀才堂，迭车亓休。	蟋蟀才尚，迭车亓行；
今者不乐，日月亓滔。	今夫君子，不憙不葯；
毋已大麊，猒思亓愳。	夫日□□，□□□忘；
好乐毋无，良士浮。。	母已大葯，则夂以康，
	葯而母忘，是佳良士之迓。。（第一章）

平行单字凡 81 对，除去异体字、分化字的影响，明确有通假关系的异文有 13 对，其中谐声性通假 8 对，非谐声通假 5 对。通假对数占总数的 16%，非谐声通假对数占总数的 6%。即《诗经》真正的语音性异文被控制在一个较低的值，与来国龙得出的结论大致吻合。由此不难看出，过分强调语音性异文在早期文本中的主导作用是不合适的。语音性的异文虽不多，但仍然存在，不过这种异文是否能为文本的"口头性"提供证明呢？其实未必，例如上文提到的上博简《天子建州》的甲、乙本就是底本和抄本的关系，但在来

国龙的统计中仍存在一对非谐声的语音性异文:"直"和"得"。即语音性异文完全可以出现在一个抄写的文本中。造成这种现象的原因,可以说早期书写中未形成后世较为通行的一个词对应一个字形的标准,当时一个词可以用多个字形表达,按照后世的要求看,就是正字法的不严格。当然,并非语音性异文一定是正字法不严格导致的,口传因素仍可能是语音性异文出现的原因,但这种联系并不总是成立。

二、重新寻找早期文本中的"口头性"

上一章我们补证了早期文本中书写的重要性,及音近通假的异文并没有在写本中扮演重要角色。即便存在通假性的异文,也不是一定与口传有必然联系。那"口头性"与早期文本是否就脱钩了呢?这显然也不符合事实。诸如"左史记言,右史记事,事为《春秋》,言为《尚书》"(《汉书·艺文志》)。大量语录体文献,如《论语》以及《礼记》的诸多篇章的存在;《公羊传》《穀梁传》早期依赖口头传授,其文本至汉代才写定。这些都体现出"口头性"与早期文献的密切关系,因此"口头性"一定会在遗留的文本中有所体现,而非夏含夷所说的硬性证据很少。关键是我们以何种方式找到这些线索?

柯马丁曾在文中提出文本流传的三种方式:一是有底本的誊抄;二是一人念诵底本,一人听写;三是凭借记忆来写,或他人唱诵,没有底本。这三种方式分别代表了纯粹的书写性、半书写性半口头性,以及纯粹的口头性。[①]

其中口头与书面相配合的文献生产、流传方式既能在本土语境中找到诸如"雠校"这样的文献依据,[②] 亦有稍晚出土于长沙市金盆岭9号墓的校雠俑这类实物依据。通过写本记录念诵者声音的这一过程,除去使用同音、音近通假字可能留下痕迹外,还有就是记录连读音变的临时用字。这些临时用字与本来该用之字一般不存在音理上的通假关系,因此不能用一词对应多字形来解释,故不会牵扯到用字习惯和正字法,可以清晰地界定为文本的"口头性"。连读音变在传世文献和出土文献中均有所反映。例如俞敏先生在其论连读音变的专文中列举了多个早期文献的例子。[③] 下面略举两例:

《仪礼·燕礼记》:"凡公所辞皆栗阶。""栗阶"即"历阶",越也。之所以不写作"历"而写作"栗",是因"历阶"([liet] [kai])连读时,前一字的韵尾 [t] 被后一字的头音 [k] 同化成了 [k],因此记成了栗 [liek]。

《论语·先进》:"鲁人为长府。闵子骞曰:'仍旧贯如之何?何必改作?'"鲁《论》中"仍"为"仁"。"仁"韵尾为 [n],"仍"则为 [ŋ]。"仁"在连读"旧"时,受其头音 [g] 影响,被同化成 [ŋ]。

———————————————

① 柯马丁:《方法论反思:早期中国文本异文之分析和写本文献之产生模式》,李芳、杨治宜译,陈致编:《当代西方汉学研究集萃:上古史卷》,上海:上海古籍出版社,2012年,第375~376页。

② 《文选·魏都赋》李善注引《风俗通》:"案刘向《别录》:'雠校,一人读书,校其上下得谬误,为校;一人持本,一人读书,若怨家相对。'"参见萧统编,李善注:《文选》卷6,上海:上海古籍出版社,1986年,第287页。

③ 俞敏:《古汉语里面的连音变读现象》,《俞敏语言学论文集》,北京:商务印书馆,1999年,第343~362页。

此外，《诗经·邶风》的《柏舟》《日月》两篇均有"日居月诸"一句，其中的"居""诸"按毛传解释就当为语气词，即"日乎月乎"，黄典诚先生认为"乎"（匣纽鱼部）写成"居""诸"，是分别受"日""月"韵尾［k］、［t］影响，连读音变所致。①

出土文献中这样的例子也是存在的。如张福海先生指出清华简《金縢》简8的"周鴞"即今本之"鴟鴞"。"周"为章母幽部，"鴟"为昌母脂部。"周"的上古音为 tiw，"鴟"为 thi，则两者的主要元音相同，并非仅双声关系。"鴟鴞 thi Graw"，前一音节大概受后一音节的同化作用而变为 thiw，故楚简用"周"字假借。②

来国龙先生指出上博简《東大王泊旱》中的"杀祭"当读为"散祭"，即扩散了的、超越传统宗教地理范围的不正当祭祀。因"散祭"连读，造成韵部同化，心纽元部的"散"受到紧接着的月部"祭"的影响，也被同化成了月部字。最后写下来，就可能写为"杀"（心母月部）。③

笔者在郭店简《六德》中也发现了类似的现象，简33至简34："男女，卞（辨）生言。父子，新（亲）生言。君臣，宜（义）生言。"此处的三个"言"字，均当读为"焉"，这点陈伟先生已指出。④ 陈先生认为这里的"言"（疑母元部）与"焉"（影母元部）是邻纽双声的通假。韵部相同，疑母与影母为喉、牙音，通假在音理上自然没有问题，而且陈先生也给出了传世文献中两字通假的辞例。但回归到《六德》篇本身的语境中，其他4处（简11、简16、简43、简48）句末语气词用到"焉"的地方，均是写作"安"的，且楚简也惯用此字形表示"焉"。因此简33-34写为"言"明显是很特殊的。笔者认为此处写的"言"是受到前面"生"字的影响。"生"韵尾［ŋ］在连读影母的"焉"时，使得"焉"变成疑母字，自然可以写为"言"。

以上诸条（特别是能确定时代为战国时期的出土文献）例子，可以说明早期文本流传中声音的存在，这自然也是文本"口头性"的一种体现。而纯口头流传的模式，确实有存在的可能，但我们缺乏有效的途径在具体的文本中实证它。此外，确实存在依靠记忆默写的文献依据：

> 操因问曰："闻夫人家先多坟籍，犹能忆识之不？"文姬曰："昔亡父赐书四千许卷，流离涂炭，罔有存者。今所诵忆，裁四百余篇耳。"操曰："今当使十吏就夫人写之。"文姬曰："妾闻男女之别，礼不亲授。乞给纸笔，真草唯命。"于是缮书送之，文无遗误。（《后汉书·列女传》）

蔡文姬因男女有别、授受不亲的原因，拒绝了她背诵、吏员听写的方式，而是亲自默写。而不仅在汉末，记忆在中古时期仍承担着文献传播的任务。⑤ 但也必须看到蔡文姬默

① 黄典诚：《〈诗经〉中"日居月诸"的连读音变》，《中国语文》1984年第4期。

② 张富海：《谐声假借的原则及复杂性》，《岭南学报》复刊第10辑，2018年。

③ 来国龙：《说"杀"、"散"——兼谈古文字释读中的通假字问题》，《简帛》第4辑，上海：上海古籍出版社，2009年，第367～384页。

④ 陈伟：《郭店竹书别释》，武汉：湖北教育出版社，2002年，129页。

⑤ 于溯：《行走的书籀：中古时期的文献记忆与文献传播》，《文史哲》2020年第1期。

写的版本仍在文本族谱的序列中，并非无底本的文献生成。其记忆依据明确来自其父蔡邕的旧藏，而其默写的版本上呈后，被认定为"文无遗误"，想必朝廷也存在相同的书籍可资比较，故出此言。即蔡文姬的默写并未产生新异文或新版本，亦未将其个人意志注入文本中。她只是在精准地复制其底本而已，而这也是本事件被记载下来的原因之一。

综上，我们认为在书写性、半书写性证据较为充足的前提下，很难相信纯口传的方式会成为中国早期文本流传的主流。不过笔者希望明确一点：虽然中国早期的文本流传中，书写性占重要地位，但不代表这些文本与口头性的场景不发生关系。这也是本章开头提到一些例子（事实上，类似的例子从古到今，一直存在）：如《尚书》中"诰""训""誓""命"，《论语》中的语录，都是通过书写的方式在记录语言；同样，孔子在一个口头教学场景下，亦可运用写本的《诗》《书》作为教本。即：书写性的文本，也完全可以用于十分口头的场合。

当我们不将口头视作文本传播的"媒介"，而将其视作文本的"容器"时，书写与口头的对立关系就自然瓦解了。目前，我们对"书写"这一"媒介"已经有了较深的认识，但对"口头"这一"容器"关注还不够。而西方口头理论中对"容器"的论述还是具有一定参考价值的。因此，我们不宜将口头理论窄化为一种文本流传的理论，还要看到其对文本功能和用途的探讨。

三、"训"文本的使用场景及其与书写文化的关系
——以北大简《周驯》为例

除去前文柯马丁提到的，文献解读上的歧义需要依赖良师外①，柯鹤立则注意到清华简《保训》中文王传"训"的方法是"诵"，而"训"在先秦文献中是一种介于"书"和"诗"之间的教育类文本，它既记录历史史迹，又存在押韵现象。战国时期的"训"有两种功能，一是在儿童的成年礼上，通过舞先王之舞，述先王之事，培养、获得先王之德；二是在儒家子弟的学习中，帮他们学习典范，修德养性，使其最后步入君子行列。②韩大伟有所补充，《保训》不仅提到传训要"受之以诵"，而且要求"女（汝）以箸（书）受之"，即书写下来，这是训由口头变为书面文本的过程。此外，书面文本也可以变为口头文本，例如右史所记之事转换成口头文本以在祖庙宣读。此时，信息相同的口头文本和书面文本，存在于同一个礼仪情景中。③

虽然不能用训类文本说明早期文献的整体面貌，但它们的特性亦不容为书写文化所掩盖。而训的文本，其实包含了两个层次：一是篇章所记载内容的场景，二是这个文本自身的使用场景。下面笔者以北大简《周驯》为例，进行一些探讨。

① 柯马丁：《方法论反思：早期中国文本异文之分析和写本文献之产生模式》，李芳、杨治宜译，陈致编：《当代西方汉学研究集萃·上古史卷》，上海：上海古籍出版社，2012年，第371~373页。

② 柯鹤立：《清华简〈保训〉中的"训"及古代传播"训"的方式》，《清华简研究》第1辑，上海：中西书局，2012年，第74~83页。

③ 韩大伟：《中国经学史·周代卷：孔子、〈六经〉与师承问题》，唐光荣译，北京：社会科学文献出版社，2018年，第170~171页。

北大简《周驯》，有篇题"周驯"写于第 3 简简背（说明其本身就定名为"训"），简文分章书写，换章则提行，章首有"·"作提示符。大多数章以"维岁某月更旦之日，共太子朝，周昭文公自身敕之，用兹念也"开头，月份由正月依次往后，每月一训，又以"已教，大子用兹念，斯乃授之书，而自身嘱之曰：'汝勉毋忘岁某月更旦之训'"结尾，中间则是训的内容，包含道德训诫和历史故事。

简文的内容颇值得玩味，共太子来朝，周昭文公作敕这是一个口头的训授，而授毕"乃授之书"，这里的"书"可能就是各章的训中所提及的《诗》《书》《谚》或者历史故事的篇章，简 84 亦在引用《尚书》后提到"既书于志"。说明简文中的周昭文公授训的场景虽然是口头的，但他的训语依赖于他眼前的这些底本。而在周昭文公的训中，赵简子的故事值得注意：

> 赵简子身书二牍，而亲自籀之。其书之言曰："节欲而听谏，敬贤勿慢，使能勿贱。为人君者能行之三者，其国必弥大，其民弗去散。"已籀兹书，右手把一以予伯鲁，左手把一以予无卹。俱……在。伯鲁亡其书，令之口讽之而弗能得。无卹出其书于左袂，跪而进之，令口讽诵之而习。简子曰："鲁也，不知好学之有赖也，不知纵欲之日败也，不知自以为少而年已暮也。不识之三者，其安能守祭？无卹好学而知贵善言，孝悌慈仁而主令弗慢。令之守祭，其使能使民毋去已迁。"乃立无卹以为太子。简子已终，无卹即位，遂为贤主。①

此故事的第一个场景，赵简子欲立嗣，训诫二子。他先将训的内容写在简上，然后念诵出来（《说文》："籀，读书也"），之后将简分别交予二子。这可与前文提到的《保训》中文王训武王的场景相比较。此处是先书而后诵，《保训》是先诵而后书，但都强调口语的训要依托于一个写本，而写本在这个故事中还扮演了很重要的角色。

第二个场景，赵简子考验二子，不仅要讽诵训语，还要拿出当初书写的简。伯鲁不仅把简弄丢了，还背诵不出训语；而无卹不仅将简保存完好，且熟练背诵了训语。两人形成鲜明反差。且在这个场景中，篇章的作者还描写了一个细节，无卹献简的动作为"跪而进之"。这其实是符合礼节的表现："授立不跪，授坐不立。"（《礼记·曲礼上》）交付物品给站立的人时不要跪着，而交付物品给跪坐的人则不要站着，即授受姿势的对等。简本《周驯》有脱简，故无法展示简子的姿态，但同样讲到此故事的《韩诗外传》佚文就提到"简子坐清台之上，问二书所在"②。故无卹的行为在场景中是很得当的。无卹在书面、口头、仪节上都成功应对了赵简子的测试，最后获立太子并成为一代贤主。

接下来，我们从《周驯》的内容跳出，看其本身。该篇虽为汉隶书写，然其用词含有战国时代的特征，用字包含有秦系文字，以及战国东方六国文字的写法，传达出目前版本的底本来自战国，历经传抄到汉代。③ 苏建洲先生对整理者之说有所订补，其大致同意

---

① 《北京大学藏西汉竹书（叁）》，上海：上海古籍出版社，2015 年，第 140 页。
② 赵昉等：《太平御览》卷 146，北京：中华书局，1960 年，第 712 页。
③ 《北京大学藏西汉竹书（叁）》，上海：上海古籍出版社，2015 年，第 250~256 页。

整理者的意见，但也指出秦汉时期对底本进行了修改。① 这与前文通过楚简篇章中的非楚系写法证明楚简底本来自其他地区的方法相同，是文本依赖"书写性"流传的证据。

此外，我们注意到北大简《周驯》还有部分文字的错误的现象，如误"斯"为"欺"（简24），误"卫"为"衛"（简69），误"孝"为"李"（简82），等等，但最值得注意的是简25"而曰自身属（嘱）之曰"一句，因此句作为套语反复出现在章末，对比即可知前一"曰"字为衍文。这一衍文的造成很可能是"视觉性"的，因"曰""自"的结构类似：■、■，书手将该句底本"而"后面的"自"，误看成"曰"，故误抄为"曰"，但发现错误后，继续抄写"自"字。因为如果简本《周驯》是依靠记忆默写或记录无底本的背诵，大概率不会在某章中多背一个突兀且无意义的"曰"字，而其他章节则完全正常，并保持统一。正如我们不会把一首七言绝句的诗的某一句记成八言一样。就此可以推断其他处的讹书，应该也是视觉性的误认，即"抄写性"的错误。抄写性的错误无疑是简本有底本的证据。

而这样一个周昭文公训共太子的抄本会在何种场景中使用呢？整理者已经敏锐地注意到《周驯》全篇各章的所论是围绕"立嗣"展开的，"立嗣"是该篇的中心。战国时期各国的君位传承仍是一大问题，而欲巩固地位的储君、觊觎太子位的母弟、庶子，甚至希望平定储位之争的君主都希望获得历史经验，《周驯》正是这样的政治教材。② 廖群结合传世文献，进一步提出训的题材还可能使用于天子听政、列国朝训、傅教太子、太学教育、诸子私学等。③ 而这些场景无疑都很难脱离一个口头的环境，可以说《周驯》这类文献绝不是书斋阅读的题材，它与政治生活或教学生活都发生密切关联。由此，我们可以看到一个嵌套三层的"教""训"结构：

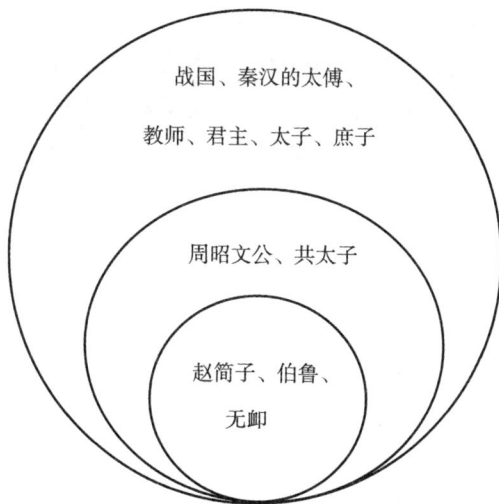

（图：同心圆，由外到内）

战国、秦汉的太傅、教师、君主、太子、庶子

周昭文公、共太子

赵简子、伯鲁、无卹

---

① 苏建洲：《论〈北大汉简（叁）·周驯〉的抄本年代、底本来源以及成篇过程》，《出土文献》第11辑，上海：中西书局，2017年，第266~294页。

② 《北京大学藏西汉竹书》（叁），上海：上海古籍出版社，2015年，第262~265页。

③ 廖群：《简帛"说体"故事与中国古代"训语"传统——以北大简〈周驯〉为例》，《中南民族大学学报》（人文社会科学版）2018年第4期。

最底层的是像赵简子训二子这样的立嗣故事，而这些故事的讲授者和接受者是《周驯》篇的周昭文公和共太子；而周昭文公训共太子的各章节又形成了一个个讲述立嗣道理的故事，而这些故事的讲授者和接受者是战国晚期到秦汉的太傅、各类私家老师、君主、太子、庶子等人。立嗣、为君之道从小故事的说训者口头说出，传到大的故事里，被大故事的说训者称述，最后由真实世界的教师讲授给他的听众。而这些层层递进的"口训"往往被记录下来或者依托于书写的文本。印证了早期中国书写文化与口语文本在场景上密切的关系。

四、结 语

中国早期文本（包括《诗经》）的生成和流传中，书写发挥了重要的作用。目前已出土了三种独立的战国《诗经》写本，其中两种都体现出有意识的编辑和整理，并形成了一定的书面体例。这样的文本更偏向于视觉化的《诗经》阅读。而传世文献中关于"删诗"以及"焚书令"的记载，也是以《诗经》大量被书写下来为基础的。除去口头性较强的《诗经》，在其他战国楚地写本中可以发现一些非楚地写法的字形，这说明它们是抄写自一个其他地域的写本。与此相对，早期文本中的异文以语音异文为主的观点存在一定问题，犯了"历时通假"的错误，共时的战国书写之间并没有很高比例的语音性异文。以此为基础来论证早期文本以口传为主，自然也就不成立了。但语音参与文本生成的例子却是存在的，例如文本中出现的连读音变用字。

若将"口头性"仅视作一种使用场景，而不视作传播的媒介，"口头性"与"书写性"之争就自然消解了，"书写性"的文本完全可以在口语化的环境中使用，"训"类文本就是很好的例子。北大汉简《周驯》被证明是一个有底本的写本，而从其"立嗣"主题看，它更多是面向朝训、教学等口头化的使用场景。其篇中周昭文公的训诫，亦经常要依托于书写下来的文本。而在训诫的故事中，赵简子对二子的训诫亦体现出类似的情况。这三层结构非常好地说明了口头与书写的结合。

（作者单位：清华大学人文学院）

断裂与重建：清华简"诗"类文献的文本与礼乐关系

□ 凌 彤

【摘要】 西周春秋时期，具有礼乐化形态的"诗"不仅包括可供阅读的文辞，也涵盖仪式展演的形式。但在战国诗乐分途的背景下，阅读性的《诗》本被战国《诗》学传承，而《诗》的礼乐化形态发生了转型。清华简"诗"类文献的文本兼具阅读性与仪式性，反映出不同历史时期下"诗"与礼乐的不同组合关系。《芮良夫毖》的文本与礼乐组合方式显示出在"诗体"生成过程中阅读性与仪式性尚未分离的痕迹；而《周公之琴舞》《耆夜》的文本与仪式组合，则体现出战国诗乐分途背景下儒家弟子复兴礼乐的尝试。他们在流传已久的《蟋蟀》《敬之》等阅读性诗本上添加了"启""终""乱"等仪式性用语，丰富了单篇诗的乐章表达形式。最终通过文体的复古和形式上的创新，以达成"言古以剀今"的目的。

【关键词】 阅读性；仪式性；诗乐分途；礼乐化形态

一、语境与仪式："诗"的礼乐化形态及传承

（一）"诗"的原始语境与双重功能

战国时期人们如何理解"诗"的形态与功能，决定了战国"诗"类文献的核心与边界。而战国"诗"类文献形态的形成与"诗"体的形成过程密不可分。如果要明确"诗"体的形成过程，则需要探究"诗"的原始意义。我们不妨通过"诗"的字形结构推测它的原始意义。

"诗"字，《说文》云："志也，从言寺声。"但是"'言+寺=诗'的构形方式在很长一段时期内并不被广泛接受，代替'诗'字的往往是'寺'或者'✕+寺'的构形"①。

---

① 俞琼颖：《"诗"字渊源初探》，《学行堂语言文字论丛》第四辑，成都：四川大学出版社，2014年，第155页。

杨树达认为"志字从心屮声，寺字亦从屮声，屮志寺古音无二。古文从言出，言志即言屮也"①，陈世骧直接指出"'诗'和'志'对于'诗'字的关系，都是从屮得声的共同关系"，而"说某字从某声，根本上也就是从该某声而生某义"②，也就是说，"诗"的字义，要从"屮"处寻求。而"屮"在甲骨卜辞中是祭名③，又有"之""止"二相反义，"正是原始构成节奏之最自然的行为"。"寺"字下半部分的手形符号，"既是狩猎力量的表征，又有感恩献祭的含义"④。由此，"诗"的抽象概念产生之前，它的声符和形符已经预示了它的多义性，也暗示了它与某种原始仪式之间的原始关联。

当人们以"诗"的概念命名"诗"的实体时，"诗"的观念就产生了。这时，自然形态的"诗"从基本的行止活动、具有巫术宗教意味的仪式逐渐转换为一种具有文体概念的"诗"。"诗"的形态和功能都随之发生了变化。郭英德指出："人们在特定的交际场合中，为了达到某种社会功能而采取了特定的言说行为，这种特定的言说行为派生出相应的言辞样式，于是人们就用这种言说行为（动词）指称相应的言辞样式（名词），久而久之，便约定俗成地生成了特定的文体。"⑤ 这启示我们，在追溯"诗"的文体概念时，可以从"诗"特定的言说语境和社会功能中探寻。

前文已述，"诗"最早的言说语境便是仪式活动，"诗"是神圣仪式的组成部分，且在仪式活动中的功能主要通过修辞体现。当人们对"诗"的文辞有了实觉的认识时，"诗"终会从仪式中独立出来。《诗经》中的《崧高》"吉甫作诵，其诗孔硕"，《卷阿》"矢诗不多，维以遂歌"就显现出一种"诗"与"歌""诵"的对立意识。我们从中不难感受到"诗"的指向在于言说的内容，而"歌"的指向体现在音乐性上。当人们产生了歌诗分立的意识，"诗"的言说内容也就逐渐从古老的"仪式"中独立出来，进而拥有了更广阔的言说语境。

歌诗分立后，除了礼仪活动之外，"诗"也可以表达意见与情感。这时产生了相当一部分作为讽谏怨刺之用的"诗"，"诗"的个体要素也得到了释放。郑司农于《周礼·春官·瞽矇》"讽诵诗"处注曰："讽诵诗，主诵诗以刺君过。"郑玄注曰："讽诵诗，谓暗读之，不依咏也。"孙诒让正义云："不依咏，谓虽有声节，仍不必与琴瑟相应也。"⑥ 作为讽诵之"诗"，本不必与音乐结合，本身即是独立的言辞样式。《左传·文公元年》秦穆公引《桑柔》曰"芮良夫之诗"，《左传·昭公二十年》有"祭公谋父作《祈招》之诗，以止王心"，这些"诗"都与讽谏怨刺的言说语境相关。

随着制度的发展，"诗"的言说语境仍在变化。一部分讽谏怨刺之"诗"，作为先在的文化资源，通过西周采诗、献诗制度又与礼乐仪式相结合，承担了仪式乐歌的角色。

---

① 杨树达：《积微居小学金石论丛·释诗》，北京：科学出版社，1955 年，第 25~26 页。

② 陈世骧：《陈世骧文存》，沈阳：辽宁教育出版社，1998 年，第 14 页。

③ 黄锡全：《甲骨文"屮"字试探》，《古文字研究》第六辑，北京：中华书局，1981 年，第 201 页。

④ 陈世骧：《陈世骧文存》，沈阳：辽宁教育出版社，1998 年，第 22 页。

⑤ 郭英德：《中国古代文体学论稿》，北京：北京大学出版社，2005 年，第 29 页。

⑥ 孙诒让：《周礼正义》，北京：中华书局，1987 年，第 1865~1866 页。

"诗"不再仅仅作为讽谏怨刺之辞，而复为礼乐制度中的重要组成部分，这一过程即"歌诗合流"。但这种合流不用于混沌时期的诗乐舞一体，而是有意识地被赋以新的政治功能。此时，"诗"既可以佐助礼仪，又能够承载德义之教，同时具有礼乐仪式功能和德教义府双重功能。① 此时的"诗"，已经被纳入官方的文化建构系统中，呈现出一种新的"礼乐化形态"。

（二）诗体的发展与诗乐分途

在西周的礼乐教育体制下，具备"礼乐化形态"的"诗"需要被传承下去。这种传授不仅包括可供阅读的文字，也涵盖仪式展演的形式。不同的传授方式侧重不同的诗歌功能。王小盾、马银琴曾根据《周礼》等文献的记载，析出"国子之教"（"乐语之教"）和"瞽矇之教"（"乐教"）两种传诗路径。② 二者在管理制度、教授内容和培养对象上都有差别。具体而言，"国子之教"由大司乐、乐师、籥师负责，面向"国之子弟"，目的是培养行政人才，主持仪式，使于四方；"瞽矇之教"则由大师、小师负责，面向"瞽矇"，目的是培养专业乐人，在各类仪式上表演，为礼乐展演提供技术指导。"诗"是二者共同的文本基础，相比之下，瞽矇传诗更加注重诗之"声"、国子之教更加注重诗之"言语""德义"。③

两个传诗系统在"礼"的指导下相互渗透，相辅相成。专业乐工通过"风""赋""比""兴""雅""颂"的方式劝诫讽谏，国子也掌握全套的礼乐表演形式。这时，**"诗"既能够作为阅读性文本传播，又能够作为仪式性文本使用**，之后，随着社会历史的发展，不同的言说行为产生了各式文本和丰富的形态特征，于是形成了新的作为文本方式的文体分类标准。"书"有典、谟、诰、誓、训、命六体，"诗"有风、雅、颂、赋、比、兴。细究《诗》文本的篇章分类——风、雅、颂，实与宫廷仪式中的乐歌形态密切相关。④总体而言，在由行为方式向文本方式过渡的文体生成阶段，诗的文体形态特征与其作为乐歌的表演形式相关联。

---

① 关于歌诗合流的相关论述参见马银琴：《两周诗史·绪论》，北京：社会科学文献出版社，2006年，第8~19页。《周琴时代〈诗〉的传播史》，北京：社会科学文献出版社，2011年，第7~39页。

② 参见王小盾：《诗六义原始》，《中国早期艺术与宗教》，上海：东方出版社，1998年，第219~222页。马银琴：《周秦时代〈诗〉的传播史》，北京：社会科学文献出版社，2006年，第7~39页。

③ 刘雨、张亚初《西周金文官制研究》考证西周乐官官职时发现："大师之职未见于殷代卜辞。从西周铭文看，目前仅见于恭王以后，也就是说这种职官上限不超过西周中期。"由于"儒家所传西周的礼书，都不是原始资料，已经儒家按其政治理想重新编定。儒家作为经典的《周礼》，或称《周官》，名为记载周朝政权组织及其相关典章制度的，实际上是经过儒家重新编定的理想化政典"（杨宽《西周史前言》），《周礼》对于乐官的官职的描述未必都同于《诗经》被编集的年代，可能部分出于战国时期的建构。西周铭文中的大师未必与乐曲相关，但《周礼》毕竟也蕴含了西周以来的文化资源，其所反映出的古人传《诗》分"声教""义教"两条路应当是符合事实的。参见刘雨、张亚初：《西周金文官制研究》，北京：中华书局，1986年，第3页；杨宽：《西周史》，上海：上海人民出版社，2003年，"前言"第2页。

④ 王小盾：《诗六义原始》，《中国早期艺术与宗教》，上海：东方出版社，1998年，第24~25页。

在"诗"体形成时期，它的形态特征植根于这一文体独特的行为方式，即作为表演性的乐歌佐助礼典，但"诗"的社会功能亦深深地蕴藏在其文本方式中，即作为德教义府用于讽谏。行至春秋，礼乐制度发生了变革，外交聘问场合下的"赋诗言志"逐渐成为仪式歌奏之外常见的诗歌传播方式。在各种因素的影响下，"《诗》作为赋诵讽谏的文本方式及其功能特征渐趋凸显，而作为仪式的行为方式及功能特征则愈益淡化"①。随着"诗体"的独立，它早已具备了整齐用韵的形态，不再需要通过成为仪式乐歌来彰显自己的身份，"诗"和"乐"也可以解绑了。当《诗》不搭配先前的礼乐仪式依然可以广泛传播时，"诗"和"乐"的传承也走向分途。

王国维论断"案古乐家所传诗之次弟，本与诗家不同。……诗家习其义，出于古师儒。孔子所云言诗诵诗学诗者，皆就其义言之，其流为齐、鲁、韩、毛四家。乐家习其声，出于古太师氏。子贡所问于师乙者，专以其声言之，其流为制氏诸家。诗家之诗，大夫习之，故三百篇至秦汉具存。乐家之诗，惟伶人世守之"，而且"诗乐二家，春秋之季已自分途"。② 总结起来，"诗家之诗"行诸文字，故而可以"具存"；"乐家之诗"依托仪式，随着仪式展演的频次下降，乐曲形式的古今迭代，除了专职于此的"伶人"世守，其他人就不大可能掌握了。

诗乐分途一方面导致礼乐机构的失职：由于歌乐舞仪式主要依靠活态承载，当乐工不能充分理解诗乐仪式所蕴含的"讽谏"之教时，他也很难全面掌握各种礼仪形式下的用乐规范，原有的乐教体系就很难传承下去。《乐记·宾牟贾》篇记述孔子和宾牟贾讨论《大武》曲调一事，显示出鲁国乐工传承不力，所谓"有司失其传"，导致《大武》乐曲中"声淫及商"，这显然是不应该出现的旋律。这正是因为乐工不懂得这种曲调只能反映出"武王之志荒"的涵义，如此演奏便与诗的德教功能相悖。③ 这种情况发展至汉代，就是"乐家有制氏，以雅乐声律世世在大乐官，但能纪其铿锵鼓舞，而不能言其义"（《汉书·礼乐志》）。

另一方面导致王侯公卿的失态：贵族子弟对于诗乐的表演形式和声调也不清楚。《左传·襄公四年》记载穆叔如晋，晋侯先后以《文王》《鹿鸣》享穆叔，前者虽文义甚好，但却不符合礼典规范，因此穆叔舍前者而拜后者。《左传·文公四年》记载宁武子聘鲁，文公为之歌《湛露》及《彤弓》，同样不符合制度，因此宁武子也不敢承受。说明春秋时期，有的诸侯国君已经不复掌握应有的诗乐礼仪了。与此同时，各国国君喜爱郑卫新声，对古乐也造成了冲击。《汉书·艺文志》说"周衰俱坏，乐尤微眇，以音律为节，又为郑卫所乱，故无遗法"，说的就是新乐取代古乐，最终导致乐教衰落、古乐凋零的状况。

自歌诗合流走到诗乐分途，阅读性的《诗》本是战国《诗》学传承的历史必然选择。但《诗》的礼乐化形态中本来具备的乐、舞形式却并未消失，而是发生了转型。清华简《周公之琴舞》《耆夜》《芮良夫毖》等文献就能够反映出"诗"在特定历史语境中的独

---

① 郭英德：《中国古代文体学论稿》，北京：北京大学出版社，2005 年，第 40 页。
② 王国维：《观堂集林》，《王国维全集》第八卷，杭州：浙江教育出版社，2009 年，第 66 页。
③ 孙希旦：《礼记集解·乐记》，北京：中华书局，1989 年，第 1022 页。

特形态与诗功能的转型过程。① 从其中的"作歌—终""琴舞九卒""作愍再终"这些语词中，我们可以发现它们的结构与礼乐仪式有着密切关系，而它们的内容又与周史密切相关。从中我们可以复现"诗"类文献在不同的历史语境中的文本与礼乐关系。

二、文辞与乐歌：清华简"诗"类文献的性质及构造

（一）《芮良夫愍》的文体归属

清华简《芮良夫愍》，开篇即言创作缘由：周邦屡次有祸，周边频繁进犯。周厉王和他的卿士独占山泽之利，一直争富，不体恤国家，不治乱持危。因此芮良夫作两篇"愍"以劝戒。这两篇"愍"有韵，但整篇文献究竟是"韵文"还是"诗"，学界有不同看法。② 不论将其隶属于何种文体归属，大部分学者均以为此篇为西周末年周厉王时代动乱之下芮良夫的劝谏之辞——"愍"③，且内容可与芮良夫所作《大雅·桑柔》《逸周书·芮良夫解》互参。

判断《芮良夫愍》的文体归属，需要明确古代文体分类的生成方式。前文已述，最早的文体分类源于人们对文体的行为方式及其社会功能的体认。不同的礼乐仪式场合由不同身份的人主导，因此拥有了适用于不同场合的言说方式，随之对应了不同的文辞样式。审视《芮良夫愍》的文体，我们可以发现，就其形态特征而言，"终""启"及用韵的体式，彰显出其合乐之歌的属性，呈现出其文本的仪式性特点。就其行为方式和社会功能而言，"愍"见于传世文献《尚书·酒诰》篇"厥诰愍庶邦庶士越少正、御事""汝劼愍殷献臣""汝典听朕愍"句，而《诗经·大雅·桑柔》中有"为谋为愍"，《诗经·周颂》

---

① 有很多学者将其置于"《诗》类文献"的范畴中研究。然而，我们目前只能从现有材料中看出它们所具备的文本形态，却并没有充分的证据说明它们曾经进入作为经典传习的《诗》本，因此我们不妨暂将其称为"诗"类文献。

② 赵平安认为《芮良夫愍》结构类于《尚书》中的《酒诰》《康诰》《多士》等，且两篇"愍"之有韵，类似《尚书》中《五子之歌》之有韵，可见君臣之言可以以韵文形式呈现，而《国语》《逸周书》所见芮良夫颇熟悉诗教，因此其文可以诗歌形式呈现。陈鹏宇则运用西方口传理论分析了《芮良夫愍》中的"诗类套语"和"非诗类套语"，认为此篇是朝臣受民间歌谣影响而创作的规谏性质的作品，类似于后世的表奏。二人皆将其划入《书》类文献。而李学勤、姚小鸥、马楠、马芳等更多的学者认为其类似于《大雅》，属于《诗》类文献。见赵平安：《〈芮良夫愍〉初读》，《文物》2012年第8期，第77~80页。陈鹏宇：《清华简〈芮良夫愍〉套语成分分析》，《深圳大学学报》（人文社会科学版）2014年第2期，第62~70页。李学勤：《新整理清华简六种概述》，《文物》2012年第8期，第66~71页。高中华、姚小鸥：《论清华简〈芮良夫愍〉的文本性质》，《中州学刊》2016年第1期，第140~143页。马楠：《〈芮良夫愍〉与文献相类文句分析及补释》，《深圳大学学报》（人文社会科学版）2013年第1期，第76~78页。马芳：《从清华简〈芮良夫愍〉看"愍"诗及其体式特点》，《江海学刊》2015年第4期，第190~195页。

③ 但曹建国从文辞不可入乐、思想、用韵等方面考察，认为其为战国中晚期作品。参见曹建国：《清华简〈芮良夫愍〉试论》，《复旦学报》2016年第1期，第19~30页。不过文辞、思想层面的证据并不牢固，已有驳论。参见周天雨：《新出简帛文学资料整理研究》，陕西师范大学硕士学位论文，2018年，第43~49页。而音韵学的证据，曹建国在论文中也列举了"反例"，因此本文认为曹建国先生的观念有待商榷。

中有一诗名曰"小慤"。《芮良夫慤》的结构与《周书》相似，表达戒敕之意的"慤"可以与"诰""谟"比肩，呈现文本的阅读性特点。这种谏辞与乐辞的组合方式，正显示出"诗体"形成过程中由行为方式、社会功能向文本方式过渡的痕迹。因此，我们既可以将其划归"书"类文献，又可以归入"诗"类文献。强调"书"类文献时，我们侧重的是它文辞蕴含的社会功能及阅读性；强调"诗"类文献时，我们侧重的是它作为乐歌的言说方式及仪式性。之所以称"类"而不称"体"，盖因彼时文体边界尚不清晰，各体尚在形成过程中。《芮良夫慤》这种模糊的文体归属，不仅反映了"诗体"形成初期的状况，也暗示出"诗"初入乐时诗文本阅读性与仪式性尚未分离的状态。

（二）《耆夜》的礼乐背景

清华简《耆夜》记载了武王伐耆后举行"饮至"典礼的情景。其中周公"作歌一终"曰《蟋蟀》。这篇《蟋蟀》不仅能与今本《唐风·蟋蟀》相互参照，还可与新出安大简中的《魏风·蟋蟀》相互参照。不过三者章次、句式、字词不尽相同。

在安大简出土之前，学者曾多次讨论今本《蟋蟀》和清华简本《蟋蟀》的流传序列，这些在牛清波《清华简〈耆夜〉研究论述》中均有收集整理。① 后来柯马丁提出："两篇《蟋蟀》文本是通过它们总体上的主题、意象以及一套有限范围的表述而联系在一起的，这些表述明显使它们区分于其他诗歌：它们是某一种共享素材库或是'诗歌材料'的两个独立的具体实现。如果有其他的'蟋蟀'诗被发现，它们也将是不同的。"② 但安大简和毛诗本的极度相似无疑是对柯马丁"共享素材库"说法的冲击，新出文献确证战国时期显然有着较为稳定的《诗》本。学者们结合《耆夜》中其他诗篇作出的套语、典型词语时代性、语法、用韵分析，判定《耆夜》最终写成于战国，而战国晚期以前的词语、用法在简文中都留有痕迹。③ 因此笔者更相信《耆夜》中的《蟋蟀》绝非周初之作，而

---

① 牛清波：《清华简〈耆夜〉研究论述》，《文艺评论》2017 年第 1 期，第 51~60 页。

② ［美］柯马丁：《早期中国诗歌与文本研究诸问题——从〈蟋蟀〉谈起》，顾一心、姚竹铭译，《文学评论》2019 年第 4 期，第 133~151 页。

③ 根据牛清波的整理，诸说大致如下：陈致认为诗中"穆穆克邦""万寿无疆""丕显来格"等语词是西周中晚期铜器铭文中习见的祝寿词，不可能作于周初。吴良宝认为，传世文献中训为"到""至"义、接引时间词的"及"，时代均在春秋时期以后，目前所见出土文献中的用例时代均不早于战国时期。杜勇认为《耆夜》开篇"武王八年"的纪年方式不符合西周初年周人用"祀"不用"年"的用例，应与《竹书纪年》、清华简《系年》一样，成书于战国时代。曹建国从用词用韵方面进行了考察，认为简文《耆夜》是战国时人的作品，而托名于周公。陈鹏宇对《耆夜》各诗的"套语"成分进行了分析统计，发现前四诗套语成分比例远高于简文《蟋蟀》诗。他认为，《耆夜》主旨在劝戒，整篇以《蟋蟀》为点睛。前四诗是时人为了烘托《蟋蟀》创作的。简本《蟋蟀》渊源有自，套语成分比例较低，其中的晚期成分，可能来自《耆夜》编纂者所做的改动。《耆夜》的编纂年代很可能在战国早期。李守奎认为，《耆夜》中的诗皆以篇首二字命题，符合先秦诗的命题习惯。但"作歌一终曰《乐旨酒》：'乐旨酒，宴以二公'"的表述显然晚出。《耆夜》的史料有所依据，但不是周初文献的抄录，应当是后代学者的改写。季旭昇认为，"从"训"自"义直到战国中期中山王"兆域图"中才出现，《耆夜》简文中已有"从朝及夕"之例，表明简文已非西周初年的原貌，当经过东周人的改动。郝贝钦将《耆夜》简文中的用韵、用词与《诗经》、西周铜器铭文进行了对比，认为《耆夜》的最初史料可能来自殷末周初，但肯定经过西周中晚期至春秋前期时人的重新整理和加工。参见牛清波：《清华简〈耆夜〉研究论述》，《文艺评论》2017 年第 1 期，第 51~60 页。

是战国时人据已有的《蟋蟀》（《唐风·蟋蟀》或《魏风·蟋蟀》或是春秋战国之际存在的与《蟋蟀》同题相似的逸篇）的加工再造①。

既然我们很难判断二者的流传序列，不如悬置此问题，转而探讨简本《蟋蟀》与《耆夜》的关系。《蟋蟀》一诗，《毛诗序》谓："刺晋僖公也。俭不中礼，故作是诗以闵之，欲其及时以礼自虞乐也。此晋也，而谓之唐，本其风俗，忧深思远，俭而用礼，乃有尧之遗风焉。"王先谦《诗三家义集疏》载齐诗说为："君子节奢刺俭，俭则固。孔子曰：大俭极下，此《蟋蟀》所为作也。"载鲁诗说为："独俭啬以龌龊，忘《蟋蟀》之谓何。"《孔子诗论》谓之 "知难"，《孔丛子·记义》孔子云："吾……于《蟋蟀》，见陶唐俭德之大也。"三家诗及《诗论》均未称 "刺晋僖公"，但言 "俭德" 之难。从文义上看，各章前半是在说岁月流逝当及时行乐，后半段则警示切勿好乐无荒。孔子所谓 "知难"，在于 "良士" 能够在这种岁月流逝中保持俭朴的道德持守。《左传·襄公二十七年》载："印段赋《蟋蟀》，赵孟曰：'善哉！保家之主也，吾有望矣！'……印氏其次也，乐而不荒。乐以安民，不淫以使之，后亡，不亦可乎？"看来古义如此，诸说大致相同。《耆夜》中的《蟋蟀》，也是周公有感于岁月流逝，而用以提醒群臣保持戒惧，"康乐而毋荒" 的。只不过《蟋蟀》及其余四首诗，是被放置在饮至典礼的背景中的。

饮至礼散见于先秦典籍：

> 归而饮至，以数军实。（《左传·隐公五年》）
>
> 凡公行，告于宗庙，反行，饮至、舍爵、策勋焉，礼也。（《左传·桓公二年》）
>
> 秋七月丙申，振旅，恺以入于晋，献俘受馘，饮至大赏。（《左传·僖公二十八年》）
>
> 有功，于祖庙舍爵策勋焉，谓之饮至。天子亲征之礼也。（《孔丛子·问军礼》）

此外，《诗经》中的《鲁颂·泮水》记载鲁侯在泮宫饮酒，明代姚舜牧《诗经疑问》、朱朝瑛《读诗略记》认为它属于饮至典礼。《小雅·六月》，宋代严粲《诗缉》、明代何楷《诗经世本古义》认为它是天子燕饮吉甫的饮至礼。亦有学者认为《小雅·彤弓》《出车》《采薇》等属于对饮至礼的运用。② 廖群发现《三国志·吴书·诸葛恪传》有 "感

---

① 《左传》季札观乐歌《唐风》之后评："思深哉！其有陶唐氏之遗民乎！"班固《汉书·地理志下》："其民有先王遗教，君子思深。……故唐诗《蟋蟀》《山枢》《葛生》之篇曰：'今我不乐，日月其迈''宛其死矣，他人是愉''百岁之后，归于其居'皆思奢俭之中，念死生之虑。"因此李山认为："社会流行像《唐风·蟋蟀》和《耆夜》之《蟋蟀》之类的歌唱，或许是很古老的事情。……'蟋蟀'一类主题的歌唱，也许早就随着蜡祭这一节日的形成而在唐尧之地流行了，而且一直流传到周代。"参见李山：《诗经析读》，北京：中华书局，2018 年，第 268 页。

② 参见马智全：《饮至礼辑考》，《简牍学研究》第五辑，兰州：甘肃人民出版社，2014 年。杨晓丽：《〈诗经〉中的饮至礼》，《古籍整理研究学刊》2017 年第 3 期，第 51~56 页。廖群：《"乐三终" 与 "饮至" 歌〈诗〉考》，《文学评论》2018 年第 2 期，第 196~204 页。

《四牡》之遗典，思饮至之旧章"一句，亦可作为饮至礼有歌《诗》之仪的旁证。除传世文献外，出土文献也有相关记载。陈梦家先生考证虢季子白盘所记录的事件符合饮至礼的背景，李学勤先生考证西周金文成王时期的周公东征鼎中的"飨秦"亦即"饮至"等。① 总之，饮至礼是军礼的一部分，主要包含战争之后师旅征伐得胜，回来进行的一系列的仪式，如告庙、舍爵、策勋、赏赐、饮酒、观乐等。②

但《耆夜》所载饮至礼，不仅与礼书文献所载礼仪不完全相合③，也与反映饮至礼的《诗经》文献《小雅·六月》不同。《六月》反复提到"戎车"，体现出其诗的军礼背景，而《蟋蟀》用"役车"，孔颖达正义云："'庶人乘役车'，《春官·巾车》文也。彼注云：'役车方箱，可载任器以供役。'然则收纳禾稼亦用此车，故役车休息，是农功毕，无事也。《酒诰》云：'肇牵车牛，远服贾用，孝养厥父母。'则庶人之车，冬月亦行。而云休者，据其农功既终，载运事毕，故言休耳，不言冬月不行也。"④ 作为"庶人之车"的"役车"，显然与"戎车"不类。⑤ 对此，程浩认为《耆夜》所记是西周王室的礼制，与《仪礼》反映的诸侯之礼不应该放在同一层面进行讨论。⑥ 前已论，《耆夜》本身并非周初文献，而极有可能成于战国。战国人对于春秋的礼制尚且不能熟稔，何况西周的礼制？

再者，《耆夜》所表现的内容与《尚书·酒诰》的思想亦有不同。历史上周公以禁酒著称。《尚书·酒诰》是周公命康叔在殷商故地卫国宣布戒酒的诰辞，其中规定："群饮，汝勿佚，尽执拘以归于周，予其杀。"可见周公的禁酒态度是非常坚决的。但在《耆夜》记载的饮至礼上，周公却劝武王、毕公尽兴饮酒。虽说《耆夜》赋《蟋蟀》有提醒人们康乐毋荒的思想，但频频饮酒却是不同于《蟋蟀》和《酒诰》的态度。而这也提醒我们，原本的《蟋蟀》并不是饮至军礼的背景，《耆夜》也并非历史的实录，而是战国时人拟托周公而作的文章。

既然《耆夜》成于战国，而文本所显示的饮至礼背景又与西周古礼不合，我们几乎可以认定，《耆夜》所载《蟋蟀》文本与饮至礼背景的结合是战国人有意为之。《耆夜》的作者从古老的歌唱中选择了一些诗篇（包括《蟋蟀》），又从当时的礼乐仪式中选择了一类模式，把这些流传已久的诗文本同新的礼乐形式组合在一起，并将其置于西周初年饮至礼的背景下，以帮助它们在战国礼崩乐坏的环境中重新实现这些文本的乐章价值和表演功能。《蟋蟀》一诗本有警示之义，拟托周公之作则类似《战国策》众多拟托之文，一则

---

① 参见陈致：《战国竹简重光：清华大学李学勤先生访谈录》，《明报月刊》，2010 年，第 61 页。

② 参见王少林：《清华简〈耆夜〉所见饮至礼新探》，《郑州大学学报》2015 年第 6 期，第 131~135 页。

③ 参见丁进：《清华简〈耆夜〉篇礼制问题述惑》，《学术月刊》2011 年第 6 期，第 123~130 页。

④ 《十三经注疏·毛诗正义》，北京：中华书局，2009 年，第 767 页。

⑤ 王化平在《论清华简所见〈蟋蟀〉改编自〈唐风·蟋蟀〉》一文中也指出了这一点，见《中国简帛学刊》第四辑，北京：社会科学文献出版社，2021 年。

⑥ 程浩：《清华简〈耆夜〉篇礼制问题释惑——兼谈如何阅读出土文献》，《社会科学论坛》2012 年第 3 期，第 69~77 页。

追古，二则增信。作者试图借周公之口言说康乐毋荒的道理，同时也可以唤起人们对于古礼的记忆。只不过彼时人们对古礼的记忆已然模糊断裂，所以礼仪细节的构造多有疏漏，造成了诗旨与内容、礼制的冲突。

（三）《周公之琴舞》的表演标记

清华简《周公之琴舞》记载周初周公与成王相互致告诫之诗，并行礼奏乐九曲之事。周公作一首诗，成王作九首诗。周公之诗只有"启"，而成王作诗每篇分为"启""乱"两部分。《周公之琴舞》从内容上看是周初之事，但文本间却出现了一些西周中期和春秋时期才流行的语词①，其所使用的代表乐器"琴"，也是战国及战国以后文献的特点②。这些证据说明出土《周公之琴舞》应当是战国时整理后的写本。

不过，亦有学者认为《周公之琴舞》在形式上比较原始，语言风格古奥。③ 两种观念可以调和起来看，比如李守奎解释："《周公之琴舞》是战国楚地写本，这些诗一定经历了曲折的流传过程，经历了漫长的时间，经历了异地辗转，经历了文字转写。在这些文本流传和文字转写过程中，掺入后代的一些因素不难理解。"④ 马银琴对当前学界的主要研究成果进行了简要梳判："就目前学界对于《周公之琴舞》的研究状况而言，基本上都取一种认可的态度，即使不能确认《周公之琴舞》所载诗作完全出自周公、成王之手，也均承认其文辞之传承必有先代的文本依据。"⑤ 这些论断洵为的当。

不少学者认定《周公之琴舞》来源于周初的文本依据是"成王儆毖，琴舞九卒"中的第一首诗。其内容与《周颂·敬之》极为相近，但前半部分以"启曰"始，后半部分以"乱曰"始。二者的异同引发学者对于二者流传序列及诗歌体式的大量争论，并由此

---

① 李山：《诗经析读》，北京：中华书局，2018 年，第 814 页。

② 郭沫若认为，《诗经》中的琴瑟只用于燕乐男女之私，而《颂》中不见琴瑟，表明宗庙祭祀不用琴。李守奎认为到目前为止，还没有西周时期已经出现琴的充分证据。在战国中期以前，瑟是弦乐的主体，琴的使用可能并不像瑟那样普遍。出土材料中瑟最早见于战国楚文字。《仪礼》所记礼仪多言瑟而很少说到琴，表明当时瑟是弦乐的主体。出土实物中，直到战国时期瑟依旧是陪葬的主体；琴不仅数量上很少，年代也略晚于瑟。所以较早的文献中只说"鼓瑟"而不说"鼓琴"。而战国人讲古史，多用琴而少用瑟，比如《孟子》中只有琴而未见瑟。《礼记》中单言鼓琴，琴逐渐占据主体位置。秦汉以后，瑟逐渐流为古董，琴成为弦乐的主流。而《左传》中大量出现有名的琴师与琴的演奏，可能是《左传》的编写者用当时语言的转写。见郭沫若：《十批判书》，《郭沫若全集·历史编》第 2 卷，北京：人民出版社，1982 年，"后记"第 487~488 页。李守奎：《先秦文献中的琴瑟与〈周公之琴舞〉的成文时代》，《吉林大学社会科学学报》2014 年第 1 期，第 11~19 页。

③ 廖名春：《清华简〈周公之琴舞〉与〈周颂·敬之〉篇对比研究》，《深圳大学学报》2013 年第 6 期，第 64~68 页。

④ 李守奎：《先秦文献中的琴瑟与〈周公之琴舞〉的成文时代》，《吉林大学社会科学学报》2014 年第 1 期，第 11~19 页。

⑤ 马银琴：《〈周公之琴舞〉与〈周颂·敬之〉的关系——兼论周代仪式乐歌的制作方式》，《清华大学学报》（哲学社会科学版）2019 年第 2 期，第 47~55 页。

引申出对《周公之琴舞》文本结构的讨论——即周公之诗是否缺佚。① 而一切问题最终都指向如何看待先秦诗文本与礼乐观念、制度的互动关系上。因此，我们首先要判断《周公之琴舞》文本性质以及《周颂·敬之》与《周公之琴舞》的关系。

《周颂·敬之》并非周初的颂诗。历代经学家将《诗经·周颂》中《闵予小子》《访落》《敬之》《小毖》四首视为一组。通过对组诗的背景考察，马银琴、李山等皆认定《周颂·敬之》是西周中期周穆王登基之初典礼上的仪式乐歌，且可与《尚书·顾命》互参。②《尚书·顾命》君臣间有对答，《周颂·敬之》也很有可能是君臣之间的对答之辞。《毛诗序》以《周颂·敬之》为"群臣进戒嗣王也"，鲁诗同。依此，则前半部分是群臣的戒辞，后半部分是新王的答辞。若依仪式论之，《周颂·敬之》甚至可以是群臣与周王之间的礼乐对唱。③ 而《周公之琴舞》则是周公与成王之间相互"儆毖"之辞，借"琴舞"的形式表达出来。"成王之诗"每一首都标示出"启""乱"，这种标记明确显示出文本的乐歌属性④。

前已论，出土《周公之琴舞》是战国的整理本，而《周颂·敬之》是穆王时诗。假

① 两种争论始于李守奎和李学勤。李守奎在认为周公诗是不完整的，首列周公诗只有四句，很可能只是一首颂诗的开头部分，其余自略或者已经散佚了。此后，江林昌、赵敏俐、徐正英、马芳、谢炳军等人继踵。而李学勤、蔡先金、邓佩玲等则认为《周公之琴舞》不存在缺失，而是作者有意编排的结果。见李守奎：《清华简〈周公之琴舞〉与颂》，《文物》2012 年第 8 期，第 72～76 页；李守奎：《〈周公之琴舞〉补释》，《出土文献研究》第十一辑，上海：中西书局，2012 年，第 5～23 页。江林昌：《清华简与先秦诗乐舞传统》，《文艺研究》2013 年第 8 期，第 43～47 页。赵敏俐：《〈周公之琴舞〉的组成、命名及表演方式蠡测》，《文艺研究》2013 年第 8 期，第 39～41 页。徐正英、马芳：《清华简〈周公之琴舞〉组诗的身份确认及其诗学史意义》，《复旦学报》（社会科学版）2014 年第 1 期，第 76～87 页。谢炳军：《清华简〈周公之琴舞〉与两周"礼乐文章"兼论之关系》，《历史文献研究》2017 年第 2 期，第 72～87 页。李学勤：《新整理清华简六种概述》，《文物》2012 年第 8 期，第 66～71 页。李学勤：《论清华简〈周公之琴舞〉"寁天之不易"》，《出土文献研究》第十一辑，上海：中西书局，2012 年，第 1～4+368+5～7 页。李学勤：《论清华简〈周公之琴舞〉的结构》，《深圳大学学报》（人文社会科学版）2013 年第 1 期，第 58～59 页。蔡先金：《清华简〈周公之琴舞〉的文本与乐章》，《西北师大学报》（社会科学版）2014 年第 4 期，第 33～41 页。邓佩玲：《〈诗经·周颂〉与〈大武〉重探——以清华简〈周公之琴舞〉参证》，《岭南学报》2016 年第 1 期，第 219～246 页。

② 马银琴：《两周诗史》，北京：社会科学文献出版社，2006 年，第 152～158 页。李山：《诗经析读》，北京：中华书局，2018 年，第 813 页。将《闵予小子》《敬之》《访落》与《尚书·顾命》对比的研究源于傅斯年，参见傅斯年：《傅斯年全集》，台北：联经书版事业公司，1980 年，第 218～220 页。

③ 李山：《诗经析读》，北京：中华书局，2018 年，第 813 页。

④ "启"和"乱"原本是不同的诗乐表演方式，文献却几乎付之阙如。但有些观点很有启发：赵敏俐根据《礼记·乐记》"今夫古乐，进旅退旅，和正以广，弦、匏、笙、簧，会守拊、鼓，始奏以文，复乱以武，治乱以相，讯疾以雅"的记载，认为"始奏"和"复乱"的部分应当存在不同的表现形式，一种是"文舞"，一种是"武舞"。李辉则由《商颂·那》之"乱辞"推测"'乱'不仅有卒章显志的功能，也意味着歌者角色视角的转变"，而《周公之琴舞》反映了周公和成王轮唱的模式。胡宁则比较《闵予小子》《访落》与《周公之琴舞》的用语，将十首诗的表演形式进行复原，认为其属于"以重大历史事件或场景为表现内容的'歌舞剧'"。见赵敏俐：《〈周公之琴舞〉的组成、命名及表演方式蠡测》，《文艺研究》2013 年第 8 期，第 39～41 页。李辉：《〈周公之琴舞〉"启+乱"乐章结构探论》，《文史》2020 年第 3 辑，第 249～258 页。胡宁：《楚简诗类文献与诗经学要论丛考》，北京：中华书局，2021 年，第 178 页。

设简本《敬之》与传世本《敬之》皆有一个古老的来源，则其必源于君臣之间的对话，意即相互敬戒之辞。作者用《敬之》之"戒"意，很可能是战国时《敬之》早已有相对固定的传本，而《周公之琴舞》对其进行了改造。至于《周公之琴舞》中的诗并不如《敬之》齐整，则可以从文类上观之。成于战国的《周公之琴舞》，亦包含"敬毖"一类语词，语言风格有相似处，或许对《芮良夫毖》这类文献的形态有所继承。作者很有可能按照"书"类文献的特点，将《周颂·敬之》改为更加古奥的语句，以此达到拟托周公成王之辞的目的。至于其余的诗篇，可能是单独的创作，也可能有古老的来源，总之都被统合进了新的诗篇。因此不论"启"和"乱"的具体形式如何，《周公之琴舞》与《周颂·敬之》所显示的礼乐仪式都不相同。

从内容上看，《周颂·敬之》的背景是群臣进戒穆王，是周穆王登基典礼之乐歌，仪式的主体是穆王；《周公之琴舞》的背景是周公与成王相互致以敬戒，仪式的主体是周公和成王。从形式上看，《周颂·敬之》文本并未明确表演方式，只是阅读性的文本。我们只能从文本内容和诗序分析其对答方式是群臣与穆王的礼乐对唱。而《周公之琴舞》的文本则明确彰显出其乐歌的属性，"启"和"乱"揭示出"琴舞"礼仪的表演形式，可以说是一个仪式性的文本。由于"《周公之琴舞》的乐歌属性，反映的只是这组文辞被改造为具有鲜明时代与地域特征的'琴舞'歌辞之后所呈现的特点"①，我们正可以从中窥见战国时代文本与礼乐的组合方式。

《敬之》入《诗》，本有一套礼仪展演形式相配。但流传至战国诗乐分途后，目前所见的传世本《周颂·敬之》已经成了独立的阅读性文本，因此没有标示表演记号。早期学《诗》者因为接受了系统的乐教，可以理解《诗》本背后的礼仪展演形式。而到了《周公之琴舞》的创作时代，作者就需要将"启""乱"这些礼仪要素标示出来，以修复早已断裂的诗礼联系。就《周公之琴舞》中文本与乐舞的形式看，应当是战国人保留了《敬之》或《顾命》君臣相戒敬的主题，将改造后的文本与新的礼乐情境相结合，创作了《周公之琴舞》这一类《诗》文献，同时也创作出"琴舞"这样的诗乐形式。其诗用之义本由《毛诗序》及战国诸诗说对《敬之》的理解揭示；其诗乐之功则不同于《敬之》在穆王时期作为《诗》文本所具备的礼乐面貌，而是由新的"琴舞"形式呈示。通过上述努力，文本的阅读性和仪式性再次合二为一。

三、改制与突破："诗"类文献的收编与重组

（一）孔子的乐教重建

如何理解诗乐分途背景下《耆夜》《周公之琴舞》中文本与礼乐仪式的结合呢？这与儒家对乐教的重建相关。尽管春秋时期乐教衰落、古乐凋零，但在孔子的理念里，无论是诗的文辞还是诗的礼乐形式，都是"礼教"的一部分，与王道人伦相系，所以孔子传《诗》仍然没有忽视"乐"的层面。比如《论语》中有"兴于《诗》，立于礼，成于乐"

---

① 马银琴：《〈周公之琴舞〉与〈周颂·敬之〉的关系——兼论周代仪式乐歌的制作方式》，《清华大学学报》（哲学社会科学版）2019年第2期，第47~55页。

"师挚之始，《关雎》之乱，洋洋乎盈耳哉！"孔子还提到"吾自卫返鲁，然后乐正，《雅》《颂》各得其所"。相应的，孔门诗教也包括"《诗》言"与"《诗》乐"两个部分。

《史记·孔子世家》记载："古者《诗》三千余篇，及至孔子，去其重，取可施于礼义……三百五篇孔子皆弦歌之，以求合《韶》《武》《雅》《颂》之音。""以求合《韶》《武》《雅》《颂》"暗示出之前已存在一个不合乎音乐规范的《诗》本，而孔子以合乎规范的古乐取缔之，将《雅》诗与应当配《雅》的音乐编配相合，将《颂》诗与应当配《颂》的音乐编配相合，是为"然后乐正，《雅》《颂》各得其所"。这是孔子对于《诗》乐新的建构。

这种新的建构也反映在《孔子诗论》中。《诗论》载：

> 《颂》，墉德也，多言后，其乐安而迟，其歌绅而荡，其思深而远，至矣！《大雅》，盛德也，多言□□□□□□□□□□，□矣！《小雅》，□德也，多言难而怨怼也，衰也，少矣！《邦风》，其纳物也博，观人俗焉，大敛材焉。其言文，其声善。

这里的"乐""歌""声"彰示出孔子对于《风》《雅》《颂》声乐之教具体的建构内容（尽管涉及《雅》的部分文字残缺，但我们不难根据上下文作出推断）。孔子把他所推崇的文武周公、正声雅乐融入配诗的乐曲和仪式中，向弟子传授，试图恢复《诗》本礼乐化的形态。同时，孔子对于"其乐""其歌"的描述，落脚点在于"情"与"志"。这说明孔子的乐教不仅重视《诗经》古老仪式中的雅乐形态，更重视其中蕴含的人伦之道。由此观之，孔子所建构的基于人性的《诗》中乐教甚至超越了仪式层面，而达成了秩序与道德的统一。在孔子的《诗》学乐教中，仪式只是完成政教伦理的必备手段。

孔门弟子中一部分人继承了孔子在乐教层面的诗学建构。如孔子的学生子游为鲁国的武城宰，同样推行乐教：

> 子之武城，闻弦歌之声。夫子莞尔而笑，曰："割鸡焉用牛刀？"子游对曰："昔者偃也闻诸夫子曰：'君子学道则爱人，小人学道则易使也。'"子曰："二三子，偃之言是也！前言戏之耳。"（《论语·阳货》）

这是乐教在为政中的应用。另有《乐记》传与孔子弟子公孙尼子相关，可以算是孔门乐教理论相关著作。① 此外，《礼记》中不少篇目，也保留了战国中晚期儒家弟子对于仪式中的《诗》乐的认识。如《礼记·射义》："《采蘋》，乐循法也。"《礼记·射义》："《驺虞》者，乐官备也。"《礼记·射义》引诗："发彼有的，以祈尔爵"；《礼记·聘义》引诗："言念君子，温其如玉"；《礼记·礼运》引诗："相鼠有体，人而无礼。人而无礼，胡不遄死？"《礼记·檀弓下》引诗："凡民有丧，扶服救之"等。② 曾小梦统计："《礼记》中因阐述礼仪、乐舞制度所提到的《诗》乐共计 40 次，其中风 7 篇，为周南《关

---

① 《隋书·音乐志》引梁沈约云："《乐记》取《公孙尼子》。"《史记·乐书正义》亦云："《乐记》者，公孙尼子次撰也。"

② 根据王锷《〈礼记〉成书考》的结论，上述几篇成书于战国中晚期。

雎》《葛覃》《卷耳》和召南《驺虞》《采蘋》《采蘩》《鹊巢》；小雅 12 篇，为《鹿鸣》《四牡》《皇皇者华》《鱼丽》《南有嘉鱼》《南山有台》《南陔》《白华》《华黍》《由庚》《崇丘》《由仪》，后 6 篇今已失其辞，周颂 2 篇，为《清庙》和《武》；逸诗 1 篇，《狸首》。"①《大戴礼记》也有记载，如《投壶》篇："凡雅二十六篇，其八篇可歌，歌《鹿鸣》《狸首》《鹊巢》《采蘩》《伐檀》《白驹》《驺虞》。"通过上述文献，可约略探知《诗》在战国时期儒家传承系统中的乐教形态。

然而，上述大部分属于乐教的《诗》学建构，并非《诗》教的礼乐化传承。儒家诗学传承中占据核心地位的并非礼乐仪式，而是"诗义"。无论是传世文献《荀子·乐论》《礼记·乐记》，还是出土文献《性自命出》和《性情论》，都证明了诗乐是基于人伦和人的普遍情感的，也就是"性"与"情"。② 这些对诗乐的努力阐释最终铸造出一座《诗》义的大厦，掩盖住了礼乐形态的基石。正如马银琴所分析的："与孔子的初衷相去甚远，他所开创的儒家诗教并没有回复礼乐化的形态，《诗》、礼、乐并立的论说方式反而进一步强化了诗与乐的剥离，使诗教最终摆脱乐教的束缚，走上了更加彻底的伦理德义发展之路。"③ 除《孔子诗论》《乐记》等文献记载了"诗乐"的相关内容外，大部分儒家文献如大小戴《礼记》、《孔子家语》、《孟子》、《荀子》、出土文献如《五行》《缁衣》《性自命出》《民之父母》等，它们传承的主要是"诗言"的部分。也因此，到了战国礼崩乐坏的背景下，时殊世异，《诗》的乐教传承几乎无所依傍。

（二）儒家弟子的礼乐复兴

尽管如此，在孔门寥落的《诗》乐传承中，仍然有部分人为《诗》的礼乐形态重建作出了相当的贡献，子夏的影响就功不可没。子夏曾为魏文侯师，《礼记·乐记》记载魏文侯与子夏论乐，子夏区分了古乐与新乐：

> 今夫古乐，进旅退旅，和正以广，弦、匏、笙、簧，会守拊、鼓，始奏以文，复乱以武，治乱以相，讯疾以雅。君子于是语，于是道古，修身及家，平均天下，此古乐之发也。今夫新乐，进俯退俯，奸声以滥，溺而不止，及优、侏儒，獶杂子女，不知父子。乐终，不可以语，不可以道古。此新乐之发也。（《礼记·乐记》）

"君子于是语，于是道古"，说明判断古乐的标准在于是否使用"语"，是否能够"道古"。宋代学者方慤解释说："语，即大司乐所谓'乐语'也。道古，道古之事。"郑注说："《大司乐》曰'道者，言古以剀今'，盖谓是矣。"而"言古以剀今"的"乐语之教"正是当年国子所接受的诗乐礼教。子夏还用《诗》来解释声音之义，告诉魏文侯

---

① 曾小梦：《先秦典籍引〈诗〉考论》，陕西师范大学博士学位论文，2008 年。

② 参见李美燕：《〈荀子·乐论〉与〈礼记·乐记〉中"情"说之辨析——兼与郭店竹简〈性自命出〉乐论之"情"说作比较》，《诸子学刊》2009 年第 1 期，第 307~317 页。刘冬颖：《出土文献与先秦儒家〈诗〉学研究》，北京：知识产权出版社，2010 年。李天虹：《郭店竹简〈性自命出〉研究》，武汉：湖北教育出版社，2003 年。

③ 马银琴：《周秦时代〈诗〉的传播史》，北京：社会科学文献出版社，2011 年，第 36 页。

"君子之听音，非听其铿鎗而已也，彼亦有所合之也"。

魏文侯也同样尊周、尊儒好古，《汉书·艺文志》载："六国之君，魏文侯最为好古，孝文时得其乐人窦公，献其书，乃《周官·大宗伯》之《大司乐》章也。"子夏及其门人于是至西河传播经学。子夏特为重视古乐、新乐的区别，也经熟于乐教的伦理阐发，这应当源于孔子的《诗》学乐教。有学者认为，魏文侯曾在窦公、子夏的帮助下重新整治礼乐，"正六律，和五声，弦歌诗、颂"，作出了复兴古乐的努力。①

但笔者在此想强调的是，战国时期重整礼乐的活动，最终是要为当时的统治形势服务的。《诗》原有的礼乐内容，包括雅乐的声调和仪式的调度，已经不符合当时人们的习惯。即便是魏文侯意图了解古乐，但实际上自己却是听雅乐"唯恐卧"，而听郑卫新声则"不知倦"，这也反映了当时人们音乐审美兴趣的普遍倾向。在乐教几乎不传、新乐广受追捧的情况下，西周的古乐形态是不可能真正复兴的。换句话说，"古乐"和"诗"的断裂已经无法修复，古乐不受到世人欣赏，难以活态传承，只能被阅读性文本收编，进入礼学文献，最终固化成阅读性文本的条文，只见名字，不见形式。

对此，孔门弟子也完全可以作出判断。孔子尚且不能恢复古礼，子夏及其门人也只能作出妥协。在他向魏文侯解释为何选择古乐时，他强调古乐使用"乐语"，能够"道古"，也就是"言古以剀今"。"乐语"本来属于礼乐仪式技能，用以联结诗和礼乐仪式。但古乐凋零后，"道古"难以通过乐语仪式存在，"丧失了在诗礼之间的连缀功能"②。但只要能够"言古以剀今"，也不妨古调新弹，让诗本与仪式重新组合。在这种局势下，尽管有人在尽力尝试复兴"诗"的礼乐化形态，也只能类似于某种"文艺复兴"，最多汲取一部分古礼古乐的元素，而思想、形式都有了新的变化，清华简《耆夜》《周公之琴舞》就是例证。③

---

① 参见张树国：《清华简组诗为子夏所造魏国歌诗》，《杭州师范大学学报》（社会科学版）2020年第4期，第57~66页。马银琴：《安大简〈诗经〉文本性质蠡测》，《中国文化研究》2020年第3期，第9~15页。此外，郭伟川曾对《周礼》的成书过程作出详考，他认为《周礼》成书于战国魏文侯时期，是在魏文侯的主导下，由子夏为首的西河学派在周公《周官》篇"六卿"官制的基础上，整理编制成《周礼》的"六官"系统。笔者认可郭伟川的意见，在此简要介绍他的论证：首先魏文侯制礼作乐具备可能性：战国初期，魏文侯重用李悝、西门豹等振兴经济吏治，又出兵西河、北伐中山，奠定中原霸业。魏文侯师事子夏时，已经取得了武功，开始着力于文治。由于魏文侯尊周继晋、尊儒好古，所以子夏及其门人才能来到西河传播经学。王者功成作乐，治定制礼，大规模的整理经籍礼乐文献成为可能。此外，魏国为毕公高之后，春秋时期，魏文侯先祖魏绛的和戎之策就晋国霸业，晋遂"以乐之半赐魏绛"。晋悼公在赏赐魏绛时还说："夫赏，国之典也，藏在盟府，不可废也。"所以魏文侯的祖先拥有"金石之乐"，魏文侯整理礼乐文献具备先在的文化资源。其次，汲冢竹书的文献篇目和编排顺序也可为此提供文献佐证。参见氏著《〈周礼〉制度渊源与成书年代新考》第四章，北京：国家图书馆出版社，2016年。
② 宋健：《乐语"道古"的诗礼应用及文学意义》，《文学遗产》2020年第4期，第19~28页。
③ 张树国曾分析《耆夜》《周公之琴舞》为子夏所造魏国歌诗。他发现《耆夜》组诗有意抬升魏文侯初祖毕公高地位，并赋予其《唐风·蟋蟀》的著作权；《周公之琴舞》则取材"周公致政，成王嗣位"，为战国魏文侯僭位大造舆论。见张树国：《清华简组诗为子夏所造魏国歌诗》，《杭州师范大学学报》（社会科学版）2020年第4期，第57~66页。前已证，这两首应当是战国时代的作品；从思想内容上看，诗篇成于魏国的论断也有合理之处。但笔者并不想将作者凿实在子夏的身上，而是把这类作品看成战国时代儒家复兴诗乐的一种特殊的方式。

四、结　论

综上所述，清华简"诗"类文献的文本兼具阅读性与仪式性，不仅反映出不同历史时期下"诗"与礼乐的不同组合关系，也反映出不同历史时期下人们对待"诗"和礼乐结合方式的不同观念。《芮良夫毖》作为西周末年的作品，其中文本与礼乐的组合方式显示出"诗体"生成过程中阅读性与仪式性尚未分离的痕迹。而《周公之琴舞》《耆夜》作为战国作品，其文本与仪式的组合方式，体现出战国诗乐分途背景下儒家弟子重建诗歌"礼乐化形态"的尝试。他们在流传已久的《蟋蟀》《敬之》等阅读性诗本上添加了"启""终""乱"等仪式性用语，丰富了单篇诗的乐章表达形式，也反映了战国人的诗乐结合观念。只要能够"言古以剀今"，不妨让那些渐趋消亡的乐、舞形式与"诗"类文献相结合，达成文体上的复古与形式上的创新。在战国重制礼乐的背景之下，清华简"诗"类文献能够反映出一部分尊周重礼者的雄心壮志。但这种妥协也只能够让"诗"本的礼乐化形态昙花一现。彼时"诗"本传播的去仪式化已成定局，因此这些仪式性的文本并没有存在太久。它们很快就被埋没于地下，要等待几千年后才能重见天日。

（作者单位：清华大学人文学院）

宋代原庙制度溯源

□ 邹明军

【摘要】原庙是正庙之外另建的帝王宗庙，在规格上高于郡国庙。原庙在汉代的偶然出现是为了掩饰汉惠帝的过失之举。汉代以后，直至赵宋之前，罕见原庙。周、唐因迁都而出现一时两存太庙的局面，但两处宗庙不分主从，不属于正庙与原庙的关系。宋代在太庙奉祀神主的同时也在神御殿供奉先帝（后）的御容，此种奉祀帝后容像的行为与唐五代流行的在寺观供奉圣容的做法有直接关联。宋代神御祭祀的礼制化完成于神宗朝。在变法的背景下神宗收拢祭祀权，将京师神御集中奉祀于扩建的景灵宫，并将下元朝献改为四孟朝献，景灵宫由神御殿上升为与太庙比肩的原庙，完成对汉唐礼制的接续。
【关键词】宋代；原庙；神御殿；图像祭祖

　　原庙是我国古代在帝王正庙（太庙）之外另立的宗庙。原庙在汉代出现后即昙花一现，直到赵宋时以奉祀本朝历代去世帝后之容像的神御殿为原庙后，原庙制度才得以接续，并经由元、明而延及清代。目前学界已有一些研究成果涉及宋代原庙制度的渊源问题，① 许多学者认为宋代神御祭祀远绍汉代原庙，近承唐五代的圣容供奉。这无疑是正确的，但原庙制度的源流，尤其是宋代神御祭祀在原庙制度形成过程中所起到的决定性作用及其对后世的垂范与影响，在已有的研究成果中还没有得到充分的揭示，故笔者不揣谫陋，撰文对宋代原庙制度的渊源略作考述。

一、因权变而出现的汉代原庙

　　"原庙"一词，据笔者目寓所及，初见于《史记》，书中《高祖本纪》和《叔孙通列传》两处均提到高祖原庙。原庙之"原"为何义呢？《汉书·元帝纪》："（建昭五年）秋七月庚子，复太上皇寝庙园、原庙、昭灵后、武哀王、昭哀后、卫思后园。"文颖注曰：

---

　　① 如刘长东：《宋代神御殿考》，氏著《宋代佛教政策论稿》，成都：巴蜀书社，2005 年；田思思：《北宋神御研究》，厦门大学硕士学位论文，2007 年；王艳云：《辽代御容及其奉安制度》，《南京艺术学院学报》2012 年第 1 期；徐洁：《金代原庙误识厘正》，《学习与探索》2012 年第 2 期；张小李：《清代皇帝原庙制度初探》，《故宫学刊》2015 年第 1 期；汤勤福：《宋代御容供奉与玉清昭应宫、京师景灵宫的礼仪问题》，《河北大学学报》（哲学社会科学版）2020 年第 3 期等。

"高祖已自有庙，在长安城中，惠帝更于渭北作庙，谓之原庙。《尔雅》曰原者再，再作庙也。"晋灼曰："原，本也。始祖之庙，故曰本也。"① 太上皇有原庙，汉高祖也有原庙，如果原庙即始祖之庙的话，那刘邦及其父亲岂不都是汉朝的始祖？所以唐代大儒颜师古反对晋灼的观点，支持文颖的看法。颜师古在注《汉书》"至孝惠时，以沛宫为原庙"一句时称"原，重也。言已有正庙，更重立也"②，又在《汉书》的《五行志》和《叔孙通传》中的两处注解内重申了此种观点。班固早已指出，高祖庙本在长安城中，惠帝"以叔孙通讥复道，故复起原庙于渭北，非正也"③。"正"既指立庙符合儒家礼仪规范，又暗示了长安中的高祖庙乃正庙。宋人张舜民在《画墁录》中提出新见解："前汉京师有太庙曰原庙，颜师古以原为重，谓京师已有庙而又立为重，至引原蚕之原。大抵汉陵皆作原，京城在渭涘，故谓之原庙。"④ 张舜民以庙所处之地形地貌来释"原"的做法旋即遭到程大昌的反对。程氏在《考古编》卷八《庙在郡国亦名原庙》中指出："原者，如'原蚕'之原，既有太庙，又有此庙，是取'重''再'为义也。张舜民言'汉陵皆在原上，意取高原名之'。其说甚新，然予按《史记·高帝纪》……则原重之说是也。后光武又尝'幸丰，祠高祖于原庙'。则岂其高原之谓哉？以是推之，庙之立于郡国者，得称原庙也。"⑤ 因此，将原庙释为相对于正庙的重庙更为合适。

（一）为化解礼制窘境而建的高祖原庙

汉惠帝为高祖建原庙的前因后果，司马迁在《史记》中有所交代："孝惠帝为东朝长乐宫，及间往，数跸烦人，乃作复道，方筑武库南。叔孙生奏事，因请间曰：'陛下何自筑复道高寝，衣冠月出游高庙？高庙，汉太祖，奈何令后世子孙乘宗庙道上行哉？'孝惠帝大惧，曰：'急坏之。'叔孙生曰：'人主无过举。今已作，百姓皆知之，今坏此，则示有过举。愿陛下为原庙渭北，衣冠月出游之，益广多宗庙，大孝之本也。'上乃诏有司立原庙。原庙起，以复道故。"⑥ 可见，高祖渭北原庙的修建乃是权变的结果。对于高祖的庙、寝和原庙，程大昌辨之甚详。《雍录》卷八《高庙》条曰：

> 《汉书》高庙，晋灼曰："《三辅黄图》云：'在长安城中安门里大道东，又在桂宫北。'"《关中记》："在长安城中安门里。"《三辅故事》："在长安城门街东太学街南。"《长安志》："在西四里。"按此数者世远闻见殊，而各以所得言之，固不齐一。然其可必者，决在未央之南也。何以知其然也？《水经》载安门者，汉长安城南面之中门也，既名安门，亦名鼎路门也。高庙在此门内，则于方固为南矣。而唐长安县之西，亦汉未央之西南也，高庙既在城南，而高寝乃在桂宫，桂宫者，未央之北也。汉法，祖宗衣冠，各藏其寝，每月具威仪，出而游之于庙，游已，复归藏之于寝，是名

① 《汉书》卷9《元帝纪》，北京：中华书局，1962年，第297页。
② 《汉书》卷22《礼乐志》，北京：中华书局，1962年，第1045页。
③ 《汉书》卷27上《五行志上》，北京：中华书局，1962年，第1338页。
④ （宋）张舜民：《画墁录》，《景印文渊阁四库全书》，台北："商务印书馆"，1986年，第1037册，第168页上栏。
⑤ （宋）程大昌撰，刘尚荣校证：《考古编》，北京：中华书局，2008年，第135页。
⑥ 《史记》卷99《叔孙通列传》，北京：中华书局，1959年，第2725~2726页。

月游衣冠也。高寝在未央宫之北，而高庙在城之南，武库在未央之东，如当衣冠出游，必经武库，然后可以自北达南，故武库之道，遂为游衣冠之道也。惠帝之自未央而朝长乐也，亦是自西而东，每行必经武库，故于武库之南，筑复道以达长乐，初时止欲免民间避跸之劳耳。而此之复道，正临武库，故叔孙通曰："子孙奈何乘宗庙道上行也？"夫谓宗庙道也者，即指武库游衣冠之路也，亦犹言及人主而转为乘舆也。惠帝既闻通语，则遂别作原庙于渭北。渭北既有原庙，则高寝衣冠不游城南正庙，而向北以游原庙，故复道不在衣冠道上也，此通之巧设曲计也。若夫《黄图》既曰高庙在安门矣，而又曰亦在桂宫，则城内遂有两庙矣，是殆因桂宫之有高寝而误认为庙焉耳。游衣冠之制，至元帝乃罢。①

按照程大昌的分析，惠帝时高祖有寝在长安城内的桂宫，有高庙在长安南面安门内，所以叔孙通所言惠帝之"过举"确凿，而"为原庙渭北"的灵活变通的建议也有效地化解了这一窘境。所谓渭水之北，确切地讲，即是在渭水北面高祖长陵旁边。考古发现，在高祖长陵以北 380 米的地方有建筑遗址，其地有"宫平""宫廿"等字样的瓦片。该遗址当是"原庙（重建的高祖庙）的所在"，而西汉一代"陵旁立庙"的礼制的确立，即在汉惠帝于高祖长陵以北建立原庙以后。②

（二）原庙始于汉代而非周代

元人元永贞称"原庙之制，隆古未闻，汉孝惠从叔孙通之请始诏有司立原庙"③，清乾隆御制《安佑宫碑文》亦言"原庙之制，西汉以来始有之"④，然而也有学者认为先秦即已有原庙。明代卓尔康《春秋辩义》卷十七"夏，成周宣榭火"条曰："宣榭，宣王之庙也。……或谓原庙始于汉，东周未应立宣王庙。然《诗》称'于周受命，自召祖命'，《书》称王在新邑烝祭文王、武王，则洛邑、岐周、镐京皆有庙矣。先王立庙，盖有故也。杜氏以为宣王讲武屋，《外传》亦云榭不过讲军，实窃疑宣王南征北伐，讲武于此，遂以为庙，故其制如榭，与宗庙不同。张氏亦谓宣王复会诸侯于东都，因存其庙。古者祖有功故不毁，是也。"⑤ 清代江永在《群经补义》卷二进一步指出："原庙不始汉惠帝，周时已有之。成王作洛邑，立五宫、宗宫、考宫而烝祭岁，分明是原庙。鲁亦有文王庙，谓之周庙。郑请释泰山之祀而祀周公，以泰山之祊易许田，则郑有祖庙在祊，而周公别庙在许田，皆原庙也。"⑥

周曾先后以岐山、镐京和洛邑三地为其政治中心。由岐山迁都至丰镐，其旧地上的宗庙当不会主动拆毁。《左传·桓公十四年》载宋国为雪前耻而纠集诸侯攻入郑国，将郑国

① （宋）程大昌撰，黄永年点校：《雍录》，北京：中华书局，2002 年，第 180~181 页。

② 杨宽：《中国古代陵寝制度史》，上海：上海人民出版社，2008 年，第 20~23 页。

③ （清）秦蕙田：《五礼通考》，北京：中华书局，2020 年，第 4501 页。

④ 《清朝文献通考》卷 118，杭州：浙江古籍出版社，1988 年，第 5876 页中栏。

⑤ （明）卓尔康：《春秋辩义》，《景印文渊阁四库全书》，台北："商务印书馆"，1986 年，第 170 册，第 708 页下栏~709 页上栏。

⑥ （清）江永：《群经补义》，《景印文渊阁四库全书》，台北："商务印书馆"，1986 年，第 194 册，第 22 页上栏。

祖庙的木橼拆下来运回宋国，用作修建宋郊城门卢门的橼子。① 毁人宗庙绝对是对敌方莫大的羞辱，所以因迁都而自毁原来都城太庙的事不大可能发生。周成王使召公营造洛邑，实有迁都之志，洛邑自然当筑宗庙。因此颜师古说："臣究观祭典，考验礼经，宗庙皆在京师，不于下土别置。至若周之鄷、镐，并为迁都，乃是因事更营，非云一时俱立。"② 与周代因迁都而客观上造成同一时间全国范围内存在多处宗庙不同，汉初因高祖原庙的修建使得长安这一地区同时存在两所高祖庙，而后来汉惠又以沛宫为高祖原庙，此举在客观上冲淡了因筑原庙而造成的都城两庙并行的突兀感。江永认为，鲁国的文王庙又称周庙，相对于周室之太庙而言亦属原庙。这种说法有待商榷。《左传·昭公十八年》记郑国子产使祝史徙主祏于周庙（祖庙）事，唐孔颖达《正义》曰："文二年《传》云'郑祖厉王'，故知郑之周庙，是厉王庙也。"③ 可见，不管鲁国还是郑国的"周庙"，都是诸侯所奉祀的具有私亲性质的祖先庙，与周天子的太庙还是不能相提并论，不宜视之为原庙。

郑、鲁易田事，可见于《左传·隐公八年》的记载。杜预注云：郑桓公为周宣王母弟，因得赐祊，以便天子祭泰山之时，郑国有助祭的汤沐之邑。周成王营王城，有迁都之意，故将许田赐给鲁国，作为鲁君朝见周王时的朝宿之邑。郑庄公或是见周王泰山之祀废弃已久，助祭汤沐之邑无所用之，祊又远隔，而许则近，因欲以祊易许。许地有周公别庙，恐鲁以废祀周公为辞拒之，故以舍泰山之祀而祀周公为辞。④ 郑、鲁之间隔着曹、宋诸国，因此祊、许之地，于郑、鲁二国本土而言皆属飞地，面积也非常小。鲁国在许地再为周公修建、供祀原庙实无必要，但在鲁国的飞地上奉有周公别庙又是非常自然的事，毕竟别庙在性质上异于岐、镐、洛之太庙，在地位上也低于作为国家宗庙的原庙。或谓宣榭为宣王讲武之所，此说亦值得注意。"宣"谓为天子宣室，非谓宣王；"宣榭"本名为"宣射"，又名"射宫"，是先秦太庙的一个构成部分。⑤《战国策·齐策》载有"冯谖客孟尝君"这一大家耳熟能详的故事，其中齐王向孟尝君道歉说："寡人不祥，被于宗庙之祟，沉于谄谀之臣，开罪于君。寡人不足为也。愿君顾先王之宗庙，姑反国统万人乎？"面对这种局面，冯谖为孟尝君再营一窟，建议孟尝君向齐王提出条件："愿请先王之祭器，立宗庙于薛。"⑥ 后来终于在孟尝君的封地薛立了宗庙，孟尝君由此高枕无忧。薛地所营的宗庙，在地位上应当低于齐国都城临淄的宗庙，当与汉代分封的诸侯国所立的宗庙相似，当然汉立郡国庙是为加强中央与地方的联系，而孟尝君立薛庙则是为保住自己的封地。

（三）郡国庙并非原庙

上引程大昌文以"原"为再、重之意，进而认为郡国庙亦可称为原庙，此种说法需要进一步讨论。《汉书·韦贤传》曰："初，高祖时，令诸侯王都皆立太上皇庙。至惠帝

① 杨伯峻：《春秋左传注》，北京：中华书局，1990年，第140页。
② （宋）王溥：《唐会要》，北京：中华书局，1955年，第325页。
③《春秋左传正义》卷48，阮元校刻：《十三经注疏》，北京：中华书局，1980年，第2086页。
④ 杨伯峻：《春秋左传注》，北京：中华书局，1990年，第58页。
⑤ 刘正：《金文庙制研究》，北京：中国社会科学出版社，2004年，第104~106页。
⑥ 王守谦等译注：《战国策全译》，贵阳：贵州人民出版社，1992年，第300页。

尊高帝庙为太祖庙，景帝尊孝文庙为太宗庙，行所尝幸郡国各立太祖、太宗庙。至宣帝本始二年，复尊孝武庙为世宗庙，行所巡狩亦立焉。凡祖宗庙在郡国六十八，合百六十七所。"① 可见汉代郡国庙数量不少，庙主有太上皇、高祖、文帝和武帝四位。又，《史记·高祖本纪》："太子袭号为皇帝，孝惠帝也。令郡国诸侯各立高祖庙，以岁时祠。及孝惠五年，思高祖之悲乐沛，以沛宫为高祖原庙。高祖所教歌儿百二十人皆令为吹乐，后有阙辄补之。"② 郡国所立者被司马迁称为"高祖庙"，沛宫后来则称为"高祖原庙"。刘邦生前曾在沛宫召故人父老子弟纵酒，以沛宫为原庙，除了表达明确的纪念意义之外，又能为当初不得已而置渭北原庙之事作些掩饰。另外，惠帝在位仅七年，按《史记》的叙述，其令郡国立庙的时间当早于立沛宫为原庙的惠帝五年。

汉代在郡国立庙的目的，《汉书》在记永光四年元帝下诏议罢郡国庙之事时有所披露：

> 朕闻明王之御世也，遭时为法，因事制宜。往者天下初定，远方未宾，因尝所亲以立宗庙，盖建威销萌，一民之至权也。今赖天地之灵，宗庙之福，四方同轨，蛮貊贡职，久遵而不定，令疏远卑贱共承尊祀，殆非皇天祖宗之意，朕甚惧焉。传不云乎？"吾不与祭，如不祭。"③

对于设置郡国庙的必要性，郭善兵结合雷海宗和西嶋定生的观点指出，在汉初同姓、异姓诸侯国势力强大的背景下，郡国庙的设置，无疑成为强化刘氏宗族血缘关系、笼络异姓诸侯王感情，从而有效协调郡、国并行的行政体制下中央与地方的关系，遏止离心割据思想滋漫，以达到强化中央皇帝集权体制目的的重要手段。④ 因此，如果在郡国遍立与皇都太庙并肩的原庙的话，太庙的权威性将受到削弱，这有违汉初立郡国庙的初衷。到汉元帝时，有郡县无侯国，地方失去祭祀皇帝的宗法血缘上的依据，较为稳定的政治秩序也让以帝庙镇服地方的做法失去意义，因此出现要求罢郡国庙以收拢祭祀权的呼声就很正常。

就建庙主体而言，原庙显然是中央政府所立，因此它属国家层面的宗庙；而从"令诸侯王都皆立太上皇庙""令郡国诸侯各立高祖庙"这样的表述来看，郡国庙当由地方修建。就祭祀频度而言，原庙与郡国庙也有差异。惠帝令郡国诸侯各立高祖庙时，规定"以岁时祠"。元帝时京师自高祖下至宣帝，与太上皇、悼皇考各自居陵旁立庙，庙岁二十五祠。⑤ 要之，郡国庙不当属于原庙。

二、魏晋隋唐间原庙罕见

宋神宗元丰八年十二月御史刘挚上奏曾言："臣惟原庙之说，始见于西汉，而其制度

---

① 《汉书》卷73《韦贤传》，北京：中华书局，1962年，第3115页。
② 《史记》卷8《高祖本纪》，北京：中华书局，1959年，第392~393页。
③ 《汉书》卷73《韦贤传》，北京：中华书局，1962年，第3116~3117页。
④ 郭善兵：《中国古代帝王宗庙礼制研究》，北京：人民出版社，2007年，第93~94页。
⑤ 《汉书》卷73《韦贤传》，北京：中华书局，1962年，第3115~3116页。

则不传而无闻。"① 然而有学者认为，北魏明元帝拓跋嗣永兴四年在白登山所立太祖拓跋珪之庙与汉代原庙同，在拓跋珪巡幸过的地方立坛，与汉代的郡国庙制度近似，而宫中的太祖别庙，又近于明清的奉先殿；同时，唐朝时洛阳曾有太庙奉七世皇帝神主，洛阳太庙相对长安太庙而言未尝不可以视为原庙，而唐武宗会昌年间在武牢关所修昭武庙也属原庙。② 又有学者认为，由于不合古代礼制，庙外立庙的做法在汉代就受到了广泛的批判，"实际上在宋之前，除了唐代等少数王朝立过原庙之外，很少有王朝违礼而立原庙"③。

太祖道武帝拓跋珪天兴元年秋七月迁都平城后"始营宫室，建宗庙，立社稷"④，二年"冬十月，平文、昭成、献明庙成。岁五祭，用二至、二分、腊，牲用太牢，常遣宗正兼太尉率祀官侍祀。置太社、太稷、帝社于宗庙之右……又立神元、思帝、平文、昭成、献明五帝庙于宫中，岁四祭，用正、冬、腊、九月，牲用马、牛各一，太祖亲祀宫中"⑤。道武帝营建都城时遵循了"左宗右社"的礼仪原则，宗庙在宫城外的左边，与社稷建筑相对，宗庙内奉平文、昭成、献明三位神主，岁五祭。皇宫内奉有五位神主的庙当是别庙，岁四祭。永兴四年明元帝"立太祖庙于白登山。岁一祭，具太牢，帝亲之，亦无常月。……是岁，诏郡国于太祖巡幸行宫之所，各立坛，祭以太牢，岁一祭，皆牧守侍祀。又立太祖别庙于宫中，岁四祭，用牛马羊各一"⑥。此处径直称宫中的太祖庙为别庙，其祭祀时日、礼数与行祭人员与太庙均不相同。

白登山在平城城郊数里之外，永兴五年拓跋嗣曾登上此山校阅军队，军队班师还朝时又曾在山上观降民。永兴四年于白登山所立太祖庙，不能视之为与平城内的太庙并尊的原庙。一是此庙每岁止一祭，而太庙岁五祭；二是此庙还兼祀皇天上帝，以山神配；三是永兴六年又在"白登西，太祖旧游之处，立昭成、献明、太祖庙……别置天神等二十三于庙左右"，犹如两年前修太祖别庙时在宫中置神二十八位一样，于白登山之西太祖旧游之处所置太祖庙与郡国庙地位类似；四是《魏书》记此年"又于云中、盛乐、金陵三所，各立太庙，四时祀官侍祀"⑦。笔者疑云中等三处之"太庙"当作"太祖庙"，因为在地方上同时增立三所太庙（非谓原庙）绝不合情理，且此三庙只由祀官侍祀，不似平城太庙由宗正兼太尉率祀官侍祀，故此三庙当与白登太祖庙相伴，不能视作原庙。至于在拓跋珪巡幸过的地方所立庙坛之性质地位，据北魏孝庄帝诏书所言"汉郡国立庙者，欲尊高祖之德，使享遍天下，非关太庙神主，独在外祠荐"⑧，则郡国庙坛不能比拟之于太庙、原庙。在先祖生前行经或活动过的地方为其立庙，或许是鲜卑族的一项民族习俗，⑨ 就其

① 《续资治通鉴长编》卷 363，北京：中华书局，1972 年，第 8681 页。

② 张小李：《清代皇帝原庙制度初探》，《故宫学刊》2015 年第 1 期。

③ 汤勤福：《宋代御容供奉与玉清昭应宫、京师景灵宫的礼仪问题》，《河北大学学报》（哲学社会科学版）2020 年第 3 期。

④ 《魏书》卷 2 《太祖纪》，北京：中华书局，1974 年，第 33 页。

⑤ 《魏书》卷 108 《礼志一》，北京：中华书局，1974 年，第 2735 页。

⑥ 《魏书》卷 108 《礼志一》，北京：中华书局，1974 年，第 2736 页。

⑦ 《魏书》卷 108 《礼志一》，北京：中华书局，1974 年，第 2736~2737 页。

⑧ 《魏书》卷 18 《临淮王列传》，北京：中华书局，1974 年，第 421 页。

⑨ 郭善兵：《中国古代帝王宗庙礼制研究》，北京：人民出版社，2007 年，第 316 页。

数量而言，必定不少，如果此类庙全是国家级规格的原庙的话，奉祀所费资财人力必然庞大，而太庙的权威亦会受到削弱，这是皇帝所不能容忍的。

李唐王朝建立之初，设东、西二都，但东都洛阳无太庙。武周之时在洛阳立武氏太庙奉祀七世神主，而将长安李唐的太庙更名为享德庙，即降为李氏之私亲庙。神龙元年唐中宗复位后，将洛阳武氏的七世神主迁到长安的崇尊庙，空出来的武氏故庙又祔入李氏七世神主，"由是东西二都皆有庙，岁时并享"。安史之乱中，两都宗庙皆被焚毁。肃宗即位时"西都建庙作主，而东都太庙毁为军营"，原藏于此的神主失踪，直到大历年间才被找回，寓存于太微宫。① 按宗法古礼，天子、诸侯的宗庙只能设置于都城，洛阳不过是陪都，但当时洛阳战略地位对唐朝而言具有生死攸关的意义，虽有部分臣僚竭力反对，但基于现实考虑，武宗和宣宗都决心恢复东都太庙，最后在宣宗朝时寓于太微宫的神主祔入东都庙。② 宗庙并存的情况虽有违礼数，但在历史上也曾多次出现。前文已提到，由于迁都的缘故，周朝在岐山、镐京和洛邑都有宗庙。东汉时长安和洛阳也曾同时存在汉高祖庙。光武帝建武二年正月壬子，起高庙，建社稷于洛阳；大司徒邓禹于此月入长安，遣府掾奉十一帝神主至洛阳，纳于高庙。③ 光武于洛阳高庙中奉祀西汉诸帝神主，表明其继承西汉统绪，同时长安的高庙也不可能废弃。建武六年四月刘秀幸长安，"始谒高庙"，祭十一陵。十年春正月，修理长安高庙；八月己亥，刘秀到长安，祠高庙，祭十一陵。④ 长安高庙的存在，间接彰显了刘秀的中兴再创之功；刘秀庙号"世祖"更直接宣示了这一点。要之，两都高庙并存有其明显的政治原因，而洛阳高庙显然不可能是原庙。同理，唐代洛阳的太庙也不宜视为原庙。值得注意的是，无论是上文所引的《新唐书》，还是《旧唐书》，都称东都庙为"太庙"，或简称为庙，如《旧唐书》卷七《中宗纪》记神龙元年五月壬午"东都创置太庙社稷"⑤，洛阳同时营造太庙与社稷，当遵从儒家左宗右社之制，与社稷并立的洛阳太庙显然无法被视为与长安太庙相对的原庙。

唐武宗会昌年间所建的昭武庙当拟之于汉代的郡国庙而非原庙。《册府元龟》卷三一《帝王部·奉先》有这样的记载："（会昌）五年十月，中书奏云：'汜水武牢关是太宗擒王世充、窦建德之地，关城东峰有二圣塑像，在一堂之内。……西汉故事，祖宗尝所行幸，皆令郡国立庙。今缘定觉寺例合毁拆。望取寺中大殿材木，于东峰改造一殿，四面兼置宫［监］（墙）。伏望号为昭武庙，以昭圣祖武功之盛。……'从之。"⑥ 中书奏言昭武庙事时引西汉郡国立庙为依据，故昭武庙不当为原庙。与汉代原庙、郡国庙中奉祀神主不同的是，昭武庙中所祀者为塑像。

① 《新唐书》卷13《礼乐志三》，北京：中华书局，1975 年，第 342 页。

② 郭善兵：《中国古代帝王宗庙礼制研究》，北京：人民出版社，2007 年，第 445~446 页。

③ 《后汉书》卷1 上《光武帝纪上》，北京：中华书局，1965 年，第 27~28 页。

④ 《后汉书》卷1 下《光武帝纪下》，北京：中华书局，1965 年，第 56 页。

⑤ 《旧唐书》卷7《中宗本纪》，北京：中华书局，1975 年，第 139 页。

⑥ （宋）王钦若等编纂，周勋初等校订：《册府元龟》，南京：凤凰出版社，2006 年，第 313 页。此奏章亦可见于李德裕的《会昌一品集》卷十。

三、宋代原庙（神御殿）祭祀的两个源头

《宋史·礼志十二》曰："神御殿，古原庙也，以奉安先朝之御容。"① "古原庙"的"古"无疑当指汉代。仁宗康定元年（1040）六月乙未，"南京言鸿庆宫神御殿火，侍御史方偕引汉罢原庙故事，请勿复修"②。上引文献中宋人将神御殿类比于汉代的原庙。也有直呼神御殿为原庙者，比如南宋杨万里诗作《四月五日车驾朝献景灵宫，省前迎驾起居口号》中有"喜见天颜浮玉藻，归从原庙荐樱桃"，即是以"原庙"来称呼景灵宫这一自神宗朝以来两宋最重要的神御殿建筑群。宋人这种认为本朝神御殿依仿西汉原庙故事的看法既得到后世的认可，③ 又间接地说明汉宋之间原庙的缺失。

宋代在太庙中奉祀神主，而在原庙（神御殿）中所供奉的却是本朝历代已逝帝后的画像或塑像。宋人将神御殿视作原庙，是因为祭祀皇帝的场所既有太庙，又有神御殿，这是就祭祀先帝的两种空间而论。然而在原庙中汉人祭拜神主、宋人则祭拜神御，二者之间存在明显差别，所以宋代神御殿完全地、直接地承袭于汉代的原庙可能性并不大，其祭拜受儒礼轻忽甚至排斥的偶像的做法必有别的渊源，况且由汉至宋存在着巨大的时间跨度，这也势必会使承袭关系遭到典章制度的连贯性特性的挑战。《宋史》诸《志》在叙述本朝各项制度的历史沿革时，就常常用到"宋承唐制"这样的说法，比如《宋史·职官志》即称"宋承唐制，抑又甚焉"。刘长东、汤勤福等学者认为宋代的神御殿祭祀与唐代寺观奉祀御像的做法有直接关联，然而又没有否定它与西汉原庙制度之间的渊源，这种看法无疑是正确的。其实，宋代的神御祭祀既远绍西汉原庙故事，又近承唐五代奉祀帝王图像之礼俗，并发展成为一项与太庙祭祀并肩的成熟完备的祭祖礼制。

祭祀人像的做法在中国出现很早。据说黄帝去世之后，他的臣子左彻就用木头削了一尊黄帝像，并率诸侯朝奉这尊木像，然而黄帝时代的事情实在渺远。汉魏六朝画赞、像赞流行，以图像祭祀、纪念之事也屡见于史籍。汉武帝之李夫人、金日磾之母去世后都曾被图画形象于甘泉宫。中国有更多的勤政爱民、忠君忧国的贤士良吏，死后被当地人设像立祠，接受后世的祭拜。

与祭祀祖先容像相近的较早情形是先秦的尸祭。顾炎武《日知录》卷十四《像设》曰："古之于丧也有重，于祔也有主，以依神；于祭也有尸，以象神，而无所谓像也。……而春秋以后，不闻有尸之事，宋玉《招魂》始有'像设君室'之文。尸礼废而像事兴，盖在战国之时矣。"④ 据儒家经典《礼记》"夫祭之道，孙为王父尸"等记载，西周祭祖用尸的情况当较为普遍。虽然"秦汉以后，在官方正式仪式中，祭祀用尸装扮

---

① 《宋史》卷 109《礼志十二》，北京：中华书局，1977 年，第 2624 页。

② 《续资治通鉴长编》卷 127，北京：中华书局，1972 年，第 3018 页。

③ 清乾隆御制《安佑宫碑文》认为"至宋之时，乃有神御之名，盖奉安列朝御容所也"，同时强调"后世神御殿亦犹汉原庙之义"。《清朝文献通考》卷 118，杭州：浙江古籍出版社，1988 年，第 5876 页中栏。

④ （清）顾炎武著，黄汝成集释，栾保群、吕宗力校点：《日知录集释》，上海：上海古籍出版社，2006 年，第 849 页。

祖先神灵已消失，代之以木制神位，但在民间，这种风俗仍然留存"①。尸礼废而像事兴，顾炎武认为《招魂》中所记"像设君室"可视为中国图像祭祖的开端，黄汝成则对顾氏之论有所辩驳："王逸注《招魂》曰：'像，法也。言乃为君造设第室，法像旧庐，所在之处，清静宽闲而安乐也。'然则'像设君室'是言像其旧庐而为室，似不得为画像之证。"② 黄氏之言值得重新思考。战国时期楚地招魂帛画十分常见，楚国又接受了北方祭礼文化中立尸祭祖制度的熏陶化育，出现"由'尸'及'像'"，即"活体影像向平面影像的转变"，是很有可能的。③ 刘信芳先生通过对比研究长沙子弹库一号楚墓人物御龙帛画、陈家大山楚帛画、江陵马山一号楚墓帛画、马王堆一号汉墓帛画及三号墓帛画等帛画中的人物像，认为这类可悬挂的随葬"帛画主人公皆与墓主身份相若"，其性质为招魂之物，而事死如生的古人既以帛画之"像"招魂，在宗庙中设"像"以祭也是非常有可能的。④ 仿旧庐造新室以安归来之魂，并不比以魂巾帛画来依魂现实方便。魏了翁为"像设君室"之语下按语称，人死后设其形貌于室以事之，这是楚地的习俗。⑤

《初学记》卷十七"孝"类引孙盛《逸人传》曰："丁兰者，河内人也。少丧考妣，不及供养，乃刻木为人，仿佛亲形，事之若生，朝夕定省。其后邻人张叔妻从兰妻有所借，兰妻跪报木人，木人不悦，不以借之。叔醉，疾来诤骂木人，以杖敲其头。兰还，见木人色不怿，乃问其妻，妻具以告之，即奋剑杀张叔，吏捕兰，兰辞木人去，木人见兰，为之垂泪。郡县嘉其至孝通于神明，图其形像于云台也。"⑥ 陆锡兴认为丁兰刻木母之所以为人所称道，是因为他把木人当作活人来侍奉，刻木之事不是丁兰的首创，而是当时已有这种社会风气。⑦ 丁兰的这种行为，为后来的梁元帝所效法。《南史·梁本纪》："（梁元帝）始居文宣太后忧，依丁兰作木母。及武帝崩，秘丧逾年，乃发凶问，方刻檀为像，置于百福殿内，事之甚谨。朝夕进蔬食，动静必启闻，迹其虚矫如此。"⑧ 而在太庙之中设置先帝的图像，似最早见于刘宋前废帝刘子业时期；北周宗庙似乎也供奉了祖宗的图像。⑨ 至隋代时，有汲郡人徐孝肃，性俭约，事亲以孝，因早孤，不识父，"及长，问其母父状。因求画工，图其形像，构庙置之而定省焉，朔望享祭"⑩。这是私家庙中供奉祖先画像的较早的例子。

① 王廷信：《四时祭祖及蜡祭中的尸与扮演》，《文学遗产》2002 年第 3 期。
② （清）顾炎武著，黄汝成集释，栾保群、吕宗力校点：《日知录集释》，上海：上海古籍出版社，2006 年，第 849~850 页。
③ 孙晶：《历代祭祀性民间祖影像考察》，中国艺术研究院硕士学位论文，2009 年，第 7~8 页。
④ 刘信芳：《〈招魂〉"像设君室"与楚简帛之"象"》，《云梦学刊》2011 年第 1 期。
⑤ （宋）魏了翁：《经外杂抄》，《景印文渊阁四库全书》，第 853 册，台北："商务印书馆"，1986 年，第 77 页下栏。
⑥ （唐）徐坚：《初学记》，北京：中华书局，1962 年，第 422 页。
⑦ 陆锡兴：《影神、影堂及影舆》，《中国典籍与文化》1998 年第 2 期。
⑧ 《南史》卷 8《梁本纪下》，北京：中华书局，1975 年，第 243 页。
⑨ 雷闻：《郊庙之外：隋唐国家祭祀与宗教》，北京：生活·读书·新知三联书店，2009 年，第 105 页。
⑩ 《隋书》卷 72《孝义列传》，北京：中华书局，1973 年，第 1671 页。

　　唐五代时期，士庶祭祀祖先图像之事时见于载籍，① 私家专门修建影堂以供奉祖影之事也非罕见。帝王图像被较大规模地奉祀于宫廷、寺观的现象也出现在唐代。唐代的圣容供奉地点可分为三类：一是京师大内，如大明宫的别殿；二是皇帝建功发迹的地方，如上文提到的昭武庙；三是寺观，此类宗教场所供奉的圣容像数量最多。据《大唐郊祀录》卷九《荐献太清宫》记载，大圣祖（老子）真容"当宸南面坐，衣以王者衮冕之服，以缯綵珠玉为之。玄宗、肃宗真容侍立于左右，皆衣以通天冠、绛纱袍"②。唐代寺观置有皇帝圣容者还有洛阳北邙山老君庙（五圣真容像，吴道子画）、忻州七圣庙、神山县庆唐观、亳州真源县太清宫、华清宫七圣堂、赵州光业寺、长安景教大秦寺等处。③ 以上几处寺观中往往是几代圣像并立，由此可见唐代圣容供奉已经十分广泛。

　　寺观所供奉的圣容之中，有一类比较特别，那就是当朝皇帝的御像。这种奉祀当朝帝王御像的现象或始于隋文帝仁寿元年，而唐朝太宗、武则天、玄宗、肃宗、代宗、武宗等均有生前将自己的塑像（画像）立于寺观的行为，其中以唐玄宗的御像流布最广，从现有材料中至少可见 37 例，分布于 25 个州。④《唐会要》卷五十曰："（开元）二十九年九月七日敕：诸道真容，近令每州于开元观安置，其当州及京兆河南太原等诸府有观处，亦各令本州府写貌，分送安置。天宝三载三月，两京及天下诸郡，于开元观、开元寺，以金铜铸元（玄）宗等身天尊及佛各一躯。"⑤ 又，前引雷闻统计 37 例玄宗像中确知为铜像者有 25 例，当为天宝三年铸像之遗存。将御像或铸成等身天尊（佛像）形态的御像置于寺观，供众人拜祭祈福，使帝王像获得某种宗教意味；而这种奉祀当朝皇帝圣像，既明显地神化了帝王，又拉近了帝王与民间的距离，有其不可忽视的政治功用。

　　供奉圣容于寺观的做法在五代时期得到了延续，尽管规模有所缩小。"王蜀少主以高祖受唐深恩，将兴元节度使唐道袭私第为上清宫，塑王子晋为远祖于上清祖殿，命<杜>龂龟写大唐二十一帝御容于殿堂之四壁。……又命龂龟写先主太妃太后真于青城山金华宫。"⑥ 庐山开先禅院为南唐中主李璟所创，有其真容，后主李煜命慧悟禅师精严供奉。⑦

　　宋代承唐五代习俗奉祀帝后御像，但并没有在寺观供奉当代帝后容像的习惯，所奉御像为神御，没有生祠的成份。宋初最早奉祀的神御是太祖的父母，即宣祖和昭宪后之像。乾德二年（964）四月乙卯，太祖将父母的坟从京城东南隅的安陵迁到巩县西南四十里的

────────────────────

　　① 比如《册府元龟》帝王部旌表类载有天宝间陈留郡封丘人杨嵩珪"画父母形貌"而祭祀，冀州人燕遗倩"刻木为父母形象"朝夕奠祭。唐文宗大和四年，段文昌移镇荆南，"以先人坟墓在荆州，别营居第以置祖祢影堂"（《旧唐书》卷 167，北京：中华书局，1975 年，第 4369 页）。后晋时刘温叟从母亲处得其父生前的衣袍后"开影堂列祭"（《宋史》卷 262，北京：中华书局，1977 年，第 9072 页）。

　　② （唐）王泾：《大唐郊祀录》，《续修四库全书》第 821 册，上海：上海古籍出版社，2002 年，第 330 页上栏。

　　③ 雷闻：《郊庙之外：隋唐国家祭祀与宗教》，北京：生活·读书·新知三联书店，2009 年，第 111~115 页。

　　④ 雷闻：《郊庙之外：隋唐国家祭祀与宗教》，北京：生活·读书·新知三联书店，2009 年，第 116~128 页。

　　⑤ （宋）王溥：《唐会要》，北京：中华书局，1955 年，第 880 页。

　　⑥ （宋）黄复休撰，何韫若、林孔翼注：《益州名画录》，成都：四川人民出版社，1982 年，第 63~64 页。

　　⑦ （宋）徐铉：《故唐慧悟大禅师墓志铭并序》，《骑省集》卷 30，《景印文渊阁四库全书》，第 1085 册，台北："商务印书馆"，1986 年，第 229 页上栏~230 页上栏。

邓封乡南訾村。五月丁丑朔，"诏以旧安陵下宫为奉先资福禅院，诏奉宣祖、昭宪皇后铜像"①。和唐代一样，北宋也将大量神御供奉于寺观，其中南京鸿庆宫、西京应天禅院、西京会圣宫奉祀的历代神御尤多。宋代大内也有神御，如天章阁、宜圣殿等处。《宋会要辑稿》引《京都杂录》曰："东京大内宜圣殿，奉祖宗圣容。"② 与唐代昭武庙相似，宋代也在太祖、太宗和真宗发迹建功之地奉有神御。事实上，宋代奉祀神御的处所类型在唐代的基础上有很大的扩展，从祭祖方式这一角度出发将唐代的圣容供奉视为宋代神御祭祀的渊源当无多大问题。

四、宋代神御祭祀的礼制化过程

虽然宋人在处理神御殿相关事宜时习惯性地引用汉代原庙故事作为依据，或宽泛地将神御殿唤作原庙，③ 但如果严格地从国家礼仪制度出发来判断的话，绝大多数神御殿都不能用原庙一词来称呼。神御殿上升为国家原庙，这意味着围绕此神御殿的礼仪实践，发展并形成了与其性质、地位相匹配的稳定、成熟的祭仪体系，而且国家礼仪机构须参与相关祭仪的制定活动，礼官须参与具体的祭祀活动，即原庙必须体现出强烈的规范性和国家礼制的"公"的色彩。下文讨论原庙制度时，原庙一词将处于这一限定之中。

宋初所奉神御零星分散，祭拜礼仪也无定制。随着时间的推移，北宋供奉神御之处渐多，至英宗朝神御殿的数量已相当可观。宋代神御殿的设置地点主要有以下几种类型：(1) 帝陵下宫及周边，如奉先资福禅院 (旧安陵下宫，奉宣祖及昭宪后)、安陵下宫、永昌陵下宫、永熙陵下宫、永安县会圣宫；(2) 在皇帝诞生之地所建的寺观，如应天禅院 (太祖)、启圣院 (太宗)、景灵宫 (真宗)；(3) 帝王发迹建功之处所立的寺观，如扬州建隆寺 (太祖征李重进)、并州资圣院统平殿 (太宗破刘继元)、澶州开福院信武殿 (真宗御契丹)、太平兴国寺开先殿 (太祖，唐代为龙兴寺)；(4) 供奉天书、圣祖的宫观，如玉清昭应宫二圣殿 (太祖、太宗)、南京鸿庆宫 (太祖、太宗、真宗)；(5) 皇宫及宗亲住宅，如天章阁、广亲宅、睦亲宅；(6) 奉祀皇 (太) 后神御之寺观，如普安禅院 (奉元德、明德、章穆三后)。各处神御受祀的原因、规格和频率等不尽相同。以行祭者身份而言，有时皇帝亲谒，有时遣官拜谒焚香，地方的神御殿常由地方长官依时行祭；就祭祀的时间与原因而论，有正月行祭者，有行郊祭礼前缩献者，有皇帝离京时行告礼者，④ 有国忌日于神御前焚香者，有皇帝生病而命太子朝谒者，有于神御前祈雪、祈雨、祈福者，有行恭谢礼者，等等。

① 《续资治通鉴长编》卷 5，北京：中华书局，1972 年，第 127 页。

② (清) 徐松辑，刘琳等校点：《宋会要辑稿》，上海：上海古籍出版社，2014 年，第 741 页。

③ 比如前文所引《宋史·礼志十二》称"神御殿，古原庙也"。又，《宋史·高居简传》记高居简"以父任为入内黄门。护作温成原庙奉神物"(《宋史》卷 468，北京：中华书局，1977 年，第 13652 页)，则仁宗温成张皇后神御殿也被称作原庙，然而由元丰五年万寿观所奉温成神御不得入原庙景灵宫之事可知，严格地说，温成皇后的神御殿不当称原庙。

④ 大中祥符四年正月丁亥，真宗在祀汾阴之前谒启圣院太宗神御殿及普安院元德皇后圣容 (《宋史》卷 8《真宗纪三》，北京：中华书局，1977 年，第 147 页)。古人出入必告，真宗于父母神御前而非太庙中告行，所行的更多是家人礼而非国礼。

虽然赵宋在立国之初即奉祀宣祖和昭宪后神御，但史籍于其祭仪语焉不详。北宋大中祥符三年（1010）正月壬戌，真宗诏"自今谒启圣院太宗神御殿，如飨庙之礼，设褥位，西向再拜，升殿，酌醑毕，归位，俟宰相焚香讫，就位，复再拜，永为定式"①。拜谒启圣院神御殿有宰相参与，在仪式上向飨庙之礼看齐，而且"永为定式"，这无疑是神御祭祀在进入国家礼制体系过程中迈出的坚实的一步。

景灵宫开初是用来奉祀圣祖的道宫。圣祖是宋真宗杜撰的号为上灵高道九天司命保生天尊大帝的神灵，本名赵玄朗，据真宗宣称是他们赵氏的远祖。真宗捏造并神化远祖，显然是受到李唐以老子为远祖，追尊为太上玄元皇帝并奉祀于太清宫这一做法的启示。② 大中祥符九年十月，礼仪院奏请以上元日朝拜玉清昭应宫（该处所奉的天书降于正月），以下元日朝拜景灵宫（宫内所奉圣祖降于十月），著成定式③；天禧四年（1020）十月礼仪院奏章亦言"每岁十月十五日，朝拜景灵宫"④。可见下元节朝拜景灵宫的制度在真宗朝已确定并施行。

有学者认为宋代在郊祭天地礼中将景灵宫与太庙并举，故朝献景灵宫属宗庙祭祀；景灵宫、鸿庆宫在仁宗和英宗时期具有祖宗原庙的性质，但在神宗将景灵宫扩建为十一殿并把京师神御集中奉祀于此之后，景灵宫成为唯一原庙。⑤ 这些看法尚可进一步讨论。

下元节和郊祀礼中朝献景灵宫是否一开始就具有明显的宗庙祭祀性质？答案是否定的。景灵宫开初奉圣祖，但其旧址本是太宗为晋王时的府邸，也是真宗的出生地，所以天圣元年（1023）二月诏于景灵宫万寿观建殿以奉真宗神御，⑥ 这与应天禅院奉太祖神御和启圣院奉太宗神御一样，都属于在先帝出生地奉其神御。天圣二年真宗神御被奉安于景灵宫奉真殿，这也是景灵宫第一次奉安神御，在此之前朝献景灵宫只能是拜圣祖。圣祖理论上虽有人、神二性，但宋人在礼拜实践中关注的是其神性，只把他当神来拜，而不是祭祖宗。⑦ 在景灵宫神御逐渐增加的过程中，朝献景灵宫的祭祖色彩也随之增强；同时，祭祖色彩在下元节朝献中又比在郊祀中更加明显，毕竟郊祀礼中天地才是主角，朝献景灵宫只是正礼之前的一个环节。

玉清昭应宫三正殿，前殿太初殿奉玉皇，中殿明庆殿奉圣祖，后殿奉紫微二十八宿；东位有二圣殿共二室，分别奉太祖、太宗，配享功臣皆塑像冠服侍立；太初殿、明庆殿、

---

① 《续资治通鉴长编》卷73，北京：中华书局，1972年，第1651页。

② 元丰三年五月，李清臣议礼奏言："唐因祠南郊，即祠太清宫及太庙，谓之三大礼。本朝三岁郊祠，必先及景灵宫及太庙，盖因前制。"（《续资治通鉴长编》卷304，北京：中华书局，1972年，第7399页）

③ （清）毕沅：《续资治通鉴》卷33，北京：中华书局，1957年，第735页。

④ 《续资治通鉴长编》卷96，北京：中华书局，1972年，第2219页。

⑤ 阳娟：《从下元朝拜到四孟朝献——宋代景灵宫朝献礼研究》，姜锡东主编：《宋史研究论丛》第29辑，北京：科学出版社，2021年，第219~235页。

⑥ 《文献通考》卷94《宗庙考四》，北京：中华书局，2011年，第2859页。

⑦ 神宗元丰五年诏令以后四孟朝献景灵宫，圣祖殿用素馔，神御殿用膳羞；元祐元年，太常寺以"季秋有事于明堂"，建议"朝享景灵宫、亲享太庙，当用三年不祭之礼，遣大臣行事"，而礼院反驳称，奉祀圣祖的景灵宫天兴殿"用天地之礼，而非庙享，于典礼无违"，争议的结果是"诏明堂前两日朝享景灵宫天兴殿"而不祭祖宗神御。（《宋史》卷109，北京：中华书局，1977年，第2622页）

天书阁仿唐开元制，设真宗御容立侍，并朝服绛纱袍，太初、明庆二殿真宗御容用玉石像，天书阁用塑像。① 玉皇、圣祖、太祖和太宗四像于大中祥符六年（1013）即奉安于玉清昭应宫。大中祥符六年八月庚申朔，真宗诏明年春朝谒亳州太清宫时要"先于东京置坛，回日恭谢天地，如南郊之制"；七年二月辛酉真宗自亳州回，庚午行荐献之礼于玉清昭应宫，并赴太庙，辛未享太庙六室，壬申恭谢天地于东郊，己卯以恭谢礼毕遣官祭告社稷、宗庙、灵山、圣迹、寺观五岳、海渎，庚辰谒启圣院太宗神御殿。② 谒太清宫恭谢礼用南郊之制，包括荐献玉清昭应宫—享太庙—恭谢天地于东郊—祭告宗庙、社稷等处—朝谒启圣院太宗神御。如果说这次玉清昭应宫与太庙并举虽用郊礼之制，但本属于恭谢礼，那么天圣二年的郊礼则表明玉清昭应宫与景灵宫处于同等地位。二年十一月乙未，朝飨玉清昭应宫、景灵宫；丙申，飨太庙；丁酉，合祀天地于圜丘，大赦。③ 如果因处于郊祀的礼仪环节且与太庙并举即属宗庙祭祀，那么朝飨玉清昭应宫也属宗庙祭祀，然而真宗建昭应宫是为了供奉玉皇、天书。

仁宗时侍御史方偕曾引用汉代罢原庙故事反对重建鸿庆宫，如果以此事为依据断定鸿庆宫是原庙，那么依据欧阳修《会圣宫颂并序》"国家采《汉书》原庙之制，作宫于永安，以备园寝"④，则会圣宫也是原庙。北宋时期众多神御殿中，奉祀神御数量随帝位的传递而稳定增加的有三处，即诏建于景德四年（1007）的西京应天禅院、建成于天圣九年（1031）的西京会圣宫，以及真宗大中祥符九年（1016）修成、神宗元丰五年（1082）扩建的汴京景灵宫。应天禅院是太祖的降诞之地，后嗣皇帝的神御按例持续奉安于此，这多半是出于亲孝的陪侍。《石林燕语》卷四曰："天圣末，诏即河南永安县訾王山建宫，以奉太祖、太宗、真宗神御容，欲其近陵寝也。宫成，赐名会圣，改訾王山为凤台山。自是祖宗山陵成，皆奉安于宫中。"⑤ 此则强调了会圣宫对汉代陵旁立庙做法的依循。就奉祀神御的数量而言，鸿庆宫只奉有太祖到真宗共三位神御，应天禅院奉祀神御更多，因此其地位似乎不低于鸿庆宫。神宗扩建景灵宫之后，应天禅院和会圣宫的神御依然在增加，如果景灵宫在神宗朝成为唯一原庙的话，那会圣宫、鸿庆宫的原庙资格又是凭什么被取消的呢？这很难解释，同时也意味着存在另一种可能：元丰五年之前宋代的神御殿都没有礼制化而上升为原庙。

---

① （清）徐松辑，陈智超整理：《宋会要辑稿补编》，北京：全国图书馆文献缩微复制中心，1988年，第 25 页。

② 《续资治通鉴长编》卷 81、卷 82，北京：中华书局，1972 年，第 1844、1865~1866 页。

③ 《续资治通鉴长编》卷 102，北京：中华书局，1972 年，第 2369 页。景灵宫与玉清昭应宫关系至为密切。景灵宫所奉的圣祖和玉清昭应宫所供的天书同为真宗造神的产物；在祭祀中二宫经常并举，《续资治通鉴长编》即多次记真宗、仁宗时期同时朝谒玉清昭应宫和景灵宫的事。比如天禧二年九月壬申，新册立的皇太子朝谒玉清昭应宫、景灵宫，次日谒太庙；天禧三年十二月戊戌、四年八月丙戌、天圣四年十二月壬午均曾同日朝谒二宫。当然，相比玉清昭应宫，景灵宫的性质更近于唐代的太清宫。天圣五年，出于对皇帝行礼辛劳的担忧，玉清昭应宫从郊祀前的朝飨环节移至之后的恭谢环节。天圣七年玉清昭应宫被燔焚殆尽，未再修复。

④ （宋）欧阳修：《欧阳修全集》，北京：中华书局，2001 年，第 840 页。

⑤ （宋）叶梦得撰，宇文绍奕考异，侯忠义点校：《石林燕语》，北京：中华书局，1984 年，第 59 页。

神宗一朝锐意改革，在宗庙方面的动作首先是收缴宗室所奉神御。熙宁四年七月庚子，"礼院言：'礼，诸侯不得祖天子，公庙不设于私家。今宗室有祖宗神御，非所以明尊卑崇正统也。谓宜一切废罢，以合礼意。'从之，仍遣内侍迎奉祖宗神御于天章阁。先是，鲁王、韩王、魏王、申王、楚王五宫院皆有神御，大宗正司奏请供奉香烛，知大宗正丞事李德刍以为非礼，请下礼官议，乃诏礼官议，如德刍请，而降是诏"①。依李德刍之言，诸王府中最初基于私亲之情而奉祀去世父母御像，这是可以理解的，但随世代推移，私亲色彩淡化，王府所奉神御即当撤罢。此番议论背后的重点还是在于重申"诸侯不得祖天子"之礼法而明正统，强皇权。值得注意的是，当礼院强调"公庙不设于私家"时，神御祭祀的国家礼制属性就得到了强调。此番收缴诸王府神御其实并不突兀，早在仁宗嘉祐三年四月乙丑，睦亲宅祖宗神御殿即被罢。② "翰林学士欧阳修言神御非人臣私家所宜有，若援广亲宅例，当得兴置，则是沿袭非礼之礼。诏送两制及台谏、礼官详定，而言汉用《春秋》之义，罢郡国庙，今睦亲、广亲宅所建神御殿不合典礼，悉宜罢。上以广亲宅兴置已久，不欲毁之，睦亲宅遂罢修营。"③ 睦亲宅神御殿的罢黜是为了维护天子的宗法正统地位。又，依礼官之言，宗室神御殿类似于汉之郡国庙，而本文前已论及汉之郡国庙并非原庙，因此睦亲、广亲二宅神御殿不是原庙。

元丰三年（1080）九月乙酉日，宋神宗"诏即景灵宫作十一殿，以时王礼祀祖宗"④。元丰五年，景灵宫建成，"在京<宫>观寺院神御，悉皆迎奉入内，所存者惟万寿观延圣、广爱、宁华三殿云"⑤。至此，汴京中除万寿观保存的真宗、章惠皇后和仁宗温成张皇后的神御之外，其余原奉祀于宗室、寺观的帝后神御都保存于大内天章阁。十一月四日，列圣神御被奉引出天章阁，经晨晖门，赴集英殿。⑥ 十五日，神御由集英殿，经宣德门，被奉安于景灵宫。李焘在叙述奉安过程后又略作追述："先是，祖宗神御殿分建于诸寺观，上以为未足以称严奉之义，乃酌原庙之制，即景灵宫建十一殿，每岁孟月朝享，以尽时王之礼。"⑦ 神宗神主祔庙之后，刘挚曾奏言："今景灵之聚神御也，固有祖于原庙之意，然帝之与后各建殿室，盖缘前来神御散在诸寺，故依旧各建殿室，乃出于一时规画，别无义据。臣愚以为既曰庙貌，则礼当仿宗庙之制，而帝后宜同御一殿。"⑧ 刘挚此奏，意涵颇丰。"今景灵之聚神御也，固有祖于原庙之意"当是指神宗扩建景灵宫之事，

———————————

① 《续资治通鉴长编》卷 225，北京：中华书局，1972 年，第 5489 页。右司谏吴安诗曾指责李德刍任职宗正司时，"凭借王安石气焰，后为王珪耳目"（《续资治通鉴长编》卷 425 甲子条，北京：中华书局，1972 年，第 10289 页）。李德刍倾向于新党的政治立场和要求禁止宗王祭祀神御的建言表明，神宗朝收拢神御祭祀权有其变法背景。

② 《宋史》卷 12《仁宗纪四》，北京：中华书局，1977 年，第 242 页。

③ 《续资治通鉴长编》卷 187，北京：中华书局，1972 年，第 4508 页。刘敞《公是集》卷 31《上仁宗论睦亲宅不当建神御殿》与欧阳修持论相似。

④ 《续资治通鉴长编》卷 308，北京：中华书局，1972 年，第 7486 页。

⑤ （清）徐松辑，刘琳等校点：《宋会要辑稿》，上海：上海古籍出版社，2014 年，第 721 页。万寿观由玉清昭应宫烬余之长生崇寿殿改造而成。

⑥ （宋）庞元英：《文昌杂录》，北京：中华书局，1958 年，第 17 页。

⑦ 《续资治通鉴长编》卷 331，北京：中华书局，1972 年，第 7969 页。

⑧ 《续资治通鉴长编》卷 363，北京：中华书局，1972 年，第 8681 页。

其中"聚"字不可轻忽。神宗以前的神御殿往往帝后各建殿，当然也有几位先帝神御同居一处的，如玉清昭应宫二圣殿（太祖、太宗），鸿庆宫、应天禅院、会灵观（太祖、太宗、真宗）；也有帝后同居一殿的，如奉先资福院庆基殿（宣祖、昭宪后）、景灵宫奉真殿（真宗、章懿皇后）；也有婆媳同殿者，如普安禅院重徽殿（元德、章穆后），但就是没有将几代帝后神御聚奉在同一寺院或宫观的情况。① 神宗虽然把京师大多数神御聚在了景灵宫十一殿，但采取帝在前殿，一后或数后居于后殿的每朝帝后分开建殿的格局，② 这与太庙中帝后神主同室的架构不同。刘挚主张帝后同殿，虽有阻止景灵宫新修殿宇的意图，但明面上的依据还是要求作为原庙的景灵宫在建筑格局上应向太庙看齐。事实上，神宗新建景灵宫也在部分程度上做到了这一点：一是聚拢神御集中奉祀；二是后殿所奉皇后神御与太庙皇后神主挂钩。宋代因袭唐制，每逢国忌日宰相率百官至景灵宫行香。宋代的国忌日数由太庙神主数决定的，而且有大小忌之分。③ 也就是说，神主祔于太庙的皇后在景灵宫中必居神御殿。又，元丰五年景灵宫十一殿奉安神御时，太祖的孝惠贺皇后、孝章宋皇后，太宗淑德尹皇后、章怀潘皇后等都无神御奉于后殿，只能祔版位于元天大圣后的保宁殿，与太庙中神主被祧迁藏于太祖室的僖祖、顺祖、翼祖（神御被祔于圣祖天兴殿）享受相似待遇。可见，元丰五年景灵宫奉安神御时当考虑了太庙中所奉神主的情况。从强化皇权的政治意图和与太庙相似的神御奉安格局来看，扩建后的景灵宫确实已成为相对于太庙的原庙。

从各神御殿的祭仪中，我们亦可见景灵宫与其他神御殿的性质差异。《建炎以来朝野杂记》甲集卷二曰："国朝宗庙之制，太庙以奉神主，一岁五享，朔祭而月荐新。五享以宗室诸王、朔祭以太常卿行事。景灵宫以奉塑像，岁四孟飨，上亲行之。帝后大忌，则宰相率百官行香，僧、道士作法事，而后妃六宫皆亦继往。天章阁以奉画像，时节、朔望、帝后生辰日，皆遍荐之，内臣行事。钦先孝思殿亦奉神御，上日焚香。而诸陵之上（按，当作下）宫亦有御容，时节酌献如天章阁。每岁寒食及十月朔，宗室、内人各往朝拜。……太庙之祭以俎豆，景灵宫用牙盘，而天章阁等以常馔，用家人之礼云。迄今不改。"④ 由此可见，宋代太庙祭祀仪用先王古礼，器用俎豆；景灵宫用时王之礼，器用牙盘。太庙和景灵宫都用的是王礼。天章阁、钦先孝思殿及诸陵下宫等处虽也奉祀神御，但用家人之礼，陈日常肴馔，属私亲祭祀。值得注意的是，真宗朝确定的下元日朝献景灵宫有浓厚的道家彩色，而神宗元丰年间所定四孟以时王礼朝献景灵宫之制则明显有向儒礼靠

① 嘉祐三年仁宗欲为郭皇后建神御殿于景灵宫，欧阳修强调景灵宫有真宗及章懿后神御殿，是仁宗奉亲广孝的场所，建儿媳的神御殿"与先帝、太后并列，渎神违礼，莫此之甚"（《续资治通鉴长编》卷188，北京：中华书局，1972年，第4532页）。

② 北宋时景灵宫的建筑布局详情，可参见《文献通考·宗庙考四》。宋人王得臣称："神宗广景灵宫为原庙，逐朝帝后前后各一殿。"（王得臣：《麈史》，上海：上海古籍出版社，1986年，第4页）依王得臣语意，景灵宫在神宗扩建之前当不属原庙，南宋绍兴十三年臣僚奏称"元丰五年神宗始广景灵宫以奉祖宗衣冠之游，即汉之原庙也"，与王得臣之意合（《宋史》卷109，北京：中华书局，1977年，第2624页）。

③ 参见拙文《国忌行香与宋代皇权的强化》，曾军主编：《张三夕教授执教五十周年纪念文集》，南京：凤凰出版社，2022年，第327页。

④ （宋）李心传撰，徐规点校：《建炎以来朝野杂记》，北京：中华书局，2000年，第70页。

拢的成份。元丰定礼时，修定仪注所言："《周官》四时之祭，春曰祠，夏曰禴，秋曰尝，冬曰烝，皆于首时，盖君子感时物之变而思其亲，得疏数之中者也。伏请以四孟月吉朝献景灵宫，天子常服行事，荐圣祖殿以素馔，神御殿以膳羞，器服仪物悉从今制，登降荐献参酌朝谒之仪，凡古之事一切不违，以合先王事亡如存之义。"① 此项依四时之祭而定四孟朝献的建议最后被神宗采纳。

总之，宋神宗据"公庙不设于私家"等儒家礼义集中奉祀神御于扩建的景灵宫，新的景灵宫在建筑格局和祭祀礼仪上都向太庙靠拢，突显其"公"的色彩。自神宗朝之后，宋代神御祭祀在制度方面就长期地稳定了下来。汤勤福"将原来的御容供奉，转化作为原庙祭奠而纳入国家礼制体系之中，这成为宋朝一般御容供奉与原庙祭奠的分界线"的观点，② 不可轻易否定。

五、结　语

宋代的神御殿奉祀着本朝历代帝后神御，它是太庙之外皇帝祭祖的又一重要场所，因此从宗庙数量的角度看，相对于太庙，它是重庙，犹如西汉时的原庙，正是如此，宋人把景灵宫视为原庙。然而包括景灵宫在内的宋代所有神御殿奉祀的是祖宗的容像，并非木主，这是宋代原庙与汉代原庙之间的重大差异。宋代的神御祭祀活动，无疑受有唐五代圣容供奉风气的直接影响，所以溯源宋代原庙制度时将目光投向西汉原庙和唐代圣容供奉，这无疑是正确的。但我们更应该看到，北宋前期的神御祭祀，就其性质而言，多出于私情而非公意，且受佛道宗教思想影响，直到宋神宗以"诸侯不得祖天子"等为由将京师神御收归大内，尔后集中供奉于景灵宫十一殿，祀以时王之礼，景灵宫神御祭祀进入国家礼制体系，宋代原庙的制度化才得以完成，景灵宫自此成为宋代名符其实的原庙，原庙祭祀也因而与太庙祭祀形成并立和互补的关系。宋代原庙制度不但远绍于汉代，而且影响邻国，垂范于后世。北宋曾与辽国有过多次御容交聘活动。③ 辽国宗庙供奉的不是神主而是御容像，京庙、陵庙、行在庙、州庙和木叶山庙都奉有神御，而金、元、明、清基本继承了宗庙神主祭祀与北宋以来形成的御容供奉并行的格局。④

（作者单位：黄冈师范学院文学院）

---

① 《文献通考》卷 94《宗庙考四》，北京：中华书局，2011 年，第 2861~2862 页。

② 汤勤福：《宋代御容供奉与玉清昭应宫、京师景灵宫的礼仪问题》，《河北大学学报》（哲学社会科学版）2020 年第 3 期。

③ 刘兴亮：《辽代的御容及辽宋间御容交聘活动考述》，《青海社会科学》2012 年第 1 期。

④ 万雄飞：《辽代的宗庙与御容殿》，《边疆考古研究》第 27 辑，北京：科学出版社，2020 年，第 323~329 页。

传统方志所见李维桢诗文辑考[*]

□ 李建国　彭　乙

【摘要】明代京山文人李维桢足迹所至，有湖广、北直隶、陕西、河南、江西、浙江、山西、南直隶等地，从这些地区保存至今的 1451 种传统方志中，可辑得《大泌山房集》和《四游集》中未收、前人亦未发现的佚诗 47 首，佚文 24 首，还可辨证误署诗作 2 首。地方志所收录的李维桢诗文，从一个侧面印证了其文学创作的某些问题。

【关键词】李维桢；地方志；诗文辑佚

　　李维桢（1547—1626）字本宁，号翼轩，湖北京山人，历经嘉靖、隆庆、万历、泰昌、天启五朝，是明代后期复古派的代表性作家。李维桢著述丰富，存世别集有《大泌山房集》（134 卷）① 和《四游集》（22 卷）②，另有大量别集未收的诗文作品，散见于各类文献中。在完成李氏别集的校点整理后，笔者拟对其别集之外的诗文作系统辑佚，③ 经初步考索，集部之外，史部的地方志保存李氏作品较多。本文即以地方志为文献来源，辑录其中的李维桢佚作。

　　本文考察的地方志皆为 1949 年以前编纂的，传统方志中有极其丰富的古代文学史料，载录了数量惊人的历代诗文，很多作品仅见于方志，遂成为文人别集整理、历代诗文全集编纂重要的文献来源之一。据《中国地方志联合目录》和各种新发现资料，现存的地方志近九千种，不可能也没必要尽数检阅。李维桢曾主持《山西通志》的纂修，他认为："艺文代有作者，明训洋洋，何能尽述。其间诗、赋、箴、铭、颂、赞、辨、议，不拘体裁，惟取晋人，或言晋事，或纪晋景，即不然，必名卿硕彦，宦游晋土，得之耳目记睹，

---

　　* 本文是"十四五"国家重点图书出版专项规划"李维桢全集"阶段性成果。

　　① 李维桢：《大泌山房集》，《明别集丛刊》第四辑，第 8~11 册，合肥：黄山书社，2013 年。

　　② 李维桢：《新刻楚郢大泌山人四游集》，《明别集丛刊》第四辑，第 12 册，合肥：黄山书社，2013 年，第 1~367 页。

　　③ 此前对李维桢诗文的辑佚，参见鲁茜：《李维桢研究》第二章《李维桢著述考述》第四节《诗文辑佚》，台北：花木兰文化出版社，2016 年，第 149~166 页；李建国：《新发现李维桢、汪道贯、汪道会文三篇》，《三峡大学学报》（人文社会科学版）2021 年第 4 期。凡鲁茜已辑的佚作，无论其来源文献是否为地方志，本文均不再收录，某些已被鲁茜辑佚的诗作，将在文中说明。

及断简残编，姑收以志感慨。外此虽极炉锤之妙，擅藻绘之工，不必录，亦不胜录矣。"① 这也是历代方志收录文学作品的一般原则。所以，李维桢生长、仕宦、漫游所经历地区的方志是本文考察的重点。

李维桢生长于湖广承天府，自隆庆二年（1568）进士及第后，宦辙所及，包括北直隶、陕西、河南、江西、四川、浙江、山西等地，其间因丁忧、罢官、辞官等原因去职，或里居，或游历匡庐、黄山、白岳、吴越诸名胜，或侨寓广陵、金陵，则南直隶也在他的活动范围之内。本文按照明代行政区划的设置，对上述区域的地方志，从省志到府志、县志，尽量一一检索。根据李维桢的行迹，湖广承宣布政使司今湖南部分，毗邻湖北的常德府、岳州府、长沙府及衡岳所在的衡州府，详至县志，其他地区仅及府志；李维桢在江西、四川任职时间都比较短，仅数月而已，江西承宣布政使司中南昌府、九江府、赣州府，四川承宣布政使司中的夔州府、重庆府、成都府、嘉定府，详至县志，其他地区亦仅及府志。所检视的地方志以国家图书馆藏方志为主，辅以《中国地方志集成》（含《寺观志专辑》）、《中国佛寺志丛刊》等，绝大多数地方都查阅了两种以上的方志，共计1451种，辑得佚诗47首，佚文24首（其中目文俱全者14首，有目略文者5首，有目无文者5首），辨证误署为李维桢诗作2首。

一、佚　　诗

（1）《（康熙）京山县志》卷十《艺文》收录李维桢佚诗一首，原诗共二首，其中第一首"翠壁摩空鸟道微"，鲁茜已据《（光绪）京山县志》辑出，第二首为：

> 东风处处报芳菲，歇马斜阳上翠微。花气一林含雨润，泉声百道绕云飞。因寻白社春常到，为爱青山夜不归。跌坐绳床无所事，村舂邻火自相依。（《观音岩得微字》②

（2）《（乾隆）钟祥县志》卷九《艺文》收录李维桢佚诗七绝八首，③ 分别为：

> 罗绮晴骄绿水洲，芙蓉花外夕阳楼。楼中日日歌声好，不及卢家有莫愁。
> 清江一曲抱村流，南国佳人字莫愁。此地从来可乘兴，酒杯无日不淹留。（《莫愁村集唐音二绝句》）
> 帝座西隅佩玉行，口含天宪位公卿。可知举动回山海，百里金堤不日成。
> 颓竹塞芰捷石簮，迢迢天汉引为池。却怜漕挽河淮道，璧马浮沉未可知。（《保

① 《（万历）山西通志》卷首《重修凡例》，明崇祯二年刻本，第3页。《凡例》不署撰人，当为李维桢手笔。
② 《（康熙）京山县志》卷10《艺文》，清康熙十二年刻本，第69页。
③ 《（乾隆）钟祥县志》卷9《艺文》，清乾隆六年刻本，第32、43~44、52~53页。

堤庵》二首)①

  风来苹末雨初过，便坐开罇挹绿波。日暮诸军分饮马，阵形为鹳复为鹅。

  鸭头新绿浪花匀，绝似葡萄瓮底春。不必篝醪投饟士，春光谁是独醒人。

  水树千重澹夕烟，中庭明月一方愚。凭栏耐可舒清啸，不减南楼啸咏年。

  西第新亭胜若何，接天清汉抱城过。试将军法供行酒，部下应呼卷白波。（《李留守抱汉亭》四首②

此志中还收录了李维桢《文昌祠晚眺》《郢中四首》，皆为七律，鲁茜亦据《楚风补》《竟陵诗选》辑出。

（3）《（光绪）玉泉寺志》卷五《词翰志三》收录李维桢佚诗三首，原诗共四首，其中第一首"策马不能去"，鲁茜据《楚风补》辑出，另三首为：

  一榻分僧舍，悠然生远心。松云春径满，花雨夜堂深。露下银河白，山空玉宇沉。三年匡阜月，曾记宿东林。（《玉泉寺》其二）③

  西来山尽好，复此一峰幽。水月心俱寂，金银气自浮。岚光晴不夜，春色淡如秋。双顶青冥上，孤云任去留。（《玉泉寺》其三）④

  灵液何年化，清泉竟日闻。天风吹作雨，山翠染为云。珠玉龙宫溅，金波兔窟分。枕流还漱石，吾意亦云云。（《玉泉寺》其四）

卷六《词翰志四》收录李维桢佚诗二首：

  绿树村村初霁雨，篮舆步步欲凌烟。东风芳草看如此，流水桃花若个边。

  和罢郢歌飞白雪，望来蜀道上青天。荷衣不碍红尘染，自向山中浣玉泉。（《雨后自当阳赴玉泉寺》二首)⑤

此志还收录了李维桢五言排律《游玉泉寺僧谈征调供亿之苦因赋》，鲁茜已据《楚风补》辑出。

（4）《（天启）荆门州志》卷十四收录李维桢佚诗三首：

  石桥斜度两山开，松涧遥缘一径回。丹璋凌空文梵宇，彩云笼日护香台。林霜叶

---

  ① 《（乾隆）钟祥县志》卷6《古迹·寺观》题作"保堤寺"。《（乾隆）钟祥县志》卷6《古迹》，清乾隆六年刻本，第45页。

  ② 原诗共六首，其中第一首"棨戟高临汉上城"、第六首"石城城下汉江流"，鲁茜据廖元度《楚风补》、熊士鹏《竟陵诗选》辑出。

  ③ 此首亦见《（康熙）安陆府志》卷35，康熙八年刻本。

  ④ 此首亦见《（康熙）当阳县志》卷8，康熙九年刻本。

  ⑤ 《（光绪）玉泉寺志》卷5《词翰志三》、卷6《词翰志四》，《中国地方志集成·寺观志专辑》第18册，上海：上海书店出版社，2016年，第510、538页。此二诗亦见《（康熙）当阳县志》卷8，清康熙九年刻本。

色如春好，窗夜泉声作雨来。寄宿任多车马客，空门原不染尘埃。

远山才歇雨，春水欲平渠。众鸟啼深竹，归云拥敝庐。登台对寥廓，步月到清虚。不必论空相，吾心已晏如。

地开双树古，山断六尘稀。云气生衣冷，泉香入酒微。层城卸夕照，荒径敛春晖。何事归林鹤，双双逐鸟飞。（《宿唐安寺》）①

（5）《（乾隆）江陵县志》卷五十一《艺文十》收录李维桢佚诗一首：

少日谈经处，琅玕十亩阴。双扉寒雨掩，孤榻白云深。业已垂青汗，终焉托素心。何知山吏部，把臂入中林。（《题江陵张泽民万玉山房图》）②

张泽民名汝济，字泽民，江陵人，与李维桢是隆庆二年的同榜进士，《大泌山房集》卷一百三有《都察院右副都御史张公墓表》，墓主即张泽民。

（6）《（光绪）蕲水县志》卷二十《艺文》收录李维桢佚诗一首：

七十苍头鬓未霜，向来携鹤在维扬。仙人招隐淮王桂，太傅齐名召伯棠。云树千山邀蹑屐，烟花四序佐行觞。明庭有诏求遗老，早晚安车赐上方。（《祝心溪徐观察七十》）③

徐观察名一唯，字宗会，号心溪，蕲水人。

（7）《（万历）黄冈县志》卷八《艺文中》收录李维桢佚诗二首，此二诗亦载《（乾隆）黄冈县志》卷十八《艺文·诗赋下》，两本文字皆有漫漶，互校方得完璧：

孤亭绝壁亦奇哉，学士风流此地来。东望拍天江自迥，南飞啼月鹊堪哀。但令词客名千古，不尽游人酒一杯。最美使君能吏隐，追歌清夜共徘徊。

高歌急管促行觞，莫问金门与玉堂。估客舟从波上下，美人家自水中央。壁衔烟岫残阳赤，洲枕春江宿露黄。忽有东风生四座，应知不为便周郎。（《春日过赤壁席上分韵二首》）④

（8）《（乾隆）随州志》卷十六《艺文》收录李维桢佚诗二首：

步蹑随阳第一山，大开眼孔小尘寰。几家烟火睥睨下，万里乾坤指顾间。荆郢卧

① 《（天启）荆门州志》卷14，明天启刻本，第10页。
② 《（乾隆）江陵县志》卷51《艺文十》，清乾隆五十九年刻本，第14页。
③ 《（光绪）蕲水县志》卷20《艺文·诗》，清光绪六年刻本，第46页。
④ 《（万历）黄冈县志》卷8《艺文中》，明万历三十六年刻本，第14页。《（乾隆）黄冈县志》卷18《艺文·诗赋下》，《中国地方志集成·湖北府县志辑》第16册，南京：江苏古籍出版社，2013年，第559页。

云山势乱，汉滇拖练水光连。此身恍在青霄上，不羡成都百二关。（《游大洪山》）

几声梵笛响青岑，惊起神龙水底吟。坐久日斜催去马，白云漠漠柳阴阴。（《白龙池道中》）①

（9）《（乾隆）汉阳府志》卷十七《古迹》收录李维桢佚诗一首：

登楼不作望乡悲，芳草晴川此一时。浪色桃花歌共艳，春声杨柳递相吹。风涛自稳鱼龙窟，星月空喧乌鹊枝。锦缆牙樯君莫问，扁舟吾已学鸱夷。（《晴川阁》）②

（10）《（乾隆）华容县志》卷十一《艺文》收录李维桢佚诗一首：

二院多清雅，邀予过翠微。犬声频吠客，藤刺故勾衣。垄树寒风雪，湖波澹日晖。殷勤留信宿，不醉莫言归。（《白竹圻》）③

（11）《（同治）平江县志》卷五十四《艺文四》收录李维桢佚诗四首：

马革身从裹，骊珠手自探。孤魂飞塞外，一曲《望江南》。笔札贫何补，兵戈病未堪。白云郎署里，鸡舌梦仍含。

无将蒲类海，拟作汨罗江。殿槛留旌直，边城筑受降。朝中今汲黯，地下昔龙逢。圣主终相念，金鸡放彩杠。

虎豹关曾抉，龙蛇路始谙。主恩犹薄谴，兵事许高谈。鼓吏无单绞，羁臣有负担。怜君行役苦，翻觉茹茶甘。

把笔书生腕，龙文鼎可扛。名流谁第一，国士尔无双。杨柳吹芦管，葡萄泻玉缸。将军宽礼数，谈笑碧油幢。（《秦中赠艾熙亭比部》）④

艾熙亭名穆，字和甫，号熙亭，平江人，万历中曾虑囚陕西，因得以与李维桢交游。《平江县志》中所载当时名流赠酬艾穆之作甚多。

（12）《（顺治）河南通志》卷三十八《艺文四》收录李维桢佚诗二首：

无限朋簪盍，夫君独好仇。通家前辈在，结社少年谋。彩笔相陵劲，青编互校雠。阳春容汝和，明月向余投。双剑龙鳞起，千金骏骨收。恰新花甲岁，同系桂轮秋。骥许苍蝇附，鸠非紫凤俦。宁期鞭贾售，翻使瑟工羞。齐客吹竽滥，荆人捧璞愁。除书才茂宰，受地视诸侯。粉堞凌霄上，黄河绕郭流。桑麻分树色，弦管杂歌喉。李令泉仍苦，虞思俗靡偷。窥斑曾半豹，俾刃失全牛。耐可鸣琴治，悬知制锦

---

① 《（乾隆）随州志》卷16《艺文》，清乾隆五十五年刻本，第12页。
② 《（乾隆）汉阳府志》卷17《古迹》，清乾隆十二年刻本，第12~13页。
③ 《（乾隆）华容县志》卷11《艺文下》，清乾隆二十五年刻本，第8页。
④ 《（同治）平江县志》卷54《艺文四》，清光绪元年刻本，第23~24页。

优。迅雷百里震，甘雨四郊周。清白冰壶洁，慈仁玉笋柔。盖缘行陌驻，帘为看山钩。阖境蝗潜避，平原虎不留。鸾凤集厅事，禾黍满瓯窦。柳荫三株合，桃蹊万叠稠。夜传桴鼓静，日奉板舆游。空泽惟孤馆，灵台有故丘。漆园庄叟卧，莵苑孝王修。俯仰多公暇，攀跻得自由。仙凫飞叶县，伏雉狎中牟。邑井今邻并，声华昔比俦。荐章纷绣斧，恩诏下宸旒。郡国征高第，岩廊借运筹。惠文峨鹰角，法简傍蝥头。共识桓君马，方称贾氏彪。士林诛枳棘，祖武绍箕裘。别路萦芳草，离觞泛石榴。销魂真黯淡，握手更趑趄。推毂身堪效，弹冠志已酬。愿言各努力，莫与世沉浮。（《送心泉胡侯之虞城》）①

河上仙槎去不还，空留姓字在人间。为君一片封侯地，多少深闺恨玉关。（《博望城吊张骞》）②

(13)《（康熙）陕西通志》卷三十二《艺文》收录李维桢佚诗一首：

一片关山月，秋深倍觉明。影含行色净，凉兴客愁生。虎负中林啸，虫依宿草鸣。无端陇头水，更作断肠声。（《关山月》）③

(14)《（乾隆）狄道州志》卷十三《艺文中》收录李维桢佚诗七绝六首：

焚罢金炉一缕香，灵风飒飒树苍苍。我来五日犹寒色，何怪燕山昼殒霜。
谁道龙鳞不可攀，窜身万里得生还。属镂不是君王意，一片浮云在日间。
气吐白虹贯日光，城狐何物敢深藏。先皇手自提三尺，为尔当年请上方。
汉庭新诏下轮台，祠额封章次第来。遥想鼎湖龙御日，忠魂拥卫帝颜开。
二十年前燕市旁，伤君三木泪成行。如今更到投荒处，多少含愁欲断肠。
逐客谈经且自娱，千年庙貌此山隅。行人曾上袁州路，三窟荆棘兔已无。（《东山超然台谒忠愍祠公谪日授徒处》）④

(15)《（乾隆）华岳志》卷十二《艺文》收录李维桢佚诗二首：

苍龙片片吐龙文，孤影中天日月分。可是巨灵曾（《（道光）华岳志》作"亲"）手植，至今人唤大将军。
十丈莲花玉井枯，灵根千尺枕山隅。贞心自许凌霜雪，不受秦封五大夫。（《天

---

① 此诗亦见《（乾隆）虞城县志》卷9《艺文》，清乾隆八年刻本。
② 《（顺治）河南通志》卷38《艺文四》，清康熙九年刻本，第96、98页。此诗亦见《（康熙）南阳府志》卷6《艺文上》，清康熙三十三年刻本。
③ 《（康熙）陕西通志》卷32《艺文》，清康熙七年刻本，第94页。此诗陕西承宣布政使司多地方志皆载。
④ 《（乾隆）狄道州志》卷13《艺文中》，清宣统元年刻本，第26页。

门松俗号将军树》)①

（16）《（康熙）九江府志》卷十二《诗》收录李维桢佚诗一首：

上方台殿挂烟霄，指顾遗踪六代遥。塔影孤悬双树月，钟声徐应九江潮。梁横断壑云长覆，洞咽寒泉雪未消。莫问白莲开社地，芙蓉山色总萧条。（《东林寺》）②

该志卷十一《诗》所载李维桢《游庐山》，鲁茜已据《楚风补》辑录。

（17）《（康熙）灵隐寺志》卷八《诗咏》收录李维桢佚诗一首：

松风谡谡水溶溶，茗碗薰炉野衲供。社按兰亭修禊节，石移灵鹫削成峰。英词注射霞余绮，欵语流连日下春。信美东南饶竹箭，漫随春草斗丰茸。（《灵隐社集得峰字》）③

寺志还载录了另两位与会者之诗，有屠隆《李本宁观察招同徐冯诸公集灵隐寺》、冯梦祯《前题得泉字》。冯诗在《快雪堂集》中题为"李使君招游灵隐得泉字庚子作"，④ 据此，这次雅集发生在万历二十八年，前年四月李维桢由四川左参政升任浙江按察使。

（18）《（嘉庆）净慈寺志》卷二十五《艺文二》收录李维桢佚诗一首：

忆却西湖已十年，殷勤问汝六桥边。孤山有鹤频冲汉，花巷无鱼不跃渊。杯渡了知明日远，衣成莫向此时传。寥寥且适南屏下，迟我同拈洞口莲。（《送印慈上人归南屏》）⑤

（19）《（崇祯）江浦县志》卷四《舆地志》收录李维桢佚诗一首：

虚阁凌空控上游，东南名胜望中收。征帆远影飞青雀，坐钓闲情对白鸥。十里深山犹负郭，半江遗牒（《江浦埤乘》作"堞"）已为洲。年华逝水沧桑变，有酒那能解客愁。（《平山阁》）⑥

---

① 《（乾隆）华岳志》卷12《艺文》，清乾隆二十七年刻本，第71页。此二诗亦见《（道光）华岳志》，民国二十四年刻本。

② 《（康熙）九江府志》卷12《诗》，清康熙十二年刻本，第13页。

③ 《（康熙）灵隐寺志》卷8《诗咏》，《中国地方志集成·寺观志专辑》第7册，上海：上海书店出版社，2016年，第345页。

④ 冯梦祯：《快雪堂集》卷63，《明别集丛刊》第四辑，第19册，合肥：黄山书社，2013年，第258页。

⑤ 《（嘉庆）净慈寺志》卷25《艺文二》，《中国地方志集成·寺观志专辑》第8册，上海：上海书店出版社，2016年，第406页。

⑥ 《（崇祯）江浦县志》卷4《舆地志》，明崇祯十四年刻本。此诗亦见侯宗海、夏锡宝纂修：《江浦埤乘》卷二《山水》，清光绪十七年刻本。

（20）《（雍正）六合县志》卷十《艺文》收录李维桢佚诗一首：

吏隐仙郎可自由，相携野客问林丘。峰阴曲抱清溪转，水气长驱大火流。江上船如龙马渡，山前台见凤凰游。僧家解制余三日，芳草为茵未觉秋。（《史民部绍卿招游定山珠泉》）①

（21）《（乾隆）长乐县志》卷九《艺文下》收录李维桢佚诗二首：

高山仰止十年余，忽漫相逢岁欲除。诗社主盟惟白下，辞场独坐接黄初。清霜寒拂龙文剑，甘雨春随熊首车。明到政成闻问好，始知名士固无虚。

何年庄蹻远南征，留得牂柯表郡名。食品常珍行蒟酱，蛮歌新调间芦笙。讼庭入赎文无害，燕寝凝香政自清。坐镇诸蛮来调款，山农相狎力刀耕。（《送林永光出守临安》）②

此长乐为福建长乐县，据《（乾隆）长乐县志》卷七《选举》、卷八《人物》：林永光，名裕阳，字永光，万历四年举人，历任连山县令、永宁知州、柳州同知，入为南京户曹监储，后又出守临安，遂不复仕进。这个临安并非杭州，而是云南临安府（今建水县）。李维桢未曾入闽，两人交往应该是林在南户部任上而李侨寓金陵期间。当时福州府文人辈出，如长乐谢肇淛、福清叶向高、侯官曹学佺等，都曾与李维桢交游，乾隆志中还载录了李维桢为谢肇淛诗集作的序，即《大泌山房集》卷二十之《谢工部诗集序》。李维桢未涉足的地区方志也收录有他的作品，类似情形应不止福建长乐一地，但终属小概率现象，尚无法兼顾，特此说明。

二、佚 文

（1）《（康熙）景陵县志》卷六《风土志·古迹考》节录李维桢佚文一篇：

所谓大臣者，其行直方，其气沉毅，其量弘深，其才锐敏，其致旷达。余尝以是求吾同榜兄弟中，惟刘道祯、郑邦章、徐惟得三人足当此。三人……（《徐成位墓表》）③

景陵即天门，乃京山邻县，也是李维桢原籍所在。徐成位字惟得，是李维桢的同乡挚友和进士同年，《大泌山房集》和《四游集》中有很多关于徐成位的文字。《（康熙）景

① 《（雍正）六合县志》卷10《艺文》，清雍正十三年刻本，第75页。
② 《（乾隆）长乐县志》卷9《艺文下》，清乾隆二十八年刻本，第12~13页。
③ 《（康熙）景陵县志》卷6《风土志》，清康熙三十一年初刻（重刻时间不详），第15页。此文仅《景陵县志》收录，该志国内罕见，笔者查阅的是国家图书馆藏本，但该本缺页较多，故有此遗憾。

陵县志》记载:"徐中丞成位墓,在叚家嘴,依父中宪公墓,大宗伯李公维桢表,方伯蔡公复一志铭。李表略云云。"《大泌山房集》卷一百五之《封郡守徐公墓表》,墓主即徐成位之父徐麟,而徐成位之墓表,《大泌山房集》却未收。

(2)《(康熙)潜江县志》卷二十《艺文下》收录李维桢佚文一篇:

> 职方柴公立朝不数日,而以同舍郎株累谪边邑尉,没身不复收。会光宗绍天阐绎,悉召诸逐臣,生者超擢,没者赠恤。而公子广文以请,天官宗伯具如奏,今上报可。于是公得赠玺丞。广文辑其先后书疏与名公卿赠言为帙,而纳言刘公名之曰"仁孝"。盖神宗遗诏固已眷眷登进遗佚,光宗因之,今上成之,协风旁骇,施侔造物,使白骨为肉,夜台如昼,仁莫大焉。神宗五十年,光宗才匝月,久者易忘,速者易略,而导扬玉几末命,推恩锡类,继明代照,述祖则,蹈宗轨,孝莫大焉。在职方公,宜冥报相诒,其为子若孙者,世笃忠贞,以彰君锡,绍家庆。则是录也,琬琰之珍,钟鼎之勒也。不佞辱在世好,书此以弁其端。(《柴氏仁孝录序》)①

柴公名恪,字子舒,《大泌山房集》卷一百十二有《兵部职方司主事柴公墓碑》,墓主即柴恪。《(康熙)潜江县志》卷二十还收录了柴恪之子柴一真《为父请恤典疏》。

(3)《(乾隆)荆门州志》卷三十六《文苑上》收录李维桢佚文一篇:

> 今天下所动色相戒、不辞饥寒瘵堕、竭蹶而从事者,边患耳。余窃有隐忧,以为在民。亲民之官无如州县长吏,一话一言善否,朝下而夕达乎四境,抚后虐仇,捷如桴鼓。属者民缘边患,军兴加赋,军冗政重,民蒿然忘其安乐而有远心。惟是一二良有司,燠咻痛疾,去其太甚,使室家相保,里党相恤,安土重迁,而后逆节不萌起。不然者,穷人无所离死,而黠桀荧惑鼓扇之,揭竿斩木,啸聚响应,土崩瓦解之祸,可立而待也。是与边患孰为缓急哉!
>
> 吾郡有荆门州,楚蜀行李之往来,储积共待,靡财殚币,民俗好气,任侠为奸,号称难治。临海徐公为守,恤民之羸,罢一切横调送迎烦费,戴星巡行阡陌,纪农协工,宽其负算,犹与民相假贷,审权量,议限例,民以乐输,有左内史倪宽之风。汉溢皋陆,平徭行水,洒渠股引,以广溉田。听讼,即天伦,邮罚丽事,争赇抑绝。庠序之士,载色笑而教之,察其穷棲茹菽者,隐亲占护。修葺故志,举前言往行,耳提面命,横经问难,依方辨对,咸出意表。士争自濯磨,求不愧为公弟子。劳罢转徙之民,还定安集,德公若饥渴之得食饮,赤子之依父母。闻公有母,谒款天神祝延之,冀长庇公宇下。
>
> 尔日征苗兵援辽,规求无度,忿鸷剽夺,庐洛发篝。独荆门疆有寓望,共其队卒脯资饩牵无乏,如枕席上过师。余邑西南与州壤相接,鸡犬相闻,芸夫牧竖,谣诵讴传,耳食稔矣。州缙绅学士条举公治行,葺之为录。州倅闽李君与余友陈生同乡,持录示余。盖晚近世仕宦钓名喜谀,下之人亦好谄游媚,所为遗爱去思,考金勒石之文,率类亡是、子虚。而余以所闻按之,录信非虚辞也。有土地民人之寄者,人人如

---

① 《(康熙)潜江县志》卷20《艺文下》,清康熙三十三年刻本,第16页。

徐公，其民好义终事，亲上死长，可制挺以挞，坚甲利兵，固于金城汤池矣。

公名泰，江阴乡举。（《徐荆门德政录序》）①

（4）《（康熙）安陆府志》卷三十二《艺文志·记》收录李维桢佚文一篇：

邑故泽国也，四面皆水，而城隍庙最为卑湿，河伯射啮，栋折榱崩。岁壬辰，邑吴君慨然欲新立，乃出橐金若干，暴衣露盖，亲杪为植，不逾岁而庙成。又范金为像，祝厘者无虚日。又以其余力，就庙旁累土为阁，凌睥睨而上，绮疏周遭，与湖波相掩映。于是邑过而游憩者，相与叹吴君好施，啧啧不容口矣。

今夫世所称高赀富人非乏也，然其下者挈瓶而守锥刀之末，軏軏剁股而藏之，无肯费其半菽、落其一毛矣。而其雄杰者又蚤（按：疑当作"蚕"）食渔夺，即有举置，施胜因之，说者且谓蒉言欺人，唾天而诟耳。今吴君富而能施，且羞伐其德，至举归先训，真不背本哉！虽然，亦尝闻端木叔所谓达者乎，家累千金，忽之中都，散其库藏，不为子孙留，及其后，国人受其施，相与反其子孙。今吴君席先君之业，散财施予，光昭先德，奕世靡悔。语曰："有阴德者必享其乐及子孙。"夫端木叔寄财于人，吴君责报于天，积善余庆，是其往事矣。

吴君讳贵，号云岳，福建方伯公令嗣也。有八子，美秀而文，不佞所谓余庆者也。其修创若玉皇阁、龙盖寺不具论，作《修城隍庙记》。（《修城隍庙记》）②

《（康熙）景陵县志》卷七《享祀志·梵刹》又称吴贵所建阁为"水月庵"："水月庵，在城内，邑庠生吴贵建。太史李维桢记'吴君累土为阁，凌睥睨而上，绮疏周遭，与湖波相掩映'者即此也。"③

（5）《（光绪）蕲水县志》卷十八《艺文·墓志铭》收录李维桢佚文一篇：

公讳希元，号白岳，楚浠川人也。少而明敏，长以文章德业自树。年十四，补弟子员。隆庆庚午，登贤书。辛未，成进士。初任南太常博士，多所建明于礼乐。尝不受人暮夜金，事闻上，擢吏科都给事。正两宫大礼，又纠冢宰，以直忤权要。出镇滇南之金沧，御罕苜不用兵威。升福建督学，每以功名著闻，所识拔士多为上用。转江西参政，因御窑作淫巧器难成，糜费民膏，与代巡者不合，即挂冠归，才五十有一也。居乡恒乐易，至有便于民间者，无不为有司请，即一条编之行，皆公坚请于陈开府，以利赖至今者也。议论丰采，后学争尚之。

公享年七十有八，生子六，以明经仕至郎官者三，孙十四人，登贤书者二，列青衿者八，皆公目击。公以万历壬子岁卒，葬蕲北七十里东隆冲山之阳。余居同乡，仕同寅，与公交甚深，知公亦甚悉。天历丁卯，余驰驿过浠上，奠而哭之，遂赵其墓而

① 《（乾隆）荆门州志》卷36《文苑上》，清乾隆十九年刻本，第63~64页。
② 《（康熙）安陆府志》卷32《艺文志·记》，清康熙八年刻本，第89~90页。
③ 《（康熙）景陵县志》卷7《享祀志》，清康熙三十一年初刻（重刻时间不详），第21页。

去。（《王希元墓志》）①

《（光绪）蕲水县志》卷二十《艺文·诗》收录王希元《春日过函三阁》。
（6）《（乾隆）蕲州志》卷十五《艺文志上》收录李维桢佚文二篇：

新安方伯吴公以宪使部武、汉、黄三郡，治蕲，树风声，著话言，引表仪，制事典，正法罪，辟刑狱，教防利，委常秩。期年，吏恪于位，兵辑于伍，农狎于野，商旅出于途，时无逆数，物害无生。尤以建国长民，教学为先。群所部博士弟子员而董振择之，游有乡，处有所，使惇惠者教之，使文敏者道之，使果敢者谂之，使镇靖者修之，体貌以左右之，明法以宣翼之，恭敬以监临之，勤勉以劝之，德音以扬之。为新学宫，使群萃而州处，其心安焉，不见异物而迁。又为置田廪于籍东南，钟而藏之，而匪颁之，贫士无失职者。又以"山，土之聚；薮，物之归；川，气之导；泽，水之钟也"，当江下流中，叠石为山，建文昌阁其上，聚不弛崩，而物有所归，气不沉滞，亦不散越，于形法家言最胜。州人士争自濯磨，求无愧为公弟子。春秋献贤能书，升司徒曰选士，升司马曰进士，辨论官材，布在中外，倍于畴曩，州以文献大国名。国人与四方缙绅学士归功于公，而公已晋秩行。

其门人岁时伏腊，有事于文昌阁者，相与叹曰："吾党小子仰公，若黍苗之仰阴雨。公实芘阴膏泽之，使成嘉谷，荐在宗庙。夫文昌血食于兹，非公何有？吾党择柔嘉，选馨香，奉牺象，陈鼎俎，静巾幂，考钟鼓，骏奔走于文昌，而曾不以箪食壶浆如乡者迎送公，恶乎可？庚桑楚匹夫耳，居畏垒大穰，畏垒之民尸而祝之，祀而稷之。不腆蕲称方州，公之为德也深矣，植本也固矣。生而尸祝公，不亦可乎！夫公盛德大业，学校则祀瞽宗，廊庙则从大享，他日诚未可量，然而俟河之清，人寿几何，及今日而祠公，觞酒豆肉，庶几公不吐。夫亦感恩知己，至情不容已也。"诸与余善者走使质余，于礼可否。余报之曰："礼非由天降，非由地出，人情而已。诸生情之所至，礼亦至焉，是为礼以义起，夫谁曰不然？余按旧史，生祠自汉栾布、石庆、于公、郑重、张奂、任延以来，代不乏人，人无异议。秉彝好德，民所歌舞，天必从之。礼从宜因时，惟至当之为贵，复何所疑？"诸生曰："宗伯典礼，稽诸古而不谬，纪言以叙之，述意以导之，明耀以照之，其在斯乎！"

祠成，录其说，勒诸丽牲之石。（《吴公生祠记》）

蕲春南郭里许，江有石矶突起唅呀，桃花水盛暴集没顶，舟行遇之辄败，或窒碍不得转移，旅客凛凛不免是惧。徐州守仿挐𦈎令舍之意，构亭其上，劣容数人耳。方伯吴公治兵于蕲，广盱营表，谋夷巀而筑宫，乘水势杀时，周遭捷蕌为堤，层累成基，平正如砥，建杰阁镇之。长年三老识其处，昼眠而过，无复患苦。初，辨方正位，厥位当巽。巽风上，坎水下，于卦为《涣》。睢涣之水，五采成文，号之曰"缋"。在天成象，在地成形，非文昌孰能当此者乎！阁祀文昌，礼以义起也。形家又谓控扼下流，山聚土，泽钟水，水土演而民生蕃殖，更埤益学宫之盛，自是入省试，上春官，得隽盛倍畴昔。登阁四望，左有南山，右有麟凤二山，后则匡庐，秀色遥可揽结，前则龙津，兰若洲渚，连亘萦带，大江而下，城郭廛市，人烟氤氲，林薄蓊蓁，鱼鸟飞跃，比屋弦歌，楼船箫鼓，榜讴渔唱，钟梵之音，辐辏并至，耳目不暇应接，居者行者，得未曾有，侈谈其事。而州人陈茂才孺子索余为之铭，窃比张孟阳之剑阁云。其辞曰：

两戒四渎，江河为尊。自北而南，湍悍长奔。江有滟滪，河有龙门。以遏狂澜，以奠厚坤。峨峨横石，蕲江中央。乃召匠氏，削成四方。象彼北斗，戴魁六匡。聿考新宫，用祀文昌。如辟雍环，如霞标揭。上下往来，巨舰细筏。足不虞触，趾不虞蹶。气无沉滞，亦无散越。载占诸《易》，惟《涣》则然。柔顺从刚，在中罔偏。血去惕出，机得愿焉。爰假有庙，利涉大川。鳞介游泳，恬风澄波。天时地利，协于人和。登高能赋，于兹婆娑。仰观俯察，酾酒赓歌。四民乐业，既富方谷。思皇多士，菁莪棫朴。贵相理文，司命司禄。江神佐之，咸蒙禔福。作者伊谁，新都吴公。尸祝俎豆，舆诵融融。离堆砥柱，奇迹攸同。史记令名，《河渠书》中。（《文昌阁铭并序》）①

（7）《（道光）安陆县志》卷三十四《金石》记录李维桢佚文一篇：《明朝议大夫陕西布政司右参议刘公神道碑》，有目无文，"明朝议大夫陕西布政司右参议刘公神道碑，天启□□年大泌山人李维桢撰，在德安府西寇家茶庵"②。

《大泌山房集》卷一百八、一百九为"神道碑"，无此文。卷一百三"墓表"有《陕西布政使司右参议刘公墓表》，墓主刘致中，河南延津人，葬于故里，很显然与《（道光）安陆县志》所载神道碑不是同一个人。卷七十九"墓志铭"有《广东按察使刘公墓志铭》，墓主刘伯爕，也是德安府人，曾出任陕西参议，但这篇墓志收录在《（道光）安陆县志》卷三十六《冢墓》，题为"刘小鹤先生墓志铭"。遍检道光、同治《安陆县志》及康熙、光绪《德安府志》，始终未找到墓主的信息。

（8）《（康熙）汉阳府志》卷十五《艺文志》收李维桢佚文一篇：

川阳台山岿然四偏，相传为高唐十二峰之一，飞来江汉之上游，封域为望，以岩晴邑，佳哉振衣千仞、濯足万里之意焉！而甑山亭亭皎皎，秉笏作屏，面表英概，雁塔鸾文，号称崛兴。职是之故，猗欤烈矣！

邑中龙诸生母胡氏，苦节动天，野有歌，国有颂，旌曰"天地正气"。余既已为之赋《箜篌引》，行路辛酸，庶几扬《二南》而闲游女。而刘子元直，龙氏门楣也，幼为胡抚摩，稔其嫭嫮，以是感恻益深，因汉壁刘先师之子君淳来介，膝行而长跽以请曰："以小人母之故也。惟是龙有节妇胡，已邀灵宠于贞珉。今刘有节妇，若小人母宋，兹年届五十，而犹若阴崖之古雪，犹若迷洞之幽兰，自清自芳，于世宿然，而置在野史传信之外，是令孤不肖不可以为人。龙之贞，不肯独为其君子，而于先生之

---

① 《（乾隆）蕲州志》卷15《艺文志上》，清乾隆二十年刻本，第57~58、90~92页。
② 《（道光）安陆县志》卷34《金石》，《中国地方志集成·湖北府县志辑》第13册，南京：江苏古籍出版社，2013年，第391页。

不朽盛事，亦一阙典也。愿先生一言，以为小人母寿。"

余曰：唯否。例节妇不五十不举，今太君则举之年也。程婴、杵臼之义，余则独钦其末路。

按媛宋姓，郡庠名诸生一元女也。幼适邑名诸生刘君世美。世美少负隽誉，每试诸有司及督学使者辄冠，而屈其一时侪偶。而精心下帷，简缄揣摩，以数奇不第，致喀喀愤郁夭卒。邺侯万卷，手泽存焉。尔时媛政芳年，遗三子环呱呱而啼，媛不顾，绝饮食数日，决相从夫子地下。兄文学栋好宽譬之，曰："嘻！固然而不观地上乎？子焉藐诸孤而不以提挈，屹屹骏骏，以克底于成，而以殉地下也者，此百里九十之难，视慷慨明志，一匹妇之谅尔。"于是媛曲为勉从，稍进饘粥，得不死。久之，伯子不禄，残灯冷帷，明月稿碪，凄焉魂断，怳焉梦归。而熊九欧获，以教二孤，延名师，兴义塾，与有道君子为伍。一切俸伣供具，脱簪珥，弃生产，佐之弗恤。嗣后赀稍稍旁落，主绨繂洗以持之，朝夕拮据，惟心力是视，不至于大颠越。媛，丈夫男子矣！而两孤已衰然儒行，立门户，有父风，世所艳称，头上远游，足下浮云，人子以显父母者，固有时尔。叔子庶庶，即元直，美少年，楚楚有文，好学无厌，且颇意乞灵于野史，为太君传信之为巫巫，则世美不死为有子，而媛不死之功，岂逊公孙杵臼于十五年之后哉！作《刘节妇宋媛传》。

李子曰：先是，故大令东莞陈公九吾尝与余谆谆川邑乘之不卒修，不获良史，以为憾云。有其修之，矫矫贤媛，属士志之一二，比于为龙为光，尤其烈焉。望日者，竖碣旌闾，题曰"晴川阳台山下刘贞妇宋媛之坊"，生则荣之，殁则存焉。语曰："无涯之智，结为大年。"媛何必五十举也！（《刘节妇宋媛传》）①

（9）《（同治）汉川县志》卷十九《艺文上·著录》记录李维桢佚文两篇：《艾衲阿藏稿序》《兵垒记序》，有目无文，"《阃外春秋》、《艾衲阿藏稿二十卷》李维桢序、《焦螟子》秦聚奎序、《兵垒记》李维桢序、《造命纂要》魏广龄序、《草书究原》、《小书簏十四卷》，俱尹宾商撰"②。

尹宾商，字亦耕，一字夷耕，号于皇，别号白毫子。《大泌山房集》卷二十三有《尹于皇诗序》（《四游集》题为"旃檀斋稿序"，序中提及该书共十卷）。

（10）《（嘉庆）龙阳县志》卷六《艺文》收录李维桢佚文一篇：

常德属邑有龙阳者，故为索县，为汉寿，孙吴时，以邑有龙阳山更今名。地四周皆水，控五溪而滨洞庭。其北长江，一泻千里径易。东有邱逦迤，曰高坡，若截江流。上为白华寺，浮图七级，于形家殊利。当是时也，士相与言仁义于闲宴，农相与言稼穑于田垄，商相与言财利于市井，称富庶文献国。河岸胁善崩，寺内迁，浮屠圯，犹以宝塔名河，而士民业稍替矣。

比部曾公宦游不遂而归，计之乡大夫耆老曰："闻之王子晋：'山，土之聚也；

① 《（康熙）汉阳府志》卷15《艺文志》，武汉：湖北人民出版社，2014年，第636~637页。本文句读与整理本略有不同。

② 《（同治）汉川县志》卷19《艺文上》，清同治十二年刻本，第2页。

薮，物之归也；川，气之导也；泽，水之钟也。'四者无一，其能国乎？相白华故址东三百步，乞丁太学地数十亩，可建寺，而以不腆敝赋效爽鸠之木石。"众皆敬诺，郡邑以下愿加一力有差。

先创阁，阁高三十尺，凭槛而望，邑城郭宫室与金牛良山、西竺梵林、墨池仙迹、橘洲沧浪诸胜，了然指掌。酉水与江合，为石堤，土聚而不弛崩，而物有所归，气不沉滞，亦不散越。阁中所奉大士，庄严妙好，刘定州任之。其前厅三楹，参佛者于焉行礼，阁右厅树大堤碑，阁外垣种木千章，别为屠苏十佛于寺故址，亦刘定州任之。又议浚河，如带绕寺，而置石柜御狂澜，为浮屠其上，以还旧观。费且不赀，比部行求四方能言之士，发明其义，既有端绪，当有卒成之者，而属不佞识其大凡。所重在阁，阁以为龙阳镇，故不言寺，而第称镇龙阁云。

昔许汜求田问舍，言无可采，卑卑不足道。韩昌黎言："以官为家，罢则无所于归。"两者皆讥。比部归田，富不润屋，而拮据为通国疏川导滞，钟水丰物，度之天神则祥，比之地物则义，类之民则则仁，方之时动则顺，咨之前训则正，大从象，小从文，力恶其不出于身也，不必为己，且惓惓以俟后人，倘所谓"大道之行，天下为公"者耶？彼愚公以残年余力，思平太行、王屋，传诸子孙，帝感其诚，而命夸娥氏负而厝之。其说谬悠不经，然精诚之极，通天地，感鬼神，理不尽诬。是役也，比部创非常之原，经之营之，而乡先生士民往助，业已万倍京城氏之孀妻弱子，通力合作，遹观厥成，岂非天助顺，人助信，必应之符哉！

工始于辛亥，迄于丙辰，为特祠祀钱直指、蔡右丞、冯观察、钱二郡，功最著者，别有记。诸姓氏爵里与财用出纳之数，别有籍。而不佞特记阁所缘起，以告夫耻独为君子者，好义终事，建无穷之基、无穷之闻焉。（《镇龙阁记》）①

（11）《（乾隆）太原府志》卷四十八《寺观》记录李维桢佚文一篇：《永祚寺宣文塔记》，有目无文，"永祚寺，在城东南门外高冈。明万历中，释佛登奉敕建，慈圣太后佐以金钱，造两浮图，各十三层，名曰'宣文'，土人呼'双塔'，京山李维桢记。登得舍利，藏塔内。万历壬子重九，巡按苏维霖、考官郭士望、王成得访登，观舍利，维霖撰碑"②。

佛登即福登，法号妙峰，明万历时高僧，也是李维桢的方外好友，《大泌山房集》卷五十四上《圣光永明寺记》、卷六十《五台游记》叙两人交谊甚详。又据卷一百二十八《题僧募修塔册子》："余在晋阳作宣文塔，以高僧福登为主，其名震京师，圣母及诸宫与晋诸王咸有捐助，故易奏功。"则永祚寺双塔的修建，李维桢是主要的发起者之一。

（12）《（康熙）祁县志》卷七《艺文志》收录李维桢佚文一篇：

余分守大梁，时祁戴公自西夏宪使迁右丞，以边事棘未即上，余摄之久，而公至，相得如平生欢。无何，有流言，公遽行，余复摄所司清戎督赋两事。公兴革利弊，悉当情法，守而勿失。越十六年，余承乏晋藩臬，使人存问公，愧不能式庐。大

---

① 《（嘉庆）龙阳县志》卷6《艺文》，清嘉庆十九年刻本，第57~58页。
② 《（乾隆）太原府志》卷48《寺观》，清乾隆四十八年刻本，第4页。

比士，得仲子文，度取高第而不果，今甫以明经待诏公车也。而公卒且十二年，会余友尹于皇为祁令，才仲子，体貌有加，仲子介之，以李中丞所为公状请墓志，曰："此先人治命也。先生其无辞。"余知公稔，按状言无溢美，采而志之如左：

公名光启，字仲升。先世自代徙祁者曰成忠，四传子文，子文子缘，缘子公礼，公礼生公父宾，以大名别驾晋阶奉训大夫，祠乡贤，详张文毅公志中。母许安人。三子，公为季。生而敏悟，览书辄诵，属文立就，父喜："是必大吾门矣！"丧母，哭泣擗踊，见者怜之。弱冠，补邑诸生，试屡冠首。从杨、郭二先生学，祁寒暑雨不辍功。

甲子，举于乡。辛未，成进士。敌新附，廷议除甲科任边寄者，授会宁令。削一切苛政，省费宽徭，以美金供传置，不烦民，流移复所。诏履亩均田，如额而止，不加赋。始筑东关城，什伍守望相助，禽邻邑盗魁，邑桃花山盗薮，闻风远遁。曲周王司马阅边，荐其才可大授也。居四年，会宁人有神明之目，或以其名止儿啼，生为立祠。

召拜工科给事中，知无不言，则有《请以臬宪摄马政》《请给厂库关防》之疏。已，进礼科右、刑科左、兵科都给事中，则有《明诏旨》《议抚臣》《修问刑条例》《格太监用营马》之疏。论诚意伯刘世延多行不义，倏废倏复，且谢且辩，言谢则不得辩，言辩则不得谢，因辩以谢，谢不诚，假谢以辩，辩不信。疏未即下，人为公危。上知公言忠，世延受罚。计吏有大班纠劾例，公声吐宏畅，上问为谁，左右以名对，上称善。侍经筵，目属之。持节封永和王，随奉命阅陕以西三边，悉心区画，所条八事，甚为江陵相所知。同考会试，申文定丞称其知人。

以父丧归。服除，除刑科，序迁河南参政，分守河北，百度维贞，入摄藩臬诸篆，应之裕如。岁凶民饥，设方略以赈，全活巨万。潞府工兴，计工出值，令民自应募，闾阎无扰。

晋陕西观察使，备兵西夏。西夏三面控敌，饷诎，士呼庚癸。酌盈济虚，师有宿饱。督府梅公一切倚办公，敌忽要赏停市，咨公三策，不市而去，市而后去，不与市不去，知彼知己，当在中策，果如所料。守备某几败市事，亟从史大将军鼓行而前，敌辟走，家丁以汰浮食归怨于其乡大夫，将不逞，以尝抚臣。公召而谕之："饷不敷，吾责也。饷外，吾何可过予？女曹不畏吾剑耶？"皆头抢地，谢而退。简师庀赋，屹然国家干城。

忌者诬公取江陵子为行媚，许文穆独明其不与江陵昵，其为令，入秦闱，录《春秋》士六人，皆一时选也。诬者遂寝。稍迁河南，而修郤者复嗾台臣抨公囊事。或谓公："盍自理？"曰："吾不能与众同尘，内省不疚，何容辩？辩欲何为？"遂归。

构适自园于宅东偏，日与所善游讌觞咏，间为诗及小词，俱清绮有致。又采形家言，葺学宫，立书院，建文昌阁，祁人文以故日盛。自卜兆城南四十里之寿庄，往来其间，徙先人墓穴与庄相望，寄岵屺之思。

虽眇亩不忘君，闻朝事若西夏变，曰："哱囗（按：当作'刘'）以逆子故迫而成，其人可一檄定也。倭易与耳，用购固非，而劳师动众，大损国威，况我兵实偪朝鲜而处，侵攘驿骚，夫何以得外夷心？"其成算类此。

素无病，哭伯子过哀，遂病，逝矣！是日尚以《臣事君忠》时秋诵之云。

公貌颀伟，美须鬑，望之甚庄，而就之甚温，胆知过人，而深中隐厚。先世督亢田，让之伯氏。亲族衣食婚嫁不给者，取资如寄，岁辑茅施义浆以安行旅。嫉恶如风，事已即消，加之横逆，了不为意。不谒公府，不赴宾筵，民所疾苦，直言无讳。教诸子以樽节退让，守终惇固，毋惰行冥冥。仲子多文为富，动不逾闲，晋人称公有子矣。

公卒万历四十有一年十有二月初十日，距生嘉靖十有八年六月二十有六日，年七十有五。祁尹以舆论祀公乡贤。配程孺人，贡士天善女。子三：长瀌昌，县学生，娶祭酒阎公朴孙女，先一年卒；次运昌，即仲子，娶淳化尹郭公儒孙女；次沛昌，太学生，娶御史陈公功女，继权氏三考三省女。女一，适京兆田公畴子太学生庆年。孙男六：廷柟，县学生，娶陈太学生心鉴女；廷梅，娶渠三考通洛女，俱瀌昌出；廷桓，邑庠生，娶任三考世廉女；廷栻，俱运昌出；廷柠、廷枸，俱沛昌出。孙女三：一适前陈心鉴子庠生奏堂，一适宁化府仪宾程知务子振奇，沛昌出也；一幼，运昌出也。以四十有三年十月十七日葬自卜之新阡。铭曰：

官守言责，分殊而尽职同。秉宪诘兵，事殊而奏绩同。三秦两河，人殊而颂声同。名宦乡贤，地殊而奉祀同。外臣方伯位崇，逾老以天年终，子孙箕裘冶弓。金石文在坎中，公也明神罔恫。（《河南右布政戴光启墓志铭》）①

《（康熙）祁县志》卷七还收录了戴光启《工部郎中李熹暨配墓志铭》《（万历）祁县志序》。

（13）《（光绪）平定州志》卷十四《艺文·墓表》收录李维桢佚文一篇：

河南知渑池县赵公洎配乔孺人以万历丁亥二月二十五日合葬北平从新阡也。公生正德丁丑九月初七日，卒万历辛巳四月初四日，春秋六十有五。孺人生正德戊寅六月初八日，卒万历乙酉十二月初七日，寿六十八云。公先娶张氏，蚤卒，孺人其继配也。公有子四：学优，贡授河南永宁丞，绰有当官之誉，娶李氏，继张氏；学古，太学生，娶王氏，继申氏、焦氏；学可，增生，先卒；学博，恩贡，娶李氏，平定凤阳知府愈女，继张氏。女二，适庠生张志、杨九德，乔出。孙男七：纲，庠生；铜，举人；纳，庠生，优子。绍，古子。综、缵，庠生；编，博子。孙女七，俱幼。公夫妇世行载诸志铭，可信世垂不朽。永宁丞曰："志铭藏诸幽，不有表焉，樵牧无禁，咨将曷归？"乃介邑博程君句言余。余以通家何辞，故据状为之表曰：

公讳敏，字体乾，号华庵。其先有子政者，为金元帅，领皋州，遂隶籍兹焉。世业儒，簪组蝉联，为邑著姓。曾祖哲，太学生。祖鹤，邑学生。父徯荣，邑学生，母郝氏，生公。

公生颖异，雅不好嬉游。甫龀，善属文，尤工对句。至舞象年，即娴古文词，沉浸经史，酿郁百姓。已乃从侍郎南泉杨公、鱼泉李公游，业益精，试辄冠曹耦。督学柏泉胡公独奇其文，首拔之。一时谭秋家斢不啧啧乐平赵公云。

初，公弟惠与公齐名。无何惠卒，公乃筑舍连云洞，拉从弟恒藏息焉，且赡给

---

① 《（康熙）祁县志》卷7《艺文志》，清康熙四十五年刻本，第49~53页。

之。尝值岁俭,举所积赈乡族姻党,无恅色。大世父鹉乏嗣,命公系孙列为之后,公辞,盖赈窭舒困,不嗜阿堵中物,素性然也。嘉靖乙卯,与恒同举于有司,里闬举手加额,谓食报云。

其后数走礼闱不第。隆庆辛未,调选,授沔池令,然非其好也。沔当南北要冲,送迎无虚日,供亿费烦。公至,乃均徭役,抚饥疲,劝农桑,平讼牒,饬学校,课生徒,币期,沔称治境。当途屡檄旌异,乃投劾,不待报,径归。

归则别构精舍,终日焚香危坐,诵古不辍,思义有得,即中夜起书,久之,户牖屏几皆成格言。又以其绪余成就来学,远近争趋赴之。作家训,以孝弟勤俭规失劝业,以故率循雅饬,见者不问,知为赵氏子也。所著诗文若干卷,藏于家。

孺人幼失恃,继母性峻,孺人婉娩柔顺,慎女德,精女红,盖不欲以逸违母志也。迨归公,公为诸生,孺人则夜灯伴读,内外其肩,盖不欲以他务分公力也。公宰沔,畏四知,慎一钱,孺人则佐以俭,盖不欲以贿伤公操也。众务劻勤,公饥不及飧,孺人则佐以勤,盖不欲以劳瘝公志也。待诸子慈不弛教,严不伤恩,盖不欲以纵诞败公后也。处娣姒以情,御臧获以宽,盖不欲以盛满亏公节也。

呜呼!公树德于时,孺人比德于公,盖律吕相合,琴瑟而静好者也。粤稽古昔,《高士传》称君子众矣,不必其有贤妇,《列女传》称女德众矣,不必其有贤夫;梁伯鸾、孟德耀夫妇齐德矣,未必其贵而能抑,多贤子孙也。若公夫妇者,盖罕俪哉!夫仲尼趋冕者之前,以贵也,文侯式干木之庐,以贤也。公夫妇贵矣,贤矣,矧多贤后矣,诰赠之典可指日竢。姑述此以表于墓,行道者过而不知敬,是无耳目人也。尚式旄哉!(《华庵赵大尹合葬墓表》)①

此文《平定州志》署名"李维正参政"。地方志中"李维桢"写作"李维祯"的情况很常见,写成"李维正"则比较罕见。明代有"李惟正"者,临海人,但他是明初之人,方孝孺曾为其斋室作记,不可能活到万历。②因此,"李维正"应该就是曾任河南左参政的"李维桢"。

(14)《(乾隆)河南府志》卷八十二《艺文志六》收录李维桢文一篇:

民部傅元鼎善古文词,尤精于《史记》,以为《六经》之鼓吹。既令登封,讨论中岳故实,仿《史记》八书著《嵩书》,五年而后成,厘之为篇十有三。盖自天文地理,古今帝王,封禅祠宇,都会城邑,公卿大夫士,生于斯,仕于斯,隐于斯,游于斯,所纪载题咏,与仙真之遗迹,鬼神之灾祥,缁黄之托处,鸟兽草木之品汇,巨细兼该,图史毕具矣。余仕中州,从钓台望岳,近在几席,三度欲往,皆以事夺,每用为恨。今得是书,卧而游之,幸甚!昔郑夹漈、马贵与《艺文》类目,名山有记,有录,有谱,有图,而称书自元鼎始。登通志有卢鸿一《嵩山记》,而嵩山有书自元鼎始。《易》之观阴阳,《书》之导山水,《诗》之识名物,《春秋》之明褒贬,《礼》之节文,《乐》之律度,体例并举,贯三才,总百家,即以伯仲《史记》,言有大而

---

① 《(光绪)平定州志》卷14《艺文·墓表》,清光绪八年刻本,第30~33页。
② 《(民国)台州府志》卷122《人物传·隐逸二》,民国二十五年上海游民习勤所刻印,第5页。

非夸也。

元鼎有轶才，好倜傥大节。为刑部郎，狂且闯入青宫，将为要离、荆轲之所为，执下司寇，以事出非常，邪议纷起。元鼎力赞主者默定爰书，戮一人而逆谋胆落，主鬯以安。寻推择使谳三晋，所平反数百人，狱牒为天下第一。役甫竣，抗疏指陈阙政，多批鳞语，疏留中，忌者中之，谪籍。事白，即其家起为南度支郎。其僚有居前功者已骤跻卿列，而元鼎绝口不言，遂无殊尤之擢，随牒平进，不得休足辇下。

夫"嵩岳降神，生申及甫"，申伯之德曰"柔惠且直"，仲山甫之德曰"柔嘉维则"。嵩山在天地中，其神聪明正直而一，元鼎修明祀事，其德足以昭其馨香，神实临之，是以能直能则，刚不茹，柔不吐，可以闻四国，可以柔万邦。是书也，先成民而后致力于神，神人以和，犹之山然，财用于斯乎出，原隰衍沃，衣食于是乎生，其所由来宏远矣！如第以夸多斗靡、吊诡钩深比于山经野史，秘诸帐中，助挥麈之谈而已，未为不知元鼎，未为真知元鼎也。（《嵩书序》）①

此文亦见于《（康熙）嵩山志》卷首，《河南府志》称其出自"本集"，检阅《大泌山房集》及《四游集》，皆无。

（15）《（乾隆）陈州府志》卷二十七《艺文四》收录李维桢佚文一篇：

欧阳令讳照，楚之竹溪人，万历庚戌进士。初授仪真，惠政种种，民至今德之，勒石志思焉。

更除扶沟，则首定赋法，审权衡，胥吏不得高下其手，以积羡供输将费。民大悦，租挈为诸城最。申乡约保甲法，恒集民于社，诵圣谕及古今媺恶报应状劝戒之，不悛者戮辱其前，众耻且格。邑多诬讼，未交捽而称杀人，售产久告言摧直，悉置不问。其发奸摘伏如神，无情者不得置辞，邻邑来质成，月无虚日，移牒盈庭，顷时而决，旅鲜颂读作容系，狱户鞠为茂草矣。诸台非时捕论渫恶民，民是以有窝访。先得其主名，黜之郊遂，人拟之平原无党云。邑无廪，粟易腐败，主者率坐毁家。将庀材为之，或言龙泉观有二巨木，问所由来，则邑荐绅图新阁未果耳。令曰："吾方忧旱，徼福于神而利之乎？"捐其月俸治廪若干楹，密致坚好，鼠雀屏迹，而神以甘雨应祷，则更治观阁，培邑地脉。缮学宫，收诸生督课若子弟，筑程明道化民台，示仪刑焉。邑故多宾兴士，比日有间。为开双洎河，浃月而成，环之如带，遂有登贤能书者。已，城成，万雉翼然，高大郭门，斧藻诸圮敝神祠，率以岁荒，寓赈于工，虽刍稿细物，不费民间，而百废俱举。监司行部，叹曰："'功崇惟志，业广惟勤'，扶沟令其人哉！"福王乞闲田万顷，诸长吏莫敢枝梧，独上书言水乡无尺寸旷土可共王雁鹜食，令不惜一官，为民请命，王无如何，故中贵人不入邑界。三年，迁陪京郎行，士民为祠生事之。

论曰：福王，上爱子，何求不得。括田议起，内则司徒台省，外则齐鲁、河洛、荆楚，中丞直指争之舌敝，阉人四出，鱼肉隶农，独扶以贤令免，盖中州百城所未有，难矣哉！邑人以吕司寇所为去思碑请传，征诸舆诵，殆与古循吏相编矣。今世德

———————

① 《（同治）河南府志》卷82《艺文志六》，清同治六年刻本，第15~16页。

家学与后先扬历政绩，自有纪。（《循吏传》）①

《大泌山房集》卷五十五有《欧阳明府去思记》，记欧阳照为仪真（今江苏仪征）令时事，可与《循吏传》所谓"初授仪真，惠政种种，民至今德之，勒石志思焉"者参看。

（16）《（光绪）台州府志》卷四十九《艺文类·集五》节录李维桢佚文一篇：

> 庚戌榜多文士，七子、三甫之属，居其大半，而公不标榜声誉，存笥稿十八卷，殁乃梓行。诗追建安、开元，文有欧、曾家法。（《宜山集序略》）②

据《（光绪）台州府志》记载："《宜山集》十八卷，明何宽撰。宽，临海人，事迹具《名臣传》。是集《澹生堂书目》《传是楼书目》均作十八卷，惟《千顷堂书目》作十七卷，有李维桢序，今未见。李维桢序略曰云云。"何宽字汝肃，号宜山，与李维桢之父李淑是嘉靖庚戌的同榜进士，《大泌山房集》卷六十三有《何太宰家传》，传主即何宽。

（17）《（乾隆）湖州府志》卷四十七《著述四》节录李维桢佚文一篇：

> 集以其年先后为甲乙，吴允兆精校之，梅季豹、臧晋叔细评之，屠纬真、冯元成、朱文宁、陈眉公、黄贞父序之，或专言诗，或兼言诗文，推许特至。（《茅维集序略》）③

据《（乾隆）湖州府志》记载："茅维《十赉堂甲集》五卷、《乙集》十八卷、《菰园集》六卷、《佩觿草》一卷、《闽游草》一卷。李维桢序略云云。"茅维字孝若，茅坤之子。《大泌山房集》卷二十六有《论表策衡序》，乃是为茅维所编《策衡》《论衡》《表衡》三书的总集而作的序，卷三十《茅鹿门先生寿序》，则是为茅坤九十大寿而作。

（18）《（同治）湖州府志》卷五十九《艺文略四》节录李维桢佚文一篇：

> 余读蔡伯达七言近体诗而善之，为题其《去去斋草》以传。别三年而伯达缄寄新诗，则诸体悉备矣。诗自德、靖、隆、万四朝，李唐比盛。项日率意师心者几欲举古人成法而划绝之，粪壤□（按：疑当作"充"）帏，申椒不芳，周鼎干弃，康瓠为宝，可慨矣！夫伯达率循典型，澄汰浇漓，其诗律度森而风致自逸，气韵胜而裁制自整，悲壮而诵之婉曲，萧散而索之沈著。吴兴有少司马蔡子木先生，后先辉映，竖帜词场，为吴兴胜事。张方平谓：江左而后，清流美士，余风遗韵，相续如两蔡，何可多得也！《续草》二卷未刻，公自书之。（《空有斋诗草序略》）④

此文乾隆志卷四十七亦录，仅首二句。据同治志记载："蔡善继《空有斋诗草》四

①　《（乾隆）陈州府志》卷27《艺文四》，清乾隆十二年刻本，第17~18页。

②　《（光绪）台州府志》卷49《艺文类·集五》，民国十五年台洲旅杭同乡会刷印，第27页。

③　《（乾隆）湖州府志》卷47《著述四》，清乾隆四年刻本，第37页。

④　《（同治）湖州府志》卷59《艺文略四》，清同治十三年刻本，第7页。

卷、《续草》二卷。李维桢序略云云。"蔡善继字伯达，《大泌山房集》卷一百二十九有《蔡伯达七言律诗引》，对蔡之七言律诗称扬有加，或即《去去斋草序》。

(19)《(康熙)仪真志》卷十四《祠祀志》收录李维桢佚文一篇：

> 《礼》曰："太上贵德，其次务施报。"又曰："礼，人情而已。"人情受施于人，安得无报？是以忠信之长，慈惠之师，民说其来，惜其晚，幸其留，挽其去，形诸咏歌舞蹈，而尤不能忘者，生祠之。生祠非古也，情之所独，虽古礼未有，可以义起矣。畏垒之民尸祝庚桑楚，庚桑楚南面而不释然，弟子曰："尊贤授能，先善与利，自古尧舜已然，而况畏垒之民乎？夫子亦听矣！"庚桑楚之辞，太上务德也；畏垒之举，其次务施报也。两者皆是。古风渐漓，上以施违道干誉，下以报进谀行媚，迁一秩，代一官，往往有祠，循名责实，殊不相副。真伪淆杂，而真者且以伪者生疑，岂礼之设使然哉！
>
> 余官游四方四十余年，所见生祠非一，独真州祠蜀王公为最真。公令真州，余侨寓金陵、广陵间，与其邑四民游，四民颂公贤，如出一口，窃以未望见公颜色为恨事。公既用治行高第就征，复奉家讳归。真之人不置于怀，或设公像，或造公主，绳枢瓮牖之室，学士大夫病其亵，请于诸台，为专祠祀公，佥曰："可。"庶民子来，不日而祠成。岁时弦歌而荐之，贵贱长少，秩然而敬之。何以故？得人情故也。
>
> 夫为禾者，耕而卤莽，其实亦卤莽而报，耘而灭裂，其实亦灭裂而报。公以人情为田，深耕易耨，三时不害。真之人含哺鼓腹，室家胥庆，求原公功德，丰其粢盛，洁其酒醴，升其馨香，昭其明信，庶几乎公之享之也。农事毕则修赛祷，年顺成则通八蜡，亦若是耳。且也中流失舟，一壶千金，饥者易食，渴者易饮，及其时之为贵。以此祠公，人情也。震风凌雨，思夏屋之帡幪，中路婴儿失其母，涕泣而求之。以此祠公，人情也。
>
> 学士大夫以余雅慕公，属记丽牲之石。公治状具载《新政异政纪言》中，而姜内史暨诸乡绅父老所述，事在躬俭德，惩勾访，除衙蠹，苏单夫，谨权量，恤鳏寡，驱游惰，弭盗贼，省追呼，时婚嫁，核丁产，别土著，兴学育才，祷雨赈饥，仁及孩虫胎夭麛卵诸事，《礼》所谓"遽数之不能终其物"者也。
>
> 公名伉，四川潼川州人，万历庚戌科进士。(《王公祠记》)①

此文《(康熙)仪真志》称"李维桢记略云云"，但从行文来看，是一篇非常完整的文章。

(20)《(嘉庆)如皋县志》卷二十《艺文一》收录李维桢佚文一篇：

> 如皋李明府为令三年，诸台上其治行，冢宰核疏具如所廉访，请敕封其父母夫妇，而视事如故，以待征书。上报可。于是公莅任且五年矣。邑人度公不能久淹，则具述公政绩，树之五达之衢，以示来许，永去思，而征文不佞书之。
>
> 公以才名著吴越间，俯而就常调，又得此舄卤地，人虞公或夷然不屑，而精心为

① 《(康熙)仪真志》卷14《祠祀志》，清康熙五十七年刻本，第22~23页。

政，赤子视其民，家事视其邑。良法美意，更仆未易数，第举其大者。征赋，令编民自输，不责里正。受讼，不遣伍伯追呼。平市价，不以公用榷直。诸掾曹以次为序遴其人，笃库若廪毋荐贿。逐城社狐鼠十百辈，绳奸民号"天罡""虎棍"虐民者，罪其渠率，屏之远方。博戏而毁产者，惮婚嫁而溺子女者，无上事而宰耕牛者，灶丁总催为奸利者，罪无赦。除坐盐派引强民买者。灶民分途相影射，按籍别之，而徭役均。此邑之所患苦而公厘正之大都也。

岁饥，为糜食饿者，凡二十一所，病则予药，所活五万人，而惩其乘饥为盗者。招流人三百户垦荒田七千亩，自获稻外，教以获杂粮。开陂池备旱潦，教女妇织纴，机杼声相闻。严保甲什伍相坐之法，月集民于社，讲律令及高皇帝之训谕而阐释之。旌孝子节妇，复其身家。督课诸生，丰其饩廪，琢磨其行谊，斧藻学宫，焕然一新。请增士人省试游乡校额，五十余年，邑无第进士者，至公始见，其偕计复数人，皆公所陶淑也。四门四封各有塾，童稚无不受业。宋范文正、岳武穆、文信国、明郑端简，皆有功于邑，或缺不祀，或祀失宜。为二忠、报功两祠，准祭法，风劝后来。修先贤安定祠、龙图墓，而俗佞佛，驱左道无方之民，无诪张为幻。录囚，大辟遣戍，末减若而人，轻系辄释，扞狴囊韫不乏，无瘐死。辽饷以银代米，造海船坚而可久，省浮费累百。鳏寡孤独，赡之以时，埋骴掩骼，鬼无灵响。此邑之所利赖而公举行之大都也。然而他邑贤能容有之，即在邑，恒事耳。

邑与他邑所不恒有者：齐鲁妖民震于其邻，邑兵仅八十，益之三百，名曰忠勇，师干之试，人人可用，贼惮不入界。南沙孤悬江中，盗薛良金负固四出为寇，掠子女财帛，不从者死，率兵讨之。豪奴围夺民田，胁之以刃，与我兵抗，捕而正法。立沙营，募沙兵，设沙船，征沙田，为饷而简经师训诲其子弟，遂为乐郊。此他邑与邑所不恒有，公为首功，然而一时一隅事也。

通州卫漕船就邑兑粮，自改于泰州，苛刻无可如何。条上不便十说，得仍旧贯。其尤著者，塞牙桥。郡自湾头镇，由泰州达邑，至通州海门，四百余里，仅一河，无他水股引，运漕运盐、溉田通商胥资焉。独牙桥北小河通富安场，盐徒私贩取捷。国初长虑却顾，筑塞二百余年，宵小谩谰上官开闸，水道遂涸。力请塞如初。已，相邑地高于通、泰二州，泰在上得水，通在下有海，邑处其中，稍不雨即成赤地，县南龙游河直入大江，前令建坝，功未竟，至公始成，风气不散，而可引潮水常足。此则邑世世之利而他所未有也。当其始画策，上或以好事疑之，旁或以专美忌之，下或以浮议摇之，往往半途而废。公以一邑目视，以一邑耳听，谋之审，执之固，争之强，毅然为民请命，付毁誉利钝于度外，岂不难哉！有如后之人不悉公苦心，而纷更博名，皋邑无幸矣！是安得无纪载，以垂永久？

余考虞、欧二家《艺文》所载政碑凡六，彼偏安之朝，杂霸之治，侈为盛事美谈，今公之委任权力与六君迥殊，能得此善政而称之，宜入国史《循吏传》，因详记之如右。

公名衷纯，字元（按：当作"玄"）白，檇李人。其征文者，明经石生而下若而人，名氏具之左方。（《如皋李明府政迹记》）①

———————————————————

① 《（嘉庆）如皋县志》卷20《艺文一》，清嘉庆十三年刻本，第21~23页。

（21）《（嘉庆）上海县志》卷七《建置·冢墓》收录李维桢佚文一篇：《石阡知府陆郏墓志铭》，有目无文，"詹事府詹事赠礼部右侍郎谥文裕陆深墓，子赠中宪大夫楫、孙石阡知府郏祔。……嘉靖二十四年敕葬。深，夏言志铭，许赞表。楫，陆树声志铭。郏，李维桢志铭"①。又据卷十二《列传》：陆郏字承道，号三山，以荫官都察院都事，后授石阡守，与祖父陆深并祀乡贤。②

（22）《（光绪）慈溪县志》卷二十八《列传五·冯叔吉传》、卷四十五《旧迹五·冢墓》零散地节录李维桢佚文一篇：

> ……年未壮，擢礼部主事。……会有风霾之变，忌者中之。……调江南，备兵应、安、徽、宁、池、太六郡。已，迁按察使，备兵苏、松、常、镇四郡。……伯子若吕举应天乡试，叔吉年始艾，曰："吾二十登朝，五十归里，天佚我多矣！"颜其堂曰"留余"。孜孜为德于乡，岁饥，发廪施粥，道无殣焉。仲子若舒举进士，报至，焚责券，免田租什之二。置漏泽园于西郊。……③

> 公本儒流，奋迹于武，浩气如虹，力扼豺虎。呜呼伤哉！自古英雄不一而数，一士登坛，宗汉亡楚，拜将封侯，搴旗衅鼓，孰非伟然而兴投身行伍者以为之也。今虽殂矣，而爽气劲节，岂与庸庸龊龊者朽然而同腐！……④（《湖广布政使左布政冯叔吉墓志铭》）

三、辨　证

《（雍正）山西通志》卷二百二十三《艺文四十二》录《秋夜从饶侍御登明远楼》"黯淡千山暮，凭栏首重回。虹争汾水上，云拥太行来。渐老惊元达，多艰急异才。今宵迟月色，须为绣衣开"⑤。卷二百二十四《艺文·七律》录《登晋阳南城楼》"高城飞阁俯颓屃颜，陡绝丹梯手自攀。四塞西开秦道路，百盘中吐晋河山。云边两观扶鸱尾，天末诸峰出雁关。能赋望乡俱莫问，清尊好趁羽书闲。"⑥二诗皆署名李维桢，鲁茜遂将之作为李氏佚诗辑录。

其实，这两首诗的作者是王世贞，《（雍正）山西通志》误署为李维桢。首先，《登晋阳南城楼》在李维桢主持纂修的《（万历）山西通志》卷三十《艺文下》中就已经收录，

---

① 《（嘉庆）上海县志》卷7《建置》，清嘉庆十九年刻本，第73页。

② 《（嘉庆）上海县志》卷12《人物》，清嘉庆十九年刻本，第29页。

③ 《（光绪）慈溪县志》卷28《列传五》，《中国地方志集成·浙江府县志辑》第35册，上海：上海书店出版社，2011年，第587页。

④ 光绪《慈溪县志》卷45《旧迹五》，《中国地方志集成·浙江府县志辑》第35册，上海：上海书店出版社，2011年，第942页。

⑤ 《（雍正）山西通志》卷223《艺文四十二》，清雍正十二年刻本，第45页。

⑥ 《（雍正）山西通志》卷224《艺文四十三》，清雍正十二年刻本，第62~63页。

署名王世贞。① 该诗见于《弇州山人四部稿》卷四十一，题作"同诸君登南城楼"。② 其次，《秋夜从饶侍御登明远楼》在《（万历）太原府志》卷二十二《诗类》中也已收录，亦署名王世贞。③ 该诗见于《弇州山人四部稿》卷二十九，题作"中秋夜从侍御饶公登明远楼"（二首之二）。④ 稍后的《（康熙）阳曲县志》卷十四《艺文志·诗歌》，在王世贞名下载录诗八首，二诗皆列其中。⑤无论王世贞生前编刻的别集，还是雍正以前的山西省府县地方志，这两首诗都归属于王世贞，《（雍正）山西通志》错得太离谱。

四、余　论

地方志载录诗文，注重诸体兼收，如果设"艺文志"专收文学作品，诗歌类大多先五七言古诗，后五七言近体，即使不分体，仅按时代胪列，也必然古近体诗皆备。地方志中所见李维桢诗，上文辑录的佚诗共47首，都是近体；鲁茜据《（光绪）京山县志》《楚风补》《景陵诗选》所辑录的20首，也都是近体；那些已被《大泌山房集》刊载的诗作，同样如此，概莫能外。结合《大泌山房集》来看，诗6卷，四言、古乐府、五七言古诗共1卷，其余5卷皆为近体。李维桢的诗歌创作偏重近体律绝，这一特点在地方志所录作品中体现得更为极端。

在李维桢的时代，这种体裁偏好是文坛的普遍现象，他还多次批评过这种现象。比如："今嘐嘐称作者率以诗，诗仅近体耳，于古选、乐府存而不论，而骚赋不识为何物矣。"⑥ "今之所谓词人，十九在诗，诗独专近体，而长于古选、歌行者，十不得三焉。自诗之外，能文者十不得一焉。"⑦ "世所指数词人，大要觭长于诗，诗觭长于近体。"⑧ "今词人莫盛江东，其能事多在诗，诗在近体，即古选、歌行，十或一染指。至于文可名家，百或不得一也。"⑨ 从李维桢的言辞中，既可感受到他的自负，因为他是以古文名家，又能理解反复坦承自己"不善诗"⑩的李维桢，其诗歌很难避免时代的通病。

---

① 《（万历）山西通志》卷30《艺文下》，明崇祯二年刻本，第45页。

② 王世贞：《弇州山人四部稿》卷41，《明别集丛刊》第三辑，第33册，合肥：黄山书社，2013年，第535页。

③ 《（万历）太原府志》卷22《诗类》，明万历四十年刻本，第15页。

④ 王世贞：《弇州山人四部稿》卷41，《明别集丛刊》第三辑，第33册，合肥：黄山书社，2013年，第416页。

⑤ 《（康熙）阳曲县志》卷14《艺文志·诗歌》，清康熙二十一年刻本，第19页。

⑥ 李维桢：《大泌山房集》卷十《苏明府集序》，《明别集丛刊》第四辑，第8册，合肥：黄山书社，2013年，第263页。

⑦ 李维桢：《大泌山房集》卷十二《李长卿集序》，《明别集丛刊》第四辑，第8册，合肥：黄山书社，2013年，第296页。

⑧ 李维桢：《大泌山房集》卷十三《陆无从集序》，《明别集丛刊》第四辑，第8册，合肥：黄山书社，2013年，第309页。

⑨ 李维桢：《大泌山房集》卷十三《赵龙伯集序》，《明别集丛刊》第四辑，第8册，合肥：黄山书社，2013年，第313页。

⑩ 李维桢：《大泌山房集》卷二十一《杨苏门诗序》、卷二十二《輶轩诗草序》，《明别集丛刊》第四辑，第8册，合肥：黄山书社，2013年，第499、513页。

与李维桢大致同时代的文人中，王世贞、袁宏道被地方志载录的作品最多，远超李维桢，三人的活动范围又多有重叠，具有较强的可比性。弇州一代之雄，执文坛牛耳数十年，著作之富更无人匹敌，入选作品多很正常。中郎的政治履历、文坛地位、文集规模都不及李维桢，他入选的作品多，正好反衬李维桢创作上的另一个问题。

李维桢和袁宏道都曾游览西岳华山，《（乾隆）华岳志》仅录李维桢七绝二首，即上文所辑之《天门松》，而选录袁宏道诗二十二首：《张超谷》、《希夷峡》、《回心石》、《猢狲愁》、《檫耳崖》、《苍龙岭》、《博台》、《避诏崖》、《和朱非二华山之作》（五首）、《典试入关望岳》、《登华》（六首）、《华顶示同游道人》、《岳顶归至青柯坪示同游道人》，文三篇：《华山记》《华山后记》《华山别记》。李维桢别集中再也找不到游览华山的作品，而袁宏道集中还有数篇未被《华岳志》收录的诗文。这种差异在九江（庐山）、徽州（黄山）和吴越诸地方志中同样突出。

游记性的诗文是袁宏道文学创作的重点之一，他所至之处，留下大量作品，被地方志选录的概率高。李维桢的文学创作则具有非常浓厚的"社交化"特色，交际应酬之作多，登览纪游、题咏怀古之作少，故被地方志选录的概率相对较低。而应酬之作难免牵率粗疏，严重拖累了李维桢创作的整体质量，遭致后世的批评和轻忽，从而进一步影响地方志纂修者对其作品的选择。

（作者单位：三峡大学文学与传媒学院）

哲学与思想

从《四库总目》释家类"小四部" 看四库馆臣的"端性思维"

□ 李建中 吴煌琨

【摘要】《四库全书总目提要》(简称《四库总目》)的编修贯彻了皇权正统和尊儒宗经意识,子部释家类在四库体系中则被边缘化。从子部释家类的外在定位来看,子部处在四部中的边缘,而释家类又居于子部内"边缘中的边缘"地位。从子部释家类的内在分类来看,子部释家类的传、史、录、集四类书目与史、子、集相对应,但"经"的位置出现了缺失。四库馆臣一方面以"尊儒抑佛"为旨,从离经叛道、诋毁圣人、门户之见的角度批评释家类著作;另一方面又从器用层面有限肯定释家著作的文献与文献作用,这是由于批评标准从"佛经"变为了"儒经"。从释家"小四部"与《四库总目》"大四部"对比之下的同构和缺失,可以看出四库馆臣学术批评中的"端性思维"。由此可见,需要用兼性思维建构开放的经典序列和兼容的学术批评体系,才能让各家学术"经其所经",重建兼收并蓄的知识体系和兼性阐释的学术方法。

【关键词】《四库总目》;释家类;端性思维

　　端性思维是与兼性思维相反的一种思维方式。《说文解字》说:"兼,并也。从又持秝。兼,持二禾;秉,持一禾。"① 手持二禾者,兼和会通,包容对话,是谓"兼性思维";而持一禾者,则是独守一隅,定于一尊的"端性思维"。端性思维过度强化了认知对象中某一部分的意义和作用,从而导致主体的认知出现了不可避免的偏差。在学术批评中,端性思维则常表现为我人之分、门户之别和古今之争。曹丕《典论·论文》所谓"贵远贱近,向声背实""暗于自见,谓己为贤"②,便是"端性思维"的一种体现。

　　作为编修《四库全书》并撰写《四库总目》进行文献编纂和学术批评的主体,四库馆臣具有"文人"和"臣子"的双重身份。作为"臣子",他们秉承乾隆皇帝编修四库的政治目的,警惕地审视四库书目中的一切"异端"倾向;而作为熟习经书、考据与诗文的"文人",他们也必然依据自己的学术和文学旨趣衡量四库书目的高下短长。因此,

---

① 段玉裁注:《说文解字注》,上海:上海古籍出版社,1981年,第329页。
② 魏宏灿校注:《曹丕集校注》,合肥:安徽大学出版社,2009年,第313页。

《四库全书》的编修深刻贯彻了儒家正统思想和皇家政治意识，它既是文献学上的古今集成、图书分类，也是知识谱系上的创典述训、高卑定位。佛教类文献在《四库全书》中，正属于被边缘化的对象。个别佛教文献散见于各部类（如《佛国记》《大唐西域记》等录于史部地理类），而大部分的佛教文献集中在子部释家类，因此子部释家类文献辑录情况和各书提要的内容，直接和集中地反映了四库馆臣对所录佛家书目的认识与评价。

综观前人对《四库总目》中佛教书籍的研究，有的考辨释家类中籍贯、年代、书目等问题的正误①，有的从文学批评和思想史的角度辨析其"佛禅批评"的性质②，有的以"佛教史籍"批评为例分析《四库总目》折射的中国古代佛教观③。而本文将以"子部释家类"作为研究四库知识体系的一个切口，辨析这一部类在《四库总目》内"边缘中的边缘"的价值定位和释家类内在的"传史集录"知识结构，并归纳四库馆臣所撰释家类书籍提要的贬与褒，通过比对释家类的"小四部"和整个四库知识体系的"大四部"审视四库馆臣学术批评中内含的"端性思维"。

一、边缘中的边缘：子部释家类在《四库总目》中的地位

从四部的角度看释家类，毋庸讳言，释家类的地位是"边缘中的边缘"。释家类所处的子部，长期处在中国古代四部知识结构中的边缘地位。子部设立的历史源远流长，《汉书·艺文志》中的"诸子略"包括"九流十家"，可以视为子部的前身，但从内容上看，七略之中的兵书略、术数略、方技略亦是子部的构成。西晋荀勖《中经新簿》把诸子、兵书、术数同归乙部，李充《书目》则将乙部与丙部位置对调，提高了史部的地位；至《隋书·经籍志》，"经史子集"的格局最终形成。④ 然而和子部悠久历史相对的，是它长期被边缘化的地位。从汉到清两千年间，诸子学长期居于冷门位置；直到乾嘉时代，经学考据学的发展产生了"以子注经"的需要，乾嘉学者一定程度上认同了诸子之道和六艺之道体的共通，并开始注释先秦诸子著作，如毕沅《墨子集注》、孙星衍《晏子春秋音义》、徐大椿《道德经注》等，这才使诸子学走出了两千年的尘封，进而走向晚清民国的复兴。⑤ 经部天然具有"恒久之至道，不刊之鸿教"（《文心雕龙·宗经》）的中心地位和神圣权威，史部提供观古知今、资治通鉴的现实功用，集部则是文人娱情自适、立言不朽的自留地；相形之下，子部长期扮演着数学中"补集"的角色。以《四库总目》中的子部为例，"治世有所事"的儒家类、兵家类，百姓日用的农家类、医家类、天文算法类，乃至怪力乱神的术数类，经、史、集无法容纳的内容，就被收纳在子部之内。由于这种"补集"的特点，子部成了一个广阔而驳杂，却被边缘化的知识世界，我们难以在其中寻找到原始表末的历史顺序和一以贯之的核心精神。

————————————————

① 元文广：《〈四库全书总目〉子部释家类辩证四则》，《图书馆学刊》2017年第8期。

② 何宗美：《〈四库全书总目〉明代子部的佛禅批评——思想史、文学史考察的一个侧面》，《武汉大学学报》（哲学社会科学版）2019年第6期。

③ 曹刚华：《〈四库全书总目〉对佛教史籍的著录和评述》，《史学史研究》2021年第2期。

④ 参见汪泽：《目录学视野中的子学演变——以〈汉志〉〈隋志〉〈四库总目〉之子部书目为中心》，《西华师范大学学报》（哲学社会科学版）2015年第1期。

⑤ 参见黄燕强：《乾嘉时期经子关系之转向》，《社会科学》2016年第10期。

在四部边缘的子部诸类之中，儒家类无疑是子部的核心，法、农、兵各家居于外围，而释家类则处在子部的边缘。先从子部各类的存书数目来看：就数量而言，子部释家类著录有 13 部 312 卷，存目 12 部 117 卷，总计 25 部。我们将这一数字和子部中其他类别做一个横向比较：子部中地位最尊的儒家类，著录 112 部 1694 卷，存目 307 部 2473 卷，合计 419 卷；同为"外道"的道家类，著录 44 部 432 卷，存目 100 部 462 卷，合计 114 部；数量最多的杂家类杂说、杂品、杂编、杂纂合计 855 部；数量最少的农家类，著录 10 部 195 卷，存目 9 部 68 卷，合计 19 部。显然，释家类在整个子部中收录的书目数量算是较少的。《四库总目》对某类著作收录数目大小的决定因素主要有三：第一是这类著作本身存世的数量，如农家类书存世数量较少，而杂家类书存世数量较多；第二是少数分类较模糊的著作，其归属也模棱两可；第三是修书的官方需要，即某类书籍因其思想文化价值的特性，会被有意地抬举或贬斥。① 显然，释家类的存书如此之少，原因主要出自第三种。

我们看《子部总叙》和《释家类叙》可知，从四库馆臣的主观修纂目的来看，释家类在子部就处在边缘的位置。

> ……二氏，外学也，故次以释家道家终焉。(《子部总叙》)②
> 梁阮孝绪作《七录》，以二氏之文，别录于末。《隋书》遵用其例，亦附于《志》末。有部数、卷数而无书名。《旧唐书》以古无释家，遂并佛书于道家，颇乖名实。然惟录诸家之书为二氏作者，而不录二氏之经典，则其义可从。今录二氏于子部末，用阮孝绪例；不录经典，用刘昫例也。诸志皆道先于释，然《魏书》已称《释老志》。《七录》旧目，载于释道宣《广宏明集》者，亦以释先于道。故今所叙录，以释家居前焉。(《释家类叙》)③

《子部类叙》中，释家和道家被定位在"外学"，附于子部之末；从文献本身的排序和《四库总目》的价值排序来看，释、道两家都是排在最低位置的。我们再看《释家类叙》，它主要讲述了三个问题：佛教书籍在古代目录学史上的体例，释家类择取的内容（"不录经典"）和释先于道（《七录》《魏书》旧例）的原因。比对子部的儒、法类叙，《释家类叙》刻意地规避了对所录佛禅书籍之思想性与文化价值的定性讨论，仅从目录编纂的技术角度解释了书类划分编次的历史依据。

二、传史录集：释家类中的"小四部"

明确了子部释家类在整个四库体系中的定位之后，便可进入这一部类的内部来辨析其内在结构。依据著作体裁的不同，可将释家类二十五部著作中的二十四部分为四类：僧人传、佛教史、佛教目录、佛家文集，并做如下归类，详见表 1（类书《法苑珠林》的归类

---

① 参见何宗美：《〈四库全书总目〉明代子部的佛禅批评——思想史、文学史考察的一个侧面》，《武汉大学学报》（哲学社会科学版）2019 年第 6 期，第 1~12 页。
② 永瑢等：《四库全书总目提要》，北京：中华书局，1965 年，第 769 页。
③ 永瑢等：《四库全书总目提要》，北京：中华书局，1965 年，第 1236 页。

详见下文）。

表1　　　　　　　　子部释家类"传史集录"分类情况概表

僧人传	《宋高僧传》《僧宝传》《武林西湖高僧事略》《神僧传》《正宏集》《南宋元明僧宝传》
佛教史	《五灯会元》《释氏稽古略》《佛祖通载》《佛祖统纪》
佛教目录	《开元释教录》《大藏一览》
佛家文集	《弘明集》《广弘明集》《法藏碎金录》《道院集要》《林间录》《罗湖野录》《迦谈》《觉迷蠡测》《法喜志》《长松茹退》《吴都法乘》《现果随录》

　　第一类书籍是僧人传。僧人传即历代僧人传记，其中有专传，如清释本果《正宏集》专述唐代潮州灵山寺大颠和尚事迹；更多的是合传，如宋释赞宁《宋高僧传》收录了从唐高宗到宋太宗年间533名僧人的传记，宋释惠洪《僧宝传》则著录六祖慧能以后"禅门五宗"81位人物的传记。这类书籍承接了中国古代史学纪传体的传统，对传主的生平本末做有头有尾的考证和叙述，可以从僧人传中找到传主的家世出身、生平交游、言语事迹和传世著述等详细的信息记载。

　　第二类书籍是佛教史。佛教史书籍和僧人传有所重合，但它更侧重"考镜源流，辨章学术"，也就是释门中人为自身修史，爬梳教门流传的历史进程和建立历史谱系。禅宗是唐宋以后中国佛教的主流，释家类的佛教史书籍也主要叙述禅宗的谱系传承，如宋释普济《五灯会元》将《景德传灯录》等五部禅宗史书籍撮其要旨合为一书，梳理了一条从古印度传说中的七佛，到佛法东来后的禅宗四祖、五祖、六祖，再到南岳、青原二宗和禅门五宗的线索。元释常念《佛祖通载》则采用编年史体例，记述了从七佛到元顺帝元统元年的佛禅史。除了禅宗史之外，也有宋僧志磐仿正史世家、列传、表、志体例，作《佛祖统纪》，此书主要记载天台宗的源流脉络，并记录莲社净土、达摩、慈恩等宗派于志内。

　　第三类书籍是佛经目录。自从东汉佛经传入中国以来，千百年间大量经书被译介到中国，佛经卷帙浩繁，对其进行目录学上的整理编纂便成了必要。唐释智升《开元释教录》整理了从汉明帝永平十年到开元十八年共664年间2278部佛经的目录，并记录了176名翻译传播佛经的僧人的传记。全书分为总括群经录和别分乘藏录，前者先列译经人小传、译作，并按历史分期载历代佛经目录；后者把佛经按其文献情况重新划分归类；《四库总目》称它"佛氏旧文，兹为大备，亦兹为最古。所列诸传，尤足为考证之资"①。此外还有明陈实原《大藏一览》分八门六十品，把繁重的《大藏经》摘要整理为一书，以便查询，相当于为《大藏经》这部丛书作了新的目录。

　　第四类书籍是佛家文集。这一类书籍较为驳杂，它们区别于前三类的特征在于，这类书籍比起佛史的叙述记录，更注重佛理的议论阐发，也更体现编纂者和创作者对佛法的认知观念，具有更强的个人色彩。佛家文集往下又可以分为两个小类：立论解佛型和语录事

---

　　① 永瑢等：《四库全书总目提要》，北京：中华书局，1965年，第1237页。

迹型。立论解佛型著作是以专篇文字的严整形式议论佛理，其中著作有梁释僧佑《弘明集》和唐释道宣《广弘明集》。《弘明集》辑录东汉到梁代中国僧人和文人解说佛法的专论文章；《广弘明集》是前者续书，文献辑录的范围更加扩大，道宣将所录文章分为十篇，每篇添加小序，二集均辑录古人论述佛法的专篇论文，在性质上均属于总集。此外还有释惠洪《林间录后集》载赞、偈、铭、渔父词共三十六首诗歌，性质上属于别集。语录事迹型著作则体近《世说新语》，是以语录事迹的零碎形式表现佛理。有的是辑录名僧先贤近于佛理的事迹行止和只言片语，其中虚实相参（明夏树芳《法喜志》）；有的则是自著语录，以阐明佛家义理为旨（宋晁迥《法藏碎金录》）；还有的记录佛教典故（明周永年《吴都法乘》）；有的记载禅门公案、诗歌本事（宋释晓莹《罗湖野录》）。

　　除了以上 24 部书之外，释家类内部还有一部佛教类书《法苑珠林》，而《子部·类书类叙》认为：

> 类事之书，兼收四部。而非经非史，非子非集，四部之内，乃无类可归。……然无所取义，徒事纷更，则不如仍旧贯矣。①

　　因此，我们也遵从《类书类叙》的观点，并未将《法苑珠林》囊括在以上的著作分类中。

　　将释家类内部的四类书籍和 "经史子集" 四部进行比对，我们会发现，除了被刻意剔除的 "经"，在释家类之内完整地存在着四部之中的史、子、集三种知识形态。史部方面，佛教史著作中有仿照史部正史类体例的《佛祖统纪》，有仿照史部编年类体例的《佛祖通载》，佛经目录《开元释教录》和《大藏一览》可与史部目录类相接，僧人传记与纪传体史书又多有兼通之处。集部方面，释家类有总集《弘明集》《广弘明集》，别集《林间录后集》，甚至还有体近诗文评类的《罗湖野录》。子部方面，从整体来看释家类就隶属子部，而从具体的著作来看，佛家文集中又体现出三教交融的思想状况：宋晁迥《法藏碎金录》虽以佛为主，但又有庄、老、儒思想；明管志道《览迷蠡测》讨论佛法与儒、道间的异同关系；明释可真《长松茹退》则在佛理中杂取儒道，对因果说持异议。德国哲学家恩斯特·卡西尔在《神话思维》中说：

> 在中国人的思想中……整个空间世界以及整个宇宙，似乎是依照一确定的模式构造的，这模式或以放大的尺度或以缩小的尺度对我们展现自身，但不管是大是小，它都是同一的。②

　　卡西尔在哲学神话学层面的论述，也可以征验于释家类这一文献学的领域内。在释家类——这个《四库全书》中 "边缘中的边缘" 地带，四库馆臣仍然于此微小的尺度内建立了一个相对符合 "四部" 特征的，麻雀虽小五脏俱全的微缩型知识系谱。

---

　　①　永瑢等：《四库全书总目提要》，北京：中华书局，1965 年，第 1237 页。
　　②　恩斯特·卡西尔：《神话思维》，黄龙保、周振选译，北京：中国社会科学出版社，1992 年，第 99 页。

从以上释家四类书籍的划分与史、子、集三部的对照来看，释家类与三部的对应关系不是体现在图书种类划分的外在形态上，而是体现在释家四类与四库三部的文体构成、知识结构和思想旨趣上，这种对应关系或许并非有意而为，但它确是内化于书籍编纂的过程之中的。另一方面，释家类之"传史集录"中缺位的"经"，正好决定了释家类在四库知识谱系中被贬抑和边缘化的地位："经"的意义是元话语和普遍性价值准则，失去了"佛经"的释家"传史集录"，只能成为"儒经"标准之下被观审和衡量的对象。

三、宗儒抑佛：四库馆臣对释家类的贬抑

四库馆臣的尊儒宗经意识，既来自学术思想上身为儒者对"外道"的正统自许，又来自《四库全书》作为政治工程的皇家权威。乾隆皇帝显然更希望《四库全书》能强调儒家思想的纲常正统。他在《四库总目》卷首的《乾隆三十八年二月十一日奉上谕》中明确批评明代《永乐大典》杂糅佛道的编修体例："至儒书之外，阑入释典、道经，于古柱下史专掌藏书守先待后之义，尤为凿枘，不合朕意。"① 因此，四库馆臣对释家类著作的批评是具有高度政治意义的：比如对于以正史的本纪、世家、列传、表志体例进行书写的天台宗史书《佛祖统纪》，四库馆臣就以敏锐的政治意识，察觉到此书中包藏"僭越"的危险。

> 至所称上稽释迦示生之日，下距法智息化之年，一佛二十九祖通为本纪，以系正统，如帝王正宝位而传大业。如谓已超方外，则不宜袭国史之名；如谓仍在寰中，则不宜拟帝王之号。虽自尊其教，然僭已甚矣。②

在馆臣自身儒学背景的内在驱动和政治文化政策的外在要求之下，《四库总目》对佛家书籍的批评呈现出"尊儒贬佛"的总特征，具体地说，《四库总目》以宗经思想为旨，对子部释家类所录著作从离经叛道、诋毁圣人、门户之见三方面进行了批评。

在批评标准上，四库馆臣以儒学正统、六艺之道为准绳，从思想价值上贬抑释氏的"离经叛道"，标举圣人之道的不言自明。如《弘明集》提要中，四库馆臣总结了《弘明集》文章在佛教中的思想学术来源，并对其"独伸释氏之法"提出了批评：

> ……其学主于戒律，其说主于因果，其大旨则主于抑周、孔，排黄、老，而独伸释氏之法。夫天不言而自尊，圣人之道不言而自信，不待夸、不待辩也。恐人不尊不信而嚣张其外以弥缝之，是亦不足于中之明证矣。(《弘明集》提要)③

此外，《四库总目》又批判有些释家著作"诋毁圣人"，尤其是佛家文集和僧人传中将佛禅语录和事迹，比附到儒家的前贤学者身上。

① 永瑢等：《四库全书总目提要》，北京：中华书局，1965 年，第 1 页。
② 永瑢等：《四库全书总目提要》，北京：中华书局，1965 年，第 1239 页。
③ 永瑢等：《四库全书总目提要》，北京：中华书局，1965 年，第 1236 页。

是编取历代知名之人，摭其一事一语近乎佛理者，皆谓得力于禅学，凡二百余人，至于韩愈、程子、周子、朱子亦罗织入之。姚江末派，至明季而横流，士大夫无不以心学为宗，故有此援儒入墨之书，以文饰其谬，可谓附会不经。(《法喜志》提要)①

而大旨主于诬韩愈归依佛法，以伸彼教。……盖缁徒造作言语以复辟佛之仇，不足为怪；至儒者亦采其说，则未免可讶矣。(《正宏集》提要)②

实际上，韩愈上《论佛骨表》劝谏唐宪宗的行为，和他个人交游大颠和尚的事迹，一为公域，一为私域，两者并无矛盾；宋代理学家经过唐代三教圆融的思想背景后，吸收佛禅思想建构心性之学，也是今日思想史的常识。

《四库总目》还指出释家类书籍具有"门户之见"的弊病：

道宣乃于叙释氏者具载其全文，叙道家者潜删其灵迹，然则冤亲无等，犹为最初之佛法。迨其后世味渐深，胜负互轧，虽以丛林古德，人天瞻礼如道宣者，亦不免于门户之见矣。(《广弘明集》提要)③

学徒传授，几遍海内，宗门撰述，亦日以纷繁，名为以不立语言文字为不二法门，实则鞿鞚纷纭，愈生障碍。盖唐以前各尊师说，儒与释争，宋以后机巧日增，儒自与儒争，释亦自与释争；人我分而胜负起，议论所以多也。(《五灯会元》提要)④

释家著作之所以会呈现出"门户之见"的缺点，实有两方面的原因：一方面，佛教作为与儒、道两大本土思想相对立的第三者和外来户，其进入中原并逐渐本土化的历史进程，必然伴随着激烈的文化冲突：如佛道之间有"老子化胡论"的论战，佛儒之间有关于"礼敬王者"问题的论战。这些思想上的论战，甚至会演变为"三武灭佛"式的政治压制。另一方面，佛教自身也是在一次次分裂与论争中前进的：印度佛教有大乘、小乘之争，大乘佛教内又有"空有之争"；汉传佛教在唐初形成了三论、唯识、禅宗等"佛门八宗"的格局，禅宗内有南北二宗，南宗以下又分有五宗七派等。事实上，《四库总目》一方面批评释氏的门户之见、纷争之蔽，另一方面却又在评论中暴露了自身的双重标准：

盖佛法初兴，惟明因果，暨达摩东迈，始启禅宗。譬以《六经》之传，则因果如汉儒之训诂。虽专门授受，株守师承，而名物典故，悉求依据，其学核实而难诬。禅宗如宋儒之义理，虽覃思冥会，妙悟多方，而拟议揣摩，可以臆测，其说凭虚而易

① 永瑢等：《四库全书总目提要》，北京：中华书局，1965 年，第 1240 页。
② 永瑢等：《四库全书总目提要》，北京：中华书局，1965 年，第 1240 页。
③ 永瑢等：《四库全书总目提要》，北京：中华书局，1965 年，第 1236 页。
④ 永瑢等：《四库全书总目提要》，北京：中华书局，1965 年，第 1238 页。

骋。(《法苑珠林》提要)①

"因果"指的是东晋和尚慧远提出的"因果报应论"《四库总目》对"因果"和"禅宗"两家和汉学、宋学两家学术特征的对比似有合理之处,但这句评论中亦表现出扬汉贬宋的倾向。虽然《四库总目》的《经部总叙》主张在汉宋两家之间"各取所长""取天下之公理",但张舜徽先生指出:

> 然通观《提要》全书,于评定学术高下,审断著述精粗之际,仍多扬汉抑宋之辞。盖习尚移人,贤者不免。读是书者,宜知其论列古今,自不无偏袒之见也。良以纪昀学术根柢,仍在考证。江氏《汉学师承记》,取与江永、金榜、戴震诸家并列,以其治学趋向同耳。②

因此,《法苑珠林》提要中的扬汉贬宋倾向,是普遍现象而非偶然案例。作为四库主编,纪昀本人的学术特长在于汉学的考证功夫,加之乾嘉汉学复兴的时代趋向,整部《四库总目》虽然在《经部总叙》这样的显眼之处标举"各取所长",然而到了具体细微的书籍评定中,乃至释家类这样的"边缘"地带,汉学学脉的门户之见便无心地流露出来。那么,身为儒生的四库馆臣自己面对经学分歧时,尚不能允执厥中,又怎么有资格指责释家类书籍面对儒道、面对其他宗门时有"门户之见""人我分而胜负起"呢?

综上,《四库总目》从离经叛道、诋毁圣人、门户之见三方面对子部释家类著作提出了尖锐的批评。平心而论,《四库总目》的批评中不乏中肯之见;但当《四库总目》以儒经衡量佛书时,释家类书籍作为被批评的对象,便不可避免地被曲解和矮化,在佛学视域中合理的话语行为,也被视作与儒经相悖谬的妄论;而四库馆臣作为批评的主体,在经学和政治双重权威的干扰下,也再不可能"平理若衡,照辞如镜",更在批评中把自己带入了双重标准的误区。这种宗经批评所带来的效果,无疑揭示了四库知识体系本身的导向性。

四、可资裨补:四库馆臣对释家类的认可

前文可知,四库馆臣对释家类的思想和价值主要持批评的态度。但除了出于政治要求和学术门户的"宗儒贬佛"总立场以外,四库馆臣也站在学者和文人的立场上,对释家书籍从文献学价值和文学价值方面作出了有限的肯定。

四库馆臣均出身儒门,明末心学三教合流之风又于清代大衰,是故《四库总目》对佛家的异端思想总体持贬抑的姿态。相应地,对于兼涉儒术的释家著作,《四库总目》便有选择地从思想上认可它的"参考价值"。如《佛祖通载》提要就认为此书在释氏之外并重儒、道,尤其是"颇涉儒术",认可"礼乐刑政",其思想上有可取之处:

---

① 永瑢等:《四库全书总目提要》,北京:中华书局,1965 年,第 1237 页。
② 张舜徽:《四库提要叙讲疏》,台北:学生书局,2002 年,第 7~8 页。

　　然知儒者之礼、乐、刑、政必不可废，故但援儒入墨，与辟佛者力争，而仍尊孔子。又知道家清净与佛同源，故但攻击斋醮、章咒、服饵、修炼之术，而仍尊老子。……然念常颇涉儒书，在缁流之中较为赅洽，于佛教之废兴，禅宗之授受，言之颇悉。(《佛祖通载》提要)①

　　除去思想立场的执见，由于《四库总目》是一部目录学著作，编修提要的四库馆臣就学言学，自然会着意于释家类著作的目录价值。如前所述，释家类著作中收录有两部专门的佛经目录，以及一部佛家类书，这些典籍都有助于四库馆臣对佛家著述进行整理和筛选。首先，四库馆臣拟定和编纂释家类体例时，就得益于释家类著作对重要目录学文献《七录》的记载：

　　……如阮孝绪《七录》序文及其门目部分，儒家久已失传，《隋志》仅存其说，而此书第三卷内乃载其大纲，尚可推寻崖略。是亦礼失求野之一端，不可谓无裨考证也。(《广弘明集》提要)②

　　阮孝绪《七录》是较早收录佛家书籍的目录，也是《释家类叙》中明确本类体例的重要依据。而巧合的是，《七录》的大纲就收录在释家类的《广弘明集》中。
　　其次，释家类文献的辑佚价值为四库馆臣所看重。清中期辑佚之风大盛，尤其是乾隆三十八年（1773）朝廷为编修四库全书而组织的《永乐大典》辑佚工作，很大程度上助推了辑佚学的勃兴。四库馆臣的辑佚工作取得了重大的成就，1773—1781年共辑出佚书516种，基本上全部录入了《四库全书》与存目。③ 由于四库馆臣在辑佚上的巨大投入，他们必将会重视释家文献作为佚书、佚文、佚诗来源的文献学价值。集部中的总集是辑佚材料的重要来源，而释家类佛家文集中的《弘明集》收录有六朝以来诸多无存世别集的名家之作，《广弘明集》亦收录有隋唐时代存世的六朝坠简遗文，至今是中古文史研究的重要参照文献。除此二部重要总集之外，以下几部佛教史和佛家别集由于其自身的性质，亦收录有碑碣、诗词等不同类型的散佚文献：

　　……于唐以来碑碣、志传之类，采掇尤详，亦足以资考订。(《佛祖通载》提要)④
　　然其援据既富，亦颇有出自僻书，足资考证者。(《释氏稽古略》提要)⑤
　　《后集》一卷，载惠洪所作赞偈铭三十一首，渔父词六首。(《林间录》提要)⑥
　　佛氏旧文，兹为大备，亦兹为最古。所列诸传，尤足为考证之资。(《开元释教

①　永瑢等：《四库全书总目提要》，北京：中华书局，1965年，第1239页。
②　永瑢等：《四库全书总目提要》，北京：中华书局，1965年，第1236页。
③　参见李慧慧：《清代辑佚成就述论》，《西南古籍研究》2010年第1期。
④　永瑢等：《四库全书总目提要》，北京：中华书局，1965年，第1239页。
⑤　永瑢等：《四库全书总目提要》，北京：中华书局，1965年，第1239页。
⑥　永瑢等：《四库全书总目提要》，北京：中华书局，1965年，第1238页。

录》提要)①

除了文献学方面之外,《四库总目》还重视释家类著作的文学价值。在经、史、子、集四部中,构成文学批评的核心部分是《集部总叙》,及集部下属五大类类叙和各书提要;此外经部的诗类,史部的传记类、地理类,子部的艺术、杂家、小说家等也都体现了总目的文学批评属性②。释家类著作中的僧人传记、佛家文集两类作品中,有不少兼备审美属性和知识属性,总目从文学批评的角度予以客观的认可:

> 然其于谀铭记志摭采不遗,实称详博,文格亦颇雅赡。考释门之典故者,固于兹有取焉。(《宋高僧传》提要)③
> 又素擅词华,工于润色,所述释门典故,皆斐然可观,亦殊胜粗鄙之语录。在佛氏书中,固犹为有益文章者矣。(《林间录》提要)④

可见,《四库总目》评判佛门著作文学价值的标准,总体而言是"雅"。《四库总目》的文学批评观,恪守儒家文论传统的言志载道、温柔敦厚、风雅醇正等批评命题和标准;因此四库所录的释家类著作中,作者基本上是心向佛法的文人,或是具有相当学养的诗僧、文僧,非醇厚雅正者则不足以入围其中。而《四库总目》文学批评对于释家著作的关注点,除了文辞之外,还在于释家类著作所收录的"典故"。除了上文所引《宋高僧传》提要中明确言及释门典故"有取焉"之外。

> 固可与僧宝诸传同资释门之典故,非诸方语录掉弄口舌者比也。(《五灯会元》提要)⑤
> 遗闻逸事,多藉流传,亦颇有资于谈柄。(《罗湖野录》提要)⑥
> 是书皆辑吴中释氏典故,分十二篇。(《吴都法乘》提要)⑦

《文心雕龙·事类》说:"夫经典沉深,载籍浩汗,实群言之奥区,而才思之神皋也。"收录于释家类的僧人传记、佛教史书如《五灯会元》《释氏稽古略》《宋高僧传》等,本身就记载了佛教史上的故实和僧人、文人的生平经历;佛家文集如《罗湖野录》等记录的释家事迹语录,也足以为著文者所援引;更不用说佛家类书《法苑珠林》,本身便是一部佛家典故大全。在儒家传统的经史之外,征引佛门典故,亦足以让文章诗词学养博赡,言事精要,合于四库馆臣"雅"的文学追求。

---

① 永瑢等:《四库全书总目提要》,北京:中华书局,1965年,第1237页。
② 参见何宗美:《〈四库全书总目〉的文学批评》,《中南大学学报》(社会科学版)2020年第1期。
③ 永瑢等:《四库全书总目提要》,北京:中华书局,1965年,第1237页。
④ 永瑢等:《四库全书总目提要》,北京:中华书局,1965年,第1238页。
⑤ 永瑢等:《四库全书总目提要》,北京:中华书局,1965年,第1238页。
⑥ 永瑢等:《四库全书总目提要》,北京:中华书局,1965年,第1239页。
⑦ 永瑢等:《四库全书总目提要》,北京:中华书局,1965年,第1240页。

综上，子部释家类提要对释家文献做出了有限的肯定，主要从文献学和文学两方面对佛门著作做出了较为公允的判断。值得注意的是，这两方面的肯定都是从器用层面而非载道层面的：辑佚考订工作本身便具有技术性强而价值意义弱的属性；而佛门著作的"典"和"雅"，仅仅停留在诗文辞采的雕虫小道，也绝不涉及文所载之"道"的层面。

五、"小四部"与"大四部"：四部知识体系再反思

近代新儒家大师马一浮认为，传统国学的"四部"仅仅是一种图书分类法，缺乏精神导向和价值旨归；因此他提出要"以六艺代四部"，为中国传统的学术体系建立精神轴心。① 然而通过梳理释家类"小四部"结构的内涵，及四库馆臣对释家类"小四部"秉持的观点，我们可以发现："四部"绝不仅是一种图书分类法，它实质上是带有指向性和评判性的一种知识体系，而决定这一体系之最终指向的，正是四部中的经部。因此，《四库全书》中"释家类"的编纂成形，也不是一个纯粹的文献学、目录学问题，而是混杂着政治、道统、门户等诸多驱动因素的知识形态问题。可以说，四部知识体系的形成，正体现了四库馆臣的"端性思维"。

作为中国历史上最早的学术史著述，《庄子·天下》有"道术"与"方术"之分："道术"是"皆原于一"的整体学问，兼通六经以配神明、育万物；"方术"则是"天下多得一察焉以自好"，陈鼓应释"一察"为"一端之见"。② 这里的"道术"与"方术"之分，本质上就是兼性思维与端性思维之间的差别。与兼性思维的多元性、对话性不同，端性思维强调的是一元性和独断论；四库馆臣以儒家六经为四部知识体系的唯一轴心，正是一种端性思维的体现。四部之中的"释家类"，实质上就是在端性思维的作用下被筛选过的知识名目。它首先剔除了一切佛家书目背后的终极话语和精神主轴——佛经以及围绕佛经的注疏、释义；然后把四库书目中佛禅类书籍进行拆解，将《佛国记》《大唐西域记》及山志、寺志归入史部地理类；最后所剩的佛家书籍才被定名和归类为"释家类"。所以四库知识体系中的"释家类"是一个残缺的类属，作为终极话语、精神主轴的"经"之缺乏，使衡量它的价值准绳从佛经变成了儒经，这也决定了它必然要处于"边缘中的边缘"的地位，受到四库馆臣严苛的思想批评和极有限的技术性认可。

释家类位置上的"边缘中的边缘"和释家类之中"经"的缺失，其实质就是元话语的消失和终极价值的被否定。那么，这种对释家的边缘化合乎中国古代学术发展的实际状况吗？众所周知，佛教为中国思想文化的发展成形提供了重要的思想和话语资源：印度佛经的翻译极大扩充了汉语的词汇量，贡献了"心""识""境界"等一系列重要的文化关键词和"直寻""中道""心悟"的思维方式，为"敬鬼神而远之"的儒家实用主义哲学，打开了一个贯通生前死后、天上地下的宏大想象世界。所以在中国的思想文化史上，释家与儒、道也常常是各取所长、各补所短；仅就古代文学与文论领域来说，释家诗学发展出了"诗言智"的观念，诗僧、文人以诗歌、偈子传达玄理，言说哲思，为儒家诗学

---

① 马一浮：《泰和会语》，吴光编：《中国近代思想家文库.马一浮卷》，北京：中国人民大学出版社，2015年，第7页。

② 陈鼓应：《庄子今注今译》，北京：商务印书馆，2007年，第988页。

侧重现实关怀的"诗言志"提供了超越的眼光，又为道家诗学侧重个性审美的"诗缘情"设立了理性的维度①；刘勰《文心雕龙》之所以能有"体大虑周"的气度，也是因为其整体结构、论证方法与论证方式受到了佛教因明学的影响②。因此，儒道释三家共同塑造了中古以来纷繁璀璨的中华文化面貌。"四库"体系既以尊儒宗经为既定前提，道家之经《道德经》《南华经》尚能寄身于子部道家类，而释家类却剔除了包括本土《坛经》在内的一切佛家之经。实质上，这就埋没了道佛二氏对于中国古代思想文化的重大意义，也让四库知识体系无法以一种公正客观的态度来梳理古代学术，进而影响这一体系之价值指向的合理性。

由于释家类"传史集录"之"小四部"与整部《四库全书》"经史子集"之"大四部"的同构，释家类被边缘化的境况，折射着整个四库知识体系的隐忧：如果"大四部"的"经"出现了缺失，那么史、子、集的内容再如何地"博赡"和"雅正"，都难免最终失去所依附的元话语，成为另一评价体系中被衡量和被边缘化的对象。四库知识体系中的经部，已经被不可置疑的权威定型为六经、《孝经》、四书、五经正义和小学，它没有足够的兼容度来正视道、佛两家"外道"之经在古代思想文化史上的重要地位，更不可能面对晚清以降随西学而来的"西经"。所以近代以来四库之学的遭遇也证明了这种隐忧：在革新浪潮中，"六经"作为一个凝固的经典序列，无法以终极话语的姿态应对新问题、新学术的冲击，绵延二千年的"经学"最终衰微；而剩余的史、子、集三家也不免成为历史、文学、哲学、考古学、艺术学等西来学科在中国的建构材料，原本整一的学问陷入破碎支离之困。究其原因，"四部之学"未能通过经部建立起具有兼性的价值导向和阐释路径，使自身陷入偏颇和执见之中。

六、结　语

人类文明中每一成熟的思想体系，必然有一部或多部关键典籍，为这一体系的概念、认识、方法、观点提供思想话语的出处和归依。这些典籍就是不同意义上的"经"。具体到中国古代的子部各家中，墨家有《墨经》、法家有《法经》、道家有《道德经》《南华经》《冲虚真经》等。章学诚在《文史通义·经解中》如此评价子部各"经"："名教既殊，又何妨于经其所经，非吾所谓经乎？"③ 从一个儒家学者的立场出发，章学诚此论可谓公允。

章学诚所谓的"经其所经"，即尊重每一思想体系的独立自足，不以一己之意见为尺度，不以一家之经遮蔽众家之言。以释家类这个四库体系中的边缘位置为视点，我们看到了"端性思维"对于批评者和批评对象的双重反作用：批评对象的被矮化、贬抑使其真正的价值得不到客观认知，而批评者对于某一问题的执见，亦会动摇自身体系建构的合理性、权威性。"经典"的内涵必然随着人类思想文化的演进而不断扩充、不断交融，只有克服"端性思维"之弊，以"兼性思维"建立具有开放性的经典序列，才能依托此序列

---

① 参见王婧：《诗言智：佛教诗学的文学史意义》，《长江学术》2022 年第 3 期。

② 参见刘业超：《佛教因明学对〈文心雕龙〉的影响探论》，《长江学术》2018 年第 3 期。

③ 章学诚撰，叶瑛校注：《文史通义校注》上册，北京：中华书局，2014 年，第 120 页。

构筑一种兼收并蓄的知识体系，产生一套求取“最大公约数”的学术批评标准。这样既能推进各种学术的良性发展，又能让学术批评自身化“意见”为“公理”，真正做到“允执厥中”。从而实现不同时代、不同文明、不同方向之学术的互通。

（作者单位：武汉大学文学院）

黄体芳的学术思想与南菁学风的形成*

□ 任慧峰

【摘要】作为晚清著名的清流与学政，黄体芳始终关心的都是为国抡才。他年轻时拜孙衣言为师，深受永嘉学的浸染，而对于程朱理学也持认同态度，并对两者进行阐释与调和。同治时清廷大倡实学，黄体芳积极响应，并以李兆洛的通儒之学为效仿对象，选取书院山长，希望能在南菁重振李氏之遗风。在担任山东、江苏学政期间，黄体芳在科举弊端日趋显露之时，努力从中挖掘积极因素，以时文引导学子，以策论提倡朴学。他学术思想的种种特质，都或深或浅地融入南菁书院的血脉之中。

【关键词】黄体芳；永嘉学；通儒之学；南菁书院；时文

光绪二十五年（1899），67 岁的黄体芳卒于瑞安里第，时任南菁书院山长的丁立钧致送挽联："老成典型，当为中朝言事之臣，独标劲节；残生涕泪，敢帅南菁从学诸子，一哭斯文。"① 上联指的是黄氏在中朝作为言官，直陈时弊，不避权贵，与宝廷、张佩纶、张之洞并称为"翰林四谏"②；下联表彰他在江苏学政任上建立南菁书院，作育人材甚众，所谓"南方豪杰之士，于兹为群"③。揆诸黄氏一生行事，丁氏此联总结得可谓精当，绝非夸语。

南菁书院能在同光以降的学界后来居上并形成自己的鲜明特色，其中原因除了经学大师黄以周职掌讲席长达十五年之外，黄体芳作为创立者，其思想也深刻地塑造了南菁的体制与学术倾向。赵统先生将黄氏筹建书院的原因归纳为五点：一是欲挽江苏衰替学风，重现昔日暨阳书院辉煌，二是浙东学派"重事功"的影响，三是认为书院乃造就人才之所，

---

* 本文是国家社科基金一般项目"南菁书院与晚清经学的嬗变"（18BZX072）阶段性成果。

① 俞天舒编，潘德宝增订：《黄体芳集》，北京：中华书局，2018 年，第 747 页。

② 《清史稿》云："体芳、宝廷、佩纶与张之洞，时称翰林四谏，有大政事，必具疏论是非，与同时好言事者，又号'清流党'。然体芳、宝廷议承大统，惓惓忠爱，非佩纶等所能及也。"《清史稿》卷 444《黄体芳传》，北京：中华书局，1977 年，第 12460 页。

③ 此语乃黄体芳为南菁书院藏书楼所提楹联的下联，上联为"东林讲学以来，必有名世"，见赵统：《南菁书院志》，上海：上海书店出版社，2015 年，第 26 页。

四是有感于前任的忠于职守，五是回报圣恩。① 其说自有根据，但仍有未尽之意，其中最重要的是，由于对黄体芳本人学术思想的特质与发展探讨不足，进而在前三点上还留有不少有待深入阐释之处。

基于此，本文将以黄体芳学术思想特征与培育人才的关系为中心，先探究他对永嘉经世之学与朱子学的接受与调和，次论其通儒之学与实学理念在书院建设上的体现，最后辨析他对于制艺之学的阐发及在培育人才过程中的应用。

一、在永嘉与紫阳之间：黄体芳学术倾向探微

黄体芳在学术上并无专门著作，学者从相关材料及前人评价中推测其受永嘉学派及晚清汉宋合流的影响最大，并认为"其人生历程所呈现出来的传统性远多于近代性"②，揆诸黄氏论文行事，不为无据。不过，黄氏对永嘉之学的传统是如何继承的，在继承中是否有他自己的思考，这些思考中有无近代意义，这些问题还有待进一步解答。

除了正史及时人的评价，现有史料中最能体现黄体芳学术倾向的，是他在光绪十九年（1893）为其师孙衣言（1815—1894）所作的《孙逊学先生七十有九寿序》一文（以下简称《寿序》）。此文包含了他对自己学思历程的回顾、永嘉学术的思考及同光学风的认识，内容十分丰富，以下分别加以申论。

首先，黄体芳对永嘉之学有很强的认同。在他六十寿辰时，李慈铭赠联："大历人才多蕴藉；永嘉学派最风流。"③ 前一句称赞黄氏的文学造诣，后一句则指其学术特色，揆诸黄体芳的生平与自述，此联可谓精当。在《寿序》中，他回忆年轻时求学情形云："体芳自弱冠从吾师游，每侍坐，辄闻吾师称南宋乡先生之学以教学者，有所论著，必三致焉。"④ 孙衣言是晚清时期着意赓续永嘉之学的代表人物，⑤ 对叶适最为推崇。他在文集中借叶氏《温州新修学记》之语，概括永嘉学的特征为"兢省以御物欲"和"弥纶以通世变"。在他看来，前者的代表为周行己和郑伯熊，后者为薛季宣和陈傅良。⑥

孙氏对乡邦之学的宗仰影响着黄体芳。光绪六年（1880），黄体芳督江苏学政，一到江阴，就向光绪帝奏言："臣惟有饬廉隅以端士习，严鉴别以核人文。学贯古今，愧莫绍永嘉之派；教兼本末，愿远遵言氏之箴。"⑦ 永嘉之学讲经世致用，言氏（子游）之箴重

① 赵统：《南菁书院志》，上海：上海书店出版社，2015 年，第 10~14 页。

② 尤育号：《从黄体芳论同光清流》，《历史教学问题》2007 年第 4 期，第 70~71 页。

③ 俞天舒编，潘德宝增订：《黄体芳集》，北京：中华书局，2018 年，第 737 页。

④ 俞天舒编，潘德宝增订：《黄体芳集》，北京：中华书局，2018 年，第 322 页。

⑤ 孙氏弟子宋恕曾说："宋室南流，瓯学始盛。陈、叶诸子，心期王佐，纯乎永康，实于新安。……国朝右文，鸿儒稍出。瓯僻人荒，吾师孙太仆、学士兄弟，始表章乡哲遗书，勉英绍绪，瓯学复振。"见宋恕：《书陈蛰庐治平通议后》，胡珠生编：《宋恕集》（上），北京：中华书局，1993 年，第 238~239 页。

⑥ 孙衣言：《逊学斋文钞》卷 6《敬轩先生行状》，《清代诗文集汇编》第 662 册，上海：上海古籍出版社，2010 年，第 440、441 页。

⑦ 俞天舒编，潘德宝增订：《黄体芳集》，北京：中华书局，2018 年，第 32 页。

本末兼顾,① 由此两语,可见黄氏在教育思想上强调经世致用、本末兼顾的特色。

光绪十一年（1885），他在离任江苏学政前,特别将叶适的《习学记言》校订刊刻,推荐给江苏学子：

> 吾师孙太仆先生最服膺于乡先正水心叶公。体芳昔在左右,或语及经济文章,必为言水心。……朱子曰："永嘉之学偏重事功。"独疑水心、止斋数人者偏于斯耳。若务以事功为不足重,则国家安赖此臣子？且所谓民胞物与者果何为者乎？体芳愿与读是书者论之矣。②

可见,他特别重视南宋永嘉诸子的事功之学,希望学子能够对此经世传统加以体会继承,所以才在离别前谆谆教诲。

其次,黄体芳有意调和永嘉学与朱子学间的矛盾。针对朱子关于永嘉学者偏重事功之弊的讥评,黄氏在《寿序》中给予了辩护：

> 体芳窃谓朱子特究其流弊言之耳。后世学术之不能必出于一,势也。自非圣人,孰能无弊？要在知本而已。间尝读三先生遗集,其所规切南宋用人、治兵、理财诸弊政,与朱子之论未始径庭。吾甚叹宋之多贤而不能用,卒无救于危亡,为可痛惜也。然文定尝谓获见于君举四十余年,术殊而论鲜同,又谓建安之裁量与永嘉弗同,独无疑于薛氏。然三先生者,亦不能无异也。……此数先生者,岂诡异而苟同哉？事势有万殊,而性术有独至,内之因材以致用,外之因时而制宜,虽一人之持论,前与后若凿枘之相戾者比比也,若其大本,则一而已矣。③

朱子与永嘉学人间的不同,集中体现在关于事功问题的争论上。黄体芳尊朱子,为了弥合矛盾,他将两者间的分歧从"知本"即道体的层面进行统合。对于薛季宣、陈傅良和叶适的学术观点,黄氏也敏锐地觉察到"三先生者,亦不能无异也",但他仍然从"大本"的角度出发,认为此三人在因材致用和因时制宜上有一致之处。饶有意味的是他的举证,文中的"三先生"从上文来看是指薛季宣、陈傅良和叶适,所谓"卓然自为永嘉之学者,实自薛文宪公始。文节陈公、文定叶公递相赓续,益廓而昌之"。叶适受教于陈傅良而所论不合,"建安之裁量"指朱子的论学宗旨,"独无疑于薛氏"之"薛氏",叶适其实指的是薛季宣之从侄薛叔似④,并非薛季宣,因后者"雅慕朱熹,穷道德性命之旨"⑤,故

---

① 《论语·子张》中,子游曾批评子夏教士有末无本："子夏之门人小子,当洒扫、应对、进退则可矣,抑末也。本之则无,如之何？"

② 俞天舒编,潘德宝增订：《黄体芳集》,北京：中华书局,2018 年,第 287、288 页。

③ 俞天舒编,潘德宝增订：《黄体芳集》,北京：中华书局,2018 年,第 322~323 页。

④ 叶适说："彼建安之裁量,外永嘉而弗同,幸于公而无疑,亦莫知其所从。"见叶适：《水心文集》卷 28《祭薛端明文》,刘公纯、王孝鱼、李哲夫点校：《叶适集》,北京：中华书局,1961 年,第 586 页。

⑤ 《宋史》卷 397,北京：中华书局,1985 年,第 12093 页。

朱子认为其在永嘉学者中"差强人意"①。此处可能是黄体芳误解了叶适之语，但却能从另一角度，证明在他看来，虽然永嘉学者学术各有偏重，而都可以在"知本"上归于一致。

从对朱子与永嘉学者分歧的调和，可以看出黄体芳与孙衣言在对待永嘉学术态度上的不同。孙氏笃守永嘉学，所以在考镜乡邦学术源流时说："至叶文修、陈潜室师事朱子以传新安之学，元儒史伯璇实其绪余，以迄于明之黄文简淮、张吉士文选，而项参政乔、王副使叔果当姚江方炽之时，不能无杂于陆学，而永嘉先生之风微矣。"② 他对宋元明时期永嘉地区的叶味道、陈埴、史伯璇、黄淮、张文选传朱子学，项乔、王叔果传陆学都有不满，认为这导致了"永嘉先生之风微矣"。但黄体芳本人则对程朱极为尊重，③ 希望将永嘉学与朱子学结合起来，所以才一再想方设法地调和二者。在《寿序》中，他称赞孙衣言与曾国藩、倭仁的学说相近：

> 咸丰中叶，吾师入直上书房，于蒙古倭文端公为同僚，退辄与一时贤士大夫上下其议论，而尤为湘乡曾文正公所器重。倭公为学，笃守程朱主敬穷理之说，曾公友倭公，而旁涉训诂词章，尤覃心古经世之法，欲推而壹合之于礼，大旨盖于永嘉为近。④

倭仁与曾国藩皆从朱子学，但黄体芳从"经世"的角度说明曾氏与永嘉学相近，这与前文指出的黄氏从"知本"的角度调和朱子与永嘉学人的做法异曲而同工。

此外，光绪元年（1875），黄体芳任山东学政时，也曾向陈锦推荐浙东学术的相关著作，后者在《与黄漱兰先生论学书》中说："赐读二刘先生、薛常州、逊学主人各集，仰见浙东理学千载源流，琴西先生岿然嗣响，自兹以后，属在明公矣。"⑤ "二刘先生"指朱熹的两位老师白水刘致中和屏山刘彦冲，逊学主人即孙衣言，黄氏将孙氏著作与朱子的老师和薛季宣并列，其意可见一斑。

再次，黄体芳主张以永嘉经世之学为基础，尽量吸纳异域学说。晚清时局动荡，当时有识之士都认识到对西学要有所借鉴，黄体芳也不例外。他在《寿序》中从乡邦之学的角度出发提出了建议：

> 吾乡学者，苟能致力于性情之原、伦纪之地，先立乎其大者，因而推求夫弥纶通

---

① 朱熹：《晦庵先生朱文公文集》卷36《答陈同甫·癸丑九月二十四日》，《朱子全书》（修订版），上海：上海古籍出版社、合肥：安徽教育出版社，2010年，第1597页。

② 孙衣言：《逊学斋文钞》卷6《敬轩先生行状》，《清代诗文集汇编》第662册，上海：上海古籍出版社，2010年，第441页。

③ 黄体芳在《经训乃菑畲赋》中说："原夫经之有训也，根柢当深，耘粗必奋。起八代之精微，传千秋之雅韵。贾董则字字膏腴，程朱则言言醴酝。"俞天舒编，潘德宝增订：《黄体芳集》，北京：中华书局，2018年，第497页。

④ 俞天舒编，潘德宝增订：《黄体芳集》，北京：中华书局，2018年，第323页。

⑤ 俞天舒编，潘德宝增订：《黄体芳集》，北京：中华书局，2018年，第656页。按：陈锦（1821—1887?），字昼卿，号补勤，浙江山阴人。道光二十九年（1849）举人。历官江苏知县、山东候补道。

变之方，则凡百家之书、异域之术，虽前哲所未详者，皆当博综而详择焉。何也？我永嘉先生之为学，固如是也。

可见，黄体芳在"弥纶通变"的概念下，将永嘉学的精神作了开拓，以容纳"百家之书"和"异域之术"。这种处理并不新奇，考虑到他和张之洞之间的密切关系，此说可以视作"中体西用"的翻版。光绪二十三年（1897），黄体芳为维新派成立的译书公会所作的《序》中说："圣人之道，治万世之人心者也。……夫过数可知者，时也；亘古不变者，道也。若排脱蹊轸，不主故常，东西列邦，智学政艺，惟善之从，诸君其知之矣。遵而上之，益固民志，尊君权，伸国威，穷究中外之变，以蕲合乎古昔圣王大中至正之道。"①所谓亘古不变的道就是儒家伦理，在维持这个前提下，可以"排脱蹊轸，不主故常，东西列邦，智学政艺，惟善之从"。

当然，黄体芳对西学的接纳是有限度的，甚至不得已而为之。由于坚持"中体"为主的立场，他在晚清维新变革的大潮中仍然坚持以儒家为本位，希望从经典传统中找到解决时弊之法。在离开江苏之前，他还谆谆叮嘱南菁书院学子云：

今之事变，前代所未有。盖时务方兴，而儒者左矣。要其所以不振，岂为攻乎夷狄者少哉？独少吾所谓儒人者耳。诸生生长是邦，熟睹乎乱败之由，而务为反经以求其实。要知从古圣人拨乱世反正之道，不能独穷于今兹；而本朝圣人经营之天下，事事足以万年，不能不归咎于儒术焉。②

从中可以看出，他对晚清政治变革中儒者的地位及所起的作用颇有不满，希望学子们能"反经以求其实"，懂得古圣贤的拨乱之道和清朝的统治经验，重新光大儒术。

综观黄体芳的一生，永嘉学的经世精神已经深深地浸入其血脉中。虽然他尊程朱，并且在晚清时局危难之时能有限度地接受西学，但都是以永嘉的事功实学为基础与媒介的，这对他在江苏学政任上筹建南菁书院、以"有用之学"训示学子有着直接的影响。③

二、"黜华崇实"与通人之学：黄体芳的实学理念与实践

"实学"这一概念，在不同的历史时期有着不同的涵义。宋元明清的理学家总愿意将自己所擅称为"实学"，以批评相对的"虚学"，其"实"或谓宇宙实体，或指心性实体，都是偏于理学的概念范畴。④ 晚清时期特别是同光以降，随着国势日蹙，清廷也在有意地提倡"实学"以拯救时弊，其所谓"实学"，虽然不废性理学，但已开始逐渐强调经

---

①　俞天舒编，潘德宝增订：《黄体芳集》，北京：中华书局，2018年，第276页。

②　俞天舒编，潘德宝增订：《黄体芳集》，北京：中华书局，2018年，第275页。

③　唐文治在光绪十一年（1885）赴江阴南菁书院应试后，"取超等，住院肄业。谒见黄漱兰师，谆谆然训以有用之学"。见唐文治：《茹经先生自订年谱》，邓国光辑释：《唐文治文集》第六册，上海：上海古籍出版社，2019年，第3627页。

④　葛荣晋主编：《中国实学思想史·导论》，北京：首都师范大学出版社，1994年，第1~4页。

世实用。当时的士人群体也在积极提倡各种"实学",并付诸实践。就黄体芳来说,强调事功本就是浙东学术的一大特征,所以对于朝廷的提倡,黄体芳表现得很积极。在他看来,"实学"与朴学、通人之学相近,其反面是"华"、狭隘的门户之争与不解时事。他的"实学"思想,受当时学界风气影响极大,是其建立南菁书院的直接动机。

黄体芳在京任职期间,正是清廷提倡实学之时。就在他应礼部试中癸亥科会元的前一年(1862),清廷鉴于之前多年的内忧外患,对人才的需求极为紧迫,于是颁布上谕,明确指出要以"实"作为取士标准:

> 近来国子监专以文艺课士,该祭酒等既以是为去取,而士子亦复以是为工拙,于造就人才之道何裨焉!着嗣后于应课诗文外,兼课论策,以经史、性理诸书命题,用觇实学。并着该祭酒等督饬各堂助教、学正、学录,分日讲说,奖励精勤,惩戒游惰,黜华崇实,以端趋向。

从该上谕来看,所谓"实学"主要指以经史、性理为题的策论,这主要针对的是国子监中以八股文、诗赋为主的"文艺"。就在当年,清廷又颁谕重申前旨:

> 翰林院为储才之地,膺斯选者必须经术淹通,于古圣贤性理精义讲明而切究之,确有心得……至诗赋一事亦系古雅颂之流。庶吉士从事于此,原以备鼓吹休明之用,非谓此外遂无实学也。乃近来积习相沿,专以此为揣摩进身之阶,弊精劳神,无裨实用,将经史、性理等书束之高阁,殊非我国家芸馆培英、造就人才之意。自应将庶常馆课程及散馆旧章量为变通,以求实济。着自明年癸亥科起,新进士引见分别录用后,教习庶吉士,务当课以实学,治经、治史、治事及濂洛关闽诸儒等书,随时赴馆,与庶吉士次第讲求,辨别义利,期于精研力践,总归为己之学,其有余力及于诗古文词者听之。①

此谕中反复出现"实学""实用""实济"字样,可见当时最高统治者之忧虑,甚至直接指出庶吉士的诗赋技艺"弊精劳神,无裨实用",进而要在制度上强化对新进士的"实学"引导。与之前的上谕类似,此谕中"实学"的内容包含了经史、治事和宋代的理学著作,而且经史在性理之前,可见当时风气所趋。值得注意的是,谕中说对庶吉士课以实学是从癸亥(1863)科开始,而黄体芳正是此科的会元,"同治二年进士,选庶吉士,授编修。日探讨掌故,慨然有经世志。累迁侍读学士,频上书言时政得失"②,因此,他之所以重视"实学",既有永嘉学风的浸染,又是清廷有意培育的结果。

黄体芳对于当时清廷有意引导的"黜华崇实"的学术风向,也有深刻的体会并竭力实行。光绪六年(1880),他一到江苏学政任上,就遵从光绪帝(实际上是两宫太后)"江苏文风虽盛,士习未纯,尔其尽心训迪毋忽"的指示,③ 颁布了《黜华崇实以敦品学谕》:

---

① 《穆宗毅皇帝实录》,《清实录》第 45 册,北京:中华书局,1986 年,第 1422~1423 页。
② 《清史稿》卷 444《黄体芳传》,北京:中华书局,1977 年,第 12449 页。
③ 俞天舒编,潘德宝增订:《黄体芳集》,北京:中华书局,2018 年,第 33 页。

> 本院赋性迂拙，生爱读书论人，偶及浮伪邪刻卑劣之徒，深恶痛绝不能姑容；一遇孝友廉正之士，则私心钦慕惟恐不及。……总之，大江南北，高才必多，不患无华，但患不实，此乃自来文人通弊。近今世风浇薄，时事艰难，虽欲救正维持，不免乏才为虑。推原本始，职此之由：国朝善制行者宗宋学，善读书者宗汉学，宋学要领曰躬行实践，汉学要领曰实事求是。理本相通，道本一贯，不务实而能成才，必无之事也。①

在此谕中，黄体芳用语严厉，直陈自己对"浮伪邪刻卑劣之徒，深恶痛绝"，认为"不患无华，但患不实"。他把清朝盛行的汉、宋学都视作实学，汉学重在"实事求是"，而宋学要领为"躬行实践"。因此，在"务实"的旗帜下，乾嘉时期的汉宋之争在黄氏这里得到了统一。

同治元年上谕所说的"实学"既然包括经学、史学、理学及各种治事的具体学问，自然要求士大夫不能再局限于之前的诗文辞赋，而必须要有学问求"通"的意识。这种意识当然不是同治时期才有的，早在乾嘉汉学鼎盛之时，学者就不断地呼吁"通"及"通儒之学"。钱大昕在《卢氏〈群书拾补〉序》中说："读是书，窃愿与同志绅绎，互相砥砺，俾知通儒之学，必自实事求是始，毋执村书数箧自矜奥博也。"② 他所说的"通儒之学"主要指考据学，针对当时的科举用书即"村书数箧"而言。乾隆四十六年（1781），章学诚在给沈在廷的书信中，论及入清以来学术变迁，其中说到乾隆时期的学术情形云：

> 国初崇尚实学，特举词科，史馆需人，待以不次，通儒硕彦，磊落相望，可谓一时盛矣。其后史事告成，馆阁无事，自雍正初年至乾隆十许年，学士又以四书文义相为矜尚。仆年十五六时，犹闻老生宿儒自尊所业，至目通经服古谓之杂学，诗古文辞谓之杂作。士不工四书文不得为通，又成不可药之蛊矣。③

由此可知，在18世纪中叶之前，"老生宿儒"受科举考试的影响，主要精力都放在四书文上，以工四书文为"通"，其他的经学、诗赋则被讥讽为"杂"，反映了当时科举考试中重头场特别是四书文，而轻视二、三场的不良风气。这种情况正与钱大昕所讥相对应，所以才引起考据学者及专力史学者的不满。

但乾嘉考据学发展到极盛后，也引起严重的弊端，学者思变，"通学"的内涵又开始转向修身经世。身处嘉道时期的沈垚（1798—1840）精于汉学，敏锐地观察到了其中的问题："乾隆中叶以后，士人习气，考证于不必考之地，上下相蒙，学术衰而人才坏。"④

---

① 俞天舒编，潘德宝增订：《黄体芳集》，北京：中华书局，2018年，第69~70页。
② 钱大昕：《潜研堂文集》卷25，陈文和主编：《嘉定钱大昕全集》（增订本），南京：凤凰出版社，2016年，第389页。
③ 章学诚：《答沈枫墀论学》，仓修良新编：《文史通义新编·外编三》，上海：上海古籍出版社，1993年，第583页。
④ 沈垚：《落帆楼集》卷8《与孙愈愚》，《清代诗文集汇编》第598册，上海：上海古籍出版社，2010年，第114页。

因此，他主张不论汉学还是宋学，都必须要起到身修民安的实效才行：

> 汉宋诸儒以经术治身则身修，以经术饰吏治则民安，立朝则侃侃岳岳，宰一邑则
> 俗阜人和。今世通经之士，有施之一县而窒者矣，有居家而家不理者矣。甚至恃博雅
> 而傲物，借经术以营利。故垚尝愤激，言今人之通，远不及前明人之不通。其故由古
> 人治经，原求有益于身心，今人治经，但求名高于天下，故术愈精而人愈无用也。①

沈垚对承乾嘉考据以博雅为傲的风气极为不满，认为会导致"但求名高于天下，故术愈
精而人愈无用"的局面，甚至说"今人之通，远不及前明人之不通"。因而，他心中理想
的汉宋学应该是"以经术治身则身修，以经术饰吏治则民安，立朝则侃侃岳岳，宰一邑
则俗阜人和"，这与同治帝所颁上谕是基本一致的。

因此，不论是学术风气的转化还是清代最高统治者的提倡，都对士人的素养提出了
"通"的要求，而使其不能仅仅局限在四书文、诗赋与繁琐考据之中。处于此种氛围中心
的黄体芳，早年即对"通儒"有所了解。咸丰元年（1851），黄体芳中举人，受知于当时
浙江学政吴钟骏（字崧甫，1798—1853）②。吴氏在任时，就常常以"通儒"的理想勉励
浙江学子："（吴钟骏）以为学之方六条刊示诸生，曰：经学，史学，小学，文学，诗学，
字学。谆谆勉为通儒，力求根柢考据……其所甄拔之士，悉登科第，一时文风称极盛
焉。"③ 从后来黄氏的为官办学来看，培育"通儒"可以说是一直萦绕在其心中的理想。

落实到现实层面，黄体芳找到了最有代表性的通儒典范——李兆洛（1769—1841）。
与李氏同时的包世臣（1775—1855），就曾将李兆洛和沈钦韩并称为通儒。④《清儒学案》
评价李兆洛云："异于守一家之言、立帜以为名高者，表章先哲，裁成后进，当世推为通
儒。"⑤ 作为嘉道时期的名儒，李兆洛以兼综百家、为学尚通闻名于世，⑥ 加之是江苏人，

---

① 沈垚：《落帆楼集》卷9《与许海樵》，《清代诗文集汇编》第598册，上海：上海古籍出版社，
2010年，第129页。

② 黄体芳在《〈补勤诗存〉序》中说："予与补勤（即陈锦）同受知于吴崧甫、赵蓉舫两先生，
肄业西湖诂经精舍，久以文字相期许。"见俞天舒编，潘德宝增订：《黄体芳集》，北京：中华书局，
2018年，第281页。

③ 《（民国）杭州府志》卷121，上海：上海书店出版社，2011年，第64、65页。

④ 包世臣在《述学一首示十九弟季怀》中说："读书破万卷，通儒沈与李。益我以见闻，安我之
闶殆。"（自注：吴沈钦韩字文起，阳湖李兆洛字申耆。）包世臣：《艺舟双楫》，《包世臣全集》，合肥：
黄山书社，1994年，第302页。

⑤ 徐世昌编：《清儒学案》卷127，北京：中华书局，2008年，第5015页。

⑥ 魏源《武进李申耆先生传》云："自乾隆中叶后，海内士大夫兴汉学，而大江南北尤盛。苏州
惠氏、江氏、常州臧氏、孙氏、嘉定钱氏、金坛段氏、高邮王氏、徽州戴氏、程氏，争治训诂音声，爪
剖釽析。视国初昆山、常熟二顾及四明黄南雷、万季野、全谢山诸公，即皆摈为史学，非经学；或谓宋
学，非汉学。锢天下聪明知慧，使尽出于无用之一途。武进李申耆先生生于其乡，独治《通鉴》、《通
典》、《通考》之学，疏通知远，不囿小近，不趋声气。"（《魏源集》，北京：中华书局，1976年，第
358~359页）另参考蔡长林：《论清中叶常州学者对考据学的不同态度及其意义：以臧庸与李兆洛为讨
论中心》，《中国文哲研究集刊》总第23期，2003年，第286页。

又曾为江阴暨阳书院山长十八年之久（1823—1840），在本地影响深远，① 自然成了黄体芳表彰通儒之学最好的模仿对象。

光绪八年（1882），黄体芳编刊了李兆洛《养一斋诗集》四卷，并作《序》云："余尝论李申耆先生可谓通儒矣。……其兼资博采，不名一家，负兼人之才，有具体之实，治为循吏，教为名师，殆非先生莫与属也。……盖其为学博而知要，源流变迁之故辨之最悉，而本末条贯之理又体之最真，非夫专己自炫之徒，争门户、骛声誉者所得喻也。"② 他称赞李兆洛为通儒，其特征为博而知要，熟悉制度源流，而非争门户的专己自炫之徒。因此黄氏在担任学政时的一些著名举措，如征求江苏遗书与建立南菁书院，都有思慕李兆洛之学的因素："比方录先生及江苏诸先哲遗文佚事，上之史馆，复于江阴别建经古书院，思得如先生其人者，指授术艺，陶冶士林，徐进之本原之学，以备他日国家之用。语曰：'经师易遇，人师难遭。'此尤余叙先生诗而低徊不能置者也。"③ 在给孙锵鸣的信中，黄体芳更直接说在江阴建书院是要"藉振李申耆先生之遗风"④。光绪十一年，他在离任前撰写《南菁书院记》，自述"南菁"一词是取自朱子《子游祠堂记》"南方之学得其菁华"之语，而其建院宗旨为："使来学者不忘其初，而裓祀汉儒郑公及朱子于后堂，使各学其所近，而不限以一先生之言。礼致训诂词章兼通之儒以为之师。"⑤ 论者皆谓南菁并祀郑玄、朱熹乃兼采汉宋之意，自是事实，但从引导士子的角度来说，可能更重要的是"不限以一先生之言"与"礼致训诂词章兼通之儒以为之师"，因为这两点都是黄体芳崇尚"通儒"之学的体现。缘此之故，他才会选择当时已是 75 岁高龄的张文虎（1808—1875）为书院山长，除了后者是孙衣言的好友外，更主要的恐怕还是鉴于其学"于名物、训诂、六书、音韵、乐律、中西算术靡不洞澈源流"⑥，与李兆洛的通儒气象最为接近。

综上，在担任江苏学政的五年期间（1880—1885），黄体芳在"黜华崇实"与提倡通儒之学方面做了最大的努力，也确实收获了效果，史称其"在江左五年，崇经术，擢幽隐，博搜先哲佚书至数百种，牒送史官入《儒林》、《文苑》二传。士趋实学，风尚一变"⑦，可谓确评。

---

① 参见徐雁平：《一时之学术与一地之风教：李兆洛与暨阳书院》，《汉学研究》第 24 卷第 2 期，2006 年，第 289～318 页。

② 俞天舒编，潘德宝增订：《黄体芳集》，北京：中华书局，2018 年，第 283 页。本页注引《瑞安五黄先生系年合谱》云："先生即膺李氏训诂、辞章、天算、舆地之学，而时方创立经古学院，因特表章之以为多士劝焉。"

③ 俞天舒编，潘德宝增订：《黄体芳集》，北京：中华书局，2018 年，第 284 页。

④ 俞天舒编，潘德宝增订：《黄体芳集》，北京：中华书局，2018 年，第 231 页。

⑤ 俞天舒编，潘德宝增订：《黄体芳集》，北京：中华书局，2018 年，第 274 页。

⑥ 诸可宝：《畴人传三编》卷 6，王先谦等编：《南菁书院丛书》，扬州：广陵书社，2018 年，第 417 页。

⑦ 叶尔恺：《浙江通志·黄体芳传》，转引自俞天舒编，潘德宝增订：《黄体芳集》，北京：中华书局，2018 年，第 635 页。

三、时文与造士：黄体芳的科举理念

清朝在雍正年间公开支持建设书院并纳入官学体系，但仍然延续了顺治时禁止讲学的做法，书院教学以课艺为主。虽有一些书院由于山长个人的学术倾向，于教授时文外倡导以经史词章为内容的"古学"，如沈起元在钟山、娄东，全祖望在蕺山、端溪，钱大昕在紫阳，但范围不广，未成风气。① 随着乾嘉时考据学的崛起，重视经史之学的书院逐渐增多，特别是作为汉学护法的阮元在嘉庆五年（1800）和道光四年（1824）建立诂经精舍和学海堂，专课经古学，形成了新的书院教学范式，对之后各省尤其是京师和江浙地区的士人影响极大。

学界的风气转变通过官僚士大夫的接引，受到最高统治者的注意。同治六年（1867），游百川上《崇尚经术以端趋向》折，建议科举考试要重视考察经解，② 得到了清廷的支持，要求各省学政遵照办理。于是各学政都奉旨在科举考试中加强了经古场的比重。特别是同治八年（1869）张之洞任在湖北建经心书院，又于光绪元年（1875）春，建尊经书院于四川，尤其具有示范效应。胡钧《张文襄公年谱》载："是年春，尊经书院成。选高材生百人肄业其中，延聘名儒，分科讲授，手订条教，略如诂经精舍、学海堂例。院中为飨堂，祀蜀中先贤经师。复以边省购书不易，捐俸置四部书数千卷，起尊经阁庋之。"③ 经心与尊古都是以诂经精舍和学海堂为榜样而建立的，不课时文，专课经解及古文辞赋，以实学为抡才鹄的。当然，作为一省的学政，张之洞也不废时文，不过他所理解的时文要求"清真雅正"，已经与清代中前期发生了很大的不同，开始强调"包罗古今""取材经史"了。④

身处此上下思变的环境中，又与张之洞有着最为密切的联系，⑤ 黄体芳在选士与建立书院的标准上也有着类似的观念。不过，由于个人成长环境与交游的缘故，他对科举考试的态度有一个变化的过程。黄氏早中科名，又历任福建、山东、江苏三省学政，对制艺的利弊有着深切的体会。⑥ 在山东督学时，面对有人认为以八股取士"亦轻量山左之士"的疑问，他的回答是："夫一代功令鼓舞一代士子，罄其数十年之精神，以专力于是，为

① 陈曙雯：《经古学与19世纪书院骈文的发展》，《中山大学学报》（社会科学版）2017年第3期，第27~28页。
② 姚吉成、左登华：《游百川奏折整理与研究》，天津：天津古籍出版社，2018年，第15、16页。
③ 胡钧：《张文襄公年谱》，《北京图书馆藏珍本年谱丛刊》第174册，北京：北京图书馆出版社，1999年，第209~210页。
④ 安东强：《张之洞与晚清科举考试风气》，《暨南学报》（哲学社会科学版）2014年第7期，第89页。
⑤ 黄体芳与张之洞同为同治二年（1863）癸亥进士，并称为"翰林四谏"；同治十一年（1872）黄体芳命其子黄绍箕拜张之洞为师；黄绍箕妻子病故后，又于光绪十年（1884）续娶张之洞之兄张之渊的女儿为妻，两家关系非比寻常。
⑥ 他曾批评八股文的流弊云："制举之文，原出经论，其义法不逾乎古文，其神理骨格皆资于古文也。……自房行杂出，巧窦日开，承学之徒，逃难务易，舍其正业，揣逐时趋，以涂附涂，寖成迷塞。……今则变而益甚。"俞天舒编，潘德宝增订：《黄体芳集》，北京：中华书局，2018年，第285页。按：房行指房稿和行卷，是明清时期八股文的选本，前者乃进士之作、后者举人所作。

之不已，必有触类旁通、源流华贯、不负国家立法之意者。唐宋重诗赋，而人才踵兴不绝，矧我朝所尚，原本经术，发明义理尤为独见其大，其收效有不倍蓰什伯者乎！"在他看来，科举只是一种取士形式，不论是考诗赋还是经义，只要士子专力其中，就必有触类旁通之效。所以他的希望是："惟愿应试诸生，进其所长，去其所短，枕葃经籍以养其才，勃窣理窟以扩其识。毋凿险而缒幽，毋别驱而横鹜，以蕲合乎先民绳尺，而蔚为国家有用之材，是予重有望于山左之士也，而顾谓予轻量之哉！"① 在黄氏看来，诸生只要能在应试过程中，着重经术理学根柢的培养，就算是写时文，也能成为国家的有用之材。

黄体芳这种重视时文，以为制艺可以育才的想法在晚清变革时期并不多见，② 从思想源流来看，可能仍与其师孙衣言有关。孙氏曾对当时永嘉地区士子不擅时文的情形十分痛心："近日吾乡之士因陋就简，既不能精于场屋之文，以取世之所谓科第。仕宦习于闻见之陿，以成其志趣之卑，语以南宋诸儒，几不知为何人。进以止斋、水心之文章，则以为如天之不可阶而升也。呜呼，岂非自弃也哉！"因此，他提出学子必须要加强时文的训练，"士既托身场屋，即不能不求工场屋之文，以蕲有合理固当尔。而下州僻县数十年不出一人者，必其时文先无足观。然则时文乌可忽耶"，进而说明时文可以造就人才的理由：

　　昔吕成公教人，常欲因时文以导之于学，而南宋永嘉学者，吾乡之大师也。予于乡党后进尝欲因文节、文定之文以进之于文节、文定之所以为学，又欲因文节、文定之时文以进之于文节、文定之所以为文，使吾乡之士知有永嘉文体。虽在风流歇绝之时，未尝无笃志复古之士，而苟能有古人之志，即未尝不可为古人之学，则乾、淳坠绪固可以复振也。③

他认同吕祖谦以时文导学的做法，希望永嘉地区的士子可以通过学习陈傅良和叶适的范文，培养古人之志，为古人之学，重振南宋乾、淳时期的永嘉之风。

在筹建南菁书院前，黄体芳曾召集江阴士绅商议效仿对象。他的建议是以专课经古学的诂经精舍为榜样："士为四民首，教民以士始，教士以读书始，夫有士而不能教，官其地者之责也。上海亦一邑耳，而龙门书院独放浙江'诂经精舍'制，士得在院肄业经史、古学、天文、算学惟所习，盍亦谋之？"④ 此议当是受到张之洞建精心与尊经两书院的启示。但他在将此想法咨询孙衣言时，却得到了这样的回答：

————————————

① 俞天舒编，潘德宝增订：《黄体芳集》，北京：中华书局，2018 年，第 280 页。

② 安东强指出："道光、咸丰以降，士大夫'多不欲以制义得名'，以致善作制义的大家与名家难以再现，引领科举文体风气的要角主要是科场考官。影响深远者如翁同龢、潘祖荫，是晚清科场盛行金石之学、公羊学的主要推动者。追随翁、潘二人之后，同样在晚清科场上享有盛名，却旨趣取向迥异的乡试考官与学政，其代表者则非张之洞莫属。"安东强：《张之洞与晚清科举考试风气》，《暨南学报》（哲学社会科学版）2014 年第 7 期，第 83 页。

③ 孙衣言：《逊学斋文集》卷 8《永嘉先生时文序》，《清代诗文集汇编》第 662 册，上海：上海古籍出版社，2010 年，第 485 页。

④ 张文虎：《南菁书院记》，转引自赵统：《南菁书院志》，上海：上海书店出版社，2015 年，第 33 页。

暨阳创立经学书院，具见盛意，惟时文却不可轻。宋时大儒往往以时文引人于道，今日风气若如龙门书院之专门讲学，恐后生望而生畏，不如用吕成公法，不废时文，渐渐引之于古。近来言经学者专于文字训诂用心，恐非经之本意，且于立身济世皆无致用之实，而异同攻击，徒长轻薄，百年以来，功名气节不及前代，未必不由于此。大贤有志当世，似当观风气所趋，挽其既敝，不可更扬其波。鄙意以谓仍当以胡安定经义、治事两大端，而兼治史学、时务，使学者通今知古，了然于得失成败、邪正奸贤之辨，则人才必当稍异于前矣。①

孙衣言着眼于汉宋之争的弊端，认为书院专课经古学"于立身济世皆无致用之实"，而建议保留时文，效仿北宋胡瑗的分经义、治事两端，兼治史学与时务。对此，黄体芳的态度是部分采用：就南菁书院的制度来说，仍然以诂经精舍为模板；但是孙衣言所举胡安定的例子也给了他启示。光绪八年十月，也就是南菁书院建成后一个月，黄体芳撰写《司铎箴言》，对江苏各地的教官提出了要求："教官之术业，将惟是辨难解惑，诱掖士类已乎？其必返而为自课之修。抑惟是矩步绳趋，墨守古训已乎？其必扩而为经世之用。"他希望教官们能通过自己的深造有得，取得与胡瑗、杨时类似的成就：

若夫穷年笃学，神明不衰，最书于朝，弗就征辟，则与学校之事相始终，陶成所及，景从响应，士之有声于时者，皆曰某学师之教也，虽以视胡安定之教授苏、湖，杨文靖之讲学东林，何多让焉！②

胡瑗主持苏、湖两州州学，杨时建东林书院，讲学造士，均沾被甚广。而黄体芳后来聘请黄以周为南菁山长，所造之士济济，已超安定、文靖二公。其后竟如其所言，京师大学堂成立时，"太学诸经师多南菁书院弟子，讲经皆宗是书（指《礼书通故》），称曰'黄教谕说'而不名"③。《司铎箴言》撰于光绪八年，黄以周于光绪十年至南菁，造就了"江南诸高材皆出其门"的盛况。④ 可以说，正是由于先有了黄体芳的选材及教育理念，黄以周才能被选为南菁山长，此先河后海之义，不可忽焉。

作为江苏学政，黄氏所掌管的乃是一省的文衡，所以对于时文，他还是尽量发掘其中的合理性，而他所效法的其实是阮元。他赞同阮氏将明代和清初时文中的优秀者编为《魁墨》，"又以策篇条对优劣异同，等差高下，循其命脉，箴厥膏肓，振聩发蒙，实为要药"，并且总结出了撰写时文之道：

---

① 俞天舒编，潘德宝增订：《黄体芳集》，北京：中华书局，2018年，第771页。按：孙衣言此信写于光绪八年（1882），从信中所说"时文却不可轻"与"今日风气若如龙门书院之专门讲学"来看，黄体芳肯定将他想模仿诂经精舍的想法全盘告诉了其师。

② 俞天舒编，潘德宝增订：《黄体芳集》，北京：中华书局，2018年，第79~80页。

③ 陈汉章：《礼书通故识语序》，《陈汉章全集》第2册，杭州：浙江古籍出版社，2014年，第41页。

④ 章太炎：《太炎文录初编》卷2《黄先生传》，《章太炎全集》，上海：上海人民出版社，2014年，第221页。

　　夫文之为道，表里相需，语以旨归，目凡有四，词居其一，义处其三。理究天人之微，典通古今之故，事周万物之情，三者备，斯言可立。然则不究心经史子集之学，何以为文？不精研汉宋之说，贯百家之言，又何以为学哉？……余承乏山左，即师文达之例，用策论解说为程，冀收朴学。①

　　他认为八股文有四个构成要素，分别是词、理、典、事，其中词为形式，为表，理、典、事为内容，为里。因此，只有在经史子集上下功夫，才能支撑起文；若要精于四部之学，又必须"精研汉宋之说，贯百家之言"。所谓"师文达之例，用策论解说为程"，也是模仿阮元，通过撰写策论（即科举考试第三场的方法）的范文，教导一省的学子。这样，他将平时提倡的经古学，通过"依程行试，进退群伦"的手段，在经古学与科举考试之间找到一条平衡之法。

　　可是对于专课经古学，不习时文的南菁书院来说，上述方法的不便之处也很明显：因为没有科举三场考试文体的训练，学子们就算再覃精经史，也很难在竞争激烈的应试中取得佳绩。王先谦在黄体芳之后接任江苏学政，或许是虑及于此，才会聘用缪荃孙（1844—1919）为南菁山长（1888）。关于缪氏主讲南菁与黄以周并为山长之故，学界尚无定论。当时有意南菁讲席者为朱一新，谁料阴差阳错，缪荃孙因王先谦的力邀去了南菁，而朱一新却去了广雅。② 其中缘故，学者虽有猜测③，但无论如何，黄以周不擅时文与词章是一项原因④。因此，王先谦在给缪荃孙的信中说："元同（按：即黄以周）品学实好，经术甚深，特不解词章。诸生尚佩服，兄亦敬之。明年则后任主持，非兄所能预知耳。"⑤ 当然，黄体芳对缪荃孙任南菁一职也当是知情的，至少并不反对。光绪十三年（1887）四月，黄体芳赴崇效寺雅集，六月又在什刹海酒楼宴请，其中都有缪荃孙，⑥ 两

---

　　① 俞天舒编，潘德宝增订：《黄体芳集》，北京：中华书局，2018年，第285~286页。

　　② 朱一新为浙江人，与当时江苏学政王先谦有师生之谊，又与黄以周交好。光绪十三年（1887），他曾想去南菁书院，但未能如愿。而在次年，缪荃孙因继母去世，其师张之洞时为两广总督，本想邀他去广东广雅书院。在得知缪荃孙要奉讳出京时，张之洞立即写信询问："闻奉讳，曷胜震悼，目前拟回里否？尊体何如？系念之甚。如能出京，来粤为盼。"钱伯城、郭群一整理，顾廷龙校阅：《艺风堂友朋书札》，上海：上海人民出版社，2018年，第4页。

　　③ 同与王先谦有师生之谊，王氏最后选择缪荃孙而不是朱一新，恐怕不是因为缪氏本为江阴人。於梅舫经过考证认为，王氏因李莲英帮助而得学政，而朱一新当时刚弹劾李莲英，所以从情理上说，他不会选择朱一新。因此於梅舫说："南菁书院未能接纳朱一新，并非江浙学人意愿。事后，缪荃孙向江苏后任学政杨蓉浦推荐朱一新，便是遵徇黄以周等人的意思，可见江浙学人对朱一新相当认同。"於梅舫：《浙粤学人与汉宋兼采：朱一新〈无邪堂答问〉论学旨趣解析》，《近代史研究》2010年第4期，第8页。

　　④ 黄以周因拙于制艺，所以中举颇晚，章太炎说他"平生不为流俗文辞，诸华士皆谓先生不文，先生亦自退然"，可见当时学人圈的意见。见章太炎：《太炎文录初编》卷2《黄先生传》，《章太炎全集》，上海：上海人民出版社，2014年，第221页。

　　⑤ 钱伯城、郭群一整理，顾廷龙校阅：《艺风堂友朋书札》，上海：上海人民出版社，2018年，第27页。

　　⑥ 俞天舒编，潘德宝增订：《黄体芳集》，北京：中华书局，2018年，第726页。

人相知匪浅，其间黄氏是否曾向缪氏推荐就任南菁，已难以知晓了。

总之，黄体芳不论是在山东还是江苏，都不忘采取制艺的形式提倡经古学。所谓"时诸生狃习举业，不务实学，体芳创建南菁书院于江阴……一时士风丕变，皆务为有用之学，实沐体芳之教也"①，虽有根据，但对于黄氏本人之思想，实未达一间，因为不论是从其身份还是师友影响来看，他一直都在寻求以时文造士之法。

四、余　论

黄体芳主要活动的年代在同光时期，正值大乱之后，人心思定，洋务兴盛，士大夫皆思有所作为。而对于此时的学风，论者常引朱德裳之说：

> 自翁叔平、潘伯寅以朝贵为公羊学，兼治诗古文辞、金石，提挈宗风，倡导后进，京师上自尚、侍，下至编检以及部曹内阁才俊之士，靡然从风，而以张孝达为上首。宗室盛伯羲、满人宝竹坡、端午桥，丰润张佩纶，吴人吴清卿、洪文卿，浙人沈子丰、子培、李燕伯、黄漱兰，赣人文道希，粤人梁鼎芬，湘人王益吾等均相尚以学问，然不及时政也。②

此说错误颇多，翁、潘提倡公羊学而致才俊之士"靡然从风"，不发生在同光之际；张之洞对公羊学也颇不以为然；最重要的是，他说黄体芳、张佩纶、盛昱、梁鼎芬等人"相尚以学问，然不及时政也"，更是绝大的误解。就黄体芳来说，作为当时朝野知名的清流党与"翰林四谏"之一，他对于时政是十分关心的，其中又以选举人才为最要之事。光绪六年（1880）九月初六，黄氏上《变法储才实求自强疏》，建议召左宗棠入觐，主持大计，疏中痛陈当时清廷积弊，主张当务之急乃"变今日已弊之法，以储异日有用之才"，指出六七年来（即同光之际），"名臣文武欲尽矣，后生新进能敦气节、矫时尚者亦寡矣"，以致"奉使无才""典属无才""捍边无才""理财无才""旗员无才""六部九卿、翰詹科道无才"，情形无比紧迫，进而建议"皇太后、皇上决去狐疑之心，开通贤俊之路，务变法以立自强之基"。③

面对朝野无才的局面，黄体芳提出了系统变革考试的具体建议，包括"请变京官考试之法""请变宗学、官学之法""请变武科之法"。其中"请变京官考试之法"一项，与后来他任江苏学政时之种种举措颇有相似之处：

> 伏愿自今伊始，除庶常散官及部院各员考差外，虽大考勿用卷折诗赋。恐其荒废，则开馆修书以劳之可也。经义治事，设为专门，俾各讲求备试可也。至科道职在建言，考生之日，宜发时务策问之，以觇其器识，抑或参取、行取旧制以振之。军机

---

① 沈维奔：《吴县志·名宦传》，转引自俞天舒编，潘德宝增订：《黄体芳集》，北京：中华书局，2018年，第637页。

② 朱德裳：《三十年闻见录》"同光之际学风"条，长沙：岳麓书社，1985年，第55页。

③ 俞天舒编，潘德宝增订：《黄体芳集》，北京：中华书局，2018年，第26~27页。

章京宜取熟于历代史学、本朝掌故者充选。今专用应对便给、书法敏捷者，与古之翰林承旨、中书舍人亦稍异矣。考试之法愿更加审定，以重清要，如是则人才不为试例束缚，而有志者得及时自奋矣。①

他看到了科举考试的弊端，因此要求多数官员不必在卷折诗赋上用力，但对科道之职，在以时务策考察外，还要再参考旧制。总之，是要在旧有的制度基础上，结合时事所需而灵活变更考试之法，为的就是能够求取人才。

综观黄体芳的一生，念念不忘的始终是为国抢才，但他一些较为激进的意见，如"臣言储才，必曰恐开侥幸；臣言变法，必曰恐涉更张。惟时势殊前，治理亦异。才不振作则不兴，法不变通则不利"②，并未得到清廷的积极回应。反而是他抱永嘉经世之意，效李兆洛通儒之学，仿阮元诂经精舍之制建立的南菁书院，培育了大批人才，可谓失之东隅、收之桑榆了。

（作者单位：武汉大学哲学学院、国学院）

---

① 俞天舒编，潘德宝增订：《黄体芳集》，北京：中华书局，2018年，第30页。
② 俞天舒编，潘德宝增订：《黄体芳集》，北京：中华书局，2018年，第31页。

从"合群保国"到"大同世界"：
康有为的"社会"见解

□　崔应令

【摘要】康有为的"社会"理念结合了当时西方最新的"公民社会"思想，但最终用中国文化传统的"大同"理想超越了西方意义的个人与国家主张，指向了人类共同体。他以其学说阐述了爱国也应爱世界，人类最终应该建立一个无差等、无隔阂的大同世界的思想，其胸襟超越了爱自己和爱国家的范畴。

【关键词】康有为；群；社会；人类共同体

康有为的"社会"观在术语使用上较早是用"群"的概念对应近代意义上的"社会"一词，并有专门解说。在"社会"的内涵上，他的"社会"观念包括双重意思：其一，在个人与社会的关系上，他倡导一种个人权利和自由得到最大满足、人人平等，仁者爱人，人与社会有机统一，无边界，无差等的理念；其二，在国家理念上，他从进化视角区分"据乱世""升平世"与理想的"太平世"社会的不同，并根据当时社会现实提出用法治、权力分立、立公民、选"议郎"、地方自治等方法约束君权，兴民权，设立民权政府的主张。本文从术语的使用、个人与社会关系、国家的主张三个方面探讨康有为的"社会"观，总结其对近代西方建立在偏重个人权利基础上的社会理念的应用与超越。

一、术语的使用

在与近代"社会"观念相关的术语上，康有为较早就使用了"群"的概念，这一概念是"众人"或组织众人一起的"会"之意，"合群"也即汇集众人之智、之力。在《上海强学会·序》（1895 年 11 月）中，他说："天下之变，岌岌哉！夫挽世变在人才，成人才在学术，讲学术在合群，累合什百之群，不如累合千万之群，其成就尤速，转移尤巨也。"① 在《上海强学会·后序》一文中，他说："夫物单则弱，兼则强，至累重什百

────────────

① 康有为：《上海强学会·序》，《康有为全集》第 2 集，北京：中国人民大学出版社，2007 年，第 92 页。

千万亿兆京陔之，则益强。荀子言物不能群，人能群，象马牛驼不能群，故人得制焉。如使能群，则至微之蝗，群飞蔽天，天下畏焉，况莫大之象焉，而能群乎？故一人独学，不如群人共学，群人共学，不如合什百亿兆人共学。学则强，群则强，累万亿兆人智，人则强莫与京。吾中国地合欧洲民众倍之，可谓庞大魁巨矣。而吞割于日本。盖散而不群，愚而不学之过也。今者思自保之，在学、群之。"① 对他而言，"群"就是众，合群即集中众人之意。他在追述强学会成立的原因时也说："中国风气，向来散漫，士大夫戒于明世社会之禁，不敢相聚讲求，故转移极难。思开风气，开知识，非合大群不可，且必合大群而力厚也。合群非开会不可。"② "群"在此主要是古典意义上的含义，意为积聚众人之力。

康有为也有对"社会"一词的专用和解说，他在《上清帝第六书》倡导的十二新证局特别在"十一"里写了"社会局"。他对此解释指出，社会局，在西方政治中，指的是与政府不同的"会"，政府的官员人员少而"会"的人数多，同时，官的事情多，而会员的事少。他的社会局，也就是管理各行业协会的部门，其任务在于给各行业协会立会制定规则，要求他们把会的条例及人员名单等报上来并予以考察。会的内容众多，包括：学校会、农桑会、商学会、防病会、天文会、地舆会、大道会、大工会、医学会、各国文字会、律法会、剖解会、植物会、动物会、要术会、书画会、雕刻会、博览会、亲睦会、布施会灯。在《日本变政考序》中他说，日本由弱变强在于其变革，其中包括"开社会以合人才，立议院以尽舆论"③。在《日本书目志》的"社会学二十一种"下，他写道："大地上，一大会而已。会大群，谓之国；会小群，谓之公司，谓之社会。社会之学，统合大小群而发其胹合之条理，故无大群、小群，善合其会则强，不善合其会则弱。泰西之自强，非其国能为之也，皆其社会为之也。"④ 而这里的"社会"，主要是各种协会，与中国古义的"会""社"含义同。

二、人权和仁爱：个人与社会的关系

康有为"社会"观内容的第一个方面是关于个人与社会关系的论述。他从人权和仁爱出发对此进行了阐述。

康有为无疑是倡导个人权利的。表现之一是他的享乐观。他提出去苦求乐是人的天性，认为"人道无求苦去乐者也"⑤。在《大同书》里他认为人生有七苦：投胎、夭折、废疾、蛮野、边地、奴婢、妇女；天灾有八苦：水旱饥荒、蝗虫、火焚、水灾、火山、地震、屋坏、船沉、撞车；人道有五苦：鳏寡、孤独、疾病、贫穷和卑贱；人治有七苦：刑

① 康有为：《上海强学会·后序》，《康有为全集》第 2 集，北京：中国人民大学出版社，2007年，第 97 页。

② 楼宇烈整理：《康南海自编年谱》，北京：中华书局，1992 年，第 29 页。

③ 康有为：《日本变政考序》，《康有为全集》第 4 集，北京：中国人民大学出版社，2007 年，第 103 页。

④ 康有为：《日本数目志》，《康有为全集》第 3 集，北京：中国人民大学出版社，2007 年，第 335 页。

⑤ 康有为：《大同书》，《康有为全集》第 7 集，北京：中国人民大学出版社，2007 年，第 9 页。

狱、苛税、兵役、阶级、压制、有国、有家；人情有六苦：愚蠢、仇怨、劳苦、爱恋、牵累、愿欲。他将享乐程度拔高为评价人类进步与否的标准。1908 年，他在希腊游玩时，写道："农业之国，务尚节俭；而工商之国，势必享乐。……人类进步有其文化之指标，而文化由享乐之程度量之。"① 他肯定正常的人性享乐："人之生而有生殖之器，则不能无交合色欲之事者，天也；以天之故则必不能绝，必不能绝则必有奸淫之事……故大同之世，交合之事，人人各适其欲而给其求……人情既许自由，苟非由强合者则无由禁之。"② 在他的享乐观里，我们看到如果人真的能达到他所谓的享乐，去除身上的苦楚，人不仅是社会中最自由自在的人，也可以说是宇宙中权利最大、自由最多的物种。

他倡导人的平等权利，反对尊卑、良贱等观点。他首先强调平等是人的天赋权利，因为人生来就是平等的，每个人都合天地原质而为人，每个人都有其魂而能有知识和智慧，人天生就有爱憎之情感，每个人都有自主的权利，不分男女。"凡人皆天生，不论男女，人人皆有天与之体，即有自立之权，人隶于天，人尽平等，无形体之异也。……其有亲交好合，不过若朋友之平交者尔；虽极欢爱，而其各为一身，各有自立自主自由之人权则一也。"③ 正因为人皆有平等，他在《实理公法》，"总论人类门"，"公法"第一到四条中指出立法要秉承公平，用平等、兴爱去恶来立法，保护个人自主之权。在《日本变政考》中他提出民无"流品"别，即人无差等，不分贵贱。"后世于平民之中，过分流等，吾今尚有蛋户、乐户、流氓、优倡、皂隶、民奴等，皆不得考试，不得齐于民数。……以种分尊卑，此等义理实不可解，废之是也。"又在允许与外国人通婚时说："天之生人，并皆平等。故孔子谓，四海之内皆兄弟也。而亲通之故，全在婚姻。"④ 在《康子内外篇》中他特别批判中国社会的各种不平等："中国之俗，尊君卑臣，重男轻女，崇良抑贱，所谓义也。……习俗既定以为义理，至于今日，臣下跪服畏威而不敢言，妇人卑抑不学而无所识。臣妇之道，抑之极矣，此恐非义理之至也，亦风气使然耳。物理抑之甚者必伸，吾谓百年之后必变三者，君不尊，臣不卑，男女轻重同，良贱齐一。"⑤ 人的平等是各方面的平等，极为广泛。

他重视恋爱婚姻自由，他认为男女应该自主自由恋爱、父母不应该干涉子女。在《实理公法》的"公法"界说中，他提出父母不能强求子女孝顺，儿女不能要求父母慈爱，因为人都有自主之权。在《实理公法》，"长幼门"，"实理"第一及第二条中他针对中国传统中的长老为尊明确指出，年幼者不必无条件遵从长者，因为长幼不过是先后而已，长幼之别就好比器物的新旧，而从生命的轮回来说，长复为幼，幼又成长，二者理应平等。他还特别强调妇女的权利与自由。早在《实理公法全书》中，他就专设"夫妇门"，阐述了男女应该平等，妇女应有自由的观点。他反对缠足，且身体力行，反抗他所

① 康有为：《雅典游记》，《不忍杂志》1913 年第 6 期，"瀛谈"第 42 页。
② ［美］萧公权：《近代中国与新世界：康有为变法与大同思想研究》，汪荣祖译，南京：江苏人民出版社，2007 年，第 24~25 页。
③ 康有为：《大同书》，上海：上海古籍出版社，2005 年，第 129 页。
④ 康有为：《日本变政考》，《康有为全集》第 4 集，北京：中国人民大学出版社，2007 年，第 150、159 页。
⑤ ［美］萧公权：《近代中国与新世界：康有为变法与大同思想研究》，汪荣祖译，南京：江苏人民出版社，2007 年，第 317 页。

敬重的母亲的错误做法，解放了女儿的双足，他还成立了不缠足会。在《大同书》里，他留了大量篇幅给妇女：他不仅论述了妇女的种种苦楚，还专门论述妇女的伟大功劳。他对不允许妇女为官、科举、当议员、为公民、干预公事、做学问，不允许妇女自立，让她们附属给父亲、丈夫和儿子的做法进行了无情的贬斥。他认为这是将妇女的权利和自由全部扼杀，将她们变成囚徒、奴隶和玩物的做法，是违背天道和人道的。而这种对妇女的压制做法，对社会对国家都有大害，无益于我们升平世的到来，对人类文明进步也有害，必须加以改变。

从康有为以上言论来看，我们可以说他似乎是"彻底"的个人权利倡导者，他对享乐的追求就是明证。然而，深入来看，他对人权的诸多论述其实还是落实在了人与人的关系之中。他对平等权的论述就是在谈人与人之间的关系，而非个人，他对妇女权的倡导，也是在与男性的关系中说的，并不是要女性无法无天。他并不是极端的个人权利持有者，而是个人与社会关系的平衡者，这从他的"仁爱"观里也可以明确看到。

他的"仁爱"，是连着天地万物一起爱的大爱。他认为只是关心和在乎个人，这是最下下的仁爱。什么是大爱什么是小爱？他的回答是对鸟兽昆虫无不爱是上上之爱，是大爱；凡是我们的同类同胞，大小远近若一，上中之爱；爱国，中中爱；爱家乡，中下之爱；爱旁侧（领居），下上之爱；爱独身，下中之爱；爱身之一体，下下之爱。他重视义，也坚持认为，义比利重要。"夫人有义者，虽贫能自乐也。而大无义者，虽富莫能自存。"他在爱他人和爱自己之间不仅设置了边界，而且他希望二者是同时达成而非顾此失彼。"故圣人之仁以爱人类为主，孝子不匮，永锡尔类，锡及人类也。盖圣人之仁，虽极广博，而亦有界限也。界限者，义也，不得已而立者也。""所以治人与我者，仁与义也。以仁安人，以义正我，故仁之为言人也，义之为言我也，言名以别矣。……仁之法，在爱人，不在爱我。义之法，在正我，不在正人。……仁谓往，义谓来。仁大远，义大近。"[1]他特别指出，几千年的帝制，以为君尊臣卑、男重女轻就是"义"，这其实不是"义"的真正内涵或"至理"，只有"君不专、臣不卑，男女轻重同，良贱齐一"才是真正的趋势。这些阐述都表明，康有为是要在各种关系中来谈权利的，他重视的更多是平等权，是共享的权利，而不是独专的霸权。汪荣祖认为，从中可见"康子的先见之明"[2]。

而在他的"大同世界"里，他更是将一切主体皆纳入平等关系之中考察，不仅强调男人与女人之间的平等、人与人的平等，还强调去除一切边界、一切区分、一切等级。比如，去国界合大地，去阶级平民族、去种族界限而同人类、去形界而保妇女独立、去家界为天民、去产界而公生业、去乱界治太平、去类界爱众生，当然，最终，还是要满足个人去苦求乐的目标。如何才能达成社会与个人的统一而非分裂呢？康有为提出"四禁"[3]原则：禁止个人懒惰，办法是对懒惰之人削去名誉且强制劳动；禁独尊，对那些想要专权的人要予以惩罚；禁竞争，凡是争气、争声、争词、争事，有争心者都是大耻，报馆引为大戒，名誉减削，公举难预；禁堕胎。康有为认为，大同社会去家庭，人人自由，妇女生

---

① 康有为：《春秋董氏学卷六下》，《康有为全集》第 2 集，北京：中国人民大学出版社，2007年，第 392、383、390 页。

② 汪荣祖：《康有为论》，北京：中华书局，2006 年，第 31 页。

③ 臧世俊：《康有为大同思想研究》，广州：广东高等教育出版社，1997 年，第 152～154 页。

育是为社会作大贡献，应该予以特别奖励与照顾。

也正是在他的"大同社会"里，个人与社会达成了有机的统一。个人的权利得到最大的满足，于是"去苦存乐"了，而个人的私对他人产生的负面影响被约束和最小化，一切私有的观念、自私的做法全部将受到惩戒，个人与他人平等而居，和谐相处。于是个人与他人、个人与社会达成了完美的同一，再无分彼此。

三、从"升平世"到"太平世"的国家学说

康有为曾提出社会进化"三世说"：即，据乱世、升平世、太平世。乱世之中，文教未明；升平世界，小康之世，渐有文教；太平世界，是大同世界，远近大小如一，文教全有。无疑，他对于文教未开的乱世是批判和否定的。也因此，他对国家的论述基本上集中在他对于眼前如何达到"升平世"，未来"太平世"又是怎样一番景象的论述上。

首先看他的理想社会"太平世"，也即他的"大同社会"。正如上文已经论述的，在大同社会中，人人都是平等的，一切私有、私权都不复存在，无边界、无等级、无差异。而对于这样一个社会中国家的描述，并非起始于他的《大同书》。事实上，早在《礼运注》中他就已经有阐述。他将孔子的"天下为公，选贤与能"解释为大同之道的君臣公理，即国家是所有人共同的公器，不是某一个人或某一家所私有，应该由大众选择任职者，而不是世系。他将"讲信修睦"解释为国与国之间、人与人之间的平等自立、互不侵犯。将其"大同"之说解释为：去国界、家界、身界，一切私产皆为公的大同世界，"公者，人人如一之谓，无贵贱之分，无贫富之等，无人种之殊，无男女之异。……无所谓君，无所谓国，人人皆教养于公产……惟人人皆公，人人皆平，故能与人大同也"[①]。于是，国家的存在，或说政府的存在是为了保护公共权益、公共利益。国家与社会在此天然地融为一体，其目的都是为了保护个人和实现所有人的利益，也即国家与社会及个人达成了完美的统一。

然而，这样的"大同世界"，终究不过是他的理想而已，于当时还只是一个遥远的梦想。他更多的目光还是落实到如何改变眼前的中国上。他对中国当时的认识，以马洪林来看，在戊戌变法以前，康有为用"据乱世"比附君主专制；"升平世"比附君主立宪；"太平世"比附民主共和的资本主义社会。而戊戌变法后，"据乱世"则为封建专制社会；"升平世"为资本主义的两种政体形式：君主立宪和民主共和；"太平世"是没有阶级、没有家庭、人人平等、天下为公的"大同世界"。他在诸多政论或给皇帝的上书中，阐发了他对国家的认识。

其一，他认为国家应该赋权于民。在京师保国会第一次集会的演说中，他倡导要赋权于民："泰西以民为兵，吾则以兵为民，何以敌之！"而且认为要改变制度以保证民权并让民意能传递上来："若夫泰西立国之有本末，重学校，讲保民、养民、教民之道，议院以通下情，君不甚贵，民不甚贱，制器利用以前民，皆与吾经义相合，故其致强也有由。吾兵、农、学校皆不修，民生无保养教之之道，上下不通，贵贱隔绝者，皆与吾经义相

---

① 康有为：《礼运注》，《康有为学术著作选》，北京：中华书局，1987 年，第 239~249 页。

反，故宜其弱也。"① 当然，有学者也指出，他的"民权"并不是一切人的权利，而毋宁说只是"绅权"而已。如有学者指出，虽然康有为把维新变法的政治纲领整合为"兴民权、设议院、立宪法"，但是他并没有把"兴民权"单独立项，他虽然在《日本书目志》卷六按语中说"夫人主之为治，以为民耳。以民所乐举乐选者，使之议国政，治人民，其事至公，其理至顺"，又在《日本书目志》卷十一按语中说："日本外交，参用民权，故其国势大振，能与泰西各国更定条约，渐复本国自主之权。"但他所谓的"兴民权"实际上是"兴绅权"②，兴资本主义之权。

其二，他认为君权不应该有绝对权威，专制独裁也无必要。在《实理公法》"师弟门"，"实理"第四条中他说，"圣不秉权，权归于众，古今言论以理为衡，不以贤圣为主，但视其言论如何，不得计其为何人之言论"③。在《春秋笔削大义微言考》中，他指出要破除天子特权，男女平等，达到教化纯美，且人人独立。在政治上则要从"以天统君，以君统民"转变到"立君民共主之治体""人人皆可称天子"④ 的民主时代。他认为真正的君主将把自己当做众人中的一员，为大众服务。"人为天之生，人人直隶于天，人人自立自由。"⑤ 最终达成人人自由民主的理想状态。

但他同时认为要保证君主的象征性存在。他反对废除君主的理由之一是他认为中国数千年来信奉孔子学说，民智未开。在《中华救国论》一文中，他说："今吾国数千年奉孔子之道以为国教，守信尚义，孝弟爱敬，礼俗深厚，廉耻相尚""数百年中，法令未具"。⑥ 为此，他甚至有时认为专制也是好的，因为君主至高无上的权力和由此而带来的绝对控制可以保证社会秩序的有序运行。他认为国家在必要的时候可以采用高压政策，因为"强力就是道理"。他反对废除君主的理由之二则是避免混战与动乱。因为君主虽然只是一个无权的皇帝，只是"虚君"，国家权力实际操作在议员手中，但他的存在却是国家统一的象征性表示，中国如果实行君主立宪制度，可以避免军阀混战、群雄争夺的场面，这也是他反对革命派的共和制度的原因。事实上，辛亥革命之后，中国确实军阀混战，乱成一团。在《中华救国论》一文中，他指出："各地分立，实同乱国矣。各省自举都督，又复互争都督，又复争军政分府，其一群吏互争，其属府县又互争，甚或一省而有数督，一县而有数长……民不聊生，是以士农工商久不复业，乱象炽"，以至于他惊呼："今之危险变幻，百倍于晚清之世！"⑦ 保存君主是他以为避免内乱最好的方法，可以平衡方方面面关系。虽然伸张民权自由是合乎公理，顺应民心的，将来全世界也必然推行，而如果

---

① 康有为：《京师保国会第一次机会演说》，《康有为全集》第 4 集，北京：中国人民大学出版社，2007 年，第 58 页。

② 马洪林：《康有为评传》，南京：南京大学出版社，1998 年，第 292~293 页。

③ ［美］萧公权：《近代中国与新世界：康有为变法与大同思想研究》，汪荣祖译，南京：江苏人民出版社，2007 年，第 391 页。

④ 康有为：《春秋薰氏学》，《康有为全集》第 6 集下，北京：中国人民大学出版社，2007 年，第 24 页。

⑤ 康有为：《论语注》，《康有为全集》第 5 卷，北京：中国人民大学出版社，2007 年，第 6 页。

⑥ 康有为：《中华救国论》，《不忍》杂志第 1 册，上海：广智书局，1913 年，转引自马洪林：《康有为评传》，南京：南京大学出版社，1998 年，第 321 页。

⑦ 汪荣祖：《康有为论》，北京：中华书局，2006 年，第 103 页。

中国贸然行自由、民主，服革命的猛药，则国危必死。显然，君主立宪是他认为中国可以走向民主、大同的良好途径。

其三，他坚持应该设立民权政府，使国家真正作为公产为民服务。"八表离披割痛伤，群贤保国走彷徨，从知天下为公产，迎合民权救我疆"，通往富强之路，必须要有一个基于民权的政府及有效的行政系统。他毫无保留地接受了"自由""平等"理念，认为天下为公，即一切都有公理，公的真正含义是人人如一。然而，如何才能保证政府成为民权政府呢？他提出了很多具体措施。

（1）制定法律，实行法治、权力分立。他认为这是西方民众自主之权得以保证的关键所在。他特别强调要立宪法、开国会，实行三权分立："近泰西政论，皆言三权，有议政之官，有行政之官，有司法之官。三权立，然后政体备。"① 在《日本变政考》多条按语中，他提出立法必须为公和三权分立说。其学说的主要来源是孟德斯鸠的三权分立学说。在《请定立宪开国会折》一文中，他指出，以国会立法，以法官司法，以政府行政，立定宪法，所有人同受制约，君主被尊为神圣，但并不具有实际运行职责之权，政府为之代行，如此，君主与国民真正合为一体，国家必然富强。我国的问题是实行专职政体，仅仅依靠一个君主和其数量有限的大臣治理国家，国家必然虚弱。此外，他还有设议院、赞选举、定内阁等建议。在《上清帝第七书》中他特别强调上通下达，民间想法要为君主所了解，而君王意志也要为百姓所知晓等。他认为中国跟俄国有很多相似地方，要效法彼得大帝的改革。

（2）立公民、选"议郎"。在《公民自治篇》中，他认为中国变法首先要立公民。何为公民？"人人有议政之权，人人有忧国之责，故命曰公民。"② 公民要担负国家责任、共厉害、谋公益，没有公民，四万万人是数人，是散的，而成公民，则数万千而为一人。西方各国和日本都有公民，而我们国家正缺少公民，因此变法的第一要务是要选举公民。康有为还提出如何选举公民的办法：凡居住长久，二十岁以上，家世清白，无犯罪记录，能施贫民，并能交纳十元公民税，可以选择成公民。公民可以充当乡、县的议员，也可以成为府、省的议员，还能成为乡、市、县、府的官员。这里的公民就是代表。此外，他还提出要"公举""公推"选拔"议郎"。议郎从每十万户军民选举一位，他们应该博通古今、通晓中外，为人方正直言，其目的是要保证"从众"意识的实行，以反对君权"独尊"。

（3）实行地方自治。在《上清帝第一（二、三、四、五、六）书》中，他不断强调要改革官僚组织，加强其效率。他也强调地方政府的重要性，建议设立"民政局"，作为地方自治的机构，最终能达到"民治"。在《公民自治篇》中他倡导以中国传统的乡官制度为基础，由国家制定自治方案，如以万人以上、地方十里社为局或邑，每局设局长一人，总任事物，兼管学校；判官一人，审理诉讼案件；警察一人，巡捕罪犯；税官一人，收取赋税户籍；邮官一人，负责通信和印花。这些人都由议员公选。设立议事会，由五人组成。议员的来源则根据地方的大小、人数的多少，以三四百人中选一人而出。所有的事

① 康有为：《上清帝第六书》，《康有为全集》第 4 集，北京：中国人民大学出版社，2007 年，第 18 页。

② 康有为：《公民自治篇》，《新民丛报》第五、六、七号，1902 年 4 月 8 日—5 月 8 日。

物都由议员投票决定，依据少数服从多数原则。在《官制议》中，他又专门论述了更多相关建议：政府的基本责任在服务，必须提高效率。促进效率的方法是明确划分职能、界定责任；中央有效控制整个行政系统；政府权威应该足够广泛；强调地方自治、"以民为国"（中央集权与地方自治），等等。

四、超越个人和国家的人类共同体理念

从康有为以上论述来看，他的社会观，无疑包含了倡导个人权利、保护个人权利、维护个人自由这一基本内涵。他的享乐主义和其仁爱观表达了个人权利和其社会边界，他的"大同社会"则希望人人平等而自由，希望社会终究始于个人而终于个人，二者完美融为一体。他阐述其社会观念的词语常常是中国古典意义的，然而其内涵却深深地吸纳了西方最新的学说和理论。他将古典中国的"大同"理想与西方的民主、自由理念完美结合，创造了一个美妙的"大同社会"的想象。

康有为的国家观展示了他思想的超前性。他倡导变法、给民众赋权及权力分立，他认为政府不过是为民众服务的一个组织机构而已，其权力不仅有限，且其最终只不过是要满足个人的享乐去苦的愿望和平等自由理念而已。这些表明他的国家与社会的立场与目的是一致的。而他的立公民和地方自治的主张则显示他倡导"社会"的强大与自主，这里的"社会"是真正近代意义上的公共空间及民间社会的含义了。公民的形成、公意的传达、民间社会的自治与自主，这些都已然是近代意义西方的"civil society"核心内涵。

这些阐述都是立足对当时中国如何自立自强的打算，是其爱国的表现。他的变法主张更是要抵制外国侵略、侮辱。他的爱国还体现在他对传统文化的深刻认识与保护上，他认为我们要保存中华文化的"国魂"。在《中国颠危误在全法欧美而尽弃国粹说》一文中，他明确指出："凡为国者，必有以自立也；其自立之道，自其政治、教化、风俗深入其人民之心，化成其神思，融洽其肌肤，铸冶其群俗，久而固结，习而相忘，谓之国魂。"[1]当然他认为中国的国魂就是孔教，这一认识是有偏颇和不足的，但他积极呼吁"保存国粹"的努力是值得充分肯定的。他选择君主立宪的政体其出发点也是爱国的，这不过是他对中国局势判断后做出的选择，他希望中国以不流血的变革而得以自立自强，而不是战乱与死伤。他最终的理想是民主自由。

然而，康有为并没有止步于爱国，而是走得更远。如果说对于外忧内患之下的思想者来说，爱国不过是情理之中的必然，那么超越国界，而倡导天下一体、种类无界则完全是其独有见识而显得超越时代了。他是一个世界主义者，也可以说他是一个天下主义者。他倡导一切界限都消失：人与人、君主与臣民、阶级之间、男女之间、国家与国家、种族与种族，乃至人类与其他物类之间的一切界限都消失。萧公权认为，这是康有为与其他同时代学人最大的不同："在康氏的想法中，就像君主立宪应是自专制到民主的过渡，爱国主义或民族主义乃是世界主义的先声。果真如此，则中国的改革不应止于君主立宪的完成，

---

① 汪荣祖：《康有为论》，北京：中华书局，2006年，第115页。

而通向人类完善之路也不止于中国的近代化。"① 可见，国家与社会的存在也不过是其中一个中间环节而已，最终人类应该超越这些界限，走向真正意义的大同。

这一超越国界的世界主义理念，是人类共同体的理念，是传统中国文化的"大同世界""天下一家"的延续，是学者在中国文化即便在近代遭受重创仍始终坚韧坚守的信念，是面对当今世界各国各自为政，强权横行而贡献的中国良方。

（作者单位：武汉大学社会学院）

---

① ［美］萧公权：《近代中国与新世界：康有为变法与大同思想研究》，汪荣祖译，南京：江苏人民出版社，2007年，第148~149页。

经济社会与文化

元明江南学术家族与地方社会：
以吴县俞氏家族为中心

□ 向瑞雪

【摘要】吴县俞氏家族为元明时期儒学世家，自南宋至明中期绝嗣共十二代。家族易学研究始于南宋末，至元朝俞琰为盛，子俞仲温、孙俞贞木皆袭冶承弓。家族成员以易学建立师生、学友关系，整理刊刻家族易学成果，延续其学术生命力，以此赓续家族影响力。俞氏长期居乡里，利用自身学识及才艺，与相近知识背景的地方士人、方士及方技群体展开交流，建立良好互动，有益于家族学术成果的扩展及学术之家形象的塑造。深入知识探究层面的沟通，体现了元明时期江南士人社交网络的一大特征，即长期居于乡里的士人与各群体间的互动及认同。在互动中，俞氏作为儒学大家，以博学多识受各群体尊崇。

【关键词】元明；吴县俞氏；易学；社会网络

江南士人的生存际遇因受元初科举停废而发生改变，随之而来的是士人表现出学术志趣多元化的特征，转变研究领域并将其作为立身之本。同时，由于长期居住乡里，士人努力运用自身专长扩大其社会影响力，为家族生存和延续开辟空间。元代俞琰所在的吴县俞氏家族，就是江南士人重塑志趣以应对社会变革的典型代表。

俞琰（1258—1327），元代学者，以研究易学知名，字玉吾，号全阳子、林屋山人、石涧道人，① 元平江路吴县（今江苏苏州）人。黄宗羲《宋元学案》将他列入朱学续传。② 俞琰易学在当时及后世产生重要影响。俞琰及其家族子弟善于利用学术和才艺，积极建构社会网络，以此改善家族生存条件。吴县俞氏的发展历程反映了元代江南士人家族的学术追求和利用社会网络改善家族生存状况的努力，对于研究宋元明之际江南儒学世家

---

① （元）王都中：《故处士俞先生行状》（简称《俞琰行状》），（清）顾沅辑：《吴郡文编》卷107，上海：上海古籍出版社，2011年，第230~232页。

② （清）黄宗羲原著，全祖望补修：《宋元学案》卷49《晦庵学案》，陈金生、梁运华点校，北京：中华书局，1968年，第1600页。

的发展与传续特征具有典型性和重要学术意义。目前学术界多有研究俞琰易学、道教思想,① 对于其家族延续及发展状况缺乏关注。本文在前人研究基础上对元明俞氏家族学术研究以及社会网络进行考察,并探讨元明江南儒学世家的生存状况与发展特征,请学界专家批评指正。

一、家　　世

关于元朝以前吴县俞氏,史料记载如下:

> 其（俞琰）先汴梁人。建炎间,七世祖讳倚,宦游来吴,隐于太湖洞庭之林屋山。五世祖讳世昱,始挈居郡城,遂又为吴人。曾大父讳安礼,故宋吉州助教。大父讳伯成,故宋承信郎。父讳正国,故宋贡补进士,姚同丘氏。②
>
> 世家于吴,（俞琰孙俞贞木）高祖讳伯成,宋承信郎某处提干官；曾祖讳正国,以上舍贡补进士。③

由上可知,俞氏祖籍河南,南宋建炎年间俞倚南渡,定居吴县西南“洞庭之林屋山”④,俞倚之孙俞世昱后迁家至吴县县城。俞世昱之子俞安礼担任南宋吉州助教,州助教属低级学官,家族影响不大。俞安礼之子俞伯成担任某处提干官,级别为承信郎,属于从九品的低级武官。俞伯成之子俞正国进入太学,以太学上舍生的身份参加科举,仅为贡补进士。由于科举考试的失败,俞正国并没有得到入仕的机会,只能以民间教书谋生。俞正国号秋

---

① 目前关于俞琰易学研究的相关成果已有苏建强《易学视域下的俞琰易学思想探究》[《武汉大学学报》（人文科学版）2016 年第 3 期]、《俞琰丹道易学视域下之太极说》（《周易研究》2016 年第 2 期）、《定经·注经·解经三维度视域下的俞琰易学理路》（《宁夏社会科学》2016 年第 3 期）；高新满《俞琰丹道易学视域下之太极说》（《周易研究》2016 年第 2 期）、《俞琰易学发微》（《周易研究》2015 年第 5 期）；李秋丽《论俞琰理不外象、援易入丹的易学诠释取向》（《周易研究》2014 年第 4 期）；杨自平《从〈周易集说〉、〈读易举要〉论俞琰的〈易〉学观及治〈易〉特色》（《政大中文学报》2015 年第 23 期）；章伟文《试论俞琰道教易学的内丹修炼学》（《中国道教》2000 年第 4 期）；高新满《俞琰易学研究》（山东大学博士学位论文,2012 年）、李攀《俞琰易学思想研究》（武汉大学博士学位论文,2016 年）等。关于俞琰生平及著作考证的相关成果有杨世文《俞琰编年事辑》[《宋代文化研究》（第九辑）,成都：巴蜀书社,2000 年]；杜春雷《新见俞琰行状初探》（《儒藏论坛》2019 年第 1 期）；王媛《俞琰〈林屋山人漫稿〉真伪考辨》（《中国典籍与文化》2015 年第 1 期）。

② （元）王都中：《故处士俞先生行状》,（清）顾沅辑：《吴郡文编》卷 107,上海：上海古籍出版社,2011 年,第 230 页。

③ （明）王璲：《故承事郎都昌令俞先生墓志铭》（简称《俞贞木墓志铭》）,（明）都穆辑：《吴下冢墓遗文》,《石刻史料新编》第二辑,台北：新文丰出版公司,1979 年,第 6623 页。

④ 参见（元）杨炳：《石洞先生小传》,（明）钱穀编：《吴都文粹续集》卷 45,《景印文渊阁四库全书》第 1386 册,台北：“商务印书馆”,1986 年,第 438 页。林屋山即西洞庭山,清朝金友理《太湖备考》卷 5 载：“西洞庭山属吴县……山有林屋洞,故又名林屋山。”

蟾先生，"隐居教授"①，俞氏此辈在乡里已小有名声。

俞正国后俞琰、俞仲温、俞贞木三代，经历宋、元、明三朝更替。俞琰生长于南宋末年，入元后隐逸于世、著书立说，以易学显于世。现学者多认为俞琰入元后未曾入仕②，据明人王璲所作《俞贞木墓志铭》载："（俞贞木）祖讳琰，元温州路儒学录，学者称石涧先生，有《易说》数十卷行于世"③，史料中的"学录"，是元代路一级官学的学官，《元史》有："路设教授、学正、学录各一员"④，元代学官官品很低，教授为正九品，教授以下无品级，学录在学官中属于低级学官，与有级别的行政官员不能相提并论。不过，学录毕竟是官学中的职务，有行省任命的官敕，属于出仕的范围。

俞仲温，卒于洪武初。《俞贞木墓志铭》记载他是元代平江路医学录，通过担任当地医学学官，改善家族经济条件。元代医学仿儒学体制而建"诸路（医学）教授、学录、学正各一员"⑤。元代医学学录没有品级，地位不高，但其俸禄由国家财政支付，有较稳定的收入来源。俞仲温医学应受到俞琰影响。⑥ 俞琰在医学方面有所造诣，俞琰《席上腐谈》一书即有许多关于医学知识的记载及讨论。

经过俞琰、俞仲温两代人的努力，吴县俞氏在元末明初已发展成闻名于当地的儒学世家，以易学知名。明人沈周记载："（正统）六年辛酉，是岁，造版系定籍色，有司定著杜氏为儒籍，吴邑先惟有余贞木氏⑦、陈嗣初氏，及今乃三姓云。"⑧ 吴县俞氏在入明以后，是最早一批儒籍户。

俞仲温子俞贞木（1331—1401）⑨，初名桢，字叔元，复更名贞木，字有立⑩，号立庵。师从永嘉陈麟，专攻《易》学。明初俞贞木受荐举为乐昌、都昌县令。后因亲族犯

---

① （明）王行：《半轩集》卷6《都昌送别诗序》，《景印文渊阁四库全书》第1231册，台北："商务印书馆"，1986年，第363页。

② 学者多将俞琰作为隐逸者，认为其入元不仕。参见高新满《俞琰易学研究》、李攀《俞琰易学思想研究》、林忠军《象数易学发展史》第2卷等。

③ （明）王璲：《故承事郎都昌令俞先生墓志铭》，（明）都穆辑：《吴下冢墓遗文》，《石刻史料新编》第二辑，台北：新文丰出版公司，1979年，第6623页。

④ 《元史》卷81《选举志一》，北京：中华书局，1976年，第2033页。

⑤ 陈高华等点校：《元典章》卷9《吏部五·官制三·医官·选医学教授》，天津：天津古籍出版社，2011年，第313页。

⑥ 陈高华先生在《元代的医疗习俗》中提出："元代的中医医生，就出身而言，有三种情况：一种是家学，一种是师徒相传，还有一种是通过医学培养。"

⑦ 笔者案：此处"余贞木"应为"俞贞木"之传讹。

⑧ （明）沈周：《杜东原先生年谱》，《北京图书馆藏珍本年谱丛刊》第39册，北京：北京图书馆出版社，1999年，第49页。

⑨ 关于俞贞木生卒年，《故承事郎都昌令俞先生墓志铭》记载为卒于"洪武三十四年七月壬寅"年七十又一，与冯桂芬《（同治）苏州府志》卷79卒年记载一致。明代陆深在其《俨山外集》卷11中记载其年"九十六而卒"，而张丑《真迹日录》卷5中记："《存悔斋稿》一帙……至正初，吾郡俞贞木复从朱氏本翻出，此时贞木年才志学"，按古时志学之年十五岁，此生年与《俞贞木墓志铭》记载接近，从其说。

⑩ （明）都穆：《都公谭纂》上卷，《丛书集成新编》第87册，台北：新文丰出版公司，1986年，第600页。

法连坐，"遂息交绝游"①，归乡里教授，"以明经见"，受苏州知府姚善邀请，每至朔望，便至学宫讲学②。平日以文章为业。③ 建文三年（1401），俞氏再遭变故，友人姚善在靖难之役中殊死反抗，俞贞木因被污蔑而受牵连，"会乡人有辨曲直者，妄以书抵之"。俞贞木被召至京师，《俞贞木墓志铭》记载："事白将旋，暴患下痢疾。子毓求名医药之弗瘳，竟以洪武三十四年七月壬寅，卒于京师旅舍，年七十有一。"

俞贞木子俞毓，生平不详。俞毓子俞嗣之，字振宗，号山人。明人朱存理记载：

> 郡学西有贞节之门者，乃绍庵俞山人，名嗣之，字振宗，所居即石涧南园故址也。先曾祖母家与南园为邻。成童时即知俞山人先生家在焉。后过其居，山人年已七十，尚康健，教生徒十数人。④

俞嗣之一生以教书为业。而到俞嗣之后期，家庭生活拮据，经济状况较差，明人吴宽（1435—1504）记载，"往岁予再经南园，则其居已属他姓，悉犁为菜圃矣"⑤。该记载反映了俞氏在明中期衰落的情况，俞氏将家族土地转卖给他人，南园变为菜圃，吴县俞氏彻底衰落。到俞嗣之子俞元盲一代，无妻、子，收入当地存恤院。⑥

吴县俞氏的发展历程，基本符合明末清初学者钱谦益的评述："吴中故世儒家，虞氏与南园俞氏为最。两家入本朝，至永乐中而微，至弘治初而绝。"⑦ 俞氏家族仕途平淡，家族成员长期居住乡里，多以教授生徒为业。元朝时期，俞琰进行易学为主的学术研究，取得重要的学术成果，为家族繁盛创造了条件。自俞琰后，俞氏在地方社会的家族经营，主要通过家传易学及其学术成果进行。通过几代人的努力，俞氏家族在入明后仍以苏州学术世家的形象在当地受到尊重。

二、俞氏易学与家族网络构建

俞氏虽然仕途平淡，但其家族在入元后，始终作为学术大家受到当地人尊崇。俞氏家族在地方闻名与其家传易学有直接关系。

---

① （明）王璲：《故承事郎都昌令俞先生墓志铭》，（明）都穆辑：《吴下冢墓遗文》，《石刻史料新编》第二辑，台北：新文丰出版公司，1979 年，第 6623 页。

② （明）史鉴：《西村集》卷 6《姚善传》，《景印文渊阁四库全书》第 1259 册，台北："商务印书馆"，1986 年，第 825 页。

③ （明）张昶：《吴中人物志》卷 7《文苑》，《四库全书存目丛书》史部 97 册，济南：齐鲁书社，1995 年，第 719 页。

④ （明）朱存理：《楼居杂著·题俞氏家集》，《景印文渊阁四库全书》第 1251 册，台北："商务印书馆"，1986 年，第 600 页。

⑤ （明）吴宽：《匏翁家藏集》卷 55《跋南园俞氏文册》，《四部丛刊初编》，上海：商务印书馆，1922 年，第 1 页 a。

⑥ （明）吴宽：《匏翁家藏集》卷 55《跋南园俞氏文册》，《四部丛刊初编》，上海：商务印书馆，1922 年，第 1 页 b。

⑦ （清）钱谦益撰集：《列朝诗集》第 1 册《甲集前编第八之上》，北京：中华书局，2007 年，第 500 页。

俞正国临终对其子俞琰说："吾老矣，进不能仕，退不能耕，又不暇立片言以表于世。汝尚继吾志，则俞士氏（笔者按：疑为"俞氏"之讹）家学为不坠。"① 再者，元人颜尧焕言俞琰"家传《易》学，潜心于此三十余年"②，说明俞氏家族在此时已有了数代家学积累，为后代学术研究创造了条件。

俞琰出身儒学世家，曾力图通过科举光耀门庭。十三岁初习《孟子》，而后学《论语》，十六岁时就已"三场粗通"。直到蒙军攻下临安（1276），俞琰十八岁，"虽在扰攘间，未尝一日辍笔"③。而面对宋朝灭亡、科举停废的新环境，俞琰开始学术反思。他认为曾经所学科举之学为"小技而已"，而自己愿致力于"君子之大道"。④加之，俞琰家乡所在的平江路在南宋时是经济文化发达地区。自宋以来，苏学兴盛，尤其南宋时期，"平江、常、润、湖、杭、明、越，号为士大夫渊薮，天下贤俊多避于此地"⑤。南宋灭亡以后，"吴中老儒先生尚多存者，潜心于经传，无意于利禄。仰馆授以自给，托笔砚以自怡。峨冠褒衣，非书史不谭，非理义不由"⑥，这种环境自然影响到元代俞琰的人生选择，他"闭门静坐读《易》"⑦，逐渐成为当地以易学知名的学者。

到明初俞贞木一代，"尝读书，必冥心端坐以求其理趣"，反映了俞氏家族关注学术的特点。俞贞木弃科举而"潜心象爻"，继承家学，研究易学。⑧ 明人张子宜赞云：

> 穷《易》于尔，但所发而有得也。学礼于而翁，所励而有立也。有超锵骞坡玉堂之姿，而未离乎宰邑也。有清泉白石之志，而未谢乎尘迹也。唯见其辞益工，学益力，随遇而安，自适其适，而不知其岁之积也。⑨

上述材料反映俞贞木研究易学有一定成就，苏州俞氏的易学研究仍在继续推进。

同时，俞氏后辈通过整理、刊刻先辈易学著述，保存俞琰易学成果：

---

① （元）王都中：《故处士俞先生行状》，（清）顾沅辑：《吴郡文编》卷107，上海：上海古籍出版社，2011年，第231页。

② （元）颜尧焕：《俞琰周易集说·序》，《古今图书集成》卷65《俞琰周易集说》，台北："商务印书馆"，1986年，第37页b。

③ （元）俞琰：《书斋夜话》卷4，《宛委别藏》本，南京：江苏古籍出版社，1988年，第60、68、80页。

④ （元）俞琰：《书斋夜话》卷4，《宛委别藏》本，南京：江苏古籍出版社，1988年，第80页。

⑤ （宋）李心传：《建炎以来系年要录》卷20"建炎三年二月庚午"条，《景印文渊阁四库全书》第325册，台北："商务印书馆"，1986年，第313页。

⑥ （元）郑元祐：《侨吴集》卷7《题石涧书隐记后》，《北京图书馆古籍珍本丛刊》第95册，北京：书目文献出版社，1988年，第765页。

⑦ （元）俞琰：《书斋夜话》卷4，《宛委别藏》本，南京：江苏古籍出版社，1988年，第83~84页。

⑧ （明）吴宽、王鏊等：《（正德）姑苏志》卷31《第宅》，《中国地方志集成·善本方志辑》第1辑，南京：凤凰出版社，2004年，第475页。

⑨ （明）张子宜：《甘白先生文集》卷6《俞立庵先生画像赞》，《四库全书存目丛书》集部25册，济南：齐鲁书社，1995年，第394页。

　　近刊《阴符经解》，儿桢请以是稿缮写，同锓诸梓，并《沁园春解》三书共为一帙，将与四方高士共之，因请总名之曰《玄学正宗》云。至正丙申春正月，男仲温百拜谨志。①

俞仲温及子俞贞木共同整理俞琰著述，将之前未收入著述的《沁园春解》《玄牝之门赋》，附于《阴符经解》后，其目的在于保存先辈著述、传播学术，与"高士共之"，努力扩大俞氏易学影响力。

易学授业乡里是俞氏主要的社会活动，也是其构建社会网络的主要方式之一。俞琰学生可考者有：

祝峋，字秀严，一云碧山，吴县人。大德间为海道都漕运万户府经历，后升平江路总管。祝峋与俞琰为同乡，幼时从俞琰学习《易经》。②

杨载，字仲弘，浦城人。杨载师事俞琰，并为《周易集说》作序。③

黄溍，字晋卿，义乌人，元翰林直学士。黄溍认为："林屋山人俞氏述其为说大抵祖程、邵而宗朱。"④黄溍师事俞琰。

干文传，字寿道，平江人，元进士，昌国州同知。他"少时已识石涧俞君，知其为善言《易》者"⑤，俞琰与干文传有诗唱酬载于《林屋山人漫稿》。

俞贞木居乡期间以《易》传授乡里，其学生可考者有：袁政（字文理），永乐中为湘阴县令。⑥金问（字公素），后官至礼部右侍郎。⑦陈继（字嗣初）明仁宗时被召为国子博士，后迁翰林院检讨。⑧三人皆为吴县人，少时受《易》俞贞木。俞贞木长期居乡受徒，其学生远不止以上三位，其友韩奕诗文即可为证："古道由来重检身，衣巾于世不沾尘。而今乡里多才俊，半是先生点化人。"⑨韩奕为元末明初吴中名士，此诗所述乡里才俊很多都受俞贞木教导或影响，表现出俞氏在乡里受人尊敬，拥有一定的学术影响力。

这种师生关系，为俞氏带来了实际的帮助。俞琰的学生中，对其帮助最大的是王都

---

　　①　（元）俞琰：《玄牝之门赋》，《道藏》第 20 册，北京：文物出版社、上海：上海书店、天津：天津古籍出版社，1988 年，第 321 页。

　　②　（明）吴宽、王鏊等：《（正德）姑苏志》卷 40《宦迹四》，《中国地方志集成·善本方志辑》第 1 辑，南京：凤凰出版社，2004 年，第 593 页。

　　③　（元）杨载：《俞琰周易集说·序》，《古今图书集成》卷 65《俞琰周易集说》，北京：中华书局，1987 年，第 37 页 b。

　　④　（元）黄溍：《金华黄先生文集》卷 16《周易集说序》，《四部丛刊初编》，上海：商务印书馆，1922 年，第 11 页 a。

　　⑤　（元）干文传：《俞琰周易集说·序》，《古今图书集成》卷 65《俞琰周易集说》，北京：中华书局，1987 年，第 38 页 a。

　　⑥　（明）过庭训：《本朝分省人物考》卷 18，《续修四库全书》第 533 册，上海：上海古籍出版社，2002 年，第 376 页。

　　⑦　（明）吴宽、王鏊等：《（正德）姑苏志》卷 52《名臣》，《中国地方志集成·善本方志辑》第 1辑，南京：凤凰出版社，2004 年，第 125 页。

　　⑧　（清）张廷玉等：《明史》卷 152《陈继传》，北京：中华书局，1974 年，第 4194 页。

　　⑨　（明）韩奕：《韩山人诗集·七言绝句》，《北京图书馆古籍珍本丛刊》第 97 册，北京：书目文献出版社，1988 年，第 651 页。

中。王都中，字元俞，原籍福宁州人，他七岁时迁居平江，至元三十年（1293）被授平江路治中。① 官至江浙行省参知政事，"世南人以政事之名闻天下，而位登省宪者，惟都中而已"②。王都中与俞琰结识于平江，"至元乙丑尝从先生（俞琰）指授，未几，奔走宦途，弗能卒业"，此后，王都中与俞琰仍往来密切，俞琰《林屋山人漫稿》中有多首写给王都中的送别诗。元贞元年至至大三年（1296—1310）的十四年间，俞琰作为王都中的门客，一直在其家研究和教学，③ 为俞琰生活提供一定保障。

更为重要的是，王都中利用其资源着意为俞琰刊刻、传播著述，扩大了俞琰的学术影响力。俞琰最初的易学研究成果是1284年完成的《大易会要》，其内容是选取当时学者的易学研究成果，"撷其英华"汇集在一起，作为他研究易学的参考。而后，其在《大易会要》基础上于元贞二年（1296）完成《周易集说》，该书"集诸说之善，而为之说"④，即在诸家学术研究基础上的进一步研究，是属于他本人的研究成果。学生王都中在至大二年（1309）即"为之刊行"《周易集说》。⑤ 此书的锓梓，让世人了解俞琰及其学术，奠定了俞琰在易学研究中的地位。除此还刊行了《易外别传》《易图纂要》。

俞琰易学成果的刊发，扩大了学术影响，得到众人认可，亦能吸引学者、官员为其作序。据元人干文传记载："去年（1345年）冬自集贤退休吴中，石涧之子子玉手一编谒余，且曰：先子平生精力尽于此书，愿先生赐之言。"⑥ 文传为其作序。此外还有：

李克宽，元江南浙西道肃政廉访司佥事，推崇俞琰为"吴中老儒"，其学术"考论文义，证以五经，岁月弥久，其说益精"⑦。

白珽，字延玉，元江等处儒学副提举，他评价俞琰《周易集说》："苏台俞玉吾乐贫安道，华皓一节。于《易》则不但能言之，又能行之。辑先儒诸名家之善为是书，条列胪分，醇正明白，深有益于后学。"⑧

张瑛，元平江路儒学教授，称赞俞琰"即象数，言义理，精粗本末，一以贯之，言易者孰能出其右哉"⑨。

阮登炳，字显之，吴县人。阮登炳为《周易参同契发挥》作序时年七十七，对此著

---

① 关于王都中事迹，参见于磊：《王积翁家族史事辑补》，《元史及民族与边疆研究集刊》第34辑，上海：上海古籍出版社，2018年，第102~109页。

② 《元史》卷184《王都中传》，北京：中华书局，1976年，第4232页。

③ 参见王媛：《俞琰〈林屋山人漫稿〉真伪考辨》，《中国典籍与文化》2015年第1期。

④ （元）俞琰：《周易集说·自序》，《景印文渊阁四库全书》第21册，台北："商务印书馆"，1986年，第3页。

⑤ （清）黄宗羲原著，全祖望补修：《宋元学案》卷49《晦庵学案》，陈金生、梁运华点校，北京：中华书局，1968年，第1602页。

⑥ （元）干文传：《俞琰周易集说·序》，《古今图书集成》卷65《俞琰周易集说》，北京：中华书局，1987年，第38页a。

⑦ （元）李克宽：《周易集说序》，《古今图书集成》卷65《俞琰周易集说》，北京：中华书局，1987年，第37页b。

⑧ （元）白珽：《湛渊集·大易集说序》，《景印文渊阁四库全书》第1198册，台北："商务印书馆"，1986年，第102页。

⑨ （元）张瑛：《周易集说序》，《古今图书集成》卷65《俞琰周易集说》，北京：中华书局，1987年，第37页b。

作评价颇高，认为该书："补空同道士之所不足，且以发明彭氏、陈氏、郑氏、王氏之所未发者，旁搜博取，无所不至。盖得至人指授，非区区训诂者比。"①

张与材，字国梁，号广微子，全真道教第三十八代天师。他认为俞琰《周易参同契发挥》"研精覃思，钩深致远"②。

俞氏一族以易学传家，并以易学作为构建社会网络的主要媒介。俞琰子孙虽未在学术上推陈出新，但始终未中断家学传承，皆有学于《易》、教授乡里。俞琰以易学学术交流建立师生、学友关系，整理、刊刻家族易学成果，吸引当地士人、官员，使得俞氏家族学术影响力在苏州得以延续。

三、俞氏地方社会网络特征

宋元易代、科举暂废，江南士人隐逸乡野，所带来的直接影响在于一方面士人有更多时间与地方人士接触，另一方面士人暂时搁置举业，将志趣投入更多领域。这便是地方士人与各群体形成互动与交流的基础之一。俞氏一族在此环境中，其社交圈显示出与地方士人及僧道、方技群体密切交往的一大特点。

（一）俞氏与地方士人

作为学术之家，俞氏与地方士人有较为密切的联系。家族在经营中着意塑造当地学术之家的形象，并借此为学术交流提供机会。

俞氏后辈用心打理俞氏南园，俞仲温"建石涧书隐于采莲里，有花卉、竹石、园池、室庐"，请士人陈子平、郑元祐为书隐作题记。③ 俞嗣之家庭旧址修"九芝堂"④、以先祖俞正国命名的"秋蝉台"⑤，此时俞氏南园已成为当地士人熟知之地。俞仲温所建"读易楼"，更是成为当时士人讲习聚集之地，元人陈刚记载：

> 江南浙西道提刑胡公少开，题其（俞琰）所居之室曰"读易"。先生殁，其子仲温子玉好学，能世其家，尽刊其先人所遗书，构楼以处之，而即"读易"二字以名之，日与朋侪游居讲习其中。⑥

① （元）俞琰：《周易参同契发挥》，《道藏》第 20 册，北京：文物出版社、上海：上海书店、天津：天津古籍出版社，1988 年，第 192 页。

② （元）俞琰：《周易参同契发挥》，《道藏》第 20 册，北京：文物出版社、上海：上海书店、天津：天津古籍出版社，1988 年，第 192 页。

③ （元）郑元祐：《侨吴集》卷 7《题石涧书隐记后》，《北京图书馆古籍珍本丛刊》第 95 册，北京：书目文献出版社，1988 年，第 765 页。

④ （明）吴宽、王鏊等：《（正德）姑苏志》卷 31《第宅》，《中国地方志集成·善本方志辑》第 1 辑，南京：凤凰出版社，2004 年，第 475 页。

⑤ （明）朱存理：《楼居杂著·题俞氏家集》，《景印文渊阁四库全书》第 1251 册，台北："商务印书馆"，1986 年，第 600 页。

⑥ （元）陈刚：《读易楼记》，（清）金友理：《太湖备考》卷 13，南京：江苏古籍出版社，1998 年，第 510 页。

此处"江南浙西道提刑胡公少开"应指胡祗遹，字绍开，他本人在易学方面亦有造诣。俞仲温在父亲生前所居之室新建楼宇，请有身份、有学识之人为其题名；刊发、收藏俞琰遗书，有意保存先人学术成果。这种方式不仅保存了家学传统，又能吸引文人墨客来俞氏家中参观和讲习，俞氏家族的祖产南园成为地方士人经常光顾之地。

家族积累了俞琰等俞氏先人的易学研究成果，以及元明时期艺术家赵孟頫、周伯温、倪瓒等书法作品，史料记载：

> 山人（俞嗣之）所藏石涧手抄诸《易》一百余册及古《易》三百余册、《集说》三脱稿凡六十册、《通玄广见》四十册，老眼蝇头书也。《立庵文稿》廿钜册，并前代子昂与玉雪老人、遂昌云林辈诸名胜书扁、序记、简札二十余卷。①

俞氏子弟时常"辄出其家遗墨款客"②。利用家族珍稀的易学藏书、著述，与士人建立交流渠道。这些藏书是俞氏学术研究的积累和俞氏家族子弟社会交往的见证，对于文化传承亦弥足珍贵。

俞氏著述亦受到当时文人的购买珍藏。吴宽记载进士都元敬购买"南园俞氏文册"，并装饰收藏。③ 另外，明代文人朱存理亦记载了乡人及自己收藏俞氏书目情况："其诸《易》与《集说》三稿、《立庵遗文》往往为人所得。予止存《通玄》残帙六册、《易说》、《易外别传》、古《易》书十余册，立庵所书《荆南稿》一册而已……后又得其所集先世文翰，名《俞氏家集》者一钜册，计诗若文共若干篇，山人手笔也。"④ 俞氏文集受乡人喜爱，其易学著作和易学藏书为时人所购买，反映了该家族文化在地方上的影响力。

士人间的交往，往往因其有相近的知识背景而更具学术交流意味。王埜翁（1239—1300），字太古，徽州婺源州人，晚年嗜《易》。其说"阳虚阴实"与先儒所论《易》之"阳实阴虚"截然相反而自成一派。⑤ 俞琰记载了至元二十年（1283）他与王埜翁的一次学术交流：

> 至元癸未秋，予与新安王太古同宿商岩天道院，听其说《易》，尽有好处。如改正先天方图，移西北乾一置于东南，而十二辟卦皆正，此一改极有理。但阳虚阴实之

① （明）朱存理：《楼居杂著·题俞氏家集》，《景印文渊阁四库全书》第 1251 册，台北："商务印书馆"，1986 年，第 600 页。

② （明）吴宽：《匏翁家藏集》卷 55《跋南园俞氏文册》，《四部丛刊初编》，上海：商务印书馆，1922 年，第 1 页 a。

③ （明）吴宽：《匏翁家藏集》卷 55《跋南园俞氏文册》，《四部丛刊初编》，上海：商务印书馆，1922 年，第 1 页 a。

④ （明）朱存理：《楼居杂著·题俞氏家集》，《景印文渊阁四库全书》第 1251 册，台北："商务印书馆"，1986 年，第 601 页。

⑤ （元）方回：《王太古墓志铭》，（明）程敏政：《新安文献志》卷 71，《景印文渊阁四库全书》第 1375 册，台北："商务印书馆"，1986 年，第 195 页。

说未免为或者所讥，讥之者岂其所学过于太古哉？①

上述材料反映了俞琰与王埜翁关于易学的深度交流，俞琰充分肯定了王埜翁关于先天图的研究成果。

俞琰作为知名易学家，在与友人交游间作韵诗时，分享了自己的易学观点：

> 道在太极先，鸿蒙本无质。自一而生二，阴阳乃嘘吸……胡然今之人，弗能践古实。纷纷学仙侣，闭气以数息。口吸日月光，以为长命术。区区学禅客，穷年坐面壁……吾读圣人书，期入圣人域。此心会此道，此道贯乎一。抱而弗敢失，不论如虚无。不论如空寂，凡百主乎敬。罔为众形役，由今返厥初，混然一太极。②

俞琰在此诗中提到魏伯阳在《周易》基础上创立道教炼丹学，批评时人以玄学的方式追求长命术的行为。同时，表明自己将"一以贯之"，从"道与太极"出发研究《参同契》一书。此诗具有较强学术性，凝练了俞琰道教内丹学的学术理论。正如他在其著作《席上腐谈》中引用宋朝儒士徐彭年的诗警告世人曰：

> "破布衣裳破布裙，逢人更说会烧银。君还果有烧银术，何不烧银自养身。"徐卿《涉世录》载此语，戒其季子云：世之痴者为燕客所误，汝等切宜戒之。③

俞琰主张用《周易》理论中的阴阳融合，解释道教流行的养生之术。而对于道士的冶炼之术（炉火之术）则比较警觉，认为其是："好小术，不审道浅深，弃正从邪"的行为。④ 反映出俞琰作为一个易学知名学者对有关道教学术的冷静态度。俞琰以诗文方式在士人交游间表达自己的学术观点，一方面表现了士人间的学术交流和互动，另一方面传播了学术研究成果。

俞氏家族以家族易学为主打造的文化活动，受到士人欣赏，交往中该家族以博学多才备受青睐。基于相近知识背景的学术交流中，俞氏易学观点的输出，与士人建立良好互动、传播学术，有益于家族学术影响力的扩展。

（二）俞氏与方士、方技

俞琰诗文中多处记载他与地方士人、官员同游寺庙道观，此种情境下僧人道士因知其学识深厚，向其求诗索诗是常有之事。俞琰曾赠诗给太仓海宁长老言："嗟予终岁走江

---

① （元）俞琰：《书斋夜话》卷 2，《宛委别藏》本，南京：江苏古籍出版社，1988 年，第 29 页。

② （元）俞琰：《林屋山人漫稿》，《四库全书存目丛书》集部 21 册，济南：齐鲁书社，1995 年，第 180 页。

③ （元）俞琰：《席上腐谈》，《丛书集成初编》，上海：商务印书馆，1936 年，第 34 页。

④ （元）俞琰：《周易参同契发挥》，《道藏》第 20 册，北京：文物出版社、上海：上海书店、天津：天津古籍出版社，1988 年，第 240 页。

湖，可是今吾即故吾。何日华山分半席，澄心默默坐须臾"①，俞琰了解佛教教义，并对释氏超尘脱俗的处世态度表达了自己的赞赏。

俞氏与道士群体的交往则是因俞琰易学、道学结合的学术研究。俞琰《席上腐谈》载："至元癸未，遇异人授以《先天之极玄》及撰《参同契发挥》、《悟真衍义》等书，其癖亦已。"② 他年仅二十五岁，开始了对道教丹学的研究。俞琰关于道教以及道教易学的研究以及援易入道的实践成果斐然。俞琰通过天地之道实现易道与丹道的会通，用先天图来诠释内丹学的思想纲领，他的易学思想也推动了道教内丹学理论的发展。③

据俞琰记载：

> 至元间，尝为道友作《玄牝之门赋》，朔晦之间如何论对策问丹经之疑。虽文场扫地之余，聊此作丹学之三场，以见穷措大畴昔灯刻苦之末伎尔。④

俞琰与道士交流深入，道友常向其请教关于易学、丹学理论方面的问题。其为道友所作《玄牝之门赋》现存《道藏》本。此赋在当时应极受道友、方士关注，此赋被江湖术士摘抄后送呈至"严州何潜斋"，当指何梦桂，字严叟，号潜斋，南宋遗民。⑤ 何梦桂得此赋后，"终篇批点"。后俞琰至饶州时，紫极宫道士亦藏有其此赋。

除与方外之人有共同言语外，俞氏一族利用其学识与各方技人士建立联系。俞琰在音律方面的造诣使得他成为琴士请教的对象。俞琰自言："予自德祐后，文场扫地，无所用心，但闲户静坐，以琴自娱，读《易》，读内、外二丹书，遂成四癖。"⑥ 俞琰熟知音律，《书斋夜话》中多处记载其收集音律书籍、探讨古代音律问题。琴士商碧山曾请其修改琴谱：

> "归去来辞"旧谱，宫不宫、羽不羽，琴士商碧山将北游，求予改。遂以中吕羽调作谱，又作兰亭谱，亦用中吕羽调。其法先作结尾一句，次作起头一句，此二句定，则其余皆应而成，此则声依永也。⑦

商碧山应是较为尊崇俞琰的琴艺和琴律的，二者关系不浅，俞琰还曾赠诗给商碧山："来往晴岚缥缈中，满身空翠湿衣浓。相寻欲听蓬莱曲，还在华阳第几峰。"⑧ 二者建立在音律知识上的交流，显示出俞琰作为博学多识之士，受到其他群体对其技艺、知识的尊崇。

---

① （元）俞琰：《林屋山人漫稿》，《四库全书存目丛书》集部 21 册，济南：齐鲁书社，1995 年，第 182 页。
② （元）俞琰：《席上腐谈》，《丛书集成初编》，上海：商务印书馆，1936 年，第 34 页。
③ 参见李秋丽：《论俞琰理不外象、援易入丹的易学诠释取向》，《周易研究》2014 年第 4 期。
④ （元）俞琰：《书斋夜话》卷 4，《宛委别藏》本，南京：江苏古籍出版社，1988 年，第 81 页。
⑤ 参见（元）蒋易《皇元风雅》卷 27、俞琰《读易举要》卷 4。
⑥ （元）俞琰：《席上腐谈》，《丛书集成初编》，上海：商务印书馆，1936 年，第 23 页。
⑦ （元）俞琰：《书斋夜话》卷 4，《宛委别藏》本，南京：江苏古籍出版社，1988 年，第 60 页。
⑧ （元）俞琰：《林屋山人漫稿》，《四库全书存目丛书》集部 21 册，济南：齐鲁书社，1995 年，第 181 页。

宋代以来，来自民间的士人和一般大众在生活和信仰上共享许多元素。① 不同群体间的交流，需要以相似知识背景及相互认同作为基础。俞氏与方技的往来，显示出士庶不同群体间的互动及认同。相士郑西山求俞琰题跋后，二人谈相面术，俞琰有以下论述：

> 人心不同有如其面，最难相也，子（郑西山）能相之乎？余尝窥观今时所谓豪杰之士矣，往往以简傲为高，以诡诈为能，孳孳汲汲，惟利是务，心田不但茅塞……熟读《相牛经》，有诗自歌，有酒自醉，不亦愈于看人面色乎？②

二者的探讨基于相近的知识背景和素养，是属于知识的交流。俞琰并未谈相术的具体操作，而是以极具儒家色彩的话语劝诫郑西山。郑西山听后即说"既闻子之言，今将辍吾舌耕而自此隐矣"，亦体现了其对俞琰的尊重及认同。

方技者因俞琰乡里名望常向其求诗，俞琰诗文也为方技者带来实际助益。俞琰在杨鞋师求诗后，即为其作诗一首并呈给严姓僧判：

> 当年达磨老金仙，手携双履归西天。尚存一履不携去，留与东方作样传。如今僧鞋样更好，头尖面狭翻新巧。娇黄嫩紫色相间，无复纯青及纯皂。近来僧俗又相通，纷纷流入朱门中。纨绔罗袜为伴侣，即与寻常俗履同。杨生手艺精于此，相逢忽在淮云寺。酒边索诗聊赠之，醉墨淋漓不成字。③

俞琰与杨鞋师在淮云寺相逢，杨氏求诗一首。此诗着重描述僧鞋、俗鞋样式近年趋于相似，其目的在于提出杨氏精于制作俗鞋，现今因僧俗相通，杨氏亦可为之。此诗随即被呈给淮云寺严僧判（元代僧官），很可能有向严僧判推荐杨鞋师之意。杨氏向俞琰求诗，一方面是因其乡望较高，拥有俞氏诗文可以提升杨氏的社会地位，是对俞氏个人的认可；另一方面，因俞琰常与当地僧道交往，俞氏为杨氏作诗宣传技艺，可为杨氏谋求更多实质性的利益。

俞氏在当地利用自身学识及才艺，与多群体间沟通交流。这样良好的互动，体现了元明时期江南士人社交网络的一大特征，即长期居于乡里的士人与各群体间的互动及认同。在互动中，俞氏作为儒学大家，其博学多识及乡望受人尊崇。

四、结　语

元初科举停废给予了士人反思学术、转变志趣一定的空间。宋元易代之际，俞琰通过学术反思，逐渐在易学研究中寻求"性命之学"，并获得重要学术成果。吴县俞氏因此以

---

① 参见廖咸惠：《体验"小道"——宋代士人生活中的术士与术数》，《新史学》2009年第4期。
② （元）俞琰：《林屋山人漫稿》，《四库全书存目丛书》集部21册，济南：齐鲁书社，1995年，第178页。
③ （元）俞琰：《林屋山人漫稿》，《四库全书存目丛书》集部21册，济南：齐鲁书社，1995年，第182页。

易学传家，利用学术交流扩大社会交往，以学术成果构建家族社会网络。俞琰以后俞氏子弟继续进行易学的传承和研究，尤为重视保存先人学术成果，俞氏在明朝苏州地区的学术影响长期延续。"南园俞氏"成为当地学术之家的代表。

俞氏子弟擅长以诗歌唱酬为媒介构建社会网络、表达情谊。诗文内容亦体现出受乡人尊崇、具有文化效应的江南士人家族形象。俞氏社会网络以中低层官员、士人为主，拥有较高社会地位。在与士人的交往中，更显现出该家族以博学多才备受青睐，因有相近的知识背景而拥有更强的学术交流意义。

同时，元明之际居于乡里的士人更是活动于不同群体间，俞琰诗文中多有士庶同游记载，俞氏自身也多与僧道、方技群体交往。这一时期士庶之间拥有长期交往的机会，且二者的交流已进入了知识探究层面，体现出不同群体间的互动和文化认同。

（作者单位：武汉大学历史学院）

清代水资源保护利用与地方权力体系关系刍论

——以清代地方官员告示为例

□ 潘　浩

【摘要】清代皇帝、中央各机构公布的榜文，及各级地方官员向百姓公开发布的告示、布告，一经张贴，便可作为具有一定权威的国家或地方性规则，其中有许多涉及水资源利用、保护方面的内容，如保护鱼类资源、保护和改善水质、劝修和助修水渠、防治水患，等等，体现了地方官员对水资源管理利用的重视。但除此以外，这类告示还能体现包括官员在内的各个阶层群体在保护与利用水资源的过程中所起的作用、政策自上而下推广实施的细节和多方的权力博弈过程，进而揭示地方社会控制体系对水资源的保护与利用既具有重要作用，又有可能在一定程度上产生妨碍，政令的实际执行情况，仍然取决于其与当地实际的契合程度。

【关键词】清代；告示；水资源保护与利用；地方社会控制体系

中国传统社会中，官方发布的榜文告示是上情下达的基本手段之一，这种作用明确为清代统治者所承认。雍正帝曾要求地方官员将涉及民生的谕旨遍示乡村，而乾隆帝更直接对不按要求张贴榜文告示的行为进行惩罚："嗣后，恭遇谕旨内有'宣示中外知之'者，在京武职，以及在外驻防等衙门，俱刊刻誊黄，张挂晓谕。如不行宣示者，罚俸一年。"①清代地方官员对于告示的作用也同样重视，乾隆初，河南巡抚雅尔图曾令所属地方官员将"所发告示，抄录多张，一并分发所属各州县""将告示刊刻，遍行张挂，并分给村长，令其广行布告。该州县于因公下乡，及讲约之时，将所示内事宜逐一劝导，务使民情兴起，踊跃为善"②，这与乾隆帝对于告示传播作用的认识保持一致。而关于告示在地方社会生活中的实际作用，晚清来华的美国传教士卫三畏记载："公布政令命令的通常方式是用大字印刷，贴在官府门口和街上公共场所，上面盖官印以昭示真实无讹。印刷纸张不过

---

① 光绪《大清会典事例》卷608，第7册，北京：中华书局，1991年，第848页。

② 雅尔图：《为设立奖善银牌以励民风事》，杨一帆、王旭：《古代榜文告示汇存》第7册，北京：社会科学文献出版社，2006年，第446页。

是普通的竹纸，经不起风吹雨打，很快就破烂了。人们要赶快读，抄下来也行"①，这既说明告示确实是地方政府宣示政令的主要方式，又说明这种发布方式在基层政治生活中平常而频繁（用易破烂的竹纸），是传统社会自上而下的社会控制手段中的重要部分。笔者近年来在对清代地方官员告示的研究中，发现清代涉及水资源利用与保护的告示为数不少，它们既从多方面体现了地方官员对水资源管理利用的重视，又呈现了告示本身在社会控制体系中的意义。本文谨就此进行初步研究，以求抛砖引玉。

一、鱼类资源保护：地方官员与基层权力体系的同心协力

清代人口膨胀而生产技术未能出现大的进步，造成的显著后果是生产生活资源日益紧张，"毒鱼取利"等污染水环境的逐利行为日益频繁。由于清代赋税体系对鱼课有明确的规定，"毒鱼"等现象不单有损国课，更会污染水源，于地方社会有害无利，因此地方官往往认真应对，严行惩戒，这在相关告示中有明确体现。而在其他一些文献中，我们也能看到对毒鱼行为的治理并非地方官员单方面的行为，而是体现了官绅士民的共同意愿。

雍正三年，浙江绍兴府会稽县知县张我观曾出告示明令禁止毒鱼。"民间鱼荡，输课资生，与人无患"，而"不法棍徒，不务恒业，结党成群，置造毒药，每见荡鱼长大，抛毒屠害，意图浮窃"，其后果是"一荡之中，鱼虾螺蚌，种类甚多，一经受毒，尽皆药死"，并且附近居民无论是饮水还是食用被药死的水产，都可能"中毒莫解，竟有身命之虞"，这显然是地方官员不能坐视的大事。因此他明令"嗣后，如有前项棍徒不遵禁令，置造毒物，掷荡药鱼，许该地总保协同荡户扭拿赴县，以凭重处枷示"②。此示指出民间鱼荡事关国课，不法之徒的毒鱼动机就是盗窃鱼类资源，并有可能最终伤人性命。从社会控制的角度而言，它则印证了清代的基层事务处理过程中，县官对地保等基层吏胥的倚仗。

贵州福泉市谷汪乡诸浒村，有一则道光二十七年的禁毒鱼告示以"告示碑"的形式留存至今。"州属诸浒河一带，有不法之徒，散放油枯等药，荼毒鱼虾，不惟惨害生灵，居心残忍，坏污河水，民食有伤"，为"严禁毒鱼，以全生灵"，该地官员同样告诫民众"自示之后，各安本分"③。该告示碑内容与100多年前雍正时的张我观禁毒鱼示大同小异，但一般来说，当一则告示能被刊刻成碑，立于村境，说明其内容往往既获得了官府承认的某种法律约束力，又体现基层社会的某种共识。此时的"告示"这一信息载体，已不仅仅是"上情下达"的工具，还成了基层社会与官府间达成共识的证明和一种权力公约。

民国二十九年编纂的《德化县志》（属福建泉州府）也有关于禁止毒鱼的内容，但不

---

① 卫三畏：《中国总论》上，陈俱译，上海：上海古籍出版社，2014年，第325页。
② 张我观：《严禁鱼药肆虐等事》，《覆瓿集》卷1，清雍正四年刻本，第127页。
③ 《严禁毒鱼告示碑》，转引自严奇岩、陈福山：《从禁渔碑刻看清末贵州的鱼资源利用和保护问题》，《贵州民族研究》2011年第2期。

取自德化知县所发的告示，而是同光年间由当地知名学人郭尚品①向知县呈递的禀文《上白邑侯希李请禁毒药取鱼禀》②。该告示提到"近世人心不古，鱼网之设，细密非常，已失古人'目必四寸'之意，犹乃贪得无厌"，于是当地"有养鸬鹚以啄取者，有造鱼巢以诱取者，有作石梁以遮取者，种种设施，水族几无生理。更有一种取法，浓煎毒药，倾入溪中，顷刻之间，一二十里内，大小鱼虾，无有遗类"。郭氏认为，"其流之弊，必将有因毒物至于害人者"，因此他"恳祈示禁四十社：无论溪涧池塘，俱不准施毒巧取，如敢故违，依律惩治"。他还提到，"若再将毒药取鱼一事，出示严禁，则由仁民而推以爱物，从此鳞介得遂其生，鱼鳖不可胜食，富庶之休，未必不在于此矣"。郭氏在此禀文中两次提到"示禁"，显然他作为当地大儒，也认为"示禁"是传达政令的有效方式，体现了地方有影响力的知识分子对社会控制体系中官府角色的看法。郭氏禀文最终被收入方志，代表的是地方政府、士人对其主张和影响力的肯定，这也显示了传统时代基层社会权力体系的多元化——具有文化和道德影响力的士绅、生员、耆老等人同样能成为政策发起的源头，我们可以推测，传统时代对水资源利用与保护的推动，能够成为包括官府在内的整个基层社会控制体系的共同行为。

总体上，地方官员发布旨在保护鱼类资源的告示，所表达的意思一般有：（1）鱼类资源提供了国家的正项鱼课，不可擅取；（2）以投毒方式取鱼"重干天和"，伤天害理；（3）毒鱼行为既伤害了鱼户的经济利益，又损害附近居民的生命安全，因此不可姑息。而从这些表达中我们也可得知地方官员在看待与处理此类事件时的关注点，可以说"国课"与社会稳定是其中优先级最高的两项。

二、水质保护与改善：地方官员与基层权力体系的相互妥协

在社会生活史还不受到重视的年代，研究者往往很难想到"旧社会"的地方官员会重视环境和水质，但如今看来，关心水源清洁确为清代地方官员告示中的常见内容，自顺、康以至道、咸，不绝于史。

笔者所见较早的，有顺治时陕西汉中知府刘泽霖的《禁污水渠示》③。该告示提到"郡城昔有旧渠一道，关系风脉神水。因经兵燹，淤塞年久"，该知府莅任之后，将该渠"致祭修引入城，已复源流，首为培补风气，次为官民食用"，本是有利民生的好事。然而"近访得无知之民，或洗濯恶物，或放畜践秽，以致水渠不清，浊浑难用"。刘氏的应对是，"除前已往不究外，合行严禁。为此，仰该地保及临近渠源居民知悉：示后，各宜恪遵，不得仍前渠内作秽壅。如敢故违，许该地保指名陈禀，以凭拿究。如容隐不举，以致渠水不清，查出一并重究不贷"。笔者认为，该告示有三点值得讨论：一是它提到居民多用此渠水"洗濯恶物""放畜践秽"，导致水质"浊浑难用"，但从自然地理上看，汉

---

① 郭尚品（1819—1892），字信陛，福建泉州德化人，同治四年获乡试解元，为当地大儒。郭氏同光间主持德化图南书院长达二十余年，深受当地学人、士绅及历任县令敬重。

② 《（民国）德化县志》卷 17《艺文》，民国二十九年铅印本，第 35 页 b、36 页 a。

③ 刘泽霖：《禁污水渠示》，杨一凡、王旭：《古代榜文告示汇存》第 4 册，北京：社会科学文献出版社，2006 年，第 313~314 页。

中滨邻汉水，在西北地区并不算缺水之地，而且若在旧渠得到疏通前，城中居民缺乏净水的获取途径，自然会对渠水倍加珍惜，也就不必出示了，刘氏自己同样提到"官民食用"是次要的。二是刘氏知汉中府的时间是大战乱过后的顺治初年，在兑现处罚时所倚仗的依然是"地保"，可以看出战乱后的新政府对县以下基层社会组织和吏胥的倚仗。三是告示所书政令的实际执行情况，仍然取决于政令与当地实际情况的相合程度，以及政府对基层社会组织的实际控制力，若是政令所倡导、规定的做法与当地基层社会组织的共同意愿相违，其效力就值得商榷了。

相比之下，康熙初年山西交城知县赵吉士①发布的禁污水源告示《为禁约事》② 就有显著的不同。此示带有赵吉士浓厚的个人风格：他首先不厌其烦，解释了城中小湖的可贵："交城依山为邑，所少者水。城内东南隅，离相寺、圣母庙前，清流一曲，地属离、震，实启文明"，然后提到现状，说明此湖的水质因为"向为洗皮浸革之需"，而到了"暮春初夏，秽气满城，见者伤心，行人掩鼻，遂使清净法坛终年龌龊，风雅胜地尽日腥膻"的地步③，于是他在告示中一边对在湖中洗浸皮革的行为进行严禁，一边又提出了解决方案："嗣后，不许擅洗一羊皮、擅浸一牛革。城濠相近，听尔等浸洗自如，本县不汝禁也。"至此，这则告示本可完结，但赵氏又以近半篇幅反复解释保持水质和保护鱼群的重要性，显示了他对于清洁水源的认识不光在水质方面，而是全方位的：

> 传言下有海眼，故东岳冻合无声，而水泉不涸耳，产嘉鱼尤宜珍惜。本县宁甘饮水，不欲悬鱼。而居民亦不得私自打捕，致贻竭泽之讥。每俟春秋丁祭时，网取以荐羹墙，鼎俎仍售多鱼，备修堤岸可也。如有因利乘便，浸皮盗鱼者，该庙寺僧人协同本地方，即刻锁拿禀报，以凭枷责重处。倘扶同容隐，一体治罪。呜呼！傍城风景，足供谯道，近水楼台，自沾利益。与其扬至浊之波，何如观潜鱼之乐？与其受不洁之气，曷若听柳浪之声？况关系一邑人文、阖县风气乎！本县又以此致劝吾民矣，谅之慎之！须至告示者。

这种纵贯全篇的说理，多次对水质改善后的美好景象进行勾勒，甚至在公布处罚方案的字句间和已经说明处罚方案后，都忍不住再三劝诫，其渴望以理服民的心态跃然纸上，说明对真正想要传达信息、与民众交流的地方官员而言，告示是非常重要的信息传达手段和交流方式。我们还应看到，由于该水源位于离相寺与圣母庙前，因此赵吉士要求"该庙寺僧人协同本地方，即刻锁拿禀报"，这除了反映常见的地方社会控制外，还体现了传统时代官员认为僧人仍应参与社会事务的态度。

同样与僧人有关，山西介休县洪山源神庙保存的告示碑《中河碑记》④ 则勾勒了另

---

① 赵吉士（1628—1706），字天羽，安徽休宁人，清康熙七年任山西交城知县，广有廉名。志载其在交城任内为修筑各类公共设施，捐纳近 3000 两，"家计半为官赔"。

② 赵吉士：《为禁约事》，杨一凡、王旭：《古代榜文告示汇存》第 4 册，北京：社会科学文献出版社，2006 年，第 545~547 页。

③ 康熙初年，交城是皮货商人聚集之处，据交城天宁寺《古罕碑》记载，当时"旗弁贩洗皮革，奸商挟之为利，腥秽填壅"。而赵吉士此示未提及洗浸者为毛皮商人。

④ 《晋中汾河志》，太原：山西人民出版社，2008 年，第 333 页。

一番景象。据该告示碑记载，嘉庆间，县境真武庙的住持与数名村民"恃居上游，昼夜掩造草纸并黑蒲纸，全用石灰，遂致满河流毒"，导致当地一名赵姓生员组织受害村民公议并赴县控告，称"生等村庄，尽居下流，接水灌地者，共计八村。不特连年不登，且大有碍于吃水，利在一己，害在众人"。知县蔡氏以告示支持了他们的控告："查介邑狐歧胜水，源远流长，农田普资灌溉，利济苍生，讵容在上游掩造草纸并黑蒲纸？以石灰水，随流下注，有害田亩，并妨村民汲饮。除以往不究外，合亟出示严禁。为此示仰石屯村任逢泰等，并该村公耆、约保、渠长、水老人等知悉：自示之后，各宜痛改前非，不得仍蹈旧辙、掩造草纸等物。倘有不遵示谕，仍前掩造者，许该公耆乡保等，立即扭禀到案，以凭按法究治，各宜凛遵。毋违。"此示中，僧人已不再是前例中的受害者或常人心中六根清净的出家人，而与损人肥己的"逐利刁民"无异，当然要受入世之法约束。该示呈现的基层社会控制体系内，自知县而下，尚有"公耆、约保、渠长、水老"等更加贴近普通民众的权力集结点，而"赵姓生员"这样可以发动村民公议的读书人同样也是地方权力体系的重要组成部分。在此案中，各方最终获得了将嫌疑人"扭禀到案"的权力，生动体现了国家政权与基层社会权力体系的实际合作。

从以上有关水质保护的告示内容，可以得知传统时代地方官员对当地水质进行保护或改善的需求，在一定程度上需要与民众利益，尤其是基层权力体系参与方的利益保持一致，否则行政命令可能无法取得理想的效果。

三、修筑水渠：地方官员与基层权力体系的多重博弈

清代幅员辽阔，地貌多样，农耕地区纬度宽广，因此农业所需的水源支持，是传统时代地方官员必须关注的问题。加之华北、中西部等地区的易旱与南方水源充足地区的易涝，又都足以影响民众的生命财产安全，水利遂成为影响传统时代地方官员政绩考核的重要因素。清代地方官员发布的水利告示林林总总，难以尽列，但仍可对个中典型进行分析。前文提到的山西交城知县赵吉士，将自己在当地主持修渠时发布的系列告示收录在了个人文集中，该系列告示对他为改善当地水利问题所作的努力，其工程的具体规划实施过程，以及对地方社会控制体系中的各方利益进行平衡的艰辛均有相当体现。

赵吉士于康熙七年就任交城知县，甫一到任，便出告示表明自己已经观察到交城"土瘠民疲，山高地尥"，并就此提出了改善方案——"土瘠民疲，备荒之术，莫如积谷，社仓之设甚善也，而六仓尽虚；山高地尥，利农之计，莫如疏渠，文谷之水可导也，而二渠渐壅"①，将交城农业发展的关键归于水道建设。据笔者了解，交城至今仍属山西省内较为缺水的县城，赵氏判断并非虚言。

在了解交城民情并接到当地辛北村、贾家寨两村居民联名呈上的疏渠请求后，赵吉士认为"两村地土卑下，频经水患，自应亟为挑浚"，决定修渠改善此二村乃至整个县境的

---

① 赵吉士：《为咨询地方利弊亟图典革以洽舆情示》，杨一凡、王旭：《古代榜文告示汇存》第 4 册，北京：社会科学文献出版社，2006 年，第 518 页。

水源情况，并出《为乞示挑渠以苏民困示》①："……从来疏渠一事，利与害共之。必先审地形之高下，察水势之去来，公四邻之欣戚。或有有利亦有害者，或有去害于此而迁害于彼者，或有利兴于此而并可利及于彼者，其中曲折，务宜详酌。尔等生长兹土，即明于地形水势，而未必有一视同仁之心。本县叨牧兹土，有一视同仁之心而尚未明于地形水势"，因此出示各村各部，决定寻找"逶迤曲引以利各都，堰闸停蓄以利无穷"的办法，将全县农田的引水问题一并解决。

在规划和统计县境田土面积过程中，赵氏又接到本县居民呈控，才得知交城因常年缺水，每到旱季，即有"奸豪"霸河占渠，卖水牟利，遂出《为永禁卖水积弊以平人心示》②，表示严惩不贷。示称"河曰官河，侵官河者有罪；利为水利，霸水利者犯条"，而"绅士、里民"又"皆有自私自便之见"，"或因无而争有，或因少而争多。或因田广而水不足者，务求增日以干泽；或因亩少而水有余者，又冀仍旧以屯膏"，因此在"本县细勘渠水，详究河流，俯察民情，洞悉地势，此中弊窦，业已周知"的情况下，他出具告示，让"近河一带田家"，数日内将"本身田亩，据实照式开呈，自行投匦，以凭分别注册"，以供日后"将尔等所报之地，履亩亲丈明白，然后照地亩、按时日，公审均分，勒石给帖，垂之永久，通行无弊，务期去私便以归于公当而止。如有以地少而报多、因水远而报近，希图蒙混射利者，查出责究外，仍罚尔浚渠疏河，断不宽宥"。除此以外，赵氏仍在告示中仔细说理，以表明自己的决心，这也是他借告示与民间沟通的一贯风格："且尔等亦曾将'知县事'三字为本县一思乎？知即识也，一县之事，而吾不能识，何以谓之知县？知犹主也，一县之事，而吾不能主，又何以谓之知县？本县既识之，定为尔主之，当此公道大白之时，犹敢借端阻挠，是即从前卖水霸河者也。本县法之所可行者，不难断决于田间；本县法之所不能行者，亦必详申于院宪，正未可以情求势夺也。"字里行间，教民之切，几近启蒙。

赵吉士一系列有关修建水利的告示之间有清晰的递进关系。前示既言要"公四邻之欣戚"，则必然涉及对有限水资源的公平分配，因此才有后示中提及的"或因无而争有，或因少而争多。或因田广而水不足者，务求增日以干泽；或因亩少而水有余者，又冀仍旧以屯膏"。至此，他认为不能再单纯依靠已经为自身利益而"纷纷控告"的"绅士、里民"，需要动用自己手中由国家赋予的裁判权、行政权对涉及的土地进行清丈，并准备向上级寻求支持。但他依旧保持了自己在撰写告示时的特色，即用大量的篇幅进行说理和劝诫，希望以理服民，最后再将确定后的结果"勒石给帖，垂之永久"。而如此多管齐下的效果，我们可从其后的《为按亩分区永垂划一示》③中知其并未流于具文，而是有详细的规划：

① 赵吉士：《为乞示挑渠以苏民困示》，杨一凡、王旭：《古代榜文告示汇存》第 5 册，北京：社会科学文献出版社，2006 年，第 85~86 页。

② 赵吉士：《为永禁卖水积弊以平人心示》，杨一凡、王旭：《古代榜文告示汇存》第 5 册，北京：社会科学文献出版社，2006 年，第 87~89 页。

③ 赵吉士：《为按亩分区永垂划一示》，杨一凡、王旭：《古代榜文告示汇存》第 5 册，北京：社会科学文献出版社，2006 年，第 92~94 页。

为此，仰该地方里老、村主及书手解元良、武耀会等知悉：有井之地，不必望泽
于天；无源之河，安能遍及乎远？确核明白，一概不许注册斟酌。亢旱之时，河水灌
田，其力量可以沾润至某亩而止，爰立界以为之限，此中不论大家小户，备细载入，
无许擅遗一亩。地各有塍，但计地亩之多寡，田无定主，不问田主之姓名，只就田地
紧挨者，按百亩分为一区。如某渠地或有三百几十几亩，即分为三区，每区亦不必执
定百亩，就近形势，虽多数亩又何妨，但要凑成一片，不许间断耳。仍着酌呈渠长，
承管一渠之地，更立区长，承管一区之地，然后将各渠分过区数，报过渠长、区长，
备细造册呈县，以凭亲验立案。至于昼夜分水之期，确当不易，前此不均以至于争
者，今为尔均之，可至于无争也，各田主静听处分。无违。须至告示者。

从示文看，赵吉士对于此事的规划认真细致，并且着重强调要让"小户"也能公平地得
到实惠，其方法是将全县近渠土地详分区域，以渠水河水确能灌到之地为界，并"不问
田主之姓名"，意图杜绝豪户舞弊。但落实这些划分工作所需要的基层权力则被分配给了
"地方里老、村主"和专为水渠管理而设的"渠长、区长"，地方上负责誊抄造册的"书
手"实际上也以隐性的方式参与了该过程，因此实际操作中很难判定是否做到了赵吉士
理想中的"均之"以"至于无争"，但即使不能达到，也建立在相对公平的构架之上。

接下来，赵吉士又在工程推进的不同阶段分别刊出了三则不同的告示。

在第一则告示《为按亩分水事》① 中，赵氏首先反复阐明开渠之利，苦劝县民登记
田亩："照得本县凿山引水，原以灌田。今日平田，每亩所值，不过一两，且有数钱求售
而不得者，以其无所收也。渠成之后，家家可种水稻，每亩价值二三十两，且有求买而不
得者，以其无不收也。是渠利之无穷，尔等童男少妇，皆知之矣"，以渠成之后丰厚的回
报打动县民。而后又申明"从古至今，明知其利而观望不前者，无任事分事之人、无做
工包工之费也。今有人有费，何愁水利不兴！有田之家，各捐其力，岂有吝惜"，表示动
工修渠已无后顾之忧。在此基础上，遂要求全县"不论绅士、吏民、僧道，以至别县寄
住者，除地亩高处，渠水未能灌溉，即注'不能灌溉'甘结存案外，其余照各厢、各坊、
各都、各屯，开造受水地亩清册呈县，以凭按亩分水"。其中心意图，是为开渠后的分区
派水尽量收集凭据。

第二则告示《为照区分水按日轮灌立案永遵以均河利事》② 明确规定，将县境"磁
窑头、坡底村、田家山、斜道、官道、中、东、边等处并柰林，共分九区，总计地五千一
百三十五亩四分七厘，按亩分为四十七区"，到了灌溉时节，"各计区挨日，输流灌溉"，
又对各区的灌溉时长和管理都作了详细划分和规定："查磁窑村共地五区，分水一日一夜
全灌；坡底村共地一十二区，今分为上下二区，不另报渠长，上六区分水一日一夜全灌，
下六区分水一日一夜全灌；田家山共地二区，分水一日全灌；斜道渠共地一区，分水半夜
全灌；中渠共地四区，分水半夜一日全灌；东渠共地八区，分水一夜一日一夜全灌；官道

① 赵吉士：《为按亩分水事》，杨一凡、王旭：《古代榜文告示汇存》第 5 册，北京：社会科学文
献出版社，2006 年，第 95~96 页。

② 赵吉士：《为照区分水按日轮灌立案永遵以均河利事》，杨一凡、王旭：《古代榜文告示汇存》
第 5 册，北京：社会科学文献出版社，2006 年，第 97~100 页。

渠共地二区，分水一日全灌；边渠共地六区，分水一夜一日全灌；奈林村共地七区，分水一夜一日全灌。计九日八夜，各田俱已灌完，周而复始。"该示中，赵吉士对水渠影响范围内五千余亩土地分出的九个大区都作了明确的放灌安排，"大渠按日，小渠计时"，"计九日八夜，各田俱已灌完，周而复始"。又详细规定了方案执行系统中"里书、村保、渠长、区长"等人应如何各司其职、各管其区，保障水渠正常发挥作用。

第三则告示《为凿山疏水期于必成严禁臆讹以破群疑事》①发布于开渠工作已经进入实施阶段后。当时祭水、祭山已经完成，但因为"开山之人工未齐，凿山之器具未备"而"迟至于今，尚未大兴工作"，这导致原本就对开渠分水怀怨在心的霸河豪户趁机散布各类谣言，"有云山远难开者，有云水淹难凿者，有云费至数万无用者，有云十年不成者，有云本县去任事必中止者"。对此，赵吉士驳斥道："殊不知辟岭穿山，行之于古，而效者行之于今。而罔不效，但使力齐工，久即龙门可凿，而蜀道可通！况尔邑挖矿打煤者，强半用心无益之地，今选其善用椎凿多人，厚其工资，需之岁月，一山可开，山山可开。若使胸无成竹，本县岂肯冒昧申详，尔邑乡绅岂肯孟浪破费？张太翁老成持重，物望攸归，又岂肯轻身任事乎？"对于浮议所言，他也有所解释，"即本县未能观成，新任自当遵奉宪行，克终其事，非可以忽作忽止也"；"日后渠成，既按亩以分水，目前渠开，自照田而出力，绝不借尔富民分文、贫家丝忽，以滋浮议"。此示对各种浮议一一驳斥，本质上是对舆论导向和话语权的争夺，同样可以看作社会控制行为的一部分。而将出资的"乡绅"与"任事"的张太公特意提出，实际上体现了国家权力对基层社会治理的间接性，并体现了对基层社会一定程度上的妥协。

赵吉士这一系列有关水渠修筑的告示，完整记录了该工程自发现问题，到策划、考察而至动工的过程，对同一事件记载的连续性在如今能见到的清代告示中殊属罕见。从社会控制的角度看，它们实际上涵盖了在修渠过程中自知县赵吉士而下，有关水资源保护与利用的政令缘起、策划、实施、应变、博弈的过程，并清晰地反映了县一级行政单位之下，由乡村保正、各级书手、渠长区长、缙绅耆老、地方生员所共同组成的权力结构体系和自上而下的政令传播、落实过程。应该说即使在赵吉士莅任之前，"豪户"把持水资源的阶段，也同样体现地方社会控制体系与水资源的关系，只不过此时该体系对水资源保护和利用起到的多是副作用。而在"国家政权的代表"赵吉士介入以后，这种情况才得到改善。因此可以看出，当时的地方社会控制体系对于水资源的保护与利用，有能力起到切实作用，并且这种作用还因为各种因素而发生变化。此中地方官员与基层之间、基层各种势力之间的种种博弈，有可能非常复杂。

四、治水防涝：地方官员主导河工，基层逐利加重湖患

由于气候与地貌的多样性，中国既有经常被旱灾困扰的地区，又有广阔区域经常为水患所累。笔者身处湖北省，其中部地区的天门、沔阳地区民间旧俚谓"沙湖沔阳州，十年九不收，若有一年收，狗子不吃糯米粥"，生动形容了此地水灾之频繁及无灾丰年之富

---

① 赵吉士：《为凿山疏水期于必成严禁臆讹以破群疑事》，杨一凡、王旭：《古代榜文告示汇存》第 5 册，北京：社会科学文献出版社，2006 年，第 101～104 页。

足，这种情况在临近大型河流的多水源地区有一定的普遍性。因此，这些地区要如何应对涝灾，也是地方官员必须直面的问题。

前文提及之赵吉士，除关心修渠外，也曾因为县境磁窑河堤工久废而亲自重新规划，并出《为规划堤防示》① 晓谕县民："照得修筑河堤，一以御害，一以兴利。凡志切民生者，未有不以此为亟亟者也。然或利于此而害于彼，或随筑随坏，或稍享成功而不及数十年，或不及数年，或稍久远而民苦其劳、财苦其糜，非工之难也，地利不审、人工不均、调度失宜、规划之未得也。本县南瓷窑河一水，时防泛涨侵坏关城。今值盛夏，尤防霖雨亟注，而堤防久废，水不归壑，为患最深。"因此，他作出安排："本县已于本月十二日，会同缙绅士民，亲到安定都规度地势、丈量堤堰，尤恐利此害彼，复往成村审视高下，已得方略，诚恐尔民尚未周知。为此，示仰平下十都保正、地方人等，俱于本月二十日赴县，听候指授机宜，分派工役，整备一应锹镢等物。定日兴作，委捕衙及城守、乡约人等督工，务有利无害，民不困、财不糜，一劳而能永逸。实心实政，总为尔民，切勿视为泛常，虚应故事而已也。至期，如有参差不齐，定行拘拿，枷责不贷。"以赵吉士事无巨细、每必躬亲的行事风格，作出如此周详安排并不奇怪，但我们仍应注意，涉及其中的各类基层权力拥有者，除前已提及的缙绅、保正、乡约外，又有捕衙及城守参与督工，这已不单纯是"乡人自行"了，堤工的重要性及其在地方官员心中的分量可见一斑。

雍正间名宦田文镜素以敢于任事闻名，其在河南巡抚任上对豫省黄河河工进行的改造曾得到雍正帝的肯定。（雍正）四年十二月，皇帝在上谕中称赞他抚豫期间"整饬河工、堤岸坚固，河汛安澜，年岁丰稔"②，此后田氏受任河东总督亦与此相关。从其发布的一系列治河告示来看，他较为注重的方面有三：对兵民的动员、对河兵骚扰地方的严禁及对工匠实得报酬的保障。如在《严禁河兵滋事扰民等事》③ 告示中，他提到业已严查此前发生的河兵扰害事件，重饬河兵要"遵守法纪，勤谨修防，毋得仍前滋事扰民"。在《劝募民夫协力攒修以竣钦工事》④ 告示中，他又细致地规定了对运土民夫的待遇，严饬不得短少："小村庄百姓，各带锹筐赴工，运土夯碨，逐日计方，领给现价，夫头乡保不得扣克。务期堤工坚固，刻日完工，永保无虞，共享升平"，而对于领到工钱的民夫，他也不忘告诫"土方工价，大部颁有定数，承筑各官，不得短少分厘，俱系足纹足戥。尔等慎勿谓今岁丰收，家有余粮，可以坐食，即束手就闲，甘心游惰"。田文镜身居一省抚臣之位，其政令如此直接出示晓谕，我们因此可以看到告示的信息传播作用对督抚之政令也同样有效，清代的社会控制体系有其多样性与灵活性。

值得注意的是，有关堤防的河工能在地方官员的有效规划与监督下得以执行，湖患的治理却往往复杂得多。一些对水患问题有丰富认识的疆臣，如乾隆前期的湖南巡抚杨锡绂，就敏锐地觉察到了湖地平衡问题，以及水体缩小与灾荒的关系。杨氏于乾隆十年向皇

① 赵吉士：《为规划堤防示》，杨一凡、王旭：《古代榜文告示汇存》第 5 册，北京：社会科学文献出版社，2006 年，第 83~84 页。
② 《世宗宪皇帝实录》卷 51，《清实录》第 7 册，北京：中华书局，1985 年，第 765 页。
③ 田文镜：《抚豫宣化录》，郑州：中州古籍出版社，1995 年，第 240 页。
④ 田文镜：《抚豫宣化录》，郑州：中州古籍出版社，1995 年，第 241 页。

帝上疏，建议严禁南方各省填水造田。他在《请严池塘改田之禁疏》① 中提出："百里之间，为浍者一，为洫者百，为沟者万。捐膏腴之拖以为沟洫，诚以蓄泄有时，则旱不得为患，所弃者小，所利者大也。后世阡陌既开，沟洫虽废，然陂泽池塘，实与田亩相依倚，近水则腴，远水则瘠，所在皆然。湖南滨临洞庭，各属多就湖滨筑堤垦田，与水争地，常有冲决漫溢之忧。"这种不仅仅以农业用地开垦的政绩为重，辩证看待水土关系的眼光在传统时代殊为难得。紧接着，他证以自己抚湘的相关见闻："即本年，湘阴、武陵等邑，各有偏灾，此皆滨临洞庭，而去湖稍远，即水无接济。臣确加查访，皆由塘多改田之故。又溪涧之水，远近取资，若徒恃已业，截垦为田，则上溢下漫，无不受累。现在各属，讼案纠纷，大半由此，往往争阻斗殴，酿成人命。此弊不独湖南，大约东南各省，无处不然。水利日废，腴产渐变为瘠，实为民生之患。"在此基础上，他详细向乾隆解释了自己的主张：

> 臣愚以为，国家生齿日繁，地土固日辟而广，而至于关系水利之蓄泄，则仍当以地予水，而后水不为害，田亦受益。但小民无知，不能远虑，而地方官因田粮较塘粮加重，以改则升科为劝垦之功，遂俱贪目前之小利，而忘经久之大害。臣思从前已经改垦之田，逐一清厘，固恐滋扰。若自今以往，严行禁止于东南各省，甚为有益。应请皇上敕下各省督抚，转饬地方官，将池塘陂泽蓄泄之利，明白谆切晓谕。凡地关蓄水及出水者，俱不许自恃已业，改垦为田；其有现在因垦争讼者，令地方官亲自勘明，但有碍水利，即不许报垦。此后如刁民有不报官，私将塘池改垦为田者，查出重惩，仍予改正。地方官有听民混将塘池改垦田亩，希图升科微利，攘为劝垦政绩者，查出参处。

杨锡绂所请，清晰地勾勒出了疆臣向皇帝进言后，政策执行的脉络，即"皇帝敕下各省督抚，转饬地方官"，然后再由地方官运用各种方法加以执行。但正如前文所述，地方官员对基层社会的控制，往往需要与地方权力体系中的各方达成一致或达成妥协，当自上而下的政令与基层——尤其是在基层社会掌握各类权力者——的利益相悖时，其推行往往受到很大阻力，这也是传统社会中"具文现象"② 的成因之一，因此尽管乾隆对该疏"嘉纳焉"，但其实际成效还有待考证。

同杨锡绂类似，乾隆时期的江苏巡抚庄有恭③对水患防治也颇有见解，这在他所发的告示中有直接体现。庄氏此前抚浙时，已发现太湖居民有在湖滩地区种植茭芦（即茭白）的习惯，此物种植时日稍久，便容易在湖滩上沉积淤泥，居民若趁势围建，数年内就可将湖滩"围筑成田"，使湖面日渐缩小。因此，乾隆十七年一经调任江苏巡抚，他便发布《查禁茭芦占塞河道示》④，提到"太湖为东南巨浸，三江为传送尾闾。潴受不宏，则来

---

① 杨锡绂：《四知堂文集》卷 7，清嘉庆十一年杨有涵等刻本，第 754~758 页。

② 即政令因不能实行而成为空文的现象，有学者对此曾有专文讨论。如潘洪钢：《中国传统社会中的具文现象——以清代禁赌禁娼为例的讨论》，《学习与实践》2007 年第 5 期。

③ 庄有恭（1713—1767），字容可，广东番禺人，乾隆四年殿试一甲状元。乾隆十七年由浙江巡抚调任江苏巡抚，其一生于治水颇有心得，数次因此受到乾隆帝褒奖。

④ 《皇朝经世文编》卷 106，光绪十二年思补楼重校本，总第 10289~10291 页。

水无归宿之地；宣泄不快，则去水有阻阂之虞"。而沿湖地区居民"利用"湖滩的方法是"干暵之年，湖滩呈露。滨湖之民，即于其中围筑埂岸，种植茭芦，草生之处，即有淤泥淤积。不数年中，渐图围筑成田"，这就造成了"湖面被侵，港身日窄"的状况。庄氏查访得知"吴县之鲇鱼口、大缺胥口，震泽之吴家港、中溦港、南仁湖诸处，皆为娄、松二江受水之源；中间石湖、澹台、庞山、淀山、王墓、九里诸湖及白蚬、三泖等处，亦皆系承受太湖来水，以为传送之区，今皆被居民围筑侵占。芦墩草渚，岁积月增，以致来水则容蓄无所，去水则阻遏不行，一逢水潦之年，便致沃野平畴，普遭淹没"。他在告示中要求苏州、松江等太湖沿岸地区在一个月之内将所有侵占湖滩种植的茭芦全部连根铲除，围梗也一并拆毁。该告示通知的范围涉及"绅耆、士庶、业佃、乡保、经胥"等社会各阶层群体，严令不许包庇"绅衿势要"，数言自己"奉有谕旨""严行查办""钦遵查办"，除此以外，还特别提到因为新辟湖滩而导致的"已升粮额，准予豁除，从前所得草利，免其追究"。种种努力，为的是破除环环相扣的利益链，也为了避免因政令与基层利益冲突，导致产生前文述及的"具文现象"。

不过，由杨锡绂的描述与庄有恭的应对，可推测这种退田还湖的实施难度是相当大的，与如今"退耕还湖""去楼还湖"等问题的症结异曲同工，毕竟基层官员可以得到"升课"的好处，民间也可因侵占水面而获取额外的收入，此二者恰是地方社会控制体系中起基础作用的群体。所以杨锡绂才提出"已往不究"，庄有恭也声称"从前所得草利，免其追究""已升粮额，准予豁除"，这证明了基层权力体系与水资源保护利用之间的紧密关联。

五、结 语

清代地方官员告示中，关于水资源保护与利用的内容繁多，本文所列对鱼类资源的保护、对水质的重视、对各类水利的建设与修筑，是其中较为常见，也与基层社会关系较为紧密的方面。从这些告示以及相关的奏疏、禀文中，可以还原当时社会的部分面貌，尤其可以看到清代地方社会控制体系的复杂性与其中权力结构的多元化——地方官员与"绅""吏"等都既有合作的一面，又有对立的一面，高级地方官员与基层地方官员之间会因为对水资源利用的分歧而产生矛盾。文中提到的各类禁示碑，有为数不少是基层主动提出或制定，再由地方官员以告示形式认可的，告示的公布即代表了基层社会与官方的良性合作。但从杨锡绂与庄有恭等疆臣的告示中，又可以看到这种"良性合作"的局限性，因为一旦来自上级甚至经过皇帝首肯的政令与地方的利益发生冲突，则由下级地方官员与民间权力共同构建的地方社会控制体系常有与巡抚等高级地方官员对抗的可能，因此在研究时不可一概而论，认为地方控制体系对水资源的保护与利用只起到正面作用。

无论是合作还是对立，是上令下行、阳奉阴违还是绅议官允，告示这一信息传播载体都应看作社会控制的有效工具，是研究清代水资源保护与利用及相关社会控制体系中的重要材料。

（作者单位：江汉大学人文学院）

流程与模式：晚清民初山西商人贩运湖北土布研究[*]
——以布商文书为中心

□　晏雪莲　周超宇

【摘要】晚清民初，在洋纱洋布倾销之下，湖北土布业仍属繁盛，保有较大市场份额；山西布商借助现有产业分工体系，深度参与了对湖北土布的采购、加工及运销过程，形成了具备规范化、标准化、严格成本核算、精准把控市场需求等特征的商业运营模式。山西布商购布主要在由汉水等水系相勾连的市镇带完成，其中旧口、汉口二镇具有突出地位。其收购网络的构建依托于长庄与行店，长庄与短庄相对，多设于重要市镇；行店则以提供中介服务为经营特色，遍布于各产布区，是购布的主要模式。土布运输有着丰富实态，山西布商循着多条交通线路，将湖北土布大量运往河南、山西、陕西、甘肃等地，并主要通过设立分号的形式构建土布销售网络。湖北土布业和市镇经济也在山西布商大规模、长期性贩运经营过程中得到发展。

【关键词】晚清民初；山西布商；商业文书；流程与模式

一、问题与资料

明清以来，山西布商开始兴起并发展，行商范围几遍全国，在全国棉布贸易中占据重要地位。山西布商的商业运营流程主要涉及商品流通、信息传递、资金调拨及融通等方面，且以商品流通为核心环节，其经营模式和特点也在此过程中得以体现。从商业运营流程和经营模式角度对山西布商进行研究是一项十分必要的基础性工作，关于山西商人综合性研究中的部分章节和数篇专论山西布商的论文对此有一定探讨。如黄鉴晖简要分析了明

* 本文系国家社会科学基金重大项目"明清以来我国传统工商业账簿史料整理与研究（1500—1949）"（21&ZD078）；中国博士后科学基金第 72 批面上资助项目"晚清山西布商商业运营中的金融问题研究——以商业文书为中心"（2022M722010）阶段性成果。

清时期山西布商在松江、湖北、直隶、三原等地的经营活动和棉布购销方式①；刘建生、燕红忠等对比了明清晋商和徽商棉布经营方式的异同，认为二者都有行商坐贾，但晋商并未兼营染坊②；孟伟、杨波以对明清北京通州晋翼会馆的考察为切入点，认为翼城布商依托会馆，建立了集购买、加工、销售为一体的一条龙运营模式③；成雁鸿简单论述了山西布商由行商到江坐贾及从依靠牙行经营到开设布行、布庄自主经营的贸易活动和经营方式的转变过程④；魏晓锴、冀苗以办布规程为依据，从对棉布的采购、加工、营销等方面探讨了清代民国山西商人的布业贸易⑤。上述成果在为相关研究提供诸多启发的同时，也存在一些不足，如对原始资料运用不够或认识不深，多泛泛而谈而未能进行聚焦和深化性研究等。这导致了关于山西布商商业运营各个流程和模式的分析，尤其是对以行店为主的购布模式和对棉布运输实态的探讨还有待进一步全面和深入。

清代以降，湖北植棉业和纺织业发展迅速，成为全国棉纺织中心之一，且湖北地处全国腹心，水陆交通便利，故其所产棉布得以运销全国，衣被天下。⑥ 作为湖北土布贸易的重要参与者，山西布商每年都将湖北土布大量外运他境，促进了湖北土布产区社会经济的发展，加强了其与各土布转运和消费市场的联系。⑦ 近年来，随着古玩市场的活跃和国家对民间文书搜集与整理工作的日益重视，数量庞大的山西布商原始文书大量涌现并被集中出版。这些文书对山西布商在湖北这一主要商品来源地的经营贸易活动、运销湖北土布细节的记录和反映相对系统详实，具有极高史料价值。在前辈时贤的研究基础上，本文以山西布商规程、信稿等原始文书为主体资料，并辅以地方志、地方文史资料及商业调查报告等，聚焦于晚清民初山西布商收购、包装、加工、运输、销售湖北土布的具体环节，以探究这一时期山西布商的商业流程实态、模式及特点；并为证明在外国资本主义商品倾销

---

① 黄鉴晖：《明清山西商人研究》，太原：山西经济出版社，2002 年，第 243~254 页。

② 刘建生、燕红忠等：《明清晋商与徽商之比较研究》，太原：山西经济出版社，2012 年，第 222~225 页。

③ 孟伟、杨波：《明清时期北京通州晋翼会馆研究——以明清时期的翼城商人和山西布商为重点》，《山西师大学报》（社会科学版）2017 年第 3 期。

④ 成雁鸿：《清代山西布商研究》，山东师范大学硕士学位论文，2020 年，第 30~41 页。

⑤ 魏晓锴、冀苗：《从办布规程看清代民国山西商人布业贸易》，《近代中国》2021 年第 2 期。

⑥ 关于湖北棉布的市场腹地，可参见严鹏：《地区产业竞争力之演化：湖北纺织工业的发展（1800—2012）》，武汉：华中师范大学出版社，2016 年，第 24~31 页。在现代纺织工业大规模普及应用前，晚清民国时期的湖北棉布生产主要依赖传统纺织技术，所得产品可称为"土布"，以与"洋布"相区别。本文专论山西布商对湖北土布的购销，若文中出现"棉布"，则表示布业贸易的整体情况。

⑦ 关于晚清民初湖北棉纺织业与棉布贸易的研究对土布购销细节和贸易模式有一定探析。相关著作主要有：张建民：《湖北通史·明清卷》，武汉：华中师范大学出版社，1999 年；任放：《明清长江中游市镇经济研究》，武汉：武汉大学出版社，2003 年；等等。相关论文主要有：王永年：《明清湖北的植棉业与棉纺织业》，《中南民族学院学报》（社会科学版）1987 年第 3 期；吴量恺：《清代湖北沿江口岸城市的转运贸易》，《华中师范大学学报》（哲学社会科学版）1989 年第 1 期；张家炎：《明清江汉平原的农业开发对商人活动和市镇发展的影响》，《中国农史》1995 年第 4 期；段超：《明清时期湖北地区商业发展初探》，《荆州师范学院学报》2000 年第 6 期；宋伦、李刚：《明清山陕商人在湖北的活动及其会馆建设》，《江汉论坛》2004 年第 10 期；彭南生、严鹏：《清末民初湖北乡村棉纺织业发展缓慢的因素——兼与华北、江南地区比较》，《江汉论坛》2008 年第 8 期；等等。

下，湖北土布业虽受到一定影响，但仍拥有广阔的市场腹地这一观点进一步增添数据支撑。①

本文所使用的山西布商原始文书来自刘建民主编的《晋商史料集成》（简称《集成》），主要包括办布规程三本：《咸丰年间湖北各处办布规程》《同治十年余庆堂各处办布底稿》《民国年间全国各地办布规程》；布商信稿一本：《咸丰某年平遥某布花店各处收信稿》。据笔者考证，以上文书编撰者均与平遥布商相关；民国年间规程可进一步明确为《民国八年全国各地办布规程》②，信稿则命名有误，应为《同治三年平遥某布花店各处收信稿》（简称《同治三年信稿》）③。

四份文书均为线装手抄本，竖体毛笔书写。《咸丰年间湖北各处办布规程》正文部分共 55 页，9000 余字，蓝色封面封底，无字；该规程内容丰富，包括平遥某家族或商号在湖北办布的地点，办布方式，布匹质量、规格、种类、价格，包装方式及费用，土布印染，运输路线及费用，重要交通枢纽，资金调拨，银两色平兑，山西花布杂货行新正行规，当日牙行行规等。《同治十年余庆堂各处办布底稿》正文共 83 页，18000 余字；黄色封面封底（封面封底原本包有蓝色麻糊，绝大部分破损，仅残存四个角），封面有字："辛未年，余庆堂，各处办布底高［稿］"④；主要介绍余庆堂在湖北、河南、河北、山东等地收购土布及如何成卷、浆染、包装、运输的过程。《民国八年全国各地办布规程》有文字部分 159 页，23000 余字，黄色封面封底，无字；该规程除介绍以安陆府为中心的土布采购和以天津为中心的洋布、纱线、杂货采购的各种规式外，还对运输路线、费用及在陕西、甘肃、宁夏、青海等地的卖布规则有重点说明。《同治三年信稿》正文今存 111 页，30000 余字；蓝色封面封底，无字；记录了湖北岳口、襄樊及河南、河北、山西、甘肃等地分号、派出机构及其他商号与平遥总号之间的商情互通与业务往来。

上述文书时间跨度为咸丰年间到民国初年，其中大量篇幅与山西布商贩运湖北土布的流程相关，为本研究展开提供了基础条件。另外值得申明的是，山西商人规程多为"手抄本"，除常规性商业信息外，也记载货物成本等"商业机密"，属于更为专业的商业指南，多在家族或商号内部代际流传。但由同一行业不同年代的规程之间多有内容相似之处

①　现有研究多认同晚清以降，在洋布洋纱冲击下，湖北土布业所受影响不大，在相当长的时间内保持了旺盛的生命力。如陈钧分析了汉口开埠后湖北土布仍然畅销的情形，并认为"时至 20 世纪 30 年代，湖北产棉县的农村家庭手工棉纺织业仍普遍存在"。见陈钧：《论近代湖北自然经济的解体》，《江汉论坛》1987 年第 12 期。

②　规程中两次提到民国八年（1919）："天津海关估百货价格表，自民国八年七月初一日起""计抄会兴镇厘金底，自民国八年冬月初二抄"，由此可知"会兴镇厘金底"抄录于民国八年冬月，且根据笔迹和纸质可判断后面的内容当撰写、抄录于同一时间，故作此命名。《民国年间全国各地办布规程》，刘建民主编：《晋商史料集成》第 68 册，北京：商务印书馆，2018 年，第 425~426 页。

③　可参阅晏雪莲、周超宇：《晚清山西商人与河北棉花贸易研究——以商业文书为中心》，《河北经贸大学学报》2022 年第 1 期。

④　《同治十年余庆堂各处办布底稿》，刘建民主编：《晋商史料集成》第 68 册，北京：商务印书馆，2018 年，第 112 页。"辛未年"与"各处办布底高［稿］"中间有"肥皂一半"四字，墨迹、笔迹与其他字不同，应为后来添写。

可知，规程也存在行业内部互相传抄的情况。故布商规程不仅仅是某一家族或商号经商经验的总结，也是晋中一带布商中经营长途贩运业务者整体经商经验的反映。①

二、土布的收购

（一）贸易规模与办布地点

清代以来，湖北土布因质优及区位和交通之便而流通于全国各地棉布市场："其名有扣布、线布、椿布、边布、大布、小布、梭布、条布诸种。其售货有山庄、水庄、京庄、门庄之异。其精者皆远行滇、黔、秦、蜀、晋、豫诸省。府布佳者东南吴皖之民亦珍焉。盖全省利源之所在，此为最巨。"② 晚清民初，随着西方势力侵入程度的加深及近代民族棉纺工业的兴起，洋纱洋布在一定程度上挤压了湖北土布业的生存空间。一方面，来自天津等口岸的洋布经山西布商等商人之手运销西北各地，湖北土布市场腹地缩小，如府布曾畅销兰州、河州、西宁、碾伯、平凉、泰安六处，"今只有兰州畅销"，"府庄销路宽，今只有平凉、河州是正销"③；另一方面，洋纱以其价格低廉之优势逐渐成为与土纱并重的织造原料，一定程度上造成了纺织分离的现象。但总体而言，受益于国人消费习惯、传统交通条件和经济体系的保护，坚实耐用的湖北土布仍拥有较大市场，尤其受到乡村及山区居民欢迎。光绪末年，湖北"汉黄德及安陆到处机声，大约妇孺人人能织"④，土布生产仍保持着繁荣景象，甚至到了新中国成立前后，"价值较低，且极耐用"的湖北土布虽"省外销量皆被机器纺织品代替"，但本省"自销量仍未减少"⑤。

湖北土布外销整体规模和市场占有率已难精准量化，但可从相关统计中感知一二。1888 年至 1899 年（不含 1892—1894），集散湖北中部及东部土布的汉口通过海关输出土布 10.2 万担，约合 400 万匹。⑥ 20 世纪初，湖北"长江上流地方所织制荆州布，每年自沙市及江口地方输向各地，其额不下十四五万担。其汉口地方内部一带织制品，应附近地方需要之外，通过厘金局输向其他地方者，概不少也"⑦。据《陕境汉江流域贸易表》所载数据计算，光绪二十九年（1903）十月至三十二年（1906）八月，经汉江水运运往汉中地区的湖北土布多达 237261 卷，值银 3506942.85 两。同期运往汉中地区的洋布为 60265 板，值银 268480.58 两；竹布为 43304 匹，值银 250080.6 两。三者共计银

---

① 此处得益于孟伟、廖声丰《清代山西茶商的茶规及其学术价值浅论》[《盐城工学院学报》（社会科学版）2022 年第 1 期] 一文观点启发，特此说明。

② 《（民国）湖北通志》卷 24《舆地志·物产三》，上海：上海古籍出版社，1990 年，第 810 页。

③ 《民国年间全国各地办布规程·旧口镇办袍料布规则》，刘建民主编：《晋商史料集成》第 68 册，北京：商务印书馆，2018 年，第 437 页。

④ （清）仇继恒：《陕境汉江流域贸易表》上，宋联奎等编：《关中丛书》第 4 集，陕西通志馆民国二十四年铅印本，第 1 页 a。

⑤ 中国土产公司编印：《中国土产综览（初稿）》下册，1951 年，第 135 页。

⑥ 湖北地方志编纂委员会：《湖北省志·贸易》，武汉：湖北人民出版社，1992 年，第 166 页。

⑦ 《汉口织布（1901 年 1 月）》，郑成林、刘望云主编：《汉口商会史料汇编》第一辑，郑州：大象出版社，2020 年，第 98 页。

4025504.03 两，土布占到贸易总额的 87% 以上①，此处数据虽难反映清末内陆地区土布洋布之争的全貌，但可作为其时土布仍保有广大市场的证明②。

下引数据则利于反映山西布商在湖北土布外销中的重要作用。德安府以盛产府布（亦称大布）闻名，宣统二年（1910）至民国二十六年（1937）间，每年行销山西、陕西等地多达 169 万~210 万匹③；德安府治安陆在府布鼎盛时期，每年常驻有山陕布商达二十余家，每年出口府布六七万梱，值银一二百万两④。随州厉山镇扼襄汉之咽喉，通南北之要冲，是山西商人办布的重镇，乾隆年间已建有山陕会馆，占地 32 亩，房屋近 80 间，会馆中立有《公义布帮条规》，山陕布商在厉山的实力可见一斑。汉阳府汉川县"有大布，有小布"，全国各地布商，"近而襄樊楚南，远而秦晋滇黔，咸来争市焉"⑤；汉阳县"扣布"广受追捧，被大量运至汉口加以染造外销，山陕等地商人争相来此贸易⑥。襄阳府的枣阳布畅销于西北，"陕甘居民多以枣阳布为必需品；三原、太谷经营布店与当铺之巨商，往枣者达数十家，骡马贩运，于途不绝"⑦。荆门州以生产荆庄大布（亦称荆沙布）闻名，沙市、沙洋和后港为荆庄大布的大宗集散地，能容纳千人居住⑧的沙洋山陕会馆的筹建资金来自每匹大布二文的"厘头钱"，⑨ 山陕商人布匹贸易之繁盛由此可见。

湖北几无不产土布之县，德安府、安陆府、汉阳府、荆门州、襄阳府等府州土布生产较为集中。山西布商在湖北的重要活动地点在上文中已有大体呈现，规程则将购布地点详细到具体市镇（包括部分府州县治所，下同）。其中咸丰年间与同治年间规程所载办布市镇为：汉口镇、旧口镇、石牌镇、多宝湾镇、永隆河、泗港镇、蚌湖镇、唐县镇、长江埠、新洲镇、沙市镇、沙洋镇、后港镇等；民国八年规程所载办布市镇为：德安府、胡金

① （清）仇继恒：《陕境汉江流域贸易表》上，宋联奎等编：《关中丛书》第 4 集，陕西通志馆民国二十四年铅印本，第 1 页 a~10 页 b。土布包括大布和中布，表中称"大布，中国本机布也""中布，亦中国本机布，有景庄、马口、汉川三种"；大布共 84654 卷，汉中卖价每卷 17 两，共计 1439118 两；中布共 152607 卷，河口卖价每卷十三两五六钱（取值 13.55 两，下同），共值银 2067824.85 两。洋布包括东洋布、印花布及湖北制造局所出之布；汉口买价十斤者每板约银 5 两，八斤者约银 4 两，七斤者约银 3.15 两，三者平均买价为 4.05 两，卖价照成本约加利一分（加利 10%），为 4.455 两，60265 板共值银 268480.58 两。竹布"西洋花旗为最，外洋漂中国染者次之，汉口漂汉口染者为下"；汉口买价上等者每大匹 6.35 两，次等 5.75 两，再次 4.85 两，卖价汉中每两加利 0.125 两，为 5.775 两，43304 匹共值银 250080.6 两。

② 且此处仅为土布"汉江一路之销数也，龙驹寨、潼关两路极少须加两倍"，（清）仇继恒：《陕境汉江流域贸易表》上，宋联奎等编：《关中丛书》第 4 集，陕西通志馆民国二十四年铅印本，第 4 页 b。

③ 《云梦县志》，北京：生活·读书·新知三联书店，1994 年，第 284 页。

④ 李肇埴：《德安府布》，金维汉主编：《安陆近现代工商经济》，1992 年，第 114~115 页。

⑤ 《（同治）汉川县志》卷 6《物产志》，《中国地方志集成·湖北府县志辑 9》，南京：江苏古籍出版社，2001 年，第 176 页。

⑥ 《（光绪）汉阳县志》卷 1《地理略》，《中国方志丛书·华中地方·湖北省汉阳县志（全）》，台北：成文出版社有限公司，1975 年，第 45 页。

⑦ 杜超：《建国前我市工商业概况》，《枣阳文史资料》第 1 辑，1988 年，第 127 页。

⑧ 《千年风雨话沙洋》，《沙洋文史资料》第 1 辑，1991 年，第 14 页。

⑨ 赵振业：《荆庄大布》，《荆门文史资料》第 6 辑《工商经济专辑》，1990 年，第 197 页。

店、云梦县、长江埠、孝感县、应山县、枣阳县、厉山镇、涂家河、随州、淅河镇、晏家河、王家店、旧口镇、唐县镇、双河镇等;① 再结合《同治三年信稿》中所提及的岳口镇、老河口②及上文所述之汉川县,可将办布地点绘制成图 1。由图 1 可直观感知,晚清民初,山西布商在湖北办布的地点主要集中于安陆、德安二府,且多沿汉水及其支流分布,形成了由汉水水系相勾连的办布市镇带,山西布商得以借水运之便收购湖北土布。

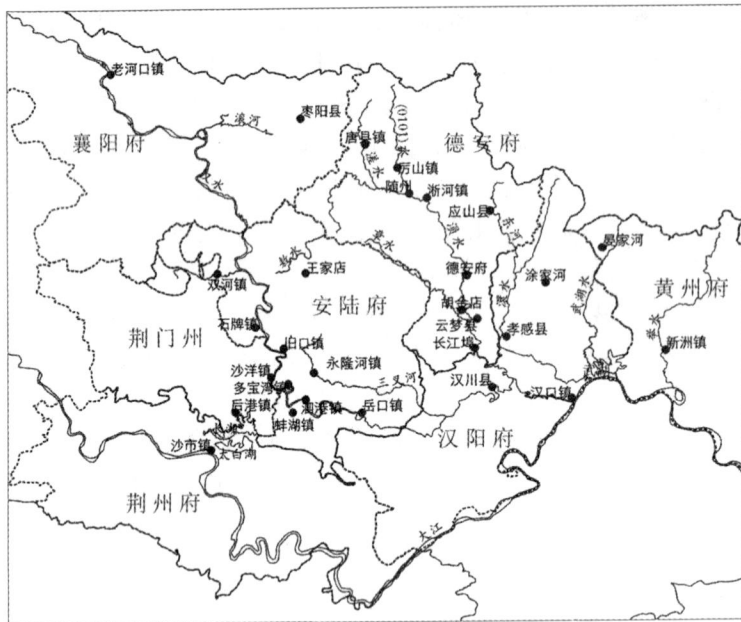

图 1　资料所见晚清民初山西布商在湖北办布市镇

资料来源:图 1 应用 QGIS 软件制作,地图数据来源于复旦大学历史地理研究中心 1820 河流、1820 湖泊河流、1911 省级界线、1911 府级界线;市镇坐标来源于 CHGIS 系统。

注:① (0101) 水为溠水;②大江即长江。

在各市镇中,旧口与汉口二镇的地位尤为突出。"湖北出布之处实属不少,若赴各路办买总有 [由] 旧之马 [码] 头提调"③,作为产棉重地江汉平原的政治中心及水陆交通要地,旧口是山西布商在湖北办布的重要据点以及赴其他地区办买土布的总码头之一。在规程中,关于旧口办布的内容尤费笔墨,其他市镇的方位坐标、办布规格、白银使用规式等多以旧口为参照;部分市镇之布运销时,亦多先发旧口,再行转运。如石牌镇属钟祥县

---

① 见《咸丰年间湖北各处办布规程》《同治十年余庆堂各处办布底稿》,刘建民主编:《晋商史料集成》第 68 册,北京:商务印书馆,2018 年,第 55~153 页。

② 见《咸丰某年平遥某布花店各处收信稿》,刘建民主编:《晋商史料集成》第 7 册,北京:商务印书馆,2018 年,第 57~169 页。

③ 《咸丰年间湖北各处办布规程·旧口镇》,刘建民主编:《晋商史料集成》第 68 册,北京:商务印书馆,2018 年,第 56 页。

所管，在旧口西北一百六十里处①，沙洋镇属荆门州所管，在旧口南四十里处②，樊城镇系"襄阳府所在之地，在旧口西北"③。多宝湾镇所出之布比旧口宽一寸，短一尺，所使银两样式与旧口同；由多宝湾发旧口，每卷下河脚力钱四十文，从河起船一应发脚则与旧口布相似。④ 永隆河所出之布与旧口同，"惟是面窄三几分，稍短五几寸，身分轻些"，在此办买"平码银色皆从臼［旧］规"，发脚一应等亦与旧同。⑤ 诸如此类，不胜枚举。

　　汉口为三江交汇、九省通衢之地，"各省赴彼之物、由其地开办之货，势难以记算，银号票行周行交易，四路通达"⑥，不仅是湖北最大的商埠，也是长江中游地区最大的商业城市。在汉口商品市场中，棉布业颇为繁盛，不仅贸易规模大，且行业专业划分最为详细，有白土布行、大布店业、印染花布业、色土布业等分。⑦ 嘉庆年间，汉口形成了布业公所，⑧ 用以规范管理棉布贸易，此外，汉口还有专营棉布贸易的商业街——花布街。除布业发达、商贸繁盛、交通便利外，汉口对于布商的重要意义更在于其作为湖北金融中心的地位。以钱业和票号业为例，据统计，宣统三年（1911），汉口仅汉正街就有大小钱庄100 余家；光绪七年（1881），汉口设有票号 33 家，数量居于全国各大市镇之首，是长江中上游及西南地区票号业的中心。钱庄、票号等金融机构不仅为汉口商业发展提供了银钱兑换、存钱取款、发行庄票、信用借贷、资金汇兑等金融服务，也辐射整个长江中上游地区。⑨ 山西布商来湖北购布所需资金多经由汉口汇兑，如在旧口镇办布"用银昔年多由汉会兑甚便"，只因咸丰三年（1853）遭兵灾（指太平天国运动）后，"又从沙市镇收会"。⑩《同治三年信稿》也提及同治二年（1863）冬月某日，该布商伙友于汉口收汇过聚兴成、会成玉两家商号宝银共 7000 两，并于十七日将这笔资金由汉口带往岳口镇用以

　　① 《咸丰年间湖北各处办布规程·石牌镇》，刘建民主编：《晋商史料集成》第 68 册，北京：商务印书馆，2018 年，第 72 页。

　　② 《咸丰年间湖北各处办布规程·沙洋镇》，刘建民主编：《晋商史料集成》第 68 册，北京：商务印书馆，2018 年，第 77 页。

　　③ 《咸丰年间湖北各处办布规程·樊城镇》，刘建民主编：《晋商史料集成》第 68 册，北京：商务印书馆，2018 年，第 102 页。

　　④ 《咸丰年间湖北各处办布规程·多宝湾镇》，刘建民主编：《晋商史料集成》第 68 册，北京：商务印书馆，2018 年，第 64~65 页。

　　⑤ 《咸丰年间湖北各处办布规程·永隆河》，刘建民主编：《晋商史料集成》第 68 册，北京：商务印书馆，2018 年，第 82 页。

　　⑥ 《咸丰年间湖北各处办布规程·汉口镇》，刘建民主编：《晋商史料集成》第 68 册，北京：商务印书馆，2018 年，第 90 页。

　　⑦ 湖北地方志编纂委员会：《湖北省志·贸易》，武汉：湖北人民出版社，1992 年，第 167 页。

　　⑧ 李德复、陈金安主编：《湖北民俗志》，武汉：湖北人民出版社，2002 年，第 140 页。

　　⑨ 参见杨国安：《钱庄、票号与银行：清代以来汉口金融业的发展与变迁》，《中国经济与社会史评论》2018 年卷。关于清代汉口金融业的概况，还可参见石莹：《清代前期汉口金融业的发展》，《中国经济史研究》2010 年第 4 期。

　　⑩ 《咸丰年间湖北各处办布规程·旧口镇》，刘建民主编：《晋商史料集成》第 68 册，北京：商务印书馆，2018 年，第 56 页。

办布，① 汉口在布商资金调拨中的重要作用由此可见。

（二）采购模式

湖北的土布生产单位以散落在广大乡村的个体农户为主，且出现了专业的机匠和机坊。② 农户和机户在土布织成后，或等待布贩、客商下乡收购，或亲往附近市镇的集市上售卖。山西布商字号中资力较强者为延展其在棉布购销流程中的参与度，以获取更多利润，往往委派专职人员在外负责棉布采购、运输及加工事宜。由《同治三年信稿》可见，该平遥总号有数位伙友常年奔波于外，将湖北、河南等处所产之布运往山西、陕西、甘肃等地，并在总号的遥控指挥下把控货物运销的具体流程。③ 就山西布商在湖北收购土布的模式而言，虽有直接下乡向农户收购的情况发生④，但绝大数情况下是在市镇中，以设立长庄自行采办或依托行店代办的形式完成的⑤。

长庄与短庄相对，由山西布商购置或租赁房屋，长期设立于湖北土布产区的重要市镇之上，可视作布商在外的派出机构，或可称分号、分庄。⑥ 长庄的维护和管理由布商自行负责，为异地购买土布提供了食宿，货物收购、存储、包装的场所，成为山西布商在外经营的重要据点。设立长庄后，布商或坐庄向布贩、机户、农户收购，⑦ 或主动到集市和乡

---

① 《咸丰某年平遥某布花店各处收信稿》，刘建民主编：《晋商史料集成》第7册，北京：商务印书馆，2018年，第60~61页。

② 任放：《明清长江中游市镇经济研究》，武汉：武汉大学出版社，2003年，第192页。

③ 试举两例：同治二年腊月，该布庄某伙友"带货一路平顺抵樊"，并在信中向总号报告"樊至赊路途平妥无碍，是以咱之梭布于月之初五日如数觅船运赊……待到赊速为飞发"，至于"咱岳、白〔旧〕发平之布，前日由樊如数发起……晚在赊、樊两处照拂，咱岳、白〔旧〕、汉之梭布，后首如有收到之布，看事速发樊城宝银数一千二（百）三四"（《咸丰某年平遥某布花店各处收信稿》，刘建民主编：《晋商史料集成》第7册，北京：商务印书馆，2018年，第59~60页）。

④ 下乡收布往往较别种方式花费要少，但一切流程均需客商自己办理，也面临货物种类不全的问题。如在汉口附近办买乡布，定价、看庄、作染、换银买钱等均"系客自为办理"，且通过行店"所开之货均属一体"，乡办之梭"虽价便宜，货势不能齐楚"，在平遥出售时，货缺之时尚可，若是货涌，则售价总得"较店之货少卖半分三厘"，故办乡布"较比行店之费省银一分之谱尚可"，价格相似之时则不合算。《咸丰年间湖北各处办布规程·汉口镇》，刘建民主编：《晋商史料集成》第68册，北京：商务印书馆，2018年，第93页。

⑤ 魏晓锴、冀苗认为山西商人在外采办棉布，通常有两种方式，一是通过在办布地点设置布庄、布铺等长庄来直接采办，二是委托行店代办。详参魏晓锴、冀苗：《从办布规程看清代民国山西商人布业贸易》，《近代中国》2021年第2期。

⑥ "庄"既可指商号，也可指货物收购的交易场所，"号"为字号，有品牌、信誉、实力的意味在其中，更多的与棉布销售业务相关。位于产地的长庄主要负责棉布的采购、加工、运输等，多不涉及棉布销售业务，无须通过字号来彰显品牌，故此处不应将其看作完全意义上的分号。清代前中期势力颇盛的山西翼城布商在苏州设有分号以收购棉布，并建有会馆，此处之"分号"或许即为长庄。关于翼城布商及其在苏州的经营活动，可参见黄鉴晖：《明清山西商人研究》，太原：山西经济出版社，2002年，第247~249页；孟伟、杨波：《明清时期北京通州晋翼会馆研究——以明清时期的翼城商人和山西布商为重点》，《山西师大学报》（社会科学版）2017年第3期。

⑦ 这其中自然离不开经纪人、验布人等中介势力的参与。

下采买。作为产棉重地江汉平原的水陆交通要地，旧口镇久为山西布商在湖北购布之长庄①；云梦县为"西客来楚贩布"的必经之地之一，故西商多于此地租赁房屋，"立店号十数处，本地贸易市店亦藉以有无相通"②。《同治三年信稿》中多处提及"旧号""埠号""汉号"等，可见除旧口外，该布商也于长江埠、汉口等处设有长庄，负责土布收购、加工、转运业务。

以往研究中，对于清代山西布商的经营活动，多强调其采用总分号制的形式构建棉布购销网络，③ 对于行店，少有提及。而在规程中，相较于"长庄"，对通过"行店"购布规式的说明更为详尽，在办布重要市镇汉口，则直接言明"在彼办布，如有长庄另占栈房一切应等化［花］费务必重耳，若无长庄即住行店办买"④，在明确表明长庄与行店是两种不同的办布模式的同时，也凸显了行店的重要性⑤。

明末清初，在湖北土布产区尚未兴起之前，山西布商于松江地区购布便主要依赖于行店，这与清朝关于客商收买或售卖货物必须通过牙行，不许与各地无贴商贩和生产者私相买卖的规定密切相关。⑥ 褚华之六世祖精于"陶猗之术，秦晋布商皆主于家门下，客常数十人，为之设肆收买"，为获取更多利润，该行店利用垄断地位，直至客商临行之际，才将所收棉布高价卖出，以至"富甲一邑，至国初（指清初）犹然"。为减少行店影响，乾嘉年间，来松江购布的客商"乃自募会计之徒出银采择"，行店的利润"惟房屋租息而已"。⑦ 不难想见，设立长庄虽有利于降低本地势力在棉布采购中的影响力，但在大多数重要市镇都设立长庄既不现实，也无必要，且并非所有布商都有足够实力在异地购置或长期租赁房屋。再加之湖北土布产区的行店素有服务周全，价格合算的优势，故行店在晚清民初仍为山西布商在异地办布的重要依仗。《同治三年信稿》提及同治二年末，"咱邑公益盛在熊⑧益泰行定过布三百卷，布价三钱七分五厘。至于日兴盛买过布六百卷，至今俱

① 《咸丰年间湖北各处办布规程·旧口镇》，刘建民主编：《晋商史料集成》第68册，北京：商务印书馆，2018年，第56页。

② 《（道光）云梦县志略》卷1《风俗》，《中国地方志集成·湖北府县志辑3》，南京：江苏古籍出版社，2001年，第362页。

③ 如黄鉴晖认为"设在陕西三原县的山西布商字号，在湖北公安等县，河南禹州等州县，宁夏、兰州等地都有它们的分号"。黄鉴晖：《晋商经营之道》，太原：山西经济出版社，2001年，第129页。

④ 《咸丰年间湖北各处办布规程·汉口镇》，刘建民主编：《晋商史料集成》第68册，北京：商务印书馆，2018年，第91页。

⑤ 彭南生、严鹏认为近代以来，在湖北织布业较为兴盛的地区，布商对于土布生产的介入是被动消极的。由于机户织布与卖布的季节性，客商对行情和市场需求不熟悉，必须借助于当地盛行的行户（行店）居中联系，土布生产者与购买者是相对独立的主体。彭氏在作出行户并未对当地乡村棉纺织业向半工业化推进起到积极作用的判断的同时，也从侧面印证了行户这一模式在湖北土布贸易中的普遍性。详参彭南生、严鹏：《清末民初湖北乡村棉纺织业发展缓慢的因素——兼与华北、江南地区的比较》，《江汉论坛》2008年第8期。

⑥ 见谢秀丽、韩瑞军：《清代前期民间商业信用问题研究》，北京：人民出版社，2012年，第105页。

⑦ 褚华：《木棉谱》一卷，吴省兰：《艺海珠尘·匏集》第40册，清乾隆刻本，第14页a~b。

⑧ 熊即熊街，形成于明代，为旧口有街之始，亦为旧口之代称。参见余国海：《旧口古镇建国前大事记》，荆门：钟祥市作家协会郢南分会，2004年，第13页。

已发起,至后亦未付银定布。其余诸号之布,尚未运发,所有咱号之布赶廿二、三日可以发起"①,此处之"益泰行"即为旧口镇之行店。另,由《同治三年信稿》关于"短庄"的记叙,如"刻下云梦、岳口等出布之处,钱数屡吊[掉],布价屡涨,皆因沙市、老河口短庄客抢办之故耳"②"彼时银两未曾收足,不料咱抵孟地屡有短庄抢办,是以钱价陡小"③,可见短庄为布商暂时设立的收购点,其经营形式更为灵活,对市场价格的影响也更加明显,大多数情况下短庄当为依托行店而设,体现了山西布商利用行店的主要方式。表1统计了规程所见部分市镇行店的土布经营种类与字号名称。

表1 规程所见部分办布市镇行店名称表

办布市镇	土布经营种类	行　　店
汉口镇	扪青布	宏大布店、泰来布店、旭高布店、怡濂布店、松大布店、昌大布店、久大布店、朱立大布店、永昌布店
德安府		仁寿长、大房和、长裕祥、合盛文、恒泰元、永盛顺、永盛元
胡金店	府庄布	义泰恒、亿成训、义和成、洪茂长、裕生暑、树萤德、永昌和、恒顺泰、复兴顺、恒兴春
	苏庄布	与府庄相同
云梦县	苏庄布	永盛、永昌、源顺、福昌、元丰复、益昌仁、正昌恒、福兴成、厚生和、震昌恒
王家店	京庄布	永兴得、永泰和、合盛源、裕盛和
枣阳县		永兴、复兴、德兴、通顺、桐顺、永盛、同升、同盛、公茂、新兴、福生
应山县		黄泰和、曹协泰、孙元顺、韩恒、谌茂泰、韩福、郑泰昌、郑开泰
随州	厉山布	义森、源盛、泰丰、隆盛
浙河县		邹震昌、黄德成、龚全盛、方恒义、万顺、泰兴
晏家河	阔布	复盛宏
旧口镇	袍料布	刘永盛(大房)、罗保合(二房)、罗协和(三房)、刘新泰(四房)

资料来源:汉口镇数据来自《咸丰年间湖北各处办布规程·汉口镇》,刘建民主编:《晋商史料集成》第68册,北京:商务印书馆,2018年,第93~97页;其余市镇数据来自《民国年间全国各地办布规程》,刘建民主编:《晋商史料集成》第68册,北京:商务印书馆,2018年,第434~435页。

湖北土布产区中的行店多由本地实力雄厚商人领取政府相关证明后开设,并不直接

① 《咸丰某年平遥某布花店各处收信稿》,刘建民主编:《晋商史料集成》第7册,北京:商务印书馆,2018年,第68页。

② 《咸丰某年平遥某布花店各处收信稿》,刘建民主编:《晋商史料集成》第7册,北京:商务印书馆,2018年,第69页。

③ 《咸丰某年平遥某布花店各处收信稿》,刘建民主编:《晋商史料集成》第7册,北京:商务印书馆,2018年,第145页。

经营土布贸易，而是以为客商提供交易场所、食宿、换银买钱、土布质检、包装与存储、维持交易秩序等服务为经营特色，并在土布购买、加工、运输等环节中居中联系。由表1可见，各市镇上的行店不止一家，且各有其主要经营的土布品种，之间形成了有效竞争关系，旧口镇办袍料布四家行店则为联号关系。民国八年规程中对各个集镇的办布行店记载更为详细，证明行店因其优势，在民初仍为最主要的办布模式。经纪客则类似于行店的门客，在机户、布贩与布商之间起撮合买卖的作用，并赚取佣金。① 行店提供的服务类型多样，涉及土布贸易的方方面面，且因时因地因店而有所不同。咸同年间，在多宝湾办布先住行店，换银买布之事"由店主招拂，看庄（负责检验土布质量的技术人员）经手"，布商不过在土布成卷时略视一二，伙食则不在行店服务之内。② 在旧口办布若住行店，"每一家店主不果［过］与客一间房屋，紧要家倨［具］店主按［安］置"，并负责提供伙食和为成卷后之布匹上水印③事宜，换银买钱则由布商亲自拣择钱铺办理；经纪客负责将机户之布集中至行店，自看庄提调后，供布商挑选，成卷事宜亦由经纪客负责。④ 在后港镇办布，行店负责联系染色事宜，欲"装染何色"，与店主一并言妥即可。⑤

民初，部分行店提供的服务更为周全，部分市镇从土布的收购、包装到部分路程的运输及各项具体成本的支付均由行店负责，客商只需与行店结算即可；且为了提升交易效率，各项费用虽多以铜钱结算，但客商不必再将所带银两兑换成铜钱，而是按照钱价折算后直接付与行店银两。⑥ 行店收益主要来自佣金，⑦ 与土布交易量直接挂钩，故在通过提

———————————

① 如咸同年间，在旧口通过行店办布，每花费一千文，布商需出用钱二十文，其中行店店主得十文，经纪分用钱十文。《咸丰年间湖北各处办布规程·旧口镇》，刘建民主编：《晋商史料集成》第68册，北京：商务印书馆，2018年，第59页。

② 《咸丰年间湖北各处办布规程·多宝湾镇》，刘建民主编：《晋商史料集成》第68册，北京：商务印书馆，2018年，第64页。

③ 此处之"水印"或为行店字号名，是其信誉、货物质量的象征与保证。

④ 《咸丰年间湖北各处办布规程·旧口镇》，刘建民主编：《晋商史料集成》第68册，北京：商务印书馆，2018年，第57~59页。同治年规程记载，在旧口办布，某行店店主"仅与客房屋一间，家具以及调货高低，随客自便"。《同治十年余庆堂各处办布底稿·旧口镇》，刘建民主编：《晋商史料集成》第68册，北京：商务印书馆，2018年，第122页。

⑤ 《咸丰年间湖北各处办布规程·后港镇》，刘建民主编：《晋商史料集成》第68册，北京：商务印书馆，2018年，第79页。

⑥ 如在德安府治办布，买布钱、折工钱（十五文五四）、绳子钱（卅文）、皮布钱（廿文）……外缴银（二分）、下力钱（十二文）等十项成本均按照一两白银等于两千文铜钱的价格折算为白银支付。《民国年间全国各地办布规程·德安府发布外缴式》，刘建民主编：《晋商史料集成》第68册，北京：商务印书馆，2018年，第439~440页。

⑦ 就民国八年规程而言，机户与客商均需支付佣金，如在胡金店办布，"每匹扣机户用钱廿文，客与行出用钱廿文"；在云梦县办布，"每匹扣机户钱十文，客与行出用钱廿文"。在佣金以外，客商还需每卷另贴布一匹左右，作为支付给行店的土布打包费用。如德安府"每百卷贴皮乔布一百一十五匹"、胡金店"每卷净卅匹，客贴皮乔布一匹二"、淅河镇"每匹客与行出用钱八文，每卷又与行贴布一匹二"。为了吸引布商，有些行店会对其进行返利，如民初在枣阳县办布，"每百卷行与客回节布十八匹"，在唐县镇"买布一匹，（行店）扣机户钱十四文，与客回钱十文"。《民国年间全国各地办布规程》，刘建民主编：《晋商史料集成》第68册，北京：商务印书馆，2018年，第428~430页。

供优质服务的方式招徕更多客商入住的同时，行店也尽力吸引更多机户和布贩来本店售卖，甚至会在产布季节委派伙计到乡下与机户联系以抢占先机。

晚清民初，安陆各家行店甚至联合建立了"布行公所"，布行商人经常在此集会，以商讨收取"行佣"金额，与布商磋商收购价格，① 而行业同会的设立，也再次印证了行店这一商业模式的普遍性。作为客商，山西商人于重要市镇设有会馆，除上文所述厉山镇与沙洋镇外，各办布和中转市镇也有山西商人会馆的身影。咸同年间，在旧口办布每一千文需出"山陕会馆厘头钱二十文"，民初在旧口办袍料布，每卷出"会馆担头钱六十文"；在王家店办京庄布，出"会馆担头五十文"。由荆紫关发布，每担出"会馆担头钱四文"，赊旗镇山陕会馆则存有花布杂货行新修秤一杆，作为整顿交易秩序的依据。② 作为异地同乡性组织，会馆在规范约束山西布商商业行为的同时，也保障其利益，成为山西布商在外经商的重要依靠。

此外，集市上云集着机户、布贩、字号等土布售卖者，是山西布商购布的重要场所。如永隆河每逢集市，布涌而"客商云集"，泾阳帮字号多在此办买，山西帮亦有在彼办买者；永隆河距旧口不远，若旧口集快，土布畅销，当地机户也多乐于将土布售于旧口。③ 民初，在应山县办布不通过机户，而是逢单日集时向布贩购买④，厉山镇则逢双日为集⑤。山西布商于土布产地设立长庄或入住行店后，多趁集期查访市场行情，从机户或布贩手中采买土布，进一步丰富了购买模式。

由此，山西布商通过于重要市镇上设立长庄，并依托广布于办布市镇上之行店，构建起了土布收购网络，且山西布商在实际经营过程中对于办布地点及模式的选择，往往是综合考虑各项因素的结果。下乡办布与在市镇办布的比较已如前述，具体在何处办布，亦需综合比较交通及土布质量、种类、价格等因素。如泗港镇所出之布与"宝湾相似，惟面窄四五分"，此地因土布贸易规模较小而难以聚市，只有在多宝湾镇因商贩抢办而价格过高，每匹布比"宝湾少迭银一二分才为赴庄"，若两地价格相似，则只有在平遥货缺之时才考虑在泗港办布。⑥ 另外，土布的价格受社会治安、市场需求等影响而处在变动之中，山西布商通过书信及时交流市场行情，以做出对己最为有利的经营决策。

① 李肇堉：《德安府布》，金维汉主编：《安陆近现代工商经济》，1992 年，第 117 页。

② 分见刘建民主编：《晋商史料集成》第 68 册，北京：商务印书馆，2018 年，第 59、441、440、442、104 页。另，关于清代山西商人在湖北的会馆建设情况，可参见宋伦、李刚：《明清山陕商人在湖北的活动及其会馆建设》，《江汉论坛》2004 年第 10 期。

③ 《咸丰年间湖北各处办布规程·永隆河》，刘建民主编：《晋商史料集成》第 68 册，北京：商务印书馆，2018 年，第 82~83 页。

④ 《民国年间全国各处办布规程·应山县》，刘建民主编：《晋商史料集成》第 68 册，北京：商务印书馆，2018 年，第 429 页。

⑤ 《民国年间全国各地办布规程·厉山镇》，刘建民主编：《晋商史料集成》第 68 册，北京：商务印书馆，2018 年，第 429 页。

⑥ 《咸丰年间湖北各处办布规程·泗港镇》，刘建民主编：《晋商史料集成》第 68 册，北京：商务印书馆，2018 年，第 76 页。

三、土布的规格、包装与加工

山西布商以汉水及其支流沿岸市镇为中心地，依托长庄、行店、集市等购布模式和场所，借助水运之便，遍收湖北之布。土布生产虽极其分散，但因其市场化程度高，故流向市场的土布在尺寸、重量、成色以及包装等方面都具有一定规范，且此种规范的形成与维持在很大程度上受到了客商需求的影响。如晚清民初湖北发往陕西汉中的本机土布"向例每卷应重五十六斤，每匹应长三丈二尺"，今则"每卷重五十一二斤，每匹宽一尺一寸，长二丈八九尺"，为了规范布匹规格，在每年出布时节，买客都会整顿向规一次。[①] 后港镇虽因"所出之布长宽不一"而与别处不同，但布商可通过行店与机户约定土布的具体规格，即"由客定机"。[②] 在规程中，山西布商对不同产地土布的长、宽、线条数、重量等规格及包装方式、用具、费用等都进行了详细的规定与说明，体现了标准化的经营特色。表2统计了《咸丰年间湖北各处办布规程》对旧口镇和多宝湾镇土布的各项说明。

表2　　　　　　　　　　　咸丰年间旧口镇与多宝湾镇办布规格与包装

办布地点	土布种类		规格		成本	包装	重量	
		长	宽	线条数			每匹	每卷
旧口镇	发往平遥白布	提尖白布	二丈八九	一尺	三百八九十条	五百文至六百文上下	五十匹成卷	一斤三四两	六十一二斤
		顶庄白布	二丈八	一尺	三百四五十条	五百文上下	五十匹成卷	一斤二三两	五十八九斤
		锦白布	二丈七八	一尺	三百二三十条	四百文上下	五十匹成卷	一斤一二两	五十五六斤
		晚庄白布	二丈五六	一尺零七八分	三百来条	三百文上下	六十匹成卷	一斤一两	五十三四斤
		彩边白生兼紫花布	二丈五六	一尺零二三分	三百八九十条	八百文上下	四十匹成卷，外用顶白布五匹	一斤五六两	六十一二斤
		拔尖晚庄白布	二丈五六	一尺零五六分	三百一二十条	三百二三十文	染色后五匹成一甬，十二甬成一捆		

---

① （清）仇继恒：《陕境汉江流域贸易表上》，宋联奎等编：《关中丛书》第4集，陕西通志馆民国二十四年铅印本，第1页a。

② 《咸丰年间湖北各处办布规程·后港镇》，刘建民主编：《晋商史料集成》第68册，北京：商务印书馆，2018年，第79页。

续表

办布地点	土布种类		规　格			成本	包装	重量	
			长	宽	线条数			每匹	每卷
旧口镇	发往洛阳胎布	正号甬胎布	二丈八九	一尺	四百八九十条	五百六十文至六百五六十文	五十匹成卷，外加顶庄白布二匹；发河南府染色，五匹成一甬		
		副号甬胎布	二丈八九	一尺	三百八九十条		与正号甬胎布同		
		副号胎布	二丈八	一尺	比顶庄白布多二三十条	比顶庄白布多二三十文	与正号甬胎布同		
	发往禹州胎布	提尖胎布	与前相似	与前相似	比之前少线子三四十条	比之前少四五十文	五十匹成卷，外加顶庄白布二匹；发禹染色五十匹成卷		
		顶庄白布	与发平白布同	与发平白布同	比发平白布少二三十条	比发平白布少三四十文	五十二匹成卷；发禹染色五十匹成卷		
		尾庄胎布	二丈五六	一尺零七八分			五十五匹成卷，外加顶庄白布二匹；发禹染色以六十匹成卷		染色后六十二三斤
多宝湾镇	发往平遥	贡庄白布	二丈七八	一尺一	四百一二十条	毛银六钱上下	四十五匹成卷，会改五十匹		六十斤
		福庄白布	二丈七八	一尺一	比贡庄白布少二三十条	毛银五钱六七分上下	五十匹成卷		五十七八斤
		仁和白布	二丈七八	九寸	三百来条	均银四钱上下	六十匹成卷		五十五六斤
	发往禹州	贡庄胎布	二丈八	一尺一	四百来条	均银六钱	五十匹成卷，外加低[底]本皮布二匹		
		福庄胎布	二丈八	一尺一	三百七八十条	均毛银五钱六七	五十二匹成卷		

资料来源：《咸丰年间湖北各处办布规程》，刘建民主编：《晋商史料集成》第68册，北京：商务印书馆，2018年，第58~67页。

由表 2 可见，咸同年间，从旧口镇和多宝湾镇发出的布匹中，发往平遥方向的为各类白布，发洛阳、禹州的多为胎布，每种土布的长、宽、线条数等均有一定规式，且不同种类的土布之间规格亦大体相同，其中副号布的质量稍逊于正号布。民国八年规程所载土布规格更为统一，其长度多以四丈四尺为准，若有不合规者，则进行裁改，如买德安府机布和贩布"均长四丈四，若有不足，照数接补"；应山县布"原稍四丈七，做四丈四"；枣阳县"买布原稍四丈八，做四丈四"。① 收购完成后，为便于运输，需由行店或过载行对其进行统一包装。包装的具体规格因时因地而变，且与土布种类、尺寸、是否染色等相关。规程所见包装方式有卷、把、甬、捆、乍等，以卷为主。如表 2 中，未染色的土布一般四十匹到六十匹成一卷，且包装所用布匹亦计入其中；已染色的土布多先成甬，再成捆或卷，如旧口发平拔尖晚庄白布，染世美葱白水银后以五匹成一甬，再以十二甬成一捆。包装时，需要用到皮布、乔布、油纸、里纸、绳子（包括捆包绳子和甬绳子）、麻袋、蒲包等物，成卷之后，还需加上印记；除材料外，包装的另外一项成本是工钱，即"折工钱""缝工钱"等。由此可见，山西布商虽于各集镇零散收布，但其以既有市场规范为基础，对不同地区所产土布的样式和质量都进行了有效分类，包装打卷也有具体规范，从而基本实现了标准化收购，以便于进一步的运输和售卖。

此外，规程中对各类包装用具价格、使用方式的详尽说明，蕴含着山西商人精打细算的商业品质。如在沙市镇购买湖布，所用到的包装中"油纸每捆记三十刀，每刀十张，每张约迭曹［漕］平纹银一分二，每捆至旧口银五分八，每张破四张，包湖布四甬大谱每匹摊油纸银一厘""改莲纸，每块两夹，每夹七刀，每刀二百张，每张迭银八毫，至洛每张连脚银一厘五""麻袋每匹均银一钱二三，每匹做包二个半，长二丈五，每个迭银五分之谱"。② 在"锱铢必较"中，山西布商将各项成本均摊至每一匹布上，对成本做到了严格把控。

在打卷包装之外，对土布的另外一道加工程序是漂染及踹布。山西布商所收之布多为未经染色的白布和胎布，③ 为迎合市场需求以赚取更多利润，需对土布进行染色。与发达的棉纺织业和繁盛的棉布贸易相适应，湖北有着较为成熟的棉布印染业。收购土布后，山西布商会视当地加工能力、经济上合算与否等情况决定就地加工或运往别地加工。④ 按规程记载，沙洋镇、旧口镇、后港镇、汉口镇、石牌镇等为湖北重要染布地点，若运往他处

---

① 《民国年间全国各地办布规程》，刘建民主编：《晋商史料集成》第 68 册，北京：商务印书馆，2018 年，第 428~429 页。

② 《咸丰年间湖北各处办布规程·沙市镇》，刘建民主编：《晋商史料集成》第 68 册，北京：商务印书馆，2018 年，第 74~76 页。

③ 有时，山西布商亦直接收购已经印染好的土布，如在汉口办布，信茂毛真红光真红布，长一丈八，宽八寸五，十匹成甬，十三甬成包；毛桃红板朱红布长一丈四，宽七尺五，十匹成甬；光桃红杂色长一丈六，宽八寸，十匹成甬，一十六甬成包。这也印证了汉口印染业之发达。见《同治十年余庆堂各处办布底稿·计开汉口办布发脚厘金式》，刘建民主编：《晋商史料集成》第 68 册，北京：商务印书馆，2018 年，第 123~124 页。

④ 如咸丰年间买旧口发平拔尖晚庄白布，就地踩"世美葱白水银"，发洛胎布则为运往河南府染色。《咸丰年间湖北各处办布规程·旧口镇》，刘建民主编：《晋商史料集成》第 68 册，北京：商务印书馆，2018 年，第 60~61 页。

印染，主要目的地有河南禹州、洛阳、五女店、临颍县、河南府、张潘镇等处。石牌镇为湖北专门染布地点之一，在此地办布多就地染色，《咸丰年间湖北各处办布规程》所载其染布颜色、数量及价格详见表3。

表3　　　　　　　　　　咸丰年间石牌镇染布颜色、数量与价格表

颜色	源高黑扣青	大红	鱼白	月兰	金黄	棕色	宝兰	京标	西湖绿	豆绿	官绿
染布数量/甬	六十	三十六	三十	十三	十二	六	六	六	三	三	三
染价/匹	五分三	三分五	三分	三分一	三分四	三分四	三分四	三分一	六分五	三分四	三分四

资料来源：《咸丰年间湖北各处办布规程》，刘建民主编：《晋商史料集成》第68册，北京：商务印书馆，2018年，第72~73页。

由表3可知，不同颜色染料需求不同，染料价格也不尽相等。源高黑扣青价格虽贵，每匹需银五分三，但所染数量最多，为60甬；大红、鱼白、月兰、京黄等色数量也较多；官绿、豆绿、西湖绿、京标、宝兰、棕色等色则数量不多，均不超过6甬。单价方面西湖绿价格最贵，每匹需银六分五；除源高黑扣青、西湖绿外，其余颜色染价均在三分到四分之间。由此可窥见其时染价的大致情形与市场上对不同颜色土布的需求状况。汉口为湖北最大的工商业市镇，土布印染业相当发达，为便于记忆，规程将汉口镇染布种类和价码编成口诀：

> 汉镇布有许多长，裁尺量来丈五长。下色洋漂并鱼月，上色枝红京毛蓝。宋巾虎皮洋连布，棕色秋香金鹅黄。以上杂色是根底，下边加码在其间。光桃加五毛桃六，惟是石青加三分。毛板朱红十二码，十四原目朱红光。汉得杂色加十数，果录［绿］加四鱼红五。信毛真红四十码，毛真红布三十七。一概扣青二丈长，各号加码前面扬。①

分析可知，在汉口染布，颜色分上等与下等两类，下等色为洋蓝、漂白、鱼白、月白，上等色为枝红、京蓝、毛蓝。棕色、金黄、鹅黄等为杂色，染色时以其为根底，光桃、毛桃、石青、朱红、果绿、真红等色分别加码加价。同治年间，旧口布发往洛阳染色分蓝色和杂色两类，其中仅蓝色便分苏石洋海正顶蓝、鱼月白、月蓝、宝蓝、真青、伏青、双底油绿双底、正号双青双底、二号双青底、三号双青底、临颍双青底等十一类。②种类繁多的染色和不同颜色染价的差异体现了市场的多样化需求，也蕴藏着山西布商对市场需求的精准把控及同时占据高端和低端市场的经营特色。关于踹布，布商文书中虽未见

---

① 《咸丰年间湖北各处办布规程·汉口镇》，刘建民主编：《晋商史料集成》第68册，北京：商务印书馆，2018年，第97~98页。

② 《同治十年余庆堂各处办布底稿·旧口镇》，刘建民主编：《晋商史料集成》第68册，北京：商务印书馆，2018年，第122页。

其记载，但作为加工漂染过的土布的必经程序，在拥有印染业的市镇，踹布业想必也是存在的。

四、土布的运输与销售

（一）运输流程实态

土布运输流程实态丰富，涉及路线与运输工具选择、货物装运、费用核算与交纳等事项，在其丰富实态中，山西布商的部分经营特色也得以体现。土布运输大体循着数条既定的商路进行，战乱、天气、成本等因素则影响着路线的具体选择与运输时效。路分水路旱路，相应的交通运输工具也分车、船、牲畜等类；经过重要节点市镇时，货物一般需重新装运，具体规格则视交通工具和货物种类而定；且交通工具有其季节适用性，大部分河流会因结冰、水浅、涨水等情况而无法行船，骆驼则在夏秋季节因天气炎热而无法运输。交通工具以外，运输流程的完成也离不开人力，运输工具的掌舵，货物的搬卸、装载等自不待言，即使水路行船，也不可能一直借助自然之力，水浅船重或进出港口及经过船闸等水利设施之时，往往需人力拖拽。

随着社会分工的发展，出现了过载行、脚行等专业机构，具体承担着运输过程中的各类事宜，各项费用多由其包办，① 为山西布商进行长途贩运提供了便利。多数情况下，货物运输并非"一脚送达"，即由某一运输机构负责由起点到终点的全部运输事宜，而是要经过多次转运，有时也需将货物暂存于相识商号或行店、货栈中。为保障土布能顺利运达，山西布商除派出伙友以及时处理运输过程可能发生的各项事宜外，亦通过书信同伙友及相关商号保持联系以保证对货物运输情况的了解。试以新洲镇之布发甘肃灵州为例对运输流程部分实态作具体分析。②

从新洲镇出发前，需先将包装好的土布搬运至船上并支付下河力银，具体装船规格为三十二小卷或一十六大卷为一载，由新洲发汉口到樊城再到荆紫关，均为水路，船只进出各港口时，多需借助人力拖拽，如在汉口每载需出驳船脚力纹银一钱六。后半段路程改走旱路，运输方式由船运改为牲畜驮运或车运，货物的装运规格也随每次转运而不尽相同。由荆紫关发龙驹寨，土布以四大卷为一担；由龙驹寨发泾阳，以四大卷或八小卷为一担；由泾阳发灵州，以二大卷或四小卷为一担。每段路程中，均由脚行或过载店提供土布的运输、搬卸、存储等服务，除运费和佣金外，还需支付各类税费。即使运输过程如此繁琐，山西布商仍能精准计算出"由汉发至宁灵地，每匹脚费四分摊"，可见其把控成本之能力。

---

① 如民初在陕县过货，车力银、小脚钱、车马柜钱、车厂银、城防局银、商会银等各项费用"逐宗载明皆归转运者负偿，不与货主相涉"。《民国年间全国各地办布规程·陕县过货规则》，刘建民主编：《晋商史料集成》第68册，北京：商务印书馆，2018年，第430页。

② 此部分内容见《咸丰年间湖北各处办布规程·新洲镇》，刘建民主编：《晋商史料集成》第68册，北京：商务印书馆，2018年，第67~71页。

除上述外，有关运费的计算规式也是运输流程的重要部分。运费计算规式一为苦布等防雨包装的运费收取；二为运输机构对布商在运费上的让利；三为具体的支付机制。按照运输行业规例，一定重量的布匹可免费附带规定数量之内的用来防雨的苦布，超过部分则需另外收费。如由龙驹寨发泾阳，每担土布可附带一连苦布，超出此数，每连需出运费银五分二；由泾阳发灵州，苦布运费计算方式大体相同。运费以路程远近和货物重量为计算依据，为拉拢生意，脚行往往会对货物重量进行折扣。如由龙驹寨发泾阳，每大卷布毛重为四十斤，除毛后为三十九斤半，脚行以十二斤作十斤计算，小卷布亦同，布商因此得到优惠。

传统时期，在以白银为结算货币的商业交易中，存在着"先讲价格，后言扣头"的规式，为促进交易效率起见，交易双方往往先以某类白银为基准约定一个大概的价格，再根据实际交付白银的平色以及交易双方具体协商等因素确定交付折扣，如由荆紫关发龙驹寨，运费以八八扣元银收取。[1] 另外，运费现付和赊欠有着不同的折扣比例，如由泾阳发灵州的运费，在泾店现付，为九扣泾布平足纹银；若下欠至灵州付银，则脚元银"脚元银系以九二扣纹银，再以九七扣灵布平干银付给"。规程中对运输事宜事无巨细的规定及信稿所见关于运输事宜的交涉，既反映了山西布商对于各项流程的细致把握，也体现了其对于市场资源的合理应用。

（二）运输路线与费用

山西布商由各处市镇收购及加工土布后，多借水利之便经汉口、旧口等处发往樊城、老河口等土布中转集散中心，再通过不同路线发往各销售市场。咸丰年间，大体而言，多宝湾、旧口之布发往平遥有东西两条路线，均由"樊城新打洪行店过载分路"[2]，其他市镇土布若经樊城镇外运，运输路线也大致相同。东路为：樊城新打洪—赊镇—禹州/洛阳/郭家咀—泽州府—平遥；西路为：樊城新打洪—新野县—禹州/洛阳—曲沃—平遥。[3] 樊城发平遥部分运输路线及费用见表4。发往西北地区，目的地有平凉、肃州、灵州、兰州、三原等，陕县、赊镇、荆紫关、龙驹寨、潼关、西安等则为重要中转站。试列举两条具体路线：①新洲镇—汉口—樊城新打洪—荆紫关—龙驹寨—泾阳—灵州[4]；②樊城新打洪—陕县—旱路至潼关/水路至交口—三原—平凉—兰州[5]。具体运输费用视路程远近、货物重量、转运规格、运输工具等常规因素和社会动乱等非常规因素决定。

---

① 由规程可见，此种白银支付机制存在于土布贸易的各个流程中，笔者另有专文论述。

② 《咸丰年间湖北各处办布规程·计开在湖北省办发湾旧等布规款》，刘建民主编：《晋商史料集成》第68册，北京：商务印书馆，2018年，第86页。

③ 整理自《咸丰年间湖北各处办布规程·计开在湖北省办发湾旧等布规款》，刘建民主编：《晋商史料集成》第68册，北京：商务印书馆，2018年，第86页。

④ 整理自《咸丰年间湖北各处办布规程·新洲镇》，刘建民主编：《晋商史料集成》第68册，北京：商务印书馆，2018年，第67~70页。

⑤ 整理自《民国年间全国各地办布规程》，刘建民主编：《晋商史料集成》第68册，北京：商务印书馆，2018年，第430~433页。

表4　　　　　　　　　咸丰年间由樊城发平遥部分运输路线及费用表

路线		费　用			
		骡脚钱	马车脚钱	驼脚钱	厘金钱
东路	旧口—樊城新打洪	旧口每卷下河小力钱十五文、河至新打洪水脚钱七十文、樊城厘金钱四十八文			
	樊城—赊镇	船脚每载五两至七两			
	赊镇—禹州	每卷三百五十文至五百文	每卷毛银二钱至三钱		一车四十卷，抽银三钱；骡驼一头四卷，抽银五分
	赊镇—洛邑	每百斤毛银五钱至一两三钱	每卷毛银三钱至八钱	每百斤毛银七钱至一两九钱	
	赊镇—郭家咀	每百斤五钱至一两三钱	每卷毛银三钱至九钱	每百斤毛银七钱至一两九钱	
	赊镇—平遥	骡钱每百斤一两九钱至二两八钱		每百斤毛银一两八钱至六两四钱，平常为三两之谱	
西路	樊城新打洪—新野	每卷水脚钱五十文			
	新野—洛阳	驼脚每百斤纹银二两			
	新野—曲沃	每百斤毛银一两五至四两			
	曲沃—平遥	每担二千八百文至三千二百文，行用元银八分（四卷作一担）			
	新野—平遥	驼钱每百斤毛银五两，每两毛银外加行用元银四分（惟禹洛不加）			

资料来源：《咸丰年间湖北各处办布规程》，刘建民主编：《晋商史料集成》第68册，北京：商务印书馆，2018年，第86~90页。

　　清末民初，铁路运输逐渐兴起，山西布商也与时俱进，借力这一先进运输工具运销湖北土布，且汉口取得类似于樊城和老河口在水路运输中的重要地位。民初，在汉口办布，土布漂染好后，可由染坊直接起送至车站装车运输。[①] 专门从事物流行业的货运公司也开始出现，将汉口之货交货运公司包运至陕州，每百斤火车费为二元五角，另再加二角五分，可将货物再运往郑州。[②] 与其他运输方式类似，铁路运输费用主要由运费、货物装卸费、包装费用等部分组成，表5为民初由汉口等处至陕州的火车运输费用。

　　① 《民国年间全国各地办布规程·汉口各办货规则》，刘建民主编：《晋商史料集成》第68册，北京：商务印书馆，2018年，第447页。
　　② 《民国年间全国各地办布规程·汉口公司包运各货》，刘建民主编：《晋商史料集成》第68册，北京：商务印书馆，2018年，第448页。

表5 　　　　　　　　　　民初汉口等处至陕州火车运输费用

路线	土布种类	运费	押车及上下驱力	盘费	辛用	总计
汉口—陕州	二府定机布	每百斤二元七一	四角	二角	二角	三元五一
汉口—陕州	岳干布	每百斤五元八				五元八
汉口—陕州	印花布	每百斤六元八				六元八
孝感—陕州	二府布	每百斤二元五二	四角	二角	二角	三元三二
花园—陕州	二府布	每百斤二元四	四角	二角	二角	三元二

资料来源：《民国年间全国地办布规程》，刘建民主编：《晋商史料集成》第68册，北京：商务印书馆，2018年，第448页。

由表5可知，从汉口、孝感、花园等处至陕州，货物运费因运输距离和土布种类的不同而异，其他费用则均相同，反映了民初火车运输行业的收费特色。

此外，邮包运输这一模式也被应用于土布运销中，由汉口邮"河同元亨字印花布，每个邮包内打九匹，每匹一两三六，共合银十二两二四。每个邮费七元七（五两三一三），每个包皮二钱，缝工二分，绳子二分，栈用一分，送力二分"，至河后，每包再加"落地税洋一元三"，以七钱九合银九钱一计算，每个邮包"迭河银十八两七三三"。① 新式交通工具和运输方式的应用无疑有利于提升土布转运的标准化和运输效率。

（三）销售地点及模式

由规程、信稿可见，山西布商收购并加工湖北土布后，多运往山西、河南、陕西、甘肃、宁夏等地出售，甚至远销至东西两口，涉及西北和华北大部区域。另据黄鉴晖研究，山西布商在汉阳收购土布后，再运往汉口加以染造售与南方来客，这是将湖北土布销往东南的情况，② 当非主要情形。笔者统计了资料所见湖北土布的具体销售地点和中转中点，详见表6，由于部分土布市场在民国初年已为洋布所攘夺，故表中所反映的更接近于晚清时期山西布商贩运湖北土布的事实。

表6 　　　　　　资料所见晚清山西布商贩运湖北土布销售地与中转地

	直隶	山西	陕西	甘肃
销售地	东口（张家口厅）、南宫县	平遥县、太谷县、榆次县、汾州府、绛州、临县、碛口镇、西口（归化城厅）	泾阳县、土桥镇、岐山县、凤翔府、邠州、三原县	兰州府、甘州府、西宁府、碾伯县、西峰镇、礼县、固原州、河州、西河镇、平凉府、定边县、宁夏府、秦州、泰安县、中卫县、洮州、岷州、凉州府、早社镇、灵州

———————————

① 《民国年间全国各地办布规程·汉口规式》，刘建民主编：《晋商史料集成》第68册，北京：商务印书馆，2018年，第462页。

② 参见黄鉴晖：《明清山西商人研究》，太原：山西经济出版社，2002年，第245页。

续表

中转地	汉口镇、旧口镇、樊城镇、老河口镇、洛阳县、赊镇、陕州、禹州、渑池县、荆紫关镇、郭家咀、新野县、龙驹寨、泽州府、曲沃县、解州、西安府、交口镇、渭南县、潼关

资料来源：《咸丰年间湖北各处办布规程》《同治十年余庆堂各处办布底稿》《民国年间全国各地办布规程》，刘建民主编：《晋商史料集成》第 68 册，北京：商务印书馆，2018 年，第 55～111、112～153、424～465 页；《咸丰某年平遥某布花店各处收信稿》，刘建民主编：《晋商史料集成》第 7 册，北京：商务印书馆，2018 年，第 57～169 页。

说明：表中开列地点在资料中展现出的主要功能是将其划分为销售或中转地的依据所在，部分地点同时兼具销售地与中转地的功能。

　　结合前述土布运销路线，可将晚清民初山西布商运销湖北土布部分路线及销售地点绘制如图 2。由图 2 可直观感知山西布商开发西北市场之深入。销往西北的棉布除直接经由河南、关中地区运输外，还存在以下两种情况：一为山西布商将棉布经碛口、风陵渡等渡口运往陕西，再进一步销往甘肃。二为西北布商来山西绛县、汾州府、平遥、榆次等处收购，如同治三年四月，平遥某布庄分号广仁记寄往总号的信中言及"目下绛地德安布价元银八钱二分，川庄岳口布二十余天概无做开行情，买主皆系甘省土客，因绛土亦不行，各带货赴谷者多……一则土客赴谷，再者可赶榆会"①。不难想象，在此过程中，有相当一部分产自湖北的土布会流向西北。

　　与产地购布相同，经营长途棉布贩运贸易的山西布商将湖北土布运往销售地后，若无自己所开店铺，棉布售卖需由行店等中介机构代为完成，并支付其佣金和柜用、班用等卸布费用，若客商携带大量铜钱，还需收取卸钱费，如在三原县"一卸大布每卷柜用四分、班用二分五，共纹银六分五厘；一卸梭布每甬柜用八厘、班用四厘，共纹银一分二，外店若卖亲自起货准代〔带〕钱，卸六厘。一卖大布每卷店用银一钱三，到期收银每两布店扣串底银五毫，送永远局；一卖梭布每甬店用银三分"②。售布所得则在一定期限后收取，如在兰州"一卖大布有期限，数月不等……一卖洋斜本月期限"③。

　　能够经营长途贩运贸易的山西布商往往资力不匮，为开拓及稳固市场，获取更多利润，除在晋中等地开设店铺外，也会在棉布销售市场的重要市镇设立分号，以经营棉布销售业务，而非主要依靠行店。三原是清代棉布集散中心之一，也是布庄集中之地，陕甘布商多在三原设总号，称"驻房子"，这些布店的主要业务是将从湖北、河南等地收购的土布经加工后再分销甘肃、宁夏、青海、新疆等地，而除陕甘布商外，三原布店的经营者中

---

　　① 《咸丰某年平遥某布花店各处收信稿》，刘建民主编：《晋商史料集成》第 7 册，北京：商务印书馆，2018 年，第 88～89 页。

　　② 《民国年间全国各地办布规程·三原县卸布卖布及买布发布规则》，刘建民主编：《晋商史料集成》第 68 册，北京：商务印书馆，2018 年，第 432 页。至此，可知山西布商贩运湖北土布的成本主要由对土布的收购、加工、运输、售卖四部分组成，包括布价、店用钱、包装材料及人工费用、货物搬卸费、运输费、会馆钱、厘金钱（统税）及各类税费等。

　　③ 《民国年间全国各地办布规程·兰州卸货卖货规则》，刘建民主编：《晋商史料集成》第 68 册，北京：商务印书馆，2018 年，第 433 页。

图 2　晚清民初山西布商运销湖北土布部分地点及路线示意图

资料来源：图 2 应用 QGIS 软件制作，地图数据来源于复旦大学历史地理研究中心 1820 年河流、1911 年省级界线（甘肃、陕西、山西、直隶、河南、湖北）；市镇坐标来源于 CHGIS 系统。

说明：除新洲镇外，"●"为销售地、"○"为中转地。线段利用绘图软件绘制，未对底图作任何修改，其所示为大致运销方向，而非实际路线。◆◆◆◆◆为樊城—平遥的东路路线，－－－－为西路路线；——为运销西北地区之路线①，⋯⋯⋯为路线②。

也不乏山西商人。①《丁村商人书信》即反映了咸丰至光绪年间山西布商在三原经营棉布贸易的情况，山西布商不仅在三原设有布店，而且通过宁夏的分庄、联号或委托兰商代卖棉布的形式，与兰州、凉州、宁夏各府展开了棉布贸易。②《同治三年信稿》是分析山西布商在西北地区经营棉布贸易的重要个案，该平遥布商除在湖北、河南土布产区重要市镇设有长庄或派出机构外，也于甘肃肃州、凉州，陕西三原等西北重镇开设分号，③ 并通过规范化的书信往来进行业务指挥和商情传递，从而形成了较为完备的棉布贸易网络。就销售形式而言，则在坐庄兼营棉布零售与批发生意外，也会逢集期在集市上售卖。由此，山西布商在有效利用现有行业分工模式的基础上，深度参与了土布收购到加工再到运销的流

---

① 详见田培栋：《陕西社会经济史》，西安：三秦出版社，2016 年，第 847 页。

② 详见黄鉴晖：《明清山西商人研究》，太原：山西经济出版社，2002 年，第 251~252 页。

③ 如"我肃号与永隆符有信，祈伊专脚往平送我凉肃之信""廿四日接得第四次信一封，内统凉号原信二纸，俱各领悉""三原虽立布店，刻下消［销］货有限"。《咸丰某年平遥某布花店各处收信稿》，刘建民主编：《晋商史料集成》第 7 册，北京：商务印书馆，2018 年，第 90、107、134 页。

程，一定程度上实现了购销一体化。

此外，太行山地区的各处庙会也是山西布商长途贩运业务的重要目的地，俗称"赶会"，经营夏布贸易的榆次锦泰蔚布庄从四川所采购的夏布主要运往京都、鄚州等地销售，其中鄚州即以鄚州庙会而著称，会期从农历三月二十日起首，一直持续到四月十五日，云集着各处商人和各类商品，颇为繁盛。除鄚州会外，还有吴桥会、位伯会、崔母会、辛集会、阜城会，等等，会期持续数天到数十天不等，① 成为区域内重要的临时商品集散市场。由此可推知，山西布商通过"赶会"售卖湖北土布的情形也当是存在的。

五、结　语

近年来，商业文书等民间文献的井喷式出现使得商业金融史研究迎来了前所未有的"史料之春"，借助于《晋商史料集成》所收录布商规程、信稿等一手文献对山西布商的运营流程进行微观研究，并探究其经营模式，是一项基础性工作，也是将山西布商置于传统时期整体商业和市场环境之中进行研究的必然要求。本文通过较为详实的数据进一步证实，晚清民初，随着洋布洋纱向广大内地倾销程度的加深，湖北土布业虽受到一定影响，但仍维持了较大的市场份额，在土洋之争中占据着优势。在湖北土布运输全国的过程中，山西布商扮演重要角色。在采购、加工、运输及销售湖北土布的流程中，山西布商积极融入现有行业分工体系之中，逐渐形成规范化与标准化的商业运营模式，实现购销一体化，并体现出严格把控成本、精准掌握市场需求的商业品质。

山西布商以汉水及其支流等水系相勾连的市镇为中心，通过长庄、行店等模式构建起了得以尽收湖北之布的收购网络。行店广设于各办布市镇，多为湖北本地商人经营，为客商提供了交易场所及食宿、换银买钱、货物包装与存储、维持交易秩序等服务，并在土布收购、加工、运输等环节中居中联系，因其服务全面和经济上之合算性而成为最主要的购布模式。在长期经营过程中，山西布商对于各办布市镇上土布的规格及包装方式进行了详细分类与说明，从而实现标准化经营；为获取更多利润，山西布商多对土布进行漂染后方才出售，加工地点和方式的选择则以加工能力、市场需求等实际情况为依据。汉口、樊城、老河口等市镇为山西布商集散和转运土布的中心，销售范围囊括华北及西北大部，并形成了数条既定的运销路线。土布运输有着丰富实态，包括运输路线、交通工具选择，运费的计算与交付等，行店、过载行、脚行等专业机构则为运输业务的实际承担者。民初，山西布商与时俱进，在棉布运输中应用了火车、邮包等新兴工具和方式。在土布销售区域，山西布商多采用设立分号的模式经营，将长途贩运与坐庄销售相结合。在贩运湖北土布的过程中，山西布商不仅推动了土布生产的统一化、规模化及商品化的进一步发展，也增强了土布产区与销售市场的经济联系，推动了其市镇经济的繁荣。

（作者单位：山西省社会科学院暨山西大学历史文化学院）

---

① 见《清代太谷锦泰蔚布庄办布规程·东路赶会日期》，刘建民主编：《晋商史料集成》第68册，北京：商务印书馆，2018年，第182~183页。《集成》编纂者对该规程命名有误，规程封底盖有"东阳锦泰蔚"印章，东阳即东阳镇，今属晋中市榆次区；且文中有"将原单再统回榆铺"等句，可知锦泰蔚总号位于榆次，故笔者将规程重新命名为"清代榆次锦泰蔚办布规程"。关于鄚州庙会，可参见王传玉：《鄚州庙会源流考和改革开放中的经济腾飞》，《任丘文史资料》第6辑，2002年，第73~83页。

清末民初山西剪发运动背后的文化动员

□ 齐千里

【摘要】 发式在中国传统文化中拥有丰富的文化内涵。入关之初，清朝统治者改汉族发式，制定了极端严酷的"剃发结辫"政策，实施"留发不留头，留头不留发"的铁血手段。辛亥革命推翻了清王朝的统治，剪发与留辫又成为革新与守旧、革命与反动的文化标识，成为争取社会文化领导权的焦点之一，转化为一种社会革命动员的途径。民初山西当局将剪发列为必办之要政，以"咸与维新"的方式大力实行全民剪发，借此以实施社会变革的动员。但咸与维新的剪发运动在巨大的历史进步中又存在着自身的局限性。关于民初剪发与留辫的历史考察，对于探寻政治动员与社会文化心理（社会意识形态）的关系，以及社会变迁时期如何造就一种新的国民文化，提供了一条独特的观察渠道。

【关键词】 清末民初山西；剪发运动；文化领导权；国民文化

近代以来，中国发生的深刻社会变革是由辛亥革命拉开序幕的。说起辛亥革命，鲁迅写道："假如有人要我颂革命功德，以'舒愤懑'，那么，我首先要说的就是剪辫子。"[①]历史证明，社会变革的序幕是从多方面、多层次拉开的，需要多管齐下、多方施治，其中剪发一项，在当时为直通人心之举，有着开启现代生活的独特意义。

辛亥革命后，学界开始关注与研究辫发史。1913 年，日本学者桑原骘藏发表了《中国人辫发的历史》，对宋金战争中国人辫发的存留做了一些考证与研究，该书出版后被多次译为中文，具有较大影响力。改革开放后，随着史学研究的多元化，学界对辫发史进行了多角度的研究。如冯尔康《清初的剃发与易衣冠》由明末清初剃发的实行入手，讨论了生活习俗差异对民族关系的重要影响。[②] 陈生玺在其研究中系统阐释了清朝入关时剃发令的实施，民众的反抗以及剃发令对清初的政治影响，并对清末在剪辫问题的论争及各地

---

① 鲁迅：《病后杂谈之余》，《鲁迅全集》第 6 卷，北京：人民文学出版社，1981 年，第 189 页。

② 参见冯尔康：《清初的剃发与易衣冠》，《史学集刊》1985 年第 2 期。

的剪发运动进行了探讨。① 严昌洪在《中国近代社会风俗史》等著作及论文中，对清末民初的剪发运动进行了大量详实的研究，讨论了风俗演变对革命的推进作用。② 侯杰、胡伟、张德安等人则以身体研究的视角，讨论了辫发的象征意义与社会影响。③ 樊学庆的研究则注重将剪发与易服二者作为一个整体来看待。④

在辛亥革命与山西的研究方面，缺少对剪发运动的专题研究，目前已有的成果只是附属或点缀于对山西乡村建设的研究中。实际上，清末民初"咸与维新"的山西剪发运动是近代中国社会变革与造就新国民文化的一个缩影，集中地反映了辛亥革命除旧去污、民国初期的革故鼎新，以及社会治理的艰难曲折、移风易俗的教化漫长。

一、剃发结辫，标识顺民身份的政治符号

头发就是生长在人体头部的毛发，在科学研究上属于人体学、生物学范畴；在当今社会生活中，人们对发型式样有着比较自由的审美选择。然而，在公元 1644 年，入关的清朝统治者对头发有严酷的规定：人们必须剃发结辫，否则，就是"留发不留头"的抗命逆贼，当在诛杀之列。

把发型式样作为生杀予夺的认证，并非自清朝入关才开始实行的政策，而是女真族统治者由来已久实行的一大极端政策。早在金太宗攻宋时期，就曾发布"禁民汉服，及削发不如式者死"⑤ 的命令，他们强迫被征服的各色人等效法女真族发式。满族人认为自己是金的正统继承者，赓续了这一传统，清太祖努尔哈赤 1618 年攻下抚顺后"抚顺被虏军丁八百余人，又尽髡为夷"⑥，1631 年清太宗皇太极在大凌河之役胜利后下令"归降将士等剃发"⑦，即指改剃满族发型，把剃发结辫作为归顺的标志。在满人入关之初，即要求"剃发归顺者地方官各升一级，军民免其迁徙"，"投诚官吏军民皆着剃发，衣冠悉遵本朝制度"。⑧ 由于各地人民的不满与抵制，为收买人心，剃发令尚不严格，如多尔衮令："予前因归顺之民无所分别，故令其剃发，以别顺逆。今闻甚拂民愿，反非予以文教定民之本心矣。自兹以后，天下臣民，照旧束发，悉从其便。"⑨ 在清军攻陷南京并擒获福王

---

① 参见陈生玺：《明清易代史独见》，上海：上海古籍出版社，2006 年；陈生玺：《清初剃发令的实施与汉族地主阶级的派系斗争》，《历史研究》1985 年第 4 期；陈生玺：《清末民初的剪辫子运动》，《渤海学刊》1995 年第 3、4 期。

② 参见严昌洪：《中国近代社会风俗史》，杭州：浙江人民出版社，1992 年。

③ 参见侯杰、胡伟：《剃发·蓄发·剪发——清代辫发的身体政治史研究》，《学术月刊》2005 年第 10 期。

④ 参见樊学庆：《辫服风云》，北京：生活·读书·新知三联书店，2014 年。

⑤ 《大金国志》卷 5，转引自陈生玺：《明清易代史独见》，上海：上海古籍出版社，2006 年，第 263 页。

⑥ （明）于燕芳：《剿奴议撮》，《清入关前史料选辑》第一辑，北京：中国人民大学出版社，1984 年，第 120 页。

⑦ 《清实录》，大清太宗文皇帝实录卷之十天聪五年十月至十二月，中国第一历史档案馆，第 14 页 a。

⑧ 《清实录》，大清世祖章皇帝实录卷之五顺治元年五月至六月，中国第一历史档案馆，第 1 页 b。

⑨ 《清实录》，大清世祖章皇帝实录卷之五顺治元年五月至六月，中国第一历史档案馆，第 7 页 a。

后，多尔衮即下令在全国范围内强制执行最为严苛的剃发令："谕到，俱即剃发，改行安业，毋怙前非，倘有故违，即行诛剿。"① 1645 年，6 月 15 日指示礼部通告全国剃发，规定自布告到达十日内尽行剃发："遵依者为我国之民，迟疑者同逆命之寇，必置重罪；若规避惜发，巧辞争辩，决不轻贷。"② 剃发令造成国内民族的严重对立，尤其在江南受到汉民族殊死顽强的抵抗，清政府残酷压迫汉民族，把无数的抗争之士砍倒在血泊中。

山西境内人民对剃发的抗争从清军攻入山西便从未间断。1644 年，朔州由"卢、蔚两大家族领导，不交粮，不剃发，万众一心，一齐反抗。虽然有许多人被处斩，但抗粮反剃发斗争，一直持续了好几年"③。1649 年的姜瓖起义，是山西人民对清人剃发令等政策不满的总爆发。大同总兵姜瓖先是剃发易冠降清，又于 1649 年 1 月再易冠服，自称大将军，在大同反正起义，公开举起反清复明的旗帜。山西全境闻风响应，绅士皆服明季衣冠，以剪辫为标志，同诣共议战守，汉族百姓为反对清朝的暴虐统治展开了殊死斗争，除太原等少数几座城镇外，山西境内大半州、县被起义军占领。但在清军的多路大军围剿之下，起义州县逐渐被攻陷。大同城池坚固，军民一心，清将阿济格、尼堪等率军屡攻不破，便采用长期围困的策略。在被围攻大半年后，大同粮尽援绝，"兵民饥饿，死亡殆尽，余兵无几"④。姜瓖手下部将杨振威暗通清将阿济格，于同年 10 月斩杀姜瓖及其兄弟，献城投降。大同陷落后，阿济格下令屠城，拆低城墙五尺，大同城作为边境重镇，历史名城，几乎被完全摧毁，大同治所一度移至阳和卫（今阳高县），山西其他州县如左云、朔州、沁州、汾州、太谷等多地人民亦遭屠戮，尸满街衢，人民不存，其惨烈程度可比江南人民抗清。

历史上的山西并不是一个封闭的地区，当地人民具有兼容并蓄的文化态度，尤其是晋北地区自古就是北方多民族交融之地，著名的"胡服骑射"、北魏孝文帝推行汉化，都与此地有关。山西历史上多次存在过北方少数民族建立的政权，这些民族也多是辫发民族。然而，山西人民何以如此抵抗满族人的剃发易冠服？首先当然是在政治、军事、经济上抗击他族的侵略和统治，同时，在文化思想、生活习俗上极难接受满人的发型式样也是原因之一。

满族的发型式样迥异于汉族，也有别于先前北方少数民族。满族的发型式样主要体现在男子头上，要旨是剃发又结辫，特殊在以后脑颅为中心，留下盘子大小一片生发区（称"辫盘"），把周围剃光，将盘中长发编成一根辫子垂下。除了父母丧和国丧百日内不剃发外，四周的头发要时时剃除。⑤ 剃与留是一对矛盾，平衡的办法就是将头顶面积一分为二，但从哪儿分界、剃留各多大面积，难以准确画定，剃得多了留发就少，编的辫子就会又细又短，剃得少了则反之。如，"辫盘"只有一枚铜钱大小，编的辫子就像老鼠尾

---

① 《清实录》，大清世祖章皇帝实录卷之五顺治元年五月至六月，中国第一历史档案馆，第 4 页 a。

② 《清实录》，大清世祖章皇帝实录卷之十七顺治二年六月，中国第一历史档案馆，第 5 页 b。

③ 王耀斌主编：《朔州通史》，太原：三晋出版社，2009 年，第 346 页。

④ 《清实录》，大清世祖章皇帝实录卷之四十六顺治六年九月至十二月，中国第一历史档案馆，第 1 页 a。

⑤ 郑天挺：《探微集》，北京：中华书局，1980 年，第 81 页。

巴，谓之"金钱小顶"①；反之，则又粗又长如猪尾巴。正像鲁迅写到的，清统治者要人们认识到"全留乃是长毛，全剃好像和尚，必须剃一点，留一点，才可以算是一个正经人了"②。

但在汉人心理中，这种又剃发又披辫的发型则至少犯了两大忌讳：

第一，不能剃发。"身体发肤，受之父母，不敢毁伤，孝之始也。"（《孝经》）百善孝当先，岂能自毁发肤？民俗学家江绍原研究认为，古人迷信头发是人体生命精华之所在，与本主有同感关系，即使与人体分离，也会影响到本主的寿命、健康、心情等，故可被当作本人的替代品。③《周礼·掌戮》讲"髡者使守积"，即作奸犯科受到剃发刑罚的人只能看守粮草。

第二，不能披发。古人是不剪发的，几千年来，华夏族早就形成了自己的正经发式：孩提时代，短发下垂称垂髫小儿；少年时在头顶左右将头发各扎成一个结，形如两个羊角，称总角年龄；十五岁豆蔻年华，解散总角，男子把头发扎成一束是束发年龄，女子将头发盘至头顶用笄插住是及笄年龄；到了二十岁，男子把束在一起的头发盘绕在头顶，用笄、簪将头发与冠冕固定住，就是弱冠年龄。④峨冠博带，垂拱而治，好戴高帽的一大原因即是头发茂盛而不剪。总之，汉人要留全发、戴冠或巾。"微管仲，吾其被发左衽矣"（《论语·宪问》）——孔子赞美齐国管仲，就是担心野蛮落后的夷狄将"被发左衽"发型服式强加在文明发达的华夏人身上。脑后垂辫即如披发在肩，为汉人所耻。

在文化价值观的长期渗透与教化下，汉民族形成了一套较为固定的衣冠制度，发式已经从个人身体的一部分变为了社会文化心理的重要表达途径，国民文化通过系统传承形成了整体文化行为。从这个意义上来说，汉人内心抵触满人的发式是必然的。僧尼剃头，道士披发，半剃半留谓之阴阳头，在汉人看来，满人的发型式样实在是不僧不道、不阴不阳、不三不四。孔飞力说道："在旧体制下，男子人格是以精心蓄留的长发为象征的。具有讽刺意味的是，那些在满族勇士看来意味着阳刚之气的东西，在汉人的眼里确是娇弱妇道的象征。"⑤

满族与汉族在祖制、审美、风俗等社会文化心理方面固然有许多差异。在清人入关之后，除剃发令之外，还根据满人的审美风俗制定了诸如禁止衣着或缠足的法令：例如"若有效他国衣帽，及令妇人束发缠足者，是在本朝而心在他国也。自今以后，犯者俱加重罪"⑥，但都未严苛执行，并在不久后便废止。另外，清人在征服朝鲜之后，起初也颁行禁发令，但在朝鲜人的谏言声中作罢。"清人轻中国矣，前得高丽，亦欲剃发，高丽人

———————————

① 《七峰遗编》第 55 回，《抚浙檄草》，第 188~189 页。转引自冯尔康：《清初的剃发与易衣冠》，《史学集刊》1985 年第 2 期。

② 鲁迅：《病后杂谈之余》，《鲁迅全集》第 6 卷，北京：人民文学出版社，1981 年，第 186 页。

③ 江绍原：《发须爪——关于它们的迷信》，北京：中华书局，2007 年，第 50、78 页。

④ 许嘉璐：《中国古代衣食住行》，北京：北京出版社，2002 年，第 4 页。

⑤ ［美］孔飞力：《叫魂——1768 年中国妖术大恐慌》，北京：生活·读书·新知三联书店，2012 年，第 73 页。

⑥ 《清实录》，大清太宗文皇帝实录卷之四十二崇德三年六月至七月，中国第一历史档案馆，第 10 页 b。

以死之曰，我国衣冠相传数千年，若欲去发宁去头耳，清人亦止。堂堂天朝，不如属国耶？"① 为何清朝统治者唯独对汉族剃发一事如此严苛，在一度废止之后又重新更严格地实施，不惜耗费巨大军事成本与治理成本，以至进行多次镇压与屠杀？

这里有降清的汉族官员献媚主动剃发并上书要求实行剃发令的缘故，以往学界对此有所讨论，但更深层次的原因在于清朝统治者并非"轻视中国"，恰恰是重视和忌惮繁荣昌盛同时又稳定恒久的中华文化。金朝与元朝在入主中原后被汉化并在较短时间内覆灭的前车之鉴令清朝统治者认为只有保持本民族的制度、传统价值观等国民文化，维护民族独立性，才能保证长久而有效的统治。皇太极认为应当学习金世宗保留女真族衣冠制度的做法："昔金熙宗及金主亮废其祖宗时衣冠礼度，循汉人之俗，遂服汉人衣冠，尽忘本国言语，迨至世宗始复旧制衣冠，凡言语及骑射之事时谕子孙勤加学习"②，并且驳斥那些劝改满族衣冠的谏言，告诫道："先时儒臣巴克什达海、库尔缠屡劝朕改满洲衣冠，效汉人服饰制度，朕不从，辄以为朕不纳谏。朕试设为比喻，如我等于此聚集，宽衣大袖，左佩矢、右挟弓，忽遇硕翁科罗巴图鲁劳萨挺身突入，我等能御之乎？若废骑射，宽衣大袖，待他人割肉而后食，与尚左手之人何以异耶？朕此发言实为子孙万世之计也，在朕身岂有变更之理，恐日后子孙忘旧制，废骑射，以效汉俗故。"③ 这段话被清朝统治者奉为圭臬，一百多年后仍旧被乾隆引用强调："我朝满洲先正遗风，自当永远遵循，守而勿替……率由旧章，期以传之奕禩，永绵福祚"，并立为《训守冠服骑射碑》。④ 多尔衮也认为新的礼乐制度的确立，乃是改朝换代的重要标志："近览章奏，屡以剃头一事引礼乐制度为言，甚为不伦。本朝何尝无礼乐制度，今不遵本朝制度，必欲从明朝制度，是诚何心？"⑤

新国家建立后，为维护国家政权的合法性，获得民众对于政权的认同，需要建立在意识形态领域的文化领导权。而文化领导权的确立，"需要借助宣传、传播渠道、法律、政策和制度，以及文化的生产与分配（包括教育）等转换中介对国民进行教育教化"，以建立新国民文化，"从而消除社会文化的异质性以及可能产生的政治认同的离散型，牢固树立国家意识并逐渐形成国家认同"。⑥ 这种新国民文化生成的转换中介，大体可以分为两类：一类是宣传、教育等转换中介，潜移默化地建立社会文化心理（意识形态）的文化领导权，从而向社会及个人渗透，赢得民众对国家意识形态的认同与主动支持，并实现自发传承，从而效忠于国家；而另一类则是国家通过法律模式直接强制规范与限制国民文化

① 张怡：《謏闻续笔》，转引自陈生玺：《清初剃发令的实施与汉族地主阶级的派系斗争》，《历史研究》1985 年第 4 期。

② 《清实录》，大清太宗文皇帝实录卷之三十四崇德二年二月至四月，中国第一历史档案馆，第 26 页 b。

③ 《清实录》，大清太宗文皇帝实录卷之三十二崇德元年十一月至十二月，中国第一历史档案馆，第 9 页 a。

④ 《清实录》，大清高宗纯皇帝实录卷之四百十一乾隆十七年三月下，中国第一历史档案馆，第 6 页。

⑤ 《多尔衮摄政日记》，转引自陈生玺：《明清易代史独见》，上海：上海古籍出版社，2006 年，第 276 页。

⑥ 傅才武、余冬林：《国家文化与国民文化的构造及其转换》，武汉：武汉大学出版社，2021 年，第 159 页。

的形态，通过政治权威确保社会文化心理（意识形态）的领导权。前者需要经过长时间的浸润，相对来说较温和；后者在短时间内强制灌输，相对较为激烈。清朝的剃发令显然是后者，国家以法律的形式树立了一个法定形象与行为，强行将满族的礼乐制度固定在民众身上。由于这种新国民文化是强制性、非自发的，与固有的社会文化心理相矛盾，故而引发了汉人普遍的抵抗。

在清朝确立新的"主流"国民文化后，民族对这种国民文化的态度已成为对清朝国家意识形态即政权认同与否的象征，自然而然的，剃发与留发便由受社会文化心理影响的个体审美上升为具有双向身份象征的政治符号。一方面，剃发在满人眼中，成了忠于自己祖宗的象征；另一方面，留发在汉人眼中，则是一种民族大义的体现。在一些清军与抗清武装反复争夺的地区，一度出现留发被清军杀，剃发被反清武装杀的情形。《七峰遗编》便提到"清兵见未剃发者便杀，取头去做海贼首级请功，名曰'捉剃头'，海上兵见已剃发者便杀，拿去做鞑子首级请功，号曰'看光颈'"[1]。由于剃发与否而引发的冤假错案更是层出不穷，当时山西曾有一位前明官员叫陈奇瑜，因为谢顶没有办法留辫而遭陷害，被以心怀前明的罪名逮捕入狱，最终被判斩立决。[2]

清朝统治者通过发式标记出不遵循新国民文化的"异类"，对这些"异类"采取零容忍的策略，从肉体上彻底消灭。在这种情况下，个别带有抵抗剃发令色彩的反清复明人物采取不合作的态度自我边缘化，或逃匿山林，或剃发为僧，或披发为道，或不依式样把头发剪短，以各种方式规避剃发。太原人傅山信守民族气节，入道留发，自号"朱衣道人"隐居岩穴之中，过着砍樵采药的生活。南方人顾炎武"稍稍去鬓毛，改容作商贾"（顾炎武《流转》），为抗清奔走，数次来晋与傅山考察历史，切磋学问。"一旦持剪刀，剪我半头秃；华人髡为夷，苟活不如死。"（顾炎武《断发》）"满洲衣冠满洲头，满面春风满面羞。满眼河山满眼泪，满腹心事满腹愁。"（傅山《八满诗》）不管顾炎武、傅山们写有寓意多少"不满"的诗文，天下汹汹，清王朝砍了无数的人头种定了辫子。正如邹容在《革命军》中所感叹："呜呼！此固我皇汉人种，为牛为马，为奴为隶，抛汉唐之衣冠，去父母之发肤，以服从满洲人之一大纪念碑也。"[3] 剃发结辫，对当时老百姓实在是能"暂时做稳了奴隶"[4] 的选择。

二、辫子的失落，成为反清的风信标

鸦片战争的爆发，标志着中国近代史的开始，也是中国半殖民地半封建社会和旧民主主义革命时期的开端。从那时起，清朝统治不稳了，清朝统治阶层依靠法律制度确保国家意志到国民文化转换的逻辑体系逐渐松动，作为政治符号的辫子自然也留不稳了。

一叶而知秋到。当时在省城太原及晋中一带，一些人的辫子常常无故被人剪割，操刀

---

[1] 《七峰遗编》第 57 回，转引自陈生玺：《明清易代史独见》，上海：上海古籍出版社，2006 年，第 287 页。

[2] 方裕谨：《顺治朝薙发案》，《历史档案》1982 年第 1 期。

[3] 邹容：《革命军》，上海：民智书局，1929 年，第 25 页。

[4] 鲁迅：《灯下漫笔》，《鲁迅全集》第 1 卷，北京：人民文学出版社，1981 年，第 213 页。

剪者神出鬼没，传说是通过剪辫而摄人魂魄。尤其是商贾辐辏、经济活跃的晋中一带此类事件较多，各种传言甚嚣尘上，以致惊动龙廷。道光二十四年（1844）七月十三日，皇帝谕示山西巡抚要严密查访，不得听任地方官规避处分，务须抓获罪犯予以严惩，净绝根株。九月十一日，山西巡抚梁萼涵奏报："此案先经传闻太原省城内外有剪割发辫情事，即据委员查有民人王学中等先后被剪发辫，迫接奉前旨，复经委员驰往太谷、榆次一带，查有交城等县民人黄三宝等均有被剪之事，此外，各州县虽同时俱有谣言，而访查并无其事，现在谣言久息，间阎俱各安谧。"①

山西的奏报不无讳饰避责，以求大事化小、小事化了之嫌。皇帝对此却极为重视，再次批奏：

> 此辈行踪诡秘，情同鬼魅，潜伏往来是其惯技。该抚务当持以镇静，行所无事，惟有谆饬所属，不动声色，随时留心密访。一经访获，即行究办。断不可稍涉张皇，反致流言四起。俾此等匪徒，或闻风兔脱，或乘机使诈，是为至要。②

晚清山西发生过两次成规模"闹长毛"，一次是太平军，一次是捻军。太平军、捻军蓄长发并要求人们剪割辫子，以此作为反清标帜，清朝统治者称他们是"发逆""长毛"。太平天国洪秀全、杨秀清曾在1853年5月派大将林凤祥、李开芳率两万人马北伐，于同年9月经王屋山小径进入山西，在山西行军战斗25天，攻克占领县城10座。1867年年底，捻军聚众十余万人进入山西，兵分三路横扫晋南，行军战斗23天，经过了18个州县。史料记载，他们在山西"沿路裹胁，愈聚愈多"，"土匪乘机作乱"，山西人把他们分别称为"老长毛""小长毛"。③

风起于青萍之末，剪辫风是从晚清衰落开始出现的。门户开放的沿海地区得风气之先，最早剪辫者是到海外谋生者和归国华侨，接着是革命派、维新派人物及留学生等。早在1895年10月广州起义事败后，孙中山等逃亡海外断发易服，以示革命到底的决心。1898年戊戌变法时，康有为奏上《请断发易服改元折》，认为，当今世界进入机器时代，辫发最易"误缠机器，可以立死"，且易污衣、增多垢、难沐浴梳刮等，更不利于作战。他甚至建议光绪帝该学赵武灵王、北魏孝文帝，带头剪掉辫子，改穿西式衣服。④ 这一建议遭到顽固派的强烈反对。戊戌政变后，尤其是受到庚子之辱，慈禧开始推行自己的新政。她不仅自己学习外语，阅读报章，而且鼓励亲贵王公学习外语。这时，有关剪辫的舆论松动了，天津、上海、广州等地的报纸呼吁剪辫易服能使"新中国特别精神"⑤。

进入20世纪，山西最早的剪辫者是留日学生。景梅九是清廷从京师大学堂选出的第

---

① 《清实录》，大清宣宗成皇帝实录卷之四百七道光二十四年七月，中国第一历史档案馆，第33页a。

② 《清实录》，大清宣宗成皇帝实录卷之四百七道光二十四年七月，中国第一历史档案馆，第33页b。

③ 江地：《太平天国北伐军和西捻军在山西》，《近代的山西》，太原：山西人民出版社，1988年，第319~343页。

④ 《康有为集》上册，北京：中华书局，1981年，第368页。

⑤ 《大公报》，1903年3月15日。

一批（36 人）官费留日学生之一，也是其中惟一的晋籍留学者。1903 年，他们一行乘船
到了日本长崎，在闹市被许多日本人指着笑着，骂他们留辫子是"豚尾奴"。受了刺激的
景梅九独自跑进理发所，痛快地让人剪掉辫子。

当时，留学日本的山西籍学生只有景梅九、何澄（由江苏自费来）、张策平（由湖北
自费来）3 个。次年夏，山西巡抚派送阎锡山、黄国梁、温寿泉、姚以价等相继到日本留
学。景梅九回忆：他和何澄到新桥热情迎接同乡，"第一件热心的事是劝人剪发；第二件
是劝人革命。颇费了一点唇舌，算是劝动几位剪发的和赞成革命的。又组织同乡会，我算
被大家推举作了几天会长，自以为一生最光荣的事了"①。他们在日本于 1904 年撰写并发
出《留学日本山西学生公启》，呼吁山西更多的青年出洋游学看世界，接受新思想、新文
化。在这份告同乡书中，专门就人们担心的辫子问题释疑解惑。他回忆道：

> 山西第二次派来的学生，里头很有几位老先生，保守辫子，好像一条生命似的，
> 宁死也不肯剪掉。我一天借着同乡开恳亲会，发了一段议论，便说道"这头发本是
> 一种烦恼的东西，弄成一条辫子，搁在脑背后，已经不成个体统。如今人把它挽在头
> 上，作了个盖顶势，好好一个头颅，让它盘踞上面（影中央政府），压制得全身不爽
> 快（影国民不自由），如今请大家下一番决心，痛痛快快地，一刀两断，剪除了它
> （影革命），不但一顶圆光，而且通身快活，大家有什么顾忌，不肯决然舍去呢？"这
> 一席话，革命同人，自然领会得来，拍掌喝彩地欢迎，惟有那老先生大不快意，背后
> 对人说："某人什么都好，就是爱劝人剪辫子，有些讨厌！又说出那样言辞来，叫人
> 越发不敢赞成了。"②

在国外批评同胞很容易，但是，轮到景梅九放暑假回国，他还要买一条假辫子戴上。
因为没有辫子很容易被疑为革命党人。他在《罪案》中写道："提起假辫，真是自愧，太
没有抵抗环境的力量了！" 1905 年，孙中山在日本成立了中国同盟会，许多剪掉辫子的山
西留日学生入会并成立了同盟会山西分会。山西留日学生陆续回国，山西同盟会的机关刊
物《晋阳公报》以通俗流畅的文笔介绍新思想、新文化，评论世界时事，巧妙地把清政
府的腐朽黑暗揭示出来，用以激励群众的爱国思想和革命热情。这时的剪不剪辫子，成了
革命不革命的问题。但是，民间并不看好剪辫子者，骂他们是"假洋鬼子"，从晋南到晋
北通称他们是"秃子"。

刘精三回忆，1910 年秋在山西陆军小学堂，"我们联系先进同学二十四人剪了辫子。
一时风起云涌剪辫子运动形成高潮。到了冬季，二百名同学，除少数旗人外，剪辫子的达
到一百七十余人之多。省城各大专学生说：'陆军学堂变为寺院，学生当了和尚，但也有
带发修行的。'"③

陈其麟回忆，1911 年春在新编陆军，"当时八十五标、八十六标所辖的六个步兵营
中，有四个营的士兵大部分是来自农村的年轻人，热情很高。尤其是八十五标第一、二营

---

① 景梅九：《罪案》，北京：中国社会出版社，2014 年，第 273 页。
② 景梅九：《罪案》，北京：中国社会出版社，2014 年，第 331 页。
③ 刘精三：《辛亥革命经历记》，《山西辛亥革命资料选编》，1981 年，第 81 页。

的军官、头目，大部分是革命党人和赞助革命的人。在辛亥年的二、三月里，我们八十五标一、二营的全体官兵，在孙中山先生'驱除鞑虏，恢复中华'的革命思想影响下，都剪掉了辫子。这一行动引起了清朝山西当局的顾忌，视我们为危险分子"①。

民间剪辫渐成风气，然而，清廷于剪辫一事仍不肯解禁。1910 年 10 月 3 日至 1911 年 1 月 11 日，开了 100 天的资政院第一届常年会，奏请剪发易服之议仍是无果而终。当时，湖北是剪发不易服运动中心之一，第八镇统制、山西榆次人张彪（张策平之父）为约束官兵剪发行动，采取了折中办法：令官兵剃去脑后发，保留脑前发，藏进帽内不得外露，以显示有文明气象。②

1911 年 10 月 10 日，武昌起义爆发了。当月 29 日，太原响应起义，山西的《讨满洲檄》昭告：马蹄袖，大命不长。猪尾辫，元气将绝。杀人以染红顶，幻想难酬。捐金而买花翎，前程已断。……③

三、民国初年的剪辫，显示革命新气象

武昌起义 41 天后，清廷资政院第二次常年会讨论并通过了《奏请剪发以昭大同折》稿，仍遭到朝中大臣的反对。《大公报》发文嘲讽清廷，"大有天可缺，地可陷，此发终不可剪之势！"④ 直到 1911 年 12 月 7 日，隆裕太后经过与袁世凯商议，终于颁布谕旨："凡我臣民，均准其自由剪发。"⑤

剪辫子保朝廷来不及了。1911 年 12 月 29 日，17 省代表在南京举行会议选孙中山为临时大总统，1912 年 1 月 1 日改元为中华民国。1912 年 2 月 12 日，隆裕带着 6 岁的宣统皇帝在一片凄惶中宣布退位，结束了有清一代 268 年的家业。同年，3 月 15 日，中华民国临时政府发布《大总统令内务部晓示人民一律剪辫文》："满虏窃国，易吾冠裳，强行编发之制，悉从腥膻之俗……今者清廷已覆，民国成功，凡我同胞，允宜除旧染之污，作新国之民，凡未去辫者，于令到之日，限二十日，一律剪除净尽，有不遵者，以违法论。"

辫子亡，大清亡。山西举义后，革命党人将剪发作为革命标志。清军要进娘子关镇压革命，山西起义军招兵买马，动员青年剪掉辫子参加革命，扩充队伍上前线。当时晋中民间流传着歌谣："灰灰裤儿灰灰袄，剃了光头洗了澡，衙门前面吃个饱，快紧就往娘子关上跑。"⑥

起义的消息传至上党地区潞安府，知府次日即逃逸回京。知府空悬，无人过问，上党各县知县互相联系，暂观事变，对县政概不过问。时任潞安中学堂教员的王家驹回忆，义

---

① 陈其麟：《参加辛亥革命起义前后》，《山西辛亥革命资料选编》，1981 年，第 72 页。

② 樊学庆：《辫服风云——剪发易服与清季社会变革》，北京：生活·读书·新知三联书店，2014 年，第 385 页。

③ 《辛亥革命山西讨满洲檄》，《山西辛亥革命资料选编》，1981 年，第 274 页。

④ 《大公报》，1911 年 11 月 25 日。

⑤ 中国第一历史档案馆编：《光绪宣统两朝上谕档》第 37 册，第 333 页上，转引自樊学庆：《辫服风云——剪发易服与清季社会变革》，北京：生活·读书·新知三联书店，2014 年，第 406 页。

⑥ 《山西辛亥革命资料选编》，1981 年，第 208 页。

军派出人员所到各县，知县不敢出头，也不敢拒绝，惟有乞求新进人士与之周旋，"一些新进人士还是非常倾向革命的，他们急欲革命成功，争先剪辫子，以为光荣"①。

在此局面下，革命党人采取了激进的剪辫方式，一些学生和军人走上街头，强剪行人发辫，在偏僻地方，抵制事件更是多见。从这时起，辫子成了前清余孽、昏愦老朽的代名词，还要坚持留辫子的人就成为前朝遗民了。

山西督军阎锡山的家乡，五台县的留辫剪辫斗争可谓典型。父老乡亲传着顺口溜："初三十三二十三，河边出了个阎锡山。阎锡山，灰拾翻（胡折腾之意），剃了辫子留了洋，扒了神像立学堂。"② 五级村留日归来的康佩珩领着人带着剪刀，趁人们赶集时见辫子就剪割。他们组织保安社，还要进门入户强行剪辫。人们骂："康秃子成了洋鬼子，造了反了，逮住人就剪辫子！"被剪了辫子的人哭哭啼啼，侥幸未被剪辫的人寝食不安，白天到村外躲避，夜里上房顶睡觉。一时间人人提心吊胆。东冶镇学堂校长徐明性剪了辫子，因为在家中排行为七，人叫他"七秃子"。"七秃子"宣传剪辫子一年多不见效果，于是，大年初一在学校里办起锣鼓八音会，引得百姓拥到学堂来看热闹，他暗中令人锁了校门，由两个青年拿着剪刀把守在门口，突然宣布：谁要回家就必须先剪掉辫子！人们大哭大闹，但是无论怎样抵抗，进了学堂的人都被剪了辫子。③

反对剪辫的主要有以下三类势力：

第一类是顽固保守的反动势力。一些守旧分子不愿剪辫，尤其是旧知识分子将辫子与名节视为一体，宣称"头可断，辫不可剪"④，以为留辫子正是义士节操的标志。"士为知己者死，女为悦己者容"是春秋末年晋国人豫让的名言。民间传说，豫让为报答知己，漆身吞炭当刺客，故事就发生在今太原市赤桥村。赤桥村有个清光绪十年中举的刘大鹏，清末被选为山西省咨议局议员，民国元年被推举为太原县议长时遭人剪掉半截辫子，他耿耿于怀，在日记中多次写道："因被贼剪发，力辞其职"⑤，"上年五月被贼剪发半截，恨贼为乱难当，莫能食其肉而寝其皮，为此生之大憾。今将一年，发长颇高"⑥。他不承认民国，刻意把中华民国二年写成"大清宣统五年"。1917 年 7 月 1 日，张勋率辫子军在北京搞复辟，刘大鹏闻讯记下"午后言旋，一路之人闻宣统复辟，欣欣然色喜而相谓曰：'今中国之大权仍归旧主矣，何幸！'"⑦ 刘大鹏算是当时的"国士"了，引"辫子"为知己，在剪辫一事上可谓"现代豫让"。这类人一般社会阶层较高，认为清廷是中国正统，并将自己视为统治阶级的一部分，认为留辫是自己政治态度的象征。对清廷意识形态完全认同，个体的文化心理与清朝统治阶层的意识形态相一致。

第二类是数百年形成的习惯势力。宁为太平犬，不作乱离人，人人皆有保全从众心理。统治者变幻大王旗，政治不稳定，老百姓则怕复辟势力卷土重来。太原举义遭到清廷

---

① 王家驹：《潞安地区辛亥革命前后》，《山西辛亥革命资料选编》，1981 年，第 197 页。

② 李兴杰：《和阎锡山打过的几次交道》，《山西文史资料》第 47 辑，1986 年。

③ 参见陈应谦：《阎锡山与家乡》，太原：山西古籍出版社，1995 年。

④ 参见韩葵《江阴城守记》卷上、计六奇《明季南略》卷 9《阎陈二公守江阴城》中"头可断，发不可免"。当年为不留辫，如今又为不剪辫。

⑤ 刘大鹏遗著，乔志强标注：《退想斋日记》，太原：山西人民出版社，1990 年，第 176 页。

⑥ 刘大鹏遗著，乔志强标注：《退想斋日记》，太原：山西人民出版社，1990 年，第 181 页。

⑦ 刘大鹏遗著，乔志强标注：《退想斋日记》，太原：山西人民出版社，1990 年，第 246 页。

的反扑，民军撤出城后，原来的清朝残余势力死灰复燃，政府官吏立即补服顶戴重现街头，太原人心惶惶，一些盘起来的辫子又拖在脑后。政治上的风吹草动都要祸害百姓，谣言蛊惑搞得人们续接辫子以求保命，怕民国靠不住。长期的生活习惯，经不起否定之否定的折腾，人们又把当初抵剃发留辫的理由端出来，以"身体发肤，受之父母，不敢毁伤"为由拒绝剪辫子。剪掉辫子，母亲嫌儿不顾死活，妻子嫌郎不僧不道，总之，又不像是正经人了。于是，社会上有声嘶力竭求饶留辫者，有哀号痛哭谓无颜归家者，各地抵制剪辫事件时有发生，一时传有"袁世凯，瞎胡闹，一街和尚没有庙"，更有人诵戏改的唐诗嘲讽："垂辫离家剃辫归，衣冠无改首毛催。夫人相见不相识，笑问喇嘛何处来。"① 这类人经过二百多年清朝统治的文化积淀，统治阶级的意识形态在历史进程中潜移默化地渗透到了民众的日常生活与文化思想之中，已然成为他们共同的文化记忆，个体完全顺应了剃发这种国民文化，并将之视作自己个体文化的一部分，形成了与清朝主流国民文化相一致的同质性文化心理结构。

第三类与社会文化心理无关，是趋利逐末的经济势力。晚清冠盖人物曾议论要剪发易服，然而，没想到牵涉出巨大的社会经济利益争论。因为，换服装穿戴势必要弃本土布料而用洋布料，这对国货生产实是一大摧残，于是，折中主义出现了，将"易服"置之一旁只谈剪发了。但仍遭到商家的反对，因为剪去辫子的人都不戴中国硬壳瓢帽、不买假发辫和发辫饰物了，于是，商人们大起慌恐，向清廷请愿说："万不要下令剪发，以致妨害我们的商业。"运城的革命党人景梅九嘲笑，这是误把头颅当成是为帽子而长的；太原的遗老刘大鹏则记下，"薙发匠言：今冬剪发令严，乡村人民剪之殆尽，而生意因之大减，所得工资已不足糊口矣。年关已到，外债已逼，工活窘迫，债莫能偿，何以卒岁，闻之不禁怆然"②。剪不剪辫子都关系着社会经济利益，看似得失各半，实际上还是五台县郭家寨村的郭廷兰（1904 年生）说得透："留辫子对有钱的人来说，梳得光光的系上丝线头绳，好像是个讲究。对穷人们来说，却是个负担。贫下中农常年不洗头，头发里绣满了土，多少天梳一次，梳也梳不动，两口子互相梳头，常有责备对方不好好梳的怨言。"③剪辫子终究对大多数人有利。

革命起义的剪辫容易，移风易俗的剪辫却要艰难曲折多了。由于种种的原因和阻力，民国初年山西的剪辫子集中在太原等城市，广大的乡村仍有众多的留辫子者。1915 年来山西旅游的人记有所见："男子发辫尚存，民国初，强迫剪者三分之一，至今复留，长四寸许，捆以绳，俗名砂锅把，取形似也。"④ 就是说，当时山西的辫子呈现存量不少、减量复增的特点。

剪掉辫子，头上没个盖的，手里没个抓的，民初纷乱，一时痛苦地生活在"想做奴隶而不得的时代"⑤，使许多人对辫子恋恋不舍、欲罢不能。清朝帝制虽然被终结，但想要彻底推翻二百多年来已逐渐形成的稳定的国民文化，并重新造就新的国民文化并不是件

---

① 《刍言报》第 10 号，1910 年 12 月 12 日。
② 刘大鹏遗著，乔志强标注：《退想斋日记》，太原：山西人民出版社，1990 年，第 254~255 页。
③ 郭廷兰：《河边村的反阎风波及其它》，《山西文史资料》第 47 辑，1986 年。
④ 苏华、何远编：《民国山西读本》（旅行集），太原：三晋出版社，2013 年，第 47 页。
⑤ 鲁迅：《灯下漫笔》，《鲁迅全集》第 1 卷，北京：人民文学出版社，1981 年，第 213 页。

可以一蹴而就的事情。

四、咸与维新，新的国民文化认同

辫子最后的挣扎出现在 1917 年 7 月，张勋率辫子军进京，手端辫子当威权证狼奔豕突搞复辟。虽说复辟王朝任命阎锡山为山西巡抚，但阎锡山不为所动，坚持认为复辟就是害国家，派兵支持段祺瑞的讨逆行动。张勋复辟遭到举国痛斥而失败，也使尽了辫子最后的气数。同年 9 月，掌握山西军权的阎锡山被北洋政府委任为山西省省长。集军、政、民、财大权于一身的阎锡山新官上任三把火，施政纲领开篇即言"晋民贫苦极矣"，"比年以来，海内多故，丧乱迭经"，"驯至共和已将六年，民力毫无进步"。他以实施"六政"（水利、蚕桑、种树、禁烟、天足、剪发）为突破口，抚绥全晋兴利除弊，其中剪发即为山西一大政事。

许多人以为清朝已覆灭六年，洪宪称帝、张勋复辟统统梦碎，借辫子还魂已无意义，发之剪留似属无关轻重。但阎锡山认为："剃发垂辫，前清何以定为必行之令？诚以就形式之改移，定人心之趋向，固有深意存乎其中也。乃山西自改革以来，蓄发仍旧，此等污俗，岂容保存？苟不强迫剪除，奚以作新民而祛恶习？"剪发非小事，实与"国家体制所关，抑实国民文野所系"[1]。

阎锡山充分认识到剪发与国家体制相关，定人心趋向，是祛其痼疾、大裨民生、振刷国民精神的大事情。新的国家意识形态要获得民众的认同，需要通过建立新国民文化来实现。想要在短时间内造就新国民文化，必须通过政策法律规范民众行为。阎锡山对此提到，兴得除弊"实为生众食寡之要政，如期望人民自行举办，则如河清难俟，非以官力积极提倡，不足以树风声而资振作。而欲官吏之实心从事，尤非严加考核，不足以定奖罚而促进行"[2]。在官方政策法律措施之外，辅之以宣传、教育等多种手段推进全民剪发。

山西剪发运动分官学商三界剪发、全民一律剪发两个阶段进行。

第一阶段，时间自 1917 年 9 月至同年 12 月底，为山西官学商三界剪净发辫阶段。

1917 年 9 月 25 日，山西颁布了《剪发规条》（也称剪发十条），主要针对官、学、商三界，规定了各界剪净发辫的最后期限：官——在一个月内全部剪发，对象包括各官署及其他公立机关服务人员，由该管官长负责诫令剪除；不服从者，罚以 1~3 个月薪俸，并停止职务；不剪发的帮工人员，予以开除。学——在两个月内全部剪发，对象包括各学校学生和教职员工，由该管县县长诫令剪除；不服从者，教职员工罚以 1~3 个月薪俸，并停止职务；违规学生，罚其父兄 0.5~2 元，否则，开除该生；罚后仍勒限一个月内剪除，再不听者，加倍罚之。商——在三个月内全部剪发，对象是各城镇商人包括商铺首领、铺伙人员，由该管县县长诫令剪除；不服从者，罚商铺首领 5~10 元、其他铺伙 1~5 元；罚后仍勒限一个月内剪除，再不听者，加倍罚之。对于除官、学、商三界以外其他未剪发人民，由该管县县长责成各宣讲员切实宣讲，劝令剪除，暂不定时间限制。

---

① 《训令各县遵照颁发规条切实办理剪发文》民国六年十月二十三日，《民初山西六政三事》，北京：方志出版社，2016 年，第 287 页。

② 《六政考核处成立宣言》，《民初山西六政三事》，北京：方志出版社，2016 年，第 20 页。

剪发运动采取属地管理，各县县长在警戒督促施行中掌握奖惩权，对于本地士绅、学界、商界中提倡和协助办理剪发异常出力者，可以呈请省政府分别颁授匾额、奖章；对于本地如有奸人匪徒因剪发造谣惑众者，要捉拿处办。县长作为第一责任人，受省政府的监督奖惩：凡县长办理剪发，依限报竣，经实察员查明无异者，分别予以记大功、记功、一等至三等名誉奖章；否则，分别予以减俸、记大过、记过惩戒。减俸期为 1～3 个月，减俸数目为月俸的 10%～33%。

绝大多数县长情绪高涨，在表功显能的同时还埋怨：自民国元年至今六年间，政府屡次颁布剪发文告法令，然而"人民置若罔闻，此时若再松懈，永无剪尽之日。倘只办学、商，恐民间误会，讹言繁兴。城镇商旅，因之裹足。学校招生，亦多规避。于政教前途，极有关系"。"人民狃于积习，若任其自由剪除，恐终无去尽之日。"一些绅士和地方上的办事者、村长等也纷纷函报建议：只定官、学、商剪发，不定一般人民剪发，似有轻民之意，不如将士农工商一律看待，不分高低要剪都剪，等等。总之，从上到下求战心切，自我施压，纷纷表示要乘势而上迅速扩大成果，"应将其他人民勒限剪发，以期普及"①。

"拖尾曾经各国嘲，登坛提议辩滔滔。愿将万缕千丝发，付予并州快剪刀。"② 剪发成绩出乎意料地好，"具见今日多数民人，已咸知蓄辫为害，自愿剪除。此真晋民知识开通，程度加高之征验"。阎锡山不胜欣喜，于 1917 年 12 月 29 日发布命令，要求全省人民一律剪发，具体期限和办法由各县自行制定，"总期咸与维新，如期报竣"③。

第二阶段，时间自 1918 年 1 月至 1918 年 7 月底，为山西全民剪净发辫阶段。

先前剪发十条主要针对官、学、商三界规定了分期实行要求，并未对一般人民剪发设限，剪发运动也无阶段之分。阶段论是在实行过程中，形势一派大好，由基层政权自下而上提出来的，各地县长尤其积极踊跃。阎锡山道：前一段未对一般人民设限剪发，是"留此伸缩余地，以待各知事奋勉图功，非谓人民不必勒限也。如止官、学、商三界剪除，放任其他人民自由，尚复成何政体？"④

进入全民剪发阶段，省里最初是要各县自定期限，因各地情况参差不齐，省公署统一规定"各县限至二月底，无论何项人民，均须一律剪净"⑤。划定这一时间期限，有其合理性：此时正进入冬季"防疫期内，发辫长拖，纳污藏垢，实与卫生有碍"⑥，而剪发利于防疫；戊午年（1918）春节将至，山西民俗讲究"有钱没钱，剃光过年"，接着是"二月二，龙抬头"，也是全民都欲理发的日子。

---

① 《指令临县办理剪发应不分何项人等一律勒限剪除文》民国六年十二月二十五日，《民初山西六政三事》，北京：方志出版社，2016 年，第 289 页。

② 《新竹枝词一百首》，《大公报》，1910 年 11 月 30 日。

③ 《训令三道尹、各县知事全省人民限期一律剪发文》民国六年十二月二十九日，《民初山西六政三事》，北京：方志出版社，2016 年，第 290 页。

④ 《指令临县办理剪发应不分何项人等一律勒限剪除文》民国六年十二月二十五日，《民初山西六政三事》，北京：方志出版社，2016 年，第 289 页。

⑤ 《警戒阳曲县勒限剪除省城人民发辫文》民国七年一月二十七日，《民初山西六政三事》，北京：方志出版社，2016 年，第 291 页。

⑥ 《指令大同县防疫期内仍应兼顾剪发文》民国七年二月十日，《民初山西六政三事》，北京：方志出版社，2016 年，第 291 页。

但事情的发展、工作的推进并不如预想的顺利。首先，阎锡山过高估计了第一阶段成绩，把民国成立六年以来的剪发成绩，都简单归功于三个月的工作了；其次，过度相信基层的汇报，没有认真对第一阶段的工作进行检查验收；再次，缺乏第一阶段分界别、分步骤进行的原则，而是限定在一个多月的时间内，对全省人民不分地区、不分年龄统统实行"一刀切"的规定。因此，第二阶段的工作推进要比想象得困难，不得不延长时限。1918年5月21日，阎锡山又发布《训令三道尹各县知事限至本年七月底凡属人民发辫应一律剪除尽净文》，"限至七月底，一律报竣。并将已剪尚留二三寸短发之人民，勒令推光或剃光。届期，本署派员实察，以觇成绩。如有发现蓄发之人及已剪而尚留半截短发之人，均以办理不力论"①。

第二阶段剪发运动更加强调属地管理责任，尤其在与他省毗连的县份，"勿论何省人民，但入县境，严饬剪发队强制执行。不得借口他省客民及省令参差，稍形松懈"②。由官吏、绅士劝导员、警察等组成剪发队，借重军警在城关哨卡剪除辫子。

五、去污除弊，一种社会治理方式

经过两个阶段的工作，剪发运动取得巨大成效，其经验主要表现在：

（1）推广先进办法。山西省公署总结出河东各县的工作办法，要求全省向他们学习和借鉴。河东道的办法主要是：由县长拟定剪辫限期，张贴白话文布告，并传谕各村长及其他首事人等，令各乡村如限自行剪除；在县长的负责下，分工分责推进官学商剪发，如，责成商会督促商人剪发，责成劝学所、教育会督促学界剪发，责成城乡区长督促各村人民剪发；分区派请当地有德望的绅士耆老连同宣讲员、警务人员组织剪发队，一边宣讲，一边排查，对到限未剪者强制执行；县长下乡抽查，奖勉早剪者，惩罚未剪者，严拿惩办造谣惑众者以除民害等。③

（2）督促重点地区。"省城为各县观瞻所系，尤应提前办理。"阳曲县衙与山西省署同城，因此，阳曲县被誉为"三晋第一县"，可谓全省首善之区。阎锡山特别重视省城剪发进展，要求"所有省城内各色人等发辫，亟应令行该县勒限剪除净尽。凡有外来拖辫之人，务须立令剪除。仰即切实办理，以重卫生而资表率"④。平定县是个大县，县境内大小村镇700余处，各类学校近300所，剪发任务繁重。该县县长报告称"恐非短小期间所可奏效"等情，阎锡山搬出汾城县的模范事例，训斥他"迹近借词推诿"，并威胁要追

① 《民初山西六政三事》，北京：方志出版社，2016年，第295页。
② 《指令平陆县办理剪发应采属地主义文》民国七年三月九日，《民初山西六政三事》，北京：方志出版社，2016年，第293页。
③ 参见《指令新绛县办理剪发欲收完满效果全在知县能否督促文》民国六年十一月十四日、《训令三道尹、各县知事全省人民限期一律剪发文》民国六年十二月二十九日，《民初山西六政三事》，北京：方志出版社，2016年，第288、290页。
④ 《警戒阳曲县勒限剪除省城人民发辫文》民国七年一月二十七日，《民初山西六政三事》，北京：方志出版社，2016年，第291页。

究相关责任，撤职换人以"责望于贤有司"。① 冬季，晋北地区流行疫病，各县趁此办理防疫之时，县长虽不能下乡劝诫，但仍应兼顾剪发，要晓谕各村，责成村长实行办理。防疫期内，尤应注重卫生，凡宣讲员、调查员均兼负促令人民全行剪发之责任，各县县长不得借口疫务推诿敷衍、自误考成。②

（3）复查模范地区。新绛县呈报"该县人民发辫，一律剪除净尽"。阎锡山高兴地批示道："该知事实心任事，提前报竣，洵堪嘉许。"即派员实地复查，委员复查报告云：

> 该县普通人民五十岁以上长拖辫发者，城内数见不鲜。四乡如泽掌、泉掌两村尤多。甚至剪而复留，年无老幼，多捆以绳，且有系红绿色者。此种怪象，该县幕友亦曾目睹等情到署。查，该县呈报剪发，迄今将近三越月，城内尚复如此，四乡不问可知。该知事虚饰于前，已属咎无可辞；兹复懈怠于后，以致剪而复留。怪像百出，实属不成事体。③

经过复查，这种"不成事体"的地方在全省远非新绛一县，其中包括阎锡山表扬过的汾城县鲁县长。阎锡山尴尬地批道："该知事向来办事尚属认真，如以上进之心，反为受过之举，亦非本省长爱惜之意。"④ 责令对虚饰伪报者追责惩处。

（4）罚款和罢免。全民剪发，重在劝导。罚款是行政执法的一种辅助手段，只能选择少数抗拒执法者酌予科罚，以儆其余，但是，在执行过程中，一些地方和官员本末颠倒，把罚款当成目的，借端扰民害民现象时有发生。罚款针对大众，罚没款归执法者分配使用，收支一条线滋生官场腐败，引起民众不满。

法不责众，治国在于治吏。事实上，对于推诿敷衍、办事不力、剪发效果不佳的县长，给予记过或即行撤任的处罚才是正道。前清举人刘大鹏在日记中写道，太原县县长任丽田系前清举人出身，一向对新政消极应付，但一听到阳曲县县长被撤任，顿时"悚然恐惧，亦于去日亲自下乡剪发，而吾邑人民之发存留者无几矣"⑤。对官吏的处罚最易见效，极大地推动了各地的剪发。

（5）验收清尾。验收核查工作要填写《××县剪发查报表》《查报各县剪发一览表》等表格。要由各县县长、省公署委派的实察员亲笔填写，具体要填写出各区村蓄短发者、留长辫者个人姓名，进行自评考评打分、鉴定功过备考等。

填表具结、评功颁奖，标志着一项活动了结。1919 年 3 月 13 日，山西省向大总统呈报：官、学、商三界于 1918 年 1 月剪清，普通人民于 1918 年 7 月底剪尽，"其交通便利

---

① 《指令平定县办理剪发不得借词推诿文》民国六年十二月六日，《民初山西六政三事》，北京：方志出版社，2016 年，第 288 页。

② 《指令大同县防疫期内仍应兼顾剪发文》民国七年二月十日，《民初山西六政三事》，北京：方志出版社，2016 年，第 291 页。

③ 《警戒新绛县知事人民剪发限文到二十日内一律剪净文》民国七年四月十日，《民初山西六政三事》，北京：方志出版社，2016 年，第 294 页。

④ 《指令新绛县办理剪发须确实认真并将留蓄二三寸许之发督令剪净文》民国七年一月十一日，《民初山西六政三事》，北京：方志出版社，2016 年，第 291 页。

⑤ 刘大鹏遗著，乔志强标注：《退想斋日记》，太原：山西人民出版社，1990 年，第 253 页。

地方、外来商民，间有仍垂辫者，亦令不时查察，饬令剪除"。1920 年，山西省不再把剪发一项列入考核内容，以后连续几年只是派员随时考察，以防故态复萌。

> 吾邑实行剪发一月有奇，警佐下乡，警兵到村，莫不剪人之发。任知事闻阳曲县知事玩视六政撤任，悚然恐惧，亦于去日亲自下乡剪发，而吾邑人民之发存留者无几矣。哀哉！发辫何以不幸遭此灾殃哉！夫发辫为清家之国粹，清室倾覆于今六年矣，而发辫尤存，到今被剪也固宜，呜呼！皮之不存，毛将焉附，此亦天意使然，于人乎何尤？①

太原县刘大鹏 1918 年 1 月 18 日的这段日记，记下了"辫子"在山西的末梢光景，叹出了"辫子"无可奈何的哀婉衷曲。

档案显示，在呈报全晋已剪清发辫后的几年里，山西省政府仍数次电令警务处严查太原的剪发情况：

> 剪发期限，已逾多日。省垣为首善之区，尤应早日剪清，以资模范。乃近查各界人等，蓄留短发者仍数见不鲜，殊不足以肃观瞻而资表率。为此，合行该处长迅饬巡警，严密搜检，毋稍疏漏。②

剪发之事拖延到 1918 年年底，全省各地的剪辫任务基本完成。直到 1922 年山西的呈文中仍写着"现仍派员随时考察。依照上年成案，不列考核"。省城尚且有漏网的发辫，更遑论剪净乡下百姓的发辫。阎锡山家乡的郭廷兰回忆道："我村郭温喜老汉始终没剪，他摇着头，甩着那不到一根筷子长的辫子说：'我是清家的百姓，死也不能剪辫子！'因为大多数人都剪了辫子，他年纪大了，所以也没人理他。"③ 直到 1949 年太原解放前夕，阎锡山挖战壕筑碉堡征用的民工中仍有脑后拖辫者。④

从历史的观点看问题，民初山西当局将剪发作为必办之要政，有其显著的社会治理作用：

第一，剪发是山西社会革新治理首选的一个端口和抓手。社会治理，兴利除弊孰先孰后，阎锡山认为"夫图治而不先去弊，则治于何有？"⑤ 兴利与除弊是相辅相成的社会革新方式，而除弊往往行于兴利之先，是社会治理的突破口。山西当局充分运用政府权力，以调整行政、赋权定限、奖惩任免等方式和手段，勒令剪去腐朽王朝强加在

---

① 刘大鹏遗著，乔志强标注：《退想斋日记》，太原：山西人民出版社，1990 年，第 253 页。

② 《行知警务处迅剪省垣人民短发文》民国八年六月二十日，《民初山西六政三事》，北京：方志出版社，2016 年，第 296 页。

③ 郭廷兰：《河边村的反阎风波及其它》，《山西文史资料》第 47 辑，1986 年。

④ 李兴杰：《和阎锡山打过的几次交道》，《山西文史资料》第 47 辑，1986 年。

⑤ 《〈山西村政汇编〉·序》，山西省地方志办公室编：《民国山西村政建设》，太原：山西人民出版社，2014 年，第 51 页。

人民头上的政治文化符号，借以督饬各级官厅和官吏革故鼎新，厉行新政，树立了新政府的政治权威。

第二，把剪发当作官厅学会"用众"进行社会动员的整训演练，以此编密筑牢行政网络，构建社会治理体系。剪发运动牵涉全体社会成员，必须统一民众的思想认识，山西当局从三个方面发力：①以宣传动员为开路先锋，将政府布告和谕示遍处张贴广而告之，在城乡广为散发传单，由官吏宣讲，使家喻户晓，人人皆知，造成了呼唤社会进步的巨大声势，为推行新政营造了舆论氛围；②寻求延聘老百姓尊奉的乡绅、绅耆、族长积极支持，甚至利用乡村旧有的封建宗法势力帮忙做事，强调了政府与民间社会力量结合；③检验治理漏洞，整饬基层社会松散状态，编村划界，订立乡规村约，开启了村政建设。

第三，网开一面的分层次、分阶段施治，以期达到"咸与惟新"的目的，检验并提高了行政治理能力。先从社会精英的官、学、商三界开始剪发，再推广到全民剪净发辫，关注重点人群和地区，总结教训推行经验，及时把握情况动向予以训诫，在"一剪净""一刀切"的命令下，又据实调整延长剪净发辫的期限，官厅一级压实一级做事，省署委员至各县实地督查，注意到了部署、执行、落实、验收全过程的监察。

六、结　语

在清末民初的大变革中，剪发不仅具备文化记忆与民族认同的作用，更与新时代的革命精神紧密相连，具有咸与维新的社会启蒙价值，成为新国民文化最具代表性的显项。民初山西强力实行全民剪发，其巨大的历史进步意义就在于借此促进国民身份的时代政治认同，旨在树立崭新的国家民族形象意识培育新的国民文化，积极推进社会治理和社会变革。阎锡山及山西当局充分认识到剪发"不但国家体制所关，抑实国民文野所系"①，"诚以就形式之改移，定人心之趋向"②，是振刷国民精神的大事情，全力动员全晋人民洗心革面作新国民。

剪发是正本清源、拨乱反正的一次社会运动，体现了"驱除鞑虏，恢复中华"的革命意志，同时，又不是简单的复兴汉民族旧制的社会革新，民国的剪发令与清朝的剃发令相比，虽然都强调了发式关系着国体民心，在底层逻辑上同样是用法律政策试图在短时间内建立新民文化，从而树立新的国家意识。民初山西在具体的操作过程中，一定程度上容忍和照顾不同地区、人群、社会阶层等，政策法律也多以倡导劝诫的方式推行，以教育、宣传为辅助，争取民众的认同，而绝非似清廷般采用野蛮的屠杀手段执行。这与清人立朝时剃发令的实施有着天壤之别，其中包含了大量的民主、人道主义成份，是文明社会的一大进步。在这场"咸与维新"的革新运动中，当然也出现了空文遮饰、欺上瞒下、应付

---

① 《训令各县遵照颁发规条切实办理剪发文》民国六年十月二十三日，《民初山西六政三事》，北京：方志出版社，2016年，第287页。

② 《呈为筹补山西人民生计先办水利、蚕桑、种树、禁烟、天足、剪发六政特设考核处暨办理情形文》，《民初山西六政三事》，北京：方志出版社，2016年，第24页。

差事的官场病，也犯有敲诈百姓、借机敛财、贪污腐败的官僚病等，以致民有怨言，绅有烦言，认为官官相护、欺压百姓才是最需要剪除的大弊。

就事论事，剪发运动作为一场全社会的革新运动，最大的不足和缺陷是完全摒弃了一半的国民——妇女于其外。准确而完整地讲，辛亥革命开启的剪发运动，是不分性别、年龄、阶层、地域、族群的咸与维新运动，是"五族共和"社会解放运动的一部分，妇女也可剪发当属个中应有之义。但是，在实施过程中，人们为了与清代的剃发留辫相区别，把"剪发"称"剪辫"，以致剪发—剪辫—男子剪辫—成年男子剪辫，意义越来越狭。其中最大的原因是要对清代剃发留辫的矫正，因为成年男子的发辫最富有时代政治意义。然而，事实上是中华民国明确剥夺了女子剪发权，1916 年教育部下令端肃女校风，明令禁止女子剪发，接着又训令要各省女中"家事为女子中学校最重要之科目"①，指导思想是要培养贤妻良母。这显然是在讲男女不平等，对正为争取参政权而斗争的妇女是极大的打击，难怪 1913 年女子参政同盟会会员对民国约法起草人宋教仁极为不满，盛怒之下要"揪撮宋教仁之短发，而以手左右批其颊"②。何以偏要揪撮其短发捆其脸，正是妇女儆告男子不要忘记自己的头发是怎么短的。妇女解放是社会解放的重要组成部分，是与全社会解放同步的，"在任何社会中，妇女解放的程度是衡量普遍解放的天然尺度"③。同理，在任何社会变革中，妇女解放的得失也是衡量社会变革利弊的一把天然尺子。辛亥革命开启的剪发运动，摒妇女于剪发之外，尚不及隆裕太后的"凡我臣民，均准其自由剪发"宽容，仅仅成为男子的节日，就足以证明民国社会解放的局限性。

山西的剪发运动何尝不是如此？要求男子剪辫后留发二三寸仍须剪短，却不许女子剪发。1927 年，山西平遥籍的历史学家侯外庐致信民俗学家江绍原，称：晋中还盛行着女子留头的风俗，女孩子"到了十三四岁时，为了将要'梳发'——俗名，指将辫子改梳为任何类似妇人的样子——的原故，便把头顶四围的短短的一齐留下不剃了，叫做'留头'。女子到'留头'，家里人把她藏禁起，困守'闺女'的生活，不得越闺门外一步"④。女子越出闺门会怎样？1927 年春，革命家贺昌的妹妹贺毓秀报考太原女师，只因剪了发，校方不予录取，秘密共产党员王瀛以太原市学联主席的身份疏通了几回，党团组织就此发动青年抗议，校方才勉强让她入学。但到了国共分裂时，贺毓秀等剪发女生又被清出校门，连行李都不让带回家去。⑤

剪头上辫易，剪社会文化辫难。辫子几百年来拖在人们的脑后，但其内在的文化意义却根系着几千年的旧思想和旧制度，尤其从妇女与剪发的关系来看，它牵扯着"这四种权力——政权、族权、神权、夫权，代表了全部封建宗法的思想和制度，是束缚中国人民

———————————————

① 中华全国妇女联合会：《中国妇女运动史》，北京：春秋出版社，1989 年，第 91 页。

② 《孙中山史实详录》，第 354 页，转引自中华全国妇女联合会：《中国妇女运动史》，北京：春秋出版社，1989 年，第 61 页。

③ 《马克思恩格斯选集》第 3 卷，北京：人民出版社，1995 年，第 610 页。

④ 江绍原：《发须爪——关于它们的迷信》，北京：中华书局，2007 年，第 15 页。

⑤ 《中共山西历史忆事》第一卷，太原：山西人民出版社，1991 年，第 87 页。

特别是农民的四条极大的绳索"①。因此,"没有改变旧中国半殖民地半封建的社会性质和中国人民的悲惨境遇,没有完成实现民族独立、人民解放的历史任务"的辛亥革命,即使在剪发运动中也没有取得彻底胜利。然而,辛亥革命毕竟"推翻了清朝政府,结束了在中国延续几千年的君主专制制度,近代以来中国发生的深刻社会变革由此拉开了序幕"②,进行社会文化动员,兴利除弊,造就新的国民文化也由此走上了新的征程。

(作者单位:武汉大学中国传统文化研究中心)

---

① 《湖南农民运动考察报告》,《毛泽东选集(第一卷)》,北京:人民出版社,1991 年,第 31 页。

② 习近平:《在纪念辛亥革命 110 周年大会上的讲话(2021 年 10 月 9 日)》,北京:人民出版社,2021 年,第 1 页。

开演看世界：1885 年两粤水灾与影戏助赈[*]

□　梁家振

【摘要】1885 年 11 月—1886 年 1 月，颜永京与吴虹玉在连续两个月的时间里举办了十数场别开生面的西洋影戏，用以助赈两粤水灾，这是继丁戊奇荒时期"演戏助赈"后又一次值得关注的慈善义演活动。在晚清社会，有识之士不断尝试以各种方式探索和了解世界，而此次影戏的新奇之处在于，颜永京以劝赈之名，根据自身游历世界的经历放映了带有世界各国风土人情图画的幻灯片，由此更为直观地向人们展示出世界风貌，引起了沪上民众的关注。影戏助赈不仅为两粤水灾筹得善款，更成为时人了解世界的窗口和促进中西文化交流的桥梁。

【关键词】晚清义赈；两粤水灾；颜永京；影戏助赈

　　近代以来，伴随着晚清义赈的兴起和西方文化的引入，慈善义演渐渐成为较为普遍的筹款方式，构成了灾荒义赈事业中不可忽视的新兴慈善资源，学界对其研究已较为充分。[①] 慈善义演根植于城市社会文化，较为常见的演出品类有音乐、舞蹈、戏剧、电影、曲艺、杂耍等娱乐活动。影戏作为演艺活动之一种，自然也不例外，它以放映影戏的方式

---

　　* 本文系国家社科基金重大项目"中国近代慈善义演珍稀文献整理与研究"（17ZDA203）阶段性成果。

　　① 在《中国近代慈善义演研究》一书中，郭常英教授对于慈善义演的概念作出如下定义："慈善义演，指组织者、表演者以演艺形式募捐，将募捐所得用于慈善公益事业，相关义演人士少取或不取演出报酬的慈善形式。"参见郭常英、岳鹏星：《中国近代慈善义演研究》，北京：社会科学文献出版社，2021 年，第 2 页。关于晚清时期慈善义演的文章主要有：郭常英：《近代演艺传媒与慈善救助》，《史学月刊》2013 年第 3 期；刘怡然：《慈善表演/表演慈善：清末民初上海剧场义演与主流性实践》，《开放时代》2014 年第 4 期；郭常英、岳鹏星：《寓善于乐：清末都市中的慈善义演》，《史学月刊》2015 年第 12 期；李爱勇、岳鹏星：《演戏助赈：上海地区慈善义演的出现》，《音乐传播》2017 年第 2 期；岳鹏星、郭常英：《晚清都市空间中的慈善、娱乐和社群认同——以慈善义演为视点》，《广东社会科学》2017 年第 5 期；岳鹏星：《晚清慈善义演发生动因》，《史学月刊》2018 年第 1 期；郭常英：《慈善义演：晚清以来社会史研究的新视角》，《清史研究》2018 年第 4 期；岳鹏星：《演戏助赈：晚清时期慈善演艺活动的萌生》，《郑州大学学报》（哲学社会科学版）2021 年第 2 期。

筹款赈灾，故时人称其为影戏助赈。由于晚清时期特殊的国际政治环境，战争常常与灾荒交织在一起。1885 年中法战争刚刚结束，两粤地区发生了特大水灾，全国各地都为其筹款募捐。颜永京与吴虹玉在上海举办的影戏助赈，因独特的演艺方式和持续月余的演出时间，构成了慈善义演历史上的重要事件，有学者认为其"是义演内容上的新尝试"①。但从整体上看，学界对其关注较少，有进一步研究和解读的空间。本文通过展示此次影戏的举办情况，探讨该次影戏在西学东渐的社会背景下如何实现了影戏娱乐、筹款赈灾和增进民识三方面的统一，不当之处，敬请方家指正。

一、两粤水灾爆发与影戏助赈出现

1885 年，珠江流域爆发了一场规模浩大的洪水，引起了时人的广泛关注。伴随着义赈的兴起②，全国各地为之募捐筹款。上海自开埠之后经济繁荣，同时作为江南善士圈的聚集地，自然成为筹赈的大宗。颜永京③因其留洋海外的独特经历与见闻，在中国首次通过影戏助赈的方式为灾区筹集善款。

（一）两粤水灾引起沪人群起义赈

对于中国近代史上的广东和广西地区而言，1885 年是一个极为特殊的年份，年初，法国以万余人兵力进犯广西战略要地谅山及镇南关，巡抚潘鼎新不战而退，张之洞临危受命，由山西巡抚调任为两广总督。张之洞到任后，兴利除弊，特调前广西提督冯子材、广西右江镇总兵王孝祺等人整饬军务，并积极备战，冯子材前后三次率军出关，战退法军，最终中法战争以 6 月 9 日签署《中法新约》而停止。④ 然而，刚刚经历了中法战争洗礼的两粤地区，又遭逢了数十年不遇的水灾，给两广地区民众带来了深重的灾难。

光绪十一年（1885）五六月间，珠江流域突发暴雨，导致河水陡涨，两粤地区水灾肆虐，淹没农田与房屋难以计算。⑤其受灾范围之浩大、受灾程度之深重为数十年所罕见，

---

① 朱浒：《晚清筹赈义演的兴起及其意义》，《史学月刊》2018 年第 8 期。

② 义赈指由民间自行组织劝赈、自行筹募经费，并向灾民直接散发救灾物资的跨地域救荒活动（转引自李文海：《晚清义赈的兴起与发展》，《清史研究》1993 年第 3 期）。

③ 颜永京（1839—1898），字拥经，英文名 Yen Yong-Kiung，颜惠庆之父，原籍山东，1839 年出生于上海。1848 年被送往美国留学，1861 年毕业于美国俄亥俄州建阳学院（Kenyon College），次年回国后，曾任上海英国领署任翻译、工部局通事，也曾在同文书局、武昌文华书院（今华中师范大学的前身）任职，1878 年协助创建圣约翰书院并于 1881 年开始担任校长。1886 年开始专任虹口救主堂牧师，与黄光彩、吴虹玉并称为美国圣公会的三位华人先驱。参见马洪武、王德宝等主编：《中国近现代史名人辞典》，北京：档案出版社，1993 年，第 704 页；熊月之主编：《上海名人名事名物大观》，上海：上海人民出版社，2005 年，第 294 页；顾明远总主编：《中国教育大系 历代教育名人志》，武汉：湖北教育出版社，2015 年，第 359 页。

④ 苑书义、孙华峰等主编：《张之洞全集 第一册》卷十·奏议十，石家庄：河北人民出版社，1998 年，第 279~289 页。

⑤ 杨光、郭树：《1885 年 6 月（清光绪十一年五月）珠江流域洪水》，《灾害学》1987 年第 4 期。

"两粤水灾伤毙人口、坍塌房屋不啻如恒河之沙，每阅报章不觉伤心惨目"①。此次水灾很快引起了有识之士的广泛关注，他们主动踊跃地为之募捐筹款，"本年两粤水灾为近数十年所未有，幸各处大善士或劝募、或解囊，源源接济，可谓不遗余力"②，由于先前中法战争对两粤地区的经济和民生造成了较大的破坏，导致政府财政支绌，难以拨助经费救灾。由此，义赈便发挥着它的功效。

两粤水灾的具体情形通过报纸与电报等媒介手段迅速传播，"本年两粤水灾真所罕见，其情形早叠登报牍，以备公鉴"，特别引起了以上海为代表的绅商善士劝募善款，"沪上诸大善长闻此消息，即投袂而起筹募，不遗余力，更得各仁人，不分畛域"③。总之，上海因经济发达，义赈活动也最为活跃，当之无愧成为全国的筹赈中心。在纷纷而起的筹赈活动中，游学归国的颜永京首次将影戏助赈引入上海。

（二）何谓影戏助赈

世界上最早公开放映的电影，是 1895 年 12 月 28 日由卢米埃尔兄弟在巴黎营业性放映的《火车进站》与《工厂大门》。目前所知中国最早的电影放映记载是 1896 年 8 月 2 日上海徐园"又一村"的游艺活动，人们习惯性称之为"西洋影戏"④。此后，影戏通常被认为是电影的雏形，事实上，二者本质上具有明显区别，电影被发明和引入中国之前，影戏就已作为我国传统民间戏曲艺术而存在了上千年之久。"皮影戏，又称影戏，是由表演者操纵羊、牛、驴、骆驼等兽皮或纸板制作的影偶，借助灯光将影偶的活动影像投射在半透明的幕布上进行表演的戏曲剧种。"⑤ 在影戏的表演过程中，艺人在舞台幕后操纵影偶的同时，向观众讲述故事，并附以伴乐，是较生动的"影""音"娱乐手段。中国的皮影戏自元代起，陆续传入波斯、土耳其、希腊、意大利、法国、英国等国家，⑥ 伴随着工业革命，影戏经历了灯光技术改进后，又以全新演映形式重新被引入中国。1866 年 6 月 27 日，清政府派遣同文馆学生游历欧洲，年仅 19 岁的张德彝对世界风貌充满好奇心，他在《航海述奇》中记述了他在法国巴黎观看的影戏："后转灯机，撒满馆煤气灯，台上作影戏画，每画长约五寸，宽二寸五分，以灯反映于纸上，远望其纸则楼高数丈，山水清幽，日月有影，昼夜分明。若云行则遮日月之光，船行则起海洋之浪，风动则树摇，雨落则花润，一切雷雹、风雨、水法、飞泉、行人、鸟兽、轮车、轮船，动皆有声。"⑦ 这是目前已知中国人对于西洋影戏的最早记载。

---

① 《分送募振启申报馆主人识》，《申报》，1885 年 8 月 11 日，第 1 页。
② 《劝茶叶帮助助粤赈启》，《申报》，1885 年 8 月 23 日，第 3 页。
③ 《分送募振启申报馆主人识》，《申报》，1885 年 8 月 11 日，第 1 页。
④ 近代将"电影"与"影戏"杂用，徐耻痕在 1927 年编撰《中国影戏大观》时，依然称电影为"影戏"，直至 1930 年统用为"电影"名称后，"影戏"的名称才逐渐不被混用，可见影戏之名深入人心。参见徐耻痕编：《中国影戏大观》，北京：东方出版社，2015 年；胡文谦：《"影戏"："影"、"戏"与电影艺术——中国早期电影观念研究》，《首都师范大学学报》（社会科学版）2011 年第 2 期。
⑤ 张光奇：《民间戏曲》，合肥：黄山书社，2016 年，第 119 页。
⑥ 张光奇：《民间戏曲》，合肥：黄山书社，2016 年，第 120 页。
⑦ 张德彝：《航海述奇》，长沙：岳麓书社，1985 年，第 575~576 页。

1885 年这场影戏，既不同于中国传统社会的皮影戏①，又不同于现代意义上的电影②，而是采用"西法氢氧气隐戏灯"。具体而言，则是"置机器上以轻养（氢氧）气灯，映之五色相宣，历历如睹，俗谓之影戏"，时人对影戏放映机器的描绘如下："其机器式四方，高三四尺，上有一烟囱，中置小灯一盏，安置小方桌上，正对堂上屏风，屏上悬洁白洋布一幅，大小与屏齐。"③ 事实上，虽然在艺术的表现方式上不同于传统影戏和现代电影，可以认为是影戏与电影的过渡表现手法。二者相比，称之为传统影戏的西法改良更为恰当，尤其是在灯光技术方面使用了氢氧气灯用以映照幻灯片，与以往的烛火相比有了较大程度的改良，后来影戏技术进一步发展，"先用照相机法将各景摄入图中，汇集无数所摄之图，卷成一大纸盘，置机器中……一霎时有千变万化，洵生面别开，不可思议"④。在 1885 年以前，西方人也曾陆续在上海放映影戏。如 1874 年 5 月 29 日英国术师瓦纳便曾在丹桂茶院表演"戏法影戏"，颇为新奇。⑤ 时人评价 1875 年 3 月 19 日英国影戏班"奇巧万状，莫可名言，不特中国人未经见及，即在欧洲寻处之人，亦难得见之也"⑥，而法国商人麦西在金桂轩戏园演出的影戏，则是"变化无穷，兼能演各国地方山川海景、禽兽百鸟全图，宛然如绘中国"⑦。近代历史上，影戏的放映并非空前，也未绝后，之所以能够引起时人广泛关注，在租界内呈现出近两个月时间内连续放映的盛况，不仅因为其经历了现代技术的创新与改良，更是兼有筹募赈灾款的劝善之意，故民众踊跃参与，观看热情较高。

（三）颜永京与吴虹玉因何发起影戏以助赈灾

丁戊奇荒时期的慈善义演开始作为义赈筹款的手段被广泛运用，最初被称为"演戏助赈"。此时距离演戏助赈在中国出现已逾八年，从 1877 年"演戏救灾"到 1885 年"影戏助赈"，慈善义演作为常规的义赈筹款手段，正在逐渐深入人心。各界善士在筹赈方法上不断丰富和创新，慈善义演的演艺形式也日趋多元化。

作为留洋归国的知识分子，颜永京和吴虹玉⑧具有开阔的眼界及参与公益事业的意识，对于国家的发展与民族的崛起有着强烈的责任感与担当。1885 年，工部局在黄浦公

---

① 皮影戏，又称为"影子戏""灯影戏"，用灯光照射兽皮或纸板制作的人物剪影，表演故事。参见李跃忠编著：《影戏》，北京：中国社会出版社，2008 年，第 1～8、186 页。

② 参见陆弘石、舒晓鸣：《中国电影史》，北京：文化艺术出版社，1998 年，第 2 页；钟大丰、舒晓鸣：《中国电影史》，北京：中国广播电视出版社，1995 年，第 2~20 页。

③ 《观影戏记》，《申报》，1885 年 11 月 23 日，第 1 页。

④ 熊月之主编：《稀见上海市志资料丛书》卷 4，上海：上海书店出版社，2012 年，第 266 页。

⑤ 《丹桂茶园改演西戏》，《申报》，1874 年 5 月 28 日，第 5 页。

⑥ 《开演影戏》，《申报》，1875 年 3 月 18 日，第 2 页。

⑦ 《新到外国戏》，《申报》，1875 年 3 月 19 日，第 2 页。

⑧ 吴虹玉（1834—1919），江苏常州人。1847 年到上海圣公会王家码头学堂读书，1854 年随美国舰队前往美国费城并于 1860 年加入美国国籍，1861 年美国南北战争爆发，曾在 1863 年加入北方军队服役 48 天，1864 年返回上海，参与同仁医院的创立。

园公布园规《外滩公园游览须知》，并在公园门口竖起了"华人与狗不得入内"的牌示①，颜永京、良景星和唐茂枝、吴虹玉等人先后联名写信要求拆除这块牌示，为中国人争取平等权益②。两粤地区水灾肆虐、劝赈之声殷殷之际，颜永京义不容辞地加入筹赈行列，为解救两粤受灾民众于汪洋，携手吴虹玉发起影戏助赈。此次助赈活动的开展，既是颜氏"素习西学，济人济物，恻隐为怀"③，热心慈善公务的善心使然，亦得益于其十数年游历世界的经历。

颜永京与吴虹玉以影戏助赈的方式筹款，既有通过新奇的演出形式吸引眼球、获取赈灾善款的目的，又有将自身游历世界的所见所闻展示给国人、增进其世界见闻的意图，"以为赈济之一助，兼借此以广诸君眼界"④，以此方式增进民识，"于赏玩之中寓赈恤之意"⑤。此种筹赈方式顺应了时代趋势，且一定程度上实现了沟通中西方文化交流的客观效果。

二、影戏助赈：一场别开生面的饕餮盛宴

两粤水灾爆发后，受到中西方慈善家的影响，颜永京和吴虹玉将游历世界时收藏的幻灯片拿出，先后在格致书院与震源洋广货店两处地址⑥陆续放映了十四场影戏，其放映过程无不彰显出新奇之处，因此很快受到社会关注。

（一）1885 年影戏助赈之首映情形

1885 年 11 月 21 日和 23 日，首次影戏助赈在格致书院举行。颜永京通过放映影戏的方式将自身环游世界的见闻与观众分享，"昔年环游地球，所历外洋名城胜景，得有玻璃画片八十余张"⑦，"玻璃片"上面的图画内容极为丰富。由于影戏并无声音，故在放映幻灯片的同时，颜永京站立在旁讲解图片，"口讲指画，推波助澜"⑧，以期达到声情并茂及解读"幻灯片"的效果。此种新颖的展演方式吸引了大批观众前来观看，"游人繁盛，楼上楼下几无虚位"⑨。

在影戏展演过程中，放映内容依照颜永京环游世界时的游历路线为次序，"携轻装附

———————————

① 在公园游览须知的牌示上分别带有"狗及脚踏车切勿入内"与"华人无西人同行不得入内"等字样。参见熊月之主编：《稀见上海市志资料丛书》卷 4，上海：上海书店出版社，2012 年，第 261~262 页。

② 1885 年颜永京与良景星等向工部局提请公园开放，要求华人待遇平等；1889 年唐茂枝与吴虹玉等再次要求上海道台与英国领事交涉华人进入公园一事，最终工部局做出让步，发给华人以一周使用期限的入院执照。参见任武雄、许玉林：《外滩公园的历史》，吴汉民主编，蒋澄澜、周骏羽、陶人观等副主编：《20 世纪上海文史资料文库 第 7 辑 影剧娱乐》，上海：上海书店出版社，1999 年，第 379~382 页。

③ 《观影戏记》，《申报》，1885 年 11 月 23 日，第 1 页。

④ 《西法隐戏助赈》，《申报》，1885 年 11 月 18 日，第 5 页。

⑤ 《影戏助赈》，《申报》，1885 年 11 月 23 日，第 3 页。

⑥ 格致书院，位于上海市租界内六马路；震源洋广货店，位于上海市租界内四马路老捕房斜对门。

⑦ 《西法隐戏助赈》，《申报》，1885 年 11 月 18 日，第 5 页。

⑧ 《戏资助赈》，《申报》，1885 年 12 月 28 日，第 3 页。

⑨ 《戏资助赈》，《申报》，1885 年 12 月 28 日，第 3 页。

轮舶，环游地球一周，以扩闻见，历十数寒暑，始返中华"①，介绍了世界著名建筑景观和民俗风情，"各国之风俗、人情、礼乐、刑政以及舟车、屋宇、城郭、冠裳、山川、花鸟，绝妙写生"②。《申报》对于首次影戏放映内容的介绍尤为详细。颜永京首先展示了在上海始发地《浦江清晓图》《海天落日图》两幅图画；继而展示了在印度尼西亚的格拉巴岛上肤色黝黑的女子形象，"一女子半身微露，虽黑如黝漆，而拈花一笑亦解风情"③。伴随着游历世界的路线，接下来又介绍了印度的风土人情，特别是印度史诗《罗摩衍那》上记载的神猴崇拜："复至一庙，中奉数猕猴缘树跳跃，土人皆罗拜，以为神"。然后使用了八幅图画介绍了当时埃及当地人信仰伊斯兰教，以及穆罕默德·阿里清真寺、金字塔、狮身人面像等处景观，"埃王之坟则四方而锐其巅，二三千年前古迹也。有一石像，人首而狮其身"，并说明埃及首都开罗"无舟楫之利，货物皆载以骆驼"的闭塞交通。随即介绍了英国首都伦敦的多雾天气以及高耸云天的伦敦塔桥"有一长桥如垂虹，然高插天半"，法国首都巴黎的大花园中喷泉的奇观，"轩轾一大花园，中置水法，喷珠溅沫，直上数十丈"。④ 此外，还有西班牙首都、葡萄牙首都里斯本、德国首都柏林、奥地利首都维也纳、美国首都华盛顿和重要港口城市纽约、俄国出海口圣彼得堡、日本东京等城市，最后是中国北京，通过幻灯片展示图画，世界主要城市的风貌皆可尽收眼底。⑤

（二）影戏助赈的后续演映概况

因 11 月 21 日与 23 日影戏在格致书院首映时颇受欢迎，"观者云集，后来者至以不得容足为憾"，受到了社会的关注，"可见颜、吴两君之仁心智术，足以倾动一时"。⑥ 颜永京和吴虹玉决定在震源洋广货行再次放映，此后，又陆续放映十余场，具体情形见表1：

表1 　　　　　　　**1885 年 11 月 21 日—1886 年 1 月 9 日影戏表演场次表⑦**

演出日期	礼拜	演出地点	票价	演出内容概要及其变化
1885 年 11 月 21 日	礼拜六	格致书院	5 角	影戏图八十余幅，皆系泰西各国都城以及名胜之地
1885 年 11 月 23 日	礼拜一	格致书院	5 角	
1885 年 11 月 28 日	礼拜六	震源洋广货店	5 角	添设新戏数十套

---

① 《观影戏记》，《申报》，1885 年 11 月 23 日，第 1 页。
② 《观影戏记》，《申报》，1885 年 11 月 23 日，第 1 页。
③ 《观影戏记》，《申报》，1885 年 11 月 23 日，第 1 页。
④ 《观影戏后记》，《申报》，1885 年 11 月 25 日，第 1 页。
⑤ 《影戏移赈》，《申报》，1885 年 11 月 19 日，第 4 页；《观影戏后记》，《申报》，1885 年 11 月 25 日，第 1 页等。
⑥ 《重演影戏》，《申报》，1885 年 11 月 28 日，第 3 页。
⑦ 此表据《申报》1885 年 11 月 18 日至 1886 年 1 月 23 日连续近两个月的报刊资料整理制成，其中《申报》关于影戏放映时间报道多以旧历日期公布，表中已根据礼拜日期作为佐证，统一显示现行的公历日期。

续表

演出日期	礼拜	演出地点	票价	演出内容概要及其变化
1885 年 12 月 3 日	礼拜四	震源洋广货店	3 角	弃陈出新，另在西友处借来珍藏画片
1885 年 12 月 5 日	礼拜六	震源洋广货店	3 角	
1885 年 12 月 7 日	礼拜一	震源洋广货店	3 角	从前旧样一律翻新
1885 年 12 月 9 日	礼拜三	震源洋广货店	3 角	
1885 年 12 月 17 日	礼拜四	震源洋广货店	3 角	另在西友处借来珍藏画片数十幅，世所罕睹
1885 年 12 月 19 日	礼拜六	震源洋广货店	3 角	
1885 年 12 月 26 日	礼拜六	震源洋广货店	3 角	欧洲各国都城，如英国、法国、德国、奥地利、西班牙、葡萄牙
1885 年 12 月 27 日	礼拜日	震源洋广货店	3 角	
1886 年 1 月 7 日	礼拜四	震源洋广货店	3 角	新式画片数百幅，包括天宫、地府、八仙、坟墓、三十六行、贸易、官场、民间吉凶等事，犹太国古今风景、活动、人物诸类
1886 年 1 月 8 日	礼拜五	震源洋广货店	3 角	
1886 年 1 月 9 日	礼拜六	震源洋广货店	3 角	

　　前两次影戏在位于上海六马路的格致书院放映，后面皆在四马路震源洋广货店放映。为了吸引观众，影戏门票价格也作出了适当调整。最初定价 5 角，后转移放映地后，以 5 角的门票价格放映了一次，便降价为 3 角。至于演出的内容，后续影戏放映内容则更为丰富。其中既包含了"泰西各国都城以及名胜之地，城邑市尘、楼台殿阁"等人文与自然景观，又包含了"天宫、地府、八仙、坟墓、三十六行、贸易、官场、民间吉凶"①等涉及宗教信仰和经济贸易的风俗见闻，"其中精美奇异，变化无穷，诚为巨观"②，为上海娱乐界提供了一场盛宴。

　　影戏助赈起自 1885 年 11 月 21 日至 1886 年 1 月 9 日止，先后共计 50 天的时间里共计演出 14 场之多，达到了平均每三天一场的放映频次，这样长时段、高频率的系列筹款演出活动，在近代早期慈善义演历史上还是较为罕见的。可见此时慈善义演已非偶然性的事件，而是形成了一定规模，并且具有较为稳定的受众，其原因便在于影戏足够新奇，"神妙变化，光怪陆离，大有可观"③，与过去演戏助赈相比，更容易激发观众的好奇心，"较之花丛记曲、菊部征歌实有新奇陈腐之不同"④，因此能够吸引更多观众前来观看。

　　1886 年 2 月，在颜永京举办影戏助赈后，吴友如根据影戏画片，亲手绘制出《番舆异制》《赤道媚神》《庙蓄驯猴》《猎遭猛虎》《驼营百物》《狮庙前年》《阿崇回教》《河浚苏彝》《有鳄知音》《因猫发迹》《水城筑意》《雪岭救人》《墨境土番》《东京旧治》《天坛肃仰》《影戏同观》，共计 16 幅图画出版于该画报。《点石斋画报》以图文并茂为特

---

① 《影戏又演》，《申报》，1886 年 1 月 7 日，第 5 页。
② 《影戏助赈》，《申报》，1885 年 11 月 23 日，第 3 页。
③ 《影戏移赈》，《申报》，1885 年 11 月 19 日，第 4 页。
④ 《重演影戏》，《申报》，1885 年 11 月 28 日，第 3 页。

色，尽可能地还原了当时影戏助赈的热闹盛况。

据图1可以看出，放映影戏的场地是在格致书院，站在台上讲解的应是颜永京本人，而观看影戏者虽然兼有中西人士，但从他们的衣着打扮上可以看出，观众仍以中国人为主。由图1左侧可知，现场专为女性观众设置了座位，即"分设男女坐位"①，不仅如此，后续在震源洋广店的场地同样"另设有女客位在于楼上"②，彰显出观众群体之广泛。影戏的放映时间为每日的晚上7点至11点，演出结束后，所收门票以及少数临时捐款都将转交给高易公馆筹赈所李朝觐与李秋坪，再行统一转汇至两粤救灾。

图1　影戏同观

（三）影戏助赈新在何处

首先，演出内容之推陈出新。每场影戏的放映内容并非完全一致，通过《申报》报道上呈现的"添设新戏数十套""弃陈出新，另在西友处借来珍藏画片""从前旧样一律

---

① 《续演影戏助赈》，《申报》，1885年12月3日，第5页。
② 《再演影戏集资助赈》，《申报》，1885年12月7日，第4页。

翻新"等语可以推断，每次放映都力求推陈出新，试图"另换新奇，一洗雷同之弊"①。因此，颜永京尽可能通过不同渠道增添新的幻灯片用以放映影戏，如 12 月 17 日和 19 日"在西友处借来珍藏画片，按图影演"②，12 月 26 日和 27 日"新绘各帧"③。这样做的目的，不仅是为了使演出内容更加丰富，也是为了吸引同一群体的观众，"如有未经寓目者，不可不往观，以无负此良宵美景；即已经寓目者，亦不妨再移玉趾，以补前次眼界之所未备"④。即便是在受众群体相对有限的情况下，他们也会期待着下一场不同的放映内容，避免了审美疲劳。颜、吴二人认为："喜新厌故，人之常情。影戏亦创见之端，曷弗张之大廷［庭］广众中，俾诸君眼界一恢，当不吝倾囊资助乎?"⑤ 两月之间，放映幻灯片的数量便从最初颜永京自己珍藏的"影戏图八十余幅"⑥ 增添至"新式画片数百幅"⑦之多。

其次，演出场域之选取因利乘便。本是以筹集赈灾善款为目的的影戏，为何会在格致书院中放映？这与格致书院特有的文化属性密不可分，它为西学东渐提供了文化交流的场域。"格致书院是中外教育史上的一个罕见机构……它是不中不西、亦中亦西、非官非民、亦官亦民的特殊学校。"⑧ 该院于 1872 年由麦华陀、傅兰雅等人提议创办，他们认为："近年华人考究各种西学，需求日益迫切"，因此致力于建成一所书院，通过讲学与研讨的方式使"中国士商深悉西国人事，彼此更敦和好"，这也是创办格致书院的旨志。⑨ 格致书院于 1876 年 6 月 22 日正式开院，前期由徐寿担任院长，1885 年该院绅董傅兰雅、唐廷枢等人集议改进书院制度，开始聘任王韬担任山长（旧时书院院长），1885 年前两场影戏助赈的选址与时任山长的王韬以及格致书院宣讲西学的传统有一定关联。王韬曾在 1867 年游历欧洲，1879 年又前往日本考察，是中国近代第一批外出留洋的江南知识分子，他半生都致力于传播西学，推动中外交流的事业，在格致书院任职十二年间，"课士平文，极尽心力，影响中国青年士子思想最大"⑩，近代早期资产阶级知识分子办理西式学校、编撰报纸、转译西学书籍，他们作为西学东渐的中坚力量始终力推国人开眼看世界，成为中西方文化交流的桥梁。1885 年颜永京发起的两场影戏既旨在为两粤水灾助赈，亦旨在用环游世界之所闻普及于沪上民众、牖启民智，故对影戏演出场地的选取打破了以往义演借助娱乐场地的传统惯例，选择了文化场所，即旨在促进中西文化交流的格致书院，表明了此次影戏助赈既是对传统义演助赈的传承，同时在传承中根据时代发展的潮流对传统义演助赈又有所超越。

最后，于诙谐之中寓劝诫之意。颜永京不仅是放映海外风景以扩充见闻，更为难得的

① 《影戏翻新》，《申报》，1885 年 12 月 3 日，第 2 页。
② 《续演影戏助赈》，《申报》，1885 年 12 月 4 日，第 6 页。
③ 《影戏志略》，《申报》，1885 年 12 月 25 日，第 3 页。
④ 《重演影戏》，《申报》，1885 年 11 月 28 日，第 3 页。
⑤ 《观影戏记》，《申报》，1885 年 11 月 23 日，第 1 页。
⑥ 《影戏移赈》，《申报》，1885 年 11 月 19 日，第 4 页。
⑦ 《影戏又演》，《申报》，1886 年 1 月 9 日，第 5 页。
⑧ 熊月之：《西学东渐与晚清社会》，北京：中国人民大学出版社，2011 年，第 280~281 页。
⑨ 王尔敏：《上海格致书院志略》，香港：香港中文大学出版社，1980 年，第 5 页。
⑩ 王尔敏：《上海格致书院志略》，香港：香港中文大学出版社，1980 年，第 90 页。

是，影戏放映内容中兼有诙谐娱众与教化劝善双重意味。颜永京讲述了两个故事，第一个故事是"有鳄知音"，大致情节是有一个英国人善于胡琴，而苏伊士河畔的鳄鱼喜爱音乐，英国人行至河边，"鳄鱼闻琴声出水衔其衣"，但是鳄鱼并无恶意，只为听其演奏。而英国人"一弹再鼓……尽出其秘，如伯牙遇子期"，人与鳄鱼因共同热爱音乐而成为知音，真可谓古今奇谈，"事属创闻，可以佐清谈，可以发大噱"。① 另一个故事是"雪岭救人"，在游历西班牙时，颜永京听说当地有一种善犬救人的风俗，随之描绘出来："中有《善犬救人图》，即前所纪行人颠仆雪中，有狗饮以美酒被以毡条，俾死而复苏故事。"② 大概意思是西班牙某座山峰上气候寒冷，山顶积雪终年不化，行人很容易遭遇雪崩等险情，因此有一些善士便驯养一批搜救犬，遇到险情，即前往救人，将随身披挂的热酒和毡被交给遇险人员，使其得救。借着放映《善犬救人图》之际，通过诙谐的方式实现了劝善目的。时评言道："今之人势利存心，炎凉顿易，见人得意则趋奉之，见人失意则揶揄之甚，且落阱〔井〕下石，肆意倾排。虽曰忝然人面，我以为直犬之不如矣。"③ 事实上，在晚清时期，江南善士圈一直在极力推崇"劝善戏"，晚清大慈善家余治自 50 岁以后，便开始通过编演善戏剧本以达到劝善和教化的目的，著有《庶几堂今乐》（又名《劝善杂剧》），其中包含余治亲自创作的 40 个劝善剧本，其中多以教化人心为目的。"然则是戏也，可以扩见闻，可以振饥馑，抑且可以愧浇漓，戏云乎哉？"④ 通过影戏助赈，既扩充了观众见闻，又实现了赈灾目的，同时还实现了教化劝诫的用意，可谓一举三得。

三、西学东渐与影戏助赈产生之时代境遇

任何历史事物的产生，都与时代发展有着密不可分的关系。西学东渐是时代的需求，在上海这片十里洋场，人们更愿意主动地了解西方世界，增长见识，这为颜永京通过影戏助赈展示世界风貌提供了文化土壤。

（一）"师夷长技"下中西慈善的双向互动

早在 1876—1879 年丁戊奇荒发生时，伴随着晚清义赈中以谢家福、李金镛、严佑之等为代表的江南善士崛起，中国的慈善事业进入了另一重高度，具有近代化意义的中国慈善家群体逐渐形成。"自晋豫奇荒而后已七八年，于兹水旱之灾无时蔑有，各省好善士慨捐巨款，赈抚饥黎，岁或数百万、数十万。"⑤ 新型筹赈之法不断出现，百万巨额善款相继被运往灾区。与此同时，慕威廉（William Muirhead, 1822—1900）与李提摩太（Timothy Richard, 1845—1919）等英国传教士在山东与山西各处筹款赈灾，"慨施巨款，往赈饥民"，事后"朝廷赐以崇衔，用昭奖劝"，时人评价他们："教士专以拯急为心，行

---

① 吴友如：《影戏同观》，《点石斋画报》1886 年巳集六。"大噱"即是引人大笑之意。
② 《戏资助赈》，《申报》，1885 年 12 月 28 日，第 3 页。
③ 《观影戏记》，《申报》，1885 年 11 月 23 日，第 1 页。
④ 《观影戏记》，《申报》，1885 年 11 月 23 日，第 1 页。
⑤ 《筹赈宾谈》，《申报》，1885 年 7 月 21 日，第 1 页。

善为志，故能不辞劳瘁，深抱恫瘝也"。① 然而，西方传教士参与赈灾活动的同时，会乘机搜集灾区情报、大肆压价收购灾民田产，甚至侵吞赈灾善款，引发了中国民众本能的抗拒。② 一些传教士打着"劝人为善"的名义，或强迫捐献、或盗买盗卖、或低价勒索、或占领垦地，因此导致全国各地教案频发。③ 西方传教士在中国的行为成为激发义赈群体崛起的动机："针对西方赈灾行动对中国的冲击而生发出来的抗拒反应，是促成义赈兴起的一个极为关键的因素。"④ 中国善士撰写文章呼吁国人，"以就近之善举，移之远方，彼岂不乐于从事，亦同忍以千载之美名，让耶稣教中独擅哉?"⑤应当自行筹赈，不愿专美于西人。

慈善救助是双向的，来华西人在帮助中国灾区筹款的同时，他们也常在上海举办慈善义演为自己的国家筹款，以中国之资财赈济本国之灾难。在 1877 年之后数年的慈善义演活动中，经常能够看到外国人的身影。如 1877 年 2 月 1 日（旧历一八八六年腊月十九日）为救济英国兵士的家属而在上海举办慈善义演："英国战船猝遭沉溺，兵丁、水手死于是役者，殊堪悲悯，复有家属零丁孤寡，无所依靠。"⑥ 1877 年 3 月 2 日，外国商人在外国戏园演出音乐会作为赈款寄往中国灾区。1882 年 12 月，意大利戏班先前在上海市外国戏园演剧，为小吕宋灾区筹款，前后共筹得洋三千元左右⑦，后意大利国内水灾，意大利公使又"仿照助赈小吕宋之举"⑧ 为本国筹款，最终筹得戏资 953 元汇寄国内灾区⑨。1883 年，德国莱茵河水涨成灾，泛滥至奥地利，西人于浦滩规矩堂演戏，"以为筹资赈济奥灾之费"⑩。当其他国家遭遇灾荒时，中国善士不遑多让，踊跃为外国灾区捐助善款，"既得多赀，有益正事，使华人亦能效其所为"⑪。国家之间或因政治因素而出现对抗甚至战争，但反映至下层民众之间，他们彼此互助善款，则是彰显出世界各国民众之间不分畛域、乐于互助的人道主义关怀。1885 年，两粤地区刚刚经历了中法战争（1883 年 12 月至 1885 年 4 月）的战火洗礼，"法与吾世仇也，执干戈以从事，已越三年。夺吾藩服，坏吾边疆，伤夷吾士卒，几若不共戴天之仇"，但是"一经议和，法即已冰消瓦解"，此时无论是清政府还是广大民众都还未将关注点从两粤地区移开，有人注意到，中法和谈结束后，法国公司轮船帮助中国运载援粤的赈款与货物，且"运费一概不收"。⑫ 通过中西慈善活动之间的互动，中外慈善家在慈善公益领域突破了国家间的界限，体现了他们急公好

① 《筹赈宾谈》，《申报》，1885 年 7 月 21 日，第 1 页。
② 顾长声：《传教士与近代中国》，上海：上海人民出版社，2004 年，第 268~274 页。
③ 顾长声：《传教士与近代中国》，上海：上海人民出版社，2004 年，第 120~130 页。
④ 朱浒：《地方性流动及其超越——晚清义赈与近代中国的新陈代谢》，北京：中国人民大学出版社，2006 年，第 147 页。
⑤ 《筹赈宾谈》，《申报》，1885 年 7 月 21 日，第 1 页。
⑥ 《论演戏救灾事》，《申报》，1877 年 2 月 8 日，第 1 页。
⑦ 《输捐踊跃》，《申报》，1882 年 12 月 29 日，第 2 页。
⑧ 《筹赈实数》，《申报》，1882 年 12 月 6 日，第 2 页。
⑨ 《合辞鸣谢》，《申报》，1882 年 12 月 31 日，第 2 页。
⑩ 《演戏筹赈》，《申报》，1883 年 2 月 25 日，第 2 页。
⑪ 《论演戏救灾事》，《申报》，1877 年 2 月 8 日，第 1 页。
⑫ 《筹赈宾谈》，《申报》，1885 年 7 月 21 日，第 1 页。

义的慈善之心与人道主义的精神。除此之外，外国人屡次演戏救灾的筹赈方式则进一步启发了中国有识之士，他们开始尝试仿效慈善义演之法筹集善款，由此慈善义演在上海、天津等城市场域中迅速发展。

(二) 中西慈善文化融通之下的筹赈观念变迁

慈善义演自从 1877 年在上海偶然出现，便引起了时人的关注与思考。一方面，西方传教士为代表的外国人参与中国晚清义赈的行为，激发了时人对于筹赈方法的创新意识。另一方面，时人围绕着保守式的"节约赈资"与创新式的"开源之法"展开了较为激烈的讨论。在两粤水灾同一场灾荒之中，《申报》先后的报道呈现出两种截然不同的劝赈理念，其一是延续了传统福报观，以激发民众踊跃助赈的动力。其二是借助城市民众对于娱乐的需求，运用如影戏助赈的创新之法筹款。影戏助赈便在此背景下产生。慈善义演逐渐为人们所接受的过程，不仅反映出民众慈善观念的转型，而且展示出近代城市社会丰富的娱乐风貌。

1885 年 9 月 13 日，为救济两粤水灾，《申报》刊登了名为"救灾报应图"的消息，其中大致分为三部分内容，其一为《劝赈两粤水灾启》《劝中外闺阁助赈启》两则劝赈书。其二为《广东水灾图》和《广西水灾图》及《救灾图》等图画，分别为读者展示了两粤地区受灾情形和救灾实况，两粤地区与上海相距甚远，施予者对灾情状况大多不甚了解，以图画的形式，可以引起民众对于受灾者的同情。更为引人注目的是，报刊还登载了配以诗文的四幅救灾报应图，内容囊括了："祝染无嗣，助赈得男""倪闪济饥，状元及第""徐君捐赈，掘地得金""刘商命终，救灾延寿"四个因捐款助赈获得福报的故事（见表 2）。①

表 2　　　　　　　　　　**1885 年 9 月 13 日《救灾报应图》诗文内容**②

《祝染无嗣，助赈得男》	伯道无儿天太酷，伤心祝染更何言。 只因粥饘留嘉惠，天遣宁馨到善门。
《倪闪济饥，状元及第》	帝城云震九重开，报道郎君得意回。 亿万苍生曾饱法，下风争报状元来。
《徐君捐赈，掘地得金》	捐赈原非论报施，天公赏赍本无私。 心田便是藏金地，前事应知后事师。
《刘商命终，救灾延寿》	多事昌阳说引年，好生一念感苍天。 救灾延寿传佳话，展卷从今忆昔贤。

这一现象反映出，此时大多数民众参与慈善事业的驱动力是所谓积德行善的"福报"

---

① 《救灾报应图》，《申报》，1885 年 9 月 13 日，第 12 页。
② 《救灾报应图》，《申报》，1885 年 9 月 13 日，第 12 页。

观。如何引导民众积极主动参与慈善事业成为晚清慈善家需要解决的问题。在中国传统社会，因传统慈善观念，灾荒之年往往难以见到民间娱乐活动。这一惯例在时人所著之《筹荒八策》中或许可以找到解释："劝富室节省靡费，以救贫民也。富豪之家，日用之正供有几，无端之靡费綦多。不知遇荒歉之年，省一华筵之费以给饥民，可活几人？省一交际之费以给饥民，可活几人？省一摩挲古玩之费以给饥民，可活几人？省一供给优伶之费以给饥民，可活几人？总在贤牧令、乡善士为提醒劝导耳。"① 中国传统社会应对灾荒的主流做法，多以节俭为本，时人更是提出了《崇俭以赈饥十说》，从人们的衣、食、住、行等角度论证节约助赈的重要性，其中着重强调了富家豪绅应减少听戏、吃茶以及酒宴等应酬活动，节省筵资靡费以助赈灾，其慈善经费来源更多的是"节流"而非"开源"。中国传统慈善文化注重因果报应的观念②，慈善家筹措善款的过程，有时并非一帆风顺，应当对民众正确引导，如果强行摊派捐款势必会引起民众反抗。1889 年 4 月，黄河泛滥引发灾荒，杭州的地方官希望从茶馆所售茶资中抽取税捐帮助灾民，但却引起了全城民众的抵制。明恩溥游历中国期间观察到这一事件③，他认为政府这样强行摊派捐款的措施甚至与 1773 年对波士顿人所征收的茶叶税引发的"波士顿倾茶事件"具有相似之处，势必会导致民众不满和反对，杭州城民众因不满政府强行摊派捐税，甚至集体抵制喝茶，抽取茶叶捐税的措施最终便不了了之。

民众捐款赈灾，参与公益慈善事业的动因复杂，捐款助赈的慈行善举在不同文化观念中被理解为不同含义："在国法则可谓为赎罪，在儒教则可谓为改过，在佛门则可谓为忏悔，在道家则可谓为禳解。"④ 晚清时期，上海虽然是最早衍生出近代化文明的城市，但义赈观念影响的只是以"江南善士圈"为代表的社会精英阶层，民众的捐款助赈思想依然停留在传统的善报观念阶段，并未建立起现代文明社会的公民意识。如果说晚清时期的中国依然承袭着古代社会的慈善传统，那么慈善义演在上海出现便是为中国的慈善文化打开了一扇窗。与传统社会相比，近代以来筹赈方式和慈善观念皆伴随社会变迁而发生改变，因全国人口逐渐汇集于城市，形成了如北京、上海、天津、武汉等特大规模的城市，城市中的市民力量渐渐成为不可忽视的社会阶层。反映于公益和慈善事业，若想在短期内筹得一笔为数不小的经费，城市中的市民阶层成为最佳资源，"救灾恤邻之意，尤妙在因势利导，并非强人以所难，宜乎用力少而集款多也"⑤。影戏助赈以新奇的表演方式满足了城市市民的娱乐文化需求，以筹赈救灾的慈善旨志作为内在驱动力，循循善诱地吸引民众自愿前往观看影戏，自愿出资捐助灾区。

---

① （清）寄湘渔父撰，赵晓华点校：《严江寄湘渔父觹集·救荒百策》，清光绪十三年重刻本，李文海、夏明方、朱浒主编：《中国荒政书集成》第 9 册，天津：天津古籍出版社，2010 年，第 6245 页。

② 正如明恩溥所观察的那样："Individual charges himself with every bad act which he can rememble, and cridits himself with every good act." 即中国俗语中的"善有善报，恶有恶报"观念。Arthur Henderson Smith：*Chinese Characteristics*，New York：Fleming H. Revell Company，1894，p. 188.

③ "To the people of that ancient capital this assessment presented itself in a light similar to that in which the Bostonians of 1773 regarded the tea tax of their day." Arthur Henderson Smith：*Chinese Characteristics*，New York：Fleming H. Revell Company，1894，p. 188. ）

④ 《书本报戏资助赈告白后》，《申报》，1877 年 4 月 30 日，第 7 页。

⑤ 《劝赈新法》，《申报》，1885 年 11 月 8 日，第 3 页。

（三）通过影戏助赈了解世界以增进民识

据高易筹赈所统计，颜永京与吴虹玉"以西法影戏集资助赈，连夜继演，不计辛劳"，仅 1886 年 1 月 7、8、9 日三夜影戏便已"集得洋三百四十六元四角，除逐晚零用洋六十七元一角，存得洋二百七十九元三角"①。很明显，这笔筹款金额与动辄数十万的赈灾善款相比，实在如沧海之一滴水珠，荒漠之一粒沙土，然而，"颜、吴两君以影戏集资助赈，虽集款无多，而灾民受益不少"②，所谓不积跬步无以至千里，不积小流无以成江河，能够救活一命，便是为慈善事业增添了一份砖瓦。时人在《申报》上评价道："譬之于水，长江大河固足以资灌溉，而微波一勺亦可以润枯鳞；譬之于木，合抱参天固可以胜栋梁，而旁支曲干亦可以供镌雕。"③ 影戏助赈在文化层面的作用远远甚于救灾功效，"惟袍笏管弦供人视听耳，虽有悲愉欣戚，何足关乎劝惩，更何足资乎学问。而颜君独以己之阅历，广人之见闻，生面独开，足令人见所未见"④，由此，影戏助赈的客观效果是增进民识。

沪上民众亲自前往现场观看影戏中的"泰西各国都城以及名胜之地，城邑市尘、楼台殿阁"，观者"不啻身历其境"⑤，自然丰富了见闻，而《申报》与《点石斋画报》等报刊媒介对此类活动绘声绘色的宣传作用亦不容忽视。"同人既感颜、吴两君之好善不倦，复冀诸公之集腋成裘，爰乐为之登报布告"⑥，在颜永京现场放映影戏的同时，时人屡次撰文描绘当时盛况，并且报纸也对影戏助赈的全部过程进行了连续报道，影戏助赈的社会影响力由此扩大。影戏助赈结束后，《点石斋画报》主笔吴友如从百余幅影戏图片中精心挑选，绘成十六幅图画，刊载在《点石斋画报》上，令观者感同身受。同时，通过报刊媒介也大大增加了观看影戏图画的受众，"俾留此雪泥鸿爪，与海内君子同观"⑦。《申报》上对于影戏的描绘可谓细致入微，以颜永京出洋游历世界的讲解过程为线索，几乎将世界五大洲主要国家囊括殆尽，读者阅读之后，可以大致了解世界各国风貌以及风俗民情。而《点石斋画报》则是以图片为主，图文并茂，不仅描绘了影戏中的风景图画，更是对于人们影戏助赈的盛况作出现场素描，以独特的方式记录了这一事件。

《申报》与《点石斋画报》二者互为映照，图文并茂地记录影戏助赈的盛况。报刊媒介在筹款赈灾过程中自然起到了征信与监督的作用，对于 1885 年这场影戏助赈而言，同时又增添了新的含义。通过报刊宣介，人们不仅能够在演出现场看到绘有世界风景民俗的影戏图画，更是通过阅读报刊，更加便利地了解到世界风貌，大大增加了受众群体，增进了民众对于世界的见识。

---

① 《彩票及影戏集款汇登》，《申报》，1886 年 1 月 23 日，第 9 页。
② 《再演影戏助赈》，《申报》，1885 年 12 月 17 日，第 4 页。
③ 《筹赈新法衍义》，《申报》，1885 年 10 月 29 日，第 1 页。
④ 《观影戏后记》，《申报》，1885 年 11 月 25 日，第 1 页。
⑤ 《影戏移赈》，《申报》，1885 年 11 月 19 日，第 4 页。
⑥ 《续演影戏助赈》，《申报》，1885 年 12 月 3 日，第 5 页。
⑦ 《影戏助赈画报出售》，《申报》，1886 年 2 月 9 日，第 2 页。

四、余　论

19 世纪中叶以后，近代化对于中国晚清社会而言有两个维度，其一是以时间为线索，不断提高生产力，促使社会形态由传统到现代的转变，这是一个由量变到质变转化的缓慢过程。其二是以空间为线索，中西交融，即通过中西方文明交流、融合与互动，促使二者相互吸收有益的成分，其逻辑通常被概括为"器物–制度–文化"三个层次。中国经历了两千多年的封建社会，生产力缓慢发展，社会结构也一直维持着"超稳定"状态。1840 年以来，国门洞开，对于外来文化的取舍问题困扰着中国每一位知识分子。晚清时期中国对待西方外来文化的取向和态度，或秉持着"天朝上国"的傲慢，或主张学习西方，自强求富。这种对西学的矛盾心理，最终被张之洞总结为"中学为体，西学为用"，他在《劝学篇》"设学"中提出应该以"善堂之地、赛会演戏之款"用作府、县学堂经费，[1] 在公益慈善领域上秉持着明显的"节费筹资"观念，同时，张之洞又突破了守旧士大夫的局限，以海纳百川的胸襟，提出了"游学""广译""阅报"等主张。张之洞代表着这个时代大多数士人的取向，他们更希望循序渐进地了解西方社会，怀着博大的胸怀与包容的态度，借鉴西方文化中的可用之处，引为己用。

如果仅仅将影戏助赈作为筹赈之法来看待，因其劝赈与筹款的本质并未改变，国人学习和借鉴的仅仅是西洋之技，翻新了筹赈方法而已，此为义演助赈借鉴西方器物之"表"。但若从中西文化交流的角度审视，我们就会发现，颜永京发起影戏助赈还有更为重要的两个功效：其一是引导民众了解世界风貌，推动中西方文化的交流；其二是发掘慈善文化，以达到劝诫教化人心之意，此为义演助赈吸收西方文化之"里"。颜永京作为这场影戏助赈的推动者，并非独立的个体，如王韬、张德彝等，他们代表着晚清最早走出国门游历世界的社会精英群体，同时他们也是最早完成近代化转型的知识分子，他们不仅能够开风气之先，将世界新鲜事物引入国内，还可以新奇诙谐的方式促使民众自觉接受外来事物，开眼看世界，寓劝诫教化于娱乐之中，潜移默化，移风易俗。影戏助赈可以被认为是中国近代化探索过程中慈善文化领域的西学东渐。

（作者单位：河南大学历史文化学院）

---

① 　张之洞：《劝学篇》，苑书义、孙华峰等主编：《张之洞全集 第十二册》卷二百七十一，石家庄：河北人民出版社，1998 年，第 9734~9770 页。

概念史研究

中国"两母争子"故事的多民族演绎*

□ 李星星

【摘要】中国古代"两母争子"故事的流传最早可能见于东汉应劭《风俗通义》里面所记录的《黄霸叱姒》,讲述的是西汉颍川一富室两妯娌争子,由"丞相黄霸"断清这一桩案子的故事。其后,"两母争子"类型的讼案及故事不断被后世吸纳,许多传世文献中均有记载。不过,需要指出的是,我国多个民族和地区其实也都发现有"两母争子"及其变体的故事流传,而把这些民族文学中的"两母争子"型故事纳入系统的"两母争子"研究的论述,却少之又少。有鉴于此,本文拟集中讨论以傣族《抢娃娃》和藏族《金城公主的传说》为代表的中国多民族"两母争子"民间故事,进而探寻中国这些多民族民间故事与世界"两母争子"型故事的渊源,尤其是与印度佛经之间的关系问题。

【关键词】两母争子;民间故事;多民族文学;佛经故事

　　季羡林先生指出:"我们不但要把我国少数民族的文学纳入比较文学的轨道,而且我们还要在我国各民族之间进行比较文学的活动。……在中国少数民族文学中既可以进行影响的研究,也可以进行平行的研究。……对少数民族文学不但要进行同国外的对比研究,而且也应该进行中国国内各民族之间的文学的对比研究。"① 我国多个民族和地区都发现有"两母争子"(及"二友争金"变体)的故事流传,而把这些民族文学中的"两母争子"故事纳入系统的"两母争子"研究的论述,却少之又少。有鉴于此,本文拟集中讨论以傣族《抢娃娃》和藏族《金城公主的传说》为代表的中国多民族"两母争子"民间故事,进而探寻中国这些多民族民间故事与世界"两母争子"型故事的渊源,尤其是与印度佛经之间的关系。

一、《佛本生故事·大隧道本生》与傣族《抢娃娃》

　　印中两国唇齿相依、山水相连,自古迄今文化交流连绵不绝。在古代印度,虔诚的佛

* 本文为四川省社会科学重点研究基地美学与美育研究中心资助科研项目(22Y024)阶段性成果。

① 季羡林:《比较文学与民间文学》,北京:北京大学出版社,1991年,第330页。

教徒为了能够大力宣传佛教的教义，时常会利用民间文学的这一形式，创作和改编出妇孺皆知且浅显易懂的佛经故事。而后，这些佛经故事传入中国，对我国文学艺术，特别是民间文艺产生了重大的影响。

根据季羡林先生的考证，我们可知印度流传的"两母争子"型故事最早出现在公元前3世纪巴利文本的"佛本生故事"中①，基本形态记录在《佛本生故事·大隧道本生·儿子》里面，云一夜叉变成妇人，与一母亲争夺一孩子，争执不下，求智者裁定：

> 有个妇女带着儿子去智者的池塘洗脸。她替儿子沐浴后，让儿子坐在自己的外衣上，自己洗完脸，下池塘沐浴。这时，有个母夜叉看见这孩子，想要吃他。她捏着这妇女的外衣，说道："大姐，这孩子长得真俊！是你的儿子吗？""是的，大妈！""我给他喂点奶。""你喂吧！"母夜叉抱起孩子，逗弄了一会儿，就带着他跑了。这妇女看见后，追上母夜叉，抓住她，问道："你怎么抱走我的儿子？"母夜叉说道："这哪里是你的儿子？这是我的儿子。"她俩争吵着，走过大厅门口。智者听到吵架声，把她俩召来，问道："怎么回事？"听罢案情，他凭其中一个妇女那双不会眨眼的红眼睛，就知道她是母夜叉。尽管他心里有数，仍然问道："你们愿意服从我的判决吗？""我们愿意。"于是，他划一条线，把孩子放在线中央，吩咐母夜叉抓住孩子的双手，母亲抓住孩子的双脚，说道："你们两个拽这孩子，谁能拽过去，这孩子就是谁的。"她们两个开始拽，这孩子痛得哇哇啼哭。母亲的心仿佛要碎了，松手放开儿子，站在那里哭泣。智者问众人道："真母亲和假母亲，哪个心疼孩子？""真母亲，智者！""那么现在，抓住孩子站着的和放开孩子站着的，哪个是真母亲？""放开孩子站着的，智者！""你们知道这个抢儿子的女贼是什么东西吗？""不知道，智者！""她是母夜叉，想把这孩子抓去吃掉。""你是怎么知道的？智者！""她的那双眼睛不会眨巴，身体没有影子，胆子大，心肠硬。"然后，他问母夜叉："你是谁？""我是母夜叉，尊者！""你为什么要抓这个孩子？""想吃掉它，尊者！""蠢货！你过去作恶，转生为母夜叉。你现在还要作恶，哎，你真是个蠢货！"智者训诫了她，嘱咐她遵守五戒之后，再把她放走，孩子母亲向智者祝福："尊者，祝你长寿！"然后，带着儿子，走了。②

无独有偶，流传在中国傣族地区的《召玛贺故事三则》中的《抢娃娃》，与《佛本生故事·大隧道本生》有诸多相似之处：

> 一天，一个女人带着小孩到河边。她把小孩放在沙滩上，自己下河去洗小孩的衣服。另一个女人偷偷把孩子抱走了。小孩的妈妈看见，急忙追上，两人就抢起来，都说小孩是自己的。吵得没有办法，就去找召玛贺。
> 召玛贺在地上画了一个圈，让小孩坐在中间，两个女人站在圈外。召玛贺叫她们

① 季羡林：《关于巴利文〈佛本生故事〉》，郭良鋆、黄宝生译：《佛本生故事选》，北京：人民文学出版社，1985年，第2页。

② 郭良鋆、黄宝生译：《佛本生故事选》，北京：人民文学出版社，1985年，第406~407页。

两个抢,哪个先抢到,娃娃就判给哪个。

两个女人开始抢了,一个抱住娃娃的身子,一个拉住娃娃的脚,娃娃大哭起来。他的妈妈不忍心,就放开手。

那个女人抱了娃娃就要走。召玛贺说:

"站住!娃娃不是你的!你没有母亲的心,对娃娃不会心疼!"

他把娃娃断还给了亲生的妈妈。①

经过比对,我们很容易就能够看出傣族的召玛贺的这一故事与佛本生"两母争子"的故事,不管是在故事类型本身,还是在故事的编排与结局的处理上,都表现出极大的相似性,不同的只是将故事附会在该族聪明人召玛贺身上。造成这种文化类同的原因恐怕与傣族信仰小乘佛教有关。我国云南省的西南和南部地区,泰国和老挝的大部分地区,越南的西北和北部地区,缅甸的东部与北部地区,以及印度的北部地区,在这广阔的地域内,错落居住着傣族系统的傣人、泰人、佬人、禅人、阿洪人等。这些民族从古至今都有着直接的亲缘关系,因而也有着大致相同的生活习性和相似相近的佛教信仰。尽管各地的经济结构和社会制度不尽相同,但这种民族特性与特征,仍是属于同质的内容。投射到文学作品当中,其主题思想自然与该民族的性格特质和宗教信仰紧密关联。至于说云南的傣族地区,具体是何时何地接触到了泰国和印度的文化,目前尚无明确的史料依据。不过,这与佛教的传入应当是有极为密切的关系的。在佛教传入中国云南傣族地区的过程中,佛教文化伴随而来,"两母争子"型故事也就非常自然地从境外传播进来了,传入的途径无非是直接从印度传入,或者是经过泰、缅等国间接传入。可以看出,中国傣族"两母争子"的故事,无论是通过佛教经籍扩播,还是民间传承,它源自印度,当属无疑。

另外,如新疆哈萨克族的《耶迪盖勇士》② 和维吾尔族的《聪明的孩子当国王》③ 也大致是如上情况。实际上,汉译大藏经里面有不少的经文内容都是佛本生故事,像《撰集百缘经》《贤愚经》《杂宝藏经》等都属于这一类。这些经文很多都不是从巴利文直接译过来的,但确实是本生故事。在新疆发现的古代语言的残卷中,也可以找到许多佛本生故事,比如吐火罗文里面就有。这说明,在一千多年以前,本生故事就已经在新疆一带流传了。所以新疆民族故事里出现和古印度相类似的"两母争子"故事,应该可作此解释。

二、《贤愚经·檀腻䩫品》与藏族《金城公主的传说》

《贤愚经》的汉译本于公元 5 世纪左右问世,一共有六十九品。而后又相继出现了其

---

① 中国作家协会昆明分会合编:《云南各族民间故事选》,北京:人民文学出版社,1962 年,第158 页。

② 中国民间文学集成全国编辑委员会主编:《中国民间故事集成·新疆卷》,北京:中国 ISBN 中心出版社,2008 年,第 666~669 页。

③ 中国民间文学集成全国编辑委员会主编:《中国民间故事集成·新疆卷》,北京:中国 ISBN 中心出版社,2008 年,第 1504~1506 页。

他各个民族的翻译版本，以藏文译本时间最早且数量最大。"除了汉文本在敦煌流传外，在吐蕃统治敦煌时期，《贤愚经》亦被翻译成藏文流传，并深入藏区广为传播。"① 根据布顿大师著《佛教史大宝藏论》所知，《贤愚经》的藏文本主要是由郭·却珠（意为法成，故又有译作管·法成）参照汉、梵两种文本译出。管·法成是公元八九世纪极著名的佛教学者与敦煌吐蕃翻译家。陈寅恪先生认为管·法成其人"为吐蕃沙门，生于唐文宗时期，译经于河西沙州、甘州一带，当与当时唐玄奘齐名"，亦考其"唐代吐蕃翻译经大德法成译义净中文本金光明最胜王经为藏文"，并推崇其"于吐蕃亦犹慈恩之于震旦"。② 姜亮夫先生在《莫高窟年表》中亦称誉"吐蕃大德法成，其出经论于沙州，亦一代高僧"。援引前人学者已有的研究统计，《贤愚经》藏文本现存刻本诸多，如那塘版，卓尼版、德格版、北京版与拉萨版。据藏学家王尧先生取汉文金陵刻经处刻本与藏文拉卜楞寺刻本比较，我国藏文《贤愚经》共十二卷五十一品，较慧觉等译汉文本仅缺译十八品。③

位于《贤愚经》卷十一的《檀腻鞴品第四十六》，讲述的是一位印度国王阿婆罗提目佉，他生性聪颖又刚正仁厚，为一位婆罗门檀腻鞴解决了诸多生活难题以后，又审断了一桩棘手的"两母争子"案件，从而得到百姓的拥护与爱戴。该则故事以佛陀的口吻讲述出来，结尾写道：

> 佛告阿难："尔时大王阿婆罗提目佉者，岂异人乎？我身是也。尔时婆罗门檀腻鞴者，今婆罗门宾头颅揎阇是。我往昔时，免其众厄，施以珍宝，令其快乐。吾今成佛，复拔彼苦，施以无尽法藏宝财。"尊者阿难及诸众会，闻佛所说，欢喜奉行。④

后来这则"两母争子"故事，也被梁释僧旻、宝唱等集《经律异相》卷四一以"檀腻鞴身获诸罪"为名转录，云：

> （檀腻鞴）故在王前，见二人母，共争一儿，诣王相言。时王明黠，以智权计。语二母言："今唯一儿，二母召之。听汝二人，各挽一手。谁能得者，即是其儿。"其非母者，于儿无慈，尽力顿率，不恐伤损；所生母者，于儿慈深，随从爱护，不忍曳挽。王鉴真伪，语出力者："实非汝子，强挽他儿。今于王前，道汝事实。"即向王首："我审虚妄，枉名他儿。"大王聪圣，幸恕虚过。儿还其母，各尔放去。⑤

前文提到，印度的"两母争子"故事最早出现在公元前3世纪。由于"两母争子"型故事充满智慧，这种智慧正是佛教所崇尚的，所以这类民间故事被佛教吸收，并且改造

---

① 梁丽玲：《〈贤愚经〉研究》，台北：法鼓文化事业股份有限公司，2002年，第39页。三个藏文本在敦煌文书中的编号为S. T. 217号贤愚经、S. T. 218号贤愚经、S. T. 943号贤愚经。
② 陈寅恪：《金明馆丛书二编》，北京：生活·读书·新知三联书店，2001年，第190页。
③ 黎蔷：《藏文〈贤愚经〉与佛教戏曲流变考》，《西藏研究》1997年第5期。
④ 《贤愚经》，（北魏）慧觉等译撰，广州：花城出版社，1998年，第539页。
⑤ 《贤愚经》，（北魏）慧觉等译撰，广州：花城出版社，1998年，第538页。

成为佛本生故事，而后吸纳进印度《大藏经》的《贤愚经》当中，以此突显佛陀的智慧。由此，我们基本可以确定，《贤愚经》所载"两母争子"之故事，是内容有所简化的佛本生故事的异文。

在中国藏族地区，与傣族《召玛贺故事三则》中的《抢娃娃》起源和传播情况最相类似的"两母争子"故事，当属《金城公主的传说》。

公元8世纪左右，担任西藏芒域地方官的吐蕃佛教领袖巴·赛囊自印度朝礼回来后，编撰了名为"巴协"的传世著作，以此来弘扬佛法。《巴协》中收有一个与《贤愚经》卷十一的《檀腻鞱品第四十六》故事非常相似的"金城公主的传说"，另散见于《西藏王臣记》《西藏王统记》《贤者喜宴》等古代藏族典籍中。其主要故事情节如下：

> 唐朝的金城公主嫁给吐蕃的赞普赤德祖赞为妃子。后来生了一个王子，不料被赞普的另一个妃子纳囊氏喜登夺去，说是她生的。赤德祖赞和众臣属为了判明到底谁是王子的生母，便将刚生下来的王子放在平坝的一端，让两位妃子金城公主和喜登从平坝的另一端跑去抱。谁先抢得王子，就把王子判归给谁。金城公主先跑到，把王子抱起来时，喜登也赶到了。她不顾王子死活，拼命来抢夺。金城公主心疼王子，怕拉扯伤了，只得松手让喜登抱去。王臣众人见此情景，得知金城公主是王子的生身母。①

我们根据各版所载《檀腻鞱品》中"国王断案"的故事，进而和藏文"金城公主的传说"相比较，可确知两个故事中均有"两母争子"的主要情节，只是人物的称谓与身份有所出入，其戏剧性的结局有所发展。如《巴协》中所收《金城公主的传说》，赞普赤德祖赞哪怕是在"二妃争子"的事实面前，依旧忌惮于纳囊氏家族的权势，不得不让喜登妃子将王子领走。而后其子满周岁举行"迈步庆宴"，赞普为了汉藏友好，最终应允赤松德赞王子认定金城公主为亲生母亲。书中记道：

> 过了一年，王子长满周岁，按吐蕃习惯要给王子举行"迈步庆宴"。赞普让汉族亲友和纳囊族亲友都来作客。纳囊氏亲友每人手中拿一件斗篷，引逗王子说："到舅舅怀里来，让舅舅抱抱！"王子答到："赤松德赞我是汉家好外甥，纳囊家族怎能当舅舅！"说完，扑到汉族亲舅舅怀中。同时，也由自己取定了名字。②

除了上述"两母争子"的重大情节之外，《金城公主的传说》中还有父王赤德祖赞崇佛生子姜擦拉温；姜擦拉温成年之后向唐中宗请婚金城公主；金城公主到达吐蕃时，姜擦拉温不慎从马上摔下来死去，金城公主为了汉藏友好，遵照藏族当时的习俗，嫁给了赤德祖赞；金城公主生子等情节。整个传说波澜起伏，情节跌宕，富有传奇色彩和艺术感染力。

---

① 陈庆浩、王秋桂主编：《中国民间故事全集·西藏民间故事集》，台北：源流出版事业有限公司，1989年，第86~91页。

② 陈庆浩、王秋桂主编：《中国民间故事全集·西藏民间故事集》，台北：源流出版事业有限公司，1989年，第90~91页。

对比来看，《檀腻覉品》中的小故事，表达了母爱和国王的聪明才智这两层意思。至于继承权的问题，故事中没有明显提及，意在似有似无之间。倘若结合当时印度社会的实际情况加以分析，也可以认为暗含其中。至于《金城公主的传说》，除了母爱、继承权（表现为王位的继承）的内容外，还反映了当时藏族统治阶级内部王室与部分奴隶主贵族之间的尖锐矛盾问题。可以说，西藏《巴协》所载之《金城公主的传说》是在《贤愚经》卷十一《檀腻覉品》的基础上，充分结合了藏族地区的历史文化背景和民族风貌，在艺术审美和文学创作上实现了一个质的飞跃。

逾两千年的中印文化交流，古已有之。而因着佛教的传播，印度民间故事与藏族故事之间的传承与融合，也变得更加畅通、广泛和深入。"从印度传到我国藏族地区来的民间故事大体是通过两个渠道而来的。一个是随着佛教的传入和大量佛经的翻译而传入藏族地区。因为佛经经律论著中都吸收了很多古印度的民间故事、寓言、传说、神话等作为讲经说法的譬喻。当佛经被翻译成藏文之后，由于佛教在藏族地区的发展，寺院、僧人遍布藏区各地，这些佛经故事也就由僧人们通过讲经说法或者著书等形式传播开去，流传民间。另一个渠道是印僧入藏传法，通过他们也将一些印度民间故事带入藏族地区。这些外来的印度故事经过长期流传，逐渐演变成为藏族民间故事的一部分。"① 大量的佛教故事与藏族民众生活结合，形成藏族民间故事类型，并且在印度以及周边国家流传，成为汉族、藏族民间故事跨文化的重要组成部分。正如有学者指出："纵观藏族文学的发展史，无论是文学的体裁，无论是文学的内容，无论是文学的篇章结构，无论是文学的写作技巧，总是在自己原有的基础上，不断地从汉族文学和其他民族文学以及古印度文学学习一些新东西。"②

三、中国其他民族和地区的"两母争子"故事

在斯蒂斯·汤普森编撰的《民间文学母题索引》中，他将"两母争子"类型的母题列为"聪明. 丁1171.1 的所罗门判案·分孩子"。③"两母争子"型故事围绕"分孩子"的母题建构叙事情节，故事表达出来的主题思想也是在情节中徐徐展开的。另外，根据"AT 分类法"，斯蒂斯·汤普森在其《民间故事类型》中将"两母争子"故事列为 926号，取名为"所罗门的判决"，并且在这个故事类型之中分为 7 个类型变体。④ 丁乃通结合中国"两母争子"故事流传的实际情况，在他的《中国民间故事类型索引》中，将"两母争子"故事也编排在 926 号位置上，并列出了中国同类故事的 17 个类型变体和次类型变体。⑤ 金荣华在《民间故事类型索引》中，同样将该故事放在 926 号位置上，并且

① 中央民族大学藏学系编：《藏学研究》（第九集），北京：民族出版社，1998 年，第 207 页。

② 马学良、恰白·次旦平措、佟锦华主编：《藏族文学史》，成都：四川民族出版社，1985 年，第 17 页。

③ Stith Thompson：*Motif Index of Folk-Literature*，Bloomington：Indiana University Press，1955-1958.

④ Stith Thompson：*The Type of the Folktale*，Bloomington：Indiana University Press，1973.

⑤ ［美］丁乃通：《中国民间故事类型索引》，孟慧英、董晓萍、李扬译，沈阳：春风文艺出版社，1983 年，第 103~109 页。

列出该类型变体多达 30 余种,将中国"两母争子"型故事命名为"孩子到底是谁的"。①

整合来看,在中国,依据"两母争子"型故事流传的基本情况及其包含的内容,其故事类型可以划分为两个基本的变体:"两母争子"变体和"二友争金"变体。还需说明的是,"两母争子"的故事,经常作为一个子故事被嵌套入 AT1534"巧断连环案"型故事中,旨在宣扬断案人的"智慧裁决"。实际上《贤愚经》卷十一《檀腻鞨品》就是以端正王断案为线索而构成的复合型故事,由相对独立具体的三个情节单元串联而成。金荣华在《从印度佛经到中国民间——〈贤愚经·檀腻鞨品〉故事试探》中,就把《檀腻鞨品》的故事拆分成 AT1534"巧断连环案"、AT1660"法庭上的穷人"、AT926"所罗门王的判决"三个单元进行分析。结合《檀腻鞨品》与我国民族故事之间的渊源关系,我们侧重选取 AT926"所罗门王的判决"这一类型进行分析;对 AT1534"巧断连环案"类型在我国出现及流传的情况,作一个简要的对比和梳理。

目前,AT926"两母争子"及"两友争金"变体类型在中国的文人记载,以自东汉应劭《风俗通义》到李行道元杂剧《包待制智勘灰阑记》的这一脉故事为主。而中国各民族民间流传的"两母争子"故事,则属藏族的《金城公主的传说》② 和傣族的《抢娃娃》③ 传播最广,除此之外还有新疆哈萨克族的《耶迪盖勇士》④、维吾尔族的《聪明的孩子当国王》⑤、回族《知县断案》⑥,陕西《孩子到底是谁的》⑦,湖北《巧断小儿案》⑧ 等。

在汉族的"两母争子"民间故事里面,两母多为平民;就关系而言,早期的故事中多为一方企图占有另一方的孩子,两妇人本身并不存在经济上或地位上的纠葛。这种叙事倾向在保留至当代的民间讲述中仍有传承,陕西洛川流传的《孩子到底是谁的》的两个主角即为如此:

> 　两个婆娘,一块讨饭吃。一个姓张,一个姓李,各抱一个孩子,俩娃是同庚同

① 金荣华:《民间故事类型索引》(第二册),台北:中国口传文学学会,2014 年,第 667~695 页。

② 陈庆浩、王秋桂主编:《中国民间故事全集·西藏民间故事集》,台北:源流出版事业有限公司,1989 年,第 86~91 页。

③ 中国作家协会昆明分会合编:《云南各族民间故事选》,北京:人民文学出版社,1962 年,第 158 页。

④ 中国民间文学集成全国编辑委员会主编:《中国民间故事集成·新疆卷》,北京:中国 ISBN 中心出版社,2008 年,第 666~669 页。

⑤ 中国民间文学集成全国编辑委员会主编:《中国民间故事集成·新疆卷》,北京:中国 ISBN 中心出版社,2008 年,第 1504~1506 页。

⑥ 中国民间文学集成全国编辑委员会主编:《中国民间故事集成·新疆卷》,北京:中国 ISBN 中心出版社,2008 年,第 1566 页。

⑦ 中国民间文学集成全国编辑委员会主编:《中国民间故事集成·陕西卷》,北京:中国 ISBN 中心出版社,1996 年,第 637 页。

⑧ 中国民间文学集成全国编辑委员会主编:《中国民间故事集成·湖北卷》,北京:中国 ISBN 中心出版社,1999 年,第 577~578 页。

月生。一天傍晚,两人同时来到一座破庙过夜。半夜时分,李氏醒来给娃喂奶,发现娃嘴角冰凉。李氏忍住哭声,悄悄把张氏的娃偷换过来,把断了气的自家娃塞到张氏怀里。第二天一早,张氏醒来发现怀里的娃死了,仔细一看是李氏的娃。两人互相争娃哩![①]

而在《孩子到底是谁的》故事中,裁断的方式并非两母抢夺孩子:

县官升堂,问明缘由,叫衙役抱过两个娃一看,一模一样,一时难以分断。张氏和李氏都哭哭啼啼要活娃哩。县官心烦意乱,大喝一声:"把那活着的男娃抱下去斩成两段,一家一半!"[②]

湖北《巧断小儿案》另有将小儿丢进鱼塘的裁决方式:

县官一听两个堂客争娃儿的来龙去脉,也不好判,就发了脾气,说:"这娃儿不是王氏的,也不是李氏的,来人呐,把娃儿扔到鱼池子喂鱼!"王氏一听,连眼皮儿也不眨,李氏一听,嚎啕大哭,连忙跪下,说:"求大老爷开恩,莫把娃儿扔鱼池,娃儿我不要哒!"王氏一听李氏不要娃儿哒,连忙要去抱。县官一拍惊堂木,说:"娃儿不是你的,你抱么子日沙!"[③]

尽管故事中的裁决方式不一,但不论裁决方式为何种,都有共同的特征,即体现的都是母亲对孩子的爱而产生的不忍伤害孩子之心。

另外,唐宋以后的"两母争子"故事多存在财产继承情节,并且主要列于文人利用"两母争子"故事创作的作品中,这很可能与社会经济的发展有关系,也有可能就是文人的价值观。《巴协》所载《金城公主的传说》虽然未明确提及赞普赤德祖赞妃子们争夺赤松德赞王子的意图,但在西藏民间流传的《明察秋毫的法官》中讲道:"如果小老婆生个儿子,将来势必继承王位,国王定会把小老婆升为正妃。"[④]

在西藏米林县流传的《机智的法官》没有出现"两母争子"型故事,而是"二友争金"型变体,争夺绸缎所采用的方式仍然是真假物主拉扯绸缎,"商人和小偷在拉扯绸缎时,商人怕拉断绸缎,没有用劲。小偷想,反正绸缎不是我的,能拉多少就得多少"[⑤]。

---

① 中国民间文学集成全国编辑委员会主编:《中国民间故事集成·陕西卷》,北京:中国 ISBN 中心出版社,1996 年,第 637 页。

② 中国民间文学集成全国编辑委员会主编:《中国民间故事集成·陕西卷》,北京:中国 ISBN 中心出版社,1996 年,第 637 页。

③ 中国民间文学集成全国编辑委员会主编:《中国民间故事集成·湖北卷》,北京:中国 ISBN 中心出版社,1999 年,第 578 页。

④ 中国民间文学集成全国编辑委员会主编:《中国民间故事集成·西藏卷》,北京:中国 ISBN 中心出版社,2001 年,第 882 页。

⑤ 中国民间文学集成全国编辑委员会主编:《中国民间故事集成·西藏卷》,北京:中国 ISBN 中心出版社,2001 年,第 880 页。

法官由此判断没有拉扯的商人是绸缎的主人。这不禁使人联想到南宋时期郑克撰著的《折狱龟鉴》中两处极典型的"二友争金"型故事,一并记于下方。

《折狱龟鉴》卷六《摘奸·黄霸》,附云:

> 别载一事,亦颇相似。后周于仲文为安固太守,有任、杜两家各失牛,后得一牛,两家俱任,久不能决。仲文令各驱其家牛群至,乃放所认者,牛逐向任氏群中。又使人微伤其牛,任氏嗟惋,杜氏自若。遂诃杜氏,服罪而去。此亦用霸摘奸之术者也。①

《折狱龟鉴》卷六《摘奸·薛宣》:

> 前汉时期临淮有一人持匹缣到市卖之,道遇雨披覆,后一人至,求共庇荫,雨霁当别,因相争斗,各云"我缣",诣府自言。太守薛宣核实良久,莫肯首服,宣曰:"缣直数数百钱,何足纷纭,自致县官?"呼骑吏中断缣,人各与半。使追听之,后人曰:"太守之恩",缣主乃称冤不已。宣知其状,诘之服罪。

> 按此与黄霸抱儿之术同也。薛宣用于断所争之缣,仲文用于伤所认之牛,以其事异而理同,故尔后有善摘奸者,则霸之术犹可用也。②

由此可窥,各族 AT926 型故事发展到后来,均与财产继承分配、权势纷争等有密切的关系。至于"两母争子"和"二友争金"变体故事里反映出的特定时期民族地域历史画面和风俗人情,则是故事生存的现实基础和发展的基本走向了。

而《檀腻䩭品》中体现的 AT1534"巧断连环案"类型,可以从流传于新疆的《公正的判决》③ 和流传于内蒙古的《一连串的官司》④,看出同这一佛经故事一脉相接的关系。另外在《中国民间故事集成·西藏卷》中,也能找到三篇情节类同的作品,即《机智的法官》《明察秋毫的法官》和《善断是非的县官》。⑤ 联系到《贤愚经》的汉译本曾被翻译为藏文和蒙文的历史事实,那些既富有趣味又贴近民众生活的佛经故事在中国被吸收与蜕化,应该看作极为合理自然的文化交流事象。

四、结　语

在本文中,我们重点探讨了傣族《抢娃娃》和藏族《金城公主的传说》与佛经"两母争子"故事的渊源。除此之外,还列举了诸如维吾尔族、回族、哈萨克族、蒙古族,

---

① 《〈疑狱集 折狱龟鉴〉校释》,杨奉琨校释,上海:复旦大学出版社,1988 年,第 312 页。

② 《〈疑狱集 折狱龟鉴〉校释》,杨奉琨校释,上海:复旦大学出版社,1988 年,第 314 页。

③ 艾薇整理:《新疆民间文学》(第一集),乌鲁木齐:新疆人民出版社,1980 年,第 49~53 页。

④ 李翼整理:《内蒙古民间故事》,北京:通俗文艺出版社,1955 年。

⑤ 中国民间文学集成全国编辑委员会主编:《中国民间故事集成·西藏卷》,北京:中国 ISBN 中心出版社,2001 年,第 613~614 页。

以及中国其他民族和地区的多个 AT926 型和 AT1534 型故事，由点到线再到面，共同勾勒出一幅丰富多彩又有迹可循的文学地图。"两母争子"型故事在中国广袤土地的生根发芽，可以说是在本民族文化的基土上接受、消解了外来文化的营养，再生出新的、独具特色的新文学，是中国乃至世界文坛的一朵奇蕊。

丁乃通先生依据他就八百多个故事类型进行跨国别跨民族比较所得出的印象，在《中国民间故事类型索引·导言》里面总结中国民间故事与世界故事的互相交流和影响情况时认为，中国故事具有广泛的国际性，这种故事交流是在历史上通过多种渠道实现的，中国少数民族和汉族之间的故事交流是双行道，少数民族在传播外来故事方面起了重要中介作用等。① 通过前文的分析，笔者认为中国"两母争子"型故事，非常明显地印证了丁乃通先生的观点，"和印欧故事相似的中国变体，多数是在沿着或接近中国西部边界的地区搜集到的，很可能是像芬兰学派所说的那样，以波浪的形式逐步流传开的"②。无论是藏族还是傣族，或者维吾尔族、哈萨克族和回族的"两母争子"故事，确实都是沿着中国西部地区的边界流传。而蒙古族的"两母争子"故事，则属于梵文翻译成藏文之后，进一步翻译成蒙文的影响结果。诚如黄宝生所说："印度寓言故事对中国的影响比对西方的影响明显得多，这主要是因为佛教曾经传入中国，并在汉族和藏族、蒙、傣等少数民族中得以普及。汉译以及藏译、蒙译、傣译佛典中均有丰富的印度寓言故事。这些寓言故事在中国各民族人民中广泛流传，已经不知不觉成为中国寓言故事的组成部分。"③ 另外，陕西和湖北出现的"两母争子"故事，可能是西部地区的民族故事传播到中部地区，结合了汉族本身古已有之的"黄霸争子"的故事，进一步吸收变异的结果。而东部地区，作为"波浪传递"的尾声，暂时没有找到"两母争子"的文本，这样看来也不足为奇了。

（作者单位：中国民用航空飞行学院）

---

① ［美］丁乃通：《中国民间故事类型索引》，孟慧英、董晓萍、李扬译，沈阳：春风文艺出版社，1983 年，第 26~27 页。

② ［美］丁乃通：《中国民间故事类型索引》，孟慧英、董晓萍、李扬译，沈阳：春风文艺出版社，1983 年，第 26 页。

③ 黄宝生：《梵学论集》，北京：中国社会科学出版社，2013 年，第 24 页。

跨文化体验下西方传教士对中国"京报"的认知及影响*

□ 徐明涛　周光明

【摘要】18—19 世纪中西交流之际，中国"京报"曾发挥了重要的媒介作用。文章研究发现：在跨文化体验下，来华西方传教士往往基于自身的知识底色与诉求认知"京报"，因此形成了"没有京报"的"京报"阅读以及不同的认知偏向。18 世纪耶稣会士将"京报"想象为重建皇帝权威，加强中央集权的工具和措施，因此更加强调"京报"的权威性及其监督、教育功能。而 19 世纪传教士则以西方近代报刊比附或套释"京报"，仅突出"京报"传递重要信息的层面，对"京报"形成了贬抑型认知。在传教士的译介下，"京报"传播至西方世界，对 18 世纪西方启蒙思想家和 19 世纪西方国家对华政策都产生了重要的影响。通过对跨文化体验下西方传教士对中国"京报"认知及影响的考察，不仅有助于我们了解"京报"的西方阅读接受史，对于重新审视中西交流史、中国近代报刊史亦有一定的借鉴意义。

【关键词】跨文化；"京报"；传教士；认知偏向

　　在 19 世纪 30 年代近代中西相遇之时，最早"开眼"看世界的林则徐等中国士人以"京报"比附近代报刊，可以说"开眼看世界"的中国人是以"京报之眼"看世界的。而有意思的是，早在一百年前西方人也同样以"京报之眼"看中国。"京报"在中西"互看"中无疑起到了重要的媒介作用。"京报"源自明末清初的民间出版物，有固定的名称、商业化经营、每日发行，有配套的发行机制，可以说是中国古代报纸较为成熟的形态。其所载内容包括"上谕""宫门抄""奏折"三类。① 与官方邸报内容相仿，可以称之为邸报的"民间版"。本文所指的"京报"包括邸报和京报，之所以如此，还缘于西方传教士很少或者很难将邸报和京报区分开来，在他们的记述中，往往会将邸报译作京报，也会将京报译作邸报。即使中国官绅阶层，也往往将二者混为一谈，故而本文的"京报"

---

　　* 本文为教育部人文社会科学研究项目"晚清媒介形态史研究（1815—1911）"（20YJA860022）、湖北省教育厅哲学社会科学研究项目"阅报社与革命启蒙：以清末湖北为中心的考察"（21Q125）阶段性成果。

　　① 戈公振：《中国报学史》，上海：商务印书馆，1927 年，第 35 页。

乃是一个泛指。18—19 世纪种种因缘际会，"京报"成了西方传教士观察、了解、认知中国的窗口，且在传教士的译介下展开了一段跨文化旅行，由中华帝国至西方世界。"京报"的西方旅行史，亦是"京报"的西方阅读接受史。

目前学界关于"京报"的研究取得了诸多进展，主要沿着两条理路展开，一是考察"京报"的沿革、发行及其内容生产等情况，侧重于中国语境下"京报"本身的梳理；二是考察"京报"的译介以及对中外关系的影响等，侧重于中外关系语境下"京报"作用的论述。① 至于跨文化体验下来华西方传教士是如何认知"京报"的，抑或有着怎样的"京报"阅读体验？以及传教士对"京报"的认知对西方社会产生了何种影响？却鲜有学者论及。或许对于长期生活在中国，拥有着几百年"京报"（邸报）阅读体验的中国官绅阶级而言，"本应该如此"的"京报"并无特殊之处，常常因为"熟视"而"无睹"，以至"不值得一书"。而对于身处异质文化之中的西方传教士而言，他们"既是跨文化冲突的体验者，又是跨文化调适的实践者"②，在跨文化传播中却记录着异样的"京报"阅读体验。

一、18 世纪耶稣会士的"京报"认知

关于 18 世纪之前来华的传教士是否接触过"京报"，目前尚无资料可供考证。18 世纪来华的西方传教士中最早对"京报"进行介绍、摘译，并记录了阅读体验的当属法国耶稣会士龚当信（Cyrile Constantin）和俄国东正教传教士伊拉里昂·罗索欣（Россохин ирлион）。1729 年罗索欣随俄国第二届东正教团来到中国，1735 年离开，在北京居住六年之久，熟练掌握了汉文和满文。在北京期间，罗索欣经常从"京报"上摘译一些重要内容，如《1730 年京报摘抄》，其摘译了"京报"上刊登的当年发生在中国的两次日食、北京 9 月 19 日大地震死难 7 万多人、黄河泛滥等消息。③ 较之罗索欣，耶稣会士龚当信对"京报"的阅读记录、摘译、介绍则更为详细、全面，影响也更大。

---

① 涉及"京报"研究的有：潘贤模：《清初的舆论与抄报》，《新闻研究资料》1981 年第 3 辑；方汉奇主编：《中国新闻事业通史》第一卷，北京：中国人民大学出版社，1992 年；尹文涓：《耶稣会士与新教传教士对〈京报〉的节译》，《世界宗教研究》2005 年第 2 期；赵威：《1840 年后的〈京报〉研究》，中国人民大学硕士学位论文，2008 年；孔正毅、陈晨：《明代"京报"考论》，《国际新闻界》2012 年第 2 期。廖欣：《清代京报研究》，安徽大学硕士学位论文，2013 年；赵莹：《〈京报〉的流传与19 世纪中英关系建构：以"觐见问题"为例》，《国际新闻界》2013 年第 7 期；王海、王乐：《〈京报〉英译活动中的跨文化传播策略与技巧——以〈中国丛报〉文本为例》，《国际新闻界》2014 年第 10 期；孔正毅、王书川：《试论清代邸报的发行体系》，《南昌大学学报》（人文社会科学版）2015 年第 1 期。赵莹：《〈京报〉英译与两次鸦片战争期间的中英关系》，《新闻与传播研究》2018 年第 3 期；邵志择：《机事不密则殆：京报、新闻纸与清政府保密统治的式微》，《新闻与传播研究》2018 年第 5 期；钟鸣旦：《18 世纪进入全球公共领域的中国〈邸报〉》，《复旦学报》（社会科学版）2020 年第 5 期；徐明涛、周光明：《"文本中的文本"：晚清时期新报中的京报》，《编辑之友》2021 年第 2 期。

② 单波、王媛：《跨文化互动与西方传教士的中国形象认知》，《新闻与传播研究》2016 年第 1 期。

③ 张国刚、吴莉苇：《明清传教士与欧洲汉学》，北京：中国社会科学出版社，2001 年，第 388 页。

（一）"现场直播"：龚当信与"京报"的摘译

龚当信，1670 年生，1688 年加入耶稣会，立志传教于异域。1701 年来到中国，曾赴广州、浙江、北京、山西、江西等地传教，1730 年离开。① 龚当信在中国生活将近 30 年，对中国有着相当程度的了解。1725 年 12 月 2 日、1727 年 12 月 15 日、1730 年 10 月 19 日在致耶稣会的三封信中，龚当信对中国"京报"作了详细的介绍，并摘译了大量内容。

龚当信称他是因一次偶然的机会接触到"京报"的，他认为很多传教士都忽视了"京报"，有的是因为语言不过关，有的是因为其他事耽搁了，而主要原因是"大部分传教士并不知道这种邸报。他们仅凭听到的名称想象，以为和欧洲的某些报纸相似，刊登一些好坏掺杂的消息"②。龚当信的第一封信中首次提到"京报"，并通过"京报"报告了雍正皇帝治理国家的举措。第二封信中，龚当信摘译了 1727 年"京报"20 篇内容。第三封信中，龚当信摘译了"京报"12 篇内容。③ 从这 32 篇"京报"摘译来看，都是关于当时中国最近发生的事件，对于多数未曾到过中国的西方人而言，或者相较于西方世界流行的《马可·波罗游记》等，在一定程度上，可以说龚当信的摘译犹如以一种"现场直播"的方式向当时的欧洲"直播"了中国的情况，使之对中国有着更为直观的了解。

那么龚当信有着怎样的"京报"阅读体验呢？

> 中国的邸报上只刊登给皇上的报告或者皇上的旨令。谁都不敢添加一字，即使他们本人的意见也不行，否则受到杖责。……中国邸报几乎包括了这个辽阔帝国的所有公共事务，它刊登给皇上的奏折及皇上的批复、旨令及其施予臣民们的恩惠。邸报是一本集子，有六十页至七十页，每天都有。……这种邸报每年出三百本小集子，仔细读一下邸报，可以学到举不胜举的各方面的很有意思的知识。④

> 通过这些邸报可以了解到中国的风俗，他们如何治理国家，至少邸报上的事实是真实可信的，都是摘自奏章、调查报告、颁发全国的皇帝的训示和指令。⑤

从龚当信的阅读体验中，我们可以看出他的"京报"认知包括：①只刊登皇帝的旨令，篡改或伪造"京报"将受到严厉的惩罚；②极具权威性，完全真实可信；③涵盖全国所有的公共事务；④在指导、监督官员以及教育百姓方面非常有用；⑤是 60～70 页的小册子（小集子），每天发行，全年共计 300 本。

---

① 费赖之：《在华耶稣会士列传及书目》上，冯承钧译，北京：中华书局，1995 年，第 580～582 页。

② 杜赫德编：《耶稣会士中国书简集：中国回忆录》第Ⅲ卷，朱静译，郑州：大象出版社，2005 年，第 241～242 页。

③ 杜赫德编：《耶稣会士中国书简集：中国回忆录》第Ⅲ卷，朱静译，郑州：大象出版社，2005 年，第 241～242、312～339 页。

④ 杜赫德编：《耶稣会士中国书简集：中国回忆录》第Ⅲ卷，朱静译，郑州：大象出版社，2005 年，第 242 页。

⑤ 杜赫德编：《耶稣会士中国书简集：中国回忆录》第Ⅲ卷，朱静译，郑州：大象出版社，2005 年，第 267～268 页。

龚当信在其信件中评价道："我向您承认我从未想到读这种邸报竟会对一个传教士有如此大的用处。我后悔在中国过了二十年没有去读它。……我边读边感觉这种邸报很有教益，不仅对中国人有用，尤其对一个欧洲人很有用。"① 为何有如此高的评价呢？笔者认为这与龚当信强调"京报"的权威性、监督功能和教育功能的认知偏向有着莫大的关系。如龚当信一再强调"京报"只刊登"皇上的报告或者皇上的旨令"，篡改或伪造"京报"将受到严厉的惩罚。为了进一步说明"京报"的权威性，他列举了两个人因篡改"京报"而被判死刑的例子。② "刑部判决的理由是他们对皇上不敬。法律规定，任何人对皇上不敬就得处死。"③ 在龚当信看来，相较于欧洲那些"充塞了无稽之谈，恶言中伤，造谣污蔑"④ 的报刊，"京报"更具权威性。在监督、指导官员以及教育百姓方面，龚当信认为"京报"对于治理国家非常有用，"邸报有助于教会官员们更好地治理百姓"⑤，"在指导各地官员履行他们的职责、告诫文人和老百姓方面起到很大的作用"⑥。

（二）"京报"在 18 世纪西方

在龚当信的译介下，"京报"在 18 世纪西方社会展开了一段跨文化之旅。龚当信的信件曾被法国权威杂志《学者杂志》（*Journal des savants*）转载，引起一时轰动。⑦ 英国报界也曾注意到了龚当信的信件，巴尔杰（Euatace Budgell）1733 年创刊的《蜜蜂报》，曾在"国外文献"一栏分七期连载了龚当信的信件。巴尔杰参照英国的政治情况对信件进行了摘译，谈及中国"京报"，"中国人的新闻报道必须符合真实情况，而弄虚作假的人会受到极刑"，以此讽刺当时的英国报刊。⑧ 而让其信件产生更大影响的则是杜赫德（Du Halde）在 1735 年出版的《中华帝国全志》（*Description géographique, historique, chronoloique, politique et physique de l'empire de la Chine et de la Tartarie chinoise*）。《中华帝国全志》是"欧洲 18 世纪中国知识的最重要来源"⑨，甚至被誉为"欧洲十八世纪中国文

---

① 杜赫德编：《耶稣会士中国书简集：中国回忆录》第Ⅲ卷，朱静译，郑州：大象出版社，2005年，第 241 页。

② 此二人应是何遇恩、邵南山。1726 年此二人因报道雍正游园活动失实，发生了"捏造小钞"案，被雍正判处斩刑。参见方汉奇主编：《中国新闻事业通史》第一卷，北京：中国人民大学出版社，1992 年，第 137 页。

③ 杜赫德编：《耶稣会士中国书简集：中国回忆录》第Ⅲ卷，朱静译，郑州：大象出版社，2005年，第 241 页。

④ 杜赫德编：《耶稣会士中国书简集：中国回忆录》第Ⅲ卷，朱静译，郑州：大象出版社，2005年，第 190 页。

⑤ 杜赫德编：《耶稣会士中国书简集：中国回忆录》第Ⅲ卷，朱静译，郑州：大象出版社，2005年，第 191 页。

⑥ 杜赫德编：《耶稣会士中国书简集：中国回忆录》第Ⅲ卷，朱静译，郑州：大象出版社，2005年，第 190 页。

⑦ 尹文涓：《耶稣会士与新教传教士对〈京报〉的节译》，《世界宗教研究》2005 年第 2 期。

⑧ 范存忠：《中国文化在启蒙时期的英国》，南京：译林出版社，2010 年，第 78 页。

⑨ 蓝莉：《请中国作证：杜赫德的〈中华帝国全志〉》，许明龙译，北京：商务印书馆，2014 年，"中文版序"第 1 页。

化的圣经"①。而龚当信即为《中华帝国全志》的审读人,其信件在该书中 "得到了相当充分的利用,至少被分成 10 段分别插在 6 个不同的章节中,其中包括第 2 卷中涉及中国政治、经济、社会的章节,以及第 3 卷中谈论中国哲学的章节"②。《中华帝国全志》第 2 卷中 "中国的政体" 罗列了中国政府防治贪腐的各项措施,第六项是 "京报":"没有什么方式能比《邸报》更具指导意义,更能使官吏循规守法,从而避免可能的错误。《邸报》每天都在北京抄印,再从那里发往各省。"③

法国启蒙思想家伏尔泰(Voltaire)通过龚当信的信件和《中华帝国全志》④ 接触到了 "京报",其在参与撰写狄德罗(Diderot)主编的《百科全书》(*Encyclopédie*),涉及 "公报"(Gazette)词条时,就加入了中国 "京报" 的元素。"中国自古就有这样的公报,根据朝廷的命令,公报每天出版发行。假如公报是真实可信的,那么我们必须相信,它并没有包含所有的事实。而且,也不应该完全被包括在内。""中国公报只关注帝国内的事务,欧洲公报则囊括整个世界。" 在 1756 年出版的名著《风俗论》中,伏尔泰论述道:"中国的报纸是世界上最可靠、最有用的的报纸,因为报上载有有关公众要求、各级官府的收益的详细情况。"⑤ 重农学派代表人物魁奈(Francois Quesnay),因受到龚当信的影响,在其 1769 年出版《中华帝国的专制制度》中也提到了 "京报":"公报忠实、具体和详细地报道了帝国内的一切事务。" 在该书中他将 "京报" 放到 "教育" 的章节中加以论述,"帝国的官方公报是进行教育的另一种方式;这个公报刊载历史上的教训,介绍各种各样的例证,以此激励人们尊崇美德,厌恶陋习;它向人民通报各种法令、各种正义行为和政府需要加以警戒的事项"⑥。启蒙思想家孟德斯鸠(Montesquieu)在 1748 出版的名著《论法的精神》一书中第十二章第七节 "大逆罪" 提及:"中国的法律规定,任何人对皇帝不敬,就要处死。……两位负责邸报的官员刊发了一则失实的时闻,有人便说,在邸报上散布谎言就是对朝廷不敬,那两个官员于是被处死。"⑦ 欧洲财政学之父冯·约斯蒂(Johann Heinrich Gottlieb von Justi)在其政治著作《欧洲政府与亚洲及其他诸般可想象的蛮族政府的比较》(*Vergleichungen der europäischen mit den asiatischen und andern vermeintlich barbarischen Regierungen*)中就如何避免官员腐败,加强政府管理与监督,向欧洲政府推荐了中国的三年考功、发行邸报、任官回避本省等做法。⑧ 修道院长马尔西

---

① 张西平:《欧洲早期汉学史:中西文化交流与西方汉学的兴起》,北京:中华书局,2009 年,第 496 页。

② 蓝莉:《请中国作证:杜赫德的〈中华帝国全志〉》,许明龙译,北京:商务印书馆,2014 年,第 114~115 页。

③ 钟鸣旦:《18 世纪进入全球公共领域的中国〈邸报〉》,《复旦学报》(社会科学版)2020 年第 5 期。

④ 伏尔泰曾极力称赞《中华帝国全志》是 "一部内容最丰富的关于中国的佳作,堪称举世无双"。蓝莉:《请中国作证:杜赫德的〈中华帝国全志〉》,许明龙译,北京:商务印书馆,2014 年,第 1 页。

⑤ 伏尔泰:《风俗论》上册,梁守锵译,北京:商务印书馆,2006 年,第 243 页。

⑥ 魁奈:《中华帝国的专制制度》,谈敏译,北京:商务印书馆,2018 年,第 71~72 页。

⑦ 孟德斯鸠:《论法的精神》上,许明龙译,北京:商务印书馆,2012 年,第 229 页。

⑧ 参见张国刚、吴莉苇:《启蒙时代欧洲的中国观:一个历史的巡礼与反思》,上海:上海古籍出版社,2006 年,第 270 页。

（Marsy）在 1754—1778 年编纂的 30 卷本《中国、印度、波斯、土耳其和俄罗斯人现代史》中，言及"京报"是"北京每天印刷的一种特殊报纸"，并指出"该报刊载有关国家内政的一切消息，尤其是法官执法是否严明的事迹。报纸上若刊登谎言，责任者一律处死，于是它备受人们赞扬"。① 1740 年在英国出现了一本奇怪的小册子——《一篇非正式的论文，是由读了杜赫德的〈中国通志〉所引起的，随时可读，除了这个 1740 年》（*An Irregular Dissertation Occasioned by the Reading of Father Du Halede's Description of China Which May be Read at Any Time Except in Present Year*），在该小册子中，作者如此谈论中国"京报"："中国的朝报只许讲真人真事，不许说谎。""中国的朝报总是厚厚的，在出版之前都由皇上朱笔圈定——当然，有时朱笔也握在首相手里。中国全国的报纸只此一份。"作者还认为中国"京报"值得英国效仿，"以伦敦的《每日公报》为全国唯一的报刊，所有新闻、所有言论，只能在该报发表，同时由主教们作出决定，对不相信该公报的人，开除教籍"②。

从上面的论述中，我们可以看出杜赫德、伏尔泰、孟德斯鸠、魁奈、冯·约斯蒂、马尔西以及当时的欧洲读者，他们都受到了龚当信对"京报"认知的影响。他们不仅给予了"京报"高度评价，而且都强调"京报"的权威性、监督功能和教育功能。

（三）重建皇帝权威：18 世纪西方的"京报"认知心态

18 世纪，特别是 1715 年路易十四去世以后，法国绝对君主制开始衰落，中央权威渐趋式微。③ 耶稣会士作为君主专制制度的拥护者，他们渴望控制言论自由，重建皇帝权威，以扩大耶稣会的影响。再者，18 世纪法国启蒙思想家如伏尔泰、魁奈等皆是君主制的提倡者，主张开明专制，他们同样呼吁强有力的君主出现，加强中央集权。而恰在这一时期欧洲悄然兴起的"中国热"，中国正处于所谓的康乾盛世，君主专制达到顶峰，皇帝拥有至高无上的权威，为他们提供了鲜活的实例，使得他们的理论与想象"建立在坚实的事实基础之上"。④ 耶稣会士和启蒙思想家们便将重建皇帝权威的期许和想象投射到中国皇帝身上，而拥有监督、教育功能的"京报"，便是重建皇帝权威的工具和措施。

故而龚当信认为"中国政府是很完善的君主制"⑤，作为中国治国特色的"京报"，"只刊登给皇上的报告或者皇上的旨令。谁都不敢添加一字，即使他们本人的意见也不行，否则受到杖责"⑥。通过"京报"可以"让官员们甚至老百姓都知道皇上的意

---

① 艾田蒲：《中国之欧洲：西方对中国的仰慕到排斥》下卷，许钧、钱林森译，桂林：广西师范大学出版社，2008 年，第 269 页。

② 范存忠：《中国文化在启蒙时期的英国》，南京：译林出版社，2010 年，第 84~85 页。

③ 张芝联主编：《法国通史》，北京：北京大学出版社，2009 年，第 155~162 页。

④ 许明龙：《欧洲十八世纪"中国热"》，北京：外语教学与研究出版社，2007 年，第 210 页。

⑤ 杜赫德编：《耶稣会士中国书简集：中国回忆录》第Ⅲ卷，朱静译，郑州：大象出版社，2005 年，第 190 页。

⑥ 杜赫德编：《耶稣会士中国书简集：中国回忆录》第Ⅲ卷，朱静译，郑州：大象出版社，2005 年，第 242 页。

愿"①。更有意思的是，龚当信在给耶稣会士写信之时，恰值雍正皇帝严厉禁教②，在华传教士皆被驱赶至广州、澳门，甚至被迫离境，情形"悲惨"③，而龚当信"竟然没有摘译任何一篇涉及当局反教措施的文章，反而声称他是《京报》的一个热心读者"④。龚当信在信件中表示："尽管他（按：雍正皇帝）似乎对基督教很疏远，但还是不能不赞扬他作为皇帝的优秀品德，他在那么短的时间内就赢得了他的百姓的尊敬和爱戴。"⑤ 这恰恰说明了龚当信是带着某种认知偏向来译介"京报"的。再者，从龚当信摘译"京报"上的 32 篇文章来看，基本上都是皇帝旨令、监督官员、教化百姓、赈济救灾的内容，亦说明了龚当信是在何种程度上受制于他自己的"京报"认知偏向。在龚当信的影响下，杜赫德在《中华帝国全志》中推许中国实行的君主制政体，"国家的一切事务都要向皇帝上报，皇帝拥有绝对的权力"⑥。伏尔泰更是极力称赞中国君主制政体和雍正皇帝。在其名著《风俗论》中，伏尔泰论述道："耶稣会士和其他的教士们都承认这位皇帝是历代帝王中最贤明、最宽厚的一个。"⑦ 同样在《路易十四时代》中，伏尔泰夸耀道："新帝雍正爱法律、重公益，超过父王。帝王之中无人比他更不遗余力地鼓励农事。"⑧ 魁奈认为"中国的君主独掌国家大权"⑨，亦强调"京报"的权威性，"负责编撰公报的人在公开出版公报以前，总是必须将它送呈皇帝御览，其主管官员严禁在公报中添加哪怕是具有些微疑问或引起点滴责难的内容。1726 年，两位编撰者因为刊登了某些经证实是不确切的报道，结果被判处死罪"⑩。冯·约斯蒂认为中国在诸多方面值得欧洲效法，"最重要的是开明君主的概念和通过教育王位继承人而培养出开明君主的方法"⑪。这些显然是他们对中国皇帝和"京报"的想象，是对重建皇帝权威的一种投射。

龚当信之后，18 世纪传教士对"京报"的摘译似乎趋于中断了，虽然亦有传教士摘译"京报"，⑫ 但影响较小。而 19 世纪随着西方传教士更大规模的来华，他们对"京报"

---

① 杜赫德编：《耶稣会士中国书简集：中国回忆录》第Ⅲ卷，朱静译，郑州：大象出版社，2005 年，第 190 页。

② 雍正皇帝于 1724 年颁布禁教令。

③ 杜赫德编：《耶稣会士中国书简集：中国回忆录》第Ⅲ卷，朱静译，郑州：大象出版社，2005 年，第 189 页。

④ 蓝莉：《请中国作证：杜赫德的〈中华帝国全志〉》，许明龙译，北京：商务印书馆，2014 年，第 117 页。

⑤ 杜赫德编：《耶稣会士中国书简集：中国回忆录》第Ⅲ卷，朱静译，郑州：大象出版社，2005 年，第 189 页。

⑥ 胡艳红：《杜赫德〈中华帝国全志〉中的中国形象研究》，贵州大学硕士学位论文，2018 年，第 35 页。

⑦ 伏尔泰：《风俗论》下册，梁守锵译，北京：商务印书馆，2006 年，第 516 页。

⑧ 伏尔泰：《路易十四时代》，吴模信等译，北京：商务印书馆，1982 年，第 600 页。

⑨ 魁奈：《中华帝国的专制制度》，谈敏译，北京：商务印书馆，2018 年，第 28 页。

⑩ 魁奈：《中华帝国的专制制度》，谈敏译，北京：商务印书馆，2018 年，第 71~72 页。

⑪ 张国刚、吴莉苇：《启蒙时代欧洲的中国观：一个历史的巡礼与反思》，上海：上海古籍出版社，2006 年，第 267~268 页。

⑫ 杜赫德编：《耶稣会士中国书简集：中国回忆录》第Ⅵ卷，郑德弟译，郑州：大象出版社，2005 年，第 97~102 页。

的认知将进入一个全新的阶段。

二、19 世纪传教士的"京报"认知

(一) 跨文化接触与传教士对"京报"认知

1807 年 9 月 7 日，英国新教传教士马礼逊（Robert Morisson）抵达广州，从而开启了西方传教士在华传教的新征程。紧接着西方各国的传教士便纷至沓来，逐渐在中国形成了一个独特的群体。他们作为一个生活在异质文化里的群体，体验着跨文化带来的冲突，调适着跨文化的适应策略。

19 世纪最早接触"京报"的传教士是马礼逊，从其日记来看，最早的阅读记录便是其来华仅仅一个月后的 1807 年 10 月 29 日，紧接着是 1808 年 1 月 1 日①，之后关于"京报"的记录在马礼逊的日记或信件中俯拾皆是②。马礼逊的"京报"阅读，应是在小斯当东（George Thomas Staunton）的指导下进行的，两人的通信中曾多次提及"京报"的情况。③ 小斯当东系英国人，1792—1793 年随马戛尔尼使团访华，担任中文翻译，1816 年担任阿美士德访华使团副使，英国第一位"中国通"、汉学家。

1833 年 4 月马礼逊首次在《中国丛报》（*The Chinese Repository*）上介绍了"京报"：

> 《京报》由政府刊行，在北京叫"京报"，king 代表着伟大，中国人经常这样来设计他们首都的名字，paou 是宣布的意思。在各省叫"京抄"。该报由北京发向各省，但极少按时到广州，一般需 40 到 50 天，有时要 60 天。它有大小两种型号，均为手抄本。大号每日一期，40 页左右，20 大张；小号 50 来页，隔日一期。大号是专为高级官员如总督、巡抚而发行的；小号则是省里那些下级官员看的，他们得花高价从文吏那里购买，也有人花较少钱租来看。有钱的人通过朝里的朋友，可以私下搞到最好的版本。……通过它全世界都能够在一定程度上了解到该国皇帝及其臣僚公开表达的感情、希望和愿望，以及中国人民发生的大事件和额外的财政状况。④

由此观之，马礼逊的"京报"认知包括：①由北京发往各省；②到达广州需要 40～50 天，甚至 60 天；③分为大、小号，大号 40 页，每天发行，小号 50 页，隔日发行；④是了解中国皇帝及其政府、大事件和财政状况的渠道；⑤读者为政府官员。

随着来华传教士对"京报"接触不断增多，他们对"京报"的认知亦更为深入。如

---

① 转引自苏精：《马礼逊与中文印刷出版》，台北：学生书局，2000 年，第 12 页。

② 艾莉莎·马礼逊编：《马礼逊回忆录》1、2，北京外国语大学中国海外汉学研究中心翻译组译，郑州：大象出版社，2008 年。

③ 1815 年致斯当东的信（艾莉莎·马礼逊编：《马礼逊回忆录》1，北京外国语大学中国海外汉学研究中心翻译组译，郑州：大象出版社，2008 年，第 224 页）；1822 年 10 月 7 日、1823 年 11 月 17 日致斯当东的回信（艾莉莎·马礼逊编：《马礼逊回忆录》2，北京外国语大学中国海外汉学研究中心翻译组译，郑州：大象出版社，2008 年，第 89、118 页）。

④ Peking Gazette, *The Chinese Repository*, Apr. 1, 1833, pp. 506-507.

后来的传教士卫三畏（Samuel Wells Williams），认为 "京报" 是 "官方行动、官员提升、政令和宣判的记录"①。洛图尔（Lauture）指出："朝廷有一份报纸，叫《京报》，上面刊登官方文件、官职提拔、各类奏章、谕诏训令。"② 1838 年 8 月马礼逊的儿子马儒翰（John Robert Morrison）系统地分析了 "京报"，他认为 "京报" 核心内容包括政府部门和地方行政官、军队和政治、司法事务、财务和公共工程、领土和政治事务、附属和其他事项六个部分。③ 值得注意的是，在 "京报" 与西方 gazette、newspaper 对译的过程中，传教士也逐步形成了新的认知体验。以马礼逊的 "京报" 认知为例，便可管窥一二（参见表 1）。

表 1　　　　　　　　　　"京报" 与 **gazette**、**newspaper** 对译情况表

时间	出处	gazette	newspaper
1822	英华字典	京报、邸报、京抄、京字释：中华帝国的官方日报，来自北京	京抄、邸报、辕门抄
1828	广东省土话字汇	京抄、京报	新闻纸、京抄、邸报、辕门抄
1833	中国丛报	题为 Gazette 的一文中强调京报与 newspaper 有着很大的区别	
1833	杂闻篇	《外国书论》一文中使用 "新闻纸" 对译 "报刊"	

资料来源：《英华字典》第二册，1822 年，第 185、293 页；《广东省土话字汇》（1828 年），转引自黄河清编：《近现代辞源》，上海：上海辞书出版社，2010 年，第 826 页；Gazette, *The Chinese Repository*, Apr. 1, 1833, pp. 492-493；林玉凤：《中国境内的第一份近代化中文期刊——〈杂闻篇〉考》，《国际新闻界》2006 年第 11 期。

　　由表 1 可知，1822 年在编撰《英华字典》时，马礼逊将 "京报" 与 gazette、newspaper 对译。而至 1828 年编撰《广东省土话字汇》时，在 "京报" 与 newspaper 对译中，却出现了 "新闻纸"。可能这时马礼逊已经觉察到了 "京报" 与西方的 newspaper 有所不同。再至 1833 年在《中国丛报》《杂闻篇》上发表的两篇文章来看，马礼逊一方面强调 "京报" 与 newspaper 有着很大的区别，另一方面使用 "新闻纸" 对译 newspaper，这样便将 "京报" 与 newspaper 剥离开来，但 "京报" 与 gazette 的对译却被固定下来了。在马礼逊之后的传教士，例如卫三畏、麦都斯（Medhurst）、罗存德（Wilhelm Lobscheid）、卢公明（Justus Doolittle）等所编撰的字典中都将 "京报" 对译成 gazette。④

————————

① 卫三畏：《中国总论》上，陈俱译，上海：上海古籍出版社，2005 年，第 293～294 页。

② 洛图尔：《中国和中国人》，应远马译，上海：中西书局，2013 年，第 12 页。

③ ART. VIII. Analysis of the Peking Gazettes, from 10th February to 18th March 1838, *The Chinese Repository*, Aug. 4, 1838, pp. 226-231. 值得注意的是，很多学者误以为该文是马礼逊发表的，其实马礼逊已于 1834 年去世，不可能在 1838 年发表文章。之所以错误，缘于对二人的英文名字的误认，马礼逊 Robert Morrison，马儒翰 John Robert Morrison，很容易造成误认。

④ 卫三畏：《英华韵府历阶》，1844 年，第 119 页；麦都斯：《英华字典》，1847—1848 年，第 618 页；罗存德：《英华字典》，1866—1869 年，第 889 页；卢公明：《英华萃林韵府》，1872 年，第 210 页。在近代英汉字典中，gazette 与 "京报" 的对译关系，直至 1899 年邝其照编撰的《华英字典集成》（第 151 页）才逐渐开始剥离，到 1913 年商务印书馆编撰的《英华新字典》（第 220 页）两者彻底脱离关系。

"京报"在传教士的认知中也就成了"中国政府公报"。在跨文化过程之中，特别是在东西方媒介知识转换的过程中，对传教士而言，"《京报》是他们需要翻越的第一座高山"①。

（二）权威信息诉求：19世纪传教士的"京报"认知偏向

与18世纪不同，19世纪西方资本主义获得了迅速的发展，特别是英国三四十年代已经完成了工业革命，社会经济取得了巨大进步。近代化民主政治体制在西方各国也逐步得以确立。而这一时期，实行闭关锁国的中华帝国已经衰落，社会经济呈现明显下滑的趋势，渐渐落后于西方国家。在18世纪耶稣会士眼中的"中国政府是很完善的君主制"，而在19世纪新教传教士眼中已是弊端百出的衰败王朝。加之，清政府又推行严厉的禁教政策，外人观感更差。马礼逊来华后处境艰难而尴尬，不仅中国政府禁止传教并严格限制外人留居的条件，而且英国拥有对华贸易特权的东印度公司也不准非公司人员来华，同时天主教的澳门葡萄牙当局也不准他留居当地。② 其中情形可想而知，用传教士米怜（William Milne）的话说，他们是在"沉重地挣扎前行"③。处于这样极其矛盾复杂心情的传教士，对中国当然已无期待和好感可言了。他们认为中国人的性格是世界"和平建立的障碍"④，"中国人在现有文明的数量和质量上"都已无法达到基督教文明的程度⑤。传教士卫三畏甚至断言：中国是个"半文明的国家"。⑥ 这种观点必然影响到其对"京报"的认知上。

1822年10月7日马礼逊在给小斯当东的回信上便言及："在外国人看来，去年的京报索然无味。"⑦ 马礼逊甚至认为京报上"都是些无关紧要的事情"，"对于一个外国人来说，京报上最难以理解的部分，是那些浮华的、歌颂皇帝的溢美之词，用的是那些中文古书里的套词，皇帝被比做圣人、神，甚至是天"。⑧ "与欧洲报纸相去甚远，因此根本不配称之为报纸。"⑨ 主持编辑《中国丛报》的裨治文（E. C. Bridgman）亦是经常发出这样的感慨：对于京报"我们翻遍所有内容，但找不到任何可以回报读者的"⑩。"中国现在的出版物只是君主命令的编撰，或是个人的收藏品，是手的产物，而不是脑的结晶"，"京报上除了皇帝公布的消息外，无任何思想，无任何文采而言"。⑪ "中国的报纸通常鲜

---

① 周光明、杨烨：《晚清中国的媒介知识：以"杂志"为中心的考察》，《南昌大学学报》（人文社会科学版）2017年第1期。

② 苏精：《马礼逊与中文印刷出版》，台北：学生书局，2000年，第8~9页。

③ 米怜：《新教在华传教前十年回顾》，北京外国语大学中国海外汉学研究中心翻译组译，郑州：大象出版社，2008年，第35页。

④ ART. V. Universal Peace, *The Chinese Repository*, Mar. 1, 1835, p. 528.

⑤ 明恩溥：《中国人的德行》，杜颖达译，哈尔滨：哈尔滨出版社，2012年，第71页。

⑥ 卫斐列：《卫三畏生平及书信：一位美国来华传教士的心路历程》，顾钧、江莉译，桂林：广西师范大学出版社，2004年，第256~257页。

⑦ 艾莉莎·马礼逊编：《马礼逊回忆录》2，北京外国语大学中国海外汉学研究中心翻译组译，郑州：大象出版社，2008年，第89页。

⑧ Peking Gazette, *The Chinese Repository*, Apr. 1, 1833, pp. 506-507.

⑨ Gazette, *The Chinese Repository*, Apr. 1, 1833, pp. 492-493.

⑩ Journal of Occurrences, *The Chinese Repository*, Dec. 2, 1833, p. 384.

⑪ ART. I. Periodical Literature, *The Chinese Repository*, May. 1, 1836, p. 12.

有有趣的事情。京报上充满了一系列不重要的文件。"①《教务杂志》(*The Chinese Recorder and Missionary Journal*) 甚至评价道: "京报最为显著的特点是所有的新闻都特别枯燥乏味。"② "中国通" 德卡 (Deka) 曾记录道: "它们 (按: "京报") 提供的所谓新闻几乎称不上报纸内容。"③ 1876 年来中国参观的英国人寿尔评论道: "京报可能是世界上这类出版品中最古老的了。不过如果从里头去找新闻的话, 则无异缘木求鱼。从新闻来说, 他是最不中用的新闻纸, 里头只是政府认为对自己有益, 应发表给士绅和官吏阶层看的一些奏议和皇帝的杰作罢了。"④ 在《字林西报》(*The North-China Daily News*) 开辟的 "京报摘要" (*Abstract of the Peking Gazettes*) 的专栏中, 也是经常看到 "没有有趣的新闻 (No papers of interest)" "没有重要的新闻 (No papers of important)" 字样。这种贬抑型⑤的 "京报" 认知, 与传教士跨文化的体验有着直接的关系, 但其西方近代化报刊知识底色及自身的诉求, 或许更具决定性的作用。

19 世纪在西方报刊领域, 自由主义占据了主导地位⑥, 近代化报刊理念逐步确立, "便士报" 开始崛起⑦。在这种媒介知识环境中, 传教士很容易将自身对信息的诉求投射到 "京报" 上。无论是马礼逊, 还是裨治文与卫三畏, 都特别强调 "京报" 传递信息的一面。尽管马礼逊不怎么认可 "京报", 但依然认为 "京报" 包含很多重要的信息。⑧ 裨治文在其主持编辑的《中国丛报》上开辟了 "时事政事" (*Journal of Occurrence*) 专栏节译 "京报", 他认为 "京报" 是 "获取中国信息的最主要的来源"。⑨ 由于战争等原因, 长时间没有收到京报的裨治文, 在终于收到后他写到: "京报已到手了。我们已经有十个星期没有首都方面的信息了。"⑩ 从中亦可体会到裨治文收到京报后欣喜的心情。卫三畏亦认为京报 "成为人们可享用的信息的主要来源"⑪。传教士对 "京报" 的想象应该是 "使帝国的所有居民都能了解公共事务的进展情况"⑫, "从山东到云南" "从京中官员到山中老农"⑬, 各地方各个阶层都 "广泛地阅读、谈论" 着 "京报"⑭。而这恰恰是 "京

---

① ART. VIII. The Contents of the Peking Gazette, *The Chinese Repository*, Jul. 1, 1838, p. 175.

② The Peking Gazettes, *The Chinese Recorder and Missionary Journal*, Jun. 1, 1870, p. 10.

③ 转引自白瑞华:《中国报纸 1800—1912》, 王海译, 广州: 暨南大学出版社, 2011 年, 第 8 页。

④ 寿尔:《田凫号航行记》, 张雁深译, 中国史学会主编:《洋务运动》八, 上海: 上海人民出版社, 1961 年, 第 417 页。

⑤ 传教士对中国形象认知类型可分为贬抑型、混合型、对抗型、宽容型四种。参见单波、王媛:《跨文化互动与西方传教士的中国形象认知》,《新闻与传播研究》2016 年第 1 期。

⑥ 西伯特等:《传媒的四种理论》, 戴鑫译, 北京: 中国人民大学出版社, 2007 年, 第 1~60 页。

⑦ 米切尔·斯蒂芬斯:《新闻的历史》, 陈继静译, 北京: 北京大学出版社, 2014 年, 第 140~144 页。

⑧ Peking Gazette, *The Chinese Repository*, Apr. 1, 1833, pp. 506-507.

⑨ ART. VII. Peking Gazette, *The Chinese Repository*, May. 1, 1836, p. 44.

⑩ ART. VI. Journal of Occurrences, *The Chinese Repository*, Apr. 4, 1845, p. 199.

⑪ 卫三畏:《中国总论》上, 陈俱译, 上海: 上海古籍出版社, 2005 年, 第 293~294 页。

⑫ ART. III. Notices of Modern China, *The Chinese Repository*, May. 1, 1835, p. 20.

⑬ 转引自赵莹:《〈京报〉的流传与 19 世纪中英关系建构: 以 "觐见问题" 为例》,《国际新闻界》2013 年第 7 期。

⑭ 卫三畏:《中国总论》上, 陈俱译, 上海: 上海古籍出版社, 2005 年, 第 293~294 页。

报"所欠缺的,所不允许的。

　　另一方面,传教士仍然看重"京报"的权威性,认为它是获取中国政府信息最重要的来源,"京报比欧洲国家的新闻纸具有较高的声誉"①。马礼逊于1807年9月抵达广州,10月份便开始搜集、阅读"京报",从中可见"京报"在马礼逊心中的分量。裨治文曾指出:"我们有必要阅读这类无趣的事情,以免我们错过更有价值的东西。"②"尽管它们自身并不想引起人们的兴趣,但是却值得审视,以便了解中国政府的政策或机制。"③马礼逊和裨治文在《中国丛报》开辟"时事政事"专栏摘译京报,"使这个专栏成为西方人了解中国国内事务的一个最可靠的、最基本的信息源"④。马儒翰认为"通过对这些文件的认真、定期的研读,对于了解中国政府的机制和政策有许多启示"⑤。卫三畏指出:"《京报》经常地被翻译并在上海报纸上登载,对于通观施政概貌具有最高价值。"⑥《教务杂志》上亦有传教士论述到:京报是"最权威的知识库",在各个方面都非常重要,以至于"每个宗教团体都有它的副本"⑦。1874年林乐知(Young J. Allen)将《教会新报》更名为《万国公报》后,决定全录京报,"因为它是中国新闻最好的来源"⑧。之所以如此,还有着这样一种心理,传教士在跨文化的体验中,认为中国人多具有欺骗性,"缺乏诚信""欺骗""欺瞒"等词汇常常浮现于传教士的著作之中。裨治文将中国人的性格归结为:"傲慢、欺骗、虚伪、缺乏亲情、盗窃、抢劫、谋杀等。"⑨在西方极具影响力的,明恩溥(Arthur Henderson Smith)著的《中国人的德行》一书中,所罗列中国人的26种民族特性,"缺乏诚信"便是其中之一。⑩甚至有的传教士对清廷所有官员都持有怀疑态度。⑪可见,传教士对中国人有着不信任的心理情结。而"京报"是刊发给清政府内部官员阅看的,"最能反映本国人(按:中国人)的想法"⑫,是不会欺骗的,故而值得信任,"中国京报即外国新闻纸,贵在信实无欺"⑬。

---

①　白瑞华:《中国报纸 1800—1912》,王海译,广州:暨南大学出版社,2011年,第8页。

②　ART. VII. Peking Gazette, *The Chinese Repository*, May. 1, 1836, p. 44.

③　RT. VII. Journal of Occurrences, *The Chinese Repository*, Mar. 11, 1838, p. 551.

④　雷孜智:《千禧年的感召:美国第一位来华传教士裨治文传》,尹文涓译,桂林:广西师范大学出版社,2008年,第78页。

⑤　ART. VIII. Analysis of the Peking Gazettes, from 10thFebruary to 18th March 1838, *The Chinese Repository*, Aug. 4, 1838, pp. 226-231.

⑥　卫三畏:《中国总论》上,陈俱译,上海:上海古籍出版社,2005年,"修订版序"第2页。

⑦　Curriculum of Chinese Studies for the Use of Young Missionaries, *The Chinese Recorder and Missionary Journal*, Aug. 1, 1894, p. 365.

⑧　贝奈特:《传教士新闻工作者在中国:林乐知和他的杂志(1860—1883)》,金莹译,桂林:广西师范大学出版社,2014年,第316页。

⑨　ART. V. Universal peace, *The Chinese Repository*, Mar. 1, 1835, p. 528.

⑩　明恩溥:《中国人的德行》,杜颖达译,哈尔滨:哈尔滨出版社,2012年。

⑪　倪维思:《中国和中国人》,崔丽芳译,北京:中华书局,2011年,第645页。

⑫　The Shanghai Evening Courier, Jun. 30, 1873. 转引自赵莹:《〈京报〉的流传与19世纪中英关系建构:以"观见问题"为例》,《国际新闻界》2013年第7期。

⑬　《本馆谨启》,《上海新报》,1862年8月21日,第一版。

（三）"京报"在 19 世纪西方

在新教传教士的译介下，"京报"亦旅行至 19 世纪的西方世界。西方社会在传教士对"京报"权威信息认知偏向的影响下，普遍将"京报"视为获知中国消息最权威的来源。早在 1816 年美国费城的《宗教备忘》（*The Religious Remembrancer*）就曾刊载过马礼逊的"京报"译文。① 1824 年英国的《泰晤士报》（*The Times*）刊载了马礼逊关于"京报"1822—1823 年的译文，将其作为了解中国礼仪和行政管理状况的权威材料。② 甚至整个 19 世纪《泰晤士报》都将"京报"视为中国"官方唯一机关报"③。权威期刊《亚洲期刊》（*Journal Asiatique*）于 1833 年 12 月开辟专题报道"京报"的编撰方式④，英国的《伦敦评论季刊》（*London Quarterly Review*）曾就"京报"召开研讨会⑤。《伦敦新闻画报》（*Illustrated London News*）认为京报"代表了中国三亿六千万人口中几乎所有的报纸"⑥。在西方人眼中"京报"不仅是"中国的官方媒体"，而且较之"成百上千的小道消息可靠得多"。⑦ 例如鸦片战争期间，"京报"甚至成了英国议会议员在对华政策上辩论的依凭。据统计，1873 年英国《泰晤士报》共刊出以中国为主题的新闻报道 24 则，其中援引过中方资料的有 3 则，全部取材于"京报"。⑧ 不仅如此，在传教士认知的影响下，西方人在华创办的中、外文报刊不仅将"京报"视为权威资料，而且纷纷开辟专栏全译、摘译、全录、摘录"京报"，再次强化了对"京报"权威性的建构。⑨

三、结　语

从跨文化的角度来看，西方传教士对"京报"的认知深深地打上了其所处时代的烙印。传教士所处时代背景、自身的媒介知识、跨文化体验，以及对"京报"的想象，这些都影响着他们对"京报"的认知。恰如史景迁所言，其认知并"不受中国的历史现实左右"⑩，而更多的是出于自身的知识底色与诉求来想象"京报"的。这种"没有京报"

---

① 雷孜智：《千禧年的感召：美国第一位来华传教士裨治文传》，尹文涓译，桂林：广西师范大学出版社，2008 年，第 78 页。

② Chinese Newspapers，*The Times*，April 17，1824，Issue 12315，p. 3.

③ China and Russia in Central Asia，*The Times*，September 16，1873，Issue 27796，p. 10；The "Peking Gazette" for 1899，*The Times*，August 14，1900，Issue 36220，p. 6.

④ ART. III. Notices of Modern China，*The Chinese Repository*，May 1，1835，pp. 17-31.

⑤ ART. I. Periodical Literature，*The Chinese Repository*，May 1，1836，pp. 6-12.

⑥ 沈弘编译：《遗失在西方的中国史：〈伦敦新闻画报〉记录的晚清 1842—1873》下，北京：北京时代华文书局，2014 年，第 581 页。

⑦ 阿绮波德·立德：《亲密接触中国：我眼中的中国人》，柏杨等译，南京：南京出版社，2008 年，第 76 页。

⑧ 赵莹：《〈京报〉的流传与 19 世纪中英关系建构：以"觐见问题"为例》，《国际新闻界》2013 年第 7 期。

⑨ 参见拙作：《"文本中的文本"：晚清时期新报中的京报》，《编辑之友》2021 年第 2 期。

⑩ 史景迁：《文化类同与文化利用》，廖世奇、彭小樵译，北京：北京大学出版社，1990 年，第 145 页。

的"京报"阅读,显然是无法理解"京报"的,从而形成了不同的认知偏向。

18世纪无论是耶稣会士龚当信、杜赫德,还是启蒙思想家伏尔泰、魁奈等,他们显然更看重"京报"的权威性、监督功能和教育功能,将其想象为重建皇帝权威,加强中央集权的工具和措施。耶稣会士对"京报"监督、教育功能认知偏向可谓影响深远。一直到19世纪四五十年代天主教传教士古伯察(Huc)还是认为:"中国的京报实际上是监督者,通过刊登朝廷对官员的奖惩、贬职、罢免和升迁的消息对腐败官员进行警示,并对其善行加以鼓励。"① 1915年马克斯·韦伯出版的名著《儒教与道教》(Konfuzianismus und Taoismus),该书以耶稣会士报告和清代邸报作为重要的参考资料②,在第三章中,韦伯仍然强调"京报"对官员的监督功能③。1933年白瑞华在《中国报纸》(The Chinese Periodical Press)一书中指出:"中国18世纪的新闻信比19世纪的新闻纸有更多的优点。"④

19世纪在西方报刊领域,近代化报刊理念逐步确立,传教士自身所具备的媒介知识已与18世纪不同。传教士便以西方近代报刊比附或套释"京报",以"办给又穷又忙的人看的便士报"⑤为参照来品评"京报",因此形成不同的"京报"认知偏向。故而马礼逊、裨治文等传教士认为"京报"是"索然无味"的,"根本不配称之为报纸",其"提供的所谓新闻几乎称不上报纸内容"。也因此对"京报"形成了贬抑型认知偏向。值得我们注意的是,19世纪传教士以西方近代报刊来比附或套释"京报"过程之中,"也努力使中国人与传统观念剥离"⑥。在传教士西方近代报刊观念的导入下,中国官绅阶级对"京报"认知与评价也渐趋发生着变化。"考中国向有邸报,而无新闻纸。邸报所载皆朝廷之政治,而一切闾里琐屑均不得滥厕其中。"⑦ "邸抄既兴,略为相近,然所纪者,谕旨奏牍之外,屏焉不录。"⑧ 可以看出"而无新闻纸""……之外""屏焉不录"已道出了与之前认知的不同。甲午之后梁启超等士人认为"京报"刊行下的中国社会"喉舌不通""聋盲依然"⑨。汪康年亦是言及:"日报之制,仿于中国之邸抄",但经过泰西各国"大变其制",则可以"内之情形暴之外,外之情形告之内"。⑩ 在汪康年眼中近代报刊的信息覆盖面要比"京报"广泛得多。可以看出,在传统"京报"与近代报刊的比较之中,西方近代报刊观念已逐步嵌入了19世纪中国士人的"京报"认知之中,更或许这种比较本身即是西方近代报刊观念嵌入的结果。这种观念可谓影响至今。1992年出版的新闻史权威

---

① 白瑞华:《中国报纸 1800—1912》,王海译,广州:暨南大学出版社,2011年,第14页。

② 马克斯·韦伯:《世界宗教的经济伦理:儒教与道教》,王容芬译,北京:中央编译出版社,2018年,第364页。

③ 马克斯·韦伯:《世界宗教的经济伦理:儒教与道教》,王容芬译,北京:中央编译出版社,2018年,第204页。

④ 白瑞华:《中国报纸 1800—1912》,王海译,广州:暨南大学出版社,2011年,第2页。

⑤ 单波:《中西新闻比较与认知中国新闻业的文化心态》,《学术研究》2015年第1期。

⑥ 单波:《中西新闻比较与认知中国新闻业的文化心态》,《学术研究》2015年第1期。

⑦ 《书中西闻见录后》,《申报》1872年9月26日。

⑧ 《中国各报存佚表》,《清议报》第100期,1901年12月21日,第1~5页。

⑨ 梁启超:《论报馆有益于国事》,《时务报》第1册,1896年8月9日,第1页。

⑩ 汪诒年纂辑:《汪穰卿先生传记》,北京:中华书局,2007年,第77页。

之作《中国新闻事业通史》在评价我国古代报纸（包括邸报、京报等）时，其认为古代报纸是"封建的""落后的""从形式到内容都已完全僵化"。① 这显然是以西方近代报刊为尺度而作出的评价。

从中西交流的历史来看，西方传教士无疑起到了重要的中介作用。在跨文化过程之中，能否与"文化他者"进行交流？常常是被反复问及的命题。在中国生活多年的传教士卫三畏曾言及："造成中国人和外国人之间互相憎恶和摩擦的原因是他们无法理解对方的语言和愿望。"② 那么传教士对"京报"的译介与认知，我们是否可以将其看作"理解对方语言，探知对方愿望"的努力与尝试呢？或许中西交流的奇妙因缘，就是通过"京报之眼"互相"打量"对方，在"互看"之中寻找着交流与对话的种种可能。

（作者单位：武汉纺织大学马克思主义学院，武汉大学媒体发展研究中心、新闻与传播学院）

---

① 方汉奇主编：《中国新闻事业通史》第一卷，北京：中国人民大学出版社，1992年，第164~165页。

② 卫斐列：《卫三畏生平及书信：一位美国来华传教士的心路历程》，顾钧、江莉译，桂林：广西师范大学出版社，2004年，第65页。

媒体视野下的民国汉剧坤伶*

□　余冬林　杨玉荣

【摘要】 自 20 世纪 20 年代汉剧坤伶登台以来，一些媒体纷纷聚焦于她们台上台下的生活。虽然在汉剧坤伶中道艺高超举止端肃者不乏其人，但在一些媒体的视野中，她们是一个亟待规训的群体，是汉剧衰落的"红颜祸水"。在对汉剧坤伶进行规训和挞伐之时，它们又自觉不自觉地站在窥探者的立场上，热衷挖掘其私生活以迎合公众的窥探欲望。在这些媒体"建构"下，汉剧坤伶的整体形象日益负面化。

【关键词】 媒体；民国；汉剧；坤伶

在一些民国媒体的视野下，汉剧坤伶是一个亟待规训的群体。最需要规训的是她们生活不检点和道艺之低下。此外，她们还是汉剧日益衰落的红颜祸水：汉剧坤伶蜂拥而起，打破汉剧内部生态平衡，败坏了社会风气；因其艺术生涯短暂又不利于汉剧艺术的传承等。一些媒体站在规训者和窥探者的立场上，一方面煞有介事地对汉剧坤伶进行指导和褒贬，另一方面又热衷挖掘她们的私生活以迎合公众的窥探欲望。

一、亟待规训的对象

在媒体眼中，汉剧坤伶是应当置于规训之下的对象。坤伶饱受诟病之处主要在于生活不检点和道艺较低下。

（1）生活不检点。20 世纪 20 年代初以来，汉口大多数妓院门庭冷落。于是，鸨母或龟头让雏妓学习汉剧以招徕顾客，她们就成为早期汉剧坤伶的主要来源。正因如此，当她们如雨后春笋般纷纷登台转变为坤伶时，自然不免将一些妓院的习气和做法带到舞台外的现实生活中。为了获得靠山，她们大多忙着拜干爹义母，甚至以无干爹或干爹少为耻。她们赌博、吸毒、打茶围、应堂差等。权贵富贾在节日、寿辰以及嫁娶等之际，"往往会写条子派人将坤伶召来唱戏侑酒"①。接到这些条子后，坤伶前往雇主家中从事唱戏侑酒活动，这就是所谓"应堂差"。不过，"此时的应堂差同晚清燕都优伶'应堂会之差'又有

* 本文为国家社科基金后期资助项目"汉剧坤伶群体研究（1923—1949）"（19FYSB006）阶段性成果。

① 胡非玄：《近代汉口狎优之风及其对汉剧发展的影响》，《中国戏曲学院学报》2010 年第 2 期。

不同，因为很可能是要留宿的"①。也就是说，坤伶很有可能"变相卖淫"。不过，在坤伶中举止端庄私生活严肃者不乏其人，如筱牡丹花、代一鸣、罗惠兰、胡玉凤和筱津侠等。

诚然，一些坤伶生活不检点的确是不容争辩的事实，这种现象无疑殃及了少数洁身自好的坤伶，更损害了汉剧坤伶群体的整体性社会资本和象征资本，如使得一些媒体报人不敢或者羞于谈论汉剧坤伶；一些媒体和公众对她们的评价日趋负面。从上述媒体的文本中，我们看到了对坤伶"恬不知耻品格下流""淫荡成性"等道德评判。这些由于道德话语建构的文本因蕴含着价值判断而具有某种真理性。毋庸置疑，这就是对"三从四德""男尊女卑"等社会性别观念的再生产。我们应当看到媒体利用议程设置和话语霸权造成的对坤伶个体或是群体的伤害。② 不过，若对媒体的功能有所了解，这一切就更加明朗了。媒体报道的根本作用在于，"为了界定和建构外部世界并使一种特定的社会秩序合法化。它们演绎、辩解、解释、证明当下的社会制度和政治秩序，为之提供合法性和合理性的证明和辩护"③。

（2）道艺较低下。坤伶多限于天赋，"二净""十杂"皆非彼辈所能胜任，故皆趋向花衫、青衣、须生、六外以及丑角等行。"由道艺上评论，除学习花衫的坤伶，尚能勉强够格外，其余行当均不足取，捧坤伶的评戏家虽多，但多半是以人论艺，并非以艺论人，由妓女下海而变为演员的坤伶，犹如过江之鲫，不管道艺如何，坤伶包银很是可观，男演员愤而经商者大有人在，阴盛阳衰，良可感慨。"④ 现以汉剧末角一职说明之，"论坤伶红艳琴，虽曰称职，究竟艺不能根深蒂固；刘玉楼腔调善于摹仿，嗓音非马非驴；筱洪元、筱小侠，均属庸材；筱神童、王文斌，不获艺术皮毛；盖鑫培、严麒麟，易地奔走；韩宝琴、熊鸿声，毫无建绩"⑤。在其他角色行当的坤伶，其道艺亦不尽人意。剧评人"齐天大圣"曾撰文写道：韩宝琴，"扮相抹彩拍粉，都不细心研究，非常不好看，若不努力矫正毛病，虚心求教，恐梨园行中，将无该伶地位矣"，熊鸣声，台步幼稚；九龄童"在台上老是和人挤眉弄眼，艺术亦退化多多，并每句唱词带一'呢'字，令人生厌"；陈凤楼"台步幼稚，做工毛手毛脚，唱工荒腔走板"，等等。⑥

需要说明的是，由于文化资本的积累问题，坤伶在道艺上也的确存在可议之处。但是，从天赋角度来论证坤伶不及男伶显然是罔顾事实的偏见。社会性别理论指出，"文化在人的性别身份形成中具有关键性作用，性别是文化指定、文化分配、文化强加的"⑦。由于自西周以来父系单系世系原则的广泛实行及其与儒家的"三纲五常""三从四德"等传统思想交相推引，逐渐形成了根深蒂固的男尊女卑观念。明代，坤伶活跃在戏剧舞台上。但是自清康熙朝以来严禁女子演戏和看戏。因此，自汉剧诞生以来，女性就被严格地

① 胡非玄：《近代汉口狎优之风及其对汉剧发展的影响》，《中国戏曲学院学报》2010 年第 2 期。
② 彭晓芸：《被混淆的和被忽略的——关于校园惨案的媒介伦理》，《南方传媒研究》2010 年第 24 期。
③ 范红霞：《基于性别视角的媒体暴力研究》，浙江大学博士学位论文，2013 年，第 84 页。
④ 四知：《一位汉剧先进的谈话：汉剧没落的原因》，《大楚报》，1941 年 3 月 7 日，第 3 版。
⑤ 东海鲩生：《简论汉班第一职》，《罗宾汉报》，1935 年 9 月 27 日，第 3 版。
⑥ 齐天大圣：《谈谈汉戏坤伶》，《罗宾汉报》，1935 年 5 月 29 日至 6 月 5 日，第 3 版。
⑦ 沈奕斐：《被建构的女性——当代社会性别理论》，上海：上海人民出版社，2005 年，第 3 页。

排斥在汉剧场域之外。这种排斥又根深蒂固地渗入汉剧伶人对老郎神的集体崇拜之中。

二、汉剧衰落的"红颜祸水"

汉剧在 20 世纪 30 年代初以来，尤其是 1931 年大洪水后，呈一蹶不振之势。随着名伶的或老或亡，汉剧后继乏人，演出场次与观众人数随之锐减，其地位也岌岌可危。

尽管如此，不少媒体依然将汉剧衰落主要原因归之于坤伶。"老伶工凋谢，坤伶乃乘时而起，十年以来，为数至夥，戏园之不能聘请大角者，咸倚若辈为台柱，若辈演戏，泰半系借此为手段，而达到引蝶招蜂之目的，艺事佳者，千百人中不一见。"① 虽然坤伶道艺不佳，但因观众水平低下，许多戏园依然将她们倚为台柱以招徕顾客。在论及汉剧"沦亡由来"，"痴翁"如是写道："近十余年来老角死亡殆尽，兼操妓业之坤伶，如雨后之春笋，多如过江之鲫，艺术没落，知音日鲜，淫娃荡妇，竟成舞台名角，狂蜂浪蝶，皆充座上佳宾，以励风正俗之宣传地作眉来眼去之交际场，阴盛阳衰，汉剧沦亡之大原因也"，以致"汉剧发祥地，竟成京剧殖民地"。②

一些媒体认为，汉剧坤伶演艺生涯较短，成名后往往匆忙嫁人，也给汉剧发展带来了消极影响。"纵有三数道艺稍佳者，又为富商大贾所聘去，藏娇金屋，如过去之代一鸣、筱牡丹花、红艳琴、严玉声诸姝丽，一一皆为人妇，毁灭前途，为识者惜叹。"③ "汉戏无一纯粹科班造就人才，致后起之男伶寥若晨星，故坤伶日兴月盛，层出不穷，吾人亦不得不掉换笔尖，舍本逐末，将错就错而谈坤伶。岂料事与愿违，如黄氏三毛及李绍云、小俊龙、杨叔岩等，论其艺术均为上驷之材，铮铮铰铰〔佼佼〕……洵非过誉，而该伶等视演戏为辱，甘心嫁作人妇，不再现身舞台，将师传授心血自己磨练工夫，一嫁而付诸东流，实深浩叹。"④

对于汉剧的衰落，作为汉剧伶人组成部分的坤伶的确应当承担部分责任。不过，如果将主要责任归之于坤伶，就显然有失公允。汉剧之衰落自有其内因和外因。从内容而言，汉剧不能与时俱进推陈出新。这一点，早在 1929 年余洪元率领阵容强大的"福兴班"远赴上海商演后，就有人慨叹，"我们对于汉剧只有追念已往的荣华，感叹过去的陈迹的心情而已"⑤，因为它与现实生活脱节，"已不是能表现现代生活的戏剧了"⑥。

从人才而言，名伶凋零，后继乏人，培养机制不健全。汉剧在民国初期之兴盛，在很大程度上得益于"四河归汉"造就的名伶荟萃。自 1931 年以来，这些名伶或亡故或因老病而辍演。年少男伶因受不良社会风气的影响举步维艰。1915 年创办的小"天"字科班，培养一批杰出人才，但由于老艺人思想保守，不肯将技艺传授于人。此后虽有"春""长"和"顺"字科班，一科不如一科，难有出类拔萃者。国民大革命后，除 1928 年的

---

① 危舟：《汉剧近况》，《十日戏剧》第 1 卷第 5 期，1937 年 3 月 29 日。

② 痴翁：《汉剧座谈》，《大楚报》，1942 年 8 月 23 日，第 1 版。

③ 乔学文：《汉剧漫谈·借招牌卖酒的坤伶》，《江汉晚报》，1942 年 9 月 13 日，第 3 版。

④ 齐天大圣：《由男伶日衰说到坤伶嫁人》，《罗宾汉报》，1935 年 11 月 22 日至 23 日，第 3 版。

⑤ 洪深：《夕阳将要没落之前——对于汉剧的感想》，《民国日报》，1930 年 1 月 8 日，第 1 版。

⑥ 洪深：《夕阳将要没落之前——对于汉剧的感想》，《民国日报》，1930 年 1 月 8 日，第 1 版。

新化科班外，创立科班培养人才之事几乎付之阙如。

从舞台表现而言，汉剧伶人敷衍随便令人失望。"做活随便。自提高伶人身份以来，汉剧伶人层出不穷，其中良莠不齐，如名小生李四立、花衫张美英等，大都塞责终场，不守绳墨，淫词俚语，胡调已极，诚为明眼人所不齿也。"①

从凝聚力而言，领导不力，内部涣散，一盘散沙。"汉剧同仁最不团结，非常散漫，有些有成就的演员，只求自己成名，成名了就不管他人，而另外许多人，又只依靠名角过活，这是多么可怕的现象。"② 汉剧公会处于孱弱状态，领导人或年高体衰，或汲汲于谋求私利，对汉剧的危机和一般伶人的疾苦不闻不问。此外，汉剧艺人的恶习也是不可忽视的因素。许多汉剧伶人生活腐化，吸食鸦片，并影响到新成员，"最近之伶人，俱染恶习，萎靡之状，由斯而出"③。

至于汉剧衰落的外部原因，主要有如下几点：一是武汉戏剧市场竞争日趋激烈。民国初年，因京剧尚未风行、楚剧尚未进城，汉剧得以一统天下，当时武汉的戏院、茶园等不少于 25 家，上演汉剧的就达 20 家。④ 到 1937—1938 年，汉剧剧场仅存有两三处，京剧有四五家，而楚剧则高达 8 家。⑤ 二是观众审美趣味和欣赏水平的变化。民国以前，汉剧观赏群体多是权贵士绅等社会上层。民国初年以后，逐渐演变为工人、商人及其家属等社会中下层。这些市民多出身于黄陂、孝感及周边地区的农民家庭。他们文化程度不高，欣赏水平有限，更亲近曾流行其家乡的楚剧。此外，1931 年后作为汉剧重要支撑力量的商会组织，因水灾而元气大伤，不复有此前那么大的支持力度。

从人类历史的进程来看，进入父权制社会后，在社会生活上占据主导地位的男性，对女性怀着既依赖又恐惧的矛盾心理，于是"他们企图从政治上排斥女性，从道德上约束女性，从精神上奴役女性，以达到对女性的完全控制"⑥。他们利用手中的话语权，将女性分成以下三种类型，"一类以美貌、忠贞、温驯、富于献身精神等为特征，堪称'高尚淑女'或'家庭天使'；一类以美色加淫荡为主导特征，以至'倾城'、'倾国'，属于一种'红颜祸水'型；第三类则属'悍妇'或'女巫'型，主导性格特征为阴鸷、狂暴与工于心计"⑦。他们借助社会资本的力量，心照不宣地进行集体合谋，通过肯定前者否定后两者的方式，实施着对女性肉体和精神的双重规训，最终达到取消其独立性使其沦为附属物的根本目的。⑧

民国时期，同样的故事在汉剧坤伶身上上演。自 1931 年以来，似乎病入膏肓的汉剧，

① 剑：《简谈汉剧中衰的原因》，《罗宾汉报》，1935 年 8 月 4 日，第 3 版。

② 痴翁：《汉剧座谈》，《大楚报》，1942 年 8 月 23 日，第 1 版。

③ 彬如：《复兴汉剧须根本改革》，《罗宾汉报》，1935 年 10 月 14 日，第 3 版。

④ 郭贤栋：《湖北汉剧艺人与近代革命运动》，《武汉文史资料》2006 年第 11 期，第 22~23 页。

⑤ 林素：《没有戏剧的汉口》，《武汉日报》，1947 年 2 月 2 日，第 10 版。

⑥ 张小莉：《男权社会中的"替罪羊"——"红颜祸水"故事探源》，《北京广播电视大学学报》2008 年第 1 期，第 43~45 页。

⑦ 杨莉馨：《父权文化对女性的期待——试论西方文学中的"家庭天使"》，《南京师范大学学报》（社会科学版）1996 年第 2 期，第 80~82 页。

⑧ 张小莉：《男权社会中的"替罪羊"——"红颜祸水"故事探源》，《北京广播电视大学学报》2008 年第 1 期，第 43~45 页。

因数量庞大的坤伶加入复有欣欣向荣之势。可是在京剧、楚剧的左右夹击之下，虽企图振作，但终究无可挽回地陷入一蹶不振的境地。主要由男性把持的媒体，在探讨汉剧衰落的原因时，几乎异口同声将汉剧坤伶作为罪魁祸首。对因男伶纠纷陷入困境的汉剧公会及其领导人的责任却很少提及；对因男性名伶的保守导致人才培养质量下降也是轻描淡写，等等。出身卑微、技艺不高却挤压男伶生存和发展空间的汉剧坤伶，恰好是汉剧衰落时期的"在场者"。她们大多美貌，但大多也不具备忠贞和温顺的特征，因而顺理成章地成了男性眼中的第二类女性的不二人选。因此，在普遍贱视坤伶的氛围中，用在社会组织结构中处于最弱势地位的坤伶来做汉剧衰落的"替罪羊"，显然符合公众"红颜祸水"的认知常识和心理期待。同时，有效地遮掩了男伶的缺点和过失，成功地为其开脱了罪责，从而又一次维护了男性在女性面前的权威和尊严。明斯克曾对这种"委过于人"话语策略的本质予以这样的剖析："潜意识的恐慌和文化强化的偏见之间的互动，定义了在任何时期都被指定命名为'替罪羊'的'他性'的人，我们的个体认同感也依托于这些人而产生。"① 毋庸讳言，汉剧坤伶之所以成为汉剧衰落的"替罪羊"，从根本而言，就是这种"潜意识的恐慌"和"文化的偏见"互相叠加的产物。

　　需要指出的是，对于广大观众而言，他们在时间、精力和社会实践范围上具有较大的局限性，因而难以对周围的人物、事情和环境等一一进行实际性的调查或体验。因此，他们往往借助媒介去知晓超出亲身感知范畴之外的事物。这种由传播媒介形成的信息环境，又称为"拟态环境"。"拟态环境"这一术语是在 1922 年由美国著名专栏作家李普曼在其名著《舆论学》首创的。所谓拟态环境，"就是由传播媒介通过对象征性事件或信息进行选择和加工、重新加以结构化之后向人们提示的环境。由于这种加工、选择和结构化是在一般人看不见的地方（媒介内部）进行的，通常人们意识不到这一点，而往往把拟态的环境作为客观环境本身来看待"②。《十日戏剧》《大楚报》以及《汉口导报》等众多的传统媒体深受传统社会性别观念的影响，在公众看不见的地方，对一些信息进行有倾向性的选择、加工以及结构化，从而形成了一种对汉剧坤伶极为不利的拟态环境。尽管这种拟态环境并非真实的客观环境，但是广大受众并没有意识到这一点，依然将其认识和判断建立在从这种拟态环境中获得的信息之上。鉴于此，李普曼提醒我们关注这样一个问题：其实，在个体与现实环境之间已有一个拟态环境置于其中。而个体的行为毫无疑问是对拟态环境的回应，"但是，正因为这种反应是实际的行为，所以它的结果并不作用于刺激引发了行为的拟态环境，而是作用于行为实际发生的现实环境"③。也就是说，广大受众在拟态环境的作用下产生了相应的行为，但是这种实际行为的结果并不对拟态环境产生影响，而是作用于客观的现实环境。换言之，观众在回应拟态环境的刺激过程产生的行为，其结果却指向并作用于现实生活中的汉剧坤伶，将她们视为汉剧衰落的红颜祸水，并对她们采取鄙弃和疏远的态度。

---

① R. Minsky：*Psychoanalysis and Culture*：*Contemporary States of Mind*，Cambridge：Polity Press，1998，p. 2.

② ［美］李普曼：《舆论学》，林姗译，北京：华夏出版社，1989 年，第 9 页。

③ ［美］李普曼：《舆论学》，林姗译，北京：华夏出版社，1989 年，第 9 页。

三、媒体的规训与窥探

民国时期，对汉剧坤伶较为关注并时有报道的报刊媒体众多，如报纸有《大楚报》《太阳灯》《新汉口日报》以及《罗宾汉报》等，杂志则有《戏世界》《戏剧旬刊》《十日戏剧》等。

对于坤伶存在的问题，一些媒体站在规训者的立场上予以训诫或指导。1935年8月，汉口市当局开办训练班对汉剧艺人加以改造。对于这样名不副实的汉剧训练，艺人们当然消极抵制。一些媒体就对汉剧伶人尤其是坤伶严加训诫，并建议对屡教不改者开除学籍："汉剧演员训练班受训学员，几将或为热度五分钟矣。一般小姐派坤伶，黎明即起，谁也不惯这种生活，故旷课逃学者，男伶占十分之三，坤伶占十分之五。戏审会虽屡经告诫，终不发生效力，故训练班，取严厉手段对付，效楚剧训练班之法规如屡诫不悛，即开除学籍，如此逃学的坤伶将知所醒悟矣。"① 对于在生活和道艺上的问题，一些媒体也不遗余力地加以劝勉。剧评人"齐天大圣"苦口婆心地指点道："况汉戏男伶日衰，后起乏材，他日承继之人，亦恐属于坤伶，岂可贪眼前荣华，受他人蹂躏乎。盖坤伶之用心，较男伶专，倘潜心研究，实有厚望，而颓废之汉戏，或可挽救危亡于万一，乃计不出此，甘作人之妾媵，博太太奶奶虚名，是成何心哉？"② 他竭力劝诫坤伶要洁身自好潜心道艺，不要因贪图虚名荣华而贻误了自己的前途。

对于一些坤伶改过自新追求进步，一些媒体也及时加以褒扬。汉剧坤伶严玉声以前出演天声戏园籍籍无名。剧评人"齐天"在《罗宾汉报》上撰文肯定了她汉剧技艺的进步，同时指出了表演上的不足。"自加入新市场汉班后，其艺突飞猛进，一日千里，因之亦受一般顾曲周郎欢迎，而新市场亦倚为台柱子之一。昨见伊演《元旦节》，去祢衡，台风之帅，神情之紧，求诸最近群雌中，实不多见，后唱'列公大人——'之垛子，抑扬顿挫，极令节奏，惜'夜深沉'鼓点，似与胡琴，不甚吻合。设能求教何鸣峰、陈二红辈，必美玉无瑕矣。"③ 此外，对她摒弃"长头发""金手饰"等毛病也予以赞扬，进而提出殷切的希望，"更有望于该伶，春冰履险，慎重前程，勿负吾侪之企许，其勉乎哉"④。

一些媒体寄希望于戏剧审查委员会，期望它发挥监督伶人和改良戏剧的作用。其中，无疑包含对一些行为不检点的汉剧坤伶予以规训。它们对于汉口戏剧审查委员会在演员登记方面的举措不力颇有微词，催促它及时采取补救措施，以免丧失自身的威信。如1933年11月《戏世界》就发文指出，汉口戏剧审查委员会负有监督演员和改良戏剧两大职责，这对于教育民众而言关系甚大。按照汉口戏剧审查委员会的相关规定，各剧种艺人每年必须到该会登记一次。但是，又到登记之时，并早已下发通知，情形却不尽人意，"各剧演员遵章登记者竟寥寥无几。该会亦无其他表示，形式实同废弛，若果威信一失，各剧

---

① 彬如：《坤伶的恐慌》，《罗宾汉报》，1935年11月1日，第3版。
② 齐天大圣：《由男伶日衰说到坤伶嫁人》，《罗宾汉报》，1935年11月22日，第3版。
③ 齐天：《知过必改：严玉声怕人说坏话》，《罗宾汉报》，1935年9月28日，第3版。
④ 齐天：《知过必改：严玉声怕人说坏话》，《罗宾汉报》，1935年9月28日，第3版。

演员必更抱观望态度。此事关系戏剧前途，尚望急谋补救之方"①。对于演员们不按时登记，不能听之任之以致威信丧失，应当尽快采取补救措施。

当然，也有些媒体站在窥探者的立场上对汉剧坤伶予以报道。有的站在男性的立场上对坤伶品头论足以博读者一笑。如提及坤伶张美英臀大足小，"汉剧花旦，男女角中，均乏其上乘人才。……其稍可观的只一张美英，其表情细腻，戏情礼［体］贴入微，均陈［呈］自然色彩，不过臂部似嫌肥大，足部略欠文明。有此一大一小之两部特殊情形，是亦张美英之美中不足处"②。

一些媒体为招徕读者提高发行量，竭力满足公众窥探坤伶私生活的心理，于是热衷挖掘坤伶的风流韵事，甚至不惜捕风捉影胡编乱造，如《土妇淫伶，串同翻戏》等。当时，"富贵人爱牡丹花"的"风流公案"在武汉三镇闹得沸沸扬扬。1933 年 6 月 19 日，《先锋日报》"武汉风光"栏的一则新闻"富贵人爱牡丹花"③，"暗指市长吴国桢狎爱凌霄戏园坤伶筱牡丹花。由于姓名隐约，并未引起当事人吴国桢的注意。七月八日吴国桢收到蒋委员长南昌行营来电，令其对'连日在筱牡丹花家中打牌，及与该伶同至凌霄园中看戏'等舆论做出解释"④。陈伯华后来回忆说，这则新闻"活灵活现地报道说，某日中午，汉口一位年轻英俊、留学归来的市长，偷偷潜入汉剧女艺人'筱牡丹花'家里请客吃酒。名花香艳，市长风流，凤栖玉枝，凰结鸾俦，说得煞有介事"⑤。原来，那天中午，此小报的记者从筱牡丹花居住的丰成里巷口经过时，发现汉口特别市市长吴国桢的轿车停放在那里，于是捕风捉影地炮制了"富贵人爱牡丹花"的假新闻。

与此同时，那些"执笔评剧谈伶的人们，也多相沿成风，尽在字里行间，作轻贱汉剧坤伶的口吻，而一部分坤伶更不自振作，以烂得烂，便无形造成了这一种万恶习惯，这是多么可恨的一回事"⑥。"只是汉剧坤伶，却使我不能不惑疑了，落在报上或口头上，听到一些关于汉剧坤伶的话，真是使我莫名其妙，大概都说汉剧坤伶是和妓女一样，除了演戏，还兼作生意，也出条子，应堂差，家里也一样要做花头……总总都是和妓女一样……如某伶前年确实应过某人的条子到旅馆罩去。这此不可掩的事实．都是汉剧坤伶和妓女一样的证据。"⑦ 剧评人"落拓青衫"感叹道，"坤伶应堂差，是不可掩饰的事实，虽说有几位是清高自赏，不做同流合污的举动，然而大多数是要兼营副业的"⑧。这些报道在满足公众窥探欲望的同时，不知不觉地将坤伶塑造成伤风败俗的"淫伶"，使得她们的形象日益负面化。

需要指出的是，上述媒体主要是通过"议程设置"功能将汉剧坤伶逐渐"污名化"的。我们应当意识到，它们是通过"赋予各种议题不同程度的显著性（salience）的方式来影响受众对周围世界的认知和判断。媒体虽然不能左右人们的具体想法，但可以左右人

① 磊石：《所望于戏剧审查委员会者》，《戏世界》，1933 年 11 月 2 日，第 3 版。
② 耿人情：《汉剧见闻录：张美英一大一小》，《太阳灯》，1933 年 5 月 25 日，第 2 版。
③ 彭勃：《中华监察执纪执法大典》第 2 卷，北京：中国方正出版社，2002 年，第 894 页。
④ 彭勃：《中华监察执纪执法大典》第 2 卷，北京：中国方正出版社，2002 年，第 894 页。
⑤ 孟保安：《汉剧大师陈伯华评传》，武汉：武汉出版社，2012 年，第 98 页。
⑥ 梦梅：《梦梅闲话·论汉剧坤伶之价值》，《罗宾汉报》，1935 年 5 月 17 日，第 3 版。
⑦ 梦梅：《梦梅闲话·论汉剧坤伶之价值》，《罗宾汉报》，1935 年 5 月 17 日，第 3 版。
⑧ 落拓青衫：《东篱漫话·附和梦梅的一番议论》，《罗宾汉报》，1935 年 4 月 23 日，第 2 版。

们去想什么以及接受某些信息的先后顺序"①。许多媒体采取贱视坤伶甚至有意将其妓女化的做法，并"相沿成风"，显然在相当程度上影响了受众对汉剧坤伶的认知和判断。在男性主宰的话语体系下，男性建构了完整的归属于男性价值观念的表达性别差异的象征符号。② 上述媒体正是由男性偏见编码的社会性别观念的承载者和传播者，它们不约而同地将游离于传统女性角色之外的汉剧坤伶构建成隐含"色情""性"的形象符号。在它们的规训下，汉剧坤伶的自我认知日益向男性的视角和价值观念靠拢，日益陷入对于现存性别秩序和性别观念不予抗辩的"沉默的螺旋"之中。从另一角度而言，作为一种文化符号的女性，"只是由男性命名创造，按照男性经验去规范，且既能满足男性欲望，又能消其恐惧的空洞能指"③。在传统社会性别观念和性别秩序的不断再生产过程中，民国时期的汉剧坤伶不知不觉沦为这样一个"空洞能指"。

（作者单位：中南民族大学马克思主义学院、海军工程大学政治理论系）

———————————

① 郭庆光：《传播学教程》，北京：中国人民大学出版社，1999年，第194页。
② 王岳川：《后现代主义文化研究》，北京：北京大学出版社，1992年，第384页。
③ 赵树勤：《女性文化学》，长沙：湖南师范大学出版社，2015年，第145页。

近代"海权"概念在中国的确立

□　聂向明

【摘要】人类是随着海权的发挥而先后步入世界史和近代史的。清末中国在西方"坚船利炮"的促动下展开近代"海防"建设；其间"海军""海战"意识的萌发可谓是对西方海权冲击的回应。19世纪90年代美国人马汉首先提出系统的海权论，使"海权"成为具有历史哲学意味的战略概念。此概念在中日甲午战争期间传到日本，译作"海上权力"，简称"海权"；于清末传入中国。在梁启勋等人的论述、近代中国关于海洋问题的实务中，"海权"概念得以确立。

【关键词】海权；概念史；马汉；明治日本；清末中国

　　"海权"一词，本由 Sea Power 翻译而来，意即海上力量。自人类为了达到自己的目的而将自己的力量运用于海洋，海权便产生了。在一定意义上可以说，自大航海时代起，人类是通过海权的作用而先后走出中世纪步入近代，从各自分散的"民族史"归入"世界史"进程的。19世纪90年代，美国人马汉率先提出专门系统的"海权论"；"海权"随之成为一个具有历史哲学意味的影响深广的战略性大概念——一般指一个国家为了达成自己的目标而在海上投放的资源的种类及其多寡；亦即一个国家利用、掌控海洋的能力和效用。"海权"概念的诞生，标志着人类运用海洋的自觉性的质的飞跃。当然，"海权"概念有其历史性，既有空间上的流播，也有时间上的变迁。考察其流播、变迁过程，无疑是有学术价值和现实意义的。迄今学界关于中国近代"海权"的研究取得了一定成果，如周益锋《"海权论"东渐及其影响》①、李强华《观念史视角下的中国近代海权观念嬗变》②、刘观林《浅析晚清政府对海权的认识及其态度转变》③、杨东梁《晚清海权观萌发与滞后》④、郭渊《晚清振幅的海权意识与对南海诸岛的主权维护》⑤、韩剑尘《日俄战

————————————

　　①　周益锋：《"海权论"东渐及其影响》，《史学月刊》2006年第4期。
　　②　李强华：《观念史视角下的中国近代海权观念嬗变》，《中国海洋大学学报》（社会科学版）2018年第2期。
　　③　刘观林：《浅析晚清政府对海权的认识及其态度转变》，《西安航空学院报》2015年第6期。
　　④　杨东梁：《晚清海权观萌发与滞后》，《社会科学战线》2010年第10期。
　　⑤　郭渊：《晚清振幅的海权意识与对南海诸岛的主权维护》，《哈尔滨工业大学学报》（社会科学版）2008年第1期。

争背景下晚清媒体海权意识之勃兴》①等；但在中西日时空坐标上寻流讨源，精准清晰地画出"海权"概念由西而东、由日本到中国的流播轨迹，考察此概念在清末中国初步确立的基本情形，仍颇有其学术空间与必要，是为此文。

一、清末海防论与海军议

在近代"海权"之名传入之前，清末中国即已行海权之实了——在西方列强"坚船利炮"的冲击下，着力进行船政与海军建设。其间出现的海防论与海军议，可谓马汉海权论传入之前的中国近代海权论。

1873 年 11 月，北京《中西闻见录》杂志刊登桂林《海防考略》一文。该文突出之点在于"海战"思想。其起笔指出"粤自中国上世以来，但有海防，而无海战"；继而建构中国的海战史。依其所述，1279 年宋元崖山之战"为中国海战之始"；郑和（1371—1433）下西洋"为中国海泊驶骋外洋之始"；郑成功（1624—1662）"以兵船攻荷兰，而夺台湾"——"二郑乃中国之一奇"；至清嘉庆初，李长庚（1751—1807）水师"凡兵船之制造，水师之练习，风云纱线之情形，无不讲求；海战之法，益臻于大备，实可超越前古"。②

实际上，海防论在此被转换成了海战论。

与此同调，1875 年 2 月 3 日上海《申报》所载《海防策》也提出"置舟楫，以备水战"的主张，认为"海国苍茫，非舟莫济"，"大海相逢，斗船力不斗人力"，③希望中国通过"舟楫"将自己的力量投放在海上。

1882 年 10 月 17 日《申报》所载《今昔海防异势论》，则比较了"前代海防"与"今日海防"之不同，认为"夫同是海防也，前为倭寇，今即不止倭寇"。鉴于"今日之大势"，该文揭示了"今日海防"的特点：

> 今日之海防，不在能守口，而在能出洋。……今日之海防，固非于无事时备有事之用，而实时时可资其用者也。国家之大势，视通商为强弱；民间之生计，视通商为盈虚。……故曰海防以卫通商也。治乱之机、兴衰之故，将以商务为枢纽焉。此古今之一变局也。④

与此相类，1883 年 7 月 6 日上海《字林沪报》所载《海防论》，也对中国的"海防"做了纵向比较：

> 今日而言海防，与前代异。前代所患者，海盗耳，倭寇耳；其侵掠，不过江浙诸省地。今则聚地球五大州之国，相与通商；一旦有事，则兵轮之往来，咸于海中取

---

① 韩剑尘：《日俄战争背景下晚清媒体海权意识之勃兴》，《江汉论坛》2017 年第 10 期。

② 桂林：《海防考略》，《中西闻见录》第 16 号，北京：米市施医院，1873 年 11 月，第 18 页。

③ 《海防策》，《申报》，1875 年 2 月 3 日。

④ 《今昔海防异势论》，《申报》，1882 年 10 月 17 日。

道，是无地不当防也。番船恃轮不恃帆，非似海盗、倭寇可占风以知其进退者，是无时不当防也。①

依其所述，近代"海防"所包含的内容之丰富、所覆盖的时空之大、任务之重，远超前代。

1883 年 3 月 22 日《申报》所载《中国海防与西洋异势论》，则对围绕"海防"问题做了东西比较。依其所述，"西洋诸国""立国""以商贾为本务，以财货为大宗，田畴仓海，锄犁舟楫，长驾远驭，户庭万里"，为此各国均谋"战舰成群，多多益善；船之铁甲，必极其坚；炮制必极其巨"，"务使俾力均权而后已"；中国也必须迎头赶上，以与西洋"同其势""同其务"，"互相雄长"。②

1884 年 6 月 10 日《申报》载《中国宜练海军说》，则以日本海军为参照，指出中国水师的差距："日本之兵舰""其乘风破浪，尚足以壮外观也"，而"中国则无一兵舰可赴外洋"；"中国之所谓水师，仅知习于江河水战，而不能出洋。即此而知水师之与海军有大不同者在也"。该文力主"废水师而另练海军"，以"奏功于海面"；坚信"若海军训练既成，其势当益强盛，夫岂区区日本所能并驾也哉？"③

与此同调，1887 年 1 月 14 日王恭寿在《申报》发表《中国创设海军议》一文，抒发富于历史哲理意味的海洋胸襟：

> 治久必乱，乱久必治，天地循环之理；分久必合，合久必分，古今沿革之运。至于合无可合，天乃特开一千古未有之奇局，通海道，以火轮联五洲为一辙，势不得不轻陆重海。创设海军，以削平各洲，此天殆欲大中国为一统，至合无可合之时，合五洲为一国也。④

1888 年 5 月 20 日《申报》所载梁溪城北子《筹备海军末议》，也指出海军对于国家的意义：

> 海军之用，近以防护海疆，远以扬威海外。尊国体而慑敌气，具在斯矣。⑤

1892 年 5 月 24 日《申报》所载《整顿海军刍议》，则指出海军与海战对于国家的世界地位的重要性：

> 泰西各国之所以称强于海外者，恃其海战也。创制铁甲兵轮、铁脊快舰，装载巨炮，操演水兵，以纵横驰骤于惊涛骇浪之中，而无所畏阻。遂挟其所长，与中国往

---

① 《海防论》，《字林沪报》，1883 年 7 月 6 日，第 1 版。

② 《中国海防与西洋异势论》（下），《申报》，1883 年 3 月 22 日。

③ 《中国宜练海军说》，《申报》，1884 年 6 月 10 日。

④ 王恭寿：《中国创设海军议》，《申报》，1887 年 1 月 14 日。

⑤ 梁溪城北子：《筹备海军末议》，《申报》，1888 年 5 月 20 日。

来，中国莫之御也。……中国欲与之争，当必全赖乎海战。此海军之所以不可不深为讲求者也。……一船即得一船之用，一人即得一人之助。虽以此横行于海外，西国之人亦将闻风生畏，望洋而叹，以为中国有人焉。①

总之，清末海防论与海军议堪称没有"海权"的海权论，直接构成迎受马汉海权论的思想先导。

二、"海权"概念的东传

"海权"一词，早为日本人所创用。1868 年，福泽谕吉（1834—1901）辑、黑田行次郎（1827—1892）增补《西洋事情增补》一书刊行。其《海军沿革略说》一节有云：

> 英人勃然而兴，海权悉归之，以至于今日。②

"海权"又被称为"海上之权"（「海上ノ権」）。1871 年，荷兰人 Jansen 著、日本人内田正雄（1838—1876）译述《海军沿革论》刊行。其"第三项"首论"英人专海上之权事"。③1895 年 1 月，铃木光长译编《关于鸭绿江外海战诸外国新闻评论抄译》刊行。其中收录的美国海军部长赫伯特 1894 年 11 月发表的《论鸭绿江外之海战》一文有云：

> 无疑，日本乃新说明海权（Sea Power）之价值者也。盖海权之价值，古来由脍炙人口之实例所屡屡训示。英略无双拿破仑之败亡，质其基因，全在为其劲敌英国掌握海上之全权。④

1896 年 11 月，日本东邦协会出版了美国人马汉（Alfred Thayer Mahan，1840—1914）的名著 *The History of Sea Power Upon History, 1660-1783* 日文本，题名"海上权力史论"。西乡从道题辞"要在制海"；副岛种臣序云："往返海上，莫敢谁何，谓之制海权。外交术与海军力，谓之制海二要素。……米国海军大佐马鸿所著《海上权力史论》，实论制海要旨，的确详明。"⑤ 水交社干事肝付兼行《序》云："马鸿大佐……洞见海军进步之情势，解难解，决难决，叙难叙，秩序井然，事理明晰。其明足以照海军进步之暗边；其理

---

① 《整顿海军刍议》，《申报》，1892 年 5 月 24 日。

② ［日］福泽谕吉辑，黑田行次郎增补：《西洋事情增补》，皇都：林芳兵卫等，1868 年，第 16 页。

③ ［日］内田正雄译述：《海军沿革论》卷 2，东京：开成学校，1871 年，第 1 页。

④ ［日］铃木光长译编：《关于鸭绿江外海战诸外国新闻评论抄译》，东京：水交社，1895 年，第 2 页。

⑤ ［美］马鸿：《海上权力史论》，［日］水交社译，东京：东邦协会，1896 年，副岛种臣"序"第 1~3 页。

足以拂吾人心里之迷雾。"①

在华文语境中，"海权"一名，早见于 1897 年阴历四月初一日澳门《知新报》所载《京外近事·英国水师称雄》引文：

> 我欲权操海权，则宜有必胜之势，而非稍胜之势也。②

该文"海权"乃指海军力量，主要指各种军舰数量。

1899 年阴历七月初一日，《知新报》第九十五册"商事"一栏载《比较英国海权》一文有云：

> 海上载运之务，乃天下间利路之宏者。自一千八百四十年以来，海权以英国为雄。沿至今日，英国占其过半。③

继而，文中又列出附表，对英、美、法、德及挪威五个国家的"海权"进行比较，内容包括"一百万墩以上"商船（包括"轮船"和"桅船"）的"号数""墩数"及"二者总数"；得出结论称："此表英船居首；美次之；德又次之；若五国并计，则占全球商舰十分之九矣。"④ 该文后半部分主要列出"英国商船往来各国者每年入息"及"海上英商务值"之数；最后对亚洲"海权"现状及未来形势做出判断：

> 东方载货之权，向以美、德、日三国为雄；将来或者独让日本为雄也。⑤

该文"海权"主要指"商船""载货之权"，包括"商船"的"号数""墩数"及"海上商务值"。

1900 年 3 月 30 日，上海《亚东时报》刊载"北美海军参将马鸿撰、日本剑谭钓徒译"《军事海上权力要素论》。该文译自马汉名著 *The History of Sea Power Upon History*, 1660-1783 第一章 Discussion of the Elements of Sea Power（今译《海权组成要素的探讨》）的前八段：

> 海上权力者，不特随海军强弱而消长，亦与其国商务航海有大干系。商务航海，不待海军而始盛；海军赖商务而始兴。⑥

---

① ［美］马鸿：《海上权力史论》，［日］水交社译，东京：东邦协会，1896 年，肝付兼行"序"第 13 页。

② 《京外近事·英国水师称雄》，《知新报》，1897 年阴历四月初一日，第 9 页。

③ 《比较英国海权》，《知新报》，1899 年阴历七月初一日，第 19 页。

④ 《比较英国海权》，《知新报》，1899 年阴历七月初一日，第 20 页。

⑤ 《比较英国海权》，《知新报》，1899 年阴历七月初一日，第 20 页。

⑥ ［美］马鸿：《军事海上权力要素论》，［日］剑谭钓徒译，《亚东时报》，1900 年 3 月 30 日，第 7 页。

该文最后列出"海上权力消长之源"的"六大端":"地理""地形""广袤""人口""民性"和"政府"。①

同年 4 月 28 日,《亚东时报》又载译自马汉《海上权力论》的《地理有干系于海权》章。"该章专就英、法、荷、美、西诸国海上成例,而论地理有干系于海权之消长。"其核心观点为:

> 凡建国于海表者,视之大陆诸国,以得海权为便利。盖大陆之国,其境场与他国相接,不得不平时设法,以备有事之日,故其财兵之力,尽于陆地。至于岛国,则并无防御边境之烦,故可集全力于洋面,以总揽海权。其劳逸悬隔,强弱分歧,非偶然之数。②

与马汉原著和日译本相比,汉译本虽不完整,但基本传达了马汉"海权"论的主旨。由此,"海权"概念像一束光一样照入中国人的头脑,在中国人的头脑中掀起了一场"海洋革命"。

三、近代中国人的"海权"论

1900 年阴历十月十一日,《清议报》刊载《英俄法之海权》。该文列表"比较英与俄法联合之海军力",包括 1899 年和 1900 年双方"战斗舰""海防舰"和"巡洋舰"的数量,最后揭示出英国努力扩充"海权"的动因:

> 自陆上之势力观之,英既已劣俄一步,故不得不求于海上操制胜之权。此英国近来扩充军备之舆论所以盛行也。③

这里的"海权"是指"海军力"及"海上操制胜之权",与马汉的 Sea Power 的本义是一致的。

1903 年出版的《癸卯新民丛报汇编》所收《列国海军力与其海运及海上贸易额之比较》有云:

> 今列国欲伸其国力,则注意于贸易;欲盛贸易,则注意于争海运权;欲争海运权,则汲汲于修海军。今观其海军、海运力、海上贸易之盛,而知其可畏也。④
>
> 今日列国,汲汲然开航路,注资本于我国;国人渺不注意。而孰知彼之势力一来

---

① ［美］马鸿:《军事海上权力要素论》,［日］剑谭钓徒译,《亚东时报》,1900 年 3 月 30 日,第 7~8 页。

② 《海上权力论·论地理有干系于海权》,《亚东时报》1900 年 4 月 28 日,第 15 页。

③ 《英俄法之海权》,《清议报》,1900 年阴历十月十一日,瀛海纵谈第 2~3 页。

④ 《列国海军力与其海运及海上贸易额之比较》,《癸卯新民丛报汇编》,1903 年,第 723 页。

不可去；其一船、其一人，皆有海军力随其后耶！①

该文中虽不见"海权"二字，但其所言"海军力""海运权"或"海运力"及"海上贸易"，无不是"海权"概念的重要内容；其关于"国力""贸易""海运"与"海军"关系的论述，则颇得马汉"海权论"之精义。

在近代中国人的"海权"论的脉络上，梁启超的胞弟梁启勋占据重要位置。梁启勋成长于鸦片战争后，国家因腐朽而主权沦丧的时代，在这种情况下，这批思想开放、学识广博的知识分子产生了强烈的爱国主义思想，意识到革命发展的迫切。1902 年梁启勋考入震旦大学，随后又赴美国哥伦比亚大学求学。一系列的教育启蒙使其提出中国人对"海权"的进一步认识。1903 年 2 月 26 日，梁启勋在《新民丛报》上发表《论太平洋海权及中国前途》。其中有关于海洋与人类文明历程的大论述：

> 地理与文明之关系，以山为隔，以水为通。故水之发达，即世界之发达也。水之发达，可分三期：一曰河流文明时代……二曰内海文明时代……三曰大洋文明时代。

该文指出，"历史之中心"由地中海转到大西洋，为"大洋文明时代之第一期"；由大西洋转到太平洋，为"大洋文明之第二期"。20 世纪为"太平洋时代"；"太平洋海权问题遂为世界上最大之问题"。②

关于"太平洋海权之竞争"，该文论道：

> 今日之世界，生计竞争之世界也。所谓帝国主义者，语其实，则商国主义也。而商业势力之消长，实与海上权力之兴败为缘故。欲伸国力于世界，必以争海权为第一义。此自昔所已然，而今日其尤亟者也。故太平洋海权问题，实为二十世纪第一大问题。今后百年间，惊天动地之剧战，今始开幕，始交绥。其优胜劣败之结局，未知若何。观其起点，亦发人深省之一要端也。③

依其所述，"太平洋海权之竞争"主要包括"商业航路之竞争""通信机关之整备"和"海军力之竞争"。④ 南太平洋地区有着充足的人口和丰富的自然资源，但由于该区域在英、美、德等西方大国的控制之下，区域内国家海权的独立发展受到压制。日本甲午战争后的崛起、西伯利亚铁路及东方铁路的建设打通了他国的"来华之路"，对于意图殖民侵略的帝国主义国家来说，中国是北太平洋区域最大的"宝地"。因此，梁启勋认为：

> 此极东之老大帝国数千年闭关不与闻世事者至今遂一变为国际政治与世界贸易中

---

① 《列国海军力与其海运及海上贸易额之比较》，《癸卯新民丛报汇编》，1903 年，第 724 页。
② 梁启勋：《论太平洋海权及中国前途》，《新民丛报》，1903 年 2 月 26 日，第 49~51 页。
③ 梁启勋：《论太平洋海权及中国前途》，《新民丛报》，1903 年 2 月 26 日，第 55 页。
④ 梁启勋：《论太平洋海权及中国前途》，《新民丛报》，1903 年 2 月 26 日，第 55~59 页。

心点矣。故夫北太平洋之问题实中国之问题也。①

欲攘除外患，作为北太平洋之焦点的中国必定要强大自身在太平洋的力量，这就不得不发展海权。于是，提高太平洋的海权竞争力，首先是商业航路的竞争，这一点同马汉观点是相契合的：

> 商业势力之消长，实与海上权力之兴败为缘，故欲伸国力与世界必以争海权为第一义。②

以一国海上交通发达程度和舰队规模为标准，掌握海权优势的国家主要为西方资本主义国家以及日本，而20世纪初中国的海上商运尚无影踪，这使得国家命运岌岌可危：

> 我国人曾无不能为一公司以与之竞，有一招商局而帆影不能越本国海岸一步，呜呼，我国民之耻，何如矣！③

其次，鉴于运输机关与通信机关在海上交通运转中的相辅相成，健全的通信机关也对制海有着重要作用。然而当时的海上通信、海底电缆等技术仍由美、英等西方国家掌握，中国只能望其项背。另外，军事实力在海权中也起着举足轻重的作用：

> 海军者，所以保护旅外之国民、保护殖民地、保护商业、保护商船也。④

依其所见，军队力量对国民、领土，以及以上所述使得国家取得海权优势的客观条件起着重要维护作用，但"我国海军实力虽不足道，犹有其表焉"⑤。海上交通比陆上交通便捷，能够到达更远的地方，因此有着重要的商业价值和军事价值，而政治影响，当然便也借海上交通，延伸得更远。对于1903年处于绝对劣势的中国，只能被动接受外来力量，而无积极影响。梁启勋撰文表达了对中国海权前途的忧虑，这也是马汉海权思想作为理论传入中国以后，国人对海权做出的一次较早、较为深刻，且有针对性的思考。同年，《海权消长始末记》⑥ 也对海权进行了有意识的初探。

中国渔业历史悠久，在漫长的历史发展中始终占据重要地位。因此，渔业对经济的支持，也是一个"自给自足"的国家重视海洋的重要原因之一。1904年，实业家张謇提倡划定捕鱼区，并区别近海和远洋，规范捕鱼作业范围，提出保护本国在近海区域的自主权的同时，主张"渔权即海权"。⑦ 该观点首次从渔业的角度认识海权，尽管受当时历史条

———————————————

① 梁启勋：《论太平洋海权及中国前途》，《新民丛报》，1903年2月26日，第54~55页。
② 梁启勋：《论太平洋海权及中国前途》，《新民丛报》，1903年2月26日，第55页。
③ 梁启勋：《论太平洋海权及中国前途》，《新民丛报》，1903年2月26日，第57页。
④ 梁启勋：《论太平洋海权及中国前途》，《新民丛报》，1903年2月26日，第58页。
⑤ 梁启勋：《论太平洋海权及中国前途》，《新民丛报》，1903年2月26日，第58页。
⑥ 《海权消长始末记》，《游学译编》，1903年，第15~21页。
⑦ 孙力舟：《清末中国保护南海渔业主权史记》，《青年参考》，2009年6月16日。

件和个人所从事职业的限制，完全将渔权与海权划为对等，忽视了海洋在其他方面的作用，不免片面，但张謇没有只停留在对"海权"概念的解读，他还将个人认识付诸实践，随后兴办江浙渔业公司、吴淞水产和商船学校。1906年，孙中山在《民报》创刊的周年庆祝会上演说，在其政治生涯中首次提出"海权"："故英国要注重海军，保护海权，防粮运不继"①，发展海权以富强国家，大有可观。

四、中国近代"海权"实务

往后的实践中，在海权思想的指导下，中国开始投身于国家间往来的矛盾协调中，显示了维护己方海上主权和争取制海的主动性，这实为一大进步。

1907年，中国政府对驻粤的葡萄牙总领事在澳门海域往来船舶发生的争端给出明确表态要"力争海权"。葡萄牙驻粤总领事坚持澳门至湾仔往来的船舶，只需在澳门船政厅领牌，而无需中国牌照许可通过，并将此意通过照会向清官方予以传达，认为澳门至湾仔海面已长时实归己方管辖。因此，往来船舶仅须在本方澳门船政厅领取通航牌照。此外，葡方引万国海面公法，表示：华官只可在中国海面发给船牌和行驶中国海面的船只。根据葡萄牙与中国所立和约第二款，若非两国允许，彼此均不应违约。如今中方要求通过船舶有中国牌照，不仅违反条约，更是侵损了两国的权限，望中方尽快撤销船牌，停止此类行为。中国政府对通过湾仔等处渡船进行调查后，随即对葡方照会予以反驳："有澳门葡兵越界至湾仔，迫令渔船改泊澳门。"② 同时，粤省查实中葡条约所载关于澳门疆界一款，声明：

> 俟两国派员妥订界址，再行特立专约，其未经定界以前，一切事宜均当依照现时情形，不得更动彼此均不得有增减改变，今湾仔地方系属中国辖境，乃澳门葡兵此次擅行越界，迫令渔船改变泊澳门，并称该处海权全归葡国管辖，实属有违约章，大碍中国主权。③

中方照会驻粤的葡萄牙总领事，通告澳门葡督，要求葡方立即将渔船悉数收回，对违约越界滋事的葡兵进行惩办，以免有碍邦交，公开告知各渔船回泊华界。此事件发生在1907年，时间上距马汉海权论传入中国较近，在面对争端、维护本国海权时，中国官方表现得沉着冷静，有理有据地核查条约，利用国际法对葡方的滋事进行还击，态度坚定，条理清晰，称得上是在海权思想传入并逐渐概念化的进程中一次成功的实践。

中葡的海面争端并不仅1907年一次，此后的争端中，中方都在争取海权方面做出了努力。1910年，"香山属之湾仔银坑渔船"一案中，葡萄牙再次越海界侵犯中国海权："外部以此事于海权极有关系，极应声明界限以固疆圉——查湾仔为香山县门户，即海面

① 陆学艺、王处辉主编：《在东京〈民报〉创刊周年庆祝大会的演说》，《中国社会思想史资料选辑》晚清卷，南宁：广西人民出版社，2007年，第232页。

② 《驻粤葡总领事以澳门至湾往来船舶》，《外交报》第7卷第19期，1907年，第7页。

③ 《驻粤葡总领事以澳门至湾往来船舶》，《外交报》第7卷第19期，1907年，第7页。

亦中国轮船常经之处，葡人竟视为固有，实属意存占越云云。"[1] 1917 年，粤军两舰搭载伤兵由海道驶往医院的途中被葡国军舰追随。葡军要求中国船只填单通过，无视该海域实为中国内海。经查中葡条约，中方证实葡萄牙对澳门及附近海域"只载有永居澳门字样，并未有管辖海面之规定"[2]，葡萄牙"反客为主"，侵犯了中国海权，意图借机为日后划界扩张"留余地"。识破了葡国觊觎本国海权动机的粤省政府对此做出了严行驳覆，同时"令行各舰如有葡人追填报单，宜相机婉拒，慎勿轻率致起交涉"[3]。

中国更加有组织的海洋管理始于中华民国时期。1921 年 7 月，北洋政府创建了海界讨论会，经过海军部与总统府、国务院、外交部和税务处商讨，国家成立了海道测量局，负责水道测绘、海图印制和海洋测绘。同年 10 月，海军部派海军军官赴海关学习测量与制图技术。1922 年，测量局迁至上海，开设了测量、推算、潮汐、制图，以及总务等专业课程。1924 年，测量局投入实践，为保护民船在海道上航行的顺利，设定了灯标、浮标和气候警报等设施。此外，该机构还拟定了领海划界办法，不仅从"通道"方面维护着本国海权，还试着运用国际法，把海洋看作本国领土一部分，从法律角度进行划界这样具有国际影响的实践。1925 年 5 月 23 日，民国政府公布了《修正海道测量局章程》规定，在上海设海道测量局，直属海军总长，局内设总务、测量、制图和海事四股，"对于海道事宜、规执计划，不遗余力"[4]。随后，海道局拟订计划测量全国海道"第一部拟测绘辽河至牛庄通州一带；次则及于龙潭港至连成州之各水道，再及于其他各海口水道"[5]，并且向江南造船厂订购汽艇，全力以赴，协助测量，以便日后工作的进行。

民国期间，中国与他国在往来中时有发生涉及制海与主权的争端，除了葡萄牙，日本也是一具有代表性的"挑衅国"。中日争端主要体现在渔业方面。当时的中国，虽尚未发展海上国际性的贸易，但国内渔业也同国家经济紧密相关。1924 年，日舰驶入山东众岛内，"侵害中国数百万渔业生产，剥夺吾国一万余里海权"[6]，在中方的严重抗议下，日本仍强词夺理，坚持"指定外海特权与内海无涉"[7]。中方政府对此做出了相应的驳斥：

> 由中央按照宪法第二十四条第四项，沿海渔业由国家立法执行，是沿海渔业应归中央办理，本不属任何省区行政范围以内之事，且此项法律未经国会颁布以前，均属海面主管，自动特权，不受外界一切侵害，实为本部职责所在。[8]

---

[1] 《查报葡人占越海权之证据》，《孔圣会星期报》第 104 期，1910 年，第 41 页。

[2] 《澳门葡人又侵越海权》，《新闻报》，1917 年 4 月 16 日，第 0005 版。

[3] 《澳门葡人又侵越海权》，《新闻报》，1917 年 4 月 16 日，第 0005 版。

[4] 飞虹：《海测局之两工作》，《小日报》，1931 年 8 月 6 日，第 0003 版。

[5] 飞虹：《海测局之两工作》，《小日报》，1931 年 8 月 6 日，第 0003 版。

[6] 《北海部应付日本侵占海权：将设海岸巡防处》，《兴华》第 21 卷第 26 期，1924 年，第 41~42 页。

[7] 《北海部应付日本侵占海权：将设海岸巡防处》，《兴华》第 21 卷第 26 期，1924 年，第 41~42 页。

[8] 《北海部应付日本侵占海权：将设海岸巡防处》，《兴华》第 21 卷第 26 期，1924 年，第 41~42 页。

并拟定四条决议：

（一）拟将洛吴电饬交军务司另案分别详复。（二）拟先酌派各舰巡护海面，所有经费即在海军总司令经费项下暂为垫付。（三）拟设海岸巡防处处长，暂由吴淞海道测量局长许作屏兼代。（四）拟饬该监督即日赴沪与渔户各代表妥商办法。①

尽管面对日本侵占己国海洋发出了一连串反对的声音，但驱逐日舰并未实现，没有彻底保证渔业的自主权，进而维护海权。

比起 1924 年中日由渔业引起的海权争端，1929 年，当日本组织蓬莱水产公司在中国沿海多处捕鱼时，中方坚定以"日本侵我领海渔业！应奋起收回海权"② 表态抗议：

领海亦领土之一，我东南各省沿海岸线甚长，渔业经营，主权属我；乃日帝国主义者肆其侵略野心，凶恶面孔，得寸进尺，慢无忌惮，公然召集公司，夺我宝藏！似此远背国际公法，为所欲为，我国岂可将大好渔业权，拱手断送于外人。用敢电请我中央国政府，提出严重抗议，力争主权，更望全国同胞奋力争，不达收回海权之目的不止！③

这显示出中国明确的海洋主权意识，并借助国际法对日方的侵略予以抵制。国家海权与国家主权息息相关，虽与西方国家"扩张、占领"的海权初衷相异，但仍是"海权"作为概念在人们意识中通过实践以巩固加深的表现形式。通过"收回海权"，中国有关"领海""渔区"等同国际法密切相关的概念，中国的"海权"也不断被充实、发展。

海洋相关专门刊物的创立也是"海权"概念在国人意识中形成的另一显著表现。杂志具有政治导向、文化传播的功能，其中所载文字将涉海行为与思想具体化、有形化，并通过专栏归类传播海洋意识，加深了各阶层对海权的认知。多数刊物是国家海事、海军部门主办，不再为外国人所掌握。从主办单位可见杂志的正规性和权威性，和国家对海洋的重视程度之高。在此选取五个代表性刊物做简要介绍。

（1）《海军杂志》：1912 年 8 月创刊于北京，属军事类刊物，由海军杂志社负责编辑工作，海军杂志社和商务印书馆共同发行。创刊之际正值民国建设初年，国家在危险环生的不利处境下，求索自强的根基，并视发展海军为要务，故而该刊以"发挥中外海军之真精神，普及国民海军之新知识"为宗旨，力图提高中国海洋军事发展实力，与列强较量。根据登载的内容和类型，刊物具体可分为插画、论说、学术、历史、专件、杂俎、文艺、海上新闻，从不同程度上介绍各类型的海军知识。"插画"栏目刊登军舰摄影和军事

---

① 《北海部应付日本侵占海权：将设海岸巡防处》，《兴华》第 21 卷第 26 期，1924 年，第 41~42 页。

② 察哈尔省指委会皓电：《日本侵我领海渔业！应奋起收回海权！》，《江苏省政府公报》第 127 期，1929 年，第 6 页。

③ 察哈尔省指委会皓电：《日本侵我领海渔业！应奋起收回海权！》，《江苏省政府公报》第 127 期，1929 年，第 6 页。

名人画像，创刊号中刊登了不同类型的海军旗帜。"论说"栏目旨在研究军政，巩固海权；"学术"栏旨在普及海军学术新知旧识。"历史"栏目介绍中外战史名将传记。"专件"栏目刊登南京海军协会组织的行政文件，涉及公牍、议案、书函、条陈等题材，公开刊载较官方的政府文件。"杂俎"刊登西洋译丛、逸闻轶事，均与军事外交相关。"文艺"栏目文风休闲有趣，刊登了诗词、小说、议论、谐文等，如，《黄海遇风》《海上杂感》，以及小说《秘密海岛》，激发人们对海洋的求知欲。"海上新闻"栏目专载中外新闻中关于海军活动的消息，分为世界海事汇报、国外海事纪闻、国内海事纪闻三个板块。《海军杂志》为民国初期的海军建设提供了丰富的参考经验，同时开阔了国人的视野，普及了海军军事知识。

（2）《海事》：1927年7月创刊于天津的月刊，是当前可见最早的涉海期刊，具体归类为海洋事务期刊。刊物包括海上新闻、四海消息和海闻等栏目，将国家有关"海"的实践分门别类，做出报道和评析。该刊以提倡国民海事思想为使命，侧重报道军事内容，兼刊载对海洋主权、各国关系的知识论述，有关主要军事大国的舰船技术新发展、海军武装力量，杂志内容也时常有所介绍。值得一提的是，《海事》杂志"四海消息"栏目，长期设有"海权"专题，对中外同海权相关的活动、政策等广泛的内容进行编译和论述，如，"军缩之比率与海权"①"各国之领海范围主张"②，等等。

（3）《四海》：航海刊物，1930年4月创刊于辽宁。相较于《海事》，其更加"国际化"的一个小特点是，拥有英文刊名"The Seas"。该杂志以"发展全国海上事业，普及国人海事思想"为宗旨，刊登国内外各种有关海权、海运、海产、海军四项的译著、论文、图画、表册、调查报告等内容，广泛新颖、中西并蓄。栏目主要有四：图画、论述、消息、附录。"图画"栏目刊登国内外航海科技及海事建设照片，让读者直观感受先进国家在海洋方面取得的成就，从而借舆论引导推进了中国海事发展；"论述"刊登了人们对海的认识、世界各大国在航海建设方面的成就以及中国航业发展的重要性阐述；"消息"栏目报道海事消息，分为海权、海运、海产、海军四大部分，其中海军又细分为英、美、日、法、意五国海军军事报道，为中国海事发展提供基本的指导。"附录"部分刊登海事法规与中国海洋发展计划书等内容，刊登了《渤黄两海水产业发展计划书》《船舶载重线法案》。《四海》将人们的视野引向大海，形成新的海洋观，对于中国近代海事发展起到了重要的推动作用。该刊刊登了不少国内外海事发展经验，具有一定的参考借鉴意义。

（4）《四海半月刊》：《四海》发行至1931年6月第2卷第3期停刊，社址改迁天津，更名为《四海半月刊》，继承前者，由天津海事编译局办事处编辑，天津大公报社发行。《四海半月刊》以研究海权海运海产海军各重要问题为重心，对世界局势也有着相当的论说，内容丰富。设置栏目有插画、论著、消息、海之科学、新语、选载、附录、补白。该刊的封面和插画都登载了包括军舰、港口及渔船等海事插画。"论著"刊登人们对海洋的认识、世界各国的海洋策略等，后者涵盖海洋基础设施建设、海事立法、近代造船事业及

---

① 以之：《军缩之比率与海权、日俄间又一领海纠纠》，《海事》第3卷第11期，1930年，第91~95页。

② 以之：《各国之领海范围主张、招商局国营以挽航权》，《海事》第4卷第4期，1930年，第75~79页。

海洋科学等内容。"消息"部分报道海事消息，刊有世界渔汛、英国海员人数调查、世界鲸鱼业之近况、海港检疫权之确立等。"海之科学"以普及海洋科学为目的，分为海洋篇和海水篇，以连载的形式刊出。"新语"介绍新兴科技产品，传播科学新知。"选载"摘录了中国海事建设研究论著。《四海半月刊》拓宽了近代中国海洋建设及其事业的发展空间，为近代中国的海事研究提供了基本的史料参考。

（5）《海军杂志》：海军业务刊物，区别于1912年创立的《海军杂志》，但宗旨相似。该刊物主要登载新科学材料和各种有益海军的学说，内容实际，文字浅显，分论述、科学、历史、事件、小说和文艺等栏目，主要介绍世界各国海军现状、历史及研讨海军技术发展趋势。比几部刊物创立稍迟的《海军整建月刊》，属海军建设刊物。该刊的宗旨是增进国人对海军与国防的普遍认识、研究建设中国新海军的理论和教育海军干部，内容包括海军、国内外军事、政治、经济及文艺各方面。

发刊词常附在刊物创刊版的前页，用于说明刊物的宗旨和性质。通过研读这些涉海杂志的发刊词，也能够进一步明晓时人围绕海权，在海事方面所做出的努力。1912年创刊的《海军杂志》发刊词开篇即断定"今后一切人物竞争国际活动，皆将在海而不在陆"①，呼吁"海军同人既具正眼之观复，切同舟之谊思，鸣警铎藉指南针杂志之刊，即本此旨盖亟欲以海事思想启我国民，使之知警之奋，而共进于海军国民之资格也"②。《海事》在发刊词中也提出相似主张："海事思想者，竞争海权之一种自觉心也，凡一国事业之发展，必使一般人民皆有倾向此事之真诚"③，"除挽回海权外，绝无他法……根本目的，则在建设新式海军，以固吾圉而保主权，发达全国海事"④。面对西方势力入侵冲击和国内民主革命的活跃，推动国家海洋事业发展，是攘外安内的重要举措之一。通过刊物传播海事思想，有助于宣传集中力量发展海洋事业，使国人真正从中受到启发，对海上之事要时刻保持警敏，既有抵御外患的"盔甲"，又有富国强民的根基。从发刊词中，可以清楚地梳理出海事思想、海权和海军三者的关联：包括海防在内的所有海事实践，都要以盼望制海以掌权的想法为驱动，而制海的主力，便是海军。

一直到1940年，新创刊的《海军整建月刊》仍在坚持强调强化海军，稳固海防，以安定国家、维护主权："我国人本有海战之天手，然自甲午之役以还，对于海防之自信心，因遭挫败而归破减，继而妄自菲薄，苟且偷安，漠视海军对于国防之需要，因循自误，今且四十余年，反省之余能不奋发以求复兴？……盖为增进国人对海军与国防之认识，并教育海军干部。"⑤ 在海上强大起来，是中国若干年来探求实现的目标。

从官方报刊的内容看，涵盖了国内外航海、渔业、海军、海法等各方面，以开放的态度去争取对海权的全面认识和对海洋的充分利用。从主旨看，这些涉海杂志普遍引导着国人既发现"海"的巨大作用，又察觉"权"的不可或缺，力争实现"用海以维权"和

———————————————————————

① 汤芗铭：《海军杂志·发刊词》第1卷第1期，1912年，第24页。

② 汤芗铭：《海军杂志·发刊词》第1卷第1期，1912年，第28页。

③ 沈鸿烈：《海事·发刊词》第1卷第1期，1927年，第4页。

④ 沈鸿烈：《海事·发刊词》第1卷第1期，1927年，第3~4页。

⑤ 敬：《整建月刊》（创刊特大号）（常德海军整建月刊社编辑兼发行），《图书季刊》新2第3期，北平：世界文化合作中国协会，1940年，第192页。

"制海以强国"。即便当时中国意识内的海权与始于马汉的海权理论有所出入,但专栏形式的设置,足见人们对海权的重视。至此,可以说"海权"概念在中国初步成形地确立了起来。

总之,不同于西方国家在早期从海战的炮火中得来的海权经验,近代中国的海权集中在被动的"海防",同国家主权紧紧相连,可以称之为"海权"在中国的"本土化"。即便如此,实践中,人们注意到海洋的"通道"作用,知晓维护本国在一定范围内对海道的专有权;思想上,从有识之士的思考,到官方兴办报刊,都关注了海军建设、海上贸易等方面,这些做法一定程度上都与文首所述几点马汉理论的中心相契合,因此,本文将其充实在"海权"概念化的过程之内,回溯了该概念成形之初一段时间内的历史,把过去零散的事件统合在马汉海权理论之下。当然,"海权"作为一个概念,是在源于实践、又投入实践的循环的历史进程中完善成形的,它的内涵与外延意义,仍然随着历史的演变和时代的发展而纳入新的内容,不断丰富。

(作者单位:武汉大学中国边界与海洋研究院)

"吸引力电影"：概念溯源与语义流变[*]

□　王杰泓　姚　冰

【摘要】 追溯电影何以具有强烈的吸引力，汤姆·甘宁用来命名 1895—1906 年早期电影的"吸引力电影"的概念需要首先厘清。通过对奇观与叙事的关系探讨，吸引力电影的语义流变充满了二者间平衡与对抗的复杂性。吸引力电影标示着早期电影的"震惊美学"，深入掘发其在现代性震惊体验上的新形态、新特质以及在"后电影"时代的数字化新趋向，或可为探索贯穿百年影史始终的影像吸引力问题提供镜鉴。

【关键词】 吸引力电影；汤姆·甘宁；奇观；叙事；震惊体验

电影自公认的 1895 年 12 月 28 日诞生于法国巴黎的地下咖啡馆迄今，一百余年来一直葆存着对于影迷、观众以至整个社会强烈的吸引力。与传统的文学、戏剧、音乐、美术等艺术形式相比，作为艺术大家族中的晚生小弟和"第七艺术"，电影何以具有吸引力？针对这一问题的揭橥有利于回答电影的魅力之源、电影的今生面孔和未来命运，同时也可以管窥人类的"天命"所向。鉴于既往研究偏重于探讨若干外延性的问题，譬如作为装置的吸引力电影、吸引力电影对电影类型研究的意义、数字技术对吸引力的重新形构，等等，本文选择"向内转"，即回到"吸引力电影"概念本身，通过概念溯源与语义流变的聚焦性梳理和探讨，进而回答电影为什么有着如此强大的吸引力和旺盛的生命力问题。

一、"吸引力电影"概念溯源

回想早期电影，似乎很难在当下体会到那些曾轰动一时的经典作品所散发的灼灼光芒，但倘若我们试着置身于电影诞生之初，便能理解这一新奇玩意儿的横空出世为何可以引发观众的惊呼。电影甫一诞生便身处娱乐消费的环境中，作为消费者的观众则将其视为一种以奇观导向视觉快感的娱乐产品，其中一系列的杂耍展示给观众带来的震惊体验也表

---

　　* 本文系国家社科基金艺术学一般项目"近现代中日艺术学术语互动与学科建构研究"（20BA017）阶段性成果。

明了它所具备的吸引力。正如艾丽希·伍德（Ayish Wood）所说："对电影来说，奇观并非新事物。在很大程度上说，奇观是早期电影的基础。"① 随着西方电影学界对早期电影的"重新发现"和深入挖掘，学界普遍认为，"早期电影有它自己的一套表现和再现世界及生活经历的美学，而经典叙事电影以及它所营造的缝合完美的电影世界并不是它必然的归途"②。

为了更好地概括 1895—1906 年早期电影的特征及其与观众的关系，美国芝加哥大学著名电影学家汤姆·甘宁（Tom Gunning）教授提出了"吸引力电影"（The cinema of attraction）的概念。"吸引力电影"深耕于电影诞生初期的技术，以剪辑等手段将其内容传至人的感知系统，在达到令人信服的效果的同时，对电影进行着一种现代性阐释，就此成为电影理论中一个独特且包容的概念。"吸引力"一词是甘宁从谢尔盖·爱森斯坦的理论中借用而来的，因此，要对"吸引力电影"溯源，还需从"吸引力蒙太奇"以及爱森斯坦的电影理论谈起。

首先，"吸引力蒙太奇"一词的提出需要回溯至 1923 年，爱森斯坦在《左翼文艺战线》杂志上发表了《杂耍蒙太奇》一文。文章虽以戏剧为切入点，阐述如何将杂耍元素引入戏剧创作中，但实际探讨的是电影且首次提出了"吸引力蒙太奇"的说法。爱森斯坦提出："把观众引导到预期的方向是任何一种功利主义戏剧的课题……不管引导的工具如何花样繁多，它们最终都要被归结为一个单位，一个能使它们的存在变得合法的单位——归结为吸引力……吸引力（从戏剧的视点来看）是戏剧的一切进攻性的要素，即能够从感觉上和心理上感染观众的那一切要素。"③ 经过辨析，爱森斯坦对"吸引力蒙太奇"做出定义："任意选择的、独立的（超出特定结构和情节场面也能起作用的）、自由的，然而却具有达到一定的终极主题效果这一正确取向的蒙太奇。"④ 这种蒙太奇组合不再是单纯的并列关系，镜头组接的关键是冲突，通过冲突体现电影人物的关系，推进电影情节的发展，激发观众强烈的情绪反应，它的意义不仅是为满足叙述，而是更注重把多个场景结合在一起形成有意义的一系列，由此产生新的合理含义。

爱森斯坦将"吸引力"视为衡量电影艺术感染力的单位，强调影像吸引力同观众间的互动，且十分重视观众的反应，认为吸引力不仅是戏剧的元素，更是每一个刺激影响人的感官和心理感受的瞬间，这已开始明确体现出一种"观众中心论"的倾向。综观爱森斯坦对吸引力蒙太奇的阐述，也可看出观众地位的凸显。从吸引力蒙太奇的受众来说，观众成为戏剧或者电影的基本要素。爱森斯坦认为，是人使作品的思想和主题具有艺术感染力，人是蒙太奇研究最基本和最深刻的主题。在为《蒙太奇 1938》一文所写的准备材料中，他有这样一条摘录："艺术必须属于人，因为艺术只能通过人和为了人而存在。"⑤ 因此，从爱森斯坦的一系列观点不难体会，"吸引力"已经具有

① Ayish Wood：Timespaces in Spectucular Cinema：Crossng the Great Divide of Spetacle Versus Narrative，*Screen*，2002，43（4），p. 371.

② 张真：《〈银幕艳史〉——女明星作为中国早期电影文化的现代性体现》，《上海大学学报》（社会科学版）2006 年第 1 期。

③ 张时民：《论作为一种戏剧理论的〈吸引力蒙太奇〉》，《艺术百家》2005 年第 6 期。

④ 胡兰兰：《浅析爱森斯坦的吸引力蒙太奇理论》，《电影评介》2012 年第 15 期。

⑤ 苏联中央国家文艺档案馆，1923 档第 1 卷，第 1414 单元。

"展现主义"的特质。

受爱森斯坦理论的启发，甘宁开始观察从摄影机发明到 1906 年间的影片，在对早期电影和当代电影进行综合与比较的基础上，他用"吸引力电影"概念指代 1906 年之前的早期电影。这一以历史学方法对电影史重新解读及划分的举动，不仅在结果上对电影学研究意义重大，其过程也是值得深入挖掘的。在甘宁任教于哈佛大学期间，有两个人曾对"吸引力电影"一词的提出起到了十分重要的推动作用。1985 年，安德烈·戈德罗（André Gaudrault）到哈佛探望甘宁，一起讨论有关早期电影的研究项目，提出想要为其找出"一种指代称谓在英法两种语言里都很奏效的提法"①。同年，甘宁与助教亚当·西蒙（Adam Simon）针对电影的不同类型进行了探讨，譬如情节剧和恐怖片在内容表达上对观众的不同侧重方式。在此过程中，二人逐渐发展出"吸引力电影"一词。此后，甘宁又找到戈德罗处理"吸引力电影"一词的法语翻译等问题，在重读了爱森斯坦的相关理论后，二人进一步确认了"吸引力"一词的准确性和合理性。在对各位学者早期电影观念的梳理中，他们注意到了让·米特里（Jean Mitry）关于戏剧性和叙事性的假设、汉斯-罗伯特·姚斯（Hans-Robert Jauss）关于共时性与历时性的观点，以及大卫·波德维尔（David Bordwell）的"电影实践模式"（mode de pratique filmique）②，并初步为 1895 年至 1915 年的电影定义出两种实践模式，分别是"展示性吸引力体系"（système d'attractions monstratives/system of monstrative attractions）和"叙事整合体系"（système d'intégration narrative/system of narrative integration），前者所指代的时间区间为 1908 年之前的初期电影，后者从 1908 年延伸至 1914 年。正是在对这两种模式的区分中，"吸引力电影"的特质也逐渐清晰起来。当然，推动甘宁提出"吸引力电影"概念的不止戈德罗与西蒙两人，他还注意到，在唐纳德·克拉夫顿（Donald Crafton）论及打闹喜剧的《蛋糕与追逐》一文中，影片中大量穿插的插科打诨也被作者描述为了"吸引力"（该词同样引自爱森斯坦），克拉夫顿视之为一种对叙事产生影响的段落。同样，本·布鲁斯（Ben Bruce）的《电影里的一个场景》（1982）一文中也出现了"吸引力"一词。作者在《祖母的放大镜》（1900）中就曾对早期电影中特写镜头的作用进行过探讨，认为其更多地表现出早期电影的叙事形式特征，并称之为"电影的愉悦点""电影的吸引力"③。甘宁在研究早期电影时也注意到了特写镜头，认为它不仅使叙事停顿，而且通过放大视觉形象达到强调的目的，同时提供了视觉愉悦。此外，诺埃尔·伯奇（Noel Birch）在观众接受学方面的研究也对甘宁产生了很大的影响。甘宁指出："伯奇发现了电影从根本上是表达一种古典观众接受学的原形，揭示出一些自相矛盾和原初动力的东西。"④ 在观众接受学方面，甘宁还特别说明了劳拉·穆尔维（Laura Mulvey）的研究成果对自己的帮助。在《视觉快感和叙事性电影》中，穆尔维不仅提到视觉奇观与叙事，她还令甘宁注意到：观众接受学并非一定是由电影机器的本性决定，其本身就包含差异的可能性，早期电影想要向观众呈现

---

① 汤姆·甘宁：《吸引力：它们是如何形成的》，李二仕、梅峰译，《电影艺术》2011 年第 4 期。

② 安德烈·戈德罗、汤姆·冈宁：《早期电影：对电影史的挑战？》，韩晓强译，《世界电影》2021 年第 4 期。

③ 汤姆·甘宁：《吸引力：它们是如何形成的》，李二仕、梅峰译，《电影艺术》2011 年第 4 期。

④ 汤姆·甘宁：《吸引力：它们是如何形成的》，李二仕、梅峰译，《电影艺术》2011 年第 4 期。

的大多不是流畅的叙事，而是一种表达和展览。由此，甘宁开始进一步思考奇观与叙事之间的关系，并将"吸引力"定义为一种能够吸引观众注意的新的展览表现能力。此外，与爱森斯坦不同，在甘宁看来，影像吸引力不应仅限于对立和冲突，任何能引起惊奇体验的影像语言都是具有吸引力的。因此，他的研究打破了吸引力蒙太奇的二元对立限制，使我们能更加全面和深入认识电影吸引力。

在甘宁的观点中，1906年之前的电影，占主导地位的是展览与展示，而不是构造新故事或虚构世界；且大多趋向于在时间上做停顿而非延续；注重对观众的直接影响，而不是连贯流畅的叙述……正如甘宁所总结的："直面观众、题材简洁、速度魅力、特技效果、新奇展示、缺乏持久的时间或叙事推演"[1]，这些特征一起定义了"吸引力电影"。

二、奇观与叙事的关系流变

从汤姆·甘宁对"吸引力电影"概念做出的种种阐释中，不难发现它与"叙事性电影"的差别及其"展示主义"的倾向。从这一特点出发，甘宁将乔治·梅里爱视为第一位真正的电影艺术家：梅里爱不仅擅长利用影像的视觉元素创造魔术，且常通过布景来达到更好的叙述故事的目的。在梅里爱的影片中，首先被关注的是视觉效果和戏法呈现，而影片的情节设置被放到第二位来考虑。他的戏法片本身就是一连串的表演，是要为观众展示一个个魔术杂耍表演，而非进行连贯的叙述，即使是具备一定情节的戏法片也一样如此，如《月球旅行记》。梅里爱的影片强调的并非情节，故事也只是一个可以将电影的一系列"魔术幻觉"画面进行串联的框架或链条。通过对梅里爱电影作品的考察，甘宁再次强调了包括对动作本身的注重、面向观众的直接对话，以及为观众呈现奇观等在内的"吸引力电影"的基本特征。

然而需要注意的是，甘宁并没有要走向一种极端的"反叙事主义"，而是指出吸引力不应被简单地视为叙事的"反面"。在这点上，他未将"吸引力电影"与"叙事性电影"割裂看待，同时也没有把"吸引力"视为早期电影的唯一属性。

一方面，"吸引力电影"中也有叙事元素。如《水浇园丁》中的淘气男孩对园丁的恶作剧和梅里爱电影中的奇幻场面，皆为具有"吸引力"的部分。这些部分并非散乱无序的随意拼接，而是顺着一定的剧情逐渐展示给观众的。这说明早期的"吸引力电影"也包含了某种微叙事，只不过这些电影的魅力，主要是通过绕开叙事，继而把注意力转向对奇观场面的展示来呈现的。以克拉夫顿提到过的"插科打诨"为例，虽然他认为这种段落会影响叙事，但甘宁认为"插科打诨"正类似于一种微小叙事，他倾向于将其作为一个中间点，归于吸引力与叙事之间，而不是像查尔斯·马瑟（Charles Mather）那样，将"插科打诨"视为早期电影在展览表演的过程中为观众呈现的附加物。另一方面，甘宁也指出，在叙事性电影中也存在着"吸引力"的因素，例如电影中的道具、特写、明星、动作等因素，皆是能够营造吸引力从而获取观众兴趣的有效方式。

---

[1]　汤姆·甘宁：《现代性与电影：一种震惊与循流的文化》，刘宇清译，《电影艺术》2010年第2期。

因此，对"吸引力电影"的探究，首先使我们明确电影并不是从一开始就是指向叙事的，而是更能为观众展示"奇观"并刺激视觉快感的产生。究其本意，则是为探索早期电影的特性及其原初状貌，以及在奇观与叙事之间找到一个大致的交替节点。甘宁认为，叙事电影产生于"吸引力电影"之后，在 1907 年至 1913 年间，电影开始真正走向叙事化，其顶点是故事片（feature films）的出现，这一变化彻底改变了电影的杂耍形式。① 也就是在 1906 年之后，早期电影逐渐走向了叙事的道路。当然，这并不意味电影从此走向叙事的极端。在电影发展的过程中，奇观与叙事在一种"积极竞争"中逐渐呈现出相互制衡的趋势，二者并非以"排他"的姿态存在于电影中，而是在相互磨合中共同推动电影的发展。电影发展至今，不同的电影类型也许对二者有着不同的侧重，构成"吸引力"的元素和表现方式也在不断变化，但这一切都是服务于电影的。包括早期电影"由奇观走向叙事"，也是电影发展中非常必要的一次战略性转变。在此过程中，吸引力从作为早期影片的主导到逐渐被叙事整合，与之对应，这一转变也伴随着影片类型的变化，而影片类型在各阶段的不断丰富与发展，也展现出了不同时期电影在内容呈现上的不同侧重。

如果说传统的吸引力电影是从视觉上刺激观众、营造奇观来提供视觉快感的话，那么如今的组成吸引力的元素则更加多元和多变，比如科技奇观，以及转向身体感官的沉浸式体验带来的数字吸引力等。那么，促使"吸引力"发生改变的是什么？早期的吸引力电影为何会走向叙事？原因之一或可归结于电影自身发展的需要。

早期的吸引力电影很容易因重复观看而失去观赏性与吸引力。例如早期影片的特写、倒放、慢动作等镜头，以及一些肢体动作引发的插科打诨、杂耍表演，抑或对猎奇事物、奇闻异事的展示，虽能在观众初次观影时产生极大的吸引力，但却不适于重复观看。当人们的视觉快感走向视觉习惯后，吸引力自然也就消散了。因此，这些制造视觉快感的元素需要不断进行改变，才能维持影像在市场上的竞争力。同时，还需增加一些其他手段来维持观众的观影兴趣，例如对故事内容的讲述，其中充满戏剧性的情节也能带动观众的观看欲望。于是，早期电影也必然经历了时长上"由短到长"的变化，这一变动同样推动了奇观展示走向叙事。处于"推广"时期的早期电影为了更好走向大众，一开始曾以"街头放映""咖啡馆放映"等形式出现。为适应这一放映方式，大多早期电影都是短片，其首先要做到的是在短时间内吸引观众的眼球，从而赢得市场，因此大多通过奇观场面的直呈。例如 1895 年的短片《蛇舞》片长仅有 11 秒，1898 年的《一个顶四》片长为 1 分零 7 秒，1901 年的《乡下人与放映机》共 23 秒，同年的《橡皮头》总长为 2 分 31 秒……由于时长的限制，这些影片大多依靠魔术、杂耍、特效等奇观性的展示来吸引观众，并不偏重叙事推演。而当时长开始增加时，叙事便成为电影的重要组成部分。同时，叙事电影的出场，也使电影作为娱乐消费产品的身份重新得到了强调。

1906 年，世界电影史上第一部故事长片《凯利帮的故事》的上映引起了轰动。这部长达一个多小时的电影，以奇迹般的姿态乍然出现在当时影片均长几分钟的市场环境中，它在票房上的巨大成功极大推动了长片的发展。电影从这里开始，完成了从短片到长片的

---

① 陈林侠：《球又回到了叙事电影的脚下——吸引力电影与当下中国电影发展的理论愿景》，《电影新作》2020 年第 5 期。

重大转变，这不仅改变了电影本身的消费性质，并宣告了叙事电影的正式出场。① 有目共睹的是，电影自诞生之时，就置身于娱乐消费的语境，并形成了以观众为主体的模式，力图在市场竞争中寻求一席生存之地。20 世纪初，随着社会与经济转型和电影工业的发展，愈来愈快的城市化速度和工作节奏使人们有了更多的娱乐消费需求。因此，作为消费者的观众的观影需求与消费观念的变化，都促进着电影形态的演变。特别是在资本主义市场的推动下，观影空间也成为一种可消费的场所。譬如"电影宫殿"的出现，标志着影院建筑从杂耍和余兴的附属空间演变为社会各阶层认可的建筑形式，也代表着影院建筑的崛起。② 电影的艺术地位渐渐得到认可和提升，这些独立的放映空间的出现也为消费活动提供了场所，并参与电影消费活动。因此，固定的观影场所使得观影行为本身具有了吸引力，并成为新的消费景观。消费对象逐渐从底层转移至中产阶级，他们不再仅作为观众，而是成为消费者。这一切都要求影片必须具备足够的吸引观众（消费者）的能力。然而显而易见的是，像《工厂大门》《火车进站》之类的早期小短片已经不能够满足新的市场需求，如果继续保持一成不变的制作思路，只会将电影的生命力消磨殆尽，电影必须寻找新的消费亮点来站稳脚跟。因此，"从短到长"是电影迈出的至关重要的一步，时长的增加不仅适应了作为固定的消费空间而出现的影院放映机制，也推动了电影文本成为消费对象，这些都使电影在激烈的市场竞争中重获优势。最关键的是，电影长度的变化还带来了从奇观到叙事的内容变化。

早期电影中营造的视觉奇观，不仅难以通过重复来产生二次吸引力，且本质上也是一个个无法延长的片段或瞬间。因此，如果单单依靠奇观场面，显然不足以达到增加片长的目的。由于奇观片段的非连续性特点，即使是对这些部分进行反复叠加，也难以使短片变为长片。而与之相对的是，叙事在时间上是连续的，天然地具备着拉长电影时长的能力。因此，叙事的出现并非排挤了奇观的存在，而是弥补了奇观在某种方面的不足，并在长片的形成中凸显出一定的优势。可以说，正是在竞争激烈的娱乐形式和诉诸视觉奇观的短片已然失去吸引力的背景下，商业资本驱动影片在长度上发生了改变；也因片长的变化，简单诉诸视觉奇观的"吸引力电影"变得难以满足长度的需要，出现了亟待填补的内容空白，这一切因素促使电影走上了叙事化的道路。③ 因此，吸引力电影走向叙事是一种历史必然性的结果，在此过程中，奇观逐渐被叙事整合。

然而正如前文所强调的，奇观与叙事并非对立的关系，不论是以前还是现在，大多数电影都是二者的结合，只是所占比重在不同时期或不同类型的电影中有所差异。例如1906 年以前的早期电影，虽注重吸引观众的感官，把奇观性当作主导因素，但并不意味着吸引力电影完全排除叙事性因素，而是呈现出了不同程度的合作，梅里爱的《月球旅行记》就是个很好的例子。

甘宁观察到："从 1903 年—1906 年，追逐片显示出一种吸引力和叙事的综合体已经

---

① 陈林侠：《球又回到了叙事电影的脚下——吸引力电影与当下中国电影发展的理论愿景》，《电影新作》2020 年第 5 期。

② 兰俊：《影院建筑的崛起——美国电影宫殿溯源》，《华中建筑》2011 年第 12 期。

③ 陈林侠：《球又回到了叙事电影的脚下——吸引力电影与当下中国电影发展的理论愿景》，《电影新作》2020 年第 5 期。

启程。追逐被当作是电影叙事的原初类型，它为因果关系、线性叙事以及一种基本的连贯性剪辑提供了样板"①；追逐片通过将一个个非连续性的画面与情节整合成一段连续的故事，凸显了奇观向叙事的转变，在1907年至1913年间，"故事"逐渐取代"吸引力"，成了电影的主导，并在经典好莱坞电影时期表现得尤为明显，而吸引力或奇观元素则成为对叙事起到辅助作用的次要因素。查尔斯·马瑟（Charles Mather）在《反思早期电影：吸引力和叙事电影》中就提到：吸引力电影向叙事电影的形态转型，一面与电影中吸引力元素的表现方式和表达系统的减少有关，一面与新的叙事性表达系统对吸引力方式的吸收与改造有关。②

虽然叙事电影渐成主流，奇观元素在电影中所占比重有所削减，但"吸引力电影并没有因叙事电影成为主导而消失，而是转入了地下，既在某些先锋派电影实践中存在，也作为叙事电影的一个成分来呈现，在某些类型中（比如歌舞片）表现得比其他类型更加突出"③。

从20世纪70年代开始，随着《大白鲨》（1975）、《星球大战》（1977）等奇观性影片的出现，在数字特效技术的推动下，吸引力和奇观似乎再度成为主流。然而我们并不能简单地将其与早期电影的吸引力混为一谈。在早期电影中，奇观是主导性因素，叙事是可有可无的；而至20世纪70年代，叙事不但不是可有可无的，而且是这些影片的奇观得以实现的前提和基础。这一差异，被甘宁描述为"吸引力"和"被驯化的吸引力"④。在《大白鲨》《星球大战》等影片中，吸引力与奇观的魅力虽然再次获得瞩目，但并非影片主体，其仍要服从于叙事的整体安排。从早期数十秒或数分钟的短片到当代数小时（一般情况下为80~180分钟）的长片，很难想象这种长度的影片在没有叙述的情况下，仅仅靠奇观场面，要如何才能维持长久的吸引力。就算是如今靠数字奇观营造视觉快感来吸引观众的好莱坞大片，如果去除掉叙事性的情节，也是很难让观众接受的。试想在观看时长两三个小时的"漫威系列电影"时，若影片完全没有故事剧情，我们在连续观看那些超级英雄与反派打斗的画面的情况下，很可能没一会儿就失去了兴趣。毕竟观众若没有充分了解故事背景与电影剧情，就很难真正体会场景的精彩之处。显然，仅有奇观场面是完全不够的，因为震撼视听的奇观场面正是以影片的故事讲述为前提的。

进入21世纪，电影中的奇观与叙事虽大体上保持着微妙的平衡，但对二者关系的讨论，仍在不断发生变化。在此阶段，又出现了诸如"叙事衰落""叙事崩溃"的说法，代表人物如达德利·安德鲁（Dudley Andrew）就旗帜鲜明地提出：奇观的兴起使得电影

---

① 汤姆·冈宁：《吸引力电影：早期电影及其观众与先锋派》，范倍译，《电影艺术》2009年第2期。

② 杨鹏鑫：《当代电影中的奇观取代叙事了吗？——对电影中叙事与奇观关系的再思考》，《南大戏剧论丛》2020年第2期。

③ 汤姆·冈宁：《吸引力电影：早期电影及其观众与先锋派》，范倍译，《电影艺术》2009年第2期。

④ 杨鹏鑫：《当代电影中的奇观取代叙事了吗？——对电影中叙事与奇观关系的再思考》，《南大戏剧论丛》2020年第2期。

（尤其是主流电影）出现"叙事的衰落"①；惠勒·迪克森（Wheeler Dixon）提出："我们如今目睹着叙事的衰退与观众意识之消亡"②，如今的电影中充斥着各种机械化的奇观，在一连串奇观的堆积之下，观众变得无暇去关注复杂的叙事结构；薇薇安·索伯切克（Vivian Swichack）也有类似表达："如今，在大多数大众故事片中，故事已经变成了借口和托辞，各种令人振奋的镜头、吸引人的特效——这些曾主导过吸引力电影的元素——重新成为了电影的主导性因素。"③ 面对当代电影中重新崛起的"奇观"，学者周宪干脆直接指出："在视觉文化时代，电影正在经历一个从叙事电影向奇观电影的深刻转变，奇观电影正在取代叙事电影成为电影的主导形态。"④

上述国内外学者的观点，或可忽视了当代电影中奇观与叙事之间关系的统一性和复杂性。用历史的眼光看，奇观与叙事本就是电影中的一对基本因素，对二者关系的讨论不应走向简单化的二元对立模式，而应关注二者在实际上如何协作、结合与平衡。整体观之，现代电影中的奇观的产生，是以故事的叙述为基础的。在这种连续性中奇观得以出现，因此也可以融入叙事中，甚至成为叙事的一部分。此外，对于叙事时空来说，奇观在一定程度上有着对其进行扩展的作用，并为叙事环境提供可信性和真实性。当代电影中的叙事空间可以是一种奇观展现，这一"叙事空间"是一种虚构的或非自然的存在，其本身就是一种现实中不存在的数字奇观。例如科幻片、奇幻片中的叙事空间，大多如此，数字特效营造的奇观为影片的成功提供了保障。除此之外，奇观的存在也有增强叙事效果的作用，或是作为一种象征、风格，成为画面中诗意的来源，其对景观的呈现有助于叙事推进。当叙事与奇观有节奏地进行交替、组合时，便形成了一种类似于紧张—缓释的节奏效果，这样的合作也更利于创造出充满活力的影像节奏。由此可见，无论是奇观还是叙事，都不应被置于电影之外而单独看待，而是要从电影的角度出发，看到它们各自的优势。例如"奇观"，其最擅长的是在表象层次上激发观赏者的视听感受，表现形式往往依赖于视觉与空间的维度；叙述则多依赖于思维与时间的维度，能够对受众产生更深层的影响，如情感、意识等层面。因此我们需看到的是二者的合作关系，它们的有机结合使电影不断迸发出新的生命力，证明了当代电影中的奇观并未简单取代叙事，实际上是二者的互动与协作方式变得更加复杂化、多样化了。放眼当下电影不断推陈出新的叙事方式，其实也可以将其"叙事"视为"奇观""吸引力"的另一种形态。徐晓东在《镜中野兽的醒来——论电影"奇观"》一书中指出，诉诸视听的影像奇观，只是电影奇观的一个层面。电影最大的奇观来自故事层面。"电影许诺观众的最大的'奇观'与其说是视听层面的，不如说是

① Andrew Darley：*Visual Digital Culture*：*Surface Play and Spectacle in New Media Genres*，London and New York：Routledge，2000，p. 103.

② Wheeler Dixon：Twenty-Five Reasons Why It's All Over，in Jon Lewis（ed.）：*The End of Cinema as We Know it*：*American Film in the Nineties*，New York：New York University Press，2001，pp. 363-364.

③ Vivian Swichack：Cuting to the Quick'：Techne，Physis，and Poiesis and the Attractions of Slow Motion，in Wanda Strauven（ed.）：*The Cinema of Attractions Reloaded*，Amsterdam：Amsterdam University Press，2006，p. 339.

④ 杨鹏鑫：《当代电影中的奇观取代叙事了吗？——对电影中叙事与奇观关系的再思考》，《南大戏剧论丛》2020 年第 2 期。

故事层面的。"① 当代电影吸引力的营造，靠的不仅仅是视听带来的快感，还有在叙事方式上的不断创新。比如对同一经典的不断翻拍，每次的新作必然与前作有着不同的吸引力，即使故事内容大致相同，但在叙事方式上必然有着变化。例如 1994 年版的《小妇人》与 2020 年新版《小妇人》，在叙事方式和演绎形式上都有改变，就是为了适应于新的观影环境下观影群体不断变化的口味。时代更迭、演化，电影的吸引力也要随其而"进化"，正如刀剑与弓箭这样的冷兵器在面对热兵器时的不堪一击，早期单一从视觉上进行刺激的电影吸引力，在新的电影环境下也难以发挥出与当初同等的作用，使得吸引力势必不断地发展变化。

因此可以明确，早期电影由奇观走向叙事，并不意味吸引力电影在 1906 年之后就消失了，而是一直持存，并且在电影的演化进程中又吸纳了叙事的力量，不断地实践着吸引力的"复魅"。

三、技术主导下的"震惊体验"

当谈论吸引力电影时，我们不仅要认识到它的"展现主义"特征，更要注意到其所唤起的"震惊体验"。在甘宁的论述中，任何能引起震惊感觉的影像语言都符合吸引力的特征。吸引力的根本目的就是让观众震惊，体会到知觉的改变。"吸引力提供了一种纯粹展示的震动，唤起惊奇、震惊或单纯的好奇。"② 第一批看《火车到站》的观众，在看到画面中的火车朝自己驶来时惊慌失措的反应，即为一种现代性的"震惊体验"。观众之所以看到"火车进站"感到害怕，根本原因就在于火车行驶而来的画面刺激了五官感觉，他们在毫无防备的情况下遭受到画面的极大冲击——陌生的放映机、陌生的影像画面，以及在他们的认知中本不该出现在这里的行驶中的火车，都在一瞬间击溃了他们，电影这一新兴媒介将静态画面转化为运动影像的机械能力令他们感到了震惊。正是由于"眼睛所接收到的图像传达出了不能被大脑快速解读的信息"，从而引发了一种震惊体验，观众无法判断眼前所看到的火车到底是真实的还是虚假的。这份感受是前所未有的，正如甘宁所说："与其说观众的震惊体验是来自他们天真地认为自己会受到真正火车的威胁，不如说是他们折服惊叹于眼前这种难以置信的视觉转化形式，其不可思议的震惊程度就像是在剧院看到的最伟大的魔术表演一样。"③ 然而这种震惊并不是永久的，它会随着对同一对象的重复接受而消失。当观众第二次观看《火车进站》时，其中的画面便不再具有与初次一样的吸引力了。

那么，从这些特性来看，如果将诞生初期的电影与魔术作比较，不难发现二者有着相当高的相似性，特别是在视觉"表现"和引发"震惊"方面，二者都表现出极大的重视。

① 徐晓东：《镜中野兽的醒来——论电影"奇观"》，杭州：浙江大学出版社，2008 年，第 25 页。

② 汤姆·甘宁：《现在你看见了，现在你看不见了：吸引力电影的时间性》，宣宁译，《艺苑》 2015 年第 3 期。

③ 汤姆·甘宁：《一种惊诧美学：早期电影和（不）轻信的观众》，李二仕译，《电影艺术》2012 年第 6 期。

早期电影中的吸引力，有一部分是从魔术表演中吸取而来的，其技法或技巧，被电影制作者采纳而投入电影后，就形成了早期电影的吸引力，而技术是其中至关重要的因素。在当时，很多尚未面向公众的新技术会被魔术师率先发现并垄断购买，他们将这些不为大多数人所知的科技产物或机械装置转化为魔术表演的手段，并通过它们制造视觉上的把戏来获取震惊效果。而这些"把戏"在电影诞生后，或多或少地被运用到了拍摄中。正如乔治·梅里爱，他在从魔术师到电影导演的转变中实际上是颇有优势的；同时，又正是这种优势，使他成功拍摄了很多魔术戏法片。魔术中的表演技巧在促使电影吸引力出现的方面发挥了极大作用。因此，早期电影中的"吸引力"其实一直离不开科学技术的进步，它们会积极与当时流行的其他视听艺术达成某种"合作"（也许是一种尚未成熟或未普及的科学技术）。这一"习惯"发展至今仍一直存在，使其发展出更加丰富的电影类型和吸引力元素，如影游融合、VR 电影，等等。如今电影的吸引力来源也变得更加丰富，它们不仅来自银幕中的电影本身，还受到观影方式、观影空间等的影响。在这些新技术带来的新的影像感知中，新的震惊体验也在不断产生。

由上可知，自电影诞生之初，吸引力电影带来的震惊体验便已存在。甘宁将吸引力电影归因于现代性的"震惊"，而如果要将震惊效果作为衡量吸引力的一个标准，那么从早期电影到 21 世纪，技术都是影响吸引力之震惊效果的关键因素。

何谓"震惊"？在德国社会学家、哲学家齐美尔（Georg Simmel）看来，对极端感官刺激的渴望是现代感受力的重要驱动，震惊别人和被别人震惊的欲望同样强烈，现代都市不断变化、应接不暇的印象对个体进行持续轰击会造成个体的神经衰弱人格，从而会引发一种"街道恐惧症"，这也是一种来源于"震惊"的现代性的典型症候。从弗洛伊德的观点出发，"震惊"是因"意识"在遭遇事件时来不及（缺乏任何准备）做登记的事后反应。借助弗洛伊德的理论，本雅明对震惊体验的产生过程进行了梳理，进而将其理解为"人在陷入外界事物或能量的刺激时，毫无思想准备的心理反应"①。在本雅明看来，震惊是现代人所具有的一种普遍的社会感受和体验，也是现代艺术作品的一种美学风格或追求。震惊体验的产生与现代人经验的贫乏和贬值有着密切的关系。② 本雅明认为机械复制时代的到来不仅使得人们的传统"经验"逐步被普遍的"震惊"体验替代，且在此过程中，传统艺术中的"灵韵"（aura）也在"震惊"中消散。在本雅明的思想中，"灵韵"被明确概述为"在一定距离之外但感觉上如此贴近之物的独一无二的显现"③。如果将"灵韵"视为传统艺术审美的总体特性的话，到了机械复制时代，艺术的总体美学特征便是"震惊"，因此"灵韵"之有无，便成为本雅明区分传统艺术和现代艺术的基本尺度。现代人处于一个变幻莫测的世界中，被驳杂多变的新事物包围，在不断地、猝不及防地接受着感官冲击后，感知逐渐变得麻木甚至陷入瘫痪，于是"叙事能力逐渐被逐出日常言语的王国"，曾经的传统意向方式在机械复制时代日渐式微，"震惊"成为现代人接收信

① 李雷：《本雅明美学视野下的"震惊"艺术》，《广播电视大学学报》（哲学社会科学版）2007年第 4 期。

② 和磊：《经验的贫乏与文化创伤——论本雅明的震惊体验及其当代意义》，《武汉理工大学学报》（社会科学版）2015 年第 28 期。

③ 本雅明：《机械复制时代的艺术作品》，王才勇译，中国：城市出版社，2002 年，第 13 页。

息的普遍反应模式。"如今,用手指触一下快门就使人能够不受时间限制地把一个事件固定下来。照相机赋予瞬间一种追忆的震惊。"① 而这种震惊作为一种"非意愿记忆",是现代社会变革之后人们对社会现实的感知特征,也是其特有的心理状态。在本雅明看来,电影是现代"震惊艺术"的典范,"不知什么时候开始,一种对刺激的新的急迫需要发现了电影。在一部电影里,震惊作为感知的形式已经被确立为一种正式的原则"②。作为机械复制时代的新型艺术形式,电影"通过最强烈的机械手段,实现了现实中非机械的方面"③,通过摄影机镜头对周围事物的筛选以及蒙太奇等技术手段,粉碎了人们对现实世界的习惯感知和日常感知的完整性,对人们的视觉经验重新进行排列组合,引发他们的震惊体验。正如本雅明所讨论的,电影用持续不断、流动的画面剥夺了观众凝神静观图像的审美自由,取而代之的是画面带来的刺激及产生的震惊感觉。在早期的吸引力电影中,给视觉带来刺激的影像使观众产生的惊奇之感,也就是一种现代性的震惊。克拉考尔认为,电影的吸引力不仅仅作用于观众的好奇心,更重要的是,它们通过动作、速度和肉体的紧张感来刺激感官,他将早期电影的特殊吸引力与当时的流行娱乐环境联系在一起,并认为电影正是从这些环境中诞生的,特别是游乐场、歌舞杂耍和综艺表演。④ 这些环境中出现的主题、表演与场地为早期电影提供了借鉴,同时也展现出震惊、展示的美学特征。在这个意义上,克拉考尔主张的美学是一种观看的美学,观众对影像内容的观看与感知便是震惊体验产生的必要前提。其中,观众与电影的关系,是一种现象学意义上的主客关系:观众"意向性"地接受,使电影有了存在的意义,且观众在观看影像过程中的感知过程,也是电影中吸引力元素能够产生"震惊"效果的关键;在电影经验中,观众的知觉体验是震惊性、体验性的。此外,克拉考尔还注意到电影院与现代技术所带来的震惊体验。在某种程度上,克拉考尔与本雅明对"震惊"的概念有着相通之处。

而从甘宁所论述的早期吸引力电影到当下以数字化为主导的电影,影像震惊体验的产生便一直与技术有着紧密关联,即使引发震惊的吸引力元素一直在变化。当原有的吸引力无法再次震惊观众,就需要依靠技术不断地进行创新,引发一轮又一轮的新的震惊。

进入21世纪,电影首先有着数字化的特点,数字技术的发展为电影带来了新的吸引力,而媒介的变化也使得电影形态和视听装置更加多元化。谢恩·登森(Shane Denson)据此提出"后电影"时代,并强调新型媒介所具备的"数字的、互动的、网络的……"等特征,认为这是一种"后电影"时代的影像。⑤ 这些影像的数字化特征无疑成为震惊体验的新来源,为观众创造不可思议的奇观画面。今天的电影,越来越虚幻,也越来越真实,观众为数字化的吸引力营造出的"虚幻的真实"所震惊。"数字技术让电影创作者们

① 本雅明:《发达资本主义时代的抒情诗人》,张旭东、魏文生译,北京:生活·读书·新知三联书店,1989年,第146页。

② 本雅明:《发达资本主义时代的抒情诗人》,张旭东、魏文生译,北京:生活·读书·新知三联书店,1989年,第146页。

③ 本雅明:《机械复制时代的艺术作品》,王才勇译,中国:城市出版社,2002年,第51页。

④ 米利亚姆·汉森:《"作用于皮肤和头发":克拉考尔的〈电影理论〉和1940年的"马赛笔记"》,安爽译,《贵州大学学报》(艺术版)2020年第34期。

⑤ Shane Denson & Julia Leyda (eds): *Post-Cinema: Theorizing 21st-Century Film*, Falmer: REFRAME Books, 2016, p.1.

有了充分发挥想象力的机会，可以随心所欲地拍出想拍的一切，而且最终产品所营造的神奇景象是从前根本无法达到的。"① 数字技术创造了不可思议的奇观影像，在建构奇观的过程中，也形成了类型化的特征，如科幻片、魔幻片、动画电影、超级英雄片、灾难片等。从《盗梦空间》《星际穿越》《火星救援》《银翼杀手》到《头号玩家》《沙丘》等影片，科幻相关题材的电影以其强烈的视听感染力让观众沉浸在令人震惊的数字影像创造的奇幻世界，并重塑了电影吸引力的生命力，观众为体验数字奇观带来的视听震惊而走入影院。这是自电影"横空出世"之后，再次仅凭自身独特魅力就直接赢得观众的一次电影的革命。当与万物互联、人工智能和生命科学在人文学科内部激起强烈的反馈之时，电影作为敏感的叙事艺术，凭借科幻片中的人形怪物、赛博格等主题，在后人类思潮中具有引领性。②

后电影时代的影像将早期电影中的"吸引力"带入了新媒体影像，技术对吸引力电影中的震惊美学的影响不仅体现在电影本身的视听上，同时也体现在媒介上，而电影媒介的发展也会影响到观众的感知方式。"技术的影响不是发生在意见和观念的层面上，而是要坚定不移、不可抗拒地改变人的感觉比例和感知模式"③，电影制作与放映在技术上的进步使如今的吸引力电影的震惊体验从视觉和听觉转向了更加多元的方面，观众被置于一个特别的感知模式中。在米歇尔·希翁（Michelle Sion）看来，现代有声电影并非一个纯粹的视觉媒介，而是一个视听媒介。④ 它以视听同步技术完成了对观众的听觉和视觉的同时调用，从而制造一种幻觉。不过随着触摸式屏幕的来临，也为视听媒介添加了一种新的感知的可能性——触觉。⑤ 譬如，在影游融合的趋势下衍生出的引擎电影、游戏电影（如《头号玩家》），通过观众参与互动从而影响电影剧情发展的互动剧（如《黑镜：潘达斯奈基》）等，将游戏的多重感官体验与电影的媒介特性结合了起来。此外，以桌面作为媒介的桌面电影（如《网络谜踪》）所引发的"视窗奇观"，也在电影类型的拓展和视听语言的探索中做出尝试，其本身就是如今以技术为载体的时代所特有的奇观呈现。以上这些电影，或从影像的视听方面，或从媒介的融合创新等探索中引发震惊。借助数字技术的发展，视觉图像转化为高科技的虚拟影像，电影的吸引力也不再局限于视听领域，而是逐渐成为人与外部世界连接的桥梁，与观众之间形成了互为主客体的关系，并通过数字技术进一步革新人们感受震惊的场所，延续着新生吸引力在数字时代的存在。

四、结　语

"吸引力电影"作为一个西方舶来词，其在中国的引介首先要追溯至20世纪80年代，即爱森斯坦提出"吸引力蒙太奇"之时，此外，早期对于"attraction"一词也并无统

① 约翰·贝尔顿：《美国电影美国文化》，米镜等译，上海：人民出版社，2001年，第397页。
② 李洋：《电影哲学的兴起及其基本问题》，《电影艺术》2021年第1期。
③ 马歇尔·麦克卢汉：《理解媒介——论人的延伸》，何道宽译，北京：商务印书馆，2000年，第46页。
④ 蓝江：《后电影时代的数字影像本体论》，《电影艺术》2021年第1期。
⑤ 蓝江：《后电影时代的数字影像本体论》，《电影艺术》2021年第1期。

一标准的译法。进入 21 世纪后，吸引力电影理论才逐渐得到国内学者们越来越多的关注：2008 年，陈犀禾在主持《当代电影》栏目时引入过这一概念，彼时它还被叫做"魅力电影"；译法最终被确定为"吸引力电影"，是在 2009 年《电影艺术》第 2 期刊发的《吸引力电影：早期电影及其观众与先锋派》一文中；在这之后，陆续又有《吸引力电影：早期电影及其观众与先锋派》（范倍译，《电影艺术》2009 年第 2 期）、《现代性与电影：一种震惊与循流的文化》（刘宇清译，《理论研究》2010 年第 2 期）、《一种惊诧美学：早期电影和不轻信的观众》（李二仕译，《理论研究》2012 年第 6 期）、《现在你看见了，现在你看不见了：吸引力电影的时间性》（宣宁译，《艺苑》2015 年第 3 期）等甘宁多篇文章被翻译出来；随着认识的深入和共识的达成，"吸引力电影"的概念逐步确立，与之相关的"奇观电影""媒介考古"等的研究也如火如荼地推进。在此过程中，基于"吸引力电影"的特性，我们可以将中国早期电影与之关联起来：中国早期电影是以"西洋影戏"的形式出现的，其观影空间大多为茶楼、戏园，影片的放映便穿插在茶楼、戏园的戏曲杂耍表演之间。可见在这一时期，中国的观众对电影的印象也开始有了杂耍意味。正是因为这一印象，滑稽剧在不久之后得以风靡一时，虽然它很快步入衰落，但却依然可以视为中国早期的一种吸引力电影，并且对今天的类型片特别是喜剧片产生了深远的影响。此外，中国早期默片中的神怪片、明星制，也不禁让人联系奇观、震惊等电影吸引力的诸多元素……概言之，聚焦于"吸引力电影"的相关研究，不仅可以深化对电影语言与媒介本性的认识，动态、开放地去理解"电影"概念的语义源头及流变，而且有助于应对数字技术革命给"影像本体论"带来的挑战，通过现实的倒逼、西方的参鉴重塑我们的感知经验，切实推动中国（早期）电影史研究的思维更新乃至范式转换。

从汤姆·甘宁提出"吸引力电影"的概念至今，学界的关注点逐渐从"吸引力电影是什么"转移到了"电影的吸引力是什么"，其中对奇观与叙事的关系以及震惊体验的探索，也不断有新的观点产生。不同的时期、不同的电影观念、不同的技术水准，都影响着个体与电影之间的关系。然而能够确定的是，吸引力从未消失，并作为心理和视觉文化的产物一直存在着。如今的我们为影响愈来愈大的数字影像所包围，在"后电影"时代所营造的"数字吸引力"的狂欢之下，欲望与诉求在被放大的同时也变得越发空虚。未来的影像会通过哪种媒介进一步地渗入我们的身心？未来的吸引力电影会利用哪些技术继续发展？而惶恐中的我们又会面对何种后电影时代的震惊体验？……这些未知的问题都尚待观察。不过，吸引力总会继续存在并且进化，电影也会在她的沧桑流变中葆存一份独有的青春与生命力吧！

（作者单位：武汉大学艺术学院）

文体与文论

辅成帝业赖华章：刘宋帝王文学的多重面向

□ 龚 贤

【摘要】刘宋帝王不仅致力于发展经济，增强国力，而且大力建设文化事业，注重文治教化。他们重视恢复儒家文化的重要地位，取得了积极成效；他们招纳、重用、奖掖文士，推动形成重文尚文之风，开启了南朝崇文重文风气；他们爱好文义，常亲撰诗文，也助推了时代尚文风气；他们是与臣属游宴、聚会活动的主导者，引领参与宴集的臣下、文士创作诗文，形成了以皇族为核心的文学集团，推动了文学创作之风发展兴盛。

【关键词】刘宋帝王；文治教化；重文尚文；主导引领

刘裕是刘宋开国帝王，史称宋武帝。南宋著名词人辛弃疾曾高度赞美刘裕"金戈铁马，气吞万里如虎"（《永遇乐·京口北固亭怀古》）。东晋元熙二年（420），已为相国并被封为宋王的刘裕逼迫晋恭帝司马德文禅让，代晋称帝，改国号为"宋"，改元"永初"。至此，偏安江南一百余年的东晋灭亡，中国历史进入南北朝刘宋时期。刘裕在位三年（420—422），之后先后继皇帝位的依次是：少帝刘义符（422—424 年在位）；文帝刘义隆（424—453 年在位）；453 年太子刘劭弑父自立，在位仅三个月；孝武帝刘骏（453—464 年在位）；前废帝刘子业（464—465 年在位）；明帝刘彧（465—473 年在位）；后废帝刘昱（473—477 年在位）；顺帝刘准（477—479 年在位）。公元 479 年 4 月，萧道成代宋自立为帝，改国号为"齐"，史称"萧齐"，刘宋灭亡。刘宋诸帝，武帝刘裕、文帝刘义隆、孝武帝刘骏、明帝刘彧等，他们不仅致力于发展经济，增强国力，而且大力劝学兴学，建设文化事业，招纳重用文士，还重视文学，引领文学创作，展现了刘宋帝国的文治成就。

从武帝刘裕开始的刘宋诸帝都比较重视发展社会经济。早在东晋末年，已经掌握重要国家权力的刘裕就重视发展社会经济，维护社会稳定。他在抑制豪强、打击豪门地主藏匿人口的同时，减轻对百姓剥削，宽征省调。义熙八年（412）刘裕下书云："夫去弊拯民，必存简恕，舍网修纲，虽烦易理。江、荆凋残，刑政多阙；顷年事故，绥抚未周。遂令百姓疲匮，岁月滋甚，财伤役困，虑不幸生。凋残之余，而不减旧，刻剥征求，不循政道。……近因戎役，来涉二州，践境亲民，愈见其瘼；思欲振其所急，恤其所苦。凡租税调役，悉宜以见户为正。……州郡县吏，皆依尚书定制实户置。台调癸卯梓材，庚子皮毛，可悉停省，别量所出。"① 永初元年（420），他称帝后的第二个月又下令："原放劫贼余口没在台府者，诸徙家并听还本土。又运舟材及运船，不复下诸郡输出，悉委都水别量。台府所须，皆别遣主帅与民和市，即时裨直，不复责租民求办。又停废虏车牛，不得以官威假借。又以市税繁苦，优量减降。"② 刘裕下令免除贫民积欠政府的"逋租宿债"，免除工商业者的繁重市税"优量减降"。他甚至下令弛山泽之禁，禁止地主豪族封固山泽向百姓收税。义熙八年（412）下书："州郡县屯田池塞，诸非军国所资，利人守宰者，今一切除之。"③ 刘裕这一系列举措，有力促进了社会经济的恢复发展。

其后，文帝刘义隆在继承和延续刘裕推行的多项政策措施，继续推动以经济为基础的社会各项事业的发展，经济发展达到一个新的高度，开创了一个政治比较清明、人民生活比较安定的社会局面，史称"元嘉之治"。《宋书》云："高祖（刘裕）起自匹庶，知民事艰难，及登庸作宰，留心吏职，而王略外举，未遑内务。奉师之费，日耗千金，播兹宽简，虽所未暇，而纨华屏欲，以俭抑身，左右无幸谒之私，闺房无文绮之饰，故能戎车岁驾，邦甸不扰。太祖（刘义隆）幼而宽仁，入纂大业，及难兴陕方，六戎薄伐，命将动师，经略司、兖，费由府实，役不及民。自此区宇宴安，方内无事，三十年间，氓庶蕃息，奉上供徭，止于岁赋，晨出莫归，自事而已。守宰之职，以六期为断，虽没世不徙，未及曩时，而民有所系，吏无苟得。家给人足，即事虽难，转死沟渠，于时可免。凡百户之乡，有市之邑，歌谣舞蹈，触处成群，盖宋世之极盛也。"④

社会经济发展繁荣带来物质生活条件提高，促进了包括文化事业在内的社会各项事业发展，文学从内容到形式也在这一新的历史条件下获得新的发展，形成了一个争鸣局面。新题材新内容新思想借助文学得到新的表现，文学的新形式也在探讨过程中。从刘宋初年至元嘉时期的文坛，出现了三种有重要影响的文学倾向：一是谢灵运的山水文学创作及其开创了山水诗派；二是追求富丽、形似文风，以谢灵运、颜延之等为代表；三是出现了险俗倾向的文风，以鲍照、汤惠休等为代表。前二种倾向都是在刘宋社会经济必要发展的条件下出现的。

一、建设文化育文士

推行文治教化是国家的重要职能。刘宋帝王注重文治教化，重视文化建设，特别重视恢复儒家文化重要地位，重用和奖励文才之士，推动形成了重文尚文的社会风气。

首先，刘宋政权从立国之初就重视恢复儒家文化的重要地位，取得了积极成效。东晋时期玄风独振，崇尚玄学与门阀士族的政治影响力互为表里，在一定程度上限制了帝王对国家权力的全面掌控。但是，刘裕建宋之后，为了实现自己全面掌握国家权力的目标，重视文治教化，尤其重视有利于维护皇帝权威的儒学。早在刘裕镇守京口时就写信给臧焘

---

① 《宋书》，北京：中华书局，1974 年，第 28 页。
② 《宋书》，北京：中华书局，1974 年，第 54 页。
③ 《宋书》，北京：中华书局，1974 年，第 29 页。
④ 《宋书》，北京：中华书局，1974 年，第 2261 页。

云："顷学尚废弛，后进颓业，衡门之内，清风辍响。良由戎车屡警，礼乐中息，浮夫恣志，情与事染，岂可不敷崇坟籍，敦厉风尚。此境人士，子侄如林，明发搜访，想闻令轨。然荆玉含宝，要俟开莹，幽兰怀馨，事资扇发，独习寡悟，义著周典。今经师不远，而赴业无闻，非唯志学者鲜，或是劝诱未至邪。想复弘之。"① 刘裕对东晋后期"学尚废弛""清风辍响""礼乐中息"的情况十分担心，认为出现这种情况不是有志于学的人少了，很可能是当权者"劝诱未至"，必须恢复儒学儒家的地位。因此，刘裕建宋之初，虽然面对国家各种事项，头绪繁多，但是他在永初三年（422）正月就下诏："古之建国，教学为先，弘风训世，莫尚于此；发蒙启滞，咸必由之。故爰自盛王，迄于近代，莫不敦崇学艺，修建庠序。自昔多故，戎马在郊，旌旗卷舒，日不暇给。遂令学校荒废，讲诵蔑闻，军旅日陈，俎豆藏器，训诱之风，将坠于地。后生大惧于墙面，故老窃叹于子衿。此《国风》所以永思，《小雅》所以怀古。今王略远届，华域载清，仰风之士，日月以冀。便宜博延胄子，陶奖童蒙，选备儒官，弘振国学。主者考详旧典，以时施行。"② 提出了加强儒家文化建设的重要性，认为儒学是"古之建国，教学为先，弘风训世，莫尚于此；发蒙启滞，咸必由之"。

宋文帝刘义隆也非常重视儒家文化建设。元嘉十五年（438），"征次宗至京师，开馆于鸡笼山，聚徒教授，置生百余人。会稽朱膺之、颍川庾蔚之并以儒学，监总诸生。时国子学未立，上留心艺术，使丹阳尹何尚之立玄学，太子率更令何承天立史学，司徒参军谢元立文学，凡四学并建。车驾数幸次宗学馆，资给甚厚"③。宋文帝召雷次宗立儒学、何尚之立玄学、何承天立史学、谢元立文学，总称为"四学"。儒、玄、史、文四学馆的建立，不仅标志着文学第一次成为一门独立学科，也标志着以儒学为首的"四学"在南朝受到高度重视，获得了发展的重要机遇期。刘师培《中国中古文学讲义》云："中国文学，至两汉、魏、晋而大盛，然斯时文学，未尝别一科，故儒生学士，莫不工文。其以文学特立一科者，自刘宋始。"④ 之后，刘义隆重视发展学校教育。元嘉十九年（442）正月他下诏云："夫所因者本，圣哲之远教；本立化成，教学之为贵。故诏以三德，崇以四术，用能纳诸义方，致之轨度。盛王祖世，咸必由之。永初受命，宪章弘远，将陶钧庶品，混一殊风。有诏典司，大启庠序，而频沟屯夷，未及修建。永瞻前猷，思敷鸿烈，今方隅乂宁，戎夏慕响，广训胄子，实维时务。便可式遵成规，阐扬景业。"⑤ 认为教育的根本是儒家"圣哲之远教"，因此要"大启庠序""广训胄子"，发展学校教育。他还下令广泛修缮学校，召集生徒，并免除为孔子守墓者的赋税。元嘉十九年（442）十二月他下诏云："胄子始集，学业方兴。自微言泯绝，逝将千祀，感事思人，意有慨然。奉圣之胤，可速议继袭。于先庙地，特为营造，依旧给祠置令，四时飨祀。阙里往经寇乱，黉校残毁，并下鲁郡修复学舍，采召生徒。昔之贤哲及一介之善，犹或卫其丘垄，禁其刍牧，

---

① 《宋书》，北京：中华书局，1974年，第1544页。
② 《宋书》，北京：中华书局，1974年，第58页。
③ 《宋书》，北京：中华书局，1974年，第2293~2294页。
④ 刘师培：《中古文学史讲义》，北京：人民文学出版社，1959年，第70页。
⑤ 《宋书》，北京：中华书局，1974年，第89页。

况尼父德表生民，功被百代，而坟茔荒芜，荆棘弗翦。可蠲墓侧数户，以掌洒扫。"① 元嘉二十三年（446）九月，刘义隆"车驾幸国子学，策试诸生，答问凡五十九人"。下诏肯定文教事业所取得的成果，并褒奖有关教育官员："痒序兴立累载，胄子肄业有成。近亲策试，睹济济之美，缅想洙、泗，永怀在昔。诸生答问，多可采览。教授之官，并宜沾赉。"② 宋文帝时期形成了十分浓厚的学术氛围，儒学之士朱膺之、庾蔚之负责"监总诸生"，文坛上也涌现出谢灵运、颜延之、鲍照等一批重要作家，谢、颜、鲍三人还被后人合称为"元嘉三大家"。刘宋帝王不仅重视文化事业发展，还亲弄翰墨赋诗为文。宋文帝刘义隆、宋孝武帝刘骏皆有诗文传世，俱载于逯钦立《先秦汉魏晋南北朝诗》与严可均《全上古三代秦汉三国六朝文》。据《隋书·经籍志》记载："《宋武帝集》十二卷（梁二十卷，录一卷），《宋文帝集》七卷（梁十卷，亡），《宋孝武帝集》二十五卷（梁三十一卷，录一卷。又有《宋废帝景和集》十卷，录一卷；《明帝集》三十三卷。亡）。"③ 宋文帝以《三国志》过简，命裴松之为陈寿《三国志》作注，"松之鸠集传记，增广异闻，既成奏上。上善之，曰：'此为不朽矣！'"④

其次，任用乃至重用和奖掖文士。宋武帝、宋文帝等都大力任用乃至重用和奖掖文士，促进了刘宋文学创作兴盛。武帝刘裕虽出身贫贱，不善书辞，却比较重视任用文士，刘穆之、刘怀肃、范泰等一批文士得到他的重用。如任用刘穆之为主簿，这是刘穆之初仕为官。刘穆之"少好《书》《传》，博览多通"⑤。之后，随着刘穆之文才和吏才的进一步展现，他更加重视刘穆之。"穆之与朱龄石并便尺牍，尝于高祖坐与龄石答书。自旦至日中，穆之得百函，龄石得八十函，而穆之应对无废也。"到义熙十二年（416），"转穆之左仆射，领监军、中军二府军司，将军、尹、领选如故"⑥。穆之亦不负所托，为刘裕"内总朝政，外供军旅，决断如流，事无拥滞"⑦。又如任用刘怀肃为司马。这是刘怀肃初仕刘裕之官。刘怀肃"家世贫窭，而躬耕好学"⑧。后来得到刘裕重用得立战功，官至"辅国将军、淮南历阳二郡太守"⑨。又如任用范泰金紫光禄大夫加散骑常侍，领国子祭酒。范泰"博览篇籍，好为文章，爱奖后生，孜孜无倦。撰《古今善言》二十四篇及文集，传于世"⑩。刘裕非常欣赏范泰，曾与范泰共登城，因为范泰有足疾而特命其乘车。王淮之"明《礼传》，赡于文辞"，刘裕刚建宋就拜他为黄门侍郎。⑪ 又如重用王韶之。王韶之"好史籍，博涉多闻"，撰成的《晋安帝阳秋》"善叙事，辞论可观，为后代佳

① 《宋书》，北京：中华书局，1974 年，第 89~90 页。
② 《宋书》，北京：中华书局，1974 年，第 94 页。
③ 《隋书》，北京：中华书局，1973 年，第 1071 页。
④ 《宋书》，北京：中华书局，1974 年，第 1701 页。
⑤ 《宋书》，北京：中华书局，1974 年，第 1303 页。
⑥ 《宋书》，北京：中华书局，1974 年，第 1306 页。
⑦ 《宋书》，北京：中华书局，1974 年，第 1306 页。
⑧ 《宋书》，北京：中华书局，1974 年，第 1403 页。
⑨ 《宋书》，北京：中华书局，1974 年，第 1404 页。
⑩ 《宋书》，北京：中华书局，1974 年，第 1623 页。
⑪ 《宋书》，北京：中华书局，1974 年，第 1624 页。

史"。刘裕建宋即升任王韶之为骁骑将军、本郡中正，领黄门侍郎如故。① 其余如郑鲜之、裴松之、何承天等亦因文才而受重用。郑鲜之善文辞，有文集传世，刘裕建宋即升迁他为太常兼都官尚书。② 裴松之"学通《论语》《毛诗》，博览坟籍"，刘裕称赞他有廊庙之才，即召为世子洗马。③ 何承天聪明博学，"儒史百家，莫不该览"，刘裕任命他为太尉行参军，"宋台建，召为尚书祠部郎"④。

宋文帝刘义隆亦重视任用和奖掖文士。谢灵运"少好学，博览群书，文章之美，江左莫逮"，但他并无较强实际政治才干。宋文帝非常欣赏谢灵运文才，提拔他为侍中，"日夕引见，赏遇甚厚。灵运诗书皆兼独绝，每文竟，手自写之，文帝称为二宝"⑤。颜延之"好读书，无所不览，文章之美，冠绝当时"，但他"性既褊激，兼有酒过，肆意直言，曾无遏隐""好酒疏诞，不能斟酌当世""辞甚激扬，每犯权要"，似无卓越政治才干。宋文帝先后任其为中书侍郎、秘书监、光禄勋、太常、光禄大夫等要职，"赏遇甚厚"⑥。沙门释慧琳"以才学为太祖所赏爱，每召见，常升独榻"⑦。袁淑"博涉多通，好属文，辞采遒艳"，宋文帝提升其为尚书吏部郎、御史中丞等职⑧。江湛"爱好文义"，宋文帝征拔他担任侍中，"任以机密，领本州大中正，迁左卫将军"⑨。刘宏"少而闲素，笃好文籍"，"太祖宠爱殊常，为立第于鸡笼山，尽山水之美"⑩。沈亮"清操好学，善属文"，"太祖称其能，入为尚书都官郎"⑪。宋文帝出于爱好文学和爱惜人才赏识文士，重视任用和奖掖文士，在一定程度上影响了士族、庶族乃至寒族文士的文化价值取向，并逐渐提升了整个社会重视文学的风气。由此导致宋文帝时期士庶文士无不崇尚文雅，"时天下无事，士人并以文义为业"⑫。到了宋孝武帝时期，重文风气进一步发展："宋孝武好文章，天下悉以文采相尚。"⑬

因此，刘宋选拔人才的一个重要标准，已从东晋时期的擅清谈、重美仪转变为善文章、贵儒文。这种重文、尚文风气的形成和发展与文学观念的发展尤其是文学自觉相互助推，成为这个时代社会价值和审美价值重要内容，也成为刘宋文学兴盛的重要动因。

二、亲撰诗文为裘领，爱尚文彩成风气

文学作为社会意识形态之一，其发展不仅受到经济基础的重要影响，也受到建立在这

① 《宋书》，北京：中华书局，1974年，第1625页。
② 《宋书》，北京：中华书局，1974年，第1698页。
③ 《宋书》，北京：中华书局，1974年，第1698页。
④ 《宋书》，北京：中华书局，1974年，第1702页。
⑤ 《宋书》，北京：中华书局，1974年，第1772页。
⑥ 《宋书》，北京：中华书局，1974年，第1893页。
⑦ 《宋书》，北京：中华书局，1974年，第1902页。
⑧ 《宋书》，北京：中华书局，1974年，第1835页。
⑨ 《宋书》，北京：中华书局，1974年，第1849页。
⑩ 《宋书》，北京：中华书局，1974年，第1858页。
⑪ 《宋书》，北京：中华书局，1974年，第2451页。
⑫ 《宋书》，北京：中华书局，1974年，第1971页。
⑬ 《南史》，北京：中华书局，1975年，第595页。

个经济基础之上的政治、哲学、宗教、艺术等上层建筑诸方面的重要影响。尤其是中国封建帝制时代，社会权力结构相对简单，专制皇权在中国社会权力结构中占有绝对优势和支配地位，政治权力必然对文学发展产生重要影响。另一方面，文学的发展繁荣也可以辅成帝王的丰功伟业。南朝刘宋文学发展兴盛，就受到了政治权力的重要影响，尤其受到帝王言行的重要影响。同时，文学的兴盛也助成了刘宋王朝文治局面的形成。

南朝刘宋开国皇帝刘裕及其继任者以帝王的崇高身份，为刘宋文学发展兴盛创作了一个良好氛围，开启了南朝四朝崇文重文的风气。在晋宋易代文风发生新转变及文学发展的过程中，刘宋帝王起到了重要助推作用。他们不仅赏爱文学，助引风雅，重用、赞誉文才杰出之士，还主持和参与当时重要作家们宴游集会，甚至亲自为文赋诗。由于刘宋帝王的倡扬，许多士族子弟寄情文学，寒门士子也希望将文才作为进身之资，从而形成整个南朝文学持续发展的定势。南宋叶适云："曹操既得重位，父子自作风流，领接一世。刘裕已有权任，父子慕当时风流，与兵力参用。成魏晋之俗者操也，不坠晋之遗风者裕也。"① "慕当时风流"即影响当时文化风尚。王夫之云："（刘）裕之为功于天下，烈于曹操。……汉之后，唐之前，唯宋氏犹可以为中国主也。"② 虽然主要着眼于历史功绩，但对刘宋文学发展而言亦是洞见。刘师培《中国中古文学史讲义》亦云："宋代文学之盛，实由在上者之提倡。"③

刘宋帝王爱好文义，他们常常亲自操觚创作诗文，助推时代尚文风气。在刘宋帝王引领下，皇族许多人亦爱尚读书习作，从事文学创作。"人禀七情，应物斯感，感物吟志，莫非自然。"④ "若乃春风春鸟，秋月秋蝉，夏云暑雨，冬月祁寒，斯四候之感诸诗者也。嘉会寄诗以亲，离群托诗以怨。……凡斯种种，感荡心灵，非陈诗何以展其义？非长歌何以骋其情？"（钟嵘《诗品序》）感物吟志，帝王亦然。游览赏景之作，如宋文帝《登景阳楼诗》（崇堂临万雉），南平王刘铄《过历山湛长史草堂诗》（兹岳蕴虚诡），孝武帝《游覆舟山诗》（束发好怡衍）、《济曲阿后湖诗》（宵登毗陵路）；节序感思之咏，如刘铄《七夕咏牛女诗》，孝武帝《七夕诗》（白日倾晚照）、《初秋诗》（夏尽炎气微）、《秋夜诗》（局景薄西隅）等；赠别酬答之诗，如刘铄《代收泪就长路诗》（耸辔高陵曲）、孝武帝《与庐陵王绍别诗》（连岁矜离心）等。刘宋以皇帝为代表的皇族都希望统一南北，因此对军事及边鄙征战的关注就成为他们诗文的重要内容。文帝《元嘉七年以滑台战守弥时遂至陷没乃作诗》（逆虏乱疆场），从诗题可知该诗是元嘉七年（430）刘宋与北魏战事中滑台被北魏攻陷所写。滑台本为北魏占领，被刘宋夺得后双方展开拉锯战，致使滑台得而复失。作者并未气馁，虽然"惆怅惧迁逝"，惆怅时不我待，但作者仍然壮怀激烈，"抚剑怀感激，志气若云浮。愿想凌扶摇，弹旆拂中州"，希望克复中原，混一华夷，"华裔混殊风，率土浃王猷"。⑤ 此外，文帝还有《北伐诗》（季父鉴祸先），亦表达"一麾同文轨"的壮志。孝武帝边塞诗《丁督护歌六首》其一："督护北征去，前锋无不平。朱门

---

① （宋）叶适：《习学记言序目》（下册），北京：中华书局，1977 年，第 447～448 页。

② （清）王夫之：《读通鉴论》，北京：中华书局，2011 年，第 307 页。

③ 刘师培：《中国中古文学史讲义》，上海：上海古籍出版社，2000 年，第 73 页。

④ （梁）刘勰著，周振甫注：《文心雕龙注释》，北京：人民文学出版社，1981 年，第 48 页。

⑤ 逯钦立辑校：《先秦汉魏晋南北朝诗》，北京：中华书局，1983 年，第 1136 页。

垂高盖，永世扬功名"①，表达对立功边塞渴望；其二："洛阳数千里，孟津流无极。辛苦戎马间，别易会难得"②，表现边塞军旅生活的艰辛。两首诗都写得比较有感慨。另外，孝武帝亦作有《北伐诗》一首："表里跨原隰，左右御川梁。月羽皎素魄，皇旗艳赤光。"③ 写率军出征的壮大场景，很有气势。怀友悼念之作，宋武帝《与骠骑道怜书》，抒发对谢景仁殒逝"悲痛摧割不能自胜"④ 之情；宋文帝《与衡阳王义季书》，写对左仆射殷景仁去世"恸叹之深，不能已已"⑤ 之情；孝武帝《拜衡阳文王义季墓诗》（昧旦凭行轼）凭吊衡阳王刘义季墓，表达对衡阳王的深切哀悼之情，"哀往起沈泉，追爱恸中情"⑥，悲不能已。

《南史》云："帝于彭城大会，命纸笔赋诗，晦恐帝有失，起谏帝，即代作曰：'先荡临淄秽，却清河洛尘。华阳有逸骥，桃林无伏轮。'于是群臣并作。"⑦ 刘裕在彭城大会群臣，意欲赋诗，但雅兴为谢晦主动代作而罢。此事含义值得探讨。刘裕以武力军功逐步获取国家权力。他"勇健有大志。仅识文字，以卖履为业，好樗蒲，为乡闾所贱"⑧；与其同时的北魏重臣崔浩评之曰："刘裕奋起寒微，不阶尺土，讨灭桓玄，兴复晋室，北禽慕容超，南枭卢循，所向无前，非其才之过人，安能如是乎！"⑨ 刘裕"仅识文字"，文才差强人意，而"才之过人"指其谋才武略非凡。明代胡应麟评之曰："刘裕材力铮铮，孟德、仲达之亚。"⑩ 亦将他的谋策武略与曹操、司马懿相比。刘裕作为颇具谋略的军事统帅，行事自不莽撞，其大会群臣兴之所至而欲赋诗一首，当平素有所准备；或许此时意欲在群臣面前露一手，以改变人们对他颇无文才的成见。实际上，刘宋亦有不娴文墨的武将能吟诗作文。如沈庆之《微命值多幸》（以第一句为题）文义畅达；《铸四铢钱议》纯用骈偶，说理明了。王导玄孙王僧达能文能武更为时人所知晓。刘裕欲为诗因谢晦代作而未就，事实上也达到了提倡创作诗文的目的。所谓以武得国，以文治国，虽然此时刘裕还未登基，但已掌控了东晋大权，这样的行为本身预示着已经开启文治模式。

从汉武帝柏梁台联句开始的君臣聚会赋诗唱和活动从此进一步得到强化。孔靖"辞事东归"，刘裕"饯之戏马台"，百僚"咸赋诗以述其美"⑪。孔靖，字季恭，在平定桓玄过程中为刘裕出谋划策，担任会稽内史"务存治实，救止浮华，翦罚游惰，由是寇盗衰

① 逯钦立辑校：《先秦汉魏晋南北朝诗》，北京：中华书局，1983 年，第 1219 页。

② 逯钦立辑校：《先秦汉魏晋南北朝诗》，北京：中华书局，1983 年，第 1219 页。

③ 逯钦立辑校：《先秦汉魏晋南北朝诗》，北京：中华书局，1983 年，第 1223 页。

④ （清）严可均辑校：《全上古三代秦汉三国六朝文》第 3 册，北京：中华书局，1958 年，第 2448 页。

⑤ （清）严可均辑校：《全上古三代秦汉三国六朝文》第 3 册，北京：中华书局，1958 年，第 2463 页。

⑥ 逯钦立辑校：《先秦汉魏晋南北朝诗》，北京：中华书局，1983 年，第 1221 页。

⑦ 《南史》，北京：中华书局，1975 年，第 522 页。

⑧ （宋）司马光编著，（元）胡三省音注：《资治通鉴》第 8 册，北京：中华书局，1956 年，第 3499 页。

⑨ （宋）司马光编著，（元）胡三省音注：《资治通鉴》第 8 册，北京：中华书局，1956 年，第 13705 页。

⑩ （明）胡应麟：《少室山房笔丛》，上海：上海书店出版社，2009 年，第 146 页。

⑪ 《宋书》，北京：中华书局，1974 年，第 1532 页。

止，境内肃清"，后来跟随刘裕北伐平定关、洛，功勋卓著，颇为刘裕器重并委以要职。刘裕设宴饯别辞事东归的孔靖，百僚赋诗唱和寄意。在百僚应诏而作的《九日从宋公戏马台集送孔令诗》中，以谢瞻、谢灵运作品为佳，"轻霞冠秋日，迅商薄清穹。……临流怨莫从，欢心叹飞蓬"（谢瞻）①；"季秋边朔苦，旅雁违霜雪。……岂伊川途念，宿心愧将别"（谢灵运）②，抒发离别伤感之情，颇能容情入境。每一首诗都承载着脉脉别绪，刘裕笃好诗文的印象更深深印入他们的内心。刘裕少年时期勇健有志，却因为生计问题得不到良好的教育，致使他"仅识文字"。但是，当他执掌国政，在富有文才的士族大臣群体熏习下自然会发生某些变化，他不仅基于文学的兴趣发展为对文学的爱好、重视，也渴望学习文化知识以期成为有文化的国家领导人，才能更好地让天下臣民尤其是那些文化士族心悦诚服。文学才能在一定程度上成为上层人士衡量其人生价值一个重要指标，出身寒门的刘裕显然也希望实现这一人生价值目标，故而抓住机会融入上层文士圈子，爱好文义，跻身风雅。

帝王爱尚文学显然助推了刘宋尚文的发展。宋文帝尝下诏云："吾少览篇籍，颇爱文义，游玄玩采，未能息卷。"③ 公开表明自己喜爱文学。他给大臣羊玄保的两个儿子赐名"曰咸，曰粲"，并对羊玄保说："欲令卿二子有林下正始余风。"④ 以魏晋名士阮咸、王粲之名赐予羊玄保的两个儿子，这是宋文帝爱尚文学的表现，也反映了他的审美追求。《宋书》云："太祖与义庆书，常加意斟酌。"⑤ 刘义庆乃长沙景王刘道怜之子，后来过继给临川王刘道规为嗣。刘义庆自幼才华出众，爱好文学创作，撰有《徐州先贤传》十卷，"又拟班固《典引》为《典叙》，以述皇代之美"。"为性简素，寡嗜欲，爱好文义，文词虽不多，然足为宗室之表。……招聚文学之士，近远必至。太尉袁淑，文冠当时；义庆在江州，请为卫军咨议参军。其余吴郡陆展、东海何长瑜、鲍照等，并为辞章之美，引为佐史国臣。"⑥ 以爱尚文学自许的宋文帝因担心被刘义庆看出文辞方面的不足，写给刘义庆的书信也不敢掉以轻心，"常加意斟酌"。大臣们非常了解宋文帝对文学才能的自许。《宋书·鲍照传》云："（鲍照）文辞赡逸，尝为古乐府，文甚遒丽。元嘉中，河、济俱清，当时以为美瑞，照为《河清颂》，其序甚工。……上好为文章，自谓物莫能及，照悟其旨，为文多鄙言累句，当时咸谓照才尽，实不然也。"⑦ 宋文帝以文学才能自许，导致当时著名作家鲍照在创作中不敢充分展露自己的文采，"为文多鄙言累句"，则从反面显示出当时高度注重文采的风气。

唐人孟棨《本事诗》云："宋武帝尝吟谢庄《月赋》，称叹良久，谓颜延之曰：'希逸此作，可谓前不见古人，后不见来者。昔陈王何足尚邪！'延之对曰：'诚如圣旨。然其曰"美人迈兮音信阔，隔千里兮共明月"，知之不亦晚乎?'帝深以为然。及见希逸，

———————————————

① 逯钦立辑校：《先秦汉魏晋南北朝诗》，北京：中华书局，1983 年，第 1131 页。
② 逯钦立辑校：《先秦汉魏晋南北朝诗》，北京：中华书局，1983 年，第 1157~1158 页。
③ 《宋书》，北京：中华书局，1974 年，第 2341 页。
④ 《宋书》，北京：中华书局，1974 年，第 1536 页。
⑤ 《宋书》，北京：中华书局，1974 年，第 1477 页。
⑥ 《宋书》，北京：中华书局，1974 年，第 1477 页。
⑦ 《宋书》，北京：中华书局，1974 年，第 1480 页。

希逸对曰：'延之诗曰："生为长相思，殁为长不归。"岂不更加于臣邪？'帝拊掌竟日。"① 此段数句文字，不仅展现出刘宋孝武帝刘骏、名作家颜延之和谢庄三人在文学方面互为知音的关系，以及基于文学融洽的君臣关系，更展现了孝武帝喜爱文学、知文赏文的精神风貌。这与孝武帝的文学才能密切关联。《宋书》云："大明中撰国史，世祖自为义恭作传。"② 孝武帝刘骏贵为天子，为同父异母兄弟刘义恭作传，不仅反映了他对义恭的恩宠，也展现了他对自己文学才能的自负。挥毫作文对于孝武帝而言是平常之事。建平王刘宏去世，孝武帝"痛悼甚至，每朔望出临灵，自为墓志铭并诔"③。当他宠爱的殷贵妃去世时，他"自临南掖门，临过丧车，悲不自胜，左右莫不感动""痛爱不已，拟汉武《李夫人赋》"。赋辞云："虽媛德之有载，竟滞悲其何遣。访物运之荣落，讯云霞之舒卷。念桂枝之秋贯，惜瑶华之春翦。桂枝折兮沿岁倾，瑶华碎兮思联情。彤殿闭兮素尘积，翠所芜兮紫苔生。宝罗瞎兮春幌垂，珍簟空兮夏帱局。秋台恻兮碧烟凝，冬宫冽兮砾火清。流律有终，深心无歇。徙倚云日，裴回风月。思玉步于凤墀，想金声于鸾阙。竭方池而飞伤，损园渊而流咽。端虫朝之晨罢，泛辇路之晚清。……面缟馆之酸素，造松帐之葱青。俯众胤而恸兴，抚媺女而悲生。虽哀终其已切，将何慰于尔灵。存飞荣于景路，没申藻于服车。垂葆旒于昭术，竦鸾剑于清都。朝有俪于征准，礼无替于粹图。闵瑶光之密陛，宫虚梁之余阴。俟玉羊之晨照，正金鸡之夕临。升云蕠以引思，锵鸿钟以节音。文七星于霜野，旗二耀于寒林。中云枝之夭秀，寓坎泉之曾岑。屈封嬴之自古，申反周乎在今。遣双灵兮达孝思，附孤魂兮展慈心。……"④ 以骈赋的形式表达对爱妃辞世的伤痛，缠绵悱恻，哀感深沉。孝武帝身为皇帝却像作家一样身体力行热爱文学创作，一方面展现了他的儒雅和文才，另一方面也提升了文学的社会地位，鼓舞作家们致力于文学创作。

三、宴集唱和出新作，团队切磋制佳什

古代唱和诗歌起源于春秋战国时期相互之间的赋诗言志。到了魏晋时期，宴聚唱和诗歌在三曹父子引领下发展起来，曹植、王粲、刘桢等诗人的公宴诗实质就是公宴唱和诗。晋宋时期，节令聚会，君臣同庆，诗歌唱和成为必不可少的活动内容。文人学士游宴雅集，一般出于兴趣爱好、价值取向相近等方面的原因。作家们宴聚之时多有唱和，游宴雅集就会创作一些内容相近、体裁相仿、风格相类的作品。同时，参与宴集的文人之间互相切磋技艺、逞才争胜，有利于创作佳制华章，有利于形成某种文学风尚和文学发展的繁荣。与普通文人聚会不同，皇族权贵尤其是皇帝参与的雅集中，崇高的政治地位和特殊的社会身份，若再辅之以一定的文学才能，就会使帝王们在文人雅集时享有极为优先的甚至绝对的文学话语权，就会形成以帝王和皇族权贵为核心的文人集团，他们的审美取向和价

---

① 丁福保辑：《历代诗话续编》，北京：中华书局，2006 年，第 20 页。

② 《宋书》，北京：中华书局，1974 年，第 1651 页。

③ 《南史》，北京：中华书局，1975 年，第 400 页。

④ 《宋书》，北京：中华书局，1974 年，第 2064 页。

值观念就会对这个时代的文学形态和发展产生重要影响。

建安时期以曹氏三祖为核心的邺下文人集团不仅成就了建安文学，也代表了建安文学的发展成就。后世常将刘宋皇族与曹氏父子比较。庐陵王刘义真云："灵运空疏，延之隘薄，魏文帝云鲜能以名节自立者。但性情所得，未能忘言于悟赏，故与之游耳。"① 刘义真将曹丕的典故信手拈来以消解刘宋权臣徐羡之等人的猜嫌，因为"义真与灵运、延之昵狎过甚"②，也可见出他对曹丕的认可与推崇。前废帝刘子业曾效仿曹操置官："帝少好讲书，颇识古事，自造《世祖诔》及杂篇章，往往有辞采。以魏武帝有发丘中郎将、摸金校尉，乃置此二官。以建安王休祐领之。"③ 可见曹氏父子对刘宋皇族的重要影响。就文学才能和文学成就而言，刘氏父子可能不及三曹，但就对刘宋文学发展的影响而言却是可比肩的。刘宋帝王与臣属游宴、聚会常赋诗作文，他们不仅是这种游赏、宴聚活动的主导者，而且也乘机领头或下诏命题为文，引导参与宴会的臣下、文士酬唱应对、应景抒情，助推文学创作之风发展兴盛。

晋宋时期典型节令唱和节日要数上巳节。上巳节俗称三月三，这一天要举行"被禊"活动，祈福禳灾。东晋庾阐《三月三日诗》《三月三日临曲水诗》，王羲之《兰亭诗》，孙绰《兰亭诗》二首、《三月三日诗》，等等，都是关于三月三上巳节之作。刘宋时期每到三月三，帝王群臣等都要在水边被禊、饮宴，文人墨客参加宴会者大多或赋诗或为文，成为一种时尚。谢灵运《三月三日侍宴西池诗》云："详观记牒，鸿荒莫传。降及云鸟，曰圣则天。虞承唐命，周袭商艰。江之永矣，皇心惟眷。矧乃暮春，时物芳衍。滥觞透迤，周流兰殿。礼备朝容，乐阕夕宴。"④据诗中"虞承唐命，周袭商艰"推断，该诗当作于刘裕称帝之后。记述三月三日作者在西池侍从皇帝宴会的盛况。谢惠连《三月三日曲水集诗》云："四时著平分，三春禀融烁。迟迟和景婉，夭夭园桃灼。携朋适郊野，昧爽辞鄽阛。蔼云兴翠岭，芳飙起华薄。解辔偃崇丘，藉草绕回壑。际渚罗时簌，托波泛轻爵。"⑤ 叙写在桃花盛开、翠岭景婉的三月三日，与朋友在水滨欢会，轻爵托波，流觞曲水，展现了作者怡悦的心情。上巳节皇帝聚宴群臣，宴会之上觥筹交错，侍从文人侑酒佐欢，赋诗为文。齐梁时期裴子野云："文帝元嘉十一年（434）三月丙申，禊饮于乐游苑，且祖道江夏王义恭、衡阳王义季，有诏会者咸作诗，诏太子中庶子颜延年作序。"⑥ 宋文帝刘义隆是刘宋第三位皇帝，他博览群书，酷爱经史。元嘉十一年三月三日的宴聚在他引领下，与会者都作诗，俨然一场规格崇高的诗歌创作大赛。元嘉文人驰骋才思，在春和景明的乐游苑中留下了不朽佳作。颜延之（颜延之字延年）《应诏燕曲水作诗》（道隐未形）。颜延之写三月三日的诗还有《车驾幸京口三月三日侍游曲阿后湖作诗》《三月三日诏宴西池诗》等。

---

① 《南史》，北京：中华书局，1975 年，第 365 页。
② 《南史》，北京：中华书局，1975 年，第 365 页。
③ 《宋书》，北京：中华书局，1974 年，第 18 页。
④ 逯钦立辑校：《先秦汉魏晋南北朝诗》，北京：中华书局，1983 年，第 1153 页。
⑤ 逯钦立辑校：《先秦汉魏晋南北朝诗》，北京：中华书局，1983 年，第 1192 页。
⑥ （梁）萧统编，（唐）李善注：《文选》，上海：上海古籍出版社，1996 年，第 2049 页。

　　节气时令当中，七夕节关于牛郎、织女的传说，容易引起文士们的想象力与创造力，创作出表现相思离别之情的诗篇。孝武帝刘骏有《七夕诗二首》："白日倾晚照，弦月升初光。炫炫叶露满，肃肃庭风扬。瞻言媚天汉，幽期济河梁。服箱从奔轺，纮绮阙成章。解带遽回轸，谁云秋夜长。爱聚双情款，念离两心伤"；"秋风发离愿，明月照双心。偕歌亦遗调，别叹无残音。开庭镜天路，余光不可临。沿风披弱缕，迎辉贯玄针。斯艺成无取，时物聊可寻"。① 其中"爱聚双情款，念离两心伤"两句，抒情真切，明白晓畅。刘骏的大臣王僧达亦写有《七夕月下诗》："远山敛氛寝，广庭扬月波。气往风集隙，秋还露泫柯。节期既已屡，中宵振绮罗。来欢讵终夕，收泪泣分河。"② 抒写牛郎织女不能欢聚终夕、泪洒银河的痛苦。南平王刘铄《七夕咏牛女诗》云："秋动清风扇，火移炎气歇。广檐含夜荫，高轩通夕月。安步巡芳林，倾望极云阙。组幕萦汉陈，龙驾凌霄发。谁云长河遥，颇剧促筵越。沈情未申写，飞光已飘忽。来对眇难期，今欢自兹没。"③ 表达相聚短暂、聚少离多之情。歌咏七夕的诗歌，还有谢灵运《七夕咏牛女诗》："火逝首秋节，新明弦月夕。月弦光照户，秋首风入隙。凌峰步曾崖，凭云肆遥脉。徙倚西北庭，竦踊东南觌。纮绮无报章，河汉有骏轭。"④ 谢惠连《七月七日夜咏牛女诗》："落日隐檐楹，升月照帘栊。团团满叶露，析析振条风。蹀足循广除，瞬目曝曾穹。云汉有灵匹，弥年阙相从。遐川阻昵爱，修渚旷清容。弄杼不成藻，耸辔骛前踪。昔离秋已两，今聚夕无双。倾河易回斡，款情难久悰。沃若灵驾旋，寂寥云幄空。留情顾华寝，遥心逐奔龙。沈吟为尔感，情深意弥重。"⑤ 整体上看，谢惠连此诗更胜一筹。其余咏七夕的诗歌还有颜测《七夕连句诗》（云屙息游彩）、谢庄《七夕夜咏牛女应制诗》（轻机起春暮），等等。帝王引领，臣下献艺，集团创作，助推诗歌创作的繁荣发展。

　　刘宋帝王与臣属之间除了节令宴聚之作外，还有游从应诏之作。帝王出军征伐及出游登临揽胜都有文士相伴，游从应诏之作应机而生。在刘裕为宋公时，谢瞻写有《九日从宋公戏马台集送孔令诗》："风至授寒服，霜降休百工。繁林收阳彩，密苑解华丛。巢幕无留燕，遵渚有归鸿。轻霞冠秋日，迅商薄清穹。圣心眷嘉节，扬銮戾行宫。四筵沾芳醴，中堂起丝桐。扶光迫西汜，欢余宴有穷。逝矣将归客，养素克有终。临流怨莫从，欢心叹飞蓬。"⑥ 作者重阳节跟随刘裕在戏马台行宫宴聚，之后在这秋日轻霞、西风劲吹的时节送别孔令，嘱咐对方要时时保有欢乐的心态。刘裕称帝后平定闽中关洛，傅亮写了《从武帝平闽中诗》《从征诗》。《从征诗》云："息徒西楚，仵楫旧乡。止犹岳立，动则云翔。烈烈群师，星言启行。泛舟掩河，秣马登芒。"⑦ 表现了刘宋军队的威武雄壮、所向披靡的气势。宋少帝废，傅亮率行台至江陵奉迎文帝时写《奉迎大驾道路赋诗》："凤

---

① 逯钦立辑校：《先秦汉魏晋南北朝诗》，北京：中华书局，1983年，第1221~1222页。
② 逯钦立辑校：《先秦汉魏晋南北朝诗》，北京：中华书局，1983年，第1240~1241页。
③ 逯钦立辑校：《先秦汉魏晋南北朝诗》，北京：中华书局，1983年，第1216页。
④ 逯钦立辑校：《先秦汉魏晋南北朝诗》，北京：中华书局，1983年，第1180~1181页。
⑤ 逯钦立辑校：《先秦汉魏晋南北朝诗》，北京：中华书局，1983年，第1195~1196页。
⑥ 逯钦立辑校：《先秦汉魏晋南北朝诗》，北京：中华书局，1983年，第1131页。
⑦ 逯钦立辑校：《先秦汉魏晋南北朝诗》，北京：中华书局，1983年，第1139页。

棹发皇邑，有人祖我舟。饯离不以币，赠言重琳球。知止道攸贵，怀禄义所尤。四牡倦长路，君辔可以收。张邴结晨轨，疏董顿夕轺。东隅诚已谢，西景逝不留。性命安可图，怀此作前修。敷衽铭笃诲，引带佩嘉谋。迷宠非予志，厚德良未酬。抚躬愧疲朽，三省惭爵浮。重明照蓬艾，万品同率由。忠诰岂假知，式微发直讴。"① 谢晦为宋武帝太尉主簿，随从武帝从征关洛，在彭城大会师时，谢晦写了《彭城会诗》。在刘宋帝王欢庆战争胜利，文士学士锦上添花，赋诗为颂。《宋书·王昙首传》记载王昙首与其从弟王球跟随刘裕行至彭城，"高祖大会戏马台，豫坐者皆赋诗，昙首文先成，高祖览读，因问弘曰：'卿弟何如卿？'弘答曰：'若但如民，门户何寄。'高祖大笑"②。刘裕不仅因为王弘机智应对感到非常高兴，也因为览读王昙首诗歌而心情愉悦。此类诗还有谢庄《侍宴蒜山诗》《侍东耕诗》，鲍照《侍宴覆舟山诗二首》，等等。

刘宋时期，除了节令宴聚之作和游从应诏之作外，还有部分是应制奉和之作。如范晔《乐游应诏诗》，颜延之《应诏燕曲水作诗》《为皇太子侍宴饯衡阳南平二王应诏诗》《应诏观北湖田收诗》《车驾幸京口侍游蒜山作诗》《车驾幸京口三月三日侍游曲阿后湖作诗》等，鲍照《蒜山被始兴王命作诗》，谢庄《烝斋应诏诗》《和元日雪花应诏诗》等。其中，颜延之《应诏观北湖田收诗》："周御穷辙迹，夏载历山川。蓄轸岂明懋，善游皆圣仙。帝晖膺顺动，清跸巡广廛。楼观眺丰颖，金驾映松山。飞奔互流缀，缇毂代回环。神行埒浮景，争光溢中天。开冬眷祖物，残悴盈化先。阳陆团精气，阴谷曳寒烟。攒素既森蔼，积翠亦葱芊。息飨报嘉岁，通急戒无年。温渥浃舆隶，和惠属后筵。观风久有作，陈诗愧未妍。疲弱谢陵遽，取累非缰牵。"③ 写景清丽，堪为佳作。谢庄《和元日雪花应诏诗》："从候昭神世，息燧应颂道。玄化尽天秘，凝功毕地宝。笙镛流七始，玉帛承三造。委霰下璇葰，叠雪翻琼藻。积曙境宇明，联萼千里杲。掩映顺云悬，摇裔从风扫。发矊烛侄前，腾瑞光图表。泽厚见身末，恩逾悟生眇。竦诚岱驾肃，侧志梁銮矫。"④ 该诗"委霰下璇葰，叠雪翻琼藻。积曙境宇明，联萼千里杲。掩映顺云悬，摇裔从风扫"数句，描写大雪之后，大地堆玉叠琼，千里雪空明亮，云雪交映生辉，风景清丽明亮。在刘宋帝王引导下，应制奉和之作较两晋有了进一步发展。

在刘宋帝王引领下，以皇族为核心形成了较有创作力的文学集团。自武帝刘裕始，刘宋帝王就非常喜好文学创作，礼遇文士。这种欣赏佳文、亲近文士的特点为刘宋皇族所共有，因而刘宋皇族多喜结交、延揽文士，形成以皇族为核心的文学集团。武帝从子临川王刘义庆，"为性简素，寡嗜欲，爱好文义，文词虽不多，然足为宗室之表。受任历籓，无浮淫之过……招聚文学之士，近远必至。太尉袁淑，文冠当时；义庆在江州，请为卫军咨议参军。其余吴郡陆展、东海何长瑜、鲍照等，并为辞章之美，引为佐史国臣。太祖与义庆书，常加意斟酌"⑤。文帝次子始兴王刘濬"少好文籍，姿质端妍"，"人才既美，母又

---

① 逯钦立辑校：《先秦汉魏晋南北朝诗》，北京：中华书局，1983年，第1139~1140页。
② 《宋书》，北京：中华书局，1974年，第1678页。
③ 逯钦立辑校：《先秦汉魏晋南北朝诗》，北京：中华书局，1983年，第1230页。
④ 逯钦立辑校：《先秦汉魏晋南北朝诗》，北京：中华书局，1983年，第1250页。
⑤ 《宋书》，北京：中华书局，1974年，第1477页。

至爱，太祖甚留心。建平王宏、侍中王僧绰、中书侍郎蔡兴宗并以文义往复"。① 接纳延揽文士，既有对文学方面的兴趣，还有政治影响层面的考量。太祖之孙刘景素，"少爱文义，有父风"，"时太祖诸子尽殂，众孙唯景素为长，建安王休祐诸子并废徙，无在朝者。景素好文章书籍，招集才义之士，倾身礼接，以收名誉。由是朝野翕然，莫不属意焉"。② 武帝之子庐陵王刘义真，"聪明爱文义，而轻动无德业。与陈郡谢灵运、琅邪颜延之、慧琳道人并周旋异常，云得志之日，以灵运、延之为宰相，慧琳为西豫州都督"③。刘义真延赏谢灵运、颜延之等文士，也有培养政治势力的动机。

（作者单位：江西财经大学人文学院）

---

① 《宋书》，北京：中华书局，1974 年，第 2436 页。
② 《宋书》，北京：中华书局，1974 年，第 1861 页。
③ 《宋书》，北京：中华书局，1974 年，第 1635～1636 页。

王夫之对李梦阳复古诗学主张的批判[*]

□　刘克稳

【摘要】王夫之对李梦阳复古诗学主张，大体上是持批评态度的。在诗歌模仿对象上，李梦阳主张古体诗学"三谢"、近体诗学杜甫，但空有形式的模拟，"印板法行""俱但拾糟粕耳"。在诗歌风格上，李梦阳主张"气骨雄浑"，但"雄浑"固然"雄浑"，而"沈丽"不够、"风神"欠缺，导致以疾声赫面为雄（格律气骨、敛才就范）、徒言风骨、效人狞硬（有骨无风、喑哑习气）、诗苦无余、神韵心理俱不足论（风雅之厄极矣）等弊病。因此，王夫之认为李梦阳整体的诗歌审美品位不够，乃"自诩大家、才子""立门庭故自桎梏"。

【关键词】印板法行；诗苦无余；立门庭故自桎梏

一、以古学自任，印板法行、不得形似

"空同以古学自任"①，李梦阳强调复古，正所谓"言必称盛唐"。他主张古体诗应该学习汉魏诗作，尤其是三谢（谢灵运、谢朓、谢惠连）的名作，近体诗应该模仿盛唐诗作，尤其是杜甫的作品。这一复古主张乃是前、后七子派供奉的信条，也是弘治、正德以后明代诗坛的主流旗帜，影响非常大。但王夫之对此却持激烈的批判态度，将李、何七子派复古主张与陈、王心学派的师心主张相提并论，归为"糟粕"。

1. 师古"不知俱但拾糟粕耳"

王夫之在点评《述行言情诗三首》（之二）时称赞祝允明："空千年，横万里，仅有此作，要一一皆与汉、魏同条同线。"② 认为祝允明诗作既得汉、魏诗的形似，也得汉、魏诗的神似。在《明诗评选》中，王夫之反复赞叹祝允明诗歌"情华理密"，认为"其宛

---

* 本文系 2019 年度乐山师范学院学科建设重点项目（WZD040）阶段性成果。
① 王夫之：《明诗评选》，《船山全书》第 14 册，长沙：岳麓书社，1996 年，第 1407～1408 页。
① 王夫之：《明诗评选》，《船山全书》第 14 册，长沙：岳麓书社，1996 年，第 1304 页。

缛密藻"继承了颜延年,"其命意养局"深得《古诗十九首》的精髓。与此相反,王夫之则批评李梦阳等人:"当枝山之时,陈、王讲学,何、李言诗,不知俱但拾糟粕耳。真理真诗,已无有容渠下口处。"① 只是一味追求形式,墨守成规、缺乏真情实感。

王夫之批评的主要理由就是以李梦阳为代表的复古派不能与"汉、魏同条同线",批评他们只学习到古人的空壳、形式,没有学到精髓,不能"心期相赏,依为同调……唱和齐声,古道泯矣"②,从而"心非古人之心,但向文字中索去"③ "假借张大……遂以此为古"④,因而"擢筋出血,形夺汉魏"⑤。正因为如此,李梦阳复古主张空有古人诗歌的形式,而不能"尽古今人之意",因此他们的主张和诗歌创作并非"真理真诗",只是"俱但拾糟粕耳",更可悲的是前后七子乃至整个明代中后期诗坛将他的复古主张奉为圭臬,实在可惜可叹。

2. 古体诗,言必汉魏,必三谢

王夫之批评李梦阳只学得汉魏古诗的形式,对于三谢的模仿只得下乘,未能学得精髓:"康乐波折极为纡回;法曹入手便转,而心期相赏,依为同调。神明既肖,不事琴瑟之专一也。后来,三苏、二王、元、白、皮、陆、何、李、钟、谭,倡和齐声,古道泯矣。"⑥ 王夫之认为,谢灵运诗歌意蕴含蓄蕴藉,谢惠连诗歌意趣自然平淡,心中之情与眼前之景自然浃洽,而李梦阳等人一味追求"同(声)调",未得三谢诗歌神韵。

李梦阳的古体诗从整体的精神气质而言,王夫之认为跟傅玄非常接近,无论是他的出身、成长背景乃至精神气质,"亦诗家之霸统也"。但李梦阳却一味勉强模仿学习三谢,削足适履、适得其反,画虎不成反类犬:"献吉之论古诗也,曰必汉魏,必三谢。反复索其汉魏、三谢者而不可得,亢响危声,正得一傅鹑觚而已。"⑦ 更为要命的是,李梦阳在学习、模仿三谢诗作过程中,未得谢灵运、谢朓的"神韵心理",只学得谢惠连遣词造句之功,"假借张大,遂专以此为古"。因此,他的诗歌创作就体现出擅长形式辞藻而弱于"命意养局",空有格调规范没有真性情,诗意黯然,正所谓:"'建章'、'鹔鹴'、'长安'、'河阳',自宣城作假借张大之俑,北地、信阳遂专以此为古,自诧不作唐、宋人语,开后来无限笑资,亦无谓为小失。"⑧

3. 近体诗,言必盛唐,必杜甫

对于近体诗,王夫之认为李梦阳只是一味学习、模仿杜甫诗歌,也只学习其皮毛未得精髓:"无已。亦将置之刘播州左右。刘于七言近体正不减沈、宋,皮相人不知耳。亦是

① 王夫之:《明诗评选》,《船山全书》第 14 册,长沙:岳麓书社,1996 年,第 1304 页。
② 王夫之:《古诗评选》,《船山全书》第 14 册,长沙:岳麓书社,1996 年,第 527 页。
③ 王夫之:《唐诗评选》,《船山全书》第 14 册,长沙:岳麓书社,1996 年,第 1170 页。
④ 王夫之:《古诗评选》,《船山全书》第 14 册,长沙:岳麓书社,1996 年,第 769 页。
⑤ 王夫之:《明诗评选》,《船山全书》第 14 册,长沙:岳麓书社,1996 年,第 1320 页。
⑥ 王夫之:《古诗评选》,《船山全书》第 14 册,长沙:岳麓书社,1996 年,第 527 页。
⑦ 王夫之:《明诗评选》,《船山全书》第 14 册,长沙:岳麓书社,1996 年,第 1312 页。
⑧ 王夫之:《古诗评选》,《船山全书》第 14 册,长沙:岳麓书社,1996 年,第 769 页。

杜陵的传。北地得杜喉，此得杜脾。故曰：西涯不作乐府歌行，不至生屈北地下。"① 王夫之认为，盛唐以降，七言律诗大多学习模仿杜甫，刘禹锡是其中较为成功的代表，而明朝诗坛的李东阳和李梦阳都是其中较为失败的典型。但是细究之下，二者的倾向性不同，李梦阳更多强调声调韵律，李东阳更多强调用典和忠君忧国之情感抒发。如果单论七言律诗，王夫之认为李东阳的七言诗创作才华不至于屈居李梦阳之下，这里再一次表达出对李梦阳七言诗的不屑。

王夫之对李梦阳学习杜甫七言诗的不满集中在两个方面。

第一方面，学习杜甫用律不得法，正所谓"李、何印板法行"。所谓"印板法"指的是宋代以后印刷图书画册等采用雕版或活字印版，篇章、结构、词汇、字体大小等格式一模一样，没有任何变动。王夫之借用"印板法"一说，主要是批评李梦阳一味学习杜甫用律，尚体裁法度，形式模拟痕迹严重，生搬硬套、死板不知变化，缺乏个性和创新。在《明诗评选》卷四中，点评周复俊的五言古诗《咏落叶》时，王夫之指出，相比于周的"平善"，李梦阳的用律不够灵活、自然，过于呆滞、刻板，即"李、何印板法行"②。在王夫之看来，这也是七子派等复古主义诗派的通病，虽学习杜甫对于用律的严肃性，继承他"为人性僻耽佳句，语不惊人死不休"的精神，但由于只是一味追求形似、亦步亦趋，刻意于炼字炼句，没有诗人个性创新，缺乏神韵，"用律，不妨用杜，乃居然入沈、宋之室。李、何用杜，则下犯晚唐。知律者辨之"③。

综观王夫之对李梦阳学习杜甫用律的评语，他认为李梦阳用律的弊病有三：

一是"心非古人之心，但向文字中索去"。王夫之在点评石宝的《拟君子有所思行》一诗时，集中批评李梦阳用词、用字方面的弊端：

> 竟不作关合，自然摄之。笔贵志高，乃与古人同调。拟古必如此，正令浅人从何处拟起。崆峒、沧溟，心非古人之心，但向文字中索去，固宜为轻薄子所嘲也。诗虽一枝，然必须大有原本，如周公作诗云："于昭于天"，正是他胸中寻常茶饭耳，何曾寻一道理如此说。④

过度关注字斟句酌、一味追求用字、用词上的形式拟古，在王夫之看来并非真正的拟古，"诗之不可作伪"说的就是这个意思。真正的拟古之作，应该是石宝《拟君子有所思行》中所体现出来的，诗法与诗心的自然恰合，正所谓："竟不作关合，自然摄之。笔贵志高，乃与古人同调。"在这一点上，王夫之非常认同作为"吴中十才子"之一的蔡羽观点："林屋持论谓少陵不足法，又曰'吾诗求出魏晋'，目无献吉辈久矣。后之目无献吉者，又尝见林屋脚底尘否？"⑤ 在点评他的《九月十四日集东麓亭》一诗时，对蔡羽的用字、用句手法的高妙称赞不已："通首求之，逐句求之，逐字求之；求之高，求之远，求

① 王夫之：《明诗评选》，《船山全书》第 14 册，长沙：岳麓书社，1996 年，第 1489 页。
② 王夫之：《明诗评选》，《船山全书》第 14 册，长沙：岳麓书社，1996 年，第 1319 页。
③ 王夫之：《明诗评选》，《船山全书》第 14 册，长沙：岳麓书社，1996 年，第 1499 页。
④ 王夫之：《明诗评选》，《船山全书》第 14 册，长沙：岳麓书社，1996 年，第 1170 页。
⑤ 王夫之：《明诗评选》，《船山全书》第 14 册，长沙：岳麓书社，1996 年，第 1309 页。

之密，求之韵，求之变化。呜呼！尽之矣。"①

二是"故作大景语"。李梦阳诗歌语言模仿杜甫诗歌"雄阔高浑"，特别是他的七言诗创作，一味追求"气骨雄浑"，但往往流于"粗豪"、浮夸和生硬，空有形式没有诗意、神韵。王夫之在评论顾璘五言律《共泛东潭钱望之》时，对李梦阳为代表的这种粗豪、浮夸的诗风提出了强烈的批评：

> 空同以来，名艺苑者不鲜，五言近体亦斐然可观，七言之作殆乎绝响。计诸子之自雄，正倚七言为长城，得尽发其喷沙走石之气。乃彼所矜长，正露其短，神韵心理，俱不具论。平地而思蹑天，徒手而思航海；非雨黑霾昏于清明之旦，则红云紫雾起户牖之间。仙人何在，倏尔相逢；北斗自高，遂欲在握。又其甚者，路无三舍，即云万里千山；事在目前，动指五云八表。似牙僧之持筹，辄增多以饰少。如斯之类，群起吠声。何怪乎竟陵后起，倚萧散而傲之，以自暴其酸纤之美哉！诸子之才，穷于七言，复穷于长什。四十字以外，概从流逝。非商君之立法已严，实邹衍之谈天固陋也。②

这种粗豪、浮夸的诗风体现在遣词造句方面，就是一味的夸大。一方面是常用千、万等量词无限夸张，如"路无三舍，即云万里千山；事在目前，动指五云八表"，意图增强诗歌的雄健遒劲。另一方面，频繁使用"北风""黄云""白草""黑山""炎天""白雪"等词，营造出塞北万里黄尘、城边白骨、军营号角、胡骑纵横的豪迈氛围，增强诗歌的磅礴气势。王夫之批评他的这类诗作好比乡里人闲聊一时意气之争牛气冲天，正所谓"故作大景语"："何、李往往故作大景，如争乡邦人说话。"③ 情感抒发任性逞能，不够含蓄自然，往往显得粗陋，诗意韵味上的不足、一览无余。

三是"不得形似"。明代诗坛的复古派，模仿建安文学的华美，模拟初唐沈、宋辞藻，追求盛唐高、岑、李、杜的"粗豪"，最终虽也能写出辞藻华美、格律规整的诗作，但往往陷入晚唐元白诗派和"郊寒岛瘦"一味用律的通病。对此王夫之多有批评："国初诗有直接魏、晋者，有直接初唐者；从来苦为伪建安，伪高、岑、李、杜一种粗豪抹杀，故末流遂以伪元、白，伪郊、岛承之，而泛滥无已，不可方物矣。"④ 王夫之更欣赏那种师古的同时有创新的诗人诗作，如刘琏的五言律《自武林至于郭舟中杂兴》，认为这种作品才是真正拟古："如孟藻此作，杂之王、骆、沈、宋中，尤绝积薪居上。"⑤ 正是因为如此，王夫之认为李梦阳拟古不仅未得古人精髓，即便是做到"形似"都难："正使何、李鞭心，不得形似。"⑥

第二方面，未能学得杜甫局法，"不善命意养局"是李梦阳诗歌创作的重要缺陷。与

---

① 王夫之：《明诗评选》，《船山全书》第 14 册，长沙：岳麓书社，1996 年，第 1309 页。
② 王夫之：《明诗评选》，《船山全书》第 14 册，长沙：岳麓书社，1996 年，第 1397 页。
③ 王夫之：《明诗评选》，《船山全书》第 14 册，长沙：岳麓书社，1996 年，第 1416 页。
④ 王夫之：《明诗评选》，《船山全书》第 14 册，长沙：岳麓书社，1996 年，第 1347 页。
⑤ 王夫之：《明诗评选》，《船山全书》第 14 册，长沙：岳麓书社，1996 年，第 1347 页。
⑥ 王夫之：《明诗评选》，《船山全书》第 14 册，长沙：岳麓书社，1996 年，第 1347 页。

袁宏道比较，王夫之批评李梦阳一味尚诗法，却往往词不达意："中郎之病，病不能谋篇，至于作句……李、何、王、李、钟、谭皆所不能也。谋篇天人合用，作句以用天为主。"① 与文征明比较，王夫之认为李梦阳在学习杜甫局法上远远不够，文征明才是学得杜甫局法精髓的代表："局法真从杜得，非李献吉所知。"② 与唐寅比较，王夫之批评李梦阳诗歌无法做到"尽古今人之意"，并非"真古诗也"，只是一味追求形式模拟，"乃以擢筋出血，形夺汉魏，不已末乎"③，实乃本末倒置。正是在这个意义上，王夫之多次赞扬祝允明、蔡羽、梁有誉等诗人在命意养局上能真正向古人学习，"其宛褥密藻则自颜延年出，其命意养局又非延年所逮，直从《十九首》来"④，"局度从《大雅》《生民》等篇来"⑤，批评李梦阳"尚欲頳颊而争"⑥，"遂云古道在我"⑦，对自身的问题不能自知。对此，王夫之在评论高叔嗣五言律《得张子家书》时，对李梦阳进行了无情的嘲讽：

> 谋篇奇绝，闲处着意，到头不犯。然非有意于谋篇也。八识田中，无唐以下人死法，亦无唐人区宇，自然逢原之妙，堪绝凡近耳。前四句只在神情上生来，浅人几疑其两脱矣。子业少问字于空同，空同以古学自任，何尝到此。真以一色汉、魏法写空作实者，子业而已。⑧

二、气骨雄浑，神韵心理俱不足论

王夫之一反诗论家们对李梦阳"气骨雄浑"复古主张的普遍赞誉，其大体上持批评态度，即便是赞赏也是有条件的："如此为雄浑，为沈丽，又谁得而间之？北地五言小诗，冠冕古今。"⑨ 王夫之在评论李梦阳五言绝《江行杂诗》时，明确指出，诗歌风格的两大要素：一是要雄浑，二是要沈丽，二者缺一不可。这体现了王夫之对风格、风骨与风韵、风雅之间辩证统一的态度。王夫之对李梦阳气骨雄浑主张的批评集中体现在三个方面。

1. 以疾声赫面为雄（格律气骨、敛才就范）

王夫之明确反对宋代以后，用"一情一景""上景下情"或"先情后景"等僵固的"诗法"限制情景理论，从而割裂了情、景的内在有机联系。⑩ 而以李梦阳为代表的七子

---

① 王夫之：《明诗评选》，《船山全书》第 14 册，长沙：岳麓书社，1996 年，第 1528~1529 页。
② 王夫之：《明诗评选》，《船山全书》第 14 册，长沙：岳麓书社，1996 年，第 1498 页。
③ 王夫之：《明诗评选》，《船山全书》第 14 册，长沙：岳麓书社，1996 年，第 1302 页。
④ 王夫之：《明诗评选》，《船山全书》第 14 册，长沙：岳麓书社，1996 年，第 1303 页。
⑤ 王夫之：《明诗评选》，《船山全书》第 14 册，长沙：岳麓书社，1996 年，第 1325 页。
⑥ 王夫之：《明诗评选》，《船山全书》第 14 册，长沙：岳麓书社，1996 年，第 1303 页。
⑦ 王夫之：《明诗评选》，《船山全书》第 14 册，长沙：岳麓书社，1996 年，第 1325 页。
⑧ 王夫之：《明诗评选》，《船山全书》第 14 册，长沙：岳麓书社，1996 年，第 1407~1408 页。
⑨ 王夫之：《明诗评选》，《船山全书》第 14 册，长沙：岳麓书社，1996 年，第 1548 页。
⑩ 刘克稳：《王夫之诗学内在矛盾性研究》，武汉：武汉大学出版社，2018 年，第 124 页。

派就是从"一情一景"的角度来理解格律，在诗歌创作中常常受制于这种僵固的"诗法"，不得不"敛才就范"，情与景的抒发显得生硬、不够自然。王夫之在评论文征明的五言律《四月》时，直言不讳地批评李梦阳："以一情一景为格律，以颜色言情为气骨，雅人之不屑久矣。……言气格者必欲劈顶门着棒，只令人口噤心疼。"①

正是因为李梦阳"以一情一景为格律"，更多地从声调、格律等形式方面强调拟古，所以在语言表达方面追求刚劲有力、直抒胸臆，强调气骨凛然。这又导致了李梦阳诗风存在"才气霸漏"的问题，王夫之批评他一味"亢声危响"，常常有"得尽发其喷沙走石之气"②"使人以躁气当之"③"北地白草黄榆之气"④"北地喑哑习气"⑤ 等弊端，其诗作在抒情达意方面常常给人以"与乡民争吵而面红耳赤"之感，正所谓"以颜色言情为气骨"。王夫之在评论张和七言律《沧江送别刘习之广西宪幕》一诗时，批评李梦阳："大家数诗初不以疾声赫面为雄。何、李知此，当不贻少年狂笑。"⑥ 所谓"疾声赫面"，就是指因大声说话气息急促从而导致面红耳赤，结果是必然导致诗歌对"天时、地理、物情、客意"抒发不够。

这样一来，李梦阳诗歌"气骨"是足够雄健了，但"风神"（风情神韵）明显不足，诗人的内在精神情志、旷达飞扬的神韵常常被抑制，情感抒发显得不够蕴藉、高脱。王夫之将李梦阳等与高启相比较，一针见血地批评："冥搜无迹，拣取精纯，一皆在王、骆、沈、宋间入手。何、李以之为雄健，钟、谭以之为浑奥，两相仿佛，究竟瞠乎其后。一代诗人，非季迪不足以当之也。"⑦ 这里所谓"冥搜无迹，拣取精纯"，正是赞扬高启诗歌风情神韵的自然、不漏痕迹，超凡脱俗、志向清远。

2. 徒言风骨、效人狞硬（有骨无风、喑哑习气）

正是由于李梦阳过于强调"诗法格律"，追求"风骨雄健"，而导致"风情神韵"不足，因此在诗歌审美特征及评价标准上，李梦阳只是一味空言"风骨"。王夫之在评论僧法聚七言律《游西湖和钱学士韵》一诗时，批评他"有骨无风""徒言风骨"⑧，相比较而言，贝琼、刘炳、僧法聚等人的诗作可谓"有骨有风"。这里的"有骨无风"，即是批评李梦阳的诗歌审美标准只重"气骨"，而忽视了"风神"。"有骨无风"的倾向主要体现在两个方面。

一是"效人狞硬"⑨。所谓"狞硬"，本意是指"面目凶狠强硬"，这里主要是批评李梦阳只是"徒言风骨""有骨无风"的问题。王夫之在评论文征明七言律《雨中放朝出左掖》时，为他的"狂率"辩护，认为他是为了"炼整革正劣风"，力图扭转李梦阳以来只

---

① 王夫之：《明诗评选》，《船山全书》第 14 册，长沙：岳麓书社，1996 年，第 1386 页。
② 王夫之：《明诗评选》，《船山全书》第 14 册，长沙：岳麓书社，1996 年，第 1397 页。
③ 王夫之：《明诗评选》，《船山全书》第 14 册，长沙：岳麓书社，1996 年，第 1312 页。
④ 王夫之：《明诗评选》，《船山全书》第 14 册，长沙：岳麓书社，1996 年，第 1390 页。
⑤ 王夫之：《明诗评选》，《船山全书》第 14 册，长沙：岳麓书社，1996 年，第 1525 页。
⑥ 王夫之：《明诗评选》，《船山全书》第 14 册，长沙：岳麓书社，1996 年，第 1487 页。
⑦ 王夫之：《明诗评选》，《船山全书》第 14 册，长沙：岳麓书社，1996 年，第 1386 页。
⑧ 王夫之：《明诗评选》，《船山全书》第 14 册，长沙：岳麓书社，1996 年，第 1538 页。
⑨ 王夫之：《明诗评选》，《船山全书》第 14 册，长沙：岳麓书社，1996 年，第 1497 页。

重"气骨"而忽视"风神"的弊端，虽然有矫枉过正之处，但情有可原。

二是"喑哑习气"①。所谓"喑哑"，本意是指"声音嘶哑发不出音"，这里主要是批评李梦阳一味追求"气骨"的刚劲雄健，却导致诗歌缺乏淡泊恬静的韵味，显得气势不足。王夫之在评论徐渭七言律《驾归自阅群望于衙恭赋》时，称赞他"亦平亦壮，顾不入北地喑哑习气中"。王夫之在很多场合，对比其他诗人诗作批评李梦阳诗歌在抒发"性灵"方面的不足，缺乏淡泊、高脱。例如，他在评论黄省曾的五言律《虎丘集雨》时，与李梦阳相比，认为黄省曾的诗歌"一往冲静"②，即是淡泊恬静的代表。再例如，他在评论汤显祖的七言律《送别刘大甫》一诗时，也拿他与李梦阳对比，称赞他"只此足气矜"③，即气势很足。

3. 诗苦无余、神韵心理俱不足论（风雅之厄极矣）

王夫之在评论薛蕙乐府诗《芳树》时，直言不讳地说："北地、信阳以来，诗苦无余。"④ 李梦阳一味主张"气骨雄浑"，必然导致"敛才就范""有骨无风"的弊端，"诗苦无余"正是这一主张结出的恶果。诗歌没有余味，不够蕴藉，正是王夫之从诗歌艺术的审美品位上贬低李梦阳的最主要的原因。

关于这一点，王夫之在评论顾璘五言律《共泛东潭饯望之》一诗时做了具体说明："空同以来，名艺苑者不鲜，无言近体亦斐然可观，七言之作殆乎绝响。计诸子之地雄，正倚七言为长城，得尽发其吹沙走石之气。乃彼所矜长，正露其短，神韵心理，俱不具论。"⑤"神韵心理"方面不足，必然导致"诗苦无余"，这正是以李梦阳为代表的七子派形式拟古主张的最大短板。

而让王夫之更为不满的是，明代中期的诗坛却以这种形式拟古主张尊为诗坛主流，导致了明代诗学审美品位的每况愈下，无复魏晋、盛唐时期大家辈出的盛景，造成了"风雅之厄极矣"："一代之诗，莫恶于景泰刘御医、汤参将一流！钉铰魔风，誇速争多，尽古今来风雅之厄极矣。"而李梦阳正是掀起这股"钉铰魔风"的始作俑者之一："乃授缺于何、李而使之补，遂使作者复以毛击自雄，何、李下流，忿豪复进，如谢榛、宗臣一种嚣陋习气，复入景泰十狂人之垒。"⑥

三、自诩大家、才子，立门庭故自桎梏

任何种类的艺术在其发展过程中，总会经历艺术创作主体个性从幼稚到成熟的蜕变，即艺术风格的成形、成熟。而某种艺术风格的成形也意味着方便后学的模仿和跟随，这也是艺术流派形成的主要原因。然而，这样一来就存在某种审美的二律背反，即艺术风格、

① 王夫之：《明诗评选》，《船山全书》第 14 册，长沙：岳麓书社，1996 年，第 1525 页。
② 王夫之：《明诗评选》，《船山全书》第 14 册，长沙：岳麓书社，1996 年，第 1391 页。
③ 王夫之：《明诗评选》，《船山全书》第 14 册，长沙：岳麓书社，1996 年，第 1623 页。
④ 王夫之：《明诗评选》，《船山全书》第 14 册，长沙：岳麓书社，1996 年，第 1173 页。
⑤ 王夫之：《明诗评选》，《船山全书》第 14 册，长沙：岳麓书社，1996 年，第 1397 页。
⑥ 王夫之：《明诗评选》，《船山全书》第 14 册，长沙：岳麓书社，1996 年，第 1590 页。

流派本源于艺术个性的创新，而一旦艺术风格、流派成形，反过来就会制约艺术个性的创新。正是基于这个原因，王夫之对以李梦阳为代表的七子派的"立门庭"的诗学主张进行了激烈的批评。

第一，从艺术风格、流派的传承角度，"立门庭"只是一味强调对僵化的"诗法"的模拟。这样一来，所谓的"诗法"也就成了"死法"。王夫之在点评汤显祖五言古《答丁右武稍迁南仆丞怀仙作》时，批评李梦阳等人"立门庭"、学习"死法"的做法："三百年来，李、何、王、李、二袁、钟、谭，人立一宗，皆教师枪法，有花样可仿，故走死天下如惊。"① 称赞汤显祖在诗歌创作过程中，不拘于成法、勇于创新，具有鲜明的创作个性，"至于先生，无问津者，亦初无问津之可问也"。"有花样可仿"，人一学即似的做法，在诗学发展史上由来已久，即注重辞藻的铺排、音律对仗、诗歌的形式结构等，王夫之追溯源头并把它归结为曹植：

> 建立门庭，自建安始。曹子建铺排整饰，立阶级以赚人升堂，用此致诸趋赴之客，容易成名，伸纸挥毫，雷同一律。……降而萧梁宫体，降而王、杨、卢、骆，降而大历十才子，降而温、李、杨、刘，降而江西宗派，降而北地、信阳、琅邪、历下，降而竟陵，所翕然从之者，皆一时和哄汉耳。②

从建安文学的曹植到魏晋宫体诗人，再到唐初四大才子、唐末大历十才子，然后是宋代的江西诗派，最后到明代前后七子派、竟陵派，王夫之追本溯源、梳理出了一个完整的注重诗歌形式的流派脉络。该流派的共性在于注重"诗法"，"铺排整饰"，好处在于"立阶级以赚人升堂""有花样可仿"，容易学、上手快、"容易成名"，但弊端在于"伸纸挥毫，雷同一律"，"诗法"学习僵化限制了创作个性，该流派的大多数诗人都是"一时和哄汉耳"，诗作缺乏真情实感，创新性不够。正所谓：

> 所以门庭一立，举世称为"才子"、为"名家"者，有故。如欲作李、何、王、李门下厮养，但买得《韵府群玉》、《诗学大成》、《万姓统宗》、《广舆记》四书置案头，遇题查凑，即无不足。③

第二，从诗歌创作过程来看，"立门庭"导致空有形式模拟，缺乏谋篇布局的能力。以李梦阳为代表的明代诗坛，侧重诗歌形式模拟，导致"伸纸挥毫，雷同一律"，很多诗歌创作纯粹只是"遇题查凑，即无不足"，所以明代诗坛整体出现没落。这种没落主要表现在诗歌创作方面缺乏谋篇布局，从而导致诗歌缺乏神韵，空有辞藻的作句成了无根之木、无源之水，只能一味的模拟乃至抄袭。王夫之对此集中进行批评：

> 中侍郎诗，以己才学白、苏，非从白、苏入也。李、何、王、李俱有从入，舍其

---

① 王夫之：《明诗评选》，《船山全书》第 14 册，长沙：岳麓书社，1996 年，第 1331 页。
② 王夫之：《姜斋诗话》，《船山全书》第 15 册，长沙：岳麓书社，1996 年，第 832 页。
③ 王夫之：《姜斋诗话》，《船山全书》第 15 册，长沙：岳麓书社，1996 年，第 833 页。

从入，即无自位。谭无自位，亦无从入，暗靠元、白、孟、贾、陈无己、黄鲁直作骨子，而显则相叛。故三变之中，谭为尤劣。三百年来，以诗登坛者，皆不能作句。中郎之病，病不能谋篇，至于作句，固其所长，洒落出卸，如白鸥浴水，才一振羽，即丝毫不挂，李、何、王、李、钟、谭皆所不能也。①

王夫之批评李梦阳等人"俱有从入，舍其从入，即无自位"，即只知模拟学习，而缺乏创作个性，要么模仿晚唐、要么模拟"白、苏"，要么蹈袭"三谢"，"北地、信阳、历下、琅玡、竟陵、山阴皆傍门汉"，无法真正"掐得古人生魂"②。与袁宏道、曹学佺等诗人相比，既不能谋篇布局，遣词作句也不能真正善专。

第三，从诗歌艺术审美特征而言，"立门庭"导致诗歌空有"局格"，而无真性情、真神韵，从而陷入风雅传统之不继的危险，正所谓"建立门庭，已绝望风雅"：

> 建立门庭，已绝望风雅。然其中有本无才情，以此为安身立命之本者，如高廷礼、何大复、王元美、钟伯敬是也。有才情固自足用，而以立门庭故自桎梏者，李献吉是也。其次则谭友夏亦有牙后慧，使不与钟为徒，几可分文徵仲一席，当于其五、七言绝句验之。③

> 诗文立门庭使人学己，人一学即似者，自诩为"大家"，为"才子"，亦艺苑教师而已。高廷礼、李献吉、何大复、李于鳞、王元美、钟伯敬、谭友夏，所尚异科，其归一也。才立一门庭，则但有其局格，更无性情，更无兴会，更无思致；自缚缚人，谁为之解者？④

王夫之批评李梦阳等人建立门庭，导致风雅传统之不传的主要原因是，诗歌空有"局格"，没有风神情韵。这样一来，所谓"局格"变成了死局、死法，"才立一门庭，则但有其局格，更无性情，更无兴会，更无思致；自缚缚人，谁为之解者？"正是因为如此，王夫之更明显倾心于刘伯温、高季迪、刘彦昺、贝廷琚、汤义仍等诗人的诗作，他们的诗作既有"诗法"，同时又不缺神韵，诗人的"局格"与性灵抒发有机统一，"若刘伯温之思理，高季迪之韵度，刘彦昺之高华，贝廷琚之俊逸，汤义仍之灵警，绝壁孤骞，无可攀蹑，人固望洋而返；而后以其亭亭岳岳之风神，与古人相辉映"⑤。相比较而言，李梦阳等人"而以立门庭故自桎梏者"，称不上真正的"大家""才子"，最多是追求形似、僵化"诗法"的"艺苑教师"而已，其诗作在艺术审美品位上也高不到哪里。

（作者单位：乐山师范学院法学与公共管理学院）

---

① 王夫之：《明诗评选》，《船山全书》第 14 册，长沙：岳麓书社，1996 年，第 1528～1529 页。
② 王夫之：《明诗评选》，《船山全书》第 14 册，长沙：岳麓书社，1996 年，第 1450 页。
③ 王夫之：《姜斋诗话》，《船山全书》第 15 册，长沙：岳麓书社，1996 年，第 833 页。
④ 王夫之：《姜斋诗话》，《船山全书》第 15 册，长沙：岳麓书社，1996 年，第 831～832 页。
⑤ 王夫之：《姜斋诗话》，《船山全书》第 15 册，长沙：岳麓书社，1996 年，第 831～832 页。

文道语境下的清代试诗之争

□ 谢冰青

【摘要】清代的试诗之争折射了特定的文道理念，科场内的文道论强调文以载道，提倡士子借学习儒家经典掌握为文规范，要求考官严选载道之文。因诗非专为论道，易使考生忽视儒家经典，且难见个人道德修养，还可能危害现实政治，所以试诗为时人所质疑。科场文道论涵盖了经术与文学、文本形式与内容二端，折射了清廷以崇儒重道、经义为根柢与厘正文体的文化理念，其试图引导士子留心经典，并借助规范文体以规范士风习气。在文道语境之下，康乾二帝均强调试诗的实用功能，并赋予其诗教意义，这也影响到了考官对于试诗的论述。只是在实践中，清人仍不可避免地关注文学，讲求形式。这既与科场文道论自身的理论缺陷有关，也反映了文学在清代科举中的窘境。文是科举考试必不可少的手段，但其价值却时刻被质疑。此外，它亦折射了清廷在科举话语上的困局，尽管他们有现实的考量，却不得不借助与现实脱节的话语以描述与思考现状。

【关键词】文道；科举；试帖；试诗

乾隆二十二年（1757），清廷恢复了中断已久的科举试诗。关于清代科举为何试诗，学界已就帝王文学素养、科举制度发展、汉宋学之争、文化规制等方面进行了论述。① 此前，清廷也曾有意试诗，但皆未得施行，只是在博学鸿词科、巡召试、朝考、散馆、大考翰詹等场合考试诗歌②。可见，诗虽然可以出现在偏重文学之才的考试之中，但在成为常规化的科举考试科目时却遇到了一定阻力。

乾隆时期两次有关科举科目改革的争论或揭示了清代试诗所遭遇的阻力。一次是乾隆

---

① 帝王文学素养的相关研究参见杨春俏：《诗赋取士背景下的诗国风貌》，北京：光明日报出版社，2009 年。科举制度发展的相关研究参见唐芸芸：《清代科举加试试帖诗之探析》，《南阳师范学院学报》2010 年第 4 期；安东强：《乾隆帝、学政与试律诗》，《武汉大学学报》（人文科学版）2013 年第 5 期；刘洋：《清代科举试诗的历史原因与制度意义》，《清史研究》2021 年第 2 期。汉宋学之争的相关研究参见 Benjamin Elman：Acceleration of Curricular Reform under Ch'ing Rule before 1800, *A Culture History of Civil Examination in Late Imperial China*, Berkeley and Los Angeles：University of California Press, 2000, pp. 521-568. 文化规制的相关研究参见曹韧基：《清代试律研究》，南京大学硕士学位论文，2014 年。

② 据《试律丛话》之"诗题汇录"，在科举试诗之前，巡召试、朝考、散馆、大考翰詹等场合已有诗题。参见梁章钜著，陈居渊校点：《制艺丛话·试律丛话》，上海：上海书店出版社，2001 年，第 496~510 页。

九年（1744）兵部侍郎舒赫德要求改革科举考试内容，一次则是乾隆十一年（1746）翰林院编修杨述要求加试试律，两次提议均由内阁大学士张廷玉作为代表负责批复，皆折射了特定的文道观念。张廷玉在批复时，绝非作为普通文人提出自己的文学理念，表达个人好恶，而是出于内阁大学士的立场提出政策建议。① 通过两次奏覆可知，在清代的科举体系中，功令文体必须平衡文与道的关系。

有鉴于此，本文拟由张廷玉奏覆入手，在文道语境之下审视试诗之争，总结其所呈现的科场文道论，厘清试诗在科举常规化考试中所遭遇的阻力，进而论析这一现象所折射的清代科场文化理念，考察清代试诗政策的论述与实践，最终审视文学在清代科举之中的处境，并对科场文道论进行反思。

一、文道语境下的科场之弊

乾隆九年（1744），兵部侍郎舒赫德进言要求改进科举②，一方面就考试形式而言，他认为时文皆为"空言而不适于实用"③，对科举以文择人的选拔形式有所不满。另一方面就科场文风而言，他指出科场之文模拟成风，就四书文而言，时人并未深入学习经典，以致"墨卷房行，展转抄袭，肤词诡说，蔓衍支离"④，就五经文而论，考生亦只靠拟题速成，"其陋者，至未尝全读经文"⑤，对表、判等文体也是"预拟而得答"，策论则是"随题敷衍而无所发明"⑥，今日科场之文既不能反映士子才学能力，也无法承载儒家经典之道。

张廷玉奉旨回应了舒赫德的提议，尽管他认可舒赫德所言有可取之处，却反对任何激进的改革：

> 科举之弊，诗赋则只尚浮华，而全无实用。明经则专事记诵，而文义不通。唐赵匡举所谓"所习非所用，所用非所习，当官少称职之吏"者是也。时艺之弊则今舒赫德所陈奏是也。圣人不能使立法之无弊，在乎因时而补救之。苏轼有言："得人之

---

① 有关清代内阁的职能与地位，参见高翔：《略论清朝中央权力分配体制——对内阁、军机处和皇权关系的再认识》，《中国史研究》1997 年第 4 期。

② 《清实录》记乾隆九年有舒赫德上奏进言改革科举，又张廷玉《澄怀主人自定年谱》载乾隆八年（1743），"朝官有条奏取士之法不当专用制科，试士之法不当专用制艺者，予立持不可更张，当以仍旧为善。……廷议时动色力争，均蒙圣明鉴察而从之"。参见《高宗纯皇帝实录》卷 222，乾隆九年八月下，《清实录》第 11 册，北京：中华书局，1985 年，第 869~870 页。《澄怀主人自定年谱》卷 5，《清代诗文集汇编》第 229 册，上海：上海古籍出版社，2010 年，第 251~252 页。

③ 张廷玉：《议覆制科取士疏》，《澄怀园文存》卷 4，《清代诗文集汇编》第 229 册，上海：上海古籍出版社，2010 年，第 355 页。

④ 张廷玉：《议覆制科取士疏》，《澄怀园文存》卷 4，《清代诗文集汇编》第 229 册，上海：上海古籍出版社，2010 年，第 355 页。

⑤ 张廷玉：《议覆制科取士疏》，《澄怀园文存》卷 4，《清代诗文集汇编》第 229 册，上海：上海古籍出版社，2010 年，第 355 页。

⑥ 张廷玉：《议覆制科取士疏》，《澄怀园文存》卷 4，《清代诗文集汇编》第 229 册，上海：上海古籍出版社，2010 年，第 355 页。

道在于知人，知人之道在于责实"，盖能责实，则虽由今之道而振作鼓舞，人材自可奋兴。若谓务循名，则虽高言复古，而法立弊生，于造士终无裨益。今舒赫德所谓时文经艺，以及表、判、策论皆为空言剿袭而无用者，此正不责实之过耳。夫凡宣之于口，笔之于书者，皆空言也，何独今之时艺为然？①

张廷玉认为现行制度并无问题，而是"空言"之弊，并指出改进"空言"的关键是要能够"责实"。"责实"本自《韩非子·定法》，"术者，因任而授官，循名而责实"②，强调选拔人才的关键在于其实际能力。苏轼《议学校贡举状》也有"得人之道，在于知人，知人之法，在于责实"③ 之论，强调选拔人才的关键在于"知人"。

因此，张廷玉认为改进科举现状的关键是要能够严格衡文，从而"责实"知人。其一，他肯定八股文为载道之文，有其实用价值："且就此而责其实，则亦未尝不于适于实用，而未可概为訾诟也，何也？时艺所论皆孔孟之绪余，精微之奥旨，未有不深明书理而得称为佳文者。"④ 其二，他指出士子应学习圣贤义理，掌握为文规范，"今徒见世之腐烂抄袭，以为无用，不知明之大家，如王鏊、唐顺之、归有光、胡有信等以及国初诸名人，皆寝食梦寐于经书之中，冥搜幽讨，殚知毕精，殆于圣贤之义理，心领神会，融液贯通，然后参之经史子集以发其光华，范之规矩准绳以密其法律，而后乃称"⑤。其三，"文不如其人"的现象是个人秉性所致，非时艺之咎，"至于奸邪之人、迂懦之士，本于性成，虽不工文亦不能免，未可以是为时艺咎"⑥。其四，他提出若"责实"以求人，则各类文体皆可选拔人才，"为文虽曰小技，而文武干济、英伟特达之才未尝不出乎其中"⑦。

可见，所谓"责实"即严格甄选科场文体，选择载道之文，若能够"责实"，则必能扭转士风习气，选拔真才。这一论述以道为文的基础，文是道的附庸，但文的外在形式也有其意义，因为衡文者需要借此以选拔人才，只是写作者并不应刻意追求文辞雕琢，而是应该在学习儒家经典的过程中提升个人道德，进而掌握写作的规则。当今科场之弊皆因选拔标准未能"责实"，以致重文而轻道。张廷玉最后给出的解决方案即要求考官严格衡文，引导士风习气，云："司文衡、职课士者，果能实心仰体，力除积习，杜绝侥幸。将见数年之后，士皆束身诗礼之中，潜心体用之学，文风日盛，真才日出矣。"⑧ 不过他也

———

① 张廷玉：《议覆制科取士疏》，《澄怀园文存》卷4，《清代诗文集汇编》第229册，上海：上海古籍出版社，2010年，第356页。

② 韩非子著，王先慎撰，钟哲点校：《韩非子集解》卷17，北京：中华书局，2003年，第397页。

③ 苏轼著，孔凡礼点校：《苏轼文集》卷25，北京：中华书局，1986年，第723页。

④ 张廷玉：《议覆制科取士疏》，《澄怀园文存》卷4，《清代诗文集汇编》第229册，上海：上海古籍出版社，2010年，第356页。

⑤ 张廷玉：《议覆制科取士疏》，《澄怀园文存》卷4，《清代诗文集汇编》第229册，上海：上海古籍出版社，2010年，第356页。

⑥ 张廷玉：《议覆制科取士疏》，《澄怀园文存》卷4，《清代诗文集汇编》第229册，上海：上海古籍出版社，2010年，第357页。

⑦ 张廷玉：《议覆制科取士疏》，《澄怀园文存》卷4，《清代诗文集汇编》第229册，上海：上海古籍出版社，2010年，第357页。

⑧ 张廷玉：《议覆制科取士疏》，《澄怀园文存》卷4，《清代诗文集汇编》第229册，上海：上海古籍出版社，2010年，第357~358页。

承认，这一建议"特就文学而言耳"①。

简言之，为了避免激进的改革，张廷玉论述了一种理想的科场文道关系以引导科场的衡文标准，规范士风，从而解决现实问题。强调科场当以道为先，考官应严选载道之文，士子当根柢于经典，若能以道为根本则自能作佳文。

二、试诗与科场文道论之龃龉

舒赫德上书之时，诗尚未被正式列入各级科举考试中。张廷玉认为并无必要试诗，一是因为诗赋"只尚浮华，而全无实用"，二则"表者，赋颂之流，是诗赋亦未尝尽废"，②可见他认为诗并不符合科场文道关系，而现行的表文完全可以替代诗。乾隆十一年（1746），以张廷玉为代表的诸臣又进一步阐释了反对诗赋取士的理由。其时翰林院编修杨述明确提出因表判文剿袭成风，不如以五言八韵诗来替代。张廷玉等则批驳曰：

> 臣等查，设科取士，近代试以文艺，原非专尚词华。……又称，表题不论古今，随时互出，五判易以五言排律八韵等语。查，表以标著事绪，在辞旨明畅，声律精切，若果学富词充，即诗才赋手，皆已兼之。如随俗备拟，勉强凑成，无论古今，皆可率应，仍不免雷同。至五判，原欲士子留心律文，俾引经议制，详慎刑章。若易以律诗，则风云月露之词，不免为李锷（按《北史·李谔传》作"李谔"）所讥。且仅仅五言数韵，尤易凑合，更难以杜剿袭。③

其驳论基于两点，一是从文体功用而言，他指出表判二体具有相对实用的功能。二是从文道观念出发，指出若以诗取士，则有"崇尚辞华"的倾向，让时人重文轻道。张廷玉所提及的"风云月露""为李锷所讥"，应是指李谔上书隋高祖所言："江左齐、梁，其弊弥甚，贵贱贤愚，唯务吟咏。遂复遗理存异，寻虚逐微，竞一韵之奇，争一字之巧。连篇累牍，不出月露之形，积案盈箱，唯是风云之状。"④"风云月露"之论体现了"以儒术囊括文学"⑤的倾向，李谔上书是为了配合隋高祖革除浮靡文风的实际需要，他批评齐梁之间，朝野上下皆重文而轻道，一方面时人皆重视文辞形式的雕琢，另一方面，其时文学的创作主题注重对于自然风物的吟咏，却忽视对于儒家经典的阐发。

---

① 张廷玉：《议覆制科取士疏》，《澄怀园文存》卷 4，《清代诗文集汇编》第 229 册，上海：上海古籍出版社，2010 年，第 358 页。

② 张廷玉：《议覆制科取士疏》，《澄怀园文存》卷 4，《清代诗文集汇编》第 229 册，上海：上海古籍出版社，2010 年，第 357 页。

③ 《高宗纯皇帝实录》卷 275，乾隆十一年九月下，《清实录》第 12 册，北京：中华书局，1985 年，第 591~592 页。

④ 《北史》卷 77《李谔传》，北京：中华书局，1974 年，第 2614~2615 页。

⑤ 葛晓音：《论唐代的古文革新与儒道演变的关系》，《中国社会科学》1987 年第 1 期，第 121 页。葛晓音亦指出，李谔此论"显然是要用六经代替诗歌，彻底否定文学存在的必要性"。参见《论汉魏六朝诗教说的演变及其在诗歌发展中的作用》，赵利民主编：《儒家文艺思想研究》，北京：中华书局，2003 年，第 474 页。

张廷玉援引李谔的"风云月露"之论，说明诗并不符合科场文体重道轻文的要求，还可能会给现实政治带来危害，颓靡的文风会使得世人重文轻道，忽视作为政权根基的儒家经典，进而影响现实政治。对于杨述改革科举的建议，他仍是以主司谨慎衡文作为解决方案，提出"惟在司文柄者，精心衡鉴，实意旁求，果能不为浅学眯目，则甄拔皆佳士"①。

结合张廷玉《古文雅正序》②的"风云月露"，则更可见其为何认为"风云月露"有害现实政治：

> 昔人之论古文也，其类有四，曰辞命，曰议论，曰论事，曰论理，究之辞命、议论、论事莫不贯于理。惟贯于理，则内有以关乎身心意知之微，而外有以备乎天下国家之用。故夫性命之文约而达，赡而精，奥博而有体要。他若傲诡幻怪，卮词蔓衍，与夫月露风云，连篇累牍，大雅弗尚也。……予综观其目，上下二千年中仅收文二百有奇，醇正典则，悉合六经之旨，而傲诡幻怪、风云月露之词不与焉。所谓合辞命、议论、论事而一贯于理者也。③

他以"风云月露"为不合六经之旨之作。值得注意的是"昔人之论古文"之论，似指真德秀《文章正宗》，只是《文章正宗》以"辞命""议论""叙事""诗赋"④分文章类目，其选录标准亦是"明义理而切世用"⑤。理学家真德秀并不完全排斥"诗赋"，认为诗赋也有其义理所在：

> 或曰：此编以明义理为主，后世之诗，其有之乎？曰：三百五篇之诗，其正言义理者盖无几，而讽咏之间，悠然得其性情之正，即所谓义理也。后世之作，虽未可同日而语，然其间兴寄高远，读之使人忘宠辱、去系客，翛然有自得之趣，而于君亲臣子大义，亦时有发焉。其为性情心术之助，反有过于他文者。盖不必专言性命而后为关于义理也，读者以是求之，斯得之矣。⑥

真德秀关注诗对于现实个人教化的影响，为此他将性情与义理相等同，认为《诗经》帮

① 《高宗纯皇帝实录》卷275，乾隆十一年九月下，《清实录》第12册，北京：中华书局，1985年，第592页。

② 詹福瑞、吴蔚认为张廷玉此序中的言论有为雍正代言之意，此书亦可被视为雍正朝间代表官方观点的古文选。参见《雍正与张廷玉之文笔交往及其文学影响》，《中国文学研究》2013年第3期。

③ 张廷玉：《古文雅正序》，《澄怀园文存》卷7，《清代诗文集汇编》第229册，上海：上海古籍出版社，2010年，第396~397页。

④ 真德秀：《文章正宗》纲目，《景印文渊阁四库全书》第1355册，台北："商务印书馆"，1986年，第5页。

⑤ 真德秀：《文章正宗》纲目，《景印文渊阁四库全书》第1355册，台北："商务印书馆"，1986年，第5页。

⑥ 真德秀：《文章正宗》纲目，《景印文渊阁四库全书》第1355册，台北："商务印书馆"，1986年，第7页。

助读者正其性情就是义理，而这一教化作用甚至远超其他文体，是诗独有的特色。因为他相当看重诗歌的教化作用，所以他对于诗歌题材的选择非常谨慎，刘克庄云："《文章正宗》初萌芽，西山先生以诗歌一门属余编类，且约以世教民彝为主，如仙释、闺情、宫怨之类，皆勿取。"① 但真德秀并非全然否定那些无关政教而关注个人情感的诗歌，他认为这样的诗能够让人有翛然自得之趣，亦可谓涵养性情。

张廷玉的论述则刻意忽视了诗的教化功用，否定其对于个人道德修养与家国天下的现实作用。其以"论理"替代了"诗赋"，并且提出昔人论古文之关键为"辞命""议论""论事"与"论理"相通。就"论理"而言，其内可关乎个人道德修养，外可致天下家国之用，其余所谓"辞命""议论""叙事"又皆与"论理"贯通，而被刻意忽略的"诗赋"似乎就缺乏了相应的现实功用。

从文道论出发以观试诗，可见两者之间多有龃龉，首先，从书写主题而言，诗不同八股，并非专论儒家经典，不可谓之载道。其次，试诗易使考生忽视对于经籍的学习，同时其形式要求相对复杂，会使得考生转而专攻文辞雕琢。再次，诗较之其他科场文体，难见个人道德修养，亦无实际功用，更有可能危害现实政治。

三、科场文道论所折射的科场文化理念

科场文道论呈现了重道轻文的倾向，折射了清代科举内的两个冲突，第一是文学与经术的冲突，② 科举本意并非为考查考生的文学素养，而是为了引导士人关心儒家经典，提升其道德学问，使之成为可用之人；第二则是文本的内容与形式的冲突，重道而抑文就是希望考官能够从考生所作文章中见其人品心术，而非关注其文辞。此又与自顺治至乾隆以来清廷一以贯之的文化理念密不可分。

"崇儒重道"是清代科举体系一以贯之的理念。顺治十年（1653）上谕："国家崇儒重道，各地方设立学宫，令士子读书，各治一经，选为生员。"③ 顺治十二年（1655）上谕云："朕惟帝王敷治，文教是先。臣子致君，经术为本。"④ 可见经术在清代科举的知识体系中具有举足轻重的地位。康熙年间的八股文兴废亦可为一证，康熙二年（1663），清廷曾拟定乡会试"停止八股文，改用策、论、表、判"⑤。但康熙四年（1665），礼部右侍郎黄机进言请求恢复八股，原因之一即恐士子会因不习八股，以致忽视圣贤之学，曰："今甲辰科止用策论，减去一场，似太简易，恐将来士子剿袭浮辞，反开捷径。且不

---

① 刘克庄撰，王秀梅点校：《后村诗话》卷 1，北京：中华书局，1983 年，第 4 页。

② 此处借鉴了刘海峰的相关论述，他提出："从唐代至元代科场中存在错综复杂的经术与文学之争。"参见《科举制与儒学的传承繁衍》，《中国地质大学学报》（社会科学版）2009 年第 1 期，第 7 页。

③ 《世祖章皇帝实录》卷 74，顺治十年四月，《清实录》第 3 册，北京：中华书局，1985 年，第585 页。

④ 《世祖章皇帝实录》卷 90，顺治十二年三月，《清实录》第 3 册，北京：中华书局，1985 年，第 712 页

⑤ 《圣祖仁皇帝实录》卷 9，康熙二年四月至八月，《清实录》第 4 册，北京：中华书局，1985 年，第 154 页。

用经书为文，则人将置圣贤之学于不讲，恐非朝廷设科取士之深意。"① 足见"圣贤之学"正是清代科举知识体系的根基。

相应的是清廷一直标举儒家经典是为文根柢，科举取士看重的是根源于儒家经典的人品道德，而词章不过为枝叶。康熙四十一年（1702），康熙帝训饬士子"从来学者，先立品行，次及文学，学术事功，源委有叙"②。雍正八年（1730）殿试策问云："国家造士之典至渥，所期于士者至厚，非专以文词相尚也，必崇实学、敦实行，处则为经明行修之彦，出则为通方致远之材，始克副长育造就之至意。"③ 乾隆三年（1738），乾隆帝云："士人以品行为先，学问以经义为重。故士之自立也，先道德而后文章；国家之取士也，黜浮华而崇实学。"④ 乾隆十四年（1749），其又强调："圣贤之学，行本也，文末也。而文之中，经术其根柢也，词章其枝叶也。"⑤

因此，对于文的一切形式要求，归根结底是为阐发圣贤之道的内容。清廷对八股文提出了"清正雅正"的衡文标准，兼论理、辞二端。⑥ 其背后逻辑即科场文风有关士风习气，可见个人是否领会圣贤义理。雍正十年（1732），雍正帝提出了对于八股文的衡文标准："虽风尚日新，华实并茂，而理法辞气，指归则一。近科以来，文风亦觉丕变，但士子逞其才气辞华，不免有冗长浮靡之习。是以特颁谕旨，晓谕考官。所拔之文，务令雅正清真，理法兼备。"⑦ 虽其对体裁格律、理法辞气有所要求，但皆是以见圣贤义蕴为要旨。乾隆帝继续标举清真雅正的衡文标准，乾隆三年（1738），他再次告谕考官："凡岁、科两试以及乡、会衡文，务取雅正清真，法不诡于先型，辞不背于经义者，拔置前茅，以为多士程式。"⑧ 乾隆五年（1740），其明确提出"其文也，即其道也"，曰："道统学术，无所不该，亦无往不贯。……古人鉴盘几杖，有箴有铭，其文也，即其道也。今则以词藻相尚，不过为应制之具，是歧道与文而二之矣。"⑨ 虽言道合一，却意在说明文应为载道

① 《圣祖仁皇帝实录》卷14，康熙四年正月至三月，《清实录》第4册，北京：中华书局，1985年，第221页。

② 《圣祖仁皇帝实录》卷208，康熙四十一年五月至闰六月，《清实录》第6册，北京：中华书局，1985年，第116页。

③ 《世宗宪皇帝实录》卷93，雍正八年四月，《清实录》第8册，北京：中华书局，1985年，第241页。

④ 《高宗纯皇帝实录》卷79，乾隆三年十月下，《清实录》第10册，北京：中华书局，1985年，第243页。

⑤ 《高宗纯皇帝实录》卷352，乾隆十四年十一月上，《清实录》第13册，北京：中华书局，1985年，第860页。

⑥ 高明扬、蒋金星："'清真雅正'是清代科举八股文的衡文标准。'清真'主要针对理而言，'雅正'针对辞而言。"参见《清代文化政策对八股文衡文标准的影响》，《武汉大学学报》（人文科学版）2005年第4期，第480页。

⑦ 《世宗宪皇帝实录》卷121，雍正十年七月，《清实录》第8册，北京：中华书局，1985年，第602页。

⑧ 素尔讷等纂修，霍有明、郭文海校注：《学政全书》，武汉：武汉大学出版社，2009年，第28页。

⑨ 《高宗纯皇帝实录》卷128，乾隆五年十月上，《清实录》第10册，北京：中华书局，1985年，第875~876页。

服务，徒有形式之文并不值得推崇。

但是，科举选拔又有赖于对考生文章的评判，所以文学的外在形式本身有其不可替代性，清廷认为文风关乎士风，为此多次厘正科场文体。康熙帝将道德文章视为一事，认为明道者自能作佳文，云："从来道德文章，原非二事。能文之士，必须先明理；而学道之人，亦贵能文章。朕观周程张朱诸子之书，虽主于明道，不尚辞华，而其著作，体裁简要，晰理精深，何尝不文质灿然，令人神解意释。"① 雍正帝为了改善考官衡文有失的情况，在雍正四年（1726）对在京科目出身官员进行了考核，告诫诸考官谨慎衡文："夫文行原无二理，岂有文艺优通，而品行卑劣者？况国家以文章取士，尔等以文章发科，今膺鉴衡之任，若文优而行劣，使天下之人谓文章一道，全无足凭，则是读书通籍之人，贻玷于名教，国法尚可容乎？"② 雍正十三年（1735），他提出"文以载道，与政治相通"③，鄙弃文辞雕琢，要求"必理为布帛菽粟之理，文为布帛菽粟之文"④。乾隆元年（1736），乾隆帝命词臣编选《钦定四书文》以示标准，⑤ 乾隆时期编订《学政全书》内有专门的"厘正文体"一节，足见清廷对此事的重视。

简言之，自顺治至乾隆时期，清廷对科举一直秉持着崇儒重道、经义为根柢与厘正文体这三样文化理念，试图引导士子留心经典，借助规范文体以规范士风习气，凡此种种构成了科场道论的文化背景。

四、文道语境下的试诗论述与实践

虽然科场文道论建构了看似理想的解决方案，但一些现实的问题，诸如文风剿袭、预先拟题等仍然是客观存在的，所以最终科举仍然需要改良以改变现状。

康乾二帝均将试诗视作改良科场现状的手段。早在康熙五十四年（1715），康熙帝就曾问诸臣："至于表、判，诸士子皆是平日熟读现成文字，进场之后一惟抄写，并不用做。此或易之以诗，可乎？"⑥ 诸臣对此建议敷衍塞责，试诗未得施行。乾隆帝虽然得以成功将诗加入科举之中，但亦费了一番周章。张廷玉已于乾隆二十年（1755）去世，且此前乾隆帝已借故打击其朋党。⑦ 乾隆二十二年，其利用会试之年不许陈奏科场事宜的相

---

① 《圣祖仁皇帝实录》卷120，康熙二十四年三月至四月，《清实录》第5册，北京：中华书局，1985年，第263页。

② 《世宗宪皇帝实录》卷43，雍正四年四月，《清实录》第7册，北京：中华书局，1985年，第633页。

③ 素尔讷等纂修，霍有明、郭文海校注：《学政全书》，武汉：武汉大学出版社，2009年，第27页。

④ 素尔讷等纂修，霍有明、郭文海校注：《学政全书》，武汉：武汉大学出版社，2009年，第27页。

⑤ 素尔讷等纂修，霍有明、郭文海校注：《学政全书》，武汉：武汉大学出版社，2009年，第27页。

⑥ 中国第一历史档案馆整理：《康熙起居注》，第3册，北京：中华书局，1984年，第2145页。

⑦ 乾隆帝与张廷玉的关系，参见徐凯：《论雍乾枢要之臣张廷玉》，《北京大学学报》（哲学社会科学版）1992年第4期。

关规定与南巡在外的便利，绕开了群臣干扰，① 规定自当年会试始，科举第二场以诗替去表文。在论述时，乾隆帝特别强调试诗的实用功能。他对乡试中表文等文体进行了删除，但却规定会试需试表文，为试诗的合理性埋下伏笔，其指科举非为取"繁文虚饰"，所以应当对考试文体进行删减，曰："且设科立法程材，无取繁文虚饰，今士子论表判策，不过雷同剿说，而阅卷者亦止以书艺为重，即经文已不甚留意，衡文取士之谓何，此甚无谓也。……嗣后乡试第一场，止试以书文三篇，第二场，经文四篇，第三场，策五道，其论、表、判概行删省。"② 而他又规定会试需要考试表文，因为通过会试的考生可能会成为文学侍从的翰林，所以像表文这样对文学形式有所要求的文体也就具有了一定的实用功能，曰："至会试，则既已名列贤书，且将拔其尤者，备明廷制作之选，淹长尔雅，斯为通材。其第二场，经文之外，加试表文一道。"③ 至乾隆二十二年（1757），乾隆帝又进一步规定以诗替换表文，他着重强调了试诗对科场现状的改进，诸如写作迅捷、避免预先拟题、便于考官阅卷等。④

虽然康乾二帝均是从改良科场现状的实用角度提出试诗，但他们的论述也受制于科场文道论所生成的文化背景，因此需要为试诗作出符合科场文道理念的价值定位。⑤ 如康熙十七年（1678）开博学鸿词科，博学鸿词科虽是以诗赋为主⑥，但康熙帝发布谕令则强调以"崇儒重道"⑦ 作为培养人才的基石，如此方有"学问渊通，文藻瑰丽"⑧ 之士。乾隆二十二年二月，乾隆帝提出试诗有"挖扬风雅"之意，曰："会试第二场表文，昨经降旨改试唐律，挖扬风雅，本士人所当留意。"⑨ 从道而言，"风雅"在知识源流上将试诗与儒家经典《诗经》关联，同时"挖扬风雅"也有强调诗歌教化之义，赋予了试诗现实

---

① 参见刘洋：《清代科举试诗的历史原因与制度意义》，《清史研究》2021 年第 2 期。康乾二朝君臣就试诗博弈的详情，亦可参见此文。

② 《高宗纯皇帝实录》卷 526，乾隆二十一年十一月上，《清实录》第 15 册，北京：中华书局，1985 年，第 625 页。

③ 《高宗纯皇帝实录》卷 526，乾隆二十一年十一月上，《清实录》第 15 册，北京：中华书局，1985 年，第 625 页。

④ 试诗对于改良清代科举现状的相应意义，唐芸芸与刘洋论之甚详，参见唐芸芸：《清代科举加试试帖诗之探析》，《南阳师范学院学报》2010 年第 4 期，刘洋：《清代科举试诗的历史原因与制度意义》，《清史研究》2021 年第 2 期。

⑤ 清代帝王面临的处境与宋人相似，张健提出，宋代理学家贬斥文章，当理学成为官方理念后，在科举制度层面上，"是否应考诗赋就成为了问题"，"因而理学面对文章，也必须有相应的价值调整"。参见张健：《知识与抒情：宋代诗学研究》，北京：北京大学出版社，2015 年，第 472~473 页。

⑥ 清代博学鸿词科诗赋取士的相关情况，参见肖鸿：《清代博学鸿词科的诗赋取士及其它》，《南京师范大学文学院学报》2015 年第 3 期。

⑦ 《圣祖仁皇帝实录》卷 71，康熙十七年正月至二月，《清实录》第 4 册，北京：中华书局，1985 年，第 910 页。

⑧ 《圣祖仁皇帝实录》卷 71，康熙十七年正月至二月，《清实录》第 4 册，北京：中华书局，1985 年，第 910 页。

⑨ 《高宗纯皇帝实录》卷 532，乾隆二十二年二月上，《清实录》第 15 册，北京：中华书局，1985 年，第 702 页。

的政治功用；就文而论，在中国文学批评中"风雅"也代表着去除浮靡的审美追求，①
因此，"风雅"既对抗了"只尚浮华"的指责，也回应了整饬文风的要求。此后，清代各
层级的科举考试也逐步将试诗纳入考试范围。②

相应的是，考官在乡试策问中论述诗学知识的相关问题时，往往会提及试诗的诗教意
味与政治功用，可见此二语亦是考官对于试诗的共识。比如纪昀在乾隆二十四年（1759）
山西己卯科乡试策问中加入了诗学提问，他提出："我皇上慎重科名，振兴风雅，乡试二
场，削去表判，加试五言唐律一首，则五言唐律，诸生所当究心者也。"③ "科场试诗之
命，行之三年矣，必有潜心声律，和声以鸣国家之盛者，其悉对无隐。"④ "风雅"是乾
隆帝所标举的试诗目的，而"鸣国家之盛"则体现了试诗对现实政治的意义。同年，钱
载在广西乡试策问中考查了考生对于诗学源流的了解，曰："兹蒙钦定科制第二场试以唐
律，则夫诗学源流正士林所宜熟讲。……诸生试取汉魏两晋南北朝、三唐两宋、辽金元明
逮我本朝诸诗家沿流讨源，第代举其大者论列之，已足以观师法。傥其融贯三百之大义，
切于治道者以为言，斯固朝廷期待士子实学，如授之以政，使于四方者也，则尤有厚望
焉。"⑤ 他指出诗学知识的阐释也应"切于治道"，蕴含了清廷对士子"实学"的期待。

但在实践中，试诗仍然呈现了重文轻道的倾向。前已言之，清代的科场文道论包含了
文学与经术、内容与形式两个层面。先就文学与经术而论，既已试诗，时人的注意力则不
可避免地被文学吸引，试以功令初下时的二诗为例，乾隆二十四年（1759），袁枚作《香
亭自徐州还白下将归乡试作诗送之》云："圣主崇诗教，秋闱加六韵。今年得科第，比我
更风华。五字清商脆，三条画烛斜。相期呼小宋，追步八砖花。"⑥ 显示了擅诗者因试诗
可见个人文采而欣喜。赵翼有组诗《乡试分校杂咏》，应是记乾隆二十七年（1762）
事⑦，其中《选韵》一首："令甲初添试帖新，主司选择为胪陈。《华严》字母删奇险，
《韶濩》诗林取雅驯。叉手挥成知几辈，吟髭拈断定多人。最先一字休忘却，御笔当头耀
炳麟"⑧，揭示了不谙作诗的普通举子不得不花费更多的精力以习诗。

---

① 参见李天道：《"雅正"诗学精神与"风雅"审美规范》，《成都大学学报》（社会科学版）
2004 年第 1 期。

② 参见安东强：《乾隆帝、学政与试律诗》，《武汉大学学报》（人文科学版）2013 年第 5 期。

③ 纪昀著，孙致中、吴恩扬、王沛霖、韩嘉祥校点：《纪晓岚文集》第 1 册，石家庄：河北教育
出版社，1991 年，第 266 页。

④ 纪昀著，孙致中、吴恩扬、王沛霖、韩嘉祥校点：《纪晓岚文集》第 1 册，石家庄：河北教育
出版社，1991 年，第 267 页。

⑤ 钱载：《箨石文集》卷 4，《清代诗文集汇编》第 314 册，上海：上海古籍出版社，2010 年，第
292 页。

⑥ 袁枚著，周本淳标校：《小仓山房诗集》卷 15，《小仓山房诗文集》上册，上海：上海古籍出
版社，1988 年，第 329 页。又，方濬师指此诗作于乾隆二十四年，但"六韵"当作"八韵"。参见方濬
师著，盛冬铃点校：《蕉轩随录》卷 5，北京：中华书局，1995 年，第 203~204 页。

⑦ 法式善："壬午乡试，赵瓯北编修翼分校作秋闱杂咏诗，一时传诵。"《槐厅载笔》卷 20，沈云
龙主编：《近代中国史料丛刊第 32 辑》（315 册），台北：文海出版社，1969 年，第 679 页。

⑧ 赵翼著，李学颖、曹光甫点校：《瓯北集》卷 9，上册，上海：上海古籍出版社，1997 年，第
172 页。

再从内容与形式而言，乾隆朝时期的许多朱卷批语都是从艺术形式层面出发，加以评点。① 兹举数例，乾隆三十六年（1771）辛卯科会试方昂朱卷批语曰："典切流丽，气格雅近初唐。"② 乾隆三十九年（1774）甲午山东乡试谢显谟朱卷批语云："其工丽如彩错镂金，其宕逸如流风回雪，具此才情知为诗学，最为擅场，阮亭、秋谷而后有嗣音。"③ 乾隆六十年（1795）乙卯科山西乡试甲桂仁朱卷批语云："清新俊逸。"④ 这些批语尽管考试层级、考试时间、考试地区都不相同，但均聚焦于诗歌的艺术形式特征，毕竟，科场试帖诗都是围绕诗题所限定的特定主题来写作的，它们在表现主题上几乎千人一面，所以很难从发扬政教功用的内容角度来进行选拔。

五、结　语

要之，清代的科场文道论以道为本，文为末，清廷期待考生借学习经典以提升自我，提倡考官严选载道之文以选拔人才。在文道语境之下试诗之所以被质疑，一是因为诗并非直接阐释儒家经典，可能会使得考生专心于文学而偏离经术。二是因为诗的形式要求更为复杂，考官仍然需要从文辞出发选拔考生，背离了道本文末的原则。科场文道论折射了清廷以崇儒重道、经义为根柢与厘正文体的文化理念，包含着清廷借规范文风以规范士风的期待。即使是帝王在论述试诗时，也会受制于相应的文化背景，因而需要标举试诗与儒家价值理念的关系，并一再强调试诗并非意在追逐文辞形式。相应的是，考官在论述试诗时亦会强调其诗教意味与政治功用。

诚然，试诗对于改良科举存在的现实问题确有裨益，但它与理想的科场文道论之间还存在一定落差。究其原因，从文学与经术、形式与内容的关系而言，虽然科场文道论重道而轻文，以文为儒家经典附庸，但即使考官在选拔八股文时，也免不了从"理法辞气"入手，以求"清真雅正"之文，⑤ 也就是说文学的外在形式在选拔过程中本就有着不可替代的作用。

试诗之争折射的是文学在清代科举内的窘境，文是科举考试必不可少的手段，但它的价值却又不断被质疑。科举以文取士的内在逻辑是借助文章来选拔掌握儒家之道的有德之才，但清廷又唯恐考生会图重文辞，因此不断强调道为本文为末，在实践过程中确实又衍生出了文章剿袭模拟等流弊。虽然试诗可以在一定程度上缓解现实的危机，比如其多样化的诗题可降低预先拟题的可能，但是却无法改变由文择人的现实，甚至可能让应试者的注意力进一步转移到文学之上。因此，试诗这一举措才会被屡屡提及却又被反复拖延。要合理化试诗，惟有将之与诗教传统联系，赋予其现实的政治意义，虽然实际中的试诗仍然是倚重对诗歌形式的评判，而非衡量其中的道德力量。

---

① 关于乾隆时期，科场试帖诗的评判标准详情，参见陈圣争：《乾隆时期试律诗艺术风格探析》，《文学与文化》2019 年第 1 期。

② 顾廷龙主编：《清代朱卷集成》第 3 册，台北：成文出版社，1992 年，第 356 页。

③ 顾廷龙主编：《清代朱卷集成》第 210 册，台北：成文出版社，1992 年，第 391~392 页。

④ 顾廷龙主编：《清代朱卷集成》第 209 册，台北：成文出版社，1992 年，第 21 页。

⑤ 参见龚延明、高明扬：《清代科举八股文的衡文标准》，《中国社会科学》2005 年第 4 期。

此外，文道语境下的试诗之争或许还揭示了清廷在与科举有关话语①上的困局。他们一方面希望借助科举以推广文教，端正士风习气，因此对于道的强调与对于文的贬斥正满足了这一需求；但另一方面他们也敏锐地觉察到，现有的制度无法保证考官能够通过八股文选择名实相符的人才，同时士子也并不如其料想中那样研习儒家经典。尽管他们可能有着极其现实的考量，但是却只能使用一套固有的基于儒家价值理念话语来描述与思考现状，虽然这套话语已经与现实脱节。

（作者单位：武汉大学中国传统文化研究中心）

---

① 此处借鉴了福柯有关话语的观点，"当福柯讨论话语时，他侧重于约束和限制；他意识到，我们可以潜在表达无限种类的句子，但令人惊讶的是，事实上，我们选择在非常狭窄的限制内说话"。萨拉·米尔斯：《导读福柯》，潘伟伟译，重庆：重庆大学出版社，2017年，第57页。同时也参考了本杰明·艾尔曼的观点，他提出："引自经典的政治语言是晚期帝国意识形态主张的体现。皇帝、朝臣、军官、士绅都借经典为他们对公共及私人事务的垄断辩护。"参见本杰明·艾尔曼：《经学、政治和宗族——中华帝国晚期常州今文学派研究》，赵刚译，南京：江苏人民出版社，1998年，第223页。

以 "书教" 为义：章学诚《左传》文章批评思想

□ 李耀威

【摘要】作为史学思想家，章学诚构建出以《尚书》为源头的 "书教" 谱系，《左传》是其 "大宗"，传承 "书教" 宗旨，可为史书与文章写作之楷模。基于此，章学诚在分析《左传》文章特征时，着重关注其传经之体、体直神圆、详略得宜、不能旁通四大特点，刻意忽视其异事、言辞、笔法等部分。科举教育革新是章学诚弘扬 "书教"、实现其文化理想的重要途径。他强调应该对科举教育思想中的直接功利因素加以限制，对教学内容加以扩展和延伸，从而使八股文跳出单纯应试窠臼，达到与儒家经典直接沟通、追求超功利的深层精神价值之目的。章学诚《左传》文章批评是他社会变革方案的重要组成部分。在具体教育实践中，他着重强调《左传》在文体、"入口气"、叙事、论人方面可以作为八股文写作的重要参考。然而，在带有浓厚个人色彩的理论体系中，章学诚对儒家经典展开历史化定位与解读，其主观意愿是将人们从八股束缚中解脱出来，客观上却使经典的 "同时代性" 特征遭到削弱；再加上他对科举制度的妥协，最终导致他的《左传》文章批评实际影响有限。尽管其中隐含着复杂的矛盾与痛苦，这依然可称为中国古典《左传》文章批评的最后一次创新尝试。

【关键词】章学诚；书教；左传；文章批评

章学诚从思想家的高度审视儒家经典与清代科举之间的关系，大胆背时弃俗，建构出以《尚书》为源头与核心的 "书教" 谱系，在扩展学术思想视野的同时，从根本上动摇了清代官方经学、乾嘉汉学根基。在这一谱系中，《左传》上承思想经典，下启史学与文章两路脉络，占据重要转捩位置。无论是从史实探索视角还是从思想研究视角看，今日再来重新审视章学诚《左传》文章批评思想，仍有重要意义。

章学诚文章批评思想研究在 20 世纪初就已经开始，迄今所取得的研究成果已经基本涵盖相关重要方面。黄兆强《章学诚研究述评：1920—1985》第四章《章学诚文学思想研究之述评》已经有较详细梳理。① 具体到《左传》文章批评方面，民国时期有学者予

---

① 黄兆强：《章学诚研究述评：1920—1985》，台北：学生书局，2015 年。

以初步探讨，如张煦侯认同章学诚《左传》文章批评思想，并将其归纳为，写文章需要知晓师承；当以完整的经史著作为范本，不能以选本为法；不能为求速成而蹈袭轻、清、圆、转等风格。① 20 世纪后半叶，"古典文章学"这一研究视角淡出学界，马克思主义视角成为主流。在这一大背景下，施丁、汪杰等学者以"历史文学"为切入点对章学诚上述思想加以探讨。② 21 世纪以来，相关研究逐渐走向细致与深入，例如何诗海剖析了在"六经皆史"这一核心观点笼罩下章学诚文体观的内涵及意义。③ 总之，努力复归章学诚展开思考的历史语境，探究其理论观点的本意并理清其观点之间复杂互动关系，这是章学诚文章批评思想研究的趋势和目标。

一、"书教"谱系：背景与框架

从现存著作来看，"书教"贯穿于章学诚理论建树、修史实践、文章教学等多个方面。理论探讨使他可以详细表述自己的观点，地方志编修在一定程度上使他的修史理想得以实现；文章教学使他有机会讲授、传播自己的文章批评思想。这一切都表明"书教"在章学诚思想中占据核心位置。

（一）精神背景

不拘时俗是章学诚"书教"谱系的精神特质，也是理解他的《左传》文章批评思想的背景与基础。章学诚生活在清代独特的政治环境及由此而形成的朴学风气中，他能够大胆地冲破各种限制，最终成为一位历史理论家，这应当首先得益于他敏锐的学术感知能力。在家书中，章学诚自述其学习经历时就提到早年读《函史》即察觉其中有不妥之处（《家书三》），还曾经着手重编史书（《家书六》）。"综观实斋文史理论之成长过程，最初得力于方志之编修（《和州志》），稍后则颇资于《史籍考》之撰纂。"④ 史书编写实践对他的思想产生决定性影响。成年后，章学诚自述其学术特质是："高明有余，沉潜不足"，"神解精识，乃能窥及前人所未到处"。（《家书三》）此处"高明"与"沉潜"相对，语出《尚书·洪范》。陈振风指出，在章学诚的著作中，这组概念共出现过六次。在逐一分析之后，他得出十条结论，其中之一是"高明多独断，沉潜尚考索"⑤。日本学者山口久和从更为宏大的学术史层面观照章学诚这一自述："高明"与"沉潜"是两种不同的"人类知性类型"；这组概念可以与《文史通义·浙东学术》一篇联系起来，它们与浙东、浙西学风一一对应，"在学术上专家之浙东优越于博雅之浙西"。⑥ 总之，在钻研举

① 张煦侯：《章实斋之作文教学法》，《江苏教育》1937 年第 4 期。

② 施丁：《章学诚的历史文学理论》，《学术月刊》1984 年第 5 期。汪杰：《论刘知幾、章学诚关于历史文学的理论》，《西南师范大学学报》（人文社会科学版）1992 年第 1 期。

③ 何诗海：《"六经皆史"与章学诚的文体观》，《中山大学学报》（社会科学版）2013 年第 3 期。

④ 余英时：《论戴震与章学诚——清代中期学术思想史研究》，北京：生活·读书·新知三联书店，2012 年，第 48 页。

⑤ 陈振风：《章学诚的学术思想》，台北：大安出版社，2014 年，第 60 页。

⑥ 山口久和：《章学诚的知识论——以考证学批判为中心》，王标译，上海：上海古籍出版社，2006 年，第 191 页。

业时代，少年章学诚不惜花费精力重编史书；在崇尚汉学时代，章学诚沉浸于史学——对两种时俗“多所忽略”，是一种学术上的“胆”与“识”，为章学诚《左传》文章批评奠定重要精神基础。

（二）基本框架

“书教”谱系的建构意味着章学诚在重新定位《左传》的学术背景与意义框架。他以敏锐的学术感知能力将《左传》定位于三代以下、《周官》之教与《尚书》之法断绝后、《春秋》赓续其脉的宏大框架中。章学诚提出“六经皆史”的口号，力倡事理相合，力诋乾嘉考据学风，并分别以《尚书》和《诗经》为基础建构出了“书教”和“诗教”两大谱系。两词出自《礼记·经解》，“书教”包含着史书之文，“诗教”包含着文学之文，它们是并列的，无高下之分，也无对立纷争。然而在章学诚的理论观念中，由于他持坚定的“六经皆史”立场，“诗教”与“书教”的这种存在状态就变得可疑起来。他认为，基于“左史”与“右史”之别而将《尚书》划入“记言”范畴的传统做法缺乏《周官》制度性证据，忽视儒家典籍内在统一性，因而他对上述传统区分的可靠性给予根本否定。之后，他借用孟子的经典表述开始建构新谱系：

> 孟子曰：“王者之迹息而《诗》亡，《诗》亡然后《春秋》作。”盖言王化之不行也，推原《春秋》之用也。不知《周官》之法废而《书》亡，《书》亡而后《春秋》作。则言王章之不立也，可识《春秋》之体也。（《书教上》）①

章学诚于此处对孟子之言做大尺度发挥。他首先重新确认两大思想源头：《周官》记录先王制度，《尚书》基于先王之制而言事兼载，两书都符合他“古人未尝离事而言理”“未尝分事、言为二物也”的核心观念。然后，章学诚指出孟子对历史的解读存在缺陷从而建立自己的经典谱系：孟子原文以“《诗》亡”作为连结王道绝迹与《春秋》产生的桥梁，他认为孟子仅仅指出《春秋》之“用”，即只从外部现实政治功能角度关注《春秋》生成，这显然是不够深入的。章学诚建构了另一种儒家经典生成系统：由于以《周官》为代表的先王政治制度被抛弃，相关行政运作机制也被废止，导致建立于此基础上的言事兼载的《尚书》成为绝学，之后才有《春秋》生成。章学诚认为“无定法”既是《尚书》产生过程特点也是其文体特征。从产生过程看，因为先王所创设的政治制度里并没有专门负责“撰述”的官职，也就没有专门的撰述者，只有负责记注的史官；这些史官写下的文字属于原始档案范围，在此基础上编撰出的《尚书》就天然带有言事兼载的特点。值得注意的是，章学诚于此处严格区分原始档案的记录者和史书的编撰者两种身份，并特别强调史书编撰者的选聘标准不是官职而是才华——只有那种具有高度历史感知力和判断力、能够理解先王之道的人方能够承担此重任。从文体特征看，尽管唐代刘知几就已经批评《尚书》是言、事、地理、公文兼有而导致体例驳杂，章学诚却认为恰恰是详载先王事迹的完备性特征支撑起《尚书》无可替代之价值与地位。在“书教”与“诗教”的关系方面，章学诚从产生和价值两个角度认为“书教”高于“诗教”。“书教”的核心

---

① 叶长青：《文史通义注》，上海：华东师范大学出版社，2012年，第35页。

是《尚书》。在《尚书》赖以产生的现实政治基础消解之后，孔子所编修的《春秋》继承了《尚书》的一部分特征，后又变为《左传》，再变而为司马迁、班固等纪传体史书，又补充以志、表、书等体例，之后又有袁枢创"纪事本末体"——后世史书均沿这一方向发展，"书教"传统由此建立。关于"诗教"，章学诚指出《诗经》虽然也产生于先王时代，但直到战国前都仅是该经书本身在对社会生活发生着实际影响，并未衍生出其他著作，更未形成谱系。从价值来看，"书教"源于先王政典，又有孔子继之，因而具有"疏通知远"的作用；"诗教"源于专为逞一己私利而竞相炫示辞采的处士横议，并且"诗教"之开端就已暗含衰败。

总之，经过以上重新解读，一个层次分明、传承严密的新体系初现轮廓；"无定法"既是《尚书》的时代特色也是值得称赞的文体特色，"记言/记事"的二分法不仅忽视了《尚书》真正的文本内涵，还遮蔽了《尚书》在先王心目中的历史定位；高扬"书教"正可以重新揭示《尚书》在历史上的重要意义，弥补千余年来由于认识偏差造成的种种缺陷。

二、"势"与"大宗"：地位与价值

章学诚在"书教"与"诗教"的对立中考察《左传》。他严格立足于史学分析，强调史书之文和文学之文在起源、内涵、表达方式等方面有差异，史书写作不能用文学之文，史书写作者不能是文学之士。所以，章学诚关注《左传》对"书教"的继承及其在体例方面对后世史书的影响，忽略《左传》的辞采、笔法等内容。

章学诚反复使用"势"这一词语来表达他对历史发展进程及其深层次动因的理解，这既是章氏从外部角度对故去事实的一种确认，也可以看作章氏史学理论体系的线索。章学诚从内外两方面分析了《左传》与"势"的关系。

从外部来看，回望历史是对作为已经凝固事实的重新观照，这种观照能够对《左传》与过去事实的关系作出更为清晰的判断。章学诚认为以《周官》为代表的先王政治制度和以《尚书》为代表的史书传统先后"亡""绝"就是"势"，是整体的历史环境变迁的结果，无法逆转。从这一思想框架来考察《左传》，其产生原因变得明晰：

> 至官礼废，而记注不足备其全。《春秋》比事以属辞，而左氏不能不取百司之掌故，与夫百国之宝书，以备其事之始末，其势有然也。（《书教上》）①

相关制度的废弛以及由此导致的原始档案记录不完整甚至缺失是历史事实，《春秋》由此出现是历史发展的一种必然。由于鲁国较为完整地保存有西周王朝礼乐制度相关记录，《左传》作者得以从中广泛取材并尝试记录长时段的宏观面貌与微观细节。不仅如此，《左传》作者在《周官》"记注"和《春秋》"比事以属辞"两大书写传统之外建立了新的言说方式，即"依经编年，随时错见"（《永清县志》卷四《吏书》）。这同样既是历史事实也是历史必然。章学诚利用历史化、体系化方式重构先秦典籍之间的关系，敏锐抓

---

① 叶长青：《文史通义注》，上海：华东师范大学出版社，2012年，第35～36页。

住《左传》产生的时代现实原因，同时跳出清代官方经学的桎梏，为进一步深入探索、阐发《左传》价值打下坚实基础。

从内部来看，章学诚特别强调《左传》历史记录的可靠性及其史学价值，以这种方式反证其产生原因"势"；针对《左传》神怪内容不符合儒家思想的问题，章学诚用《周易》之"象"予以阐释，强调《左传》记载异象与"圣人立象以尽意"相通。在强调文本记载可靠性时，他将《左传》与卜筮联系起来："三《易》之文虽不传，今观《周官》太卜有其法，《左氏》记占有其辞。"（《易教中》）①《连山》《归藏》等古代卜筮之书是真实存在过的，虽然早已失传，但是《周官》记载着卜筮方法，《左传》中仍然可以看到卜辞片段。章学诚强调，这些记载是可信的，后人可以由此略窥那些已经失传的上古卜筮图书之一斑。然而，同样的一部《左传》，其中又记载着明显不可能发生于现实中的灵异现象——这些文字不仅不符合儒家思想，而且有悖于其整体的史实记录特征。面对这一矛盾，今人当然可以借用西方"历史文学"概念加以解释，但是这种思路既不符合《左传》实际，也不符合千余年之中古人的普遍认知；应适当退回到章学诚的语境中并在尽可能理清章氏观点之后再加以评断。显然，章学诚只能局限于儒家典籍内部，通过重构典籍关系、模糊边界与内涵的方式予以申说："笔削不废灾异，《左氏》遂广妖祥，象之通于《春秋》也。"（《易教下》）②章学诚将《左传》置于《春秋》和《周易》两大儒家经典之下来观照，从下述三个角度证明其记载灵异事件的合理性：孔子编修《春秋》保留了灵异记录，这就是"圣人之意"，《左传》只是依孔子之意而更多、更详细地记录了这类事件，没有越出"圣人之意"；《左传》所载灵异事件包含着种种神奇的人、事、动物，能够激发起读者的想象，从而产生鲜明的直观感受，这与《周易》中的"易象"及卦爻辞中的部分内容类似；《易》涵括天地古今，包罗世间万象，《左传》灵异记载自然也在其中，同样是在"圣人之意"的范围内。可见，章学诚以一种曲折、模糊、笼统的方式为《左传》灵异文字找到可以存在和传承下去的依据；这种阐释既反证"势"的重要作用，更进一步挖掘出《左传》超越历史局限的价值。

总之，章学诚从"先王之教"一路引申而来，确证《左传》符合《尚书》之体式，又与《周官》之教暗合。他对《左传》言与事、史实与神异兼载的文字状况进行了肯定，并在"势"的框架中给予评价，《左传》可称为"书教"之"大宗"。

三、《左传》文章四大特征

章学诚不仅确立了《左传》在"书教"中的位置，还从传经之体、体直神圆、详略得宜三方面分析了《左传》文章特征，并指出其缺点是按照时间来编纂，从而产生不能旁通之憾。

（一）传经之体

为了阐明《左传》之"传"的含义及其文体特征，章学诚从初无"经""传"之称

---

① 叶长青：《文史通义注》，上海：华东师范大学出版社，2012年，第12页。

② 叶长青：《文史通义注》，上海：华东师范大学出版社，2012年，第20~21页。

到孔子殁后大义之传承的变化角度说明"传"的内涵，再对《左传》的文体特征进行归纳。

章学诚首先强调在《书》《诗》刚刚产生的时代，不存在解释经书之书，因而也就无所谓"经""传"之别；及至后世，巨变发生，孔子传承西周礼乐教化而教授弟子，也仍然没有出现后来意义上的"经"之名。孔子逝世，弟子们为了将其微言大义承传下去而各自将所见所闻加以记录。章学诚认为，这一历史事件具有划时代意义，可以将其作为划分"经""传"之别的明确标志："左氏《春秋》、子夏《丧服》诸篇，皆名为'传'，而前代逸文不出于六艺者，称述皆谓之传。"（《经解上》）①《左传》等文献的编撰与孔子弟子及其再传弟子纂集孔门师长言行的时间大致相当。在此期间，以解释《书》《诗》《易》等"六艺"内涵为主要内容的篇章都可以称为"传"。章学诚明确指出《左传》产生于上述特殊时间段，内容上是解释"六艺"之一的《春秋》，因而属于"传经之体"。他的目光并没有停留于此，而是将考察范围继续向后世扩展，尝试从宏观角度归纳出"传"这一名称的驳杂所指，并用这些所指构筑出一个多维度考察参照系："《尚书》一变而为左氏之《春秋》，《尚书》无成法，而左氏有定例以纬经也。"（《书教下》）②《左传》采用了与《春秋》相同的编年体形式，这是《尚书》体制的一种变化。不仅如此，经过后世的司马迁和班固之手，传经体又变为了列传体："盖包举一生而为之传，《史》《汉》列传体也；随举一事而为之传，《左氏》传经体也。"（《传记》）③ 章学诚指出了列传体和传经体的差异："传经体"是以经书所载之事为核心，一事一传，凡与此事相关的人都列入，此事结束后，人物也随即隐没；"列传体"是以人为核心，一人一传，凡与传主相关的生平事件均大致按照时间顺序列出。总之，章学诚将"有定例以纬经"作为《左传》这一"传经体"作品的写作框架和目的，将"随举一事而为之传"作为《左传》的具体写作模式。

（二）体直神圆

作为一位史学思想家，章学诚用高度概括的方式观照史事和典籍。他曾经将古籍分为"撰述"和"记注"两种，并指出其各自的特点是"撰述欲其圆而神，记注欲其方以智"（《书教下》）④。此处化用《周易·系辞上》"蓍之德圆而神，卦之德方以知，六爻之义易以贡"，"神以知来，知以藏往"⑤ 两句：当用蓍草占卜时，起始阶段的蓍草总数50是确定的，但其中却蕴含着复杂变化可能性；接下来按程序占卜，就是在多方面因素影响之下将众多蓍草排列组合中的一种推演出来；当占卜结束后，复杂的可能性就终于凝固成一种现实结果；占卜者依据此结果找到对应的卦爻辞并加以进一步解读。综观全过程，蓍草的变化就像圆一样，没有限制，不会停止；卦象和爻辞是固定的，是一个阶段、一切变化都已结束的象征，像方形有边界一样，不会变化；"神"与"知"、"过去"与"未来"

① 叶长青：《文史通义注》，上海：华东师范大学出版社，2012年，第98页。
② 叶长青：《文史通义注》，上海：华东师范大学出版社，2012年，第53页。
③ 叶长青：《文史通义注》，上海：华东师范大学出版社，2012年，第277页。
④ 叶长青：《文史通义注》，上海：华东师范大学出版社，2012年，第51页。
⑤ 李道平：《周易集解纂疏》，北京：中华书局，1994年，第596~598页。

都蕴藏于无尽的变化中；"撰述"就如同使用总数确定的蓍草占卜，是通过选择、分析历史事件，最终为未来提供指导；"记注"就如同占卜结束后的卦象和爻辞，是按照一定的方式将过去发生的事件记录下来从而形成档案，目的是不遗忘过去的事情。两种古籍的写作方式和最终目的存在着差异，文本最终呈现出来的外在面貌和精神实质也有差异。

在儒家典籍中，章学诚认为《尚书》与《周官》集中表现"撰述"和"记注"两种文体特征；他将《史记》和《汉书》与上述两者对应，构建出延续与传承该谱系的两条分支。章学诚从外在形态与精神实质两方面对这两条分支进行对比分析：从外在形态方面来看，《左传》与《史记》在体例上存在着编年体与纪传体的差异，在内容编排上存在着历史事件、人物言论、典章礼制等内容的混杂与分列的差异，在写作模式上存在着以时间为纲和以人为纲的差异，在时间跨度上存在着记录一个时代和记录通代的差异。与此形成对照的是，《汉书》与《史记》在体例上均为纪传体，在内容编排上均分为本纪、列传、表、书等门类，在写作模式上均以人物为纲。所以，章学诚指出《史记》与《汉书》在外在形态上是高度相似的，而与《左传》是相去甚远的。显然，"左氏体直"（《书教下》）① 是相对于后世的纪传体史书而言，指编年体这一在形式上仅依据时间顺序简单排列的体例。更重要的是"推精微而言，则迁书之去左氏也近，而班史之去迁书也远。盖迁书体圆用神，多得《尚书》之遗；班氏体方用智，多得官礼之意也"（《书教下》）②。从精神实质方面来看，《左传》与《史记》是极为接近的，《汉书》却指向了完全相反的角度。章学诚认为《左传》与《史记》同样属于《尚书》一脉，《左传》是"书教"之"大宗"，属于"撰述"一类，《史记》因而也属于"撰述"。这一结论来源于他在《左传》《史记》中所发现的"用神"特征。何谓"神"？即"变"与"生"。《周易·系辞上》曰："阴阳不测之谓神"，"神无方而《易》无体"，能够产生多种变化是"神"的第一层含义。这一点在《左传》与《史记》中均有展示，不断变幻的叙事笔法最有代表性。"神"的更深一层含义是"生"，例如《周易·系辞上》中的"知鬼神之情状"一句，从儒家立场看，此处的"神"是与"木火""精气"而非超自然现象紧密联系在一起的，"物生所信也"③，具有"生物"作用。章学诚在此处将《左传》《史记》与"神"联系起来，即是在强调这两部书拥有能够指向未来的力量且能够不断令后人从中获得精神指引。相比之下，《汉书》则是更多地带有原始档案色彩，偏于"记注"，与《周官》的精神实质相似。

总之，章学诚指出《左传》之文章是依照时间顺序来排列历史事件的，因而表面上看具有"体直"的特点；《左传》之精神是"变"与"生"，变化多端的叙事手法、史实与灵异事件相得益彰；一代代读者不仅为《左传》精彩记述所感染，还能够从中不断获得解决当下问题、确定发展方向的启未，因而其精神实质是"神圆"。

（三）详略得宜

章学诚在《为毕制军与钱辛楣宫詹论续鉴书》中对《左传》的详略安排作出评价。

---

① 叶长青：《文史通义注》，上海：华东师范大学出版社，2012 年，第 53 页。
② 叶长青：《文史通义注》，上海：华东师范大学出版社，2012 年，第 53 页。
③ 李道平：《周易集解纂疏》，北京：中华书局，1994 年，第 555 页。

毕制军即毕沅，钱辛楣宫詹即钱大昕，"续鉴"即由毕沅主持编写的《续资治通鉴》，初名《宋元编年》。在这封书信中，章学诚指出"续鉴"以儒家思想为编纂依据，以《左传》为历史事件编排和文章写作指南。他特地强调该书在详略安排方面以《左传》为本，因而使全书呈现合理、可信特色。从这则材料可知，章学诚认为《左传》在详略方面的特点："详齐、晋"和"详近略远"。

首先，在春秋列国的横向对比方面，《左传》叙述春秋史实，以齐、晋两国之事为最详细。"详齐、晋"一语出现于该书信评《资治通鉴》部分："按司马氏书，于南北朝之争相雄长，五代十国之角掎鼎峙，其详略分合，本于《左氏春秋》之详齐、晋。"① 此句可与《文史通义·文德》合观。章学诚指出《资治通鉴》中魏晋南北朝及五代十国相关记载的详略特点——于三国时期，以曹魏为正统；于南北朝时期，只写南朝史事；于五代十国时期，只写后梁、后唐、后晋、后汉、后周五代史事。章学诚认为，司马光的这种安排是以《左传》为依据的——《左传》叙春秋间历史，对齐国、晋国的记载较为详细，因为这两个诸侯国都是由周天子册封，属于中原、"夏"之范畴，并且两国相继为霸主。司马光编写《资治通鉴》时在精神与思想上严守"夷夏之防"，根据《左传》"详齐、晋"的这种特点来安排乱世史料。

其次，在春秋时代发展的纵向对比方面，《左传》对不同年代的史实采取详略不同的叙事策略，越久远则叙述越简略，越近则叙述越详细。"详近略远"一语出现于该书信讨论史书编撰通例："然史家详近略远，自古以然。即如《左氏》一书，庄、闵以前与僖、文而后，不可一概而例。"②《左传》对鲁庄公和鲁闵公之前的历史记载相对而言较为简略，从鲁僖公和鲁文公开始历史记载逐渐详细，章学诚指出这是由史料丰富与否造成的——站在某位史书编写者的角度，由于史料保存状况不同，距离他所处的时代越久远，流传下来的可靠的史料就越少；反之，距离他所处时代越近，史料数量就越多且越庞杂、琐碎。这是每个时代史书编写者都必然面临的问题，即章学诚强调的"自古以然"，《左传》也未能免俗。

总之，从主观视角看，章学诚为说明《续资治通鉴》所呈现出的史料编排及文章面貌的特点，特强调此书以儒家经典为依据，借鉴《左传》"详齐、晋"和"详近略远"的史料处理方式；从客观视角看，章学诚于此处揭示出《左传》文章的详略得宜特点。

（四）不能旁通

由于受到时代与材料限制，《左传》难以作到尽善尽美。章学诚尽管对《左传》推崇备至，在指出诸多优点的同时，也并不讳言其缺点。

首先，《左传》采取依照时间顺序编排史料的体例，反映出一种朴素的编撰思想，多国、多人、多事被混杂于一年之中，历代读者苦此久矣。章学诚从体例角度指出，由于《左传》体例过于简单，导致人物生平和历史事件被割裂，典章制度等内容及其变化过于分散。《史记》等纪传体史书的本纪、世家、列传、表、书等体例弥补了上述缺陷。从更宏观的体例、涵盖范围及阅读便利视野看，由《左传》之编年体、《国语》之国别体演变

---

① 章学诚：《章学诚遗书》，北京：文物出版社，1985年，第79页。
② 章学诚：《章学诚遗书》，北京：文物出版社，1985年，第79~80页。

为《史记》之纪传体，这是一种进步。其次，章学诚指出《左传》人名称谓繁乱。古往今来，每一代读者都能够从阅读《左传》过程中获得知识、感到愉悦；同时，《左传》复杂的人物称呼给读者造成阅读障碍。章学诚在《文史通义·繁称》中陈述自己对上述阅读障碍的切身体会之后，又特别说明后世史书编写者多以《左传》为宗，但唯独不效仿其人物称呼模式，这是有道理的。

总之，章学诚从传经之体、体直神圆、详略得宜、不能旁通四个方面对《左传》之文章特点进行了评价。这些评价均是从史学角度出发的，因而对于《左传》文章本身而言并不全面。但是，章学诚对《左传》推崇备至是真诚而深入内心的，这一点将表现在他的科举教育思想中。

四、《左传》文章批评在科举教育中的实践

从生平经历来看，章学诚曾经在河北定州定武书院、保定莲池书院、邯郸清漳书院等处担任主讲，相关著述有《与定武书院诸及门书》《论课蒙学文法》《答周筤谷论课蒙书》《清漳书院条约》《清漳书院会课策问》《清漳书院留别条训》《赵立斋〈时文题式〉引言》等。这些文章集中表达他对科举教育变革与《左传》文章批评关系问题的多层次思考。

（一）有限度的革新

章学诚科举教育思想特色是：他站在思想家高峰之上，强调应以儒家思想为核心，围绕儒家经典开展教育活动；明确表达对纯应试八股文的轻视，强调儒家经典与八股文之间存在直接、本源关系；极力突破八股文的应试文体限制，强调最大程度地发挥这一文体的正面作用；八股文暂时无法彻底废除，但学习八股文不应只为考试，正途应该是自觉运用该形式以弘扬儒家精神。

章学诚为自己的教学活动树立起超越功名利禄的宏大目标，同时，他认识到实际环境的限制，在具体教学实践中不得不采取迂回策略。他认为，只为科举应试而写作的八股文必须遵循固定规则，这种"面目雷同"的文章及其教学过程已对人造成"性灵锢蔽"（《赵立斋〈时文题式〉引言》）① 的恶劣后果。然而，在当时的封建社会环境之中，八股文又是读书人生命中无法逃避的魔咒，章学诚也不得不承认八股文尚不能彻底废除，只能通过深度变革方式提升其价值。为了实现上述宏大目标，他倡导一种超越于普遍流行的单调背诵与琐碎技法之上、广博而精深的教学路径：

> 从兹由近及远，以浅入深，六经、三史、诸子百家，将与诸生切磋究之，抵于古人之学。纵使材质有限，不能尽期远大，即此经书大义，稍能串贯，究悉先儒训诂，会通师儒解义，则执笔而为举业，亦自胸有定见，不为浮游影响之谈。上引材智，下就凡庸，粗细俱函，道无逾此。（《清漳书院条约》）②

---

① 仓修良：《文史通义新编新注》，杭州：浙江古籍出版社，2005 年，第 533 页。
② 章学诚：《章学诚遗书》，北京：文物出版社，1985 年，第 313 页。

首重立德、超越功利是上述教学法的鲜明特色。在章学诚生活的时代，沉疴遍地，读书人却被束缚在举业中，无暇顾及其他。所以，章学诚设计的教学路径依然按照循序渐进原则，从浅显到深入，这是为了最大限度符合学生的学习规律；但教学内容已经超出时文，扩展到经史百家等一切古代典籍。他希望通过阅读和讲授经典的方式，使资质较好的人能够自觉跳出举业局限，以儒家思想为核心，以古圣贤人为榜样，拯救时弊；即使是那些先天资质较差的人，章学诚也希望他们在学习古代典籍之后能够明了儒家经典的真义，进而在写作举业文章时做到论自己出。

（二）技法与理想

在主讲保定莲池书院期间，章学诚撰写《论课蒙学文法》。该文较为详细地阐述了他对《左传》与八股文教学关系的看法。

首先，章学诚坚持以书教、诗教为核心探讨八股文教学问题。面对八股文整体趋于"卑下"的现状，他根据教学实际，将其分为论事、传赞、辞命、叙例、考订、叙事、说理七种类型，并且将这些文体与书教、诗教、礼教、春秋教、易教对应起来：论事文的特点是分析事件的来龙去脉，对应书教；传赞和辞命文的特点是情感丰富，既可以感叹人与事，又可以讽喻时事，对应诗教；叙例与考订文的特点是说明体例，辨析名实，对应礼教；叙事文的特点是写出事件过程并采用恰当的语词，对应春秋教；说理文的特点是语言简洁，分析精当，对应易教。① 章学诚将八股文与儒家思想、圣贤之教直接沟通，使八股文能够与儒家经典产生直接联系，将附着于其上的功利色彩剥离，目的是强调八股文完全可以跳出卑琐境地，可以解经，更可以弘道。这就在相当程度上重新确立八股文地位，有助于提升其品位与价值。

其次，在章学诚对经与文关系的独特认识中，《左传》转化为开展八股文教学的必读书，在"入口气"、叙事、论人方面均是重要参考。在"入口气"方面，通过阅读《左传》，可以"知孔子之时事，而后可以得其所言之依据也"（《论课蒙学文法》）②。由于八股文明确规定要"入口气"，必须代圣贤立言，文中只能出现孔孟及以前的历史事件和表述语言，不能够兼及此后的历史，更不能出现此后的语词。《左传》可以为八股文之"入口气"要求提供充足的史事和语料，能够满足苛刻撰写要求，所以必须精熟：

> 《左氏春秋》名卿大夫出使专对，与夫谏君匡友，出辞可谓有章者矣。苟于议论成章，而后使之分类而诵习焉。因事命题，拟为文辞，则知设身处地而立言。既导时文之先路，而他日亦为学古之资矣。（《论课蒙学文法》）③

《左传》所载录的众多名臣言辞不仅各具风格，而且章法井然。如果反复诵读、研习这些段落，就能够深入体会到历史人物的言说环境、心理状态和精神面貌，能够总结出不

同人物的言辞和语气特点；然后再依据题目要求，将这些知识应用到八股文写作中，自然可以熟练地满足 "入口气" 要求。值得注意的是，以上学习建议仍局限在当时科举启蒙常识中，是章学诚对清王朝文人生存环境的妥协。在叙事方面，章学诚认为《左传》叙事方法丰富多变，或者相似的事件采用不同的叙事法，或者不同的事件采用相同叙事法，或者一个长期事件中的不同阶段采用不同的叙事法，或者叙事与评论兼有，可谓之大成。读书人应当明白，由于序、论、辞、命等文体的种类数量有限，每种文体的特征大致固定，这就在相当程度上构成写作限制；但叙事方法变化无定，作者在这一领域用心揣摩、模仿并充分发挥，完全可以在八股文这一固定文体的写作过程中翻新出奇，逐渐探索出有新意的言说方式。这是章学诚对困于举业的读书人提出的切实建议。在论人方面，章学诚认为这要难于叙事，因为叙事可以有详略而不妨害内容，论人却会因为材料不全而产生误解。《左传》有篇幅短小的 "君子曰"，适合作为学习论人的入门材料。

最后，章学诚始终提示读书人，学《左传》而写时文这一路径只是权宜之计，应当从《左传》走向 "古学"，走向更高远的精神境界。在上文所引材料中，"他日亦为学古之资矣" 一句充分显示出章学诚的长远规划和教育理想。他期望人们能够从自己已知的、世俗能够普遍接受的认知范围出发，逐步扩展读书范围，提升思维能力，打开视野，渐渐发现《左传》等典籍在应试功能之上更加宏大的价值。在探讨《左传》叙事法时，他同样强调《左传》对五经皆有称引，可以作为 "桥梁"，引导读书人继续走向五经学习、把握经书义理，"是固学文章者宜尽心也"（《论课蒙学文法》）①，读书人在费力钻研举业时更应该倾心圣贤。

（三）回应质疑

从明中期以排偶文为科举文体算起，到章学诚生活的时代为止，八股文已经绵延二三百年，与此相关的教学体系、文章范本、写作技巧、品评标准都基本定型，再难翻新。在功利目的驱使下，人们自发接受这些束缚。每当有人就此问题提出革新见解时，种种非议纷至沓来。章学诚也不例外，他在《论课蒙学文法》中对质疑予以回应。

有人认为，在儿童启蒙阶段，将《左传》这一古文经典作为八股文教学重点范本，从难易度上看是不适宜的，应当以破题、属对、类联等八股技法书籍作为启蒙教材，待其掌握之后再授以古文之法。章学诚则认为，古文和时文是同源的，时文写作必须以儒家经典为根柢，那些拒绝以《左传》等经典作为八股文学习范本的观点是 "教学不事根柢之陋习"（《论课蒙学文法》）②；应当以《四书》中所载春秋时代的历史事件为核心，通过阅读《左传》来了解事件具体经过，然后以此为素材练习写作八股文，"学问与文章并进，古文与时文参营，斯则合之双美，而离之两伤者尔"（《论课蒙学文法》）③，可以同时实现体认儒家思想与提升各体文章写作水平的良好效果。

有人认为，以《左传》为范本容易造成八股文写作千篇一律的弊端。章学诚对此给予反驳：诚然，《左传》文本是固定的，每个学习者所面对的都是相同的传世经典；但每

<hr/>

① 仓修良：《文史通义新编新注》，杭州：浙江古籍出版社，2005 年，第 416 页。
② 仓修良：《文史通义新编新注》，杭州：浙江古籍出版社，2005 年，第 418 页。
③ 仓修良：《文史通义新编新注》，杭州：浙江古籍出版社，2005 年，第 417 页。

人的资质、性格、兴趣、情感、思想、生活环境、生平遭际等各不相同，在阅读《左传》时自然会各有侧重，或喜爱其华美言辞，或陶醉于战争篇章，或倾心于奇人异事；在写作练习时，每人从《左传》中借鉴的素材也不相同，或着重于选词炼字，或模仿其布局技法，或吸收其气骨运势；在应考时，尽管其出题范围狭窄、文章思想固定、作者极多、程墨无算，但每篇文章仍然各有面目、各具特色。这足以说明，学《左传》不仅不用担心会产生多种限制，还会踏上文章写作正途。

有人认为，《左传》难度较高，而《东莱博议》包含《左传》基本内容，难度较低，又可用于写作学习，所以应当将此书作为《左传》入门书，也有人认为只读此书即可满足现实需要。章学诚认为，《东莱博议》并不适合初学者，原因是多方面的：由于此书是为宋代科举考试而作，故而与清代的科举考试要求存在着差异；此书收录的文章均属于史论，是吕祖谦刻意之作，其中关于历史人物和事件的评论或故意拔高，或故意深钻，或刻意求新，因而超出初学者特别是儿童的理解能力，不适合作为这一层次人群的教材；初学者如果只阅读、模仿《东莱博议》，那么表面上能够迅速掌握议论文体的写作方法，实际却容易沾染剽窃、模拟的陋习，用这种方法写出的文章也会陷入圆熟、轻浮的境地。章学诚最痛心的是"作其机心"①，即某人如果从模拟《东莱博议》中受益，那么有可能滋生找寻捷径的不良念头，进而揣摩当世流行的评文标准，刻意迎合主考官的个人爱好，不仅伤害作文之真心，更会助长取巧之恶念。故而章学诚在他自己的八股文教学活动中始终坚持以《左传》为核心，强调依照循序渐进原则，逐步走向阅读儒家经典原本、全本并弘扬其高远精神境界。

总之，在实际教学过程中，章学诚既以儒家思想为依托革新教育体系，又受限于学生功利需求而有所妥协。他将《左传》作为重要写作范本，希望以此书为媒介，引导学生主动走向儒家经典及其理想世界，又受限于普遍社会风气而不得不为自己辩解。复杂环境促使章学诚不断完善其思想体系，努力寻求并尝试实施以《左传》为核心的、更加有实效的文章教育方案。

五、结　论

章学诚始终站在史学家立场展开论述，将"书教"建构为完整谱系。他成熟的思想在《左传》文章批评领域表现得尤为明显。

章学诚与乾隆皇帝是同代人，但是他在"盛世"之中敏锐感受到某些异样与变化，既有清帝国内部的混乱，也有西来物事的新奇，还有"诸子学与西学之冥合"② 对经学造成的威胁。之所以如此严谨甚至严苛，根本原因在于他直接针对同时代上述思想、文化、文章诸问题。循天地自然之道、赞上古三代圣贤、回归儒家传世经典，这是古人解决现实问题的老方法，章学诚未能免俗。但他不是简单复述、挪用上述老方法，而是特别强调并严密论述其历史根源与历代传承。站在史学立场看，这套解决方案是合理的；但从经学立场看，其内核恰恰是反经典的。纵观古今，某部作品之所以能够被誉为"经典"，一

---

① 仓修良：《文史通义新编新注》，杭州：浙江古籍出版社，2005 年，第 417 页。

② 陈壁生：《国家转型与经学瓦解》，《文化纵横》2013 年第 6 期。

方面是它能经受住历史考验，但更重要的是它能超越历史，显出无尽的同时代性！因为同时代性意味着某些人物、事件、典籍能够突破时空阻隔，具有普适意义，能持续对当下生活产生有效、有益影响——这才是一切被冠以 "经" "师" 之名的典籍、人物的核心特征。然而，章学诚在解决他生活时代的问题时，不得以将上述两方面要素的重要性加以置换，强调天地之道、古圣贤王、儒家经典的历史性，使其同时代性遭到削弱。最终造成主观意图与客观效果截然相反的局面，实为憾事。

章学诚的《左传》文章批评思想同样处于这种刻意分裂状态。由于当时的高压统治及科举功利诱惑，大致到清中期，《左传》文章批评已经深陷琐碎泥淖，文本被彻底拆解，字法、词法、句法、段法、篇法已经被一代又一代读书人埋头分析到繁乱程度。这些所谓的 "法" 对读书人的精神造成严重束缚。所以，章学诚的《左传》文章批评对上述诸 "法" 一概不谈，希望能以此方式正本清源，使俯身于诸 "法" 的读书人转变观念，昂首仰望儒家原始经典与义理，最终达到遍览经史百家的理想状态。但是，《左传》确实在字法、词法、句法、段法、篇法方面有明显特色，这是不能否认的，他自己倾力编写的《湖北通志》等方志作品也有神似《左传》的精彩篇章。但对大多数人而言，诗酒吟唱与柴米算计难以兼顾，个人高远理想与时代功利大潮难以相抗；对于大清王朝而言，颓势与衰落也不再是简单回归先圣与经典就能成功逆转的。这就是他精神矛盾与痛苦的根源。章学诚《左传》文章批评是他以史学思想力倡变革的重要组成部分，富有浓厚的个人色彩，也同样暗含着矛盾与痛苦。这是中国古典《左传》文章批评史的最后一次创新尝试。

（作者单位：黄冈师范学院文学院）

学 术 综 述

绵绵圣学已千年，两字良知是口传

——纪念王阳明诞辰 550 周年会议综述

□ 张 旭

2022 年 7 月 18—19 日，由中华孔子学会、中华孔子学会陆九渊研究委员会、武汉大学中国传统文化研究中心、中国阳明文化研究园龙冈书院、武汉大学阳明学研究中心主办的隆重纪念王阳明诞辰 550 周年暨"从朱熹到王阳明"学术研讨会在线上以腾讯会议形式举办。此次会议的总召集人是中华孔子学会副会长、武汉大学中国传统文化研究中心欧阳祯人教授。来自北京大学、清华大学、中国社会科学院、中国人民大学、北京师范大学、首都师范大学、复旦大学、华东师范大学、浙江大学、武汉大学、中山大学、厦门大学、四川大学、南昌大学、湖南大学、暨南大学、深圳大学、南开大学、贵州大学、贵州师范大学、尼山世界儒学中心等 170 多位专家学者参加了此次会议，并围绕以下几个方面的主题展开了深入而细致的讨论。

一、阳明心学的理论溯源

阳明心学的理论来源可追溯至早期中国的哲学思想，它包括但又不仅限于先秦儒学，是植根于儒释道三家心性之学基础上而形成的理论结晶。早期中国儒学中便已蕴含着心性之学的思想，曲阜师范大学孔子文化研究院宋立林教授在《郭店简〈性自命出〉心性论再论》一文中，揭示了郭店楚简《性自命出》中蕴含的"天—命—性—道—情"的逻辑结构，展现了人性与天命之间的贯通，认为《性自命出》中包含的人性论思想为思孟学派的性善论奠定了理论基础，从而成为儒家心性之学的早期理论源头之一。佛教同样对阳明心学的形成与发展产生了不可忽视的作用，王兴国教授在《儒佛合一的新知行观——王阳明"知行合一"思想新探》一文中，将王阳明的知行合一分为情识的知行合一与良知本体的知行合一，认为前者是阳明所意欲摒弃的、后者则是阳明所意图确立的知行观。并指出阳明的思路与佛教"转识成智"的目标非常相似。王教授还表示阳明的学说实则是孟、禅二家的会通与融合，如果说慧能是禅宗之孟子，阳明则是儒家之慧能。阳明心学对于道家亦有所承续，台湾东海大学哲学系蔡家和教授的《阳明学中的道家思想》一文，就阳明学之形成做了细致的探讨，认为阳明的圣人用心如镜之喻在义理上与庄子遥相呼应，而阳明之"成色分两"之论在旨趣上又与郭象"小大逍遥"十分相近，由此说明阳明心学对道家思想的继承与发展。

北宋五子的思想是阳明心学的重要理论资源。湖北大学哲学学院姚才刚教授与湖北大学哲学学院李莉博士在《宋明儒学中的"心学"概念》一文中，区分了广义之心学与狭义之心学，认为广义之心学即儒家的心性之学，在此意义上，程颢、朱熹、张载等人的学说也可看作心学。而阳明心目中的"心学"概念同样较为宽泛，是广义心学，阳明心学可看作对儒家广义心学之继承。阳明学的建构离不开对朱子学的吸收与突破，浙江大学董平教授在《如何看待王学对朱学的突破》中重点探讨了这一问题，认为王阳明不满于朱子的知识论体系中手段与目的的二律背反，阳明最终重构了知识论，实现了存在与价值的统一，完成了对朱子的理论突破。阳明心学是对朱陆二学的融合与会通，中南财经政法大学哲学学院叶云老师在《宋学的传承与开新——论王阳明对陆象山心学和朱子理学的继承和发展》中，阐发了王阳明合会朱陆的思想倾向，王阳明一方面吸收了朱子的天理观而以天理论良知，另一方面又对象山"六经注我"的解经思路进一步推进，折中朱陆而成一家之言。

二、朱熹及其后学研究

朱子学是此次会议的重要议题之一，多位学者就朱子学中的个案问题展开了深入研究，涉及朱子的"命"论、"敬"论、赠序文等多方面内容。厦门大学哲学系冯兵教授在《朱子"命"论再探》一文中重点探讨了朱子所论之"命"，冯教授认为"命"在朱子理学体系中具有动与静两种形态以及"理—气"二元结构的特征，静态之"命"乃从理上说；动态之"命"乃从气上说。而以气论"命"又可分为"禀受之命"与"遭受之命"，通过以上分析进一步澄清了朱子的"命"论内涵。广西大学文学院郑朝晖教授在《朱熹赠序文中呈现的"与人为善"》一文中，择取朱子所赠的21篇序文作为研究对象，从正名、正命、正心三个方面进行深入的论述，指出朱子所赠之序文，秉持了濂溪的"师道立则善人多，善人多则朝廷正而天下治矣"的思路，目的在于通过养成仁义之心培养善人。郑教授认为朱子所赠序文不仅在责善层面有重要伦理道德意义，对于政教层面仁政之形成同样有积极作用。

朱子后学也在此次会议中受到了与会学者的关注，涉及万止斋、吕留良等多位朱子后学。湘潭大学哲学系张晚林教授在《大冶儒学代表人物朱门高弟万止斋学行与思想考论》一文中，考察了其同乡先贤朱门高弟万止斋的生平与学问。张教授从万止斋之古迹、问学行止、为学方法与著作钩沉、学术思想四个方面，揭开了这位被湮没于历史典籍中的朱门后学，其中对于万止斋的《中庸说》进行了绵密的义理分析，总结出了止斋之学以"中"为本体、即体即用、本体即存有即活动三点要义。这对于还原、完善与丰富朱子后学的历史面貌具有重要意义，对于完善中国儒学史的研究也具有重大价值。厦门大学哲学系助理教授王凯立的《朱子"诚意"话语在清初理学中的展开——论吕留良对朱子诚意思想的诠释》一文，阐述了清儒吕留良对朱子"诚意"说的继承与推进。他指出，吕留良强调慎独乃诚意之紧要关头而非全部，诚意工夫旨在辨实与不实而非辨善恶，从而回应了朱子晚年所面临的诚意工夫在"致知"之后无法安顿的理论困境。

三、陆九渊及其后学研究

象山学是宋明理学从理学向心学内在嬗变的重要枢纽与关键环节，是从朱熹到王阳明的理论路径中始终无法绕开的主题。此次会议与会学者从陆九渊其人思想、实行践履、家风家教、全集刊刻等方面对象山学进行了系列探讨。复旦大学哲学学院何俊教授在主题发言中以"陆象山的易学"为题，指出象山之《易》学从规模上看强调义理与象数并重，而从精神指向上看则强调心学精神的一以贯之，其《易》学的落脚点在于人心，象山《易》学对本心工夫的发挥主要体现在其"九卦之序"的论述中，何教授指出象山《易》学的全部精神在于强调人于现实生活中的实践性展开，具有实学的精神指向。宁波大学马克思主义学院彭传华教授在《陆象山语言哲学发微》中，借助唐君毅先生的语言哲学理论，从作语言之批判、定语言之外限、辨语默之意义、架言道之桥梁四个方面分析了陆象山的语言哲学思想。金溪县象山研究中心陆小春会长在《陆九渊于"勤廉"处的躬行践履》一文中阐述了陆象山的实学精神，指出陆九渊家族良好的家规家训家风是培养勤廉笃实之人的土壤，陆象山是勤奋的楷模，其一生都极度清廉。江西省贵溪市象山书院叶航秘书长《陆九渊文集历代刊刻及最新点校说明》一文，对陆九渊文集的各种版本进行了源流考察，并指出了中华书局1980年出版的《陆九渊集》的一些纰漏与错误，最后对其重新点校的陆九渊文集进行了详细说明。

对象山后学的研究，相较于对朱子后学与阳明后学的研究虽显得略为清冷，但却不可因此忽视其后学思想的意义与价值。山东大学哲学与社会发展学院翟奎凤教授的《杨简思想与中晚明儒学》一文，立足于中晚明儒学的时代背景，考察了杨简思想在明代中后期的兴起与受容情况。翟教授指出，杨简思想在明代由沉寂转为复兴离不开阳明学的兴盛，阳明本人晚年对于杨简颇为赞赏和推崇，认为慈湖之学"不为无见"，阳明殁后，其弟子门人如季本、王畿、黄绾、钱德洪等对于慈湖之"不起意"等理论进行了不同层面与不同角度的阐述，这直接推动了慈湖学的兴起。但另一方面，慈湖学也受到了罗钦顺、湛甘泉等时儒的批判，认慈湖之学为禅学，其中湛甘泉还专门作《杨子折衷》一文，指责慈湖背儒入禅。翟教授认为，慈湖之学实际上是融合了禅学精神的儒学，是对儒禅的会通，若全然责其为禅则未免过于片面，有失公允。

四、王阳明及其后学研究

对于王阳明心学思想的阐发是此次会议的核心主题，这与此次会议纪念王阳明诞辰550周年的主题精神高度契合。与会学者就中国哲学史脉络下的阳明心学、阳明学经典诠释、阳明学的文献考证等诸多议题展开了深入探讨。华东师范大学杨国荣教授以"中国哲学中的王阳明心学"为题进行了主题发言，杨教授认为在中国哲学历史的演变过程中，王阳明哲学具有不可忽视的地位与意义，其心学展现了对世界的意义关切与价值关切，并从心外无物：人创造意义的世界、心即理、心与事、作为德性的良知、本体与工夫之辩、知行合一、万物一体：走向人与人之间的和谐七个方面展开了对阳明心学的具体论述。武汉大学国学院荣誉院长郭齐勇教授在致辞中就为什么要研究阳明学、学习阳明学哪些内容、怎么去学习落实阳明学展开了论述，并号召广大学者并尊二王，在研究王阳明的同时不要忽视对王船山哲学思想的研究。丁为祥教授以"阳明心学的现代价值及其意义"为题进行了发言。丁教授分别从三个基本原则、四大精神、统一指向这三个层面进行了汇报。他认为阳明心学是从反省的方式入手进入精神的慎独状态，这种经反省入慎独的状态体现了王阳明的三大原则：主体与本体的统一原则、圣凡同一原则与人人平等原则。此三大基本原则又表现出了四大精神：平等精神、契约精神、工匠精神与科学钻研精神。最后，丁教授认为阳明心学的统一指向便是天地万物一体之仁，天地万物一体之仁在《拔本塞源论》中以人禽之辨的角度展开，在《大学问》中则侧重伦理角度的阐发。陈立胜教授以"如何与天地万物成'一家之亲'——王阳明亲民说发微"为题进行了发言。陈教授基于阳明弟子黄绾与薛侃二人的记载进行了理论考量，勾勒出阳明的亲民说存在着前后变化的思想样貌。他从四个方面展开了细致的讨论，首先阐释了阳明明德亲民之学的前后变化，认为明德亲民之学前后产生了从早期"由己而人物"的单向论证向"由己而人物"与"由人物而己"的双向论证转变等四点变化；其次，陈教授就黄绾等对阳明亲民说"泛亲化"的质疑进行了理论辩护，认为阳明亲民说的"泛亲化"应从政治哲学角度进行理解，属"王道"制度的安排，而非"毁亲""弃亲"；再者，关于亲民说的历史效应方面，陈教授从泰州学派的王道政治实验、近代维新革命以及天赋人权等角度进行了诠释；最后，他认为阳明的亲民说具有重大的当代意义，对于社会团结、市场经济、万物一体的家庭化以及王道政治与文明国家的重新塑造具有重要意义。武汉大学中国传统文化研究中心欧阳祯人教授在《阳明心学是儒家道统的真血脉》一文中指出，阳明心学在政治维度上与《尚书》《唐虞之道》等儒家经典折射出来的政治理想是一致的，阳明心学具有从心性到政治的内在理路，它是中华文化合乎逻辑的发展，是儒家道统的真血脉。

阳明座下，姚江诸流相互激荡，造就了阳明后学的繁荣。此次会议与会学者对于阳明后学的研究也十分亮眼，涉及陶奭龄、黔中王门、泰州学派、周海门等众多阳明后学。刘泽亮教授以"陶奭龄杂禅、援禅、坏旨考辨"为题进行了发言。刘教授指出陶奭龄是与刘宗周同时代的一位非常重要的思想家，但目前学界关于陶奭龄的正面研究却几乎处于空白状态，因此进一步深入研究陶奭龄的思想显得非常必要。刘教授主要从陶奭龄是否杂于禅、为什么杂于禅、杂于禅后是否大坏姚江之旨、陶奭龄与刘宗周思想的差异四个方面进行了理论分析。他认为陶奭龄确乎杂于禅，但杂禅仅限于其讲学层面，在学术层面陶奭龄实则为援禅而非杂禅，援禅之目的在于正儒、弘儒与回护阳明学。陶奭龄乃王学正统，并未坏姚江之旨，其援禅之举延续了王阳明借佛诠儒的传统。就陶奭龄与刘宗周思想的差异这一问题，刘教授指出刘宗周代表着王学中的程朱路向，陶奭龄则是王学中的王学路向之极端化的代表。张新民教授的《过化与施教——王阳明的讲学活动与黔中王门的崛起》一文，说明了贵州作为王阳明的悟道之所与"过化"之地，形成了黔中王门这一最早的阳明学地域学派，黔中王门学者受惠于阳明心学思想的沾溉，对于阳明后学与明代思想学术的发展具有重要意义。魏彦红教授的《泰州学派近三年学术史述评》一文，从"泰州学派"思想主旨及其相关研究、对泰州学派代表人物的研究、泰州学派对平民儒学的影响研究、泰州学派的影响研究、泰州学派渊源与考辨研究、泰州学派学术史评价研究六个方面，梳理了近三年来学界对泰州学派的研究成果与发展态势。田探的《阳明后学周海门的工夫论探析》一文，则对周海门的工夫论进行了细致的考察与分析。

五、朱陆异同与朱王异同

朱陆异同与朱王异同的问题是贯穿宋明理学内部的一条主线，与会学者对于这一问题亦有较多关注。徐公喜教授在《清中晚期程朱陆王之争》一文中，选取清代中晚期作为时代背景，考察了乾嘉时期的朱陆合流以及道光后清代晚期朱陆之辩的状况，并对朱陆之辩的近现代影响加以了阐发。何静教授的《王阳明对朱陆本体论工夫论的整合与发展》一文，认为王阳明的心学是对朱子和象山的本体论与工夫论进行理论整合的产物，侧重于强调朱陆与朱王之间的会通和融合。赵金刚副教授在《作为工夫论的朱子学与阳明学的兴起》一文中，以"工夫"作为视角，阐述了阳明学是在朱子学内部理论分化的背景下兴起的。他认为阳明从做朱子学的工夫入手，最终实现了对朱子学的反动。陈永宝在《从朱熹与王阳明：论心学之路的发展与完成》一文中，侧重于与朱王之间的思想关联，认为朱子思想中包含有心学的内在逻辑，心学是对朱熹理学的补充与解蔽，王阳明的心学是对朱子的不完整的心学系统的发扬与推进。

六、宋明理学的未来展望

现代新儒学是宋明理学的现当代发展，王林伟副教授在《纯理与先验哲学：牟宗三早期思想中的康德转向》一文中探讨了牟宗三的哲学思想，展示了牟宗三早年通过对逻辑之本性的思考而契接康德哲学之精神。宋明儒学是东亚儒学中的重要部分，谢晓东教授在《朱子学的中心转移说——基于东亚视角的考察》一文中，梳理了朱子学在东亚的中心转移过程，指出其经历了中国—朝鲜半岛—日本列岛的中心转移过程，并探析了其中的内在原因。

而日本阳明学为宋明理学的当代发展与未来展望提供了新的思考方向，吴光辉教授的《一种中国学术史的梳理、批评与开启——以岛田虔次〈中国思想史研究〉为契机》、连凡副教授的《冈田武彦论宋明哲学的精神特质与体系脉络——以〈宋明哲学的本质〉为中心的考察》、徐倩老师的《井上哲次郎的阳明学研究》，这三篇论文分别介绍了日本阳明学者岛田虔次、冈田武彦、井上哲次郎的阳明学研究成果。

中西哲学的比较与融合为宋明理学的发展注入了新的理论资源与思想活力，张丽丽在《互镜与融通——从一多关系反思中西形而上学的特质》一文中，利用新的方法从"一多关系"对中西形而上学的关联性进行了探讨。李健君副教授的《意识活动的意向性与生命自由问题——比较哲学视域中的中国传统心性之学》一文，借助现象学的意向性理论对中国传统的心性之学进行了考察。借助以上的新视角、新方法、新理论，可对宋明理学尤其是阳明心学在当下与未来的研究起到十分积极的推动作用。

此次会议既是对王阳明先生诞辰 550 周年的纪念，也是一次对宋明理学进行学术总结、展望和推进的会议，对深化宋明理学的研究具有重大意义。

（作者单位：武汉大学中国传统文化研究中心）

"礼学与制度"青年学者工作坊综述

□ 范云飞 朱明数

2022 年 7 月 9 日，武汉大学中国传统文化研究中心成功举办了"礼学与制度"青年学者工作坊，来自北京大学、清华大学、中国人民大学、湖南大学、中国历史研究院、武汉大学等单位的 26 位青年学者受邀参加，共收到论文 26 篇。会议采用线下、线上结合的方式进行，与会学者围绕相关主题，展开了热烈、充分的探讨。武大部分在校硕士、博士研究生也参加了会议。

会议开幕式由武汉大学中国传统文化研究中心范云飞主持，中心主任杨华教授致辞，对与会学者表示欢迎。杨华教授回顾了改革开放以来礼学与制度研究的历程，对青年学人的工作表示赞赏和期待。杨华教授指出，礼学和制度研究是武汉大学中国传统文化研究中心的学术特色，希望青年学人能在这些领域继续开拓，做出理论和方法上的推进，中心也将持续支持此类学术活动。

礼学与制度是中国历史与文化的"大经大法"，相关研究极为丰富。随着新材料的出现、研究方法的更新，礼学与制度目前都面临如何推陈出新、继续推进的问题。与会学者从历史学、考古学、经学、文献学、神话学等不同视角切入，通过扎实而具体的研究，展示了相关领域的学术增长点和未来研究方向。

首先，新材料的发现为礼学与制度研究不断提供新问题和新思路。湖南大学岳麓书院邓国军老师考察甲骨卜辞，认为殷商时期已经形成一套基于血缘关系的丧葬礼制，其核心要素是代表神意与王权的卜选制，该礼制强化了王权对殷商贵族的管控与统治。湖南大学岳麓书院向明文老师全面梳理周代列国墓葬中的鼎、簋礼器，阐述了周代列国鼎簋礼制在表达诸侯国君与周天子之"亲疏关系"与标识"爵制"等级之间的迁转。中国历史研究院高智敏老师考察秦简中频繁出现的"执法"，认为其一般指代内史、廷尉及郡守，该概念的使用可能与中—郡并立的区域行政体制的发展有关。湖南大学岳麓书院杨勇老师考辨最新公布的胡家草场汉简《朝律》，认为其中所记朝会时间是十月，"来宾"应读为"末摈"。相关研究表明，将新出材料与传世文献对读，抉发三《礼》经典所载理想礼制与历史实态之间的参差，阐释其成因，仍有许多探索空间。

其次，随着研究视角与方法的转变，习见材料中亦能焕发出新的问题意识。泰山学院历史学院李志刚老师从神话学/文化学的角度解读中国古代圣王效仿天地而制作的传说，将"制器尚象"的叙事分为君臣模式、始祖模式，阐释中国传统中的天人关系与制作精神。武汉大学历史学院薛梦潇老师从微观史的角度，对汉末《樊敏碑》进行个人生命史的解读，将樊敏的族源叙事、人生经历与先秦秦汉的历史变动、制度更替结合起来，作出了精彩且深入的解读。武汉大学文学院覃力维老师从历史书写的角度，考察司马彪《续汉书·礼仪志》所载东汉辟雍养老礼仪与史实之间的张力，分疏汉晋燕饮乡射诸礼与养老礼的关系，指出司马彪有通过撰述史书与西晋现实礼制互动的用心。武汉大学中国传统文化研究中心范云飞老师从日常行政的角度考察六朝尚书机构政务运作过程中对"例/故事"的使用，探索以"尚书故事"为中心的从日常行政到知识生产的过程。湖南大学岳麓书院战蓓蓓老师梳理岳麓书院近代的空间变化，不仅详尽解读相关文献记载，更结合3D虚拟重建，揭示书院空间使用与制度、思想发展变化的关联。

中国古代国家制度、社会组织无不深受经学浸染，其中充满了复杂隐微的经义逻辑建构。在考察相关问题时，从经义逻辑分析入手，将极大提升哲学史、礼制史、社会史、法律史研究的精度和深度。山东师范大学文学院郭超颖老师抉发郑玄以"相人偶"解"仁"之经义，认为"人"作动词，意为"人之"，并指出汉儒注经有不合语法之处，其实蕴含着经师建构经义、阐发思想的精义，是中国哲学创造性阐释的路径之一。上海师范大学哲学系高瑞杰老师详细比对了郑玄、何休二人关于昏礼亲迎、成妇等经说的异同，认为二人宗主不同，故立论有异。重庆大学人文社会科学高等研究院黄铭老师考察《丧服》从服规则，指出《唐律疏议》在外祖父母服的规定上保留了《丧服》"尊父抑母""区分嫡庶"的观念，在新的规定上则使外亲向血亲作有限的回归，使亲亲融入从服。武汉大学中国传统文化研究中心朱明数老师提出经典和实践之中存在"敬宗""贵贵"两种宗族建设理念。在学者的改造下，重视血缘的"敬宗"逐渐虚化为聚宗合族的意识形态，而泛化及于经济、政治、德行、年齿、才干等多元标尺的"贵贵"在宗族建设的具体组织形式中发挥重要影响。总之，在进行相关问题研究时，不应忽视经义逻辑分析这一"内部视角"，这将是在相关领域取得突破的重要方法。

在礼制与经学制度领域，细读文本、精耕细作、抉发制度源流，揭示历史的隐微层面，是当下与今后研究的重要路径。湖南大学岳麓书院田访老师讨论了《周礼》《左传》等先秦文献中的史官类型、职事及其文化，由此探讨周代史官的制度与文化问题。同济大学中文系徐渊老师认为河间献王所献《孝经》为今文《孝经》，《记》一百三十一篇并非古文《记》，而是包含于《古文记》二百四篇之中，其称"古文"主要由于经孔安国整理而来。二者是二戴《礼记》篇目的主要来源。清华大学历史系马楠老师反思学界对西汉宣帝末年黄龙十二博士的旧说，认为以往"为博士则能立博士"的判断依据难以成立，当时立博士的标准应为某经有某氏章句。湖南大学岳麓书院黄晓巍老师指出既往对宋初朝会礼制的认识与书写，将不同渊源的朝会礼制混为一类。他依据渊源差异，结合朝会间功能形态、发展趋向的异同，将宋初朝会礼制分为历代常制、唐代旧制、五代宋初新制三类。深化了对唐宋礼制、政治秩序重建历程的认识。武汉大学国学院任慧峰老师指出在修订《大清通礼》的过程中，曹元忠通过礼学考证与阐发纠正、补定了一系列礼制。其

《礼议》在当时因与时代风潮不合而未受重视，但其以精深礼学所阐发的礼制意义仍有可以借鉴之处。概言之，细读经史文本，学术史上的"老"问题、学界的成说定见，仍有反思与修正的余地。

另外，将礼制变动与政治权力联系起来，是礼制史研究的重要方法之一。曲阜师范大学孔子文化研究院张帅老师探析梁武帝的礼学思想对于研究南朝礼学发展的意义，指出梁武帝的礼学具有依经制礼、以礼治加强皇权、以义治礼、援佛入礼、对郑王择善而从的特色。清华大学历史系王乐毅博士考察了北魏于什门出使北燕的礼仪之争，认为交聘过程中的争礼，本质上是两个政权的地位之争，背后则有更为深厚的历史渊源，礼仪矛盾最终演变为两国战争。中国人民大学历史学院赵永磊老师考证了北周庙制从四庙升格为七庙的具体过程，认为祖宗庙号之有无，是祧迁与否的唯一标准，背后体现的则是君主政治地位的高下。庙制变动与现实政治紧密相关，也反映了北周不断调试其现实制度与"周制"之关系的努力。山东师范大学齐鲁文化研究院田成浩老师指出唐宋胜朝宗庙之礼的变迁与二王三恪制度的衰亡相伴，国宾独立祭祖的特权被收夺，逐步沦为朝廷祭祀胜朝君主的行礼官，显示出"通三统"不再是王朝更迭之际的制礼依据。重庆大学人文社会科学高等研究院冯茜老师指出北宋濮议在君臣关系、皇帝心性、天子功业的交织下，呈现出复杂丰富的政治意蕴。在礼制、政治与伦理等多层面的交互作用下，政治路线之争表达为激烈的礼制论争。总之，仪式是权力的展演，礼仪与政治之间有着复杂的互动关系。中国古代礼制变动所反映的权力关系变化，仍有许多课题等待发掘。

对礼学文献的版本、成书过程进行文献学考察，抉发易为人忽视的细节，是礼学文献研究走向精细和深入的重要路径。湖南大学岳麓书院蒋鹏翔老师考察张尔岐《仪礼郑注句读》，特别就《句读》的圈点符号和分节等内容加以深入讨论。他指出圈点使《句读》各部分内容构成有机结合的整体，分节则显示出张尔岐对前人成果的全面改进。北京大学杜以恒老师全面考察历代《仪礼》刊本经文圈号，将之从功能上分为篇题性经文划分圈号、经传记划分圈号、仪节划分圈号三类，详尽梳理诸版本在圈号上的继承、改易情况。揭示出圈号在版本研究和《仪礼》学研究中的重要价值。南京师范大学文学院井超老师对比凌曙《礼论》的两种选本《蜚云阁凌氏丛书》所收《礼论略钞》和《清经解》所收《礼说》，梳理了二书的成书经过和内容上的差异，并指出《礼论略钞》在《礼论》稿本上有进一步修订，《礼说》对《礼论》稿本有一定删节，具体呈现出《清经解》的编选情况。

总之，与会学者的研究显示，礼学与制度研究可互相启发、互相促进、交叉互动，相关领域方兴未艾，许多议题有待推进。与会学者的交流与讨论表明：第一，要重视新材料、新方法、新视角，新材料可导致视角的转换，在新视角下，旧材料也能展现新的意义；第二，多学科交叉互动，经学、制度史、政治史、文献学、考古学视域交叉，可使相关问题的研究愈发深入；第三，更加精细地研读文本、抽绎经义逻辑、抉发经学、礼学与政治、社会的互动机制，是将相关研究推向深入的重要方法。

会议最后，郭超颖老师代表与会学者致辞。郭老师表示，至道大形，必能征成于典章制度，礼学与制度是此次论坛主题，这既是武汉大学中国传统文化研究中心一直以来的学术特色，也反映着青年学者对传统学术研究的深切思考。疫情期间，学者块然独坐，忧思具至，当此之际，更应同声相应，同气相求，坚持思考，坚持创作。嘤其鸣矣，求其友声。相聚是一种力量，希望青年学者能互助互勉，共同进步，也希望今后此类活动能继续举办。

（作者单位：武汉大学中国传统文化研究中心）